TECHNOSUP

Les FILIÈRES TECHNOLOGIQUES des ENSEIGNEMENTS SUPÉRIEURS

MILIEUX CONTINUS

Théorie microscopique des liquides

Physique statistique, interactions, équations intégrales, systèmes hors d'équilibre, modélisation

Jean-Louis BRETONNET

Professeur des universités
Université Paul Verlaine, Metz

ellipses

Du même auteur, chez le même éditeur

- Thermodynamique générale et appliquée

Dans la même collection

- Mécanique des milieux déformables 288 p. (B) — M. FOURAR, Cl. CHÈZE
- Les écoulements de fluides newtoniens 384 p. (C) — J.-N. GENCE
- Écoulements et transferts (C) — R. BRUN
- Réactions thermiques en phase gazeuse. Modélisation 288 p. (C) — G.-M. CÔME

ISBN 978-2-7298-6100-1

www.editions-ellipses.fr

Table des matières

Préface

A côté des gaz et des solides, les liquides ont longtemps été l'état de la matière le moins bien compris. Les propriétés thermodynamiques et les coefficients de transport des gaz sont aisément calculables à partir du développement du viriel et de l'équation cinétique de Boltzmann, grâce à l'existence d'un "petit" paramètre qu'est leur densité. L'étude de la structure spatiale, de la dynamique et de la structure électronique des solides cristallins est grandement facilitée par l'existence d'un ordre à longue distance - associé à la périodicité du réseau cristallin - qui permet en outre de caractériser les défauts topologiques. Même si des problèmes complexes de physique du solide restent à explorer, comme les conséquences de corrélations fortes sur la supraconductivité et sur le magnétisme de certains matériaux, on peut considérer que l'état solide est assez bien compris depuis une cinquantaine d'années. Cette situation contraste avec celle de l'état liquide pour lequel les progrès théoriques ont été beaucoup moins rapides, car les liquides sont à la fois denses (par opposition aux gaz) et désordonnés (par opposition aux solides cristallins), et constituent un parfait exemple de milieu désordonné fortement couplé. Ces deux caractéristiques mettent en défaut les développements en puissance de la densité, d'une part, et l'exploitation de la périodicité du réseau cristallin, d'autre part, à la base de la théorie harmonique des vibrations collectives (phonons) et de la théorie des bandes d'énergie électronique des solides conducteurs ou semi-conducteurs. L'absence de simplifications théoriques - liées au couplage faible et à l'ordre à longue distance, brisé lors de la fusion - explique la lenteur des avancées dans notre compréhension des liquides.

Une première percée est due à van der Waals qui reconnu, dès 1873, l'importance de la compétition entre les effets stériques de volume exclu et les forces de cohésion - qui s'exercent entre les molécules - pour caractériser, de façon semi-phénoménologique, la condensation des gaz en dessous d'une température critique. Au début du vingtième siècle, l'étude du mouvement brownien de suspensions colloïdales, due à Einstein, Langevin, Perrin et Smoluchovski, jeta les bases des théories ultérieures des fluctuations dynamiques dans les liquides (hydrodynamique et équation de Langevin généralisée) qui se développèrent dans les années 60. Les concepts de mécanique statistique furent appliqués aux solutions ioniques par Gouy, Chapman et, plus tard, par Debye et Hückel, alors que la première formulation systématique des phénomènes de transport fut proposée par Onsager, au début des années 30, et aboutit aux fameuses relations de réciprocité. Une première caractérisation de la structure locale des liquides, basée sur une hiérarchie de fonctions de corrélation, fut introduite un peu plus tard par Yvon en France et par Kirkwood et ses élèves aux Etats-Unis.

Les progrès s'accélérèrent dans les années 50 et 60, grâce à l'émergence de nouvelles techniques expérimentales (diffusion de neutrons et de la lumière) et des méthodes de simulation numériques, notamment de dynamique moléculaire développée par Alder, Wainwright et Rahman aux Etats-Unis, et par Verlet et ses élèves en France. Ces techniques expérimentales et numériques, particulièrement bien adaptées à l'étude des liquides denses à l'échelle moléculaire, catalysèrent le développement de nouveaux outils théoriques (équations intégrales pour les fonctions de corrélation statiques, formalisme des fonctions de mémoire pour les fonctions de corrélation dynamiques, théorie de couplage de modes pour les relaxations lentes, entre autres) capables de fournir une description moléculaire quantitative de la structure et de la dynamique des liquides.

Le grand mérite de l'ouvrage de Jean-Louis Bretonnet est de replacer l'étude théorique des liquides dans un contexte à la fois historique et moderne. Sa présentation de la discipline est particulièrement limpide et pédagogique, et ses rappels des concepts fondamentaux de mécanique classique et quantique, de théorie des probabilités, de théorie cinétique des gaz et de mécanique statistique confèrent une grande cohérence interne à son ouvrage. Les notes techniques et les calculs explicites très détaillés faciliteront la lecture aux étudiants des Masters de physique et de chimie, aux futurs ingénieurs chimistes, aux thésards et aux jeunes chercheurs, en leur fournissant tout le bagage technique qu'on ne trouve pratiquement jamais dans les ouvrages antérieurs publiés en anglais. Les nombreuses références particulièrement pertinentes constitueront pour le lecteur un guide précieux à travers une littérature foisonnante. Jean-Louis Bretonnet nous propose une vision très large d'une discipline arrivée à maturité, mais dont les concepts et les techniques trouvent de nouveaux champs d'application, notamment à l'étude des interfaces liquides, des liquides surfondus, de la transition vers l'état vitreux, et à une description moléculaire de la "matière molle". Le présent ouvrage constituera certainement une référence incontournable pour les étudiants et chercheurs francophones qui souhaitent se familiariser avec une discipline polyvalente et pluridisciplinaire en train de s'orienter vers de nouveaux horizons.

Jean-Pierre Hansen

Avant-propos

La physique statistique est la discipline qui étudie les systèmes constitués d'un très grand nombre de particules dans le but de calculer leurs propriétés macroscopiques - énergie, pression, entropie... A la différence de la mécanique classique et de la mécanique quantique, adaptées aux systèmes possédant un nombre réduit de degrés de libertés, la physique statistique permet d'étudier des systèmes qui contiennent un grand nombre de particules comme les gaz, les fluides denses et les solides. En mécanique classique, l'histoire passée et future du système est entièrement déterminée lorsque les forces appliquées et les conditions initiales sont connues. Par contre, en mécanique statistique on doit se résigner à admettre que les conditions initiales sont toujours entachées d'incertitudes en raison du très grand nombre de données. Par conséquent, il est impossible de trouver une solution rigoureuse aux équations du mouvement, et les méthodes de la statistique mathématique deviennent indispensables. En d'autres termes, ce qui différencie la physique statistique de la mécanique classique réside dans la connaissance des conditions initiales.

Il faut cependant noter que le traitement statistique n'est pas réservé uniquement aux systèmes qui contiennent un très grand nombre de particules. Il est également employé en mécanique classique dans les méthodes de simulation numérique. La méthode de Monte Carlo, par exemple, qui permet de suivre le mouvement d'un nombre réduit de particules, allie les avantages de la mécanique classique et de la physique statistique. Mais, comme l'écrivait von Neumann, " *dans ce cas, le traitement statistique est accessoire et reste un luxe* ".

La physique statistique est une science relativement jeune qui a débuté au milieu du 19ième siècle avec les travaux de Clausius, Maxwell et Boltzmann. En 1857, Clausius posait les bases de la théorie des gaz. Deux ans plus tard, Maxwell établissait la loi de distribution des vitesses des molécules dans les gaz. En 1872, Boltzmann, qui mena un combat difficile contre les partisans de la théorie énergétique, modifiait la loi de distribution des vitesses de Maxwell en tenant compte des champs extérieurs. Mais les fondements de la physique statistique ont véritablement été posés par Gibbs dans un livre intitulé "*Les principes de la mécanique statistique*", passé quasiment inaperçu lors de sa parution en 1902. Dans cet ouvrage, Gibbs justifiait les résultats antérieurs de Maxwell et de Boltzmann pour tout système contenant des particules en interaction, en utilisant une voie différente de ses prédécesseurs, fondée sur le concept d'ensemble, et offrant plus de rigueur mathématique et de cohérence logique. La distribution de Gibbs repose uniquement sur l'hypothèse de l'ensemble canonique pour déduire les lois de distributions, sans tenter de recourir à des résultats empiriques. De nos jours, toute nouvelle théorie statistique est inspirée d'une manière ou d'une autre par la distribution de Gibbs, et il n'est pas exagéré de dire qu'elle occupe la même place que l'équation de Newton en mécanique classique ou que les équations de Maxwell en électromagnétisme.

En 1907 une étape décisive fut franchie quand Einstein combina les idées de la physique statistique et de la mécanique quantique pour expliquer la chaleur spécifique des solides à basse température. Quelques années plus tard, von Neumann établissait de manière rigoureuse le lien entre la physique statistique et la mécanique quantique, mais c'est en réalisant que la distribution de Maxwell-Boltzmann est un cas limite des distributions de Bose-Einstein et de Fermi-Dirac que le champ d'action de la physique statistique put être considérablement étendu.

Il serait difficile de dresser une liste complète des domaines où la physique statistique a trouvé des applications. Elle est utilisée dans des domaines aussi variés que le rayonnement (Planck, Bose, Einstein...), le mouvement brownien (Brown, Einstein, Smoluchowski...), la théorie électronique des métaux (Drude, Sommerfeld, Lorentz...), le magnétisme (Langevin, Brillouin, Weiss...), les chaleurs spécifiques (Einstein, Debye...), les semiconducteurs (Bardeen, Schockley...), la supraconductivité (Cooper, Schrieffer, Josephson...), la suprafluidité (Landau...), l'astrophysique (Fowler, Chandrasekhar...), les transitions de phases (Domb, Fisher, Wilson...), les polymères (Kuhn, Flory...), les fluides denses (Kirkwood, Yvon, Green...), etc.

Cet ouvrage est essentiellement consacré à l'étude des propriétés thermodynamiques et structurales des fluides denses, ainsi qu'à leurs propriétés de transport. Il est important de noter que la physique statistique des fluides denses se divise en deux parties. L'une traite les *systèmes en équilibre* et permet de calculer leurs propriétés thermodynamiques et leur structure statique. L'autre traite les *systèmes hors d'équilibre* et permet d'étudier les mouvements individuels et collectifs des particules et de déterminer leurs propriétés de transport. Il faut également noter qu'il existe deux voies distinctes pour calculer les propriétés thermodynamiques des fluides. La première, basée sur la connaissance de la *fonction de partition*, est très élégante mais ne s'applique qu'aux fluides dilués et ne permet d'étudier que les propriétés thermodynamiques. La seconde voie est basée sur l'utilisation des *fonctions de corrélation spatiales*. Outre le fait qu'elle donne accès aux propriétés thermodynamiques des fluides denses, elle permet également de calculer leur structure statique, à condition que les interactions entre particules se réduisent à une somme de potentiels de paires. Par ailleurs, elle entre dans une théorie plus générale fondée sur les *fonctions de corrélation spatio-temporelles* qui permettent de calculer les propriétés de transport atomique comme le coefficient de diffusion ou le coefficient de viscosité. Pour faciliter la compréhension des notions fondamentales de la théorie microscopique des liquides, les démonstrations se rapportent fréquemment à des cas particuliers, ne requérant que des raisonnements simples et des concepts faciles à assimiler - l'objectif visé étant moins la rigueur formelle que la mise en évidence des fondements de la théorie et de la nature physique des modèles.

Avant de terminer cet avant-propos, je voudrais remercier tous mes collaborateurs et étudiants qui ont pris une part plus ou moins active à la rédaction de ce livre - dont j'espère qu'il se lira sans trop de difficultés et suscitera de l'intérêt pour la théorie microscopique des liquides. Je voudrais également exprimer toute ma reconnaissance à Jean-Pierre Hansen qui m'a fait l'amitié de faire une lecture critique du manuscrit et d'en écrire la préface.

Chapitre 1

Prérequis de physique et de statistique

Ce chapitre commence par un résumé des notions essentielles de mécanique classique et une présentation comparative des formalismes de Newton, de Lagrange et de Hamilton - ceci dans le but d'introduire l'espace des phases. Les apports majeurs de la mécanique quantique sont ensuite rappelés pour faciliter la compréhension de certains aspects de la physique statistique ; on se borne à donner la solution de l'équation de Schrödinger d'une particule libre dans une boite parallélépipédique pour définir la notion de dégénérescence des états énergétiques. Puis les principaux résultats de thermodynamique classique sont fournis dans la suite du chapitre, qui se termine par un aperçu général des méthodes statistiques indispensables au développement de la physique statistique.

1.1 Mécanique classique

1.1.1 Formalisme de Newton

La mécanique classique repose sur l'équation de Newton :

$$\mathbf{F}_i = m\frac{d^2\mathbf{r}_i}{dt^2}, \tag{1.1}$$

dans laquelle $\mathbf{F}_i$ est la force qui agit sur la i-ième particule d'un système qui en contient N, m est la masse de la particule et $\mathbf{r}_i$ son rayon vecteur. Cette équation, qui permet de décrire le mouvement de la particule, se réduit à 3 équations différentielles du second ordre dont les solutions $x_i(t)$, $y_i(t)$ et $z_i(t)$ sont déterminées lorsque la force $\mathbf{F}_i$ et les conditions initiales sont connues.

Par exemple, pour étudier le mouvement de l'oscillateur harmonique linéaire, on utilise l'équation différentielle :

$$m\frac{d^2X}{dt^2} = -kX, \tag{1.2}$$

où $X(= x - x_0)$ représente l'allongement proportionnel à la force $F(= -kX)$. La solution de l'équation différentielle est $X = X_0 \cos(\omega t + \varphi)$. La pulsation $\omega = \left(\frac{k}{m}\right)^{1/2}$ dépend des caractéristiques du système, tandis que X_0 et φ sont les deux constantes d'intégration déterminées avec les conditions initiales. Cette solution correspond, par exemple, au mouvement oscillatoire d'une masse m sans frottement attachée à un ressort de rigidité k.

Pour comparer utilement les différents formalismes de la mécanique classique, considérons le mouvement d'une particule de masse m dans un champ central. L'énergie potentielle est $U(r) = \frac{k}{r}$ et la force qui en dérive $\mathbf{F} = -\mathbf{grad}U = -k\frac{\mathbf{r}}{r^3}$, de sorte que l'équation de Newton qui régit le mouvement de la particule est :

$$m\frac{d^2\mathbf{r}}{dt^2} = -k\frac{\mathbf{r}}{r^3}. \tag{1.3}$$

Si la trajectoire est située dans le plan (xy), les projections de cette équation vectorielle sont :

$$\begin{aligned} m\frac{d^2x}{dt^2} &= -k\frac{x}{(x^2+y^2)^{3/2}}, \\ m\frac{d^2y}{dt^2} &= -k\frac{y}{(x^2+y^2)^{3/2}}. \end{aligned}$$

La nature du problème et la forme des équations imposent d'employer les coordonnées polaires (r et θ) pour résoudre ce système d'équations différentielles. Après avoir effectué les changements de variables $x = r\cos\theta$ et $y = r\sin\theta$, le système d'équations différentielles précédent s'écrit :

$$\left[m(\ddot{r} - r\dot{\theta}^2) + \frac{k}{r^2}\right]\cos\theta - m(r\ddot{\theta} + 2\dot{r}\dot{\theta})\sin\theta = 0, \tag{1.4}$$

$$\left[m(\ddot{r} - r\dot{\theta}^2) + \frac{k}{r^2}\right]\sin\theta + m(r\ddot{\theta} + 2\dot{r}\dot{\theta})\cos\theta = 0. \tag{1.5}$$

Pour simplifier ces équations effectuons successivement leur somme, après avoir multiplié la première équation par $\cos\theta$ et la seconde par $\sin\theta$, et leur différence après avoir multiplié la première équation par $\sin\theta$ et la seconde par $\cos\theta$. On aboutit ainsi aux deux relations suivantes :

$$m(\ddot{r} - r\dot{\theta}^2) + \frac{k}{r^2} = 0, \tag{1.6}$$

$$m(r\ddot{\theta} + 2\dot{r}\dot{\theta}) = 0. \tag{1.7}$$

La seconde relation est une différentielle totale exacte qui s'intègre immédiatement sous la forme :

$$mr^2\dot{\theta} = l. \tag{1.8}$$

Il est évident que la quantité $mr^2\dot{\theta} = l$ correspond au moment cinétique de la particule et que c'est une constante du mouvement. En éliminant $\dot{\theta}$ entre les relations (1.6) et (1.8), on obtient l'équation radiale, soit :

$$m\ddot{r} = -\frac{k}{r^2} + \frac{l^2}{mr^3}. \tag{1.9}$$

On notera que la solution $r(t)$ de cette équation différentielle peut s'exprimer, tout au moins en principe, en fonction des constantes k et l. On notera également, en comparant les relations (1.9) et (1.3), la présence du terme supplémentaire $\frac{l^2}{mr^3}$ dans la relation (1.9) qui doit être interprété comme une force fictive (force centrifuge) ne traduisant aucune liaison extérieure mais provenant uniquement du mode de représentation adopté. La force centrifuge et la force de Coriolis qui apparaissent dans les systèmes de coordonnées en rotation sont deux exemples de forces fictives.

1.1.2 Formalisme de Lagrange

Le mouvement d'une particule, ou plus généralement d'un système matériel, peut être également étudié avec le formalisme de Lagrange. Ce formalisme est utilisé lorsque les variables sont des angles ou des fonctions compliquées des coordonnées conventionnelles, plutôt que les coordonnées cartésiennes des particules individuelles. Dans ce formalisme, un système de N particules interagissant les unes avec les autres est défini par ses $3N$ coordonnées généralisées q_i, où $i = 1, 2, ..., 3N$. Or, pour décrire le mouvement des particules, on doit préalablement calculer la fonction suivante, appelée *lagrangien* du système :

$$L(q_1, q_2, ..., q_{3N} \ ; \ \dot{q}_1, \dot{q}_2, ..., \dot{q}_{3N} \ ; \ t) = T - U, \tag{1.10}$$

qui dépend des coordonnées généralisées q_i, des vitesses généralisées $\dot{q}_i$ et éventuellement du temps t. Dans le membre de droite de la relation (1.10), T est l'énergie cinétique et U l'énergie potentielle du système. L'énergie cinétique T est une fonction quadratique des vitesses généralisées :

$$T = \frac{1}{2}\sum_{k=1}^{N} m_k \dot{q}_k^2,$$

et l'énergie potentielle U ne dépend que des coordonnées généralisées quand le système est conservatif. Si l'on connaît l'énergie cinétique et l'énergie potentielle du système, on peut calculer les équations du mouvement en utilisant les équations de Lagrange qui se présentent sous la forme suivante :

$$\frac{d}{dt}\left(\frac{\partial L}{\partial \dot{q}_i}\right) - \frac{\partial L}{\partial q_i} = 0 \qquad \text{où} \qquad i = 1, 2, ..., 3N. \tag{1.11}$$

A titre d'illustration, retrouvons avec le formalisme de Lagrange les équations du mouvement des deux systèmes traités avec le formalisme de Newton. Ici il est inutile de connaître les forces appliquées. Pour l'oscillateur harmonique linéaire utilisons comme coordonnée généralisée $q_1 = X$. L'énergie cinétique de la masse m est $T = \frac{1}{2}m\dot{X}^2$ et l'énergie potentielle est $U = -\int(-kX)dX = \frac{1}{2}kX^2$, de sorte que le lagrangien a pour expression :

$$L(X, \dot{X}) = \frac{1}{2}m\dot{X}^2 - \frac{1}{2}kX^2. \tag{1.12}$$

Quant à l'équation du mouvement, elle est fournie par l'équation de Lagrange (Rel. 1.11) qui s'écrit :

$$\begin{aligned} \frac{d}{dt}\left(\frac{\partial L}{\partial \dot{X}}\right) - \frac{\partial L}{\partial X} &= 0, \\ \text{soit} \qquad \frac{d}{dt}(m\dot{X}) + kX &= 0, \end{aligned}$$

et qui coïncide avec la relation (1.2).

Considérons à présent la particule, de masse m, dans un champ central. Son énergie potentielle est $U = \frac{k}{r}$ et son énergie cinétique $T = \frac{1}{2}mv^2$ s'exprime en fonction des coordonnées généralisées $q_1 = r$ et $q_2 = \theta$. Puisqu'avec les coordonnées polaires le carré de la vitesse a pour expression :

$$v^2 = \dot{r}^2 + r^2\dot{\theta}^2,$$

le lagrangien correspondant s'écrit :

$$L(r, \theta, \dot{r}, \dot{\theta}) = \frac{1}{2}m(\dot{r}^2 + r^2\dot{\theta}^2) + \frac{k}{r}.$$

Avec les coordonnées r et θ, l'utilisation des équations de Lagrange conduit directement à :

$$\begin{aligned} \frac{d}{dt}\left(\frac{\partial L}{\partial \dot{r}}\right) - \frac{\partial L}{\partial r} &= 0, \\ \frac{d}{dt}\left(\frac{\partial L}{\partial \dot{\theta}}\right) - \frac{\partial L}{\partial \theta} &= 0, \end{aligned}$$

soit :

$$\begin{aligned} \frac{d}{dt}(m\dot{r}) - mr\dot{\theta}^2 + \frac{k}{r^2} &= 0, \\ \frac{d}{dt}\left(mr^2\dot{\theta}\right) &= 0. \end{aligned}$$

Ces deux équations coïncident avec les relations (1.8 et 1.9). Contrairement au formalisme de Newton, elles ne requièrent la connaissance ni des forces réelles ni des forces fictives. En particulier, la force centrifuge $mr\dot{\theta}^2 = \frac{l^2}{mr^3}$ apparaît naturellement à partir du lagrangien, ce qui constitue un avantage sur le formalisme de Newton dans lequel la présence des forces fictives complique la mise en équation du mouvement.

Un autre avantage du formalisme de Lagrange est la mise en évidence de quantités qui se conservent durant le mouvement et que l'on appelle *intégrales premières*. Une intégrale première particulièrement importante est celle où le lagrangien ne dépend pas explicitement du temps. Montrons le en calculant la dérivée totale de L par rapport au temps :

$$\frac{dL}{dt} = \sum_i \frac{\partial L}{\partial q_i}\frac{\partial q_i}{\partial t} + \sum_i \frac{\partial L}{\partial \dot{q}_i}\frac{\partial \dot{q}_i}{\partial t} + \frac{\partial L}{\partial t}. \tag{1.13}$$

D'après l'équation de Lagrange, $\frac{d}{dt}\left(\frac{\partial L}{\partial \dot{q}_i}\right) = \frac{\partial L}{\partial q_i}$, et la relation $\frac{\partial q_i}{\partial t} = \dot{q}_i$, la relation (1.13) s'écrit encore :

$$\begin{aligned} \frac{dL}{dt} &= \sum_i \left[\dot{q}_i \frac{d}{dt}\left(\frac{\partial L}{\partial \dot{q}_i}\right) + \frac{\partial L}{\partial \dot{q}_i}\frac{\partial \dot{q}_i}{\partial t}\right] + \frac{\partial L}{\partial t}, \\ \frac{dL}{dt} &= \sum_i \frac{d}{dt}\left(\dot{q}_i \frac{\partial L}{\partial \dot{q}_i}\right) + \frac{\partial L}{\partial t}, \\ \frac{\partial L}{\partial t} &= -\frac{d}{dt}\left(\sum_i \dot{q}_i \frac{\partial L}{\partial \dot{q}_i} - L\right). \end{aligned}$$

Or, si le lagrangien ne dépend pas explicitement du temps ($\frac{\partial L}{\partial t} = 0$), la relation précédente se réduit à :

$$H = \sum_i \dot{q}_i \frac{\partial L}{\partial \dot{q}_i} - L = Cte. \tag{1.14}$$

La quantité H qui se conserve lorsque L ne dépend pas explicitement du temps est une intégrale première très importante de la mécanique analytique. De manière analogue, si le lagrangien L est indépendant d'une coordonnée généralisée, q_j par exemple, la variation de L par rapport à $\dot{q}_j$ est une constante conformément à l'équation de Lagrange (Rel. 1.11) car, en effet, $\frac{\partial L}{\partial q_j} = 0$ entraîne $\frac{d}{dt}\left(\frac{\partial L}{\partial \dot{q}_j}\right) = 0$ ou encore $\frac{\partial L}{\partial \dot{q}_j} = Cte$. De manière générale, à chaque coordonnée généralisée q_i on associe son moment conjugué $\frac{\partial L}{\partial \dot{q}_i} = p_i$ dont l'emploi conduit à un nouveau mode de description : le formalisme de Hamilton.

1.1.3 Formalisme de Hamilton

Dans le formalisme de Lagrange les variables indépendantes sont les coordonnées généralisées q_i qui définissent l'état du système à tout instant. Ce sont des fonctions du temps, solutions d'un système de $3N$ équations différentielles du second ordre. Par contre, dans le formalisme de Hamilton, on choisit comme variables indépendantes les coordonnées généralisées q_i et les moments conjugués $p_i = \frac{\partial L}{\partial \dot{q}_i}$. Le fait d'introduire les moments conjugués p_i dans la relation (1.14) n'apporte pas d'avantage évident si ce n'est de définir une nouvelle fonction H, appelée *hamiltonien*, qui a les mêmes dimensions que L, c'est-à-dire celles d'une énergie :

$$H(q_i, p_i, t) = \sum_i \dot{q}_i p_i - L. \tag{1.15}$$

L'hamiltonien doit son intérêt au fait d'être une intégrale première lorsque le lagrangien ne dépend pas explicitement du temps (Rel. 1.14) et de représenter, le plus souvent, l'énergie totale du système. En effet, si le système est conservatif, l'énergie potentielle $U(= T - L)$ n'est fonction que des coordonnées généralisées, ce qui permet d'écrire les moments conjugués sous la forme :

$$p_i = \frac{\partial L}{\partial \dot{q}_i} = \frac{\partial (T - U)}{\partial \dot{q}_i} = \frac{\partial T}{\partial \dot{q}_i}. \tag{1.16}$$

Par ailleurs, l'énergie cinétique T étant toujours une fonction quadratique des vitesses généralisées, il est possible d'écrire :

$$\sum_i \dot{q}_i \frac{\partial T}{\partial \dot{q}_i} = 2T, \tag{1.17}$$

en vertu du théorème d'Euler. Rappelons que le théorème d'Euler stipule que si une fonction $f(\lambda x_1, \lambda x_2, ...\lambda x_i)$ est un polynôme homogène de degré m des x_i, soit :

$$f(\lambda x_1, \lambda x_2, ...\lambda x_i, ...) = \lambda^m f(x_1, x_2, ..., x_i, ...), \tag{1.18}$$

la fonction f est liée à ses dérivées partielles par la relation :

$$\sum_i x_i \frac{\partial f}{\partial x_i} = mf. \tag{1.19}$$

Pour le démontrer, il suffit de dériver la relation (1.18) par rapport à λ et de poser $\lambda = 1$, soit :

$$\begin{aligned} \frac{\partial f}{\partial \lambda x_1}\frac{\partial \lambda x_1}{\partial \lambda} + \frac{\partial f}{\partial \lambda x_2}\frac{\partial \lambda x_2}{\partial \lambda} + ... + \frac{\partial f}{\partial \lambda x_i}\frac{\partial \lambda x_i}{\partial \lambda} + ... &= m\lambda^{m-1} f(x_1, x_2, ..., x_i, ...), \\ x_1 \frac{\partial f}{\partial x_1} + x_2 \frac{\partial f}{\partial x_2} + ... + x_i \frac{\partial f}{\partial x_i} + ... &= mf(x_1, x_2, ..., x_i, ...). \end{aligned}$$

Compte tenu que l'énergie cinétique T est un polynôme homogène de degré deux des $\dot{q}_i$, ceci démontre la relation (1.17). Par conséquent, en combinant les relations (1.15), (1.16) et (1.17), l'hamiltonien d'un système conservatif se réduit à l'expression :

$$\begin{aligned} H &= \sum_i \dot{q}_i \frac{\partial T}{\partial \dot{q}_i} - L, \\ H &= 2T - L = 2T - (T - U), \\ \text{soit} \quad H &= T + U = E. \end{aligned}$$

Pour établir les équations du mouvement dans le formalisme de Hamilton, il convient de calculer la différentielle totale de l'hamiltonien $H(q_i, p_i, t)$, soit :

$$dH = \sum_i \frac{\partial H}{\partial q_i} dq_i + \sum_i \frac{\partial H}{\partial p_i} dp_i + \frac{\partial H}{\partial t} dt. \tag{1.20}$$

Comme l'élément dH est aussi donné par la différentielle de la relation (1.15), en s'aidant de la relation (1.13), il s'écrit encore :

$$dH = \sum_i d\dot{q}_i p_i + \sum_i \dot{q}_i dp_i - \left[\sum_i \frac{\partial L}{\partial q_i} dq_i + \sum_i \frac{\partial L}{\partial \dot{q}_i} d\dot{q}_i + \frac{\partial L}{\partial t} dt \right]. \tag{1.21}$$

En utilisant les équations de Lagrange (Rel. 1.11), soit $\frac{\partial L}{\partial q_i} = \frac{d}{dt}\left(\frac{\partial L}{\partial \dot{q}_i}\right)$, et les moments conjugués ($p_i = \frac{\partial L}{\partial \dot{q}_i}$), on peut transformer le terme entre crochets dans l'équation précédente comme suit :

$$\left[\sum_i \frac{d}{dt}\left(\frac{\partial L}{\partial \dot{q}_i}\right) dq_i + \sum_i \frac{\partial L}{\partial \dot{q}_i} d\dot{q}_i + \frac{\partial L}{\partial t} dt \right] = \sum_i \dot{p}_i dq_i + \sum_i p_i \, d\dot{q}_i + \frac{\partial L}{\partial t} dt,$$

et simplifier la relation (1.21) sous la forme suivante :

$$\begin{aligned} dH &= \sum_i d\dot{q}_i p_i + \sum_i \dot{q}_i dp_i - \left[\sum_i \dot{p}_i dq_i + \sum_i p_i \, d\dot{q}_i + \frac{\partial L}{\partial t} dt \right], \\ \text{soit} \quad dH &= \sum_i \dot{q}_i dp_i - \sum_i \dot{p}_i dq_i - \frac{\partial L}{\partial t} dt. \end{aligned} \tag{1.22}$$

L'identification terme à terme des relations (1.20) et (1.22) permet d'obtenir les équations de Hamilton qui s'écrivent :

$$\begin{aligned} \dot{q}_i &= \frac{\partial H}{\partial p_i}, \\ \dot{p}_i &= -\frac{\partial H}{\partial q_i}, \\ \frac{\partial L}{\partial t} &= -\frac{\partial H}{\partial t}. \end{aligned} \tag{1.23}$$

La dernière de ces relations montre que si le lagrangien ne dépend pas explicitement du temps, l'hamiltonien n'en dépend pas non plus. Quant aux deux premières relations, elles constituent les équations du mouvement dans le formalisme de Hamilton. Elles forment un système de $6N$ équations différentielles du premier ordre qui requièrent la connaissance des $6N$ conditions initiales ($3N$ pour p et $3N$ pour q). Elles remplacent les $3N$ équations différentielles du second ordre du formalisme de Lagrange, qui requièrent aussi $6N$ conditions initiales. Les équations du mouvement de Hamilton ne représentent pas un progrès par rapport aux équations du mouvement de Lagrange ; leur seul avantage est de fournir une base adaptée au développement de la mécanique quantique et de la physique statistique. En effet, dans le formalisme de Hamilton, on introduit un espace à $6N$ dimensions, appelé *espace des phases* Γ, où un point défini par les $3N$ variables q_i et les $3N$ variables p_i décrit une trajectoire qui permet de suivre l'évolution du système au cours du temps.

Pour illustrer la méthode, considérons de nouveau l'oscillateur harmonique linéaire dont le lagrangien (Rel. 1.12) s'écrit sous la forme :

$$L(q, \dot{q}) = \frac{1}{2}m\dot{q}^2 - \frac{1}{2}kq^2.$$

Le moment conjugué est $p = \frac{\partial L}{\partial \dot{q}} = m\dot{q}$, de sorte que l'hamiltonien $H = p\dot{q} - L$ a pour expression :

$$\begin{aligned} H &= m\dot{q}^2 - (\frac{1}{2}m\dot{q}^2 - \frac{1}{2}kq^2), \\ \text{soit} \quad H &= \frac{1}{2}\frac{p^2}{m} + \frac{1}{2}kq^2, \end{aligned} \tag{1.24}$$

et que les équations du mouvement sont :

$$\dot{q} = \frac{\partial H}{\partial p} = \frac{p}{m}, \tag{1.25}$$

$$\dot{p} = -\frac{\partial H}{\partial q} = -kq. \tag{1.26}$$

Après avoir substitué $\dot{p}$ ($= m\ddot{q}$) dans la seconde équation, on peut procéder à l'intégration de l'équation différentielle du second ordre et calculer successivement q et p, soit :

$$q = q_0 \cos(\omega t + \varphi), \tag{1.27}$$

$$p = m\dot{q} = -m\omega q_0 \sin(\omega t + \varphi), \tag{1.28}$$

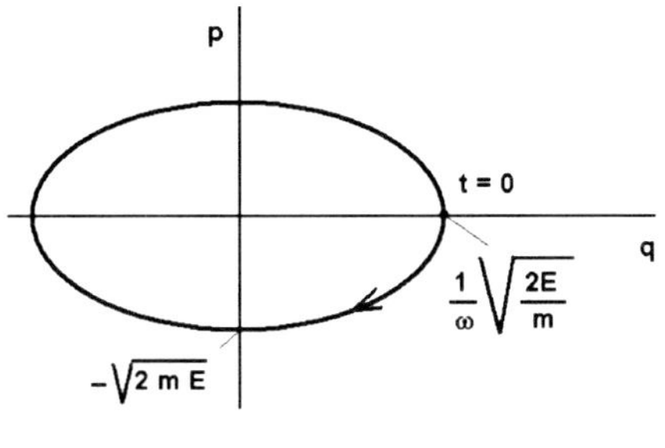

FIG. 1.1 – Trajectoire du point représentatif de l'état dynamique de l'oscillateur harmonique linéaire dans l'espace des phases.

où $\omega^2 = \frac{k}{m}$. Puisque le système est conservatif, on peut également calculer l'énergie totale avec la relation (1.24), soit :

$$E = H = \frac{1}{2}\frac{p^2}{m} + \frac{1}{2}m\omega^2 q^2, \tag{1.29}$$

$$E = \frac{1}{2m}\left[-m\omega q_0 \sin(\omega t + \varphi)\right]^2 + \frac{1}{2}m\omega^2\left[q_0 \cos(\omega t + \varphi)\right]^2,$$

$$E = \frac{1}{2}m\omega^2 q_0^2. \tag{1.30}$$

Notons que l'évolution du système mécanique peut être représentée dans l'espace des phases à deux dimensions en traçant p en fonction de q (Fig. 1.1). En supposant que la phase φ soit nulle à l'instant initial, les expressions de q et de p (Rels. 1.27 et 1.28) s'écrivent en fonction de E (Rel. 1.30) sous la forme :

$$q = \frac{1}{\omega}\sqrt{\frac{2E}{m}}\cos\omega t,$$
$$p = -\sqrt{2mE}\sin\omega t.$$

Il est facile de vérifier que la trajectoire dans l'espace des phases est une ellipse décrite dans le sens des aiguilles d'une montre.

1.2 Mécanique quantique

1.2.1 Généralités

La mécanique classique permet de déterminer le mouvement d'une particule ou d'un ensemble de particules classiques au moyen des équations du mouvement, lorsque les positions et les vitesses initiales sont connues. Cependant, il est apparu au cours des années 1920 que pour certaines particules il est impossible de déterminer précisément et simultanément la position et la vitesse : c'est le *principe d'incertitude d'Heisenberg*. Pour ces particules, la description de la mécanique classique ne s'applique pas. En particulier, le point représentatif de l'état dynamique, dans l'espace des phases, à un instant donné, ne peut pas être localisé avec précision. D'autres considérations s'imposent ; c'est l'objet de la mécanique quantique.

Le concept fondamental de la mécanique quantique réside dans la fonction d'onde $\psi(\mathbf{q}, t)$ qui est définie en fonction des coordonnées généralisées $\mathbf{q} = (q_1, q_2, ..., q_{3N})$ et du temps t. Etrangement, la fonction d'onde est une caractéristique qui ne fait pas référence au mouvement des particules mais donne uniquement la probabilité de présence des particules dans une région déterminée de l'espace. Ainsi la probabilité élémentaire que le système se trouve, à un instant donné, dans la région de l'espace $d\mathbf{q}$ délimitée par q_1 et $q_1 + dq_1$, q_2 et $q_2 + dq_2$, ... q_{3N} et $q_{3N} + dq_{3N}$ est :

$$\psi^*(\mathbf{q}, t)\psi(\mathbf{q}, t)d\mathbf{q},$$

où $\psi^*(\mathbf{q}, t)$ est la fonction complexe conjuguée.

Le *premier postulat* de la mécanique quantique stipule que le carré du module de la fonction d'onde $|\psi(\mathbf{q}, t)|^2 = \psi^*(\mathbf{q}, t)\psi(\mathbf{q}, t)$ correspond à une densité de probabilité. Conformément à la statistique mathématique, cela signifie que la fonction d'onde doit satisfaire la condition de normalisation :

$$\int \psi^*(\mathbf{q}, t)\psi(\mathbf{q}, t)d\mathbf{q} = 1.$$

Cette relation traduit le fait que la particule se trouve avec certitude dans l'espace considéré, puisque la probabilité de l'y trouver est égale à l'unité. La fonction d'onde n'est pas une quantité observable et n'entre jamais dans le résultat final. Elle doit être considérée uniquement comme un outil mathématique servant aux calculs des quantités dynamiques comme la position, la quantité de mouvement, l'énergie...

Le *second postulat* de la mécanique quantique stipule qu'à toute quantité dynamique L correspond un opérateur linéaire $\hat{L}$. Lorsqu'on désire mesurer une quantité dynamique L, on applique l'opérateur correspondant $\hat{L}$ à la fonction d'onde $\psi(\mathbf{q}, t)$. Or, si l'on ne s'intéresse qu'aux états stationnaires du système (états indépendants du temps), les seuls résultats observables de la grandeur physique sont les valeurs propres λ de $\hat{L}$ qui vérifient l'équation :

$$\hat{L}\psi(\mathbf{q}) = \lambda\psi(\mathbf{q})$$

Par exemple, l'opérateur $\hat{x}$ associé à la variable position x est la fonction x elle-même. L'action de cet opérateur sur la fonction $\psi(x)$ est la multiplication de cette fonction par x :

$$\hat{x}\psi(x) = x\psi(x).$$

Quant à l'opérateur $\hat{p}_x$ associé à la variable quantité de mouvement $p_x = mv_x$, il a pour expression $\hat{p}_x = \frac{\hbar}{i}\frac{\partial}{\partial x}$, où $\hbar(= 1,054.10^{-34}$ J.s) est la constante de Planck divisée par 2π et i le nombre imaginaire tel que $i^2 = -1$. Dans un problème à une dimension, l'action de l'opérateur quantité de mouvement sur la fonction $\psi(x)$ se réduit à l'intégration de l'équation différentielle :

$$\hat{p}_x\psi(x) = \frac{\hbar}{i}\frac{d\psi(x)}{dx} = p_x\psi(x),$$

dont la solution est $\psi(x) = A\exp(i\frac{p_x}{\hbar}x)$, où A est la constante d'intégration et $\psi(x)$ la fonction d'onde associée à la valeur propre p_x.

Lorsque l'on veut calculer l'énergie E du système, il faut appliquer l'opérateur associé $\hat{H}$ à la fonction d'onde $\psi(\mathbf{q})$, soit :

$$\hat{H}\psi(\mathbf{q}) = E\psi(\mathbf{q}). \tag{1.31}$$

Cette relation correspond à l'équation de Schrödinger indépendante du temps, dans laquelle l'opérateur hamiltonien $\hat{H}$ d'une particule a pour expression :

$$\begin{aligned} \hat{H} &= -\frac{\hbar^2}{2m}\nabla^2 + U(x,y,z), \\ \hat{H} &= -\frac{\hbar^2}{2m}\left(\frac{\partial^2}{\partial x^2} + \frac{\partial^2}{\partial y^2} + \frac{\partial^2}{\partial z^2}\right) + U(x,y,z), \end{aligned}$$

où m est la masse de la particule et ∇ l'opérateur gradient. Le premier terme du second membre correspond à l'opérateur énergie cinétique et le deuxième terme est l'énergie potentielle. Par conséquent, la connaissance de l'opérateur hamiltonien et des conditions aux limites du système permet de calculer E et ψ.

1.2.2 Etude d'une particule dans une boîte parallélépipédique

A titre d'illustration, et pour préciser la notion de quantification de l'énergie, considérons le problème d'une particule quantique de masse μ dans une boîte parallélépipédique de côtés a, b, c. Si la particule n'est soumise à aucune action extérieure, l'énergie potentielle est nulle et l'équation de Schrödinger (Rel. 1.31) se réduit à :

$$-\frac{\hbar^2}{2\mu}\nabla^2\psi = E\psi. \tag{1.32}$$

Recherchons la solution de cette équation aux dérivées partielles sous la forme d'un produit de trois fonctions dépendant chacune d'une variable unique, soit :

$$\psi(x,y,z) = \psi_1(x)\psi_2(y)\psi_3(z). \tag{1.33}$$

En reportant cette expression de la fonction d'onde dans la relation (1.32), on obtient :

$$-\frac{\hbar^2}{2\mu}\left[\psi_2(y)\psi_3(z)\frac{\partial^2\psi_1(x)}{\partial x^2} + \psi_1(x)\psi_3(z)\frac{\partial^2\psi_2(y)}{\partial y^2} + \psi_1(x)\psi_2(y)\frac{\partial^2\psi_3(z)}{\partial z^2}\right] = E\psi_1(x)\psi_2(y)\psi_3(z)$$

soit

$$-\frac{\hbar^2}{2\mu}\left[\frac{1}{\psi_1(x)}\frac{\partial^2\psi_1(x)}{\partial x^2} + \frac{1}{\psi_2(y)}\frac{\partial^2\psi_2(y)}{\partial y^2} + \frac{1}{\psi_3(z)}\frac{\partial^2\psi_3(z)}{\partial z^2}\right] = E.$$

Comme la somme des trois termes dans le crochet est constante, on peut poser $E = E_1 + E_2 + E_3$ et décomposer l'équation de Schrödinger en trois équations indépendantes :

$$\begin{aligned} \frac{\partial^2\psi_1(x)}{\partial x^2} &= -\frac{2\mu E_1}{\hbar^2}\psi_1(x), \\ \frac{\partial^2\psi_2(y)}{\partial y^2} &= -\frac{2\mu E_2}{\hbar^2}\psi_2(y), \\ \frac{\partial^2\psi_3(z)}{\partial z^2} &= -\frac{2\mu E_3}{\hbar^2}\psi_3(z). \end{aligned}$$

La résolution de ces équations de la forme $\ddot{X} = -k^2 X$ est immédiate. Les solutions sont :

$$\begin{aligned}\psi_1(x) &= A\sin k_1 x + A'\cos k_1 x,\\ \psi_2(y) &= B\sin k_2 y + B'\cos k_2 y,\\ \psi_3(z) &= C\sin k_3 z + C'\cos k_3 z,\end{aligned}$$

avec $k_1 = \sqrt{\frac{2\mu E_1}{\hbar^2}}$, $k_2 = \sqrt{\frac{2\mu E_2}{\hbar^2}}$ et $k_3 = \sqrt{\frac{2\mu E_3}{\hbar^2}}$. Or, pour déterminer complètement la solution du problème, il faut tenir compte des conditions aux limites imposées par les parois de la boîte, qui sont :

$$\begin{aligned}\psi(0,y,z) &= \psi(a,y,z) = 0,\\ \psi(x,0,z) &= \psi(x,b,z) = 0,\\ \psi(x,y,0) &= \psi(x,y,c) = 0.\end{aligned}$$

La première de ces conditions aux limites impose que, dans la direction x, on ait :

$$\psi(0,y,z) = \psi_1(0)\psi_2(y)\psi_3(z) = 0,$$

c'est-à-dire $A' = 0$ quels que soient y et z. On trouve de même dans les directions y et z que $B' = C' = 0$. Par ailleurs, en $x = a$ on doit avoir :

$$\psi(a,y,z) = \psi_1(a)\psi_2(y)\psi_3(z) = 0,$$

$$\psi(a,y,z) = (A\sin k_1 a)(B\sin k_2 y)(C\sin k_3 z) = 0,$$

c'est-à dire $k_1 = \frac{l\pi}{a}$ quels que soient y et z. En répétant ce calcul dans les directions y et z, on trouve que les quantités k_1, k_2 et k_3 s'écrivent :

$$\begin{aligned}k_1 &= \sqrt{\frac{2\mu E_1}{\hbar^2}} = \frac{l\pi}{a},\\ k_2 &= \sqrt{\frac{2\mu E_2}{\hbar^2}} = \frac{m\pi}{b},\\ k_3 &= \sqrt{\frac{2\mu E_3}{\hbar^2}} = \frac{n\pi}{c},\end{aligned}$$

où l, m et n sont des entiers positifs. Or, ces valeurs de k_1, k_2 et k_3 permettent de déterminer l'énergie $E = E_1 + E_2 + E_3$, soit :

$$E = \frac{\hbar^2}{2\mu}(k_1^2 + k_2^2 + k_3^2) = \frac{\hbar^2\pi^2}{2\mu}(\frac{l^2}{a^2} + \frac{m^2}{b^2} + \frac{n^2}{c^2}). \qquad (1.34)$$

ainsi que la fonction d'onde (Rel. 1.33) :

$$\psi(x,y,z) = ABC(\sin\frac{l\pi}{a}x)(\sin\frac{m\pi}{b}y)(\sin\frac{n\pi}{c}z). \qquad (1.35)$$

Il ne reste plus qu'à déterminer la constante (ABC) en utilisant la condition de normalisation de la fonction d'onde :

$$\iiint \psi^*(x,y,z)\psi(x,y,z)dxdydz = 1,$$

$$\text{soit} \quad (ABC)^2 \int \sin^2\left(\frac{l\pi}{a}x\right) dx \times \int \sin^2\left(\frac{m\pi}{b}y\right) dy \times \int \sin^2\left(\frac{n\pi}{c}z\right) dz = 1.$$

On vérifie aisément que les intégrales valent respectivement $\frac{a}{2}$, $\frac{b}{2}$ et $\frac{c}{2}$, si bien que la fonction d'onde s'écrit finalement :

$$\psi(x, y, z) = \sqrt{\frac{8}{abc}}(\sin\frac{l\pi}{a}x)(\sin\frac{m\pi}{b}y)(\sin\frac{n\pi}{c}z).$$

1.2.3 Dégénérescence et densité des états d'énergie

En considérant l'expression de l'énergie de la particule (Rel. 1.34), on constate qu'elle ne peut prendre qu'une succession de valeurs discrètes correspondant aux nombres entiers l, m et n. Etant caractérisée par les trois *nombres quantiques* l, m, n, l'énergie de la particule est donc quantifiée. On notera en passant que la quantification est une conséquence des conditions de continuité de la fonction d'onde sur les parois de la boite et que, pour des nombres quantiques donnés, l'énergie diminue lorsque la masse de la particule et la taille de la boîte augmentent.

Un aspect important de la quantification de l'énergie tient à ce que plusieurs fonctions d'ondes peuvent être associées à la même valeur d'énergie. En effet, si l'on suppose pour simplifier l'écriture que $a = b = c$, les expressions de la fonction d'onde et de l'énergie sont respectivement :

$$\psi(x, y, z) = \sqrt{\frac{8}{a^3}}(\sin\frac{l\pi}{a}x)(\sin\frac{m\pi}{a}y)(\sin\frac{n\pi}{a}z), \tag{1.36}$$

$$E = \frac{\hbar^2\pi^2}{2\mu a^2}(l^2 + m^2 + n^2). \tag{1.37}$$

Ainsi pour chaque triplet de valeurs (l, m, n), la permutation de deux d'entre elles laisse inchangée l'énergie alors qu'elle donne une fonction d'onde différente. On dit que les états d'énergie sont *dégénérés*. Par exemple, si $l = m = 3$ et $n = 4$, l'énergie vaut :

$$E = \frac{\hbar^2\pi^2}{2\mu a^2}\left[(3)^2 + (3)^2 + (4)^2\right],$$

et ne varie pas par permutation des entiers l, m, n. A contrario, pour les mêmes valeurs de l, m et n, la fonction d'onde peut prendre une des trois formes suivantes :

$$\begin{aligned}
\psi_{3,3,4} &= \sqrt{\frac{8}{a^3}}(\sin\frac{3\pi}{a}x)(\sin\frac{3\pi}{a}y)(\sin\frac{4\pi}{a}z),\\
\psi_{3,4,3} &= \sqrt{\frac{8}{a^3}}(\sin\frac{3\pi}{a}x)(\sin\frac{4\pi}{a}y)(\sin\frac{3\pi}{a}z),\\
\psi_{4,3,3} &= \sqrt{\frac{8}{a^3}}(\sin\frac{4\pi}{a}x)(\sin\frac{3\pi}{a}y)(\sin\frac{3\pi}{a}z).
\end{aligned}$$

Dans ce cas, l'énergie est trois fois dégénérée. On notera que si les trois nombres quantiques sont égaux, l'énergie n'est pas dégénérée.

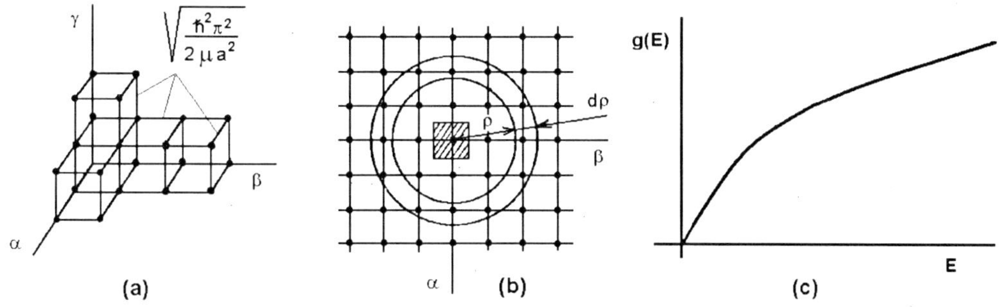

FIG. 1.2 – (a) Points représentatifs des états d'énergie dans l'espace $0\alpha\beta\gamma$. (b) Vue du plan $0\alpha\beta$ et de la couronne de rayon ρ et d'épaisseur $d\rho$. (c) Représentation graphique de la loi de variation de la densité d'états en fonction de l'énergie.

Lorsque les valeurs des entiers l, m et n sont très grandes, les intervalles entre les niveaux d'énergie deviennent si étroits que l'on peut admettre une variation continue de l'énergie. En effet, avec la relation (1.37), la différence relative d'énergie se réduit à :

$$\frac{E_{l,m,n+1} - E_{l,m,n}}{E_{l,m,n}} = \frac{[l^2 + m^2 + (n+1)^2] - (l^2 + m^2 + n^2)}{l^2 + m^2 + n^2},$$
$$\frac{E_{l,m,n+1} - E_{l,m,n}}{E_{l,m,n}} = \frac{2n+1}{l^2 + m^2 + n^2} \ll 1.$$

Dans ce cas, il est possible de définir une *densité des états d'énergie* que l'on évalue en représentant chaque état d'énergie $E_{l,m,n}$ par un point sur le repère $O\alpha\beta\gamma$ et en portant respectivement sur chaque axe les quantités (Fig. 1.2a) :

$$\sqrt{\frac{\hbar^2\pi^2}{2\mu a^2}}\, l, \qquad \sqrt{\frac{\hbar^2\pi^2}{2\mu a^2}}\, m, \qquad \sqrt{\frac{\hbar^2\pi^2}{2\mu a^2}}\, n.$$

On obtient ainsi des points situés aux sommets de cubes élémentaires de côté $\sqrt{\frac{\hbar^2\pi^2}{2\mu a^2}}$ et de volume $\left(\frac{\hbar^2\pi^2}{2\mu a^2}\right)^{3/2}$ constituant un réseau cubique. Puisque chaque cube élémentaire possède 8 sommets et que chaque sommet est commun à 8 cubes, on peut considérer que le volume disponible pour chaque point (état d'énergie) est celui du cube élémentaire de volume $\left(\frac{\hbar^2\pi^2}{2\mu a^2}\right)^{3/2}$. Par ailleurs, le carré de la distance ρ d'un point du réseau à l'origine vaut :

$$\rho^2 = \frac{\hbar^2\pi^2}{2\mu a^2}\left[l^2 + m^2 + n^2\right] = E_{l,m,n}. \tag{1.38}$$

Ainsi, plus les valeurs de l, m, n sont grandes, plus les points situés sur une sphère d'égale énergie sont nombreux. La coupe de la sphère par le plan $O\alpha\beta$ est montrée sur la figure (1.2b). Si l'on veut calculer le nombre d'états d'énergie dans le volume d'une couronne sphérique comprise entre ρ et $\rho + d\rho$, on doit calculer le volume de la couronne sphérique, soit $4\pi\rho^2 d\rho$, et diviser le résultat par le volume élémentaire attribué à un point. Mais comme les nombres l, m, n sont des entiers positifs, il ne faut considérer que le 1/8 de la couronne sphérique, de sorte que le nombre des états d'énergie dG dans la couronne se réduit à :

$$dG = \frac{1}{8}\frac{4\pi\rho^2 d\rho}{\left(\frac{\hbar^2\pi^2}{2\mu a^2}\right)^{3/2}} = \frac{\pi}{2}\left(\frac{2\mu a^2}{\hbar^2\pi^2}\right)^{3/2}\rho^2 d\rho.$$

Pour calculer la densité des états d'énergie $g(E) = \frac{dG}{dE}$ en fonction de l'énergie, remplaçons la variable ρ par la variable E en utilisant la relation (1.38), soit :

$$\begin{aligned} \rho^2 &= \frac{\hbar^2\pi^2}{2\mu a^2}\left[l^2 + m^2 + n^2\right] = E, \\ d\rho &= \frac{1}{2E^{1/2}}dE. \end{aligned}$$

Dans ce cas, la densité des états d'énergie $g(E)$ a pour expression :

$$g(E) = \frac{dG}{dE} = \frac{a^3}{4\pi^2}\left(\frac{2\mu}{\hbar^2}\right)^{3/2} E^{1/2}. \tag{1.39}$$

La densité des états d'énergie est proportionnelle à la racine carrée de l'énergie (Fig. 1.2c), c'est-à-dire à la racine carrée de la somme des carrés des nombres quantiques. Par ailleurs, c'est une fonction croissante de la masse de la particule et de la taille de la boîte, et elle a les dimensions de l'inverse de l'énergie. Mais, surtout, elle représente le nombre de fonctions d'ondes par unité d'énergie comprise entre E et $E + dE$. Pour fixer les idées, calculons la densité des états d'énergie dG dans l'intervalle d'énergie $E \pm \Delta E$, avec $\Delta E = 0,01E$, pour une particule classique (ion) de masse $\mu(= 2.10^{-27}$ kg) dans une boîte cubique de côté $a = 10^{-2}$ m, à la température de $T = 300$ K. L'énergie $E \left(= \frac{3}{2}k_B T\right)$, où $k_B = 1,38.10^{-23}$ J.K^{-1}, vaut $E \simeq 6.10^{-21}$ J et le nombre d'états d'énergie est :

$$\begin{aligned} dG &= \frac{a^3}{4\pi^2}\left(\frac{2\mu}{\hbar^2}\right)^{3/2} E^{1/2}dE, \qquad (1.40) \\ dG &= \frac{10^{-6}}{4\pi^2}\left[\frac{4.10^{-27}}{(1,054.10^{-34})^2}\right]^{3/2}(6.10^{-21})^{1/2}\frac{6.10^{-21}}{100} \simeq 2,5.10^{22}. \end{aligned}$$

Par conséquent, la dégénérescence d'une particule classique à température ambiante est considérable. On notera que la dégénérescence d'une particule quantique est à peine plus petite que celle d'une particule classique. En effet, il est facile de vérifier que le nombre d'états d'énergie d'un électron de masse $\mu = 0,911.10^{-30}$ kg, à la température de Fermi de 50000 K, dans les mêmes conditions que celles de la particule classique est quelques centaines de fois plus petit. De plus, si l'on considère, non pas une particule, mais un système de $N \simeq 10^{23}$ particules dans la boite cubique, un calcul plus compliqué que le précédent montre que le nombre d'états d'énergie est $dG \simeq 10^N$, ce qui est considérablement plus grand que pour une particule unique.

Parmi les notions de mécanique quantique utiles à la physique statistique, il faut encore évoquer la taille du plus petit volume de l'espace des phases disponible pour chaque état énergétique. Pour évaluer ses dimensions faisons correspondre le nombre d'états d'énergie

dG au volume $d\Gamma$ de l'espace des phases. Exprimons tout d'abord le nombre d'états d'énergie dG en fonction de la quantité de mouvement p, en éliminant l'énergie de la relation (1.40) avec la relation $p^2 = 2\mu E$. On obtient facilement :

$$\begin{aligned} dG &= \frac{a^3}{4\pi^2}\left(\frac{2\mu}{\hbar^2}\right)^{3/2}\frac{p}{(2\mu)^{1/2}}\frac{2pdp}{2\mu} \\ dG &= \frac{a^3}{4\pi^2\hbar^3}2p^2dp = \frac{4\pi a^3p^2dp}{h^3}. \end{aligned} \tag{1.41}$$

Dans le cas d'une particule dans une boîte de volume a^3, l'espace des phases est un espace à 6 dimensions et le volume élémentaire $d\Gamma$ de l'espace des phases contenant les dG états d'énergie est :

$$d\Gamma = \iiint d\mathbf{r} \iint\int_{\mathbf{p}}^{\mathbf{p}+d\mathbf{p}} d\mathbf{p}, \tag{1.42}$$

car tout l'espace des configurations est occupé par la particule, alors que seule la portion de l'espace des impulsions comprise entre $\mathbf{p}$ et $\mathbf{p} + d\mathbf{p}$ est occupée. Après avoir intégré sur l'espace des configurations, $\iiint d\mathbf{r} = a^3$, et sur la portion de l'espace des impulsions comprise entre les sphères de rayon p et $p + dp$, le volume de l'espace des phases $d\Gamma$ se réduit à l'expression :

$$d\Gamma = a^3 4\pi p^2 dp. \tag{1.43}$$

Par conséquent, le plus petit volume de l'espace des phases disponible pour chaque état d'énergie a pour valeur :

$$\frac{d\Gamma}{dG} = \frac{a^3 4\pi p^2 dp}{\frac{4\pi a^3 p^2 dp}{h^3}} = h^3. \tag{1.44}$$

Nous admettrons que ce résultat, démontré dans le cas particulier d'une particule dans une boîte, est valable dans tous les cas considérés.

1.3 Thermodynamique classique

La thermodynamique repose sur deux principes. Le premier principe établit l'équivalence entre le travail et la chaleur au moyen de la fonction *énergie interne*. Le second principe établit la relation entre la chaleur et la température au moyen de la fonction *entropie*. Une des questions importantes étudiées en thermodynamique classique est l'équilibre des systèmes. Celui-ci nécessite l'emploi d'autres fonctions d'états comme l'*énergie libre* et l'*enthalpie libre*. Une autre question intéressante est celle des processus qui se déroulent dans les systèmes physico-chimiques contenant plusieurs constituants et pour lesquels on utilise les fonctions *molaires partielles* et le *potentiel chimique*[1].

[1]Il est unanimement reconnu que les fondateurs des deux principes de la thermodynamique sont Carnot, Mayer et Clausius.

Sadi Carnot (1796-1832), savant français, était le fils de Lazare et l'oncle de Sadi, futur président de la République. Il énonça le second principe de la thermodynamique dans sa brochure *Réflexions sur la puissance motrice du feu* (1824).

1.3.1 Les principes

Equilibre, réversibilité. Un système est en *équilibre* lorsque sa composition et ses propriétés thermodynamiques ne varient pas au cours du temps. Dans un système en équilibre, une légère variation d'un facteur d'équilibre entraîne une modification de l'état du système du même ordre de grandeur. De plus, si la variation du facteur d'équilibre change de signe, la modification de l'état du système change de sens. Par contre, si une légère variation d'un facteur d'équilibre déclenche une modification de l'état du système hors de proportion avec l'intensité de l'action extérieure, le système est *hors d'équilibre*. Par exemple, l'introduction d'un germe dans un liquide en surfusion déclenche la solidification qui se poursuit même si l'on retire le germe, et le dégagement de chaleur est hors de proportion avec l'énergie utilisée pour introduire le germe. Une telle transformation présente un caractère d'irréversibilité car il faut apporter une quantité d'énergie plus importante pour ramener le système à son état initial.

Premier principe. Le *premier principe* ou principe d'équivalence stipule que, dans une transformation cyclique, le rapport du travail W à la quantité de chaleur Q, échangés entre le système et l'extérieur, est une constante universelle J, et ceci indépendamment de la forme du cycle et de la substance contenue dans le système. Aucun fait expérimental n'a jamais pu mettre en défaut ce principe.

Notons que si l'on convient de compter ce qui est apporté au système (travail, chaleur, énergie) comme positif et tout ce qui est produit par le système comme négatif, le signe à mettre devant la constante universelle J doit être le signe moins, $\frac{W}{Q} = -J$. Enfin, il est bien connu que si l'on veut rapprocher deux domaines de la physique il faut faire la *convention de coordination*, c'est-à-dire identifier la constante universelle à l'unité ($J = 1$). Si tel est le cas, les deux grandeurs W et Q s'expriment dans la même unité, le joule, et l'expression du premier principe se réduit à :

$$W + Q = 0. \tag{1.45}$$

La relation (1.45) montre qu'un système ne peut pas fournir de travail ($W < 0$) - ou produire de chaleur ($Q < 0$) - durant un cycle, sans compensation.

Dans une transformation ouverte, où l'état final est différent de l'état initial, le principe d'équivalence prend une forme différente. En effet, intuitivement, on est amené à penser que la variation de la quantité ($W + Q$), entre l'état initial A et l'état final B, ne doit dépendre que des états A et B et non des états intermédiaires. Dans le cas contraire, la condition $W + Q = 0$ ne serait pas respectée dans les transformations cycliques. Pour les transformations ouvertes, le premier principe s'écrit alors :

$$W + Q = E_B - E_A, \tag{1.46}$$

Robert Mayer (1814-1878), d'origine allemande, fit une carrière de médecin à Mulhouse. Il formula le premier principe de la thermodynamique dans un document *Sur les forces de la nature inorganique* (1842).

Rudolf Clausius (1822-1888), physicien allemand, publia *Théorie mécanique de la chaleur* (1864) dans laquelle il concilia le principe de Mayer avec celui de Carnot.

On trouvera tous les compléments aux notions rappelées dans ce paragraphe dans les ouvrages de thermodynamique classique - voir, par exemple, J. L. Bretonnet, *Thermodynamique générale et appliquée*, Ellipses, Paris (2008).

où E est appelé *énergie interne* ; c'est une fonction définie par l'état du système et non par le choix de la transformation. Il résulte de la relation (1.46) qu'une variation infinitésimale de l'énergie est une différentielle totale exacte permettant d'écrire le premier principe :

$$\oint dE = 0 \qquad \text{avec} \qquad dE = \delta W + \delta Q. \tag{1.47}$$

Dans la relation précédente, le symbole δ est utilisé pour indiquer que les quantités δW et δQ prises séparément ne sont pas, en général, des différentielles totales exactes. Si le travail W n'est produit que par des forces de pression, l'expression du travail élémentaire est $\delta W = -pdV$ et elle peut être utilisée aussi bien pour une compression que pour une détente. En substituant δW dans la relation (1.47), on obtient l'expression particulière du premier principe :

$$dE = -pdV + \delta Q. \tag{1.48}$$

Second principe. Le premier principe de la thermodynamique établit l'équivalence entre l'énergie thermique et l'énergie mécanique, mais ne donne aucune indication sur les conditions de leurs transformations mutuelles. Alors que toutes les formes d'énergie peuvent être transformées, sans restriction, en énergie thermique, la transformation d'énergie thermique (chaleur) en énergie mécanique (travail) exige certaines conditions particulières. L'expérience montre qu'un système ne peut pas fournir de travail lorsqu'il est en contact avec une seule source de chaleur. Ceci est la négation de ce qu'il est convenu d'appeler le mouvement perpétuel de seconde espèce. En revanche, un système peut produire du travail lorsqu'il est en contact avec deux sources de chaleur ayant des températures différentes. Les premières études visant à trouver les conditions les plus avantageuses de transformation de l'énergie thermique en énergie mécanique et à calculer le rendement des transformations ont été réalisés par Carnot. Le cycle de Carnot, qui présente l'avantage majeur d'être réversible, est un cycle purement théorique.

De façon générale, si Q_1 est la quantité de chaleur empruntée à la source chaude et Q_2 la quantité de chaleur cédée en pure perte à la source froide, la forme logique du rendement du cycle théorique de Carnot est :

$$\eta = \frac{Q_1 + Q_2}{Q_1}, \tag{1.49}$$

où $Q_1 + Q_2$ est la quantité de chaleur transformée en travail, avec $Q_1 > 0$ et $Q_2 < 0$. Carnot démontra, en 1824, que le rendement dépend des températures T_1 et T_2 des deux sources, $\eta = f(T_1,T_2)$, et non de la nature du fluide moteur, mais il fallut attendre 1853 pour que Clausius explicite la relation qui lie le rendement η aux températures T_1 et T_2, et qui s'écrit :

$$\eta^{rev} = 1 + \frac{Q_2^{rev}}{Q_1^{rev}} = 1 - \frac{T_2}{T_1}. \tag{1.50}$$

Cette relation montre que le rendement est strictement inférieur à l'unité, car il est pratiquement impossible d'avoir des sources de chaleur où $T_1 = \infty$ et $T_2 = 0$. Par ailleurs, il faut noter que la relation (1.50) se rapporte à un cycle réversible. Or, dans les cycles réels, les écarts de chaleurs entre le fluide moteur et les sources ne sont jamais nuls. Les états successifs du cycle ne sont donc pas des états d'équilibre et le cycle réel est un cycle irréversible réalisé avec des températures $T_1^{irr} < T_1$ et $T_2^{irr} > T_2$. Il en résulte que le rendement d'un cycle irréversible est toujours inférieur au rendement du cycle réversible :

$$\eta^{irr} = 1 + \frac{Q_2^{irr}}{Q_1^{irr}} = 1 - \frac{T_2^{irr}}{T_1^{irr}} < 1 - \frac{T_2}{T_1}. \tag{1.51}$$

Principe d'accroissement d'entropie. Des expressions du rendement d'un cycle réversible (Rel. 1.50) et d'un cycle irréversible (Rel. 1.51), on déduit les relations :

$$\frac{Q_1^{rev}}{T_1} + \frac{Q_2^{rev}}{T_2} = 0 \quad \text{et} \quad \frac{Q_1^{irr}}{T_1} + \frac{Q_2^{irr}}{T_2} < 0. \tag{1.52}$$

Elles indiquent que durant les échanges thermiques la somme des rapports de la quantité de chaleur sur la température absolue est nulle ou négative. Pour autant qu'il puisse être représenté sur le diagramme de Clapeyron, tout cycle peut être décomposé en un grand nombre de cycles infinitésimaux, formés d'isothermes et d'adiabatiques, permettant de transformer les relations (1.52) sous la forme intégrale suivante qui constitue l'énoncé du second principe sous forme mathématique :

$$\oint \frac{\delta Q}{T} \leq 0, \tag{1.53}$$

où le signe d'égalité s'applique aux cycles réversibles et le signe d'inégalité aux cycles irréversibles. Ainsi, il n'existe pas de cycles pour lesquels $\oint \frac{\delta Q}{T} > 0$.

L'expression $\oint \frac{\delta Q^{rev}}{T} = 0$ est formellement analogue à l'expression $\oint dE = 0$. Or, d'après la relation (1.47), δQ n'est généralement pas une différentielle totale exacte alors que dE en est une. Mais la quantité $\frac{\delta Q^{rev}}{T}$ est une différentielle totale exacte, bien que δQ^{rev} n'en soit pas une, du simple fait que $\frac{1}{T}$ est le facteur intégrant de δQ^{rev}. Ceci conduit à introduire une fonction d'état, l'*entropie* notée S, qui caractérise l'état d'un système et s'écrit :

$$dS = \frac{\delta Q^{rev}}{T} \quad \text{et} \quad S_B - S_A = \int_A^B \frac{\delta Q^{rev}}{T}. \tag{1.54}$$

Il faut remarquer que l'entropie est une grandeur insensible aux sens et non mesurable directement. La notion d'entropie exposée ici est basée sur la méthode historique, mais elle repose sur une construction mathématique plus solide. Elle acquiert aussi une signification tangible sur la base de considérations atomistiques et son emploi rend les plus grands services en servant à fixer le sens de l'évolution spontanée des systèmes. Avec la relation (1.53), on voit que toute cause d'irréversibilité intervient pour diminuer la valeur de l'intégrale $\oint \frac{\delta Q}{T}$. Si l'on considère un cycle au cours duquel le système passe d'un état A à un état B par un trajet irréversible et revient à son état initial par un trajet réversible, d'après la relation (1.53) ce cycle globalement irréversible s'écrit :

$$\oint \frac{\delta Q^{irr}}{T} = \int_A^B \frac{\delta Q^{irr}}{T} + \int_B^A \frac{\delta Q^{rev}}{T} < 0.$$

Et si l'on explicite la dernière intégrale au moyen de la relation (1.54), on obtient l'inégalité suivante :

$$\int_A^B \frac{\delta Q^{irr}}{T} < S_B - S_A. \tag{1.55}$$

Cette formule présente un intérêt particulier lorsque la transformation est adiabatique, car $\delta Q^{irr} = 0$ et $S_A < S_B$. Ainsi, tout processus qui se produit spontanément dans un système isolé et qui, par conséquent, subit une transformation adiabatique irréversible, est toujours accompagné d'un accroissement d'entropie. C'est la fonction entropie qui permet de trouver le sens vers lequel peuvent évoluer les phénomènes naturels.

1.3.2 Les conditions d'équilibre thermodynamique

Transformation de Legendre. On vient d'indiquer que toute transformation spontanée se déroulant dans un système isolé est accompagnée d'une augmentation d'entropie. Or, lorsque l'entropie S a atteint sa valeur maximum, le système ne peut plus évoluer car il est dans un état d'équilibre. On sait par ailleurs que la position d'équilibre de tout système est celle pour laquelle l'énergie E est minimum. Par conséquent, la tendance des systèmes thermodynamiques vers l'équilibre résulte de la conjugaison de deux facteurs : l'un est la tendance vers l'entropie maximum, l'autre est la tendance vers l'énergie minimum. Pour considérer simultanément ces deux variations, on utilise habituellement d'autres fonctions d'états que l'énergie interne E et l'entropie S.

En partant des deux principes de la thermodynamique et en combinant les relations (1.48) et (1.54), on obtient la relation suivante :

$$dE = -pdV + TdS, \tag{1.56}$$

qui suggère que V et S sont les variables naturelles de la fonction d'état E. Mais l'entropie qui est difficile à contrôler expérimentalement n'est pas la variable indépendante qui convient le mieux. Il semble en revanche que les couples de variables (V, T) ou (T, p) mesurées plus facilement sont d'un emploi plus avantageux. La recherche des fonctions d'états associées à chacun de ces couples de variables est un problème important de la thermodynamique que l'on résout au moyen de la transformée de Legendre.

Pour définir la transformée de Legendre, considérons la fonction $y = f(x)$. Elle est représentée traditionnellement par une courbe C formée par les points M de coordonnées (x, y). Mais elle peut également être représentée par l'ensemble des tangentes, d'équation $y = ax + b$, sur lesquelles la courbe C vient s'adosser comme on peut le voir sur la figure (1.4). La transformation qui fait passer des couples (x, y) aux couples (a, b) s'appelle *transformée de Legendre*. De l'équation des tangentes $y = ax + b$, on déduit la variation de l'ordonnée à l'origine b en fonction de la pente a en tout point $M(x, y)$:

$$b = y - xa = g(a). \tag{1.57}$$

Or la fonction $b = g(a)$ est équivalente à la fonction $y = f(x)$, car il est facile de voir que la connaissance de l'une entraîne la connaissance de l'autre. En effet, si $y = f(x)$ est connue, on détermine $b = g(a)$ en calculant $a = \frac{df}{dx}$ et $b = y - x\frac{df}{dx}$ en fonction de x et de y. Inversement, si $b = g(a)$ est connue, on déduit $y = f(x)$ en calculant $x = -\frac{dg}{da}$ et $y = b - \frac{dg}{da}a$ en fonction de a et b, avec la relation (1.57).

Utilisons la transformée de Legendre pour trouver, à partir de la fonction d'état $E(V, S)$, la fonction d'état dont les variables naturelles sont V et T. Ignorons la variable V

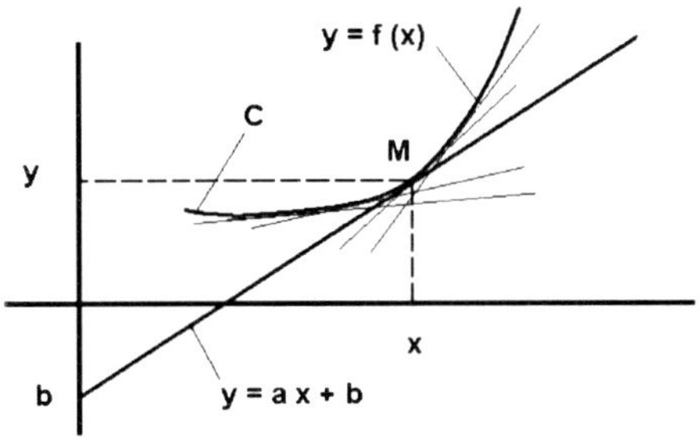

FIG. 1.3 – Schéma explicatif de la transformée de Legendre.

qui est commune à l'ancienne et à la nouvelle fonction d'état, et calculons la transformée de Legendre de $E(S)$. Compte tenu de la relation (1.56), il se trouve que la pente de la tangente à la courbe $E(S)$ est $\left(\frac{\partial E}{dS}\right)_V = T$. Par conséquent la transformée de Legendre que l'on calcule au moyen de la relation (1.57), en identifiant E à y, S à x et T à a, est $E - ST$. Cette nouvelle fonction d'état est appelée *énergie libre de Helmholtz*. C'est une fonction de V et de T, notée $F(V,T) = E - ST$ et sa forme différentielle est :

$$dF = -SdT - pdV. \tag{1.58}$$

Par le même raisonnement, on démontre sans difficulté l'existence de deux nouvelles fonctions d'état : l'*enthalpie*, notée $H(S,p) = G + TS$ et l'*enthalpie libre de Gibbs*, notée $G(p,T) = F + pV$ dont les formes différentielles sont :

$$dH = TdS + Vdp. \tag{1.59}$$

$$dG = -SdT + Vdp. \tag{1.60}$$

En résumé, les quatre fonctions d'états, choisies en fonction du problème traité, sont l'énergie interne $E(S,V)$, l'énergie libre $F(T,V)$, l'enthalpie $H(S,p)$ et l'enthalpie libre $G(T,p)$. Leurs formes différentielles sont données respectivement par les relations (1.56), (1.58), (1.59) et (1.60), et le passage de l'une à l'autre se fait par les formules suivantes :

$$F = E - TS, \tag{1.61}$$

$$H = E + pV, \tag{1.62}$$

$$G = E - TS + pV. \tag{1.63}$$

Interprétation de l'énergie libre. Les fonctions d'état E, F, H et G sont d'une grande utilité pour étudier non seulement les conditions d'équilibre des systèmes thermodynamiques, mais également pour prévoir le sens des transformations lorsque l'état d'équilibre vient à être perturbé. En effet, on a vu que la tendance vers une valeur maximum de l'entropie est contrecarrée par une tendance vers une valeur minimum de l'énergie. Or, en imposant aux variables T et V, ou T et p, de petites variations ΔT, ΔV et Δp, on conçoit que ce sont les fonctions d'état F et G qui jouent un rôle primordial dans l'étude de l'évolution des systèmes.

Lorsqu'un système est le siège d'une transformation spontanée - irréversible -, on peut prévoir le sens d'évolution du processus en considérant la *relation fondamentale* de la thermodynamique qui est formée par les relations (1.48 et 1.55) :

$$dE - TdS \leq \delta W, \tag{1.64}$$

qui est vérifiée dans toute transformation. Or, avec la relation $E - TS = F$, il est facile de voir que dans une transformation isotherme réversible la relation (1.64) se réduit à :

$$d(E - TS)_{T,V} = dF = \delta W. \tag{1.65}$$

Dans ce cas, le travail est rigoureusement égal à la variation d'énergie libre ($W = \Delta F$) et peut ainsi être considéré comme une fonction d'état. De la relation $\Delta E - T\Delta S = \Delta F$, il s'ensuit que la variation d'énergie interne ΔE se compose de deux termes : l'énergie libre ΔF directement utilisable sous forme de travail et la quantité $T\Delta S$ qui est l'énergie liée à l'échange de chaleur.

De plus, si le travail est dû uniquement aux forces de pression ($\delta W = -pdV$), la relation (1.64) s'écrit :

$$dE - TdS \leq -pdV, \tag{1.66}$$

de sorte que, dans une transformation à T et V constants, le travail est nul ($\delta W = -pdV = 0$) et la relation (1.66) se réduit à :

$$d(E - TS)_{T,V} \leq 0. \tag{1.67}$$

Par contre, si la transformation se déroule à T et p constants, $\delta W = -pdV \neq 0$ et la relation (1.66) s'écrit :

$$d(E - TS + pV)_{T,p} \leq 0. \tag{1.68}$$

Etant donné que $E - TS = F$ et que $E - TS + pV = G$, on doit admettre en regardant les relations (1.67) et (1.68) que dans une transformation spontanée à T et V constants, c'est l'énergie libre F qui décroît, et qu'aucune évolution n'est plus possible dès que la fonction F est minimum ($dF = 0$), alors que dans une transformation spontanée à T et p constants, c'est l'enthalpie libre G qui décroît, et qu'aucune évolution n'est plus possible dès que la fonction G est minimum ($dG = 0$).

1.3.3 Le potentiel chimique

Jusqu'ici il était question de systèmes dans lesquels les processus se déroulaient sans que le nombre et la nature des molécules ne soient modifiés. Mais il existe des systèmes dans lesquels les transformations thermomécaniques sont doublées de transformations thermochimiques au cours desquelles le nombre et la nature des molécules peuvent varier. Ce sont des systèmes physico-chimiques à plusieurs constituants qui nécessitent une étude spécifique.

Systèmes ouverts. Les fonctions d'état E, F, H et G dépendent de leurs variables naturelles respectives et du nombre de moles n_i d'espèce i. Par exemple, l'enthalpie libre $G(T, p, ..., n_i, ...)$ est fonction de la température, de la pression et du nombre de moles. Or, l'enthalpie libre, comme toutes les autres fonctions d'état, possède un caractère extensif qui est à l'origine de propriétés générales intéressantes, soulignées par Lewis en 1900, et qui permet de générer des grandeurs intensives appelées *grandeurs molaires partielles.*

Pour définir les grandeurs molaires partielles, considérons une phase homogène ouverte, à T et p constants, dont l'état est susceptible d'être modifié en augmentant le nombre de moles de tous ses constituants par un facteur multiplicatif constant λ. Après modification, la phase contient λn_1, $\lambda n_2, \ldots$ $\lambda n_i, \ldots$ moles et l'enthalpie libre, qui est une grandeur extensive, possède la propriété évidente $G(T, p, \ldots, \lambda n_i, \ldots) = \lambda . G(T,\ p, \ldots, n_i, \ldots)$. Cette expression est celle d'une fonction homogène de degré un des n_i. Or, en vertu du théorème d'Euler (§ 1.1.3), la fonction homogène G vérifiant la relation précédente s'écrit sous la forme suivante (Rel. 1.19) :

$$G(T, p, \ldots, n_i, \ldots) = \sum_i n_i \left(\frac{\partial G}{\partial n_i}\right)_{T,p,n_{j \neq i}} = \sum_i n_i \overline{G_i}, \tag{1.69}$$

où les dérivées partielles de G par rapport à n_i, notées $\overline{G_i}$, s'appellent *énergies libres molaires partielles.* Toute grandeur molaire partielle est formée par la dérivée partielle d'une grandeur extensive par rapport au nombre de moles d'un constituant, le nombre de moles des autres constituants restant constant. Les grandeurs molaires partielles sont des grandeurs intensives car elles ne caractérisent pas l'ensemble du système, contrairement aux grandeurs dont elles sont issues. On notera que l'énergie libre molaire partielle $\overline{G_i}$ est rigoureusement égale au *potentiel chimique* $\mu_i (= \overline{G_i})$ introduit antérieurement par Gibbs.

La variation élémentaire de l'enthalpie libre obtenue à partir de la relation (1.69) s'écrit en fonction du potentiel chimique comme suit :

$$dG = \sum_i n_i d\mu_i + \sum_i \mu_i dn_i. \tag{1.70}$$

Mais, dans une transformation élémentaire où chaque variable subit un accroissement infinitésimal, la variation de l'enthalpie libre $G(T,\ p, \ldots, n_i, \ldots)$ s'écrit également sous la forme suivante :

$$dG = \left(\frac{\partial G}{\partial T}\right)_{p,n_i} dT + \left(\frac{\partial G}{\partial p}\right)_{T,n_i} dp + \sum_i \left(\frac{\partial G}{\partial n_i}\right)_{T,p,n_{j \neq i}} dn_i. \tag{1.71}$$

Or, avec la relation (1.60) et la définition du potentiel chimique, on peut expliciter les dérivées partielles dans la relation précédente en fonction de l'entropie, du volume et du potentiel chimique, comme suit :

$$\left(\frac{\partial G}{\partial T}\right)_{p,n_i} = -S, \qquad \left(\frac{\partial G}{\partial p}\right)_{T,n_i} = V \qquad \text{et} \qquad \left(\frac{\partial G}{\partial n_i}\right)_{T,p,n_{j \neq i}} = \mu_i,$$

et réécrire la relation (1.71) sous la forme compacte suivante :

$$dG = -SdT + Vdp + \sum_i \mu_i dn_i. \tag{1.72}$$

Si l'on identifie la relation (1.72) avec la relation (1.70), on obtient une nouvelle relation appelée *relation de Gibbs-Duhem* qui doit être identiquement satisfaite, soit :

$$SdT - Vdp + \sum_i n_i d\mu_i = 0. \tag{1.73}$$

Dans le cas d'une transformation infinitésimale à T et p constants, cette relation se réduit à :

$$\sum_i n_i d\mu_i = 0. \tag{1.74}$$

Systèmes fermés. Après avoir considéré un système homogène ouvert (constitué d'une seule phase et susceptible d'échanger des molécules avec l'extérieur), considérons un système hétérogène fermé (constitué de plusieurs constituants répartis dans deux phases distinctes). La masse totale des constituants se répartit entre les deux phases, de sorte que chaque phase considérée séparément forme un système ouvert auquel on peut appliquer les résultats du paragraphe précédent. Les variations d'enthalpie libre des deux phases notées α et β s'écrivent à l'aide de la relation (1.72) :

$$\begin{aligned} dG^\alpha &= -S^\alpha dT + V^\alpha dp + \sum_i \mu_i^\alpha dn_i^\alpha \\ dG^\beta &= -S^\beta dT + V^\beta dp + \sum_i \mu_i^\beta dn_i^\beta. \end{aligned}$$

Compte tenu du caractère extensif de l'entropie ($S = S^\alpha + S^\beta$) et du volume ($V = V^\alpha + V^\beta$), la variation d'enthalpie libre du système hétérogène est :

$$dG = dG^\alpha + dG^\beta = -SdT + Vdp + \sum_i \mu_i^\alpha dn_i^\alpha + \sum_i \mu_i^\beta dn_i^\beta. \tag{1.75}$$

Or, lorsque l'équilibre thermique et l'équilibre mécanique sont réalisés ($dT = 0$ et $dp = 0$), la condition d'équilibre thermodynamique ($dG = 0$) se réduit à l'expression :

$$\sum_i \mu_i^\alpha dn_i^\alpha + \sum_i \mu_i^\beta dn_i^\beta = 0. \tag{1.76}$$

Puisque dans le système fermé le nombre de chaque constituant est constant ($n_i = n_i^\alpha + n_i^\beta = cte$), la relation suivante doit être vérifiée :

$$dn_i^\alpha + dn_i^\beta = 0. \tag{1.77}$$

Pour obtenir la solution qui vérifie simultanément les relations (1.76) et (1.77), utilisons la méthode des multiplicateurs de Lagrange. Celle-ci consiste à multiplier la relation (1.77) par un coefficient arbitraire λ et à retrancher le résultat de la relation (1.76), soit :

$$\sum_i (\mu_i^\alpha - \lambda) dn_i^\alpha + \sum_i (\mu_i^\beta - \lambda) dn_i^\beta = 0.$$

Cette relation est identiquement nulle quand le coefficient λ est égal à :

$$\lambda = \mu_i^\alpha = \mu_i^\beta. \tag{1.78}$$

Ainsi, un système fermé, constitué de plusieurs constituants répartis entre deux (ou plusieurs) phases, est en équilibre thermique, mécanique et thermodynamique lorsque, respectivement, les températures T, les pressions p et les potentiels chimiques μ_i sont les mêmes dans toutes les phases en présence.

Relation formelle du potentiel chimique. Ayant étudié les caractéristiques des systèmes hétérogènes fermés et trouvé les conditions d'équilibre entre les phases, il reste à évaluer l'enthalpie libre G donnée par la relation (1.69) :

$$G = \sum_i n_i^\alpha \mu_i^\alpha + \sum_i n_i^\beta \mu_i^\beta + ..., \tag{1.79}$$

où les μ_i sont les potentiels chimiques des constituants dans les différentes phases. On notera que pour étudier l'équilibre d'un système thermodynamique il est inutile, voire impossible, de connaître la valeur absolue de G. Seule une valeur relative permettant de trouver la valeur minimale de G est nécessaire.

L'enthalpie libre d'une substance pure est une grandeur qui dépend de la température, de la pression et de la quantité de matière (Rel. 1.69). Celle d'une mole (de substance pure), qui est aussi le potentiel chimique ($G = \mu$), doit être définie dans un état standard de température et de pression arbitrairement déterminé. Cette valeur de μ constitue une référence commode par rapport à laquelle on peut calculer le potentiel chimique dans d'autres conditions thermodynamiques. Mais elle permet surtout de calculer l'enthalpie libre d'un mélange de substances différentes, avec la relation (1.79), dès lors que le potentiel chimique de chaque constituant est connu. Il est bon de noter ici que la relation (1.79) s'applique lorsqu'il n'y a pas d'interaction entre les constituants. Dans le cas contraire, des termes d'interaction doivent être ajoutés car l'enthalpie libre du mélange n'est pas égale la somme des enthalpies libres de ses constituants.

Les études expérimentales du potentiel chimique effectuées par diverses méthodes (pression de vapeur, solubilité, point de congélation, équilibres chimiques...) ne permettent pas d'affirmer qu'il existe une loi universelle entre le potentiel chimique et la composition des constituants, car chaque système possède sa propre équation d'état. La forme la plus simple du potentiel chimique est celle du gaz parfait. Pour obtenir son expression, considérons une mole de gaz parfait dont l'équation d'état est $pV = RT$ et l'enthalpie libre élémentaire est $dG = -SdT + Vdp$. En remplaçant le volume dans la seconde équation par son expression tirée de la première, on obtient :

$$\left(\frac{\partial G}{\partial p}\right)_T = V = \frac{RT}{p}.$$

Dans une transformation isotherme de la mole de gaz parfait entre l'état de référence de pression p^0 et l'état de pression p, la variation d'enthalpie libre est :

$$G - G^0 = RT \ln \frac{p}{p^0}.$$

Or, d'après ce qui précède l'enthalpie libre molaire est égale au potentiel chimique ($G = \mu$). Donc, si l'on convient que l'état de référence est la pression atmosphérique ($p^0 = 1$ atm), l'expression du potentiel chimique du gaz parfait s'écrit :

$$\mu(p, T) = \mu^0(T) + RT \ln p, \tag{1.80}$$

où $\mu^0(T)$ est le potentiel chimique à la pression d'une atmosphère et à la température T, avec p exprimée en atmosphères.

Cette expression n'est rigoureusement applicable qu'au gaz parfait. Pour chaque gaz réel où les interactions entre les molécules ne sont pas nulles, le calcul de μ devrait être effectué avec l'équation d'état adéquate. Mais les calculs sont si compliqués que l'on a décidé de conserver la même relation formelle (Rel. 1.80) pour tous les systèmes, en remplaçant la pression par une nouvelle grandeur, la *fugacité* z. Rapportée à une molécule de gaz réel, la relation (1.80) devient :

$$\frac{\mu(p,T)}{\mathbb{N}} = \frac{\mu^0(T)}{\mathbb{N}} + k_B T \ln z, \tag{1.81}$$

où $\mathbb{N} = \frac{R}{k_B}$ est le nombre d'Avogadro et $k_B (= 1,38.10^{-23}$ J.K$^{-1})$ la constante de Boltzmann. L'expression de la fugacité z en fonction du potentiel chimique par molécule $\frac{\mu(p,T)}{\mathbb{N}}$ s'écrit :

$$z = \frac{\exp(\frac{\mu}{\mathbb{N}k_B T})}{\exp(\frac{\mu^0}{\mathbb{N}k_B T})}. \tag{1.82}$$

La fugacité, qui est une mesure du degré d'interaction entre les molécules, est une des grandeurs importantes qui permet de faire le lien entre la thermodynamique classique et la thermodynamique statistique.

1.4 Statistique mathématique

Dans ce paragraphe on rappelle brièvement les notions de théorie des probabilités et de statistique mathématique, essentielles pour une bonne compréhension de la physique statistique. Les méthodes statistiques ont pour objet l'étude de trois catégories de phénomènes aléatoires. La première catégorie se rapporte aux phénomènes les plus simples que sont les *événements aléatoires*. La seconde catégorie traite les phénomènes aléatoires un peu plus complexe représentés par les *variables aléatoires*. La troisième catégorie concerne les phénomènes aléatoires encore plus compliqués devant être considérés comme des *fonctions aléatoires*.

1.4.1 Evénements aléatoires

On appelle événement aléatoire un événement qui, à l'issue d'une expérience, se réalise ou ne se réalise pas. L'expérience montée pour observer un événement aléatoire est appelée *épreuve*. En pratique, il est d'usage d'entendre par probabilité d'un événement aléatoire A le rapport du nombre d'épreuves m réalisées (réussies) sur le nombre total d'épreuves M produites, lorsque M est grand, soit :

$$P(A) = \lim_{M\to\infty} \frac{m}{M}.$$

Cette définition suppose que les événements sont *équiprobables*, c'est-à-dire que leur probabilité de réalisation est la même. Par exemple, dans l'épreuve du lancer de dé, la probabilité d'apparition du trois (ou de toute autre face du dé) est $P(\{3\}) = 1/6$.

Dans les calculs relatifs aux probabilités, les événements sont associés à des ensembles et leurs opérations se font au moyen de la réunion et de l'intersection d'ensembles. A

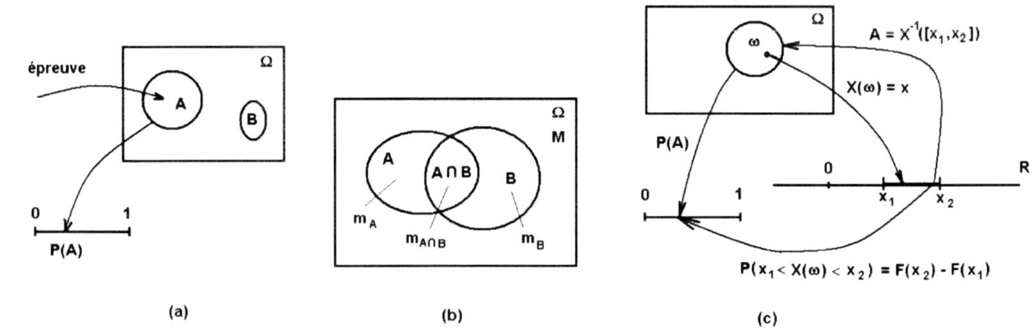

FIG. 1.4 – (a) Définition de la probabilité de réalisation d'un événement aléatoire. Evénement A réalisé, événement B non réalisé. (b) Probabilité conditionnelle de A relativement à B. (c) Définition de la probabilité de réalisation d'une variable aléatoire.

un événement aléatoire A de l'ensemble des épreuves Ω on associe l'élément $P(A)$ de l'ensemble $[0, 1]$, appelé *probabilité* (Fig. 1.5a). Si l'événement est certain, $P(\Omega) = 1$, et s'il est impossible, $P(\phi) = 0$, où ϕ est l'ensemble vide.

Pour appliquer la théorie des probabilités, on utilise la notion de système *complet* d'événements *incompatibles.* Lorsque deux événements ne peuvent se produire au cours d'une même épreuve, leur intersection est vide et on dit qu'ils sont *incompatibles.* Si les événements A_1, A_2, ..., A_n sont incompatibles, la probabilité de réalisation d'au moins un seul d'entre eux est :

$$P(A_1 \cup A_2 \cup ... \cup A_n) = \sum_{i=1}^{n} P(A_i).$$

De plus, si l'on est assuré qu'un des événements se réalise au cours d'une épreuve, la probabilité de réalisation d'au moins un seul d'entre eux est $\sum_{i=1}^{n} P(A_i) = 1$. Par exemple, dans l'épreuve du lancer de dé, la probabilité d'apparition d'au moins une face est :

$$P(\{1\} \cup \{2\} \cup \{3\} \cup \{4\} \cup \{5\} \cup \{6\}) = \frac{1}{6} + \frac{1}{6} + \frac{1}{6} + \frac{1}{6} + \frac{1}{6} + \frac{1}{6} = 1.$$

Dans le cas où la somme des probabilités d'événements incompatibles est égale à l'unité, on dit que les événements forment un *système complet.*

On est souvent amené à recourir à la notion de *probabilité conditionnelle* et d'*événements indépendants.* Considérons deux événements aléatoires A et B non incompatibles, possédant donc une intersection non nulle (Fig. 1.5b). Sur le nombre total M d'épreuves produites, supposons que le nombre de réalisations de l'événement A soit m_A, le nombre de réalisations de l'événement B soit m_B, et le nombre de réalisations simultanées des événements A et B soit $m_{A \cap B}$. On appelle *probabilité conditionnelle* de A relativement à B, la probabilité de réalisation de l'événement A sachant que l'événement B est déjà réalisé. On la note $P(A\,|B)$. Mais puisque l'on est sûr que B est réalisé, il joue le rôle d'événement certain pour l'événement A qui lui succède. Dans ce cas, la probabilité conditionnelle a pour expression :

$$P(A\,|B) = \frac{m_{A\cap B}}{m_B} = \frac{m_{A\cap B}}{M}\frac{M}{m_B},$$

$$\text{soit} \qquad P(A\,|B) = \frac{P(A\cap B)}{P(B)}. \tag{1.83}$$

On dit que deux événements sont *indépendants* si la réalisation de l'un n'influence pas la réalisation de l'autre. En l'occurrence, si la réalisation de l'événement A ne dépend pas de l'événement B, on doit avoir $P(A\,|B) = P(A)$ ce qui implique :

$$P(A\cap B) = P(A)P(B). \tag{1.84}$$

Cette formule signifie que les événements A et B soient indépendants.

1.4.2 Variables aléatoires

Définitions. On appelle variable aléatoire toute fonction X qui associe à un élément ω de l'ensemble des observables Ω un élément x de l'ensemble des nombres réels R (Fig. 1.5c). La définition de la variable aléatoire n'est rien d'autre que la traduction mathématique de la notion d'appareil de mesure associant un nombre $x = X(\omega)$ au résultat ω de l'expérience (information assimilée par l'appareil de mesure). Le rôle de la variable aléatoire est donc de transposer les observations sur la droite numérique matérialisée par l'organe de lecture. Par abus de langage, on confond fréquemment l'application X avec le résultat x de la mesure et on appelle variable aléatoire la grandeur qui prend ses valeurs sur l'ensemble des nombres réels. Ici, on conviendra de désigner les variables aléatoires par des lettres majuscules pour les distinguer des variables ordinaires désignées par des lettres minuscules.

Avant de réaliser une expérience, c'est-à-dire avant que l'aiguille de l'appareil de mesure se déplace, l'expérimentateur se demande implicitement quelle sera la probabilité $P(x_1 \leq X(\omega) < x_2)$ que l'aiguille se fixe sur une graduation située dans un intervalle donné $[x_1, x_2]$. La relation qui établit la correspondance entre les valeurs possibles de la variable aléatoire et les probabilités (Fig. 1.5c) s'appelle *fonction de répartition* $F(x)$. Cette dernière fournit la probabilité que la variable aléatoire $X(\omega)$ soit inférieure à un seuil x fixé à l'avance :

$$F(x) = P(X(\omega) < x).$$

Par définition même de la variable aléatoire, les événements élémentaires $X(\omega) = x$ sont incompatibles et forment un système complet. Lorsqu'on connaît la fonction de répartition de la variable aléatoire $X(\omega)$, il est facile de calculer la probabilité pour que cette variable aléatoire tombe dans l'intervalle $[x_1, x_2]$ au moyen de la relation :

$$P(x_1 \leq X(\omega) < x_2) = F(x_2) - F(x_1).$$

Si $F(x)$ est une fonction continue et dérivable sur l'intervalle $]-\infty, \infty[$, on appelle *densité de probabilité* la fonction $f(x) = \frac{dF(x)}{dx}$ qui permet de calculer la probabilité élémentaire $P(x \leq X(\omega) < x + dx) = f(x)dx$ ainsi que la probabilité :

$$P(x_1 \leq X(\omega) < x_2) = F(x_2) - F(x_1) = \int_{x_1}^{x_2} f(x)dx. \tag{1.85}$$

Parmi les lois de répartitions connues, la *loi normale* est particulièrement importante. Sa densité de probabilité est :

$$f(x) = \frac{1}{\sigma\sqrt{2\pi}} \exp\left[-\frac{(x-\mu)^2}{2\sigma^2}\right], \tag{1.86}$$

où μ et σ sont les deux paramètres de la loi normale. L'étude de la fonction $f(x)$, dont la représentation est une gaussienne, montre que la courbe est symétrique par rapport à la valeur $x = \mu$, qu'elle comporte deux points d'inflexion à $x = \mu \pm \sigma$ et que l'aire sous la courbe est égale à l'unité (c'est la définition de la densité de probabilité). La fonction de répartition de la loi normale est donnée par la formule :

$$F(x) = \frac{1}{\sigma\sqrt{2\pi}} \int_{-\infty}^{x} \exp\left[-\frac{(x-\mu)^2}{2\sigma^2}\right] dx,$$

$$\text{soit} \quad F(x) = \frac{1}{\sqrt{2\pi}} \int_{-\infty}^{\frac{(x-\mu)}{\sigma}} \exp\left[-\frac{t^2}{2}\right] dt, \tag{1.87}$$

après que l'on ait effectué le changement de variables $t = \frac{x-\mu}{\sigma}$. Cette intégrale ne peut pas s'exprimer sous forme analytique. Son évaluation se fait en utilisant la fonction erreur, $\mathrm{erf}(u) = \frac{1}{\sqrt{2\pi}} \int_0^u \exp\left[-\frac{t^2}{2}\right] dt$, qui est tabulée pour toute valeur de la borne supérieure u. Avec les propriétés suivantes[2] $[\mathrm{erf}(-u) = -\mathrm{erf}(u)$ et $\mathrm{erf}(\infty) = 1/2]$ de la fonction erreur, la relation (1.87) se réduit à :

$$F(x) = \frac{1}{2} + \mathrm{erf}(\frac{x-\mu}{\sigma}).$$

Caractéristiques numériques. Dans ce qui précède, on a vu qu'une variable aléatoire est complètement décrite par sa fonction de répartition $F(x)$ ou par sa densité de probabilité $f(x)$. Or, dans la pratique, il n'est pas toujours nécessaire de connaître $F(x)$ ou $f(x)$. On peut souvent se contenter de connaître quelques caractéristiques numériques, appelées *moments*, qui indiquent plus ou moins grossièrement les traits essentiels de la

[2] On rencontre fréquemment l'intégrale de la forme :

$$I(\beta) = \int_{-\infty}^{+\infty} \exp(-\beta u^2) du.$$

Pour effectuer son calcul, il s'avère plus commode de calculer d'abord son carré :

$$I^2(\beta) = \int_{-\infty}^{+\infty} \exp(-\beta u^2) du \int_{-\infty}^{+\infty} \exp(-\beta v^2) dv.$$

Or, en écrivant le produit des intégrales sous la forme d'une intégrale double dans le plan (u, v) et en passant aux coordonnées polaires à l'aide du changement de variable $u = r\cos\theta$ et $v = r\sin\theta$, dont le jacobien est égal à r, l'intégrale $I^2(\beta)$ s'écrit :

$$I^2(\beta) = \int_{-\infty}^{+\infty} \int_{-\infty}^{+\infty} \exp\left[-\beta(u^2+v^2)\right] du dv,$$

$$I^2(\beta) = \int_0^{2\pi} \int_0^{+\infty} \exp\left(-\beta r^2\right) r dr d\theta = \frac{\pi}{\beta}.$$

distribution. Lorsque la variable aléatoire est discrète, on calcule généralement les moments à partir des données expérimentales. Mais si la variable aléatoire est continue, on peut les exprimer en fonction de la densité de probabilité $f(x)$.

On appelle *moment d'ordre k*, de la variable aléatoire continue X, le nombre $\mu_k(X)$ donné par l'intégrale du produit de x^k par la densité de probabilité $f(x)$:

$$\mu_k(X) = \int_{-\infty}^{\infty} x^k f(x)dx. \tag{1.88}$$

Et l'on appelle *moment centré d'ordre k* de la variable aléatoire continue X le nombre $\alpha_k(X)$ défini par l'intégrale suivante :

$$\alpha_k(X) = \int_{-\infty}^{\infty} [x - \mu_1(X)]^k f(x)dx. \tag{1.89}$$

Il est important de noter que les moments sont des nombres ordinaires et non des variables aléatoires. Parmi toutes les caractéristiques numériques, le moment d'ordre un, $\mu_1(X)$, a une importance particulière car il permet de calculer les moments centrés. On l'appelle également *moyenne* de x, car il caractérise la position centrale de la distribution, et on le note $\mu_1(X) = \langle x\rangle$. D'un point de vue purement mathématique, on considère que la relation (1.88) est un opérateur appliqué à la variable aléatoire. On l'appelle *espérance mathématique* et on le note

$$E(X^k) = \mu_k(X) = \int_{-\infty}^{\infty} x^k f(x)dx, \qquad \forall\ k.$$

Une autre caractéristique numérique importante d'une distribution est le moment centré d'ordre deux, $\alpha_2(X)$: c'est la *variance* de la variable aléatoire qui caractérise la dispersion de la distribution autour de la valeur moyenne $\langle x\rangle$ et que l'on note $\alpha_2(X) = V(X)$. Il est facile de trouver la relation qui existe entre la variance $V(X)$ et la moyenne $\langle x\rangle$ en utilisant l'opérateur espérance mathématique. En effet :

$$V(X) = E\left[(x - \langle x\rangle)^2\right] = E\left[x^2 - 2x\langle x\rangle + \langle x\rangle^2\right],$$

$$V(X) = \left\langle x^2\right\rangle - \langle x\rangle^2. \tag{1.90}$$

Quant aux moments d'ordres supérieurs, ils sont utilisés pour donner une description plus détaillée des distributions. Par exemple, le moment centré d'ordre trois fournit une indication sur le degré d'asymétrie de la distribution et le moment centré d'ordre quatre sur son degré d'aplatissement. On peut voir que si tous les moments de la variable aléatoire X étaient connus, on aurait une connaissance parfaite de la densité de probabilité $f(x)$. Pour le montrer, calculons l'espérance mathématique de la fonction $\exp(itx)$:

$$E[\exp(itx)] = \int_{-\infty}^{\infty} [\exp(itx)]\, f(x)dx = \varphi_x(t). \tag{1.91}$$

La fonction $\varphi_x(t)$ est appelée *fonction caractéristique* de la variable aléatoire X. Comme c'est aussi la transformée de Fourier de la densité de probabilité $f(x)$, la transformée de Fourier inverse est :

$$f(x) = \frac{1}{2\pi}\int_{-\infty}^{\infty} \varphi_x(t)\exp(-itx)dt.$$

L'intérêt de la fonction caractéristique vient du fait que ses dérivées successives par rapport à t, pour $t = 0$, sont égales aux moments correspondants, à un coefficient près. Montrons-le en utilisant le développement limité de l'exponentielle :

$$\exp(itx) = 1 + itx + \frac{(it)^2}{2!}x^2 + \frac{(it)^3}{3!}x^3 + ...,$$

pour écrire la relation (1.91), soit :

$$\varphi_x(t) = \int_{-\infty}^{\infty} f(x)dx + it\int_{-\infty}^{\infty} xf(x)dx + \frac{(it)^2}{2!}\int_{-\infty}^{\infty} x^2f(x)dx + \frac{(it)^3}{3!}\int_{-\infty}^{\infty} x^3f(x)dx + ...$$

En recourant aux propriétés de la densité de probabilité et à la définition des moments (Rel. 1.88), la relation précédente se simplifie comme suit :

$$\varphi_x(t) = 1 + it\mu_1 + \frac{(it)^2}{2!}\mu_2 + \frac{(it)^3}{3!}\mu_3 + ... = \sum_{k=0}^{\infty}\frac{(it)^k}{k!}\mu_k. \tag{1.92}$$

Or si l'on compare cette relation au développement de Mac-Laurin de $\varphi_x(t)$, en $t = 0$, soit :

$$\varphi_x(t) = \varphi_x(0) + t\left.\frac{d\varphi_x(t)}{dt}\right|_{t=0} + \frac{t^2}{2!}\left.\frac{d^2\varphi_x(t)}{dt^2}\right|_{t=0} + \frac{t^3}{3!}\left.\frac{d^3\varphi_x(t)}{dt^3}\right|_{t=0} + ... \tag{1.93}$$

on constate que les moments μ_k s'identifient aux quantités $i^{-k}\left.\frac{d^k\varphi_x(t)}{dt^k}\right|_{t=0}$. On constate également que si tous les moments étaient connus, il en serait de même de la fonction caractéristique $\varphi_x(t)$ ainsi que la densité de probabilité $f(x)$.

Indiquons les principales relations qui relient les moments centrés α_k aux les moments μ_k :

$$\begin{aligned}
\alpha_0 &= 1,\\
\alpha_1 &= 0,\\
\alpha_2 &= \mu_2 - \mu_1^2,\\
\alpha_3 &= \mu_3 - 3\mu_1\mu_2 + 2\mu_1^3,\\
\alpha_4 &= \mu_4 - 4\mu_1\mu_3 + 6\mu_1^2\mu_2 - 3\mu_1^4,\\
&\ldots\ldots\ldots\ldots\ldots\ldots
\end{aligned} \tag{1.94}$$

A titre d'illustration, calculons la moyenne et la variance de la loi normale (Rel. 1.86). La moyenne est :

$$\langle x\rangle = \frac{1}{\sigma\sqrt{2\pi}}\int_{-\infty}^{\infty} x\exp\left[-\frac{(x-\mu)^2}{2\sigma^2}\right]dx.$$

Pour effectuer l'intégration utilisons la variable réduite $t = \frac{x-\mu}{\sigma}$. Il s'ensuit que :

$$\begin{aligned}
\langle x\rangle &= \frac{1}{\sigma\sqrt{2\pi}}\int_{-\infty}^{\infty}(t\sigma + \mu)\exp\left[-\frac{t^2}{2}\right]d(\sigma t),\\
\text{soit}\qquad \langle x\rangle &= \frac{\sigma}{\sqrt{2\pi}}\int_{-\infty}^{\infty} t\exp(-\frac{t^2}{2})dt + \frac{\mu}{\sqrt{2\pi}}\int_{-\infty}^{\infty}\exp(-\frac{t^2}{2})dt.
\end{aligned}$$

La première intégrale est nulle car l'intégrant est impair. Quant à la seconde, elle vaut[3] $\sqrt{2\pi}$. Par conséquent, la moyenne $\langle x\rangle$ est égale au paramètre μ de la loi normale. Après avoir récrit la variance $V(X) = \alpha_2(X)$ avec les relations (1.89) et (1.86), et en fonction de la variable réduite t, on obtient :

$$\begin{aligned} V(X) &= \frac{1}{\sigma\sqrt{2\pi}}\int_{-\infty}^{\infty}(x-\mu)^2\exp\left[-\frac{(x-\mu)^2}{2\sigma^2}\right]dx, \\ V(X) &= \frac{1}{\sigma\sqrt{2\pi}}\int_{-\infty}^{\infty}(\sigma t)^2\exp(-\frac{t^2}{2})d(\sigma t). \end{aligned} \tag{1.95}$$

Or, l'intégration par partie, avec $U = t$ et $V' = t\exp(-\frac{t^2}{2})$, conduit au résultat :

$$V(X) = \frac{\sigma^2}{\sqrt{2\pi}}\left\{\left[-t\exp(-\frac{t^2}{2})\right]_{-\infty}^{\infty} + \int_{-\infty}^{\infty}\exp(-\frac{t^2}{2})dt\right\}.$$

Le terme entre crochets est nul et l'intégrale vaut $\sqrt{2\pi}$. Par conséquent, la variance $V(X)$ est égale à σ^2. Des calculs analogues à celui qui vient d'être fait permettent d'obtenir la formule de récurrence suivante entre les moments centrés de la la loi normale :

$$\alpha_k = (k-1)\sigma^2\alpha_{k-2},$$

avec $\alpha_0 = 1$ et $\alpha_1 = 0$. On vérifie immédiatement que $\alpha_2 = \sigma^2$, $\alpha_3 = 0$ (c'est-à-dire que la courbe de Gauss est symétrique), $\alpha_4 = 3\sigma^4$, ... Quant aux moments $\mu_k(X)$, ils se déduisent les uns des autres par les formules de récurrence (Rel. 1.94).

Ensembles de variables aléatoires. Un ensemble de variables aléatoires $X_1, X_2, ..., X_n$ peut être considéré comme les composantes d'un vecteur aléatoire $\mathbf{X} = (X_1, X_2, ..., X_n)$, dans un espace à n dimensions, dont la densité de probabilité est $f(x_1, x_2, ..., x_n)$. On calcule la probabilité élémentaire dP de trouver l'extrémité du vecteur aléatoire $\mathbf{X}$ dans le domaine $d\Omega_A = dx_1dx_2...dx_n$ par l'expression :

$$dP = f(x_1, x_2, ..., x_n)dx_1dx_2...dx_n,$$

qui généralise la relation (1.85). La probabilité pour que l'extrémité du vecteur aléatoire $\mathbf{X}$ se trouve en un point quelconque de l'espace à n dimensions est évidemment :

$$\int_{-\infty}^{\infty}...\int_{-\infty}^{\infty}f(x_1, x_2, ..., x_n)dx_1dx_2, ..., dx_n = 1.$$

Notons que la densité de probabilité d'*une variable* s'obtient en intégrant $f(x_1, x_2, ..., x_n)$ sur le domaine de variation des autres variables. Par exemple, la densité de probabilité $f(x_1)$ de la variable X_1 est :

$$f(x_1) = \int_{-\infty}^{\infty}...\int_{-\infty}^{\infty}f(x_1, x_2, ..., x_n)dx_2...dx_n. \tag{1.96}$$

Si les variables aléatoires $X_1, X_2, ..., X_n$ sont indépendantes, la densité de probabilité $f(x_1, x_2, ..., x_n)$ est égale au produit des densités de probabilités individuelles, soit :

$$f(x_1, x_2, ..., x_n) = f(x_1).f(x_2)...f(x_n). \tag{1.97}$$

[3]cf. note précédente.

Cette formule est équivalente à celle qui a été obtenue pour les événements aléatoires (Rel. 1.84). Par contre, si deux variables aléatoires X et Y sont liées, la probabilité conditionnelle que X se trouve dans l'intervalle $[x, x+dx]$ sachant que Y a une valeur y connue est $f(x\,|y)dx$, où $f(x\,|y)$ est la *densité de probabilité conditionnelle*. Conformément à la relation (1.83), la probabilité conjointe est égale à $f(x,y)dxdy = f(x\,|y)dx.f(y)dy$ et la densité de probabilité conditionnelle est :

$$f(x\,|y) = \frac{f(x,y)}{f(y)}. \tag{1.98}$$

Naturellement, cette formule se généralise aux vecteurs aléatoires $\mathbf{X} = (X_1, X_2, ..., X_n)$ et $\mathbf{Y} = (Y_1, Y_2, ..., Y_n)$.

Pour un ensemble de variables aléatoires, on peut également définir des moments par analogie avec les relations (1.88) et (1.89). Le moment d'ordre un de la variable aléatoire X_i est :

$$\mu_1(X_i) = \int_{-\infty}^{\infty} ... \int_{-\infty}^{\infty} x_i.f(x_1, x_2, ..., x_n)dx_1dx_2...dx_n.$$

Quant au moment centré d'ordre deux du couple de variables aléatoires X_i et X_j, il a pour expression :

$$\alpha_2(X_iX_j) = \int_{-\infty}^{\infty} ... \int_{-\infty}^{\infty} [x_i - \mu_1(X_i)]\,[x_j - \mu_1(X_j)]\,.f(x_1, x_2, ..., x_n)dx_1dx_2...dx_n. \tag{1.99}$$

Lorsque $i = j$, cette expression se confond avec la variance de la variable aléatoire X_i. Mais lorsque $i \neq j$, $\alpha_2(X_iX_j)$ est une quantité spécifique, appelée *covariance*, qui mesure le degré de corrélation des variables aléatoires X_i et X_j. Il faut noter que si les variables X_i et X_j sont indépendantes, la covariance est nulle. Par contre, lorsque la covariance de deux variables aléatoires est nulle on ne peut pas affirmer qu'elles sont indépendantes.

1.4.3 Fonctions aléatoires

Notion de fonction aléatoire. Lorsqu'une expérience est réalisée dans des conditions indépendantes du temps, le phénomène aléatoire concerné est traité de manière statique au moyen des variables aléatoires. Mais souvent on a affaire à des phénomènes aléatoires qui varient de manière continue durant l'expérience. Dans ce cas, on ne peut plus assimiler les phénomènes à des variables aléatoires. Il faut les traiter comme des fonctions aléatoires.

Une *fonction aléatoire* $X(t)$ est une fonction qui adopte une forme $x(t)$ quelconque inconnue à l'avance. La forme $x(t)$, prise par la fonction aléatoire durant l'expérience, est appelée *réalisation* de la fonction aléatoire. Si l'on effectue une série de r expériences de la fonction aléatoire $X(t)$, on obtient une famille de r réalisations $[x_1(t), x_2(t), ..., x_r(t)]$. Evidemment, chaque réalisation de la fonction aléatoire est une fonction ordinaire. Comme pour les variables aléatoires, nous conviendrons de désigner les fonctions aléatoires par des lettres majuscules et les fonctions ordinaires par des lettres minuscules. La figure (1.6a) représente une série de réalisations des enregistrements de la tension du secteur avec différents voltmètres, durant une durée τ déterminée. En pratique, on rencontre aussi des fonctions aléatoires qui dépendent, non pas du temps, mais de la longueur

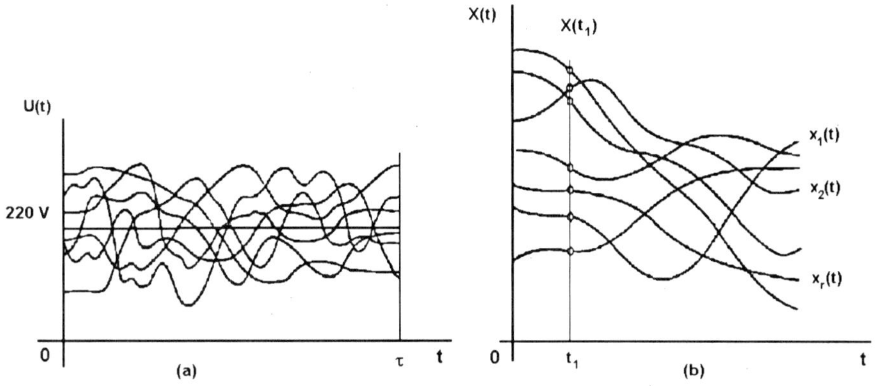

FIG. 1.5 – (a) Ensemble des réalisations des enregistrements de la tension du secteur $U(t)$ sur un intervalle de temps τ. (b) Définition de la fonction aléatoire $X(t)$ par un ensemble de variables aléatoires $X(t_i)$.

comme, par exemple, la composante dans une direction donnée de la vitesse d'une particule en mouvement brownien. On rencontre également des fonctions aléatoires dépendant de plusieurs arguments.

Supposons que l'on dispose de r réalisations $[x_1(t), x_2(t), ..., x_r(t)]$ de la fonction aléatoire $X(t)$. Si l'on fixe l'argument à une valeur t_1, on s'aperçoit (Fig. 1.6b) qu'il est possible de définir une variable aléatoire $X(t_1)$ possédant r valeurs $[x_1(t_1), x_2(t_1), ..., x_r(t_1)]$ au temps t_1. Or, en échantillonnant la fonction aléatoire à des temps t_1, t_2, ..., t_n suffisamment rapprochés, on obtient une image assez précise de la fonction aléatoire $X(t)$ et, surtout, on peut définir la fonction aléatoire $X(t)$ par un ensemble de variables aléatoires définies à des instants différents. Par conséquent, une fonction aléatoire peut être considérée comme un ensemble de variables aléatoires.

Densités de probabilités. On sait qu'une variable aléatoire est caractérisée par une loi de répartition à une dimension, que deux variables aléatoires sont caractérisées par une loi de répartition à deux dimensions et qu'un ensemble de n variables aléatoires est caractérisé par une loi de répartition à n dimensions. Il semble évident que pour caractériser une fonction aléatoire $X(t)$, décrite par l'ensemble de n variables aléatoires $[X(t_1), X(t_2), ..., X(t_n)]$, il faille une loi de répartition à n dimensions.

La densité de probabilité unidimensionnelle $f_1(x_1, t_1)$ de la variable aléatoire $X(t_1)$ est une caractéristique non exhaustive de la fonction aléatoire $X(t)$ puisqu'elle ne donne que la loi de répartition de $X(t)$ au temps t_1. Elle permet de calculer la probabilité élémentaire $f_1(x_1, t_1)dx_1$ de réalisation de l'événement $\{x_1 < X(t_1) < x_1 + dx_1\}$. La densité de probabilité bidimensionnelle $f_2(x_1, t_1; x_2, t_2)$ du couple de variables aléatoires $X(t_1)$ et $X(t_2)$ est une autre caractéristique non exhaustive de la fonction aléatoire $X(t)$, quoique plus complexe, donnant la loi de répartition de $X(t)$ aux temps t_1 et t_2. La probabilité élémentaire de réalisation de l'événement $\{x_1 < X(t_1) < x_1 + dx_1 \text{ et } x_2 < X(t_2) < x_2 + dx_2\}$ est $f_2(x_1, t_1; x_2, t_2)dx_1dx_2$. Formellement, on peut ainsi augmenter le nombre de variables aléatoires pour donner une description de plus en plus détaillée de la fonction aléatoire.

Pourtant, l'utilisation d'une densité de probabilité multidimensionnelle est peu commode, voire impossible. C'est pourquoi, en pratique, on se contente d'utiliser uniquement les densités de probabilité unidimensionnelle et bidimensionnelle.

En théorie, la description complète de la fonction aléatoire $X(t)$ dépend de la densité de probabilité à n dimensions $f_n(x_1, t_1; x_2, t_2; ...; x_n, t_n)$ qui est une fonction très difficile à déterminer. Heureusement, il existe un certain nombre de processus aléatoires qui ne nécessitent pas la connaissance de la densité de probabilité $f_n(x_1, t_1; x_2, t_2; ...; x_n, t_n)$ pour décrire la fonction aléatoire $X(t)$. Le cas le plus simple est celui du processus *purement aléatoire*. Une fonction est purement aléatoire lorsque les variables aléatoires $[X(t_1), X(t_2), ..., X(t_n)]$ définissant la fonction aléatoire $X(t)$ sont *indépendantes*. Dans un tel processus, toutes les densités de probabilité s'expriment en fonction de la densité de probabilité unidimensionnelle conformément à la relation (1.97), soit :

$$\begin{aligned} f_2(x_1, t_1; x_2, t_2) &= f_1(x_1, t_1).f_1(x_2, t_2), \\ .... &= ...., \\ f_n(x_1, t_1; x_2, t_2; ...; x_n, t_n) &= f_1(x_1, t_1).f_1(x_2, t_2)...f_1(x_n, t_n). \end{aligned}$$

Il existe un autre cas intéressant correspondant au processus aléatoire *markovien*, pour lequel la densité de probabilité $f_n(x_1, t_1; x_2, t_2; ...; x_n, t_n)$ s'exprime en fonction de la densité de probabilité bidimensionnelle $f_2(x_1, t_1; x_2, t_2)$. Avant de définir le processus markovien, considérons la densité de probabilité conditionnelle $f_n(x_n, t_n \mid x_1, t_1; x_2, t_2; ...; x_{n-1}, t_{n-1})$ pour $X(t_n)$ sachant que les variables aléatoires $X(t_1), X(t_2), ..., X(t_{n-1})$ ont des caractéristiques numériques connues. Conformément à la relation (1.98), la densité de probabilité conditionnelle est liée à la densité de probabilité à n dimensions par :

$$f_n(x_n, t_n \mid x_1, t_1; x_2, t_2; ...; x_{n-1}, t_{n-1}) = \frac{f_n(x_1, t_1; x_2, t_2; ...; x_n, t_n)}{f_{n-1}(x_1, t_1; x_2, t_2; ...; x_{n-1}, t_{n-1})}. \tag{1.100}$$

Or, dans un processus markovien, on considère que les caractéristiques de la fonction aléatoire évaluées à un instant t_i donné ne dépendent pas de l'histoire du processus, mais uniquement des caractéristiques évaluées à l'instant t_{i-1}. Dans cette hypothèse, la densité de probabilité conditionnelle $f_n(x_n, t_n \mid x_1, t_1; x_2, t_2; ...; x_{n-1}, t_{n-1})$ de la variable aléatoire $X(t_n)$ s'écrit alors :

$$f_n(x_n, t_n \mid x_1, t_1; x_2, t_2; ...; x_{n-1}, t_{n-1}) = f_2(x_n, t_n \mid x_{n-1}, t_{n-1}). \tag{1.101}$$

Cette relation provient de ce que l'on peut ignorer l'histoire du processus à l'exception de ce qui s'est passé à l'instant précédent. Mais en vertu de la relation (1.98), le second membre de la relation précédente s'écrit encore :

$$f_2(x_n, t_n \mid x_{n-1}, t_{n-1}) = \frac{f_2(x_n, t_n; x_{n-1}, t_{n-1})}{f_1(x_{n-1}, t_{n-1})}. \tag{1.102}$$

Par conséquent, en combinant les relations (1.100), (1.101) et (1.102), on peut écrire la densité de probabilité à n dimensions sous la forme suivante :

$$f_n(x_1, t_1; x_2, t_2; ...; x_n, t_n) = f_{n-1}(x_1, t_1; x_2, t_2; ...; x_{n-1}, t_{n-1})\frac{f_2(x_n, t_n; x_{n-1}, t_{n-1})}{f_1(x_{n-1}, t_{n-1})}. \tag{1.103}$$

En considérant cette expression, on voit que si les densités de probabilité $f_1(x_{n-1}, t_{n-1})$ et $f_2(x_n, t_n; x_{n-1}, t_{n-1})$ sont connues, la connaissance de $f_n(x_1, t_1; x_2, t_2; ...; x_n, t_n)$ se ramène à celle de $f_{n-1}(x_1, t_1; x_2, t_2; ...; x_{n-1}, t_{n-1})$ qui se ramène elle-même, par le même mécanisme, à la densité de probabilité $f_{n-2}(x_1, t_1; x_2, t_2; ...; x_{n-2}, t_{n-2})$, et ainsi de suite jusqu'à $f_2(x_n, t_n; x_{n-1}, t_{n-1})$, par une série d'équations hiérarchiques analogues à la relation (1.103).

Il existe également un processus aléatoire, dit *stationnaire*, qui mérite une attention particulière. Une fonction aléatoire est stationnaire si le décalage de tous les temps $t_1, t_2, ..., t_n$, d'une même valeur τ, n'affecte pas les densités de probabilité. Ce type de fonction aléatoire correspond, par exemple, à la fluctuation de la tension du secteur représentée sur la figure (1.6a). Le caractère statistique d'un processus aléatoire stationnaire reste inchangé au cours du temps et sa densité de probabilité vérifie la propriété suivante :

$$f_n(x_1, t_1; x_2, t_2; ...; x_n, t_n) = f_n(x_1, t_1 + \tau; x_2, t_2 + \tau; ...; x_n, t_n + \tau).$$

En particulier, la densité de probabilité unidimensionnelle $f_1(x_1, t_1) = f_1(x_1, t_1 + \tau) = f_1(x_1)$ ne dépend pas du temps et la densité de probabilité bidimensionnelle $f_2(x_1, t_1; x_2, t_2) = f_2(x_1, t_1 + \tau; x_2, t_2 + \tau) = f_2(x_1, x_2, \tau)$ ne dépend que de la différence de temps $t_2 - t_1 = \tau$. En disant de façon imagée qu'un processus aléatoire stationnaire n'a ni commencement ni fin, il est facile d'admettre l'*hypothèse d'ergodicité* selon laquelle r réalisations de la fonction aléatoire $X(t)$ sur un intervalle de temps t_n donné sont équivalentes à une seule réalisation sur l'intervalle de temps rt_n.

Caractéristiques des fonctions aléatoires. On a eu l'occasion de voir le rôle important que jouent les caractéristiques numériques pour les variables aléatoires. Puisqu'une fonction aléatoire peut être considérée comme un ensemble de variables aléatoires, il est logique d'introduire des caractéristiques pour les fonctions aléatoires analogues aux caractéristiques numériques des variables aléatoires. Quand on dispose de plusieurs réalisations de la fonction aléatoire $X(t)$, il est toujours possible de calculer les caractéristiques numériques des n variables aléatoires $[X(t_1), X(t_2), ..., X(t_n)]$ à partir des données expérimentales. Mais on peut également calculer la moyenne et la variance de chaque variable aléatoire à partir de la densité de probabilité unidimensionnelle. En effet, la moyenne de la fonction aléatoire $X(t)$, à l'instant t_1, correspond à la moyenne de la variable aléatoire $X(t_1)$ conformément à la relation (1.88), soit :

$$\mu_1 [X(t_1)] = \int_{-\infty}^{\infty} x_1 f_1(x_1, t_1) dx_1. \tag{1.104}$$

De même, la variance de la fonction aléatoire $X(t)$, à l'instant t_1, correspond à la variance de la variable aléatoire $X(t_1)$ conformément à la relation (1.89), soit :

$$\alpha_2 [X(t_1)] = \int_{-\infty}^{\infty} \{x_1 - \mu_1 [X(t_1)]\}^2 f_1(x_1, t_1) dx_1.$$

Par conséquent, la moyenne de la fonction aléatoire $X(t)$ est une fonction ordinaire $\mu_1 [X(t)]$ qui, pour toute valeur de l'argument t, est égale à la moyenne de la variable aléatoire correspondante. De même, la variance de la fonction aléatoire $X(t)$ est une fonction ordinaire $\alpha_2 [X(t)]$ qui, pour toute valeur de l'argument t, est égale à la variance

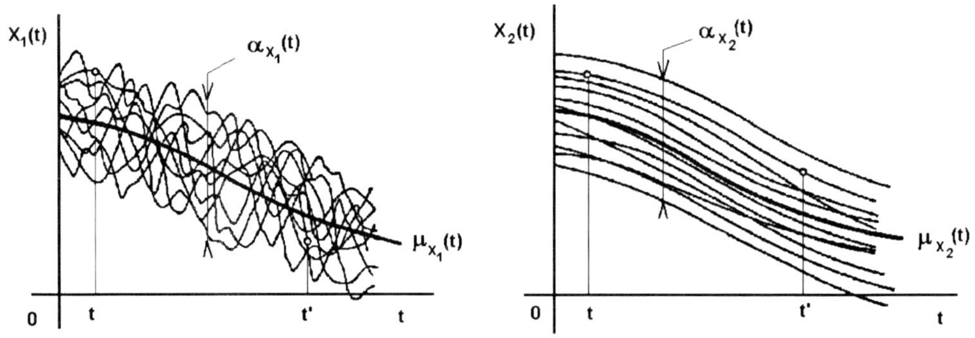

FIG. 1.6 – Bien qu'ils aient des structures internes différentes, les deux processus aléatoires ont les mêmes moyennes, $\mu_{X_1}(t) = \mu_{X_2}(t)$, et les mêmes variances, $\alpha_{X_1}(t) = \alpha_{X_2}(t)$.

de la variable aléatoire correspondante. Or, la moyenne $\mu_1[X(t)]$ et la variance $\alpha_2[X(t)]$ ne fournissent que les traits essentiels de la fonction aléatoire $X(t)$. En effet, on remarquera, par exemple, sur la figure (1.7) que deux processus aléatoires différents peuvent posséder les mêmes moyennes et les mêmes variances. Si l'on veut distinguer ces deux processus aléatoires, il y a lieu d'introduire la covariance (Rel. 1.99) entre tous les couples de variables aléatoires $[X(t_1), X(t_2), ..., X(t_n)]$, comme mesure du degré de dépendance de la fonction aléatoire aux différentes valeurs de t. Cette nouvelle caractéristique, appelée *fonction de corrélation* ou d'*autocorrélation*, est définie par la relation :

$$C[X(t_1)X(t_2)] = \int_{-\infty}^{\infty}\int_{-\infty}^{\infty} \{x_1 - \mu_1[X(t_1)]\}\{x_2 - \mu_1[X(t_2)]\} f_2(x_1, t_1; x_2, t_2)dx_1dx_2. \tag{1.105}$$

La fonction de corrélation est une caractéristique majeure des fonctions aléatoires. On peut remarquer qu'elle dépend de la densité de probabilité bidimensionnelle alors que la moyenne et la variance dépendent de la densité de probabilité unidimensionnelle.

Théorème de Wiener-Khintchine. Commençons tout d'abord par définir la *corrélation* et la *convolution* de deux fonctions car ces deux notions seront fréquemment utilisées dans la suite. Avec deux fonctions $f_1(t)$ et $f_2(t)$ on peut former une nouvelle fonction appelée *corrélation*, qui s'écrit :

$$F(\tau) = \int_{-\infty}^{\infty} f_1(t)f_2(t+\tau)dt. \tag{1.106}$$

Le calcul de cette fonction qui dépend de la variable τ se fait de la manière suivante. On soumet la fonction f_2 à une translation de longueur τ vers la gauche, puis on calcule le produit de la fonction f_1 par la fonction déplacée et on intègre le produit (Fig. 1.8). Lorsque l'intégrale de la relation (1.106) ne converge pas, on convient de définir comme fonction de corrélation des fonctions $f_1(t)$ et $f_2(t)$ la limite :

$$F(\tau) = \lim_{T\to\infty}\frac{1}{2T}\int_{-T}^{T} f_1(t)f_2(t+\tau)dt. \tag{1.107}$$

Avec les deux fonctions $f_1(t)$ et $f_2(t)$ on peut également former une autre fonction

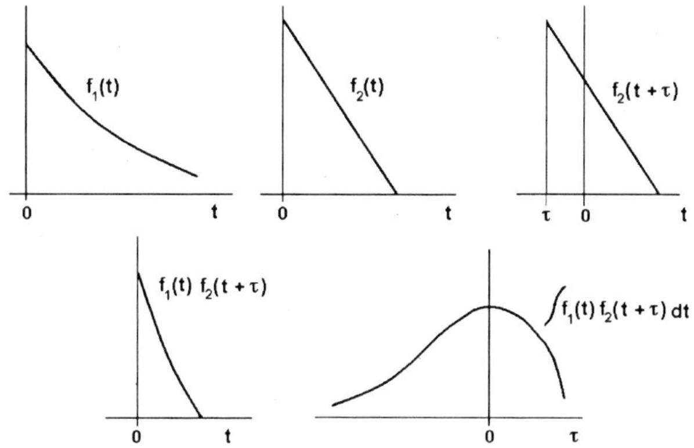

FIG. 1.7 – Représentation schématique de la corrélation de deux fonctions.

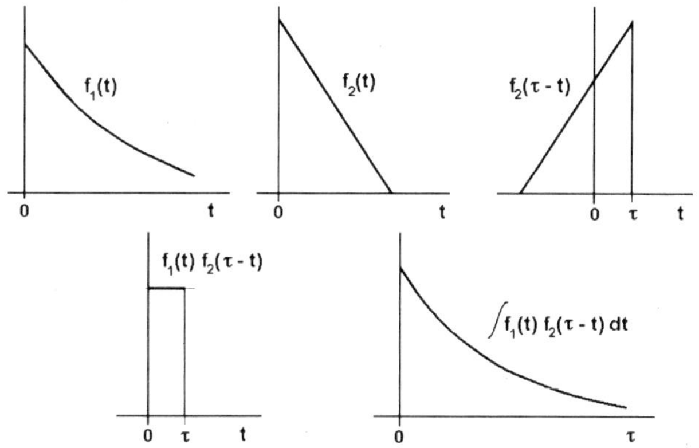

FIG. 1.8 – Représentation schématique de la convolution de deux fonctions.

appelée *convolution*, définie par l'intégrale suivante :

$$G(\tau) = \int_{-\infty}^{\infty} f_1(t) f_2(\tau - t) dt.$$

Le calcul de cette fonction dépendante de τ nécessite une opération intermédiaire. Après avoir translaté la fonction f_2 d'une longueur τ vers la gauche, il faut la soumettre à une réflexion par rapport à l'axe vertical de manière à obtenir la fonction $f_2(\tau - t)$. Il ne reste plus qu'à faire le produit de la fonction f_1 par la fonction déplacée et à intégrer le produit (Fig. 1.9). Il est évident que la corrélation et la convolution n'existent que pour certaines valeurs de τ, tant que les fonctions se recouvrent.

En physique statistique, la plupart des processus aléatoires sont stationnaires. Ceci confère à leurs caractéristiques numériques des propriétés particulièrement importantes. En effet, puisque les propriétés d'une fonction aléatoire stationnaire sont invariantes dans tout changement d'origine du temps, la moyenne (Rel. 1.104) ne dépend pas du temps :

$$\mu_1 [X(0)] = \int_{-\infty}^{\infty} x_1 f_1(x_1) dx_1, \tag{1.108}$$

et la fonction de corrélation (Rel. 1.105) ne dépend que de l'argument $\tau = t_2 - t_1$:

$$C\left[X(0)X(\tau)\right] = \int_{-\infty}^{\infty}\int_{-\infty}^{\infty} \left\{x_1 - \mu_1\left[X(0)\right]\right\}\left\{x_2 - \mu_1\left[X(\tau)\right]\right\} f_2(x_1, x_2, \tau)dx_1dx_2. \quad (1.109)$$

Un processus aléatoire stationnaire n'ayant ni commencement ni fin, on peut admettre que r réalisations de la fonction aléatoire $X(t)$ sur un intervalle de temps t_n donné sont équivalentes à une seule réalisation sur l'intervalle de temps $T = rt_n$ (hypothèse d'ergodicité).

Ceci se traduit par le fait que la *moyenne* (Rel. 1.108) (notée habituellement $\langle x\rangle = \mu_1\left[X(0)\right]$) est égale à la *moyenne temporelle* $\overline{x}$ définie par l'expression :

$$\overline{x} = \lim_{T\to\infty}\frac{1}{2T}\int_{-T}^{T} x(t)dt. \quad (1.110)$$

Par conséquent, pour une fonction aléatoire possédant la propriété d'ergodicité, l'égalité $\overline{x} = \langle x\rangle$ entre les deux moyennes est vérifiée, soit :

$$\lim_{T\to\infty}\frac{1}{2T}\int_{-T}^{T} x(t)dt = \int_{-\infty}^{\infty} x_1 f_1(x_1)dx_1. \quad (1.111)$$

L'hypothèse d'ergodicité se traduit également par le fait que la *fonction de corrélation* (Rel. 1.109) est égale à la *fonction de corrélation temporelle* (Rel. 1.107) définie par la relation :

$$C_x(\tau) = \lim_{T\to\infty}\frac{1}{2T}\int_{-T}^{T} x(t)x(t+\tau)dt, \quad (1.112)$$

ce qui conduit à l'égalité $C_x(\tau) = C\left[X(0)X(\tau)\right]$, soit :

$$\lim_{T\to\infty}\frac{1}{2T}\int_{-T}^{T} x(t)x(t+\tau)dt = \int_{-\infty}^{\infty}\int_{-\infty}^{\infty} \left\{x_1 - \mu_1\left[X(0)\right]\right\}\left\{x_2 - \mu_1\left[X(\tau)\right]\right\} f_2(x_1, x_2, \tau)dx_1dx_2.$$

Notons que la fonction de corrélation $C_x(\tau)$ est une fonction paire car $C_x(-\tau) = C_x(\tau)$, c'est pourquoi on se borne généralement à ne l'étudier que pour les valeurs positives de τ. Par ailleurs, si $\tau = 0$, la relation (1.109) se réduit à la variance :

$$C\left[X(0)X(0)\right] = \int_{-\infty}^{\infty} f_2(x_2, 0)dx_2 \int_{-\infty}^{\infty} \left\{x_1 - \mu_1\left[X(0)\right]\right\}^2 f_1(x_1, 0)dx_1,$$

et se confond avec la variance issue de la relation (1.112) :

$$C_x(0) = \lim_{T\to\infty}\frac{1}{2T}\int_{-T}^{T} x^2(t)dt. \quad (1.113)$$

La propriété d'ergodicité qui vient d'être évoquée s'établit généralement sur la base de considérations physiques liées à la nature du processus concerné. En pratique on peut néanmoins s'assurer qu'une fonction aléatoire est ergodique en observant sa fonction de corrélation $C_x(\tau)$. Lorsque la fonction de corrélation d'une fonction aléatoire stationnaire tend vers zéro aux grandes valeurs de τ, cela témoigne en général de l'ergodicité du processus. Au contraire, si elle tend vers une valeur constante différente de zéro, quand τ tend vers l'infini, le processus n'est pas ergodique.

La fonction de corrélation $C_x(\tau)$ est d'une grande importance dans l'étude des fonctions aléatoires stationnaires à cause du lien qu'il y a entre l'allure de la courbe $C_x(\tau)$ et la structure interne du processus aléatoire dont elle provient. Il se trouve que la courbe représentative de $C_x(\tau)$ possède souvent des oscillations qui s'amortissent aux grandes valeurs de τ. Or ce sont ces oscillations qui renseignent sur les fréquences dominantes dans le processus aléatoire. Ceci conduit naturellement à la notion de composition spectrale d'une fonction aléatoire.

Pour effectuer la décomposition spectrale de la fonction aléatoire stationnaire $X(t)$, on utilise sa transformée de Fourier :

$$F(\omega) = \frac{1}{2\pi}\int_{-\infty}^{\infty} x(t)\exp(-i\omega t)dt, \tag{1.114}$$

$$\text{avec} \quad x(t) = \int_{-\infty}^{\infty} F(\omega)\exp(i\omega t)d\omega. \tag{1.115}$$

Comme en pratique la réalisation $x(t)$ de la fonction aléatoire $X(t)$ n'est définie que sur un intervalle de temps limité, on calcule sa transformée de Fourier en posant $x(t) = 0$ à l'extérieur de l'intervalle de définition. Avant d'effectuer la décomposition spectrale de la fonction aléatoire, commençons par évaluer l'intégrale suivante en utilisant les relations (1.114) et (1.115), soit :

$$\int_{-\infty}^{\infty} |F(\omega)|^2 d\omega = \int_{-\infty}^{\infty} F^*(\omega)F(\omega)d\omega = \int_{-\infty}^{\infty} F^*(\omega)\left[\frac{1}{2\pi}\int_{-\infty}^{\infty} x(t)\exp(-i\omega t)dt\right] d\omega.$$

Après avoir interverti les intégrations et réintroduit $x(t)$, on aboutit à la relation :

$$\int_{-\infty}^{\infty} |F(\omega)|^2 d\omega = \frac{1}{2\pi}\int_{-\infty}^{\infty} x(t)\left[\int_{-\infty}^{\infty} F^*(\omega)\exp(-i\omega t)d\omega\right] dt,$$

$$\int_{-\infty}^{\infty} |F(\omega)|^2 d\omega = \frac{1}{2\pi}\int_{-\infty}^{\infty} x^2(t)dt, \tag{1.116}$$

qui constitue le *théorème de Parseval*.

Ce théorème permet d'exprimer la variance $C_x(0)$ de la fonction aléatoire $X(t)$ en fonction de sa transformée de Fourier $F(\omega)$. En effet, en combinant les relations (1.116) et (1.113), on peut écrire :

$$\lim_{T\to\infty}\frac{1}{2T}\int_{-\infty}^{\infty} |F(\omega)|^2 d\omega = \frac{1}{2\pi}\lim_{T\to\infty}\frac{1}{2T}\int_{-T}^{T} x^2(t)dt = \frac{1}{2\pi}C_x(0). \tag{1.117}$$

Par ailleurs, si l'on définit la *densité spectrale* de la fonction aléatoire stationnaire $X(t)$ par la quantité $S_x(\omega)$, dont l'expression est :

$$S_x(\omega) = 2\pi\lim_{T\to\infty}\frac{1}{2T}|F(\omega)|^2, \tag{1.118}$$

on peut relier la variance $C_x(0)$ à la densité spectrale $S_x(\omega)$ en combinant les relations (1.117) et (1.118), soit :

$$C_x(0) = \lim_{T\to\infty} \frac{2\pi}{2T} \int_{-\infty}^{\infty} |F(\omega)|^2 \, d\omega = \int_{-\infty}^{\infty} S_x(\omega) d\omega. \tag{1.119}$$

Cette formule est très importante car elle montre, d'une part, que la variance de la fonction aléatoire stationnaire $X(t)$ est égale à l'aire sous la courbe de la densité spectrale $S_x(\omega)$ et, d'autre part, qu'elle est liée à la transformée de Fourier $F(\omega)$ de la fonction aléatoire stationnaire $X(t)$.

Plus généralement, la densité spectrale $S_x(\omega)$ est liée à la fonction de corrélation $C_x(\tau)$ par le *théorème de Wiener-Khintchine*. Pour le montrer, calculons la transformée de Fourier de la fonction de corrélation en utilisant la relation (1.112), soit :

$$\frac{1}{2\pi} \int_{-\infty}^{\infty} C_x(\tau) \exp(-i\omega\tau) d\tau = \frac{1}{2\pi} \int_{-\infty}^{\infty} \left[\lim_{T\to\infty} \frac{1}{2T} \int_{-T}^{T} x(t) x(t+\tau) dt \right] \exp(-i\omega\tau) d\tau.$$

Or, si l'on pose $x(t) = 0$ à l'extérieur de l'intervalle de définition, on peut effectuer les transformations suivantes :

$$\int_{-\infty}^{\infty} C_x(\tau) \exp(-i\omega\tau) d\tau = \lim_{T\to\infty} \frac{1}{2T} \int_{-\infty}^{\infty} \left[\int_{-\infty}^{\infty} x(t) x(t+\tau) dt \right] \exp(-i\omega\tau - i\omega t) \exp(i\omega t) d\tau,$$

$$\int_{-\infty}^{\infty} C_x(\tau) \exp(-i\omega\tau) d\tau = \lim_{T\to\infty} \frac{1}{2T} \int_{-\infty}^{\infty} x(t) \exp(i\omega t) \left[\int_{-\infty}^{\infty} x(t+\tau) \exp\left[-i\omega(t+\tau)\right] d\tau \right] dt.$$

Compte tenu du changement de variables $u = t + \tau$, avec $du = d\tau$, et de la relation (1.114), il est facile de voir que l'intégrale entre crochets dans la relation précédente est égale à $2\pi F(\omega)$. Quant à l'intégrale sur t, elle est égale à $2\pi F(-\omega)$.

Par conséquent, la transformée de Fourier de la fonction de corrélation $C_x(\tau)$ est rigoureusement égale à la densité spectrale $S_x(\omega)$. En effet, en s'aidant de la relation (1.118), on obtient :

$$\frac{1}{2\pi} \int_{-\infty}^{\infty} C_x(\tau) \exp(-i\omega\tau) d\tau = \frac{4\pi^2}{2\pi} \lim_{T\to\infty} \frac{1}{2T} F(\omega) F(-\omega) = S_x(\omega). \tag{1.120}$$

Quant à la fonction de corrélation $C_x(\tau)$, elle est égale à la transformée de Fourier inverse de la densité spectrale, soit :

$$C_x(\tau) = \int_{-\infty}^{\infty} S_x(\omega) \exp(i\omega\tau) d\omega. \tag{1.121}$$

En posant $\tau = 0$ dans la relation (1.121) on retrouve bien la relation (1.119), et en posant $\tau = 0$ dans la relation (1.120) on obtient la décomposition spectrale de la variance sous la forme d'une somme de variances élémentaires réparties sur toute la gamme de fréquences.

Chapitre 2

Fondements de la mécanique statistique

2.1 Introduction au concept d'ensemble

Comme il a été indiqué dans le paragraphe (1.1.3), l'espace des phases permet de suivre l'évolution de l'état dynamique d'un système. Pour une particule ayant 3 coordonnées généralisées (r_1, r_2, r_3) et 3 moments généralisés (p_1, p_2, p_3), l'état dynamique est représenté par un point dans l'espace des phases à 6 dimensions[1]. Pour un système constitué de N particules classiques ne possédant pas de structure interne l'hamiltonien est $H(\mathbf{r}^N, \mathbf{p}^N)$, où $\mathbf{r}^N$ est le vecteur coordonnées à $3N$ dimensions $\mathbf{r}^N = (\mathbf{r}_1, \mathbf{r}_2, ..., \mathbf{r}_N)$ et $\mathbf{p}^N$ le vecteur moment à $3N$ dimensions $\mathbf{p}^N = (\mathbf{p}_1, \mathbf{p}_2, ..., \mathbf{p}_N)$. Par conséquent, l'état dynamique du système figure par un nuage de N points dans l'espace des phases à 6 dimensions, appelé *espace des phases moléculaire* ou μ-espace. Notons que si l'on ne voulait spécifier que les positions des particules, on emploierait l'espace des configurations moléculaire à 3 dimensions correspondant à l'espace ordinaire. On pourrait aussi ne spécifier que les moments des particules en utilisant l'espace des moments à 3 dimensions.

Par ailleurs, on peut représenter l'état dynamique du système de N particules dans l'espace des phases à $6N$ dimensions. Dans cet espace, appelé *espace des phases gazeux* ou γ-espace, l'état dynamique du système est représenté par un point unique au moyen du vecteur à $6N$ dimensions :

$$(\mathbf{r}^N, \mathbf{p}^N) = (\mathbf{r}_1, \mathbf{r}_2, ..., \mathbf{r}_N \ ; \ \mathbf{p}_1, \mathbf{p}_2, ..., \mathbf{p}_N).$$

Dans le γ-espace, la trajectoire décrite par le point figuratif permet de suivre l'évolution de l'état dynamique du système. La connaissance de l'hamiltonien $H(\mathbf{r}^N, \mathbf{p}^N)$ et des conditions initiales (coordonnées et moments de toutes les particules à un instant donné) déterminent complètement la trajectoire du point qui se déplace dans le γ-espace,

[1]Pour rendre plus facile la lecture de ce qui va suivre, le vecteur coordonnées généralisées est noté $\mathbf{r}$ au lieu de $\mathbf{q}$. En coordonnées cartésiennes, le vecteur coordonnées coïncide avec le vecteur position $\mathbf{r} = (x, y, z)$ et le vecteur moment avec le vecteur quantité de mouvement $\mathbf{p} = (m\dot{x}, m\dot{y}, m\dot{z})$.

conformément aux équations de Hamilton (Rel. 1.23) :

$$\dot{r}_i = \frac{\partial H}{\partial p_i}, \tag{2.1}$$

$$\dot{p}_i = -\frac{\partial H}{\partial r_i}, \tag{2.2}$$

où $i = 1, 2, ..., 3N$. En principe, l'intégration de ce système de $6N$ équations différentielles du premier ordre fournit les $6N$ solutions $r_i(t)$ et $p_i(t)$ dans lesquelles les $6N$ constantes d'intégration sont déterminées au moyen des $6N$ conditions initiales $r_i(0)$ et $p_i(0)$.

Il est important de noter que, dans le γ-espace, le point représentatif de l'état du système décrit une trajectoire orientée, unique et ne repassant jamais deux fois par le même point. Si la trajectoire devait se couper, il y aurait deux chemins possibles à partir du point d'intersection, donc deux histoires distinctes du système avec des conditions initiales identiques, ce qui est impossible. Il faut néanmoins signaler que si le système est constitué d'une particule liée où l'énergie se conserve, comme l'oscillateur harmonique linéaire, le point figuratif de l'espace des phases emprunte le même trajet à chaque période et décrit une courbe fermée (Fig. 1.1).

Il est également important de noter ce qui différencie le μ-espace du γ-espace en plus du fait que l'état dynamique du système de N particules est représenté par un nuage de N points dans le μ-espace et par un seul point dans le γ-espace. Il est facile de vérifier que si les particules sont *identiques*, donc *indiscernables*, la permutation de deux particules ne modifie pas la représentation dans le μ-espace (le nuage de N points reste inchangé) alors qu'elle fournit une représentation différente dans le γ-espace (le point figuratif change de place). Comme il y a $N!$ permutations possibles des particules, l'état d'un système de N particules identiques est représenté par un nuage de $N!$ points dans le γ-espace alors qu'il est représenté par un nuage de N points dans le μ-espace. D'autre part, on a indiqué (Rel. 1.44) que les dimensions du plus petit volume de l'espace des phases à 6 dimensions, disponible pour chaque état énergétique, est h^3. Or, il semble évident que, dans le γ-espace à $6N$ dimensions, le plus petit volume disponible pour chaque état énergétique doit être h^{3N}. Ces remarques sont d'une grande importance pour les applications subséquentes.

Pour les raisons qui ont été évoquées dans le paragraphe (1.4.3) (hypothèse d'ergodicité et hypothèse d'équiprobabilité), Gibbs a imaginé d'étudier le comportement d'un système réel, dans le γ-espace, en considérant un grand nombre de répliques du système concerné. Chaque réplique du système possède le même volume, le même nombre et le même type de particules. Les répliques sont indépendantes les unes des autres, c'est-à-dire qu'à tout instant les coordonnées et les moments des particules différent d'une réplique à l'autre. Par contre, elles conduisent au même état thermodynamique, c'est-à-dire à la même température, la même pression, la même énergie... Toutes les répliques de la collection, qui possèdent le même état macroscopique mais différent l'une de l'autre par des microstructures différentes, constituent un *ensemble* représentatif de l'état d'un système. Notons que, pour des raisons pratiques, on définit trois types d'ensembles. L'*ensemble microcanonique* qui s'applique à des systèmes isothermes fermés, où aucun échange de matière et d'énergie n'est permis. L'*ensemble canonique* qui s'applique à des systèmes isothermes fermés pouvant échanger de l'énergie mais pas de matière. L'*ensemble grand canonique* qui s'applique à des systèmes isothermes ouverts pouvant échanger de l'énergie et de la matière, mais pour lesquels le potentiel chimique (c'est-à-dire l'énergie d'une particule) est constant.

Comme chaque réplique est représentée par un point dans le γ-espace, le nombre N_R de répliques forme un nuage de N_R points qui décrivent leur propre trajectoire[2]. Or, N_R pouvant être aussi grand que l'on veut, on peut définir une densité de points qui dépend des coordonnées et des moments des N particules, ainsi que du temps, et que l'on note $f(\mathbf{r}^N, \mathbf{p}^N, t)$. Par conséquent, le nombre de points contenus dans l'élément de volume $d\Gamma\left(= d\mathbf{r}^N d\mathbf{p}^N\right)$ du γ-espace, entourant le point $(\mathbf{r}^N, \mathbf{p}^N)$, est :

$$dN_R = f(\mathbf{r}^N, \mathbf{p}^N, t) d\mathbf{r}^N d\mathbf{p}^N.$$

Si l'on admet que toutes les répliques ont la même probabilité de posséder une microstructure donnée, la probabilité élémentaire de trouver une réplique prise au hasard dans l'élément de volume $(d\mathbf{r}^N d\mathbf{p}^N)$ s'obtient en effectuant le rapport du nombre de répliques dN_R contenues dans $(d\mathbf{r}^N d\mathbf{p}^N)$ sur le nombre total de répliques N_R :

$$\frac{dN_R}{N_R} = \frac{f(\mathbf{r}^N, \mathbf{p}^N, t) d\mathbf{r}^N d\mathbf{p}^N}{\displaystyle\iint_{6N} f(\mathbf{r}^N, \mathbf{p}^N, t) d\mathbf{r}^N d\mathbf{p}^N} = P_N(\mathbf{r}^N, \mathbf{p}^N, t) d\mathbf{r}^N d\mathbf{p}^N, \tag{2.3}$$

avec $N_R = \displaystyle\iint_{6N} f(\mathbf{r}^N, \mathbf{p}^N, t) d\mathbf{r}^N d\mathbf{p}^N$. Ceci conduit à définir la fonction $P_N(\mathbf{r}^N, \mathbf{p}^N, t)$ qui, conformément à la statistique mathématique, est une densité de probabilité puisqu'elle est normée à l'unité.

2.2 Evolution naturelle de la densité de probabilité

Dans ce paragraphe, on démontre que la densité de probabilité se conserve au cours du temps, ce qui se traduit sous forme mathématique par $\frac{d}{dt} P_N(\mathbf{r}^N, \mathbf{p}^N, t) = 0$, soit :

$$\frac{d}{dt} P_N(\mathbf{r}^N, \mathbf{p}^N, t) = \frac{\partial}{\partial t} P_N(\mathbf{r}^N, \mathbf{p}^N, t) + \sum_{i=1}^{3N} \left[\frac{\partial P_N(\mathbf{r}^N, \mathbf{p}^N, t)}{\partial r_i} \dot{r}_i + \frac{\partial P_N(\mathbf{r}^N, \mathbf{p}^N, t)}{\partial p_i} \dot{p}_i \right] = 0.$$

La démonstration de ce résultat[3], connu sous le nom de *théorème de Liouville*, peut également être effectuée avec la densité de points $f(\mathbf{r}^N, \mathbf{p}^N, t)$ dans le γ-espace puisque, en accord avec la relation (2.3), $P_N(\mathbf{r}^N, \mathbf{p}^N, t)$ est proportionnelle à $f(\mathbf{r}^N, \mathbf{p}^N, t)$.

Pour démontrer que :

$$\frac{d}{dt} f = \frac{\partial}{\partial t} f + \sum_{i=1}^{3N} \left[\frac{\partial f}{\partial r_i} \dot{r}_i + \frac{\partial f}{\partial p_i} \dot{p}_i \right] = 0, \tag{2.4}$$

[2] J. O. Hirschfelder, C. F. Curtiss and R. B. Bird, *Molecular Theory of Gases and Liquids*, John Wiley, New York (1954), p. 80

[3] T. L. Hill, *Statistical Mechanics*, McGraw-Hill, New York (1956), p. 5.

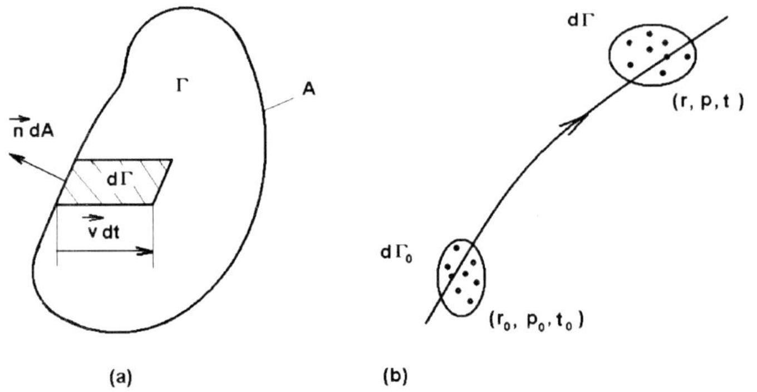

FIG. 2.1 – (a) Analogie hydrodynamique permettant d'assimiler le mouvement des points dans le γ-espace à celui d'un fluide en mouvement. (b) Représentation conventionnelle de deux éléments d'extension en phase $d\Gamma$ et $d\Gamma_0$ qui se conservent le long d'une trajectoire.

utilisons l'analogie hydrodynamique consistant à assimiler le mouvement des points dans le γ-espace à celui d'un fluide en mouvement. Considérons un volume arbitraire Γ du γ-espace délimité par une hypersurface fermée d'aire A. Le nombre de points contenus dans le volume Γ est :

$$N_\Gamma = \int_\Gamma f(\mathbf{r}^N, \mathbf{p}^N, t) d\Gamma,$$

où $d\Gamma = d\mathbf{r}^N d\mathbf{p}^N$. La variation locale de N_Γ au cours du temps (à $\mathbf{r}^N$ et $\mathbf{p}^N$ donnés) est :

$$\frac{dN_\Gamma}{dt} = \int_\Gamma \frac{\partial}{\partial t} f(\mathbf{r}^N, \mathbf{p}^N, t) d\Gamma. \tag{2.5}$$

S'il n'y a ni puits ni source dans le volume Γ, cette variation correspond au nombre de points qui traversent l'aire A pendant le temps dt. Or, en s'aidant de la représentation conventionnelle de la figure (2.1a), on peut écrire que le nombre de points contenus dans le volume élémentaire $d\Gamma$ est :

$$d^2 N_\Gamma = -f(\mathbf{v}dt).(\mathbf{n}dA) > 0,$$

où $\mathbf{n}$ est le vecteur unitaire normal à dA et $\mathbf{v}$ le vecteur vitesse des points dans l'hypervolume $d\Gamma$ dont les composantes sont :

$$\mathbf{v} = (\dot{\mathbf{r}}^N, \dot{\mathbf{p}}^N) = (\dot{r}_1, \dot{r}_2, ..., \dot{r}_{3N} \ ; \ \dot{p}_1, \dot{p}_2, ..., \dot{p}_{3N}). \tag{2.6}$$

Par conséquent, le nombre de points qui traversent l'hypersurface d'aire A pendant le temps dt est donné par l'intégrale suivante sur A :

$$dN_\Gamma = -\oint_A f(\mathbf{v}dt).(\mathbf{n}dA),$$

$$\text{soit} \qquad \frac{dN_\Gamma}{dt} = -\oint_A (f\mathbf{v}).(\mathbf{n}dA). \tag{2.7}$$

Si l'on utilise le théorème d'Ostrogradski, on peut transformer la relation précédente comme suit :

$$\frac{dN_\Gamma}{dt} = -\oint_A (f\mathbf{v}).(\mathbf{n}dA) = -\int_\Gamma div(f\mathbf{v})d\Gamma. \tag{2.8}$$

En identifiant les relations (2.5) et (2.8), on obtient directement :

$$\frac{\partial}{\partial t}f(\mathbf{r}^N, \mathbf{p}^N, t) = -div(f\mathbf{v}). \tag{2.9}$$

Mais compte tenu de la relation (2.6), l'expression analytique de $div(f\mathbf{v})$ s'écrit encore :

$$\begin{aligned} div(f\mathbf{v}) &= \sum_{i=1}^{3N}\left[\frac{\partial}{\partial r_i}(f\dot{r}_i) + \frac{\partial}{\partial p_i}(f\dot{p}_i)\right], \\ div(f\mathbf{v}) &= f\sum_{i=1}^{3N}\left[\frac{\partial \dot{r}_i}{\partial r_i} + \frac{\partial \dot{p}_i}{\partial p_i}\right] + \sum_{i=1}^{3N}\left[\dot{r}_i\frac{\partial f}{\partial r_i} + \dot{p}_i\frac{\partial f}{\partial p_i}\right]. \end{aligned} \tag{2.10}$$

On peut également expliciter les termes entre crochets dans la relation (2.10) en fonction de l'hamiltonien H, avec les équations de Hamilton (Rel. 2.1 et 2.2) :

$$\begin{aligned} \dot{r}_i &= \frac{\partial H}{\partial p_i} \quad \text{et} \quad \frac{\partial \dot{r}_i}{\partial r_i} = \frac{\partial^2 H}{\partial r_i \partial p_i}, \\ \dot{p}_i &= -\frac{\partial H}{\partial r_i} \quad \text{et} \quad \frac{\partial \dot{p}_i}{\partial p_i} = -\frac{\partial^2 H}{\partial p_i \partial r_i}, \end{aligned}$$

ce qui permet de simplifier l'expression de $div(f\mathbf{v})$, puisque le terme dans les premiers crochets de la relation (2.10) est nul. L'élimination de $div(f\mathbf{v})$ entre les relations (2.9) et (2.10) fournit ainsi :

$$\frac{\partial}{\partial t}f(\mathbf{r}^N, \mathbf{p}^N, t) = -\sum_{i=1}^{3N}\left[\dot{r}_i\frac{\partial f}{\partial r_i} + \dot{p}_i\frac{\partial f}{\partial p_i}\right], \tag{2.11}$$

soit :

$$\frac{\partial}{\partial t}f(\mathbf{r}^N, \mathbf{p}^N, t) = -\sum_{i=1}^{3N}\left[\frac{\partial H}{\partial p_i}\frac{\partial f}{\partial r_i} - \frac{\partial H}{\partial r_i}\frac{\partial f}{\partial p_i}\right]. \tag{2.12}$$

En comparant les relations (2.11) et (2.4), on démontre que $\frac{d}{dt}f = 0$. Le théorème de Liouville indique que la densité de points $f(\mathbf{r}^N, \mathbf{p}^N, t)$, dans le voisinage d'un point décrivant la trajectoire dans le γ-espace, ne varie pas au cours du temps. Il s'ensuit en particulier que :

$$f(\mathbf{r}^N, \mathbf{p}^N, t) = f(\mathbf{r}_0^N, \mathbf{p}_0^N, 0). \tag{2.13}$$

Une autre manière d'interpréter le théorème de Liouville est de considérer la relation (2.12) dans laquelle le second membre s'exprime avec l'*opérateur de Liouville* :

$$\mathcal{L} = i\,[H,\ ] = i\sum_{i=1}^{3N}\left[\frac{\partial H}{\partial r_i}\frac{\partial}{\partial p_i} - \frac{\partial H}{\partial p_i}\frac{\partial}{\partial r_i}\right],$$

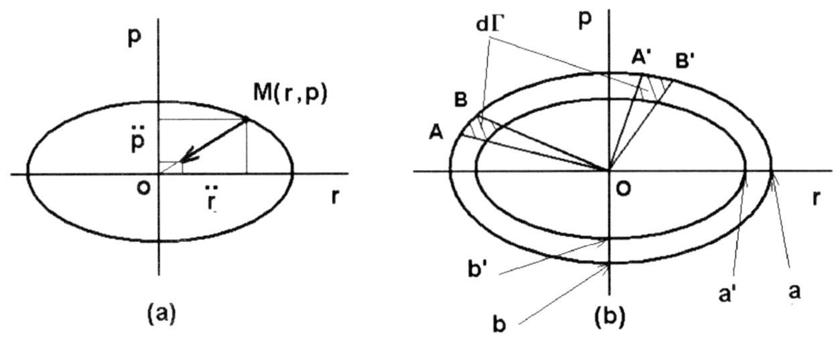

FIG. 2.2 – Illustration de l'invariabilité de l'élément d'extension en phase.

où i est le symbole des nombres complexes et $[H,\ ]$ le *crochet de Poisson*. En effet, la relation (2.12) se récrit avec l'opérateur de Liouville sous la forme suivante :

$$\frac{\partial}{\partial t} f(\mathbf{r}^N, \mathbf{p}^N, t) = \sum_{i=1}^{3N} \left[\frac{\partial H}{\partial r_i} \frac{\partial f}{\partial p_i} - \frac{\partial H}{\partial p_i} \frac{\partial f}{\partial r_i} \right] = -i\mathcal{L} f(\mathbf{r}^N, \mathbf{p}^N, t). \tag{2.14}$$

L'intégration de cette équation conduit à la solution formelle :

$$f(\mathbf{r}^N, \mathbf{p}^N, t) = f(\mathbf{r}^N, \mathbf{p}^N, 0) \exp(-i\mathcal{L}t). \tag{2.15}$$

Cette expression montre explicitement comment la densité de points $f(\mathbf{r}^N, \mathbf{p}^N, t)$, donc la densité de probabilité $P_N(\mathbf{r}^N, \mathbf{p}^N, t)$, évolue au cours du temps, pour des valeurs de $\mathbf{r}^N$ et $\mathbf{p}^N$ fixées.

Le théorème de Liouville qui traduit la conservation de la densité de points dans le γ-espace (Rel. 2.13) n'est pas sans conséquence. En effet, compte tenu des équations du mouvement, les coordonnées du point $(\mathbf{r}^N, \mathbf{p}^N)$, à l'instant t, doivent s'exprimer en fonction des coordonnées du point $(\mathbf{r}_0^N, \mathbf{p}_0^N)$ à l'instant initial. Or, les relations entre les coordonnées $(\mathbf{r}^N, \mathbf{p}^N)$ et $(\mathbf{r}_0^N, \mathbf{p}_0^N)$ imposent que l'élément de volume $d\Gamma$ (*élément d'extension en phase*) se conserve, tout en subissant une déformation (Fig. 2.1b), c'est-à-dire :

$$d\Gamma = d\mathbf{r}^N d\mathbf{p}^N = d\mathbf{r}_0^N d\mathbf{p}_0^N.$$

On peut se convaincre de ce résultat en considérant l'oscillateur harmonique linéaire et en assimilant le mouvement d'un point M de l'espace des phases (Fig. 2.2a) à celui d'un point matériel décrivant une ellipse dans le plan (r, p). En différenciant les équations de Hamilton (Rel. 1.25 et 1.26) par rapport au temps, on obtient $\ddot{r} = \frac{\dot{p}}{m} = -\frac{k}{m} r$ et $\ddot{p} = -k\ \dot{r} = -\frac{k}{m} p$. Ces relations montrent que les composantes de l'accélération du point M sont dans le même rapport que ses coordonnées ($\frac{\ddot{r}}{\ddot{p}} = \frac{r}{p}$). Il s'ensuit que l'accélération du point M passe par le point fixe O et son mouvement est un mouvement à *accélération centrale*. Or, un tel mouvement est régi par la loi des aires (deuxième loi de Képler) qui stipule que les aires balayées par le rayon vecteur sont proportionnelles au temps. On voit sur la figure (2.2b) que si Δt est le temps mis aux rayons vecteurs OA et OA' pour se déplacer respectivement en OB et OB', les aires hachurées sont égales, d'où l'invariance de l'élément d'extension en phase $d\Gamma$, malgré sa déformation.

La conservation de l'élément d'extension en phase peut être démontrée rigoureusement sur la base du changement des variables $(\mathbf{r}_0^N, \mathbf{p}_0^N)$ en $(\mathbf{r}^N, \mathbf{p}^N)$ noté symboliquement :

$$r = r(r_0, p_0, t),$$

$$p = p(r_0, p_0, t).$$

Le calcul, qui ne sera pas fait ici, montre que le jacobien $J = \frac{D(r,p)}{D(r_0,p_0)}$ de la transformation précédente est égal à l'unité, ce qui démontre l'invariance de l'élément d'extension en phase. Cette propriété découle de ce que les coordonnées généralisées $\mathbf{r}^N$ et les moments généralisés $\mathbf{p}^N$ sont conjugués l'un de l'autre.

Afin d'illustrer ce résultat, remarquons que pour transformer l'élément de volume $dxdydz$ (coordonnées cartésiennes) en $drd\theta d\varphi$ (coordonnées sphériques) dans l'espace ordinaire, il faut utiliser la formule :

$$dxdydz = |J|\, drd\theta d\varphi,$$

où le jacobien[1] vaut $|J| = r^2 \sin\theta$. Cette expression montre que l'élément de volume en coordonnées sphériques n'est pas égal à l'élément de volume en coordonnées cartésiennes. Par contre, si l'on considère l'état dynamique d'une particule dans l'espace des phases à 6 dimensions, on s'aperçoit que l'élément d'extension en phase $d\Gamma$ se conserve lors de la transformation des coordonnées cartésiennes en coordonnées sphériques :

$$d\Gamma = dxdydzdp_x dp_y dp_z = |J|\, drd\theta d\varphi dp_r dp_\theta dp_\varphi,$$

car ici $|J| = 1$, comme on pourrait le vérifier.

En résumé, on a montré qu'il y a conservation de la densité de points, $f(\mathbf{r}^N, \mathbf{p}^N, t) = f(\mathbf{r}_0^N, \mathbf{p}_0^N, t_0)$, dans le voisinage immédiat d'un point se déplaçant dans le γ-espace en même temps qu'il y a conservation de l'élément d'extension en phase, $d\Gamma = d\Gamma_0$. Par conséquent, les dN_R points qui sont dans le volume initial $d\Gamma_0$ doivent se retrouver dans le volume $d\Gamma$, lors de l'évolution du système au cours du temps, sans perte ni gain, c'est-à-dire :

$$dN_R = f(\mathbf{r}^N, \mathbf{p}^N, t)d\Gamma = f(\mathbf{r}_0^N, \mathbf{p}_0^N, t_0)d\Gamma_0.$$

2.3 Postulats de la mécanique statistique

L'équation de Liouville est une équation générale qui permet d'étudier le comportement des systèmes en équilibre ou hors d'équilibre, car une fois choisie la densité de

[1] Les coordonnées sphériques sont :

$$x = r\sin\theta\cos\varphi,$$
$$y = r\sin\theta\sin\varphi,$$
$$z = r\cos\theta,$$

et le jacobien est :

$$\begin{vmatrix} \frac{\partial x}{\partial r} & \frac{\partial y}{\partial r} & \frac{\partial z}{\partial r} \\ \frac{\partial x}{\partial \varphi} & \frac{\partial y}{\partial \varphi} & \frac{\partial z}{\partial \varphi} \\ \frac{\partial x}{\partial \theta} & \frac{\partial y}{\partial \theta} & \frac{\partial z}{\partial \theta} \end{vmatrix} = r^2 \sin\theta.$$

probabilité à l'instant initial, elle est fixée à un instant ultérieur par les équations du mouvement. Mais, si l'on ne s'intéresse qu'aux propriétés des systèmes à l'équilibre, la densité de probabilité ne doit pas dépendre explicitement du temps et l'équation de Liouville (Rel. 2.11) doit se réduire à :

$$\frac{\partial}{\partial t} P_N(\mathbf{r}^N, \mathbf{p}^N) = 0.$$

Dans les applications pratiques, la question fondamentale est celle du calcul des grandeurs thermodynamiques des systèmes en fonction des propriétés dynamiques des particules qui les constituent. Une grandeur G peut être, en principe, écrite en fonction de $\mathbf{r}^N(t)$ et de $\mathbf{p}^N(t)$, et sa valeur peut être calculée au moyen de la moyenne temporelle (Rel. 1.110) entre l'instant initial t_0 et l'instant $t_0 + \tau$:

$$G_t = \overline{G} = \lim_{\tau \to \infty} \frac{1}{\tau} \int_{t_0}^{t_0+\tau} G\left[\mathbf{r}^N(t), \mathbf{p}^N(t)\right] dt. \tag{2.16}$$

A priori, G_t dépend des variables dynamiques $\mathbf{r}^N(t)$ et $\mathbf{p}^N(t)$ et de l'intervalle de temps τ sur lequel l'intégration est effectuée. Il faut noter la différence essentielle qu'il y a entre les informations contenues dans les variables dynamiques (ou microscopiques) et celles qui sont fournies par la description thermodynamique (ou macroscopique) des systèmes. Alors que les variables dynamiques permettent de calculer l'état macroscopique du système, la connaissance de l'état macroscopique ne permet pas de spécifier les variables dynamiques (coordonnées et moments des particules).

Dans le cas le plus simple d'un système parfaitement isolé (énergie constante), on peut évaluer l'intégrale de la relation (2.16) à partir de la loi de variation de $G\left[\mathbf{r}^N(t), \mathbf{p}^N(t)\right]$ avec les $6N$ solutions $\mathbf{r}^N(t)$ et $\mathbf{p}^N(t)$, obtenues en résolvant les équations de Hamilton, et compte tenu des $6N$ conditions initiales. Or, un calcul rapide montre qu'il est impossible d'utiliser les conditions initiales. En effet, à supposer que le système contienne $N \simeq 10^{23}$ particules et que l'on puisse ne serait-ce que compter les conditions initiales à raison de 1000 à la seconde, cela prendrait 10^{20} secondes, soit 10^{13} ans, ce qui est inimaginable. Il semble que, même dans un cas simple où le système est parfaitement isolé, la tâche soit sans espoir. Pour un système non isolé le problème se complique encore, car le point $\left[\mathbf{r}^N(t), \mathbf{p}^N(t)\right]$ du γ-espace passe d'une trajectoire d'énergie constante à une autre.

Un moyen de sortir de l'impasse est de réaliser une simulation numérique de l'expérience réelle. Pour cela on considère un nombre limité de particules et on discrétise les équations du mouvement dans le but de suivre, étape après étape, l'évolution du système le long de la trajectoire des phases au moyen d'un calculateur. Avec un nombre de particules $N \sim 1000$, l'ordinateur est capable de compter et de calculer les coordonnées et les moments des particules en $\sim 10^{-13}$ secondes, de sorte qu'il est possible de suivre l'évolution du système en un temps record en résolvant les équations du mouvement par une méthode de différences finies. En pratique, la simulation débute par la phase d'initialisation au cours de laquelle on affecte des valeurs initiales aux coordonnées et aux moments de toutes les particules. Le calcul se poursuit par la phase de thermalisation pendant laquelle le système atteint l'équilibre. Puis la simulation se termine par la phase de production de durée τ, au cours de laquelle les coordonnées et les moments de toutes les particules sont échantillonnés et stockés dans des fichiers informatiques en vue d'un traitement statistique ultérieur. De cette manière, on peut calculer, par exemple, la moyenne de la pression en utilisant la formule de la théorie cinétique des gaz :

$$pV = \frac{N}{3m} \sum_{i=1}^{N} |\mathbf{p}_i(t)|^2 .$$

On peut également calculer la moyenne temporelle de la température :

$$T_t = \lim_{\tau \to \infty} \frac{1}{\tau} \int_{t_0}^{t_0+\tau} T\left[\mathbf{p}^N(t)\right] dt,$$

où $T\left[\mathbf{p}^N(t)\right]$ est fourni par le théorème d'équipartition de l'énergie :

$$\frac{3}{2} k_B T\left[\mathbf{p}^N(t)\right] = \frac{1}{2Nm} \sum_{i=1}^{N} |\mathbf{p}_i(t)|^2 .$$

Le résultat est fonction de l'état initial $\left[\mathbf{r}_0^N(t), \mathbf{p}_0^N(t)\right]$ et sa validité dépend de l'amplitude des fluctuations de température, c'est pourquoi les périodes de thermalisation et de production ainsi que le pas de discrétisation du temps, utile à la résolution numérique, doivent être judicieusement choisis.

Mais à côté de la simulation numérique, on peut également calculer la grandeur macroscopique G en recourant à une méthode indirecte proposée par Gibbs. Dans cette méthode, on postule que la moyenne temporelle G_t est égale à la moyenne d'ensemble G_e :

$$G_e = \langle G \rangle = \iint_{6N} G\left[\mathbf{r}^N(t), \mathbf{p}^N(t)\right] P_N(\mathbf{r}^N, \mathbf{p}^N) d\mathbf{r}^N d\mathbf{p}^N . \tag{2.17}$$

Par exemple, le calcul de la moyenne de l'énergie s'effectue avec l'hamiltonien $H\left[\mathbf{r}^N(t), \mathbf{p}^N(t)\right]$ au moyen de l'expression :

$$E = \iint_{6N} H\left[\mathbf{r}^N(t), \mathbf{p}^N(t)\right] P_N(\mathbf{r}^N, \mathbf{p}^N) d\mathbf{r}^N d\mathbf{p}^N . \tag{2.18}$$

Ce *premier postulat de la mécanique statistique* a déjà été évoqué dans la présentation des fonctions aléatoires stationnaires ergodiques (Rel. 1.111). Il est d'une grande importance, puisqu'il montre que toute grandeur macroscopique peut être calculée dès lors que la densité de probabilité $P_N(\mathbf{r}^N, \mathbf{p}^N)$ est connue. L'équivalence entre la moyenne temporelle et la moyenne d'ensemble, $G_t \equiv G_e$, ne coule pas de source. Bien que peu de systèmes soient vraiment ergodiques, on applique sans restriction le principe d'équivalence entre les moyennes temporelle et d'ensemble, en se basant sur l'hypothèse de quasi ergodicité[5].

Pour compléter les fondements de la mécanique statistique, il reste encore à donner une forme à l'expression de la densité de probabilité $P_N(\mathbf{r}^N, \mathbf{p}^N)$. Or le *second postulat de la mécanique statistique*, proposé également par Gibbs, stipule que la densité de probabilité doit être fonction de l'hamiltonien du système, soit $P_N\left[H(\mathbf{r}^N, \mathbf{p}^N)\right]$. Quant à

[5] A. I. Khintchine, *Mathematical foundations of Statistical Mechanics*, Dover, New York (1949).

sa forme exacte, elle dépend essentiellement de l'ensemble utilisé pour représenter l'état du système. Rappelons que l'on utilise habituellement trois types d'ensembles (§ 2.1) : l'*ensemble microcanonique* qui correspond à des systèmes parfaitement isolés ne tolérant aucun échange, l'*ensemble canonique* qui permet des échanges d'énergie, mais pas de matière, et l'*ensemble grand canonique* qui correspond à un système ouvert autorisant des échanges d'énergie et de matière.

2.4 Densité de probabilité de l'ensemble microcanonique

L'ensemble microcanonique est utilisé pour étudier les systèmes fermés et isolés adiabatiquement où aucun échange de matière ou d'énergie n'est permis. Les valeurs de N et de E sont donc rigoureusement définies. Et comme la densité de probabilité $P_N(\mathbf{r}^N, \mathbf{p}^N)$ doit être une fonction de l'hamiltonien $H(\mathbf{r}^N, \mathbf{p}^N)$, il est logique que $P_N(\mathbf{r}^N, \mathbf{p}^N)$ présente un maximum aigu pour la valeur $H(\mathbf{r}^N, \mathbf{p}^N) = E$. Ceci peut se traduire formellement par l'expression mathématique :

$$P_N(\mathbf{r}^N, \mathbf{p}^N) = \frac{1}{C(E)} \delta \left[H(\mathbf{r}^N, \mathbf{p}^N) - E \right], \tag{2.19}$$

où δ est la fonction de Dirac[6] - infinie lorsque $H(\mathbf{r}^N, \mathbf{p}^N) = E$ et nulle ailleurs - et $C(E)$ un facteur de normalisation qui dépend de l'énergie E et des paramètres extérieurs caractérisant l'état thermodynamique du système. La condition de normalisation de la densité de probabilité, $\iint_{6N} P_N(\mathbf{r}^N, \mathbf{p}^N) d\mathbf{r}^N d\mathbf{p}^N = 1$, permet d'écrire :

$$C(E) = \iint_{6N} \delta \left[H(\mathbf{r}^N, \mathbf{p}^N) - E \right] d\mathbf{r}^N d\mathbf{p}^N. \tag{2.20}$$

Bien que la distribution de Dirac ne se justifie que pour un système adiabatique dont l'énergie est rigoureusement égale à E, l'ensemble microcanonique peut être cependant utilisé pour des systèmes réels dont l'énergie fluctue sur un intervalle très étroit $\left(E \pm \frac{\Delta E}{2}\right)$. Pour de tels systèmes, la moyenne d'ensemble (Rel. 2.17) d'une grandeur thermodynamique G se calcule avec la relation :

$$G_e = \frac{1}{C(E)} \iint_{6N} G \left[\mathbf{r}^N(t), \mathbf{p}^N(t) \right] \delta \left[H(\mathbf{r}^N, \mathbf{p}^N) - E \right] d\mathbf{r}^N d\mathbf{p}^N. \tag{2.21}$$

[6] La fonction de Dirac $\delta(x)$ possède une valeur infinie en $x = 0$ et nulle quand $x \neq 0$. Elle n'est nullement définie par sa forme mais par les propriétés intégrales suivantes :

$$\int_{-\infty}^{\infty} \delta(x) dx = 1$$

$$\text{et} \quad \int_{-\infty}^{\infty} \delta(x-a) f(x) dx = f(a).$$

La première propriété montre que la fonction de Dirac est une distribution au sens de la statistique mathématique.

Pour mieux comprendre le rôle du facteur de normalisation $C(E)$, calculons l'intégrale de la relation (2.20) sur le domaine d'énergie compris entre $\left(E-\frac{\Delta E}{2}\right)$ et $\left(E+\frac{\Delta E}{2}\right)$. Ceci donne[7] :

$$\int_{E-\frac{\Delta E}{2}}^{E+\frac{\Delta E}{2}} C(\varepsilon)d\varepsilon = \int_{E-\frac{\Delta E}{2}}^{E+\frac{\Delta E}{2}} \left[\iint_{6N} \delta\left[H(\mathbf{r}^N,\mathbf{p}^N)-\varepsilon\right] d\mathbf{r}^N d\mathbf{p}^N\right] d\varepsilon. \quad (2.22)$$

Puisque ΔE est petit, le membre de gauche de la relation précédente vaut approximativement $C(E)\Delta E$. Quant au membre de droite, après permutation des intégrales, il s'écrit encore sous la forme suivante :

$$\iint_{6N}\left[\int_{E-\frac{\Delta E}{2}}^{E+\frac{\Delta E}{2}} \delta\left[H(\mathbf{r}^N,\mathbf{p}^N)-\varepsilon\right] d\varepsilon\right] d\mathbf{r}^N d\mathbf{p}^N = \int\int_{\left\{H(\mathbf{r}^N,\mathbf{p}^N)\in\left[E-\frac{\Delta E}{2},E+\frac{\Delta E}{2}\right]\right\}} d\mathbf{r}^N d\mathbf{p}^N,$$

car $\int_{E-\frac{\Delta E}{2}}^{E+\frac{\Delta E}{2}} \delta\left[H(\mathbf{r}^N,\mathbf{p}^N)-\varepsilon\right] d\varepsilon = 1$ quand $\varepsilon = H(\mathbf{r}^N,\mathbf{p}^N) \in \left[E-\frac{\Delta E}{2}, E+\frac{\Delta E}{2}\right]$. Par conséquent, la relation (2.22) se réduit à :

$$C(E)\Delta E = \int\int_{\left\{H(\mathbf{r}^N,\mathbf{p}^N)\in\left[E-\frac{\Delta E}{2},E+\frac{\Delta E}{2}\right]\right\}} d\mathbf{r}^N d\mathbf{p}^N. \quad (2.23)$$

La quantité $C(E)\Delta E$ correspond à la portion de volume du γ-espace comprise entre les hypersurfaces d'énergie $\left(E-\frac{\Delta E}{2}\right)$ et $\left(E+\frac{\Delta E}{2}\right)$.

Poursuivons la discussion de l'ensemble microcanonique dans le but de justifier l'équivalence entre la moyenne temporelle et la moyenne d'ensemble. A cette fin, considérons une fois encore l'oscillateur harmonique linéaire pour lequel l'hamiltonien (Rel. 1.29) est :

$$H(r,p) = E = \frac{1}{2}(m\omega^2 r^2 + \frac{p^2}{m}),$$

avec $r = \frac{1}{\omega}\sqrt{\frac{2E}{m}}\cos\omega t$ et $p = -\sqrt{2mE}\sin\omega t$. L'oscillateur harmonique étant un système isolé où l'énergie E se conserve, il est possible de calculer la moyenne d'ensemble de toute fonction G, en utilisant la densité de probabilité de l'ensemble microcanonique, soit :

$$G_e = \frac{1}{C(E)}\iint G\left[r(t),p(t)\right]\delta\left[H(r,p)-E\right] drdp.$$

Comme cela a été fait pour la relation (2.22), calculons l'intégrale suivante sur le domaine d'énergie compris entre $\left(E-\frac{\Delta E}{2}\right)$ et $\left(E+\frac{\Delta E}{2}\right)$. On obtient :

$$\int_{E-\frac{\Delta E}{2}}^{E+\frac{\Delta E}{2}} G_e C(\varepsilon)d\varepsilon = \iint G\left[r(t),p(t)\right]\left[\int_{E-\frac{\Delta E}{2}}^{E+\frac{\Delta E}{2}} \delta\left[H(r,p)-\varepsilon\right] d\varepsilon\right] drdp,$$

soit :

$$G_e = \lim_{\Delta E\to 0}\frac{1}{C(E)\Delta E}\int\int_{\left\{H(r,p)\in\left[E-\frac{\Delta E}{2},E+\frac{\Delta E}{2}\right]\right\}} G\left[r(t),p(t)\right] drdp, \quad (2.24)$$

où la quantité $C(E)\Delta E$ est représentée par la surface comprise entre les deux ellipses d'équations $H(r,p) = E-\frac{\Delta E}{2}$ et $H(r,p) = E+\frac{\Delta E}{2}$. Si l'on considère la représentation de

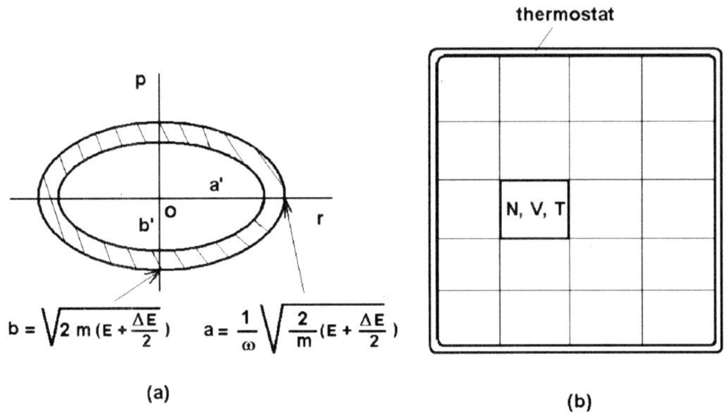

FIG. 2.3 – (a) Représentation géométrique de la quantité $C(E)\Delta E$ dans le γ-espace de l'oscillateur harmonique linéaire. (b) Représentation schématique de l'ensemble canonique formé de N_S sous systèmes identiques, spécifiés par les mêmes valeurs de N, V et T .

la figure (2.3a) où les demis axes de la grande ellipse sont respectivement $a = \frac{1}{\omega}\sqrt{\frac{2(E+\frac{\Delta E}{2})}{m}}$ et $b = \sqrt{2m(E + \frac{\Delta E}{2})}$, et les demis axes de la petite ellipse sont $a' = \frac{1}{\omega}\sqrt{\frac{2(E-\frac{\Delta E}{2})}{m}}$ et $b' = \sqrt{2m(E - \frac{\Delta E}{2})}$, on s'aperçoit que l'aire de la couronne hachurée $\pi(ab - a'b')$ s'écrit explicitement :

$$C(E)\Delta E = \pi\left[\frac{1}{\omega}\sqrt{\frac{2(E+\frac{\Delta E}{2})}{m}}\sqrt{2m(E+\frac{\Delta E}{2})} - \frac{1}{\omega}\sqrt{\frac{2(E-\frac{\Delta E}{2})}{m}}\sqrt{2m(E-\frac{\Delta E}{2})}\right],$$

soit :

$$C(E)\Delta E = \frac{2\pi}{\omega}\Delta E.$$

En remplaçant la quantité $C(E)\Delta E$ par son expression dans la relation (2.24), on aboutit à :

$$G_e = \lim_{\Delta E\to 0}\frac{\omega}{2\pi\Delta E}\int\int_{\{H(r,p)\in\left[E-\frac{\Delta E}{2},E+\frac{\Delta E}{2}\right]\}} G\left[r(t),p(t)\right]drdp. \tag{2.25}$$

Mais, puisque l'oscillateur harmonique possède un mouvement périodique de période $T = \frac{2\pi}{\omega}$, il est possible de calculer la moyenne temporelle G_t avec la relation :

$$G_t = \frac{\omega}{2\pi}\int_0^{\frac{2\pi}{\omega}} G\left[r(t),p(t)\right]dt.$$

Or, sans changer la valeur de G_t, on peut évaluer sa valeur moyenne sur l'intervalle

[7]M. A. Leontovitch, *Introduction à la thermodynamique physique statistique*, Editions Mir, Moscou (1986), p. 188.

d'énergie compris entre $\left(E - \frac{\Delta E}{2}\right)$ et $\left(E + \frac{\Delta E}{2}\right)$, soit :

$$\int_{E-\frac{\Delta E}{2}}^{E+\frac{\Delta E}{2}} G_t d\varepsilon = \int_{E-\frac{\Delta E}{2}}^{E+\frac{\Delta E}{2}} \left[\frac{\omega}{2\pi}\int_0^{\frac{2\pi}{\omega}} G\left[r(t), p(t)\right] dt\right] d\varepsilon,$$

ou

$$G_t = \lim_{\Delta E\to 0}\frac{1}{\Delta E}\int_{E-\frac{\Delta E}{2}}^{E+\frac{\Delta E}{2}} \left[\frac{\omega}{2\pi}\int_0^{\frac{2\pi}{\omega}} G\left[r(t), p(t)\right] dt\right] d\varepsilon. \quad (2.26)$$

Transformons cette intégrale sur t et ε en une intégrale sur r et p par le changement de variables $r = \frac{1}{\omega}\sqrt{\frac{2E}{m}}\cos\omega t$ et $p = -\sqrt{2mE}\sin\omega t$, dont le jacobien est :

$$\frac{\partial(r,p)}{\partial(E,t)} = \begin{vmatrix} -\sqrt{\frac{2E}{m}}\sin\omega t & \frac{1}{2\omega}\sqrt{\frac{2}{mE}}\cos\omega t. \\ -\omega\sqrt{2mE}\cos\omega t & -\frac{1}{2}\sqrt{\frac{2m}{E}}\sin\omega t \end{vmatrix} = 1.$$

Après avoir effectué ce changement de variable, la relation (2.26) se met finalement sous la forme suivante :

$$G_t = \lim_{\Delta E\to 0}\frac{1}{\Delta E}\frac{\omega}{2\pi}\int\int_{\left\{H(r,p)\in\left[E-\frac{\Delta E}{2}, E+\frac{\Delta E}{2}\right]\right\}} G\left[r(t), p(t)\right] dr dp, \quad (2.27)$$

où l'intégrale est étendue à la portion du γ-espace comprise entre les courbes d'énergie $\left(E - \frac{\Delta E}{2}\right)$ et $\left(E + \frac{\Delta E}{2}\right)$. En identifiant les relations (2.27) et (2.25), on constate que la moyenne temporelle G_t coïncide avec la moyenne d'ensemble G_e.

2.5 Ensembles canonique et grand canonique

2.5.1 Définition

En pratique, les systèmes fermés sont plus fréquemment isolés thermiquement qu'adiabatiquement. Or, pour les systèmes isolés thermiquement, l'énergie E est susceptible de varier et l'ensemble microcanonique n'est pas adapté. Dans ce cas, il faut utiliser l'ensemble canonique qui s'applique aux systèmes fermés dont la température T et le nombre de particules N sont constants, alors que l'énergie E varie.

Du point de vue microscopique, on définit l'ensemble canonique par une collection de N_S systèmes ayant même volume V et même température T, et contenant chacun le même nombre de particules N. Pour s'assurer que la température est la même dans tous les systèmes, on imagine que les N_S systèmes sont placés dans une enceinte thermostatique. Les N_S systèmes, dont on ignore la structure interne, sont séparés entre eux par des parois qui permettent les échanges de chaleur mais interdisent les transferts de matière (Fig. 2.3b). On considère que le supersystème est composé du système étudié (qui est un des N_S systèmes) et du thermostat constitué par les $(N_S - 1)$ autres systèmes et que, pour chaque système pris séparément, le rôle du thermostat est tenu par l'ensembles des systèmes qui l'entourent.

L'état dynamique du système étudié, composé de N particules, est décrit dans le γ-espace par le vecteur $(\mathbf{r}^N, \mathbf{p}^N)$ et celui du thermostat, composé de $M = (N_S - 1)N$ particules, est décrit par le vecteur $(\mathbf{r}^M, \mathbf{p}^M)$. En toute logique, on doit supposer que $M \gg N$ et que $H_M(\mathbf{r}^M, \mathbf{p}^M) \gg H_N(\mathbf{r}^N, \mathbf{p}^N)$. Par ailleurs, on doit supposer que le supersystème est fermé et isolé adiabatiquement, c'est-à-dire qu'il possède une énergie $E = H(\mathbf{r}^M, \mathbf{p}^M \ ; \ \mathbf{r}^N, \mathbf{p}^N)$ égale à la somme des énergies du système étudié et du thermostat, ainsi que de l'énergie d'interaction U_{int} entre l'un et l'autre. Or, bien que l'énergie d'interaction soit nécessaire à l'échange de chaleur entre le système étudié et le thermostat, on suppose qu'elle est considérablement plus petite que l'énergie du supersystème, donc $H_M(\mathbf{r}^M, \mathbf{p}^M) \gg H_N(\mathbf{r}^N, \mathbf{p}^N) \gg U_{int}$. Cette hypothèse est plausible car les énergies des deux systèmes sont proportionnelles aux volumes, alors que l'énergie d'interaction est proportionnelle à la surface de contact entre les deux systèmes. Par conséquent, on peut poser :

$$H(\mathbf{r}^M, \mathbf{p}^M \ ; \ \mathbf{r}^N, \mathbf{p}^N) \simeq H_M(\mathbf{r}^M, \mathbf{p}^M) + H_N(\mathbf{r}^N, \mathbf{p}^N). \tag{2.28}$$

Puisqu'il est admis que le supersystème est isolé adiabatiquement, on peut lui appliquer la distribution microcanonique et utiliser la densité de probabilité de l'ensemble microcanonique (Rel. 2.19) :

$$P_{M+N}(\mathbf{r}^M, \mathbf{p}^M \ ; \ \mathbf{r}^N, \mathbf{p}^N) = \frac{1}{C(E)} \delta \left[H(\mathbf{r}^M, \mathbf{p}^M \ ; \ \mathbf{r}^N, \mathbf{p}^N) - E \right].$$

En intégrant la relation précédente sur le domaine de variation des variables $\mathbf{r}^M$ et $\mathbf{p}^M$, comme cela a été fait avec la relation (1.96), on obtient la densité de probabilité du système étudié sous la forme suivante :

$$\begin{aligned} P_N(\mathbf{r}^N, \mathbf{p}^N) &= \iint\limits_{6M} P_{M+N}(\mathbf{r}^M, \mathbf{p}^M \ ; \ \mathbf{r}^N, \mathbf{p}^N) d\mathbf{r}^M d\mathbf{p}^M, \\ P_N(\mathbf{r}^N, \mathbf{p}^N) &= \frac{1}{C(E)} \iint\limits_{6M} \delta \left[H(\mathbf{r}^M, \mathbf{p}^M \ ; \ \mathbf{r}^N, \mathbf{p}^N) - E \right] d\mathbf{r}^M d\mathbf{p}^M, \end{aligned}$$

de sorte qu'après avoir remplacé $H(\mathbf{r}^M, \mathbf{p}^M \ ; \ \mathbf{r}^N, \mathbf{p}^N)$ en utilisant la relation (2.28), on obtient :

$$P_N(\mathbf{r}^N, \mathbf{p}^N) = \frac{1}{C(E)} \iint\limits_{6M} \delta \left[H_N(\mathbf{r}^N, \mathbf{p}^N) + E_M - E \right] d\mathbf{r}^M d\mathbf{p}^M, \tag{2.29}$$

où $E_M = H_M(\mathbf{r}^M, \mathbf{p}^M)$.

Naturellement, on peut remplacer l'intégrale sur les variables dynamiques $(\mathbf{r}^M, \mathbf{p}^M)$ par une intégrale sur l'énergie E_M étendue au domaine du γ-espace compris entre les hypersurfaces d'énergie $H_M(\mathbf{r}^M, \mathbf{p}^M) = E_M - \frac{\Delta E_M}{2}$ et $H_M(\mathbf{r}^M, \mathbf{p}^M) = E_M + \frac{\Delta E_M}{2}$. Avant de poursuivre la recherche de la forme de la densité de probabilité de l'ensemble canonique, revenons brièvement sur la relation qui lie l'énergie E_M aux variables dynamiques $(\mathbf{r}^M, \mathbf{p}^M)$ du thermostat. En considérant la relation (2.23), on s'aperçoit que le domaine du γ-espace contenant les états d'énergie compris entre $\left(E_M - \frac{\Delta E_M}{2}\right)$ et $\left(E_M + \frac{\Delta E_M}{2}\right)$, noté $\Gamma_M(E_M)$, s'écrit indifféremment :

$$\Gamma_M(E_M) = \int\int_{\left\{H(\mathbf{r}^M,\mathbf{p}^M)\in\left[E_M-\frac{\Delta E_M}{2},E_M+\frac{\Delta E_M}{2}\right]\right\}} d\mathbf{r}^M d\mathbf{p}^M, \quad (2.30)$$

ou

$$\Gamma_M(E_M) = \int_{E_M-\frac{\Delta E_M}{2}}^{E_M+\frac{\Delta E_M}{2}} C_M(\varepsilon)d\varepsilon = C_M(E_M)\Delta E_M. \quad (2.31)$$

A l'aide des relations (2.30) et (2.31), il est possible de transformer l'intégrale sur les variables dynamiques du thermostat (Rel. 2.29) en une intégrale sur l'énergie, de la manière suivante :

$$P_N(\mathbf{r}^N,\mathbf{p}^N) = \frac{1}{C(E)}\int_{E_M-\frac{\Delta E_M}{2}}^{E_M+\frac{\Delta E_M}{2}} \delta\left[H_N(\mathbf{r}^N,\mathbf{p}^N)+\varepsilon-E\right] C_M(\varepsilon)d\varepsilon, \quad (2.32)$$

où l'on a posé $\varepsilon = E_M$.

2.5.2 Densité de probabilité de l'ensemble canonique

Il reste maintenant à expliciter la fonction $C_M(\varepsilon)$ qui caractérise le thermostat. Pour évaluer $C_M(\varepsilon)$, assimilons le thermostat à un système de $M = (N_S - 1)N$ particules identiques, de masse m, de sorte que l'énergie du thermostat est :

$$H_M(\mathbf{r}^M,\mathbf{p}^M) = E_M = \frac{1}{2m}\sum_{i=1}^{M}(p_{x_i}^2 + p_{y_i}^2 + p_{z_i}^2) + E_{pot}.$$

Sans que cela n'affecte la généralité, supposons que les particules sont libres, c'est-à-dire que l'énergie potentielle d'interaction E_{pot} est nulle et que l'énergie E_M n'est constituée que par l'énergie cinétique $\frac{1}{2m}\sum_{i=1}^{M}(p_{x_i}^2 + p_{y_i}^2 + p_{z_i}^2)$. Or, si l'on introduit les variables réduites $P_x = \frac{p_x}{\sqrt{2m\varepsilon}}$, etc. les éléments de volume des moments dans l'espace moléculaire à 3 dimensions et dans l'espace gazeux à $3M$ dimensions sont respectivement :

$$d\mathbf{P} = dP_x dP_y dP_z = \frac{dp_x}{\sqrt{2m\varepsilon}}\frac{dp_y}{\sqrt{2m\varepsilon}}\frac{dp_z}{\sqrt{2m\varepsilon}},$$

soit

$$d\mathbf{P} = \frac{d\mathbf{p}}{(2m\varepsilon)^{\frac{3}{2}}},$$

et

$$d\mathbf{P}^M = \frac{d\mathbf{p}^M}{(2m\varepsilon)^{\frac{3M}{2}}}.$$

Avec ces variables réduites, l'expression de l'énergie s'écrit sous la forme :

$$E_M = \frac{2m\varepsilon}{2m}\sum_{i=1}^{M}(P_{x_i}^2 + P_{y_i}^2 + P_{z_i}^2),$$

et le volume $\Gamma_M(\varepsilon)$, défini par la relation (2.30), devient :

$$\Gamma_M(\varepsilon) = \underset{3M}{\int\int} d\mathbf{r}^M \underset{3M}{\int\int} (2m\varepsilon)^{\frac{3M}{2}} d\mathbf{P}^M. \quad (2.33)$$

Si l'on pose $V^M = \iint_{3M} d\mathbf{r}^M$, on peut déterminer $C_M(\varepsilon)$ dont la définition est donnée par la relation (2.31) en dérivant la relation (2.33) par rapport à ε. On obtient alors :

$$C_M(\varepsilon) = \frac{d\Gamma_M(\varepsilon)}{d\varepsilon} = V^M \frac{3M}{2}(2m)^{\frac{3M}{2}} \varepsilon^{\frac{3M}{2}-1} \iint_{3M} d\mathbf{P}^M = B\varepsilon^\sigma,$$

où $B = \frac{3M}{2}(2m)^{\frac{3M}{2}} V^M \iint_{3M} d\mathbf{P}^M$ et $\sigma = \frac{3M}{2} - 1$ sont deux constantes qui ne dépendent que du thermostat.

En reportant $C_M(\varepsilon)$ dans la relation (2.32) et en tenant compte de la propriété de la fonction de Dirac, la densité de probabilité du système étudié prend la forme suivante :

$$P_N(\mathbf{r}^N, \mathbf{p}^N) = \frac{1}{C(E)} \int_{E_M - \frac{\Delta E_M}{2}}^{E_M + \frac{\Delta E_M}{2}} \delta\left[H_N(\mathbf{r}^N, \mathbf{p}^N) + \varepsilon - E\right] B\varepsilon^\sigma d\varepsilon,$$

soit
$$P_N(\mathbf{r}^N, \mathbf{p}^N) = \frac{B}{C(E)}\left[E - H_N(\mathbf{r}^N, \mathbf{p}^N)\right]^\sigma.$$

Remarquons que si les dimensions du thermostat augmentent ($M \to \infty$ et $E_M \to \infty$), cela entraîne que $\sigma \to \infty$. Mais, si l'énergie du thermostat E_M tend vers l'infini, il en est de même de celle du supersystème E. Or, à ce stade de l'étude, il faut faire l'hypothèse que le rapport $\frac{\sigma}{E}$ reste constant dans le passage à la limite : c'est la *limite thermodynamique*, pour laquelle on pose $\lim \frac{\sigma}{E} = \beta$ quand σ et E tendent vers l'infini. Cette hypothèse permet de transformer la densité de probabilité de l'ensemble canonique de la manière suivante :

$$P_N(\mathbf{r}^N, \mathbf{p}^N) = \lim_{\sigma\to\infty} \frac{B}{C(E)} E^\sigma \left[1 - \frac{\beta H_N(\mathbf{r}^N, \mathbf{p}^N)}{\sigma}\right]^\sigma.$$

Or, en utilisant le développement limité de l'exponentielle[8], on peut récrire la densité de probabilité comme suit :

$$P_N(\mathbf{r}^N, \mathbf{p}^N) = \lim_{\sigma\to\infty} \frac{B}{C(E)} E^\sigma \exp\left[-\beta H_N(\mathbf{r}^N, \mathbf{p}^N)\right]. \tag{2.34}$$

Il est d'usage d'appeler *distribution de Gibbs* la densité de probabilité de l'ensemble canonique présentée sous la forme suivante :

$$P_N(\mathbf{r}^N, \mathbf{p}^N) = \frac{1}{N!h^{3N}Q_N(V,T)} \exp\left[-\beta H_N(\mathbf{r}^N, \mathbf{p}^N)\right]. \tag{2.35}$$

Le terme $N!$, introduit intuitivement par Gibbs, correspond à la nécessité de prendre en compte l'indiscernabilité des particules classiques (cf. la différence entre le μ-espace et le γ-espace, au § 2.1). On verra dans le prochain chapitre que le terme $N!$ assure l'additivité de l'entropie et permet d'éliminer le paradoxe de Gibbs. Le terme h^{3N} correspond

[8] $\exp(-\alpha) = \lim_{\sigma\to\infty} (1 - \frac{\alpha}{\sigma})^\sigma$.

au plus petit volume quantifiable du γ-espace (§ 2.1). Il est introduit car il n'est pas nécessaire d'énumérer les états dynamiques contenus dans des cellules du γ-espace dont les dimensions sont inférieures à h^{3N}. Par ailleurs, sa présence est utile pour que la densité de probabilité soit une fonction sans dimension. Quant à la fonction $Q_N(V,T)$, appelée *fonction de partition*, elle est définie par la condition de normalisation de la densité de probabilité, $\iint_{6N} P_N(\mathbf{r}^N,\mathbf{p}^N)d\mathbf{r}^N d\mathbf{p}^N = 1$, conduisant à :

$$Q_N(V,T) = \frac{1}{N!h^{3N}} \int\int_{6N} \exp\left[-\beta H_N(\mathbf{r}^N,\mathbf{p}^N)\right] d\mathbf{r}^N d\mathbf{p}^N. \tag{2.36}$$

L'identification des relations (2.34) et (2.35) montre que la fonction de partition $Q_N(V,T)$ est directement liée aux quantités B, $C(E)$ et E^σ par la relation suivante :

$$Q_N(V,T) = \frac{1}{N!h^{3N}} \lim_{\sigma\to\infty} \frac{C(E)}{B}\frac{1}{E^\sigma}.$$

Comme ces quantités sont principalement des caractéristiques du thermostat, cela explique que l'on fasse dépendre la fonction de partition $Q_N(V,T)$ de la température T du thermostat, en plus du volume V et du nombre de particules N du système étudié. On notera en passant qu'en négligeant l'énergie d'interaction mutuelle U_{int} entre le système étudié et le thermostat, le système étudié est caractérisé par la distribution canonique alors que le supersystème (constitué du système étudié et du thermostat) est caractérisé par la distribution microcanonique.

2.5.3 Densité de probabilité de l'ensemble grand canonique

Pour définir l'ensemble grand canonique on suppose que le système à étudier, en équilibre avec le thermostat, possède un nombre de particules variable soit parce qu'il échange des particules avec les autres systèmes, soit parce qu'il produit lui-même des particules. Rappelons qu'un gaz de photons contenu dans une enceinte fermée possède un nombre de photons variable en fonction de la température - contrairement au gaz classique - en raison de l'émission et de l'absorption du rayonnement par les parois de l'enceinte. Rappelons aussi que dans un système où le nombre de particules varie, la variation d'énergie libre (Rel. 1.72) est :

$$dG = -SdT + Vdp + \sum_i \mu_i dN_i,$$

où μ_i sont les potentiels chimiques et N_i les nombres de particules des différentes espèces.

Supposons donc que le système à étudier soit en contact avec le thermostat avec lequel il peut échanger de l'énergie et des particules. Admettons également, pour simplifier les calculs, que le système soit constitué d'une seule espèce de particules. Dans ce cas, on peut appliquer la distribution canonique (Rel. 2.35) au système à étudier dans lequel le nombre de particules N est préalablement fixé. Il faut en effet tenir compte du fait que le nombre de particules peut varier et faire apparaître sa dépendance dans la fonction de partition. La manière habituelle d'écrire la densité de probabilité de l'ensemble grand canonique est :

$$P(N, \mathbf{r}^N, \mathbf{p}^N) = \frac{1}{N! h^{3N} \Xi} \exp\left[-\beta H_N(\mathbf{r}^N, \mathbf{p}^N) + \beta \mu N\right], \tag{2.37}$$

où μ est le potentiel chimique et Ξ la fonction de partition de l'ensemble grand canonique qui remplace la fonction de partition $Q_N(V,T)$ de l'ensemble canonique. On peut voir que Ξ et $Q_N(V,T)$ sont liées l'une à l'autre par une relation simple, obtenue en appliquant la condition de normalisation à la densité de probabilité. Compte tenu du fait que le nombre de particules du système étudié peut varier de zéro à l'infini, la condition de normalisation s'écrit :

$$\sum_{N=0}^{\infty} \int\int_{6N} P(N, \mathbf{r}^N, \mathbf{p}^N) d\mathbf{r}^N d\mathbf{p}^N = 1,$$

soit :

$$\sum_{N=0}^{\infty} \frac{1}{N! h^{3N} \Xi} \int\int_{6N} \exp\left[-\beta H_N(\mathbf{r}^N, \mathbf{p}^N) + \beta \mu N\right] d\mathbf{r}^N d\mathbf{p}^N = 1.$$

La relation précédente permet d'exprimer la fonction de partition Ξ au moyen de la fonction de partition $Q_N(V,T)$ à l'aide de relation (2.36) comme suit :

$$\begin{aligned} \Xi &= \sum_{N=0}^{\infty} \frac{1}{N! h^{3N}} \exp(\beta \mu N) \int\int_{6N} \exp\left[-\beta H_N(\mathbf{r}^N, \mathbf{p}^N)\right] d\mathbf{r}^N d\mathbf{p}^N, \\ \Xi &= \sum_{N=0}^{\infty} \exp(\beta \mu N) Q_N(V,T). \end{aligned} \tag{2.38}$$

Quant à la probabilité de trouver le système étudié avec exactement N particules, sans distinction des positions et des moments, elle s'obtient en intégrant la densité de probabilité (Rel. 2.37) sur les positions et les moments, soit :

$$\begin{aligned} P(N) &= \int\int_{6N} P(N, \mathbf{r}^N, \mathbf{p}^N) d\mathbf{r}^N d\mathbf{p}^N, \\ P(N) &= \frac{\exp(\beta \mu N)}{\Xi} \frac{1}{N! h^{3N}} \int\int_{6N} \exp\left[-\beta H_N(\mathbf{r}^N, \mathbf{p}^N)\right] d\mathbf{r}^N d\mathbf{p}^N, \end{aligned}$$

qui, combinée avec la relation (2.36), se réduit à :

$$P(N) = \frac{\exp(\beta \mu N)}{\Xi} Q_N(V,T). \tag{2.39}$$

2.6 Fonctions de distribution spécifiques et génériques

Pour calculer les propriétés thermodynamiques et structurales des liquides, il faut utiliser la méthode des fonctions de distribution. Comme on le verra dans la suite, il existe de nombreuses fonctions de distribution, mais elles n'ont pas toutes la même importance. Avec la densité de probabilité de l'ensemble canonique $P_N(\mathbf{r}^N, \mathbf{p}^N)$, on peut calculer, par exemple, la probabilité de trouver le système de N particules dans un état dynamique défini par l'élément de volume $(d\mathbf{r}^N d\mathbf{p}^N)$ situé à l'extrémité du vecteur $(\mathbf{r}^N, \mathbf{p}^N)$ du γ-espace, soit :

$$P_N(\mathbf{r}^N, \mathbf{p}^N) d\mathbf{r}^N d\mathbf{p}^N.$$

Mais on peut calculer d'autres probabilités en utilisant des densités de probabilité d'ordre inférieur à $P_N(\mathbf{r}^N, \mathbf{p}^N)$ déterminées, comme cela a été fait avec la relation (1.96), en intégrant $P_N(\mathbf{r}^N, \mathbf{p}^N)$ sur une partie du γ-espace. Par exemple, la probabilité de trouver le système de N particules dans une position définie par l'élément de volume $d\mathbf{r}^N$ à l'extrémité du vecteur $\mathbf{r}^N$ est :

$$\left[\int\int_{3N} P_N(\mathbf{r}^N, \mathbf{p}^N) d\mathbf{p}^N\right] d\mathbf{r}^N = P_N(\mathbf{r}^N) d\mathbf{r}^N.$$

De même, la probabilité de trouver le système de N particules dans un état défini par l'élément de volume $d\mathbf{p}^N$ à l'extrémité du vecteur $\mathbf{p}^N$ est :

$$\left[\int\int_{3N} P_N(\mathbf{r}^N, \mathbf{p}^N) d\mathbf{r}^N\right] d\mathbf{p}^N = P_N(\mathbf{p}^N) d\mathbf{p}^N.$$

Il peut être également avantageux d'effectuer l'intégration de $P_N(\mathbf{r}^N, \mathbf{p}^N)$ sur d'autres régions du γ-espace. Par exemple, on peut être amené à calculer la probabilité de trouver dans le système de N particules un groupe de n particules *distinctes* $\{\alpha_1, \alpha_2, ..., \alpha_n\}$, prises au hasard, dans l'état dynamique défini par l'élément de volume $(d\mathbf{r}^n d\mathbf{p}^n)$ à l'extrémité du vecteur $(\mathbf{r}^n, \mathbf{p}^n)$ du γ-espace. Cette probabilité se calcule avec la densité de probabilité $P_N(\mathbf{r}^N, \mathbf{p}^N)$ au moyen de la relation :

$$\left[\int\int_{6(N-n)} P_N(\mathbf{r}^N, \mathbf{p}^N) d\mathbf{r}^{N-n} d\mathbf{p}^{N-n}\right] d\mathbf{r}^n d\mathbf{p}^n = P_N^{(n)}(\mathbf{r}^n, \mathbf{p}^n) d\mathbf{r}^n d\mathbf{p}^n. \qquad (2.40)$$

Les fonctions $P_N(\mathbf{r}^N)$, $P_N(\mathbf{p}^N)$ et $P_N^{(n)}(\mathbf{r}^n, \mathbf{p}^n)$ sont des densités de probabilité d'ordre inférieur à $P_N(\mathbf{r}^N, \mathbf{p}^N)$, appelées *fonctions de distribution spécifiques.*

Par contre, si les particules sont *identiques*, il faut utiliser une nouvelle classe de *fonctions de distribution,* dites *génériques,* qui n'ont pas les caractéristiques d'une densité de probabilité mais que l'on interprète néanmoins en termes de probabilité. Rappelons tout d'abord que si N particules sont *identiques*, leurs permutations n'affectent pas le μ-espace qui contient N points, alors qu'elles génèrent un nuage de $N!$ points dans le γ-espace (§ 2.1). Par conséquent, si l'on désire calculer la probabilité de trouver le système de N particules *identiques* dans l'état dynamique défini par le volume $(d\mathbf{r}^N d\mathbf{p}^N)$ à l'extrémité du vecteur $(\mathbf{r}^N, \mathbf{p}^N)$ du γ-espace, on est conduit à employer une fonction de distribution générique qui est $N!$ fois plus grande que $P_N(\mathbf{r}^N, \mathbf{p}^N)$. Cette fonction de distribution est notée :

$$\rho_N(\mathbf{r}^N, \mathbf{p}^N) = N! P_N(\mathbf{r}^N, \mathbf{p}^N).$$

La présence de $N!$ fait que la fonction de distribution $\rho_N(\mathbf{r}^N, \mathbf{p}^N)$ n'est pas une densité de probabilité car elle n'est pas normée à l'unité.

De même, si l'on désire calculer la probabilité de trouver, dans le système de N particules, un groupe de n particules *identiques,* prises au hasard, dans l'état dynamique défini par l'élément de volume $(d\mathbf{r}^n d\mathbf{p}^n)$ à l'extrémité du vecteur $(\mathbf{r}^n, \mathbf{p}^n)$ du γ-espace, on doit remplacer le facteur $N!$ par $\frac{N!}{(N-n)!}$ qui correspond au nombre d'arrangements de N particules prises n à n. Dans ce cas, la fonction de distribution générique à employer est :

$$\rho_N^{(n)}(\mathbf{r}^n, \mathbf{p}^n) = \frac{N!}{(N-n)!} P_N^{(n)}(\mathbf{r}^n, \mathbf{p}^n). \tag{2.41}$$

En combinant les relations (2.41) et (2.40), on a la possibilité d'exprimer chaque fonction de distribution générique en fonction de la densité de probabilité $P_N(\mathbf{r}^N, \mathbf{p}^N)$ qui est la seule quantité connue. Cette relation s'écrit :

$$\rho_N^{(n)}(\mathbf{r}^n, \mathbf{p}^n) = \frac{N!}{(N-n)!} P_N^{(n)}(\mathbf{r}^n, \mathbf{p}^n) = \frac{N!}{(N-n)!} \int\int_{6(N-n)} P_N(\mathbf{r}^N, \mathbf{p}^N) d\mathbf{r}^{N-n} d\mathbf{p}^{N-n}. \tag{2.42}$$

Notons que la fonction de distribution générique, pour $n = 1$, a pour expression :

$$\rho_N^{(1)}(\mathbf{r}, \mathbf{p}) = \frac{N!}{(N-1)!} P_N^{(1)}(\mathbf{r}, \mathbf{p}) = N P_N^{(1)}(\mathbf{r}, \mathbf{p}). \tag{2.43}$$

On verra par la suite que $P_N^{(1)}(\mathbf{r}, \mathbf{p})$ s'identifie à la fonction de distribution de Maxwell-Boltzmann $f(\mathbf{r}, \mathbf{v})$, après que le changement de variables ait été effectué. Indiquons par ailleurs que pour étudier les processus hors d'équilibre, il faut faire dépendre explicitement toutes les fonctions de distribution du temps.

2.7 Mécanique statistique versus thermodynamique

Dans ce paragraphe on montre que la densité de probabilité permet de calculer toutes les grandeurs thermodynamiques. Pour cela, faisons appel à l'ensemble canonique. Puisque l'énergie d'un système est égale à la valeur moyenne de l'hamiltonien, on peut calculer l'énergie interne E du système en utilisant la moyenne d'ensemble (Rel. 2.18), soit :

$$\begin{aligned} E &= \iint_{6N} H_N(\mathbf{r}^N, \mathbf{p}^N) P_N(\mathbf{r}^N, \mathbf{p}^N) d\mathbf{r}^N d\mathbf{p}^N, \\ E &= \frac{1}{N! h^{3N} Q_N(V,T)} \iint_{6N} H_N(\mathbf{r}^N, \mathbf{p}^N) \exp\left[-\beta H_N(\mathbf{r}^N, \mathbf{p}^N)\right] d\mathbf{r}^N d\mathbf{p}^N, \end{aligned} \tag{2.44}$$

où la seconde relation a été écrite en substituant l'expression de la densité de probabilité de l'ensemble canonique fournie par la relation (2.35). Or, l'expression de l'énergie interne s'obtient également en dérivant la fonction de partition (2.36) par rapport au paramètre β. En effet, il est facile de vérifier que :

$$E = -\frac{1}{Q_N(V,T)} \frac{\partial}{\partial \beta} Q_N(V,T) = -\left[\frac{\partial}{\partial \beta} \ln Q_N(V,T)\right]. \tag{2.45}$$

Cette relation est capitale car, aussitôt le paramètre β explicité, elle permet de calculer les grandeurs thermodynamiques (macroscopiques) en fonction des propriétés microscopiques du système. Mais, la détermination de β est très délicate. La question cruciale qui s'est posée aux concepteurs de la mécanique statistique, et qui est inhérente à la méthode statistique, est celle de l'irréversibilité des processus thermodynamiques hors d'équilibre. Il est paradoxal que la mécanique statistique conduise, comme l'a montré Boltzmann, à des équations irréversibles du mouvement macroscopique et à des équations réversibles du mouvement microscopique. En effet, en vertu de la réversibilité des équations de Hamilton du mouvement microscopique, le système peut passer spontanément d'un état microscopique a à un état b, et vice-versa, sans action extérieure. Du point de vue macroscopique, le système devrait passer spontanément aussi bien de l'état macroscopique A à l'état B que de l'état B à l'état A. Or, le second principe de la thermodynamique (principe d'accroissement d'entropie) stipule qu'une transformation spontanée (mouvement macroscopique) n'est possible que dans une direction.

Cette question de l'irréversibilité des processus macroscopiques est contenue dans le théorème H de Boltzmann dont l'expression mathématique est :

$$H(t) = \iint_6 \rho_N^{(1)}(\mathbf{r},\mathbf{p},t)\ln\rho_N^{(1)}(\mathbf{r},\mathbf{p},t)d\mathbf{r}d\mathbf{p}, \tag{2.46}$$

$$\text{avec} \quad \frac{d}{dt}H(t) \leq 0,$$

où $\rho_N^{(1)}(\mathbf{r},\mathbf{p},t)$ est la fonction de distribution générique à une particule définie par la relation (2.43). De nombreuses objections ont été apportées contre le théorème H de Boltzmann. Parmi celles-ci, on a utilisé le théorème de Poincaré-Zermelo selon lequel tout système mécanique isolé doit revenir, après un laps de temps *suffisamment long*, aussi près que l'on veut de l'état initial hors d'équilibre. Selon le théorème de Poincaré-Zermelo, un système devrait donc non seulement passer de l'état initial hors d'équilibre à l'état d'équilibre, avec diminution de la quantité H, mais aussi revenir à l'état initial hors d'équilibre, avec augmentation de la quantité H, ce qui est en contradiction avec le théorème H de Boltzmann. En fait, il semblerait que le théorème de Poincaré-Zermelo ne s'applique pas dans ce cas. Sans s'étendre sur cette question qui sort du cadre de l'exposé, donnons une explication habituellement avancée : le temps "suffisamment long" évoqué dans le théorème de Poincaré-Zermelo est de l'ordre de $\exp(N)$ secondes[9], avec $N \sim 10^{23}$. Ceci correspond à un temps de $\exp(10^{23}) \sim 10^{0.43(10^{23})}$ secondes, ce qui n'a pas de sens physique si l'on estime l'âge de l'univers à 10^{17} secondes. Par conséquent, le théorème de Poincaré-Zermelo ne peut pas être invoqué pour mettre en doute la validité du théorème H de Boltzmann, c'est-à-dire l'irréversibilité des processus macroscopiques, qui est définitivement acquise.

Il est tentant de remplacer, dans la relation (2.46), la fonction de distribution $\rho_N^{(1)}(\mathbf{r},\mathbf{p})$, qui était la seule disponible à l'époque de Boltzmann, par la densité de probabilité $P_N(\mathbf{r}^N,\mathbf{p}^N)$ en considérant l'intégrale suivante sur le γ-espace :

$$S' = -k_B \iint_{6N} P_N(\mathbf{r}^N,\mathbf{p}^N)\ln P_N(\mathbf{r}^N,\mathbf{p}^N)d\mathbf{r}^N d\mathbf{p}^N, \tag{2.47}$$

où k_B est la constante de Boltzmann, dont la valeur ($k_B = 1,38.10^{-23}$ J.K^{-1}) est déduite en identifiant les grandeurs thermodynamiques obtenues indépendamment par la méthode classique et par la méthode statistique, comme on le verra par la suite.

[9]K. Huang, *Statistical Mechanics*, John Wiley, New York (1963), p. 88.

Cherchons tout d'abord la relation entre S' et H, en supposant que le système est constitué de particules identiques sans interaction, donc indépendantes. De ce fait, la densité de probabilité $P_N(\mathbf{r}^N, \mathbf{p}^N)$ est égale au produit des densités de probabilité individuelles (Rel. 1.97) :

$$P_N(\mathbf{r}^N, \mathbf{p}^N) = P_N^{(1)}(\mathbf{r}_1, \mathbf{p}_1) P_N^{(1)}(\mathbf{r}_2, \mathbf{p}_2) ... P_N^{(1)}(\mathbf{r}_N, \mathbf{p}_N) = \prod_{i=1}^{N} P_N^{(1)}(\mathbf{r}_i, \mathbf{p}_i). \tag{2.48}$$

Reportons cette expression dans S' :

$$S' = -k_B \iint_{6N} \left[\prod_{i=1}^{N} P_N^{(1)}(\mathbf{r}_i, \mathbf{p}_i) \right] \left[\sum_{j=1}^{N} \ln P_N^{(1)}(\mathbf{r}_j, \mathbf{p}_j) \right] d\mathbf{r}^N d\mathbf{p}^N,$$

puis intervertissons l'intégrale et la somme discrète sur j. Après quelques transformations[10], on obtient :

$$\begin{aligned} S' \;=\; & -k_B \sum_{j=1}^{N} \left\{ \left[\iint_{6} P_N^{(1)}(\mathbf{r}_j, \mathbf{p}_j) \ln P_N^{(1)}(\mathbf{r}_j, \mathbf{p}_j) d\mathbf{r}_j d\mathbf{p}_j \right] \times \right. \\ & \left. \left[\int \int_{6(N-1)} \prod_{i \neq j=1}^{N} P_N^{(1)}(\mathbf{r}_i, \mathbf{p}_i) d\mathbf{r}^{N-1} d\mathbf{p}^{N-1} \right] \right\}. \end{aligned}$$

Comme les particules sont indépendantes, l'intégrale située entre les seconds crochets se réduit au produit de $(N-1)$ intégrales de la densité de probabilité individuelle, toutes égales à l'unité compte tenu de la condition de normalisation de $P_N^{(1)}(\mathbf{r}, \mathbf{p})$:

$$\prod_{i \neq j=1}^{N} \iint_{6} P_N^{(1)}(\mathbf{r}_i, \mathbf{p}_i) d\mathbf{r}_i d\mathbf{p}_i = 1. \tag{2.49}$$

Si, de plus, on remplace la densité de probabilité $P_N^{(1)}(\mathbf{r}_j, \mathbf{p}_j)$ par la fonction de distribution générique $\rho_N^{(1)}(\mathbf{r}, \mathbf{p}) = N P_N^{(1)}(\mathbf{r}, \mathbf{p})$, conformément à la relation (2.43), l'expression de S'

[10] Les transformations sont effectuées de la manière suivante :

$$\begin{aligned} S' &= -k_B \iint_{6N} [P_1.P_2.P_3...P_N] . [\ln P_1 + \ln P_2 + \ln P_3 + ... + \ln P_N] \, d\mathbf{r}^N d\mathbf{p}^N, \\ S' &= -k_B \iint_{6N} \{P_1 \ln P_1 \times (P_2.P_3...P_N) + P_2 \ln P_2 \times (P_1.P_3...P_N) + P_3 \ln P_3 \times (P_1.P_2...P_N) + ...\} \, d\mathbf{r}^N d\mathbf{p}^N, \\ S' &= -k_B \sum_{j=1}^{N} \iint_{6N} \left\{ P_j \ln P_j \prod_{i \neq j=1}^{N} P_i \right\} d\mathbf{r}^N d\mathbf{p}^N, \\ S' &= -k_B \sum_{j=1}^{N} \left\{ \iint_{6} P_j \ln P_j d\mathbf{r}_j d\mathbf{p}_j \int \int_{6(N-1)} \prod_{i \neq j=1}^{N} P_i d\mathbf{r}^{N-1} d\mathbf{p}^{N-1} \right\}. \end{aligned}$$

se réduit à :

$$
\begin{aligned}
S' &= -k_B \sum_{j=1}^{N} \left\{ \iint\limits_{6} \frac{1}{N} \rho_N^{(1)}(\mathbf{r}_j, \mathbf{p}_j) \left[\ln \rho_N^{(1)}(\mathbf{r}_j, \mathbf{p}_j) - \ln N \right] d\mathbf{r}_j d\mathbf{p}_j \right\}, \\
S' &= -k_B \sum_{j=1}^{N} \left\{ \left[\frac{1}{N} \iint\limits_{6} \rho_N^{(1)}(\mathbf{r}_j, \mathbf{p}_j) \ln \rho_N^{(1)}(\mathbf{r}_j, \mathbf{p}_j) d\mathbf{r}_j d\mathbf{p}_j \right] - \right. \\
&\left. \left[\ln N \iint\limits_{6} \frac{1}{N} \rho_N^{(1)}(\mathbf{r}_j, \mathbf{p}_j) d\mathbf{r}_j d\mathbf{p}_j \right] \right\}.
\end{aligned}
$$

Après avoir simplifié les termes entre crochets avec les relations (2.46) et (2.49), on obtient finalement :

$$S' = -k_B H + k_B N \ln N.$$

Pour un système de particules indépendantes à l'équilibre, on constate que la fonction S' s'identifie à la quantité $(-k_B H)$, à la constante $k_B \ln N^N$ près. La relation qui lie S' à H et l'inégalité $\frac{dH(t)}{dt} \leq 0$ montrent que, pour un système isolé hors d'équilibre, on a aussi l'inégalité $\frac{dS'(t)}{dt} \geq 0$, ce qui suggère que la fonction S' pourrait correspondre à l'entropie du système. Pour s'en assurer, calculons la fonction S' avec la relation (2.47) dans laquelle on utilise la densité de probabilité de l'ensemble canonique. L'intégrale à évaluer est :

$$
\begin{aligned}
S' &= -k_B \frac{1}{N! h^{3N} Q_N(V,T)} \iint\limits_{6N} \exp\left[-\beta H_N(\mathbf{r}^N, \mathbf{p}^N)\right] \times \\
&\quad \left\{ -\beta H_N(\mathbf{r}^N, \mathbf{p}^N) - \ln N! h^{3N} - \ln Q_N(V,T) \right\} d\mathbf{r}^N d\mathbf{p}^N.
\end{aligned}
$$

Or, en s'aidant des relations (2.44) et (2.36), on peut calculer les moyennes d'ensemble des trois termes qui se trouvent entre les accolades et écrire S' sous la forme analytique suivante :

$$S' = k_B \left[\beta E + \ln N! h^{3N} + \ln Q_N(V,T)\right]. \tag{2.50}$$

Posons $S_0 = k_B \ln N! h^{3N}$ qui est une quantité indépendante de T et de V, et définissons la nouvelle fonction S comme suit :

$$S = S' - S_0 = \beta k_B E + k_B \ln Q_N(V,T).$$

Si l'on identifie cette expression avec l'entropie définie en thermodynamique classique (Rel. 1.61) par la relation :

$$S = \frac{E}{T} - \frac{F}{T}, \tag{2.51}$$

il en découle les expressions du paramètre β et de l'énergie libre F :

$$\beta = \frac{1}{k_B T}, \tag{2.52}$$

$$F = -k_B T \ln Q_N(V,T). \tag{2.53}$$

Les autres grandeurs thermodynamiques se déduisent aisément de la fonction de partition $Q_N(V,T)$ avec les relations suivantes :

$$
\begin{aligned}
S &= -\left(\frac{\partial F}{\partial T}\right)_V = k_B \ln Q_N(V,T) + k_B T \left[\frac{\partial}{\partial T} \ln Q_N(V,T)\right]_V, && (2.54)\\
E &= F - T\left(\frac{\partial F}{\partial T}\right)_V = k_B T^2 \left[\frac{\partial}{\partial T} \ln Q_N(V,T)\right]_V, && (2.55)\\
p &= -\left(\frac{\partial F}{\partial V}\right)_T = k_B T \left[\frac{\partial}{\partial V} \ln Q_N(V,T)\right]_T, && (2.56)\\
c_V &= \left(\frac{\partial E}{\partial T}\right)_V = 2k_B T \left[\frac{\partial}{\partial T} \ln Q_N(V,T)\right]_V + k_B T^2 \left[\frac{\partial^2}{\partial T^2} \ln Q_N(V,T)\right]_V. && (2.57)
\end{aligned}
$$

Les expressions des grandeurs thermodynamiques obtenues en dérivant l'énergie libre par rapport à leur variable conjuguée sont d'un grand intérêt puisqu'elles dépendent uniquement de la fonction de partition $Q_N(V,T)$.

On notera que l'énergie interne (Rel. 2.44) définie par la moyenne d'ensemble de l'hamiltonien $H_N(\mathbf{r}^N, \mathbf{p}^N)$ est une grandeur mécanique. En revanche, l'entropie (Rel. 2.47) définie par la moyenne d'ensemble du logarithme de la densité de probabilité $\ln P_N(\mathbf{r}^N, \mathbf{p}^N)$ est de nature purement statistique. Par conséquent, la mécanique statistique donne un sens nouveau à la notion d'entropie. Alors qu'en thermodynamique classique, elle est considérée comme une fonction d'état définissant sans ambiguïté l'état macroscopique des systèmes, en mécanique statistique, l'entropie est une mesure de l'information des états microscopiques contenue dans la loi de distribution $P_N(\mathbf{r}^N, \mathbf{p}^N)$ de l'ensemble statistique.

On peut également calculer le potentiel chimique μ qui est une grandeur thermodynamique importante. Par définition, μ est égal au travail à dépenser pour insérer une N-ième particule dans un système qui en contient $(N-1)$. Si N est grand, μ correspond à la variation d'énergie libre du système par particule :

$$\mu(V,T) = F(V,T,N) - F(V,T,N-1) = \left(\frac{\partial F}{\partial N}\right)_{V,T}. \tag{2.58}$$

Mais μ peut aussi s'écrire avec la fonction de partition, en s'aidant de la relation (2.53), sous la forme suivante :

$$
\begin{aligned}
\mu(V,T) &= -k_B T \ln \frac{Q(V,T,N)}{Q(V,T,N-1)},\\
\text{soit} \quad \exp(\beta\mu) &= \frac{Q(V,T,N-1)}{Q(V,T,N)}.
\end{aligned}
$$

2.8 Fluctuations

2.8.1 Introduction

Nous avons constaté que les grandeurs thermodynamiques peuvent être calculées indifféremment par une moyenne temporelle (Rel. 2.16) ou par une moyenne d'ensemble (Rel. 2.17) avec la fonction de partition $Q_N(V,T)$, à condition que les valeurs de la grandeur $G\left[\mathbf{r}^N(t),\mathbf{p}^N(t)\right]$ ne soient jamais trop éloignées de la valeur moyenne $\overline{G}=\langle G\rangle$ (Fig. 1.7). Si tel est le cas, la dispersion des valeurs enregistrées est faible et l'erreur commise en confondant l'une d'entre elles avec la valeur moyenne est peu importante. Or, comme élément d'appréciation de la dispersion, on utilise la variance ou moment centré d'ordre deux (Rel. 1.90) qui est faible lorsque la dispersion est faible.

La valeur moyenne de la grandeur thermodynamique $G\left[\mathbf{r}^N(t),\mathbf{p}^N(t)\right]$ dans l'ensemble canonique est :

$$\langle G\rangle=\frac{1}{N!h^{3N}Q_N(V,T)}\int\int_{6N}G\left[\mathbf{r}^N(t),\mathbf{p}^N(t)\right]\exp\left[-\beta H_N(\mathbf{r}^N,\mathbf{p}^N)\right]d\mathbf{r}^N d\mathbf{p}^N, \qquad (2.59)$$

et son moment centré d'ordre deux est :

$$\left\langle(G-\langle G\rangle)^2\right\rangle = \frac{1}{N!h^{3N}Q_N(V,T)}\int\int_{6N}\left\{G\left[\mathbf{r}^N(t),\mathbf{p}^N(t)\right]-<G>\right\}^2\times \exp\left[-\beta H_N(\mathbf{r}^N,\mathbf{p}^N)\right]d\mathbf{r}^N d\mathbf{p}^N. \qquad (2.60)$$

En mécanique statistique, on appelle *fluctuation* de G la racine carrée de la variance de la grandeur G, lorsque le système est à l'équilibre. D'un point de vue pratique, la présence des fluctuations permet de mettre en évidence l'existence de phénomènes détectés expérimentalement comme le bruit de fond dans les conducteurs - causé par les fluctuations de l'intensité électrique-, les ondes de capillarité à la surface des liquides, l'opalescence critique à l'approche du point critique, etc. - causées par les fluctuations de densité -, autant de phénomènes qui ne peuvent s'expliquer qu'avec la mécanique statistique.

2.8.2 Fluctuation de l'énergie

Dans ce paragraphe, nous allons montrer que la fluctuation de l'énergie d'un système, contenant un nombre de particules N donné, s'exprime au moyen de la fonction de partition et possède également un sens physique bien déterminé. Avec les notations habituelles, le carré de la fluctuation de l'énergie (Rel. 1.90) s'écrit :

$$\left\langle(E-\langle E\rangle)^2\right\rangle=\left\langle E^2-2E\langle E\rangle+\langle E\rangle^2\right\rangle=\left\langle E^2\right\rangle-\langle E\rangle^2, \qquad (2.61)$$

où l'expression de la valeur moyenne de l'énergie est donnée par la relation (2.44) ou la relation (2.45) :

$$\langle E\rangle = \frac{1}{N!h^{3N}Q_N(V,T)}\int\int_{6N}H_N(\mathbf{r}^N,\mathbf{p}^N)\exp\left[-\beta H_N(\mathbf{r}^N,\mathbf{p}^N)\right]d\mathbf{r}^N d\mathbf{p}^N,$$

$$\langle E\rangle = -\frac{1}{Q_N}\frac{\partial Q_N}{\partial\beta}, \qquad (2.62)$$

et celle du carré de l'énergie par :

$$\begin{aligned}\langle E^2\rangle &= \frac{1}{N!h^{3N}Q_N(V,T)}\int\int_{6N} H_N^2(\mathbf{r}^N,\mathbf{p}^N)\exp\left[-\beta H_N(\mathbf{r}^N,\mathbf{p}^N)\right]d\mathbf{r}^N d\mathbf{p}^N,\\ \langle E^2\rangle &= \frac{1}{Q_N}\frac{\partial^2 Q_N}{\partial\beta^2}.\end{aligned}$$

Ces deux résultats permettent de récrire la relation (2.61) sous la forme suivante :

$$\begin{aligned}\left\langle (E-\langle E\rangle)^2\right\rangle &= \frac{1}{Q_N}\frac{\partial^2 Q_N}{\partial\beta^2}-\left(\frac{1}{Q_N}\frac{\partial Q_N}{\partial\beta}\right)^2,\\ \left\langle (E-\langle E\rangle)^2\right\rangle &= \frac{\partial}{\partial\beta}\left(\frac{1}{Q_N}\frac{\partial Q_N}{\partial\beta}\right)=-\frac{\partial\langle E\rangle}{\partial\beta}.\end{aligned}$$

Or, si l'on utilise la relation (2.52) pour écrire $\frac{\partial T}{\partial\beta}=-k_BT^2$, il est encore possible de transformer l'expression du carré de la fluctuation de l'énergie comme suit :

$$\left\langle (E-\langle E\rangle)^2\right\rangle = -\frac{\partial\langle E\rangle}{\partial T}\frac{\partial T}{\partial\beta}=k_BT^2\frac{\partial\langle E\rangle}{\partial T}.$$

Pour un système dont le volume est maintenu constant, $\langle E\rangle$ représente l'énergie interne et $\frac{\partial\langle E\rangle}{\partial T}$ la chaleur spécifique à volume constant c_V. Par conséquent, l'expression du carré de la fluctuation de l'énergie, à volume constant, s'écrit :

$$\left\langle (E-\langle E\rangle)^2\right\rangle_V = k_BT^2c_V. \tag{2.63}$$

On notera que le fait de définir la température d'un système en le mettant en contact avec un thermostat introduit une incertitude sur la valeur de l'énergie. La relation (2.63) a été établie en considérant le système à volume constant. Mais si l'on choisit de maintenir la pression constante, les développements précédents restent valables à condition de remplacer l'énergie interne E par l'enthalpie[11] $H(=E+pV)$, et l'on obtient la relation suivante au lieu de la relation (2.63) :

$$\left\langle (H-\langle H\rangle)^2\right\rangle_p = k_BT^2c_p. \tag{2.64}$$

On en déduit donc que la fluctuation de l'énergie d'un système décrit par l'ensemble canonique est proportionnelle à la racine carrée de la chaleur spécifique. Cette relation est très importante car elle permet de calculer la chaleur spécifique des liquides par les méthodes de simulation numérique, qui fournissent facilement les valeurs moyennes $\langle E\rangle$ et $\langle E^2\rangle$ du système.

Pour évaluer la dispersion de l'énergie, il est parfois plus intéressant de calculer la fluctuation relative, $\frac{\sqrt{\langle (E-\langle E\rangle)^2\rangle}}{\langle E\rangle}$. A cet effet, considérons l'ensemble canonique constitué de N systèmes identiques en contact thermique. En fait, on supposera que chaque système est une particule unique et que le supersystème est constitué de N particules. Comme la chaleur spécifique d'un système thermodynamique est proportionnelle au nombre de

[11]Ne pas confondre l'enthalpie H avec l'hamiltonien $H_N(\mathbf{r}^N,\mathbf{p}^N)$.

particules, on voit d'après la relation (2.63) que la fluctuation du supersystème est proportionnelle à $\sqrt{N}$. Quant à son énergie, elle est également proportionnelle à N. Par conséquent, la fluctuation relative a pour expression :

$$\frac{\sqrt{\langle(E-\langle E\rangle)^2\rangle}}{\langle E\rangle} \propto \frac{\sqrt{N}}{N} = \frac{1}{\sqrt{N}}.$$

La fluctuation relative de l'énergie est donc inversement proportionnelle à la racine carrée du nombre de particules contenues dans le système. Il en résulte que la valeur moyenne de l'énergie $\langle E\rangle$ calculée à partir de la fonction de partition est d'autant plus précise que le système est plus grand. Ce résultat, établi pour l'énergie, se généralise à toutes les grandeurs thermodynamiques. Il montre que pour un système macroscopique, de $N \sim 10^{23}$ particules, l'incertitude relative sur les grandeurs thermodynamiques est extrêmement faible.

2.8.3 Fluctuation du volume

Pour calculer la fluctuation du volume, il faut envisager que des écarts puissent être produits en exerçant une pression extérieure p^{ext} sur un piston, dans le but de faire varier le volume V. Une manière d'effectuer le calcul est de considérer le système particules-piston dont l'état est déterminé par les coordonnées généralisées des particules et par la position et la vitesse du piston, de sorte que l'hamiltonien du système particules-piston est :

$$H_N^S(\mathbf{r}^N, \mathbf{p}^N, V, p) = H_N(\mathbf{r}^N, \mathbf{p}^N) + p^{ext}V + \frac{p^2}{2M}, \tag{2.65}$$

où $H_N(\mathbf{r}^N, \mathbf{p}^N)$ est l'hamiltonien des particules, $p^{ext}V$ l'énergie potentielle du piston et $\frac{p^2}{2M}$ son énergie cinétique.

Conformément à la relation (2.60), le carré de la fluctuation du volume est :

$$\langle(V-\langle V\rangle)^2\rangle = \frac{\int\int_{6N+2}(V-\langle V\rangle)^2 \exp\left[-\beta H_N^S(\mathbf{r}^N, \mathbf{p}^N, V, p)\right] d\mathbf{r}^N d\mathbf{p}^N dV dp}{\int\int_{6N+2} \exp\left[-\beta H_N^S(\mathbf{r}^N, \mathbf{p}^N, V, p)\right] d\mathbf{r}^N d\mathbf{p}^N dV dp}, \tag{2.66}$$

où $\langle V\rangle$ est la valeur moyenne du volume. En substituant l'expression de l'hamiltonien du système particules-piston dans la relation (2.66), on peut décomposer l'intégrale du numérateur en un produit de trois intégrales dont la première s'écrit sous la forme suivante à l'aide des relations (2.36) et (2.53) :

$$\int\int_{6N} \exp\left[-\beta H_N(\mathbf{r}^N, \mathbf{p}^N)\right] d\mathbf{r}^N d\mathbf{p}^N = N! h^{3N} Q_N(V,T) = N! h^{3N} \exp(-\beta F),$$

la seconde intégrale est :

$$\int_0^{+\infty} (V-\langle V\rangle)^2 \exp\left(-\beta p^{ext} V\right) dV,$$

et la troisième est (cf. note 2 du chapitre 1) :

$$\int_{-\infty}^{+\infty} \exp(-\beta\frac{p^2}{2M}) dp = \sqrt{\frac{2\pi M}{\beta}}.$$

Quant au dénominateur, il se réduit à :

$$\int\int_{6N+2} \exp\left[-\beta H_N^S(\mathbf{r}^N, \mathbf{p}^N, V, p)\right] d\mathbf{r}^N d\mathbf{p}^N dV dp = N! h^{3N} Q'_N(V,T) = N! h^{3N} \exp(-\beta\Psi),$$

où $Q'_N(V,T)$ et Ψ sont deux fonctions qui caractérisent le système particules-piston.

Après avoir reporté les résultats de ces intégrales dans la relation (2.66), le carré de la fluctuation du volume se simplifie comme suit :

$$\begin{aligned}
\left\langle (V - \langle V\rangle)^2 \right\rangle &= \frac{N! h^{3N} \exp(-\beta F)}{N! h^{3N} \exp(-\beta\Psi)} \sqrt{\frac{2\pi M}{\beta}} \int_0^{+\infty} (V - \langle V\rangle)^2 \exp\left(-\beta p^{ext} V\right) dV, \\
\left\langle (V - \langle V\rangle)^2 \right\rangle &= \exp(\beta\Psi) \sqrt{\frac{2\pi M}{\beta}} \int_0^{+\infty} (V - \langle V\rangle)^2 \exp\left[-\beta\left(F + p^{ext} V\right)\right] dV. \quad (2.67)
\end{aligned}$$

Or, si l'on désigne par Φ l'énergie libre du système particules-piston :

$$\Phi = F + p^{ext} V,$$

il faut admettre qu'elle présente un minimum pour le volume d'équilibre $\langle V\rangle$ que l'on déduit des conditions :

$$\left.\frac{\partial\Phi}{\partial V}\right|_{V=\langle V\rangle} = \left.\frac{\partial F}{\partial V}\right|_{V=\langle V\rangle} + p^{ext} = 0 \qquad \text{et} \qquad \left.\frac{\partial^2\Phi}{\partial V^2}\right|_{V=\langle V\rangle} = \left.\frac{\partial^2 F}{\partial V^2}\right|_{V=\langle V\rangle}.$$

Puisque $\frac{\partial\Phi}{\partial V} = 0$ et $\frac{\partial^2\Phi}{\partial V^2} > 0$ quand V est égal au volume d'équilibre $\langle V\rangle$, Φ possède une valeur qui augmente lorsque V s'éloigne de part et d'autre de la valeur d'équilibre $\langle V\rangle$. Par conséquent, le terme $\exp(-\beta\Phi)$ devient notablement différent de zéro au voisinage de $V = \langle V\rangle$ et tend vers zéro quand V tend vers zéro ou vers l'infini. Il est donc licite de développer $\Phi(V)$ en série de Taylor autour de $\langle V\rangle$ en s'arrêtant au terme du second ordre, soit :

$$\Phi(V) = \Phi(\langle V\rangle) + \frac{1}{2}(V - \langle V\rangle)^2 \left.\frac{\partial^2 F}{\partial V^2}\right|_{V=\langle V\rangle}.$$

En substituant cette expression dans la relation (2.67) et en étendant l'intégration sur le volume de $-\infty$ à $+\infty$, pour la simple raison que la contribution majeure de l'intégrale est située au voisinage de $\langle V\rangle$, l'expression du carré de la fluctuation du volume s'écrit :

$$\begin{aligned}
\left\langle (V - \langle V\rangle)^2 \right\rangle &= \sqrt{\frac{2\pi M}{\beta}} \exp\left\{\beta\left[\Psi - \Phi(\langle V\rangle)\right]\right\} \\
&\times \int_{-\infty}^{+\infty} (V - \langle V\rangle)^2 \exp\left[-\frac{\beta}{2}(V - \langle V\rangle)^2 \left.\frac{\partial^2 F}{\partial V^2}\right|_{V=\langle V\rangle}\right] dV.
\end{aligned}$$

Si l'on pose à présent :

$$\sigma^2 = \frac{1}{\beta \left.\frac{\partial^2 F}{\partial V^2}\right|_{V=\langle V\rangle}},$$

$$\text{et} \qquad \sqrt{\frac{2\pi M}{\beta}} \exp\left[\beta\left(\Psi - \Phi\right)\right] = \frac{1}{\sigma\sqrt{2\pi}},$$

on s'aperçoit que l'expression du carré de la fluctuation du volume n'est rien d'autre que la variance de la loi normale (Rel. 1.95) pour laquelle :

$$\sigma^2 = \left\langle (V - \langle V \rangle)^2 \right\rangle = \frac{1}{\beta \left. \frac{\partial^2 F}{\partial V^2} \right|_{V=\langle V \rangle}},$$

ou encore, d'après la relation (2.56) :

$$\left\langle (V - \langle V \rangle)^2 \right\rangle_T = -k_B T \left(\frac{\partial V}{\partial p}\right)_T . \tag{2.68}$$

Cette formule est celle de la fluctuation du volume d'un système en équilibre thermodynamique avec le thermostat. L'indice $\langle V \rangle$ a été omis, mais l'indice T a été mis pour indiquer que la dérivée partielle est calculée à la température constante du thermostat. Si le système était isolé adiabatiquement (entropie constante) il faudrait remplacer l'indice T par l'indice S :

$$\left\langle (V - \langle V \rangle)^2 \right\rangle_S = -k_B T \left(\frac{\partial V}{\partial p}\right)_S . \tag{2.69}$$

2.8.4 Fluctuations d'autres grandeurs thermodynamiques

En considérant les fluctuations dans le sens envisagé pour l'énergie (Rel. 2.63) et le volume (Rel. 2.68), il peut sembler inadéquat de parler de fluctuations de température puisque la valeur de T est imposée par le thermostat. Il n'en est rien si l'on admet que le système est formé de parties, pas trop petites pour que l'on y définisse des grandeurs macroscopiques et pas trop grandes pour que des fluctuations locales y soient observées. Chaque partie du système est pratiquement en équilibre thermodynamique. Or, si la substance est homogène, toute grandeur thermodynamique peut s'exprimer en fonction de deux autres grandeurs thermodynamiques indépendantes, de sorte que le calcul de la fluctuation d'une grandeur thermodynamique se ramène à celui des fluctuations des deux variables indépendantes.

A titre d'illustration, calculons la fluctuation de la température du système en considérant T comme une fonction des variables indépendantes V et E. Si l'on convient, pour alléger l'écriture, de noter les écarts du volume et de l'énergie sous la forme :

$$\begin{aligned} \Delta V &= V - \langle V \rangle, \\ \Delta E &= E - \langle E \rangle, \end{aligned}$$

où les moyennes des écarts et la moyenne des produits des écarts sont nulles, $\langle \Delta V \rangle = \langle \Delta E \rangle = \langle \Delta E \Delta V \rangle = 0$, du fait que les variables E et V sont indépendantes l'une de l'autre, il s'ensuit la relation :

$$\Delta T = \left(\frac{\partial T}{\partial V}\right)_E \Delta V + \left(\frac{\partial T}{\partial E}\right)_V \Delta E.$$

En élevant cette relation au carré et en calculant la moyenne, on trouve :

$$\langle \Delta T^2 \rangle = \left(\frac{\partial T}{\partial V}\right)_E^2 \langle \Delta V^2 \rangle + 2\left(\frac{\partial T}{\partial V}\right)_E \left(\frac{\partial T}{\partial E}\right)_V \langle \Delta E \Delta V \rangle + \left(\frac{\partial T}{\partial E}\right)_V^2 \langle \Delta E^2 \rangle ,$$

où $\langle \Delta E \Delta V \rangle = 0$ et où les quantités $\langle \Delta V^2 \rangle = \langle (V - \langle V \rangle)^2 \rangle$ et $\langle \Delta E^2 \rangle = \langle (E - \langle E \rangle)^2 \rangle$ sont fournies respectivement par les relations (2.68) et (2.63). Par conséquent, le carré de la fluctuation de la température, à volume constant, a pour expression :

$$\left\langle \Delta T^2 \right\rangle_V = \left\langle (T - \langle T \rangle)^2 \right\rangle_V = \left(\frac{\partial T}{\partial E}\right)_V^2 \left\langle (E - \langle E \rangle)^2 \right\rangle_V .. \tag{2.70}$$

Puisque la dérivée partielle $\left(\frac{\partial E}{\partial T}\right)_V$ représente la chaleur spécifique à volume constant c_V, on transforme la relation (2.70) comme suit en s'aidant de la relation (2.63) :

$$\left\langle (T - \langle T \rangle)^2 \right\rangle_V = \frac{k_B T^2}{c_V}. \tag{2.71}$$

La chaleur spécifique c_V qui figure dans cette relation est celle de la partie du système concernée par la fluctuation d'énergie.

Pour calculer le carré de la fluctuation de l'entropie du système, il faut considérer la fonction $S(V, E)$. En raisonnant comme dans l'exemple précédent, on obtient :

$$\left\langle \Delta S^2 \right\rangle_V = \left\langle (S - \langle S \rangle)^2 \right\rangle_V = \left(\frac{\partial S}{\partial E}\right)_V^2 \left\langle (E - \langle E \rangle)^2 \right\rangle_V ,$$

et, compte tenu du fait que $\left(\frac{\partial S}{\partial E}\right)_V = \frac{1}{T}$, le carré de la fluctuation de l'entropie à volume constant s'écrit :

$$\left\langle (S - \langle S \rangle)^2 \right\rangle_V = k_B c_V. \tag{2.72}$$

Par ailleurs, en considérant la fonction $S(p, H)$, on obtient par un raisonnement analogue le carré de la fluctuation de l'entropie à pression constante :

$$\left\langle \Delta S^2 \right\rangle_p = \left\langle (S - \langle S \rangle)^2 \right\rangle_p = \left(\frac{\partial S}{\partial H}\right)_p^2 \left\langle (H - \langle H \rangle)^2 \right\rangle_p ,$$

de sorte qu'avec la relation (2.64) et la relation $\left(\frac{\partial S}{\partial H}\right)_p = \frac{1}{T}$ le carré de la fluctuation de l'entropie à pression constante s'écrit :

$$\left\langle (S - \langle S \rangle)^2 \right\rangle_p = k_B c_p. \tag{2.73}$$

En suivant le procédé décrit précédemment, on peut encore calculer le carré de la fluctuation de la pression à température constante et à entropie constante. Dans un cas, il faut utiliser la fonction $p(V, T)$ permettant d'écrire :

$$\left\langle \Delta p^2 \right\rangle_T = \left\langle (p - \langle p \rangle)^2 \right\rangle_T = \left(\frac{\partial p}{\partial V}\right)_T^2 \left\langle (V - \langle V \rangle)^2 \right\rangle_T .$$

Or, en s'aidant de la relation (2.68), le carré de la fluctuation de la pression à température constante se transforme comme suit :

$$\left\langle (p - \langle p \rangle)^2 \right\rangle_T = -k_B T \left(\frac{\partial p}{\partial V} \right)_T . \tag{2.74}$$

Dans l'autre cas, il faut utiliser la fonction $p(V, S)$. On obtient alors :

$$\left\langle \Delta p^2 \right\rangle_S = \left\langle (p - \langle p \rangle)^2 \right\rangle_S = \left(\frac{\partial p}{\partial V} \right)_S^2 \left\langle (V - \langle V \rangle)^2 \right\rangle_S ,$$

et avec la relation (2.69), le carré de la fluctuation de la pression à entropie constante s'écrit :

$$\left\langle (p - \langle p \rangle)^2 \right\rangle_S = -k_B T \left(\frac{\partial p}{\partial V} \right)_S . \tag{2.75}$$

Notons au passage qu'avec la formule de Reech[12], le carré de la fluctuation de la pression à entropie constante s'écrit encore :

$$\left\langle (p - \langle p \rangle)^2 \right\rangle_S = -\gamma k_B T \left(\frac{\partial p}{\partial V} \right)_T = \gamma \left\langle (p - \langle p \rangle)^2 \right\rangle_T .$$

Comme dernier exemple, examinons le cas du produit des fluctuations du volume et de la pression en supposant que la pression dépend des deux variables indépendantes T et V. Ceci permet d'écrire l'expression suivante :

$$\Delta V \Delta p = \Delta V \left[\left(\frac{\partial p}{\partial T} \right)_V \Delta T + \left(\frac{\partial p}{\partial V} \right)_T \Delta V \right],$$

ainsi que :

$$\langle \Delta V \Delta p \rangle = \left(\frac{\partial p}{\partial T} \right)_V \langle \Delta T \Delta V \rangle + \left(\frac{\partial p}{\partial V} \right)_T \langle \Delta V^2 \rangle_T ,$$

dans laquelle $\langle \Delta T \Delta V \rangle = 0$, puisque T et V sont des variables indépendantes. Après substitution de $\langle \Delta V^2 \rangle_T$ au moyen de la relation (2.68), on obtient :

$$\langle \Delta V \Delta p \rangle = - \left(\frac{\partial p}{\partial V} \right)_T k_B T \left(\frac{\partial V}{\partial p} \right)_T = -k_B T. \tag{2.76}$$

Cette relation montre que les fluctuations du volume et de la pression dans un sous système homogène sont interdépendantes. Comme la quantité est négative, il s'ensuit qu'un accroissement de volume de la partie du système concernée s'accompagne d'une diminution de la pression et inversement.

2.8.5 Fluctuation du nombre de particules

A priori, on pourrait penser que la fluctuation du nombre de particules dépend de l'ensemble statistique utilisé, c'est-à-dire de l'expression de la densité de probabilité choisie.

[12] Cette formule fournit la relation entre les pentes au point d'intersection d'une transformation isotherme ($pV = C$) et d'une transformation isentropique ($pV^\gamma = C$). On trouve aisément que $\left(\frac{\partial p}{\partial V}\right)_S = \gamma \left(\frac{\partial p}{\partial V}\right)_T$.

Il n'en est rien ; les résultats obtenus avec différents ensembles statistiques sont tous équivalents entre eux. Dans ce paragraphe, nous n'étudierons que la fluctuation du nombre de particules dans un système en l'absence d'interaction. Le cas n'est pas dénué d'intérêt car les résultats s'appliquent au soluté dans les solutions diluées comme, par exemple, les macroions dans les solutions colloïdales.

Considérons un volume V, occupé par N particules identiques, dans lequel on délimite un plus petit volume v. Le nombre moyen de particules dans le volume v est $\langle n\rangle = N\frac{v}{V}$. Le problème est de calculer la fluctuation du nombre n de particules contenues dans le volume v, par rapport au nombre moyen $\langle n\rangle$. Conformément à la relation (Rel. 1.90), le carré de la fluctuation du nombre de particules a pour expression :

$$\left\langle (n-\langle n\rangle)^2\right\rangle = \left\langle n^2\right\rangle - \langle n\rangle^2 .$$

Or, pour calculer le nombre moyen de particules $\langle n\rangle$ et la fluctuation $\sqrt{\langle (n-\langle n\rangle)^2\rangle}$ il faut déterminer au préalable la probabilité d'avoir n particules dans le volume v, que l'on notera $P(n)$. Il ne reste plus ensuite qu'à appliquer les formules de la moyenne et de la variance :

$$\langle n\rangle = \sum_{n=0}^{N} nP(n), \tag{2.77}$$

$$\left\langle (n-\langle n\rangle)^2\right\rangle = \sum_{n=0}^{N} (n-\langle n\rangle)^2 P(n). \tag{2.78}$$

Ces relations diffèrent des relations (1.88) et (1.89) par la nature de la variable aléatoire n qui, ici, est discrète. Le remplacement de l'intégrale par la somme discrète fait disparaître l'élément différentiel d'intégration et, de ce fait, $P(n)$ est une vraie probabilité et non pas une densité de probabilité qui n'a de sens que pour les variables aléatoire continues. Notons que l'on pourrait obtenir $\langle n\rangle$ sans connaître $P(n)$, par le calcul direct de la probabilité de trouver une particule déterminée dans le volume v, qui est $p = \frac{v}{V}$ selon l'hypothèse d'équiprobabilité. Il s'ensuit immédiatement que le nombre moyen de particules est $\langle n\rangle = N\frac{v}{V} = Np$.

Pour réaliser une étude plus détaillée, calculons donc la probabilité $P(n)$ de placer n particules, choisies parmi N, dans le volume v. Notons tout d'abord que la probabilité d'avoir simultanément les n particules dans le volume v et les $(N-n)$ particules restantes hors de ce volume est $p^n(1-p)^{N-n}$. Mais il faut multiplier cette quantité par le nombre de combinaisons des N particules prises n à n, car il y a en effet $C_N^n = \frac{N!}{n!(N-n)!}$ manières différentes de choisir les particules. Par conséquent, l'expression de la probabilité $P(n)$ est :

$$P(n) = \frac{N!}{n!(N-n)!} p^n (1-p)^{N-n}. \tag{2.79}$$

Cette loi de probabilité est une fonction des 3 paramètres n, N et p, appelée *loi binomiale*. On peut facilement vérifier que $P(n)$ est bien une probabilité puisque $\sum P(n) = \sum C_N^n p^n (1-p)^{N-n} = 1$. Avec ses 3 paramètres, la relation (2.79) se prête mal aux calculs quand N est grand, c'est pourquoi on a cherché à établir une formule approximative plus simple d'emploi. La loi binomiale $P(n)$ a été tracée sur la figure (2.4) en fonction de n, pour $p = 0,4$ et $N = 30$. Comme la courbe présente une symétrie autour de $n = Np = 12$,

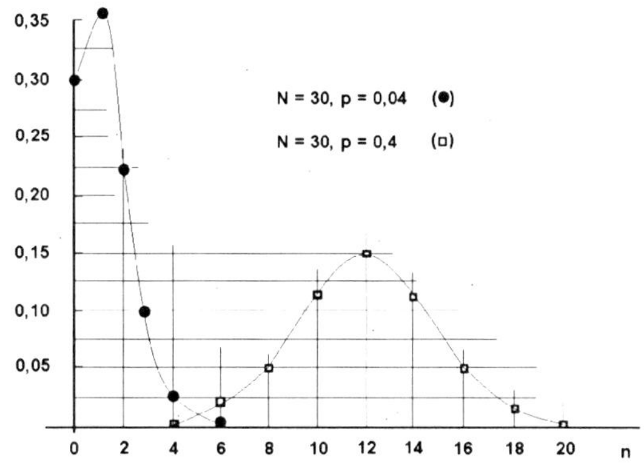

FIG. 2.4 – Représentation de la loi binomiale en fonction de n, pour $N = 30$ et $p = 0,4$, d'une part, et $p = 0,04$, d'autre part. Lorsque la probabilité p est proche de 0,5, la loi binomiale tend vers la loi de Gauss et lorsque la probabilité p est très faible, elle tend vers la loi de Poisson.

on a intérêt à tenir compte de cette symétrie en effectuant les changements de variables $n = (Np + x)$ et $N - n = (Nq - x)$, qui conduisent à $q = (1 - p)$ et permettent de récrire la relation (2.79) sous la forme suivante :

$$P(x) = \frac{N!}{(Np + x)!(Nq - x)!} p^{Np+x} q^{Nq-x}.$$

Or, si $N \to \infty$, on peut utiliser la formule approximative de Stirling[13] pour simplifier la relation précédente qui devient :

$$P(x) = \frac{(1 + \frac{x}{Np})^{-(Np+x)}(1 - \frac{x}{Nq})^{-(Nq-x)}}{\sqrt{2\pi N(p + \frac{x}{N})(q - \frac{x}{N})}}.$$

Mais on peut encore simplifier cette relation en prenant le logarithme du numérateur et en utilisant son développement limité[14]. Après avoir effectué la somme des deux logarithmes, on trouve :

$$\ln(1 + \frac{x}{Np})^{-(Np+x)} + \ln(1 - \frac{x}{Nq})^{-(Nq-x)} = -\frac{1}{2}\frac{x^2}{N}\left(\frac{1}{pq}\right) + \frac{1}{6}\frac{x^3}{N^2}\left(\frac{q^2 - p^2}{p^2q^2}\right) + \ldots$$

[13]On utilise ici l'approximation de Stirling sous la forme :

$$N! \simeq N^N \exp(-N)\sqrt{2\pi N}.$$

[14]Les développements en séries des fonctions logarithmes sont :

$$\begin{aligned}
\ln(1 + \frac{x}{Np})^{-(Np+x)} &= -x - \frac{x^2}{Np} + \frac{1}{2}\frac{x^2}{Np} + \frac{1}{2}\frac{x^3}{(Np)^2} - \frac{1}{3}\frac{x^3}{(Np)^2} - \frac{1}{3}\frac{x^4}{(Np)^3} - \ldots, \\
\ln(1 - \frac{x}{Nq})^{-(Nq-x)} &= +x - \frac{x^2}{Nq} + \frac{1}{2}\frac{x^2}{Nq} - \frac{1}{2}\frac{x^3}{(Nq)^2} + \frac{1}{3}\frac{x^3}{(Nq)^2} - \frac{1}{3}\frac{x^4}{(Nq)^3} - \ldots
\end{aligned}$$

Compte tenu de ces résultats et de quelques simplifications, la probabilité $P(x)$ s'écrit :

$$P(x)=\frac{\exp\left[-\frac{1}{2}\frac{x^2}{N}\left(\frac{1}{pq}\right)+\frac{1}{6}\frac{x^3}{N^2}\left(\frac{q^2-p^2}{p^2q^2}\right)+...\right]}{\sqrt{2\pi N(p+\frac{x}{N})(q-\frac{x}{N})}}.$$

Si, en plus, on impose que $p\sim q\sim\frac{1}{2}$ et que $N\to\infty$, la relation précédente s'écrit en fonction des anciennes variables sous la forme suivante :

$$P(n)=\frac{1}{\sqrt{2\pi Np(1-p)}}\exp\left[-\frac{1}{2}\frac{(n-Np)^2}{Np(1-p)}\right]. \tag{2.80}$$

En comparant la relation (2.80) avec la relation (1.86), on constate que $P(n)$ correspond à la loi de Gauss dont la moyenne et la variance sont respectivement :

$$\begin{aligned}\mu &= \langle n\rangle = Np,\\ \sigma^2 &= \left\langle (n-\langle n\rangle)^2\right\rangle = Np(1-p).\end{aligned}$$

L'approximation qui vient d'être faite pour remplacer la loi binomiale par la loi de Gauss est très importante dans bien des cas, mais elle n'est pas adaptée au calcul de la fluctuation du nombre de particules lorsque $p=\frac{v}{V}\ll\frac{1}{2}$. En effet, pour étudier les fluctuations locales du nombre de particules, le volume v doit être très petit par rapport au volume V, de sorte que la probabilité $p=\frac{v}{V}=\frac{\langle n\rangle}{N}$ doit être aussi très petite. Dans ces conditions ($N\to\infty$ et $p\to 0$), l'approximation de loi binomiale ne conduit pas à la loi de Gauss mais à la loi de Poisson (Fig. 2.4). Pour le montrer, récrivons la relation (2.79) sous la forme suivante :

$$P(n)=\frac{N(N-1)(N-2)...(N-n+1)}{N^n}\frac{\langle n\rangle^n}{n!}\frac{\left(1-\frac{\langle n\rangle}{N}\right)^N}{\left(1-\frac{\langle n\rangle}{N}\right)^n}. \tag{2.81}$$

Il est clair que la première fraction et le dénominateur de la troisième fraction de la relation (2.81) tendent tous deux vers l'unité quand $N\to\infty$. Par ailleurs, en utilisant la limite remarquable de la fonction exponentielle[15], on obtient la loi de Poisson :

$$P(n)=\frac{\langle n\rangle^n}{n!}\exp(-\langle n\rangle),$$

qui permet de calculer la fluctuation du nombre de particules quand $p\to 0$. On peut tout d'abord vérifier que la valeur moyenne du nombre de particules est $\langle n\rangle = Np$. En effet, la

[15] La relation à utiliser est :

$$\lim_{N\to\infty}\left(1+\frac{x}{N}\right)^N\simeq\exp(x).$$

Dans la suite on utilisera également les relations :

$$\begin{aligned}\sum_{n=1}^{N}\frac{x^{n-1}}{(n-1)!} &\simeq \exp(x)\\ \text{et}\quad \sum_{n=2}^{N}(n-1)\frac{x^{n-1}}{(n-1)!} &\simeq x\exp(x).\end{aligned}$$

relation (2.77) s'écrit :

$$
\begin{aligned}
\langle n\rangle &= \sum_{n=0}^{N} n\frac{\langle n\rangle^n}{n!}\exp(-\langle n\rangle) = \langle n\rangle \exp(-\langle n\rangle)\sum_{n=1}^{N}\frac{\langle n\rangle^{n-1}}{(n-1)!},\\
\langle n\rangle &= \langle n\rangle \exp(-\langle n\rangle)\left[1+\frac{\langle n\rangle}{1}+\frac{\langle n\rangle^2}{2!}+\frac{\langle n\rangle^3}{3!}+...\right] = \langle n\rangle = Np.
\end{aligned}
$$

Quant à la fluctuation, elle s'obtient par un calcul analogue à partir de la relation (2.78). En effet, l'expression de la valeur moyenne de n^2 est :

$$
\begin{aligned}
\langle n^2\rangle &= \sum_{n=0}^{N} n^2\frac{\langle n\rangle^n}{n!}\exp(-\langle n\rangle) = \langle n\rangle \exp(-\langle n\rangle)\sum_{n=0}^{N} n\frac{\langle n\rangle^{n-1}}{(n-1)!},\\
\langle n^2\rangle &= \langle n\rangle \exp(-\langle n\rangle)\left[\sum_{n=1}^{N}(n-1)\frac{\langle n\rangle^{n-1}}{(n-1)!}+\sum_{n=1}^{N}\frac{\langle n\rangle^{n-1}}{(n-1)!}\right],\\
\langle n^2\rangle &= \langle n\rangle \exp(-\langle n\rangle)\left[\langle n\rangle \exp\langle n\rangle + \exp\langle n\rangle\right],\\
\langle n^2\rangle &= \langle n\rangle\left[\langle n\rangle+1\right] = Np(Np+1).
\end{aligned}
$$

Par conséquent, le carré de la fluctuation du nombre de particules a pour expression :

$$
\left\langle (n-\langle n\rangle)^2\right\rangle = \left\langle n^2\right\rangle - \langle n\rangle^2 = Np(Np+1) - N^2p^2,
$$

soit $$\left\langle (n-\langle n\rangle)^2\right\rangle = Np.$$

En même temps que l'on a trouvé l'expression de la fluctuation du nombre de particules dans un système en l'absence d'interaction, on a démontré la propriété essentielle de la loi de Poisson, à savoir que la variance $\langle (n-\langle n\rangle)^2\rangle = Np$ est égale à la moyenne $\langle n\rangle = Np$. Cette formule joue un rôle essentiel dans la théorie des processus liés à la présence des fluctuations, et elle permet d'évaluer la fluctuation relative du nombre de particules :

$$
\frac{\sqrt{\langle (n-\langle n\rangle)^2\rangle}}{\langle n\rangle} = \frac{1}{\sqrt{\langle n\rangle}} = \frac{1}{\sqrt{Np}}.
$$

Le but de ces calculs était de montrer que la fluctuation du nombre de particules est très faible dès lors que le nombre de particules dans le système est très grand et qu'il n'y a pas d'interaction entre elles. Notons que dans le calcul de la fluctuation du nombre de particules, il est important de rapporter la fluctuation à la taille du volume dégagé dans le système. Pour préciser cette remarque, considérons une enceinte de volume $V = 10^{-5}$ m^3 contenant un nombre $N = 2,7.10^{20}$ de molécules de gaz parfait dans les conditions normales de pression et de température. Si le volume dégagé est $v = V/10 = 10^{-6}$ m^3, le nombre moyen de particules est $\langle n\rangle = N\frac{v}{V} = \frac{2,7.10^{20}}{10}$ et la fluctuation relative est $\frac{1}{\sqrt{\langle n\rangle}} \sim 2.10^{-11}$, ce qui est pratiquement négligeable. Mais si le volume dégagé est $v = V/10^{15} = 10^{-20}$ m^3, donc beaucoup plus petit, le nombre moyen de particules est $\langle n\rangle = N\frac{v}{V} = \frac{2,7.10^{20}}{10^{15}}$ et la fluctuation relative de $\frac{1}{\sqrt{\langle n\rangle}} \sim 2.10^{-3}$ devient plus importante. Or, cette remarque est cruciale dans certains phénomènes liés à la diffusion de la lumière comme, par exemple, l'opalescence critique. Ce phénomène se produit lorsque la fluctuation du nombre de particules vient perturber le faisceau de lumière visible localisé à un endroit du fluide. Notons incidemment que la couleur bleue du ciel est due aux fluctuations de densité de l'atmosphère. En effet, la lumière diffusée est proportionnelle aux fluctuations de la constante diélectrique de l'air, qui est elle-même proportionnelle aux fluctuations de densité et inversement proportionnelle à la puissance quatrième de la longueur d'onde. Les longueurs d'ondes bleues ($\sim$ 450 nm) sont donc davantage diffusées que les longueurs d'ondes rouges ($\sim$ 750 nm).

Notons pour terminer qu'il est possible de calculer la moyenne et la variance du nombre de particules dans un système ouvert, en utilisant les relations (2.77) et (2.78) conjointement avec la probabilité $P(N)$ de trouver exactement N particules dans le système (Rel. 2.39), soient :

$$\langle N \rangle = \sum_{N=0}^{\infty} N P(N), \tag{2.82}$$

$$\langle (N - \langle N \rangle)^2 \rangle = \sum_{N=0}^{\infty} (N - \langle N \rangle)^2 P(N). \tag{2.83}$$

L'expression du nombre moyen de particules $\langle N \rangle$ dans l'ensemble grand canonique s'écrit au moyen de la fonction de partition sous la forme suivante :

$$\langle N \rangle = \sum_{N=0}^{\infty} N P(N) = \frac{\sum_{N=0}^{\infty} N \exp(\beta\mu N) Q_N(V,T)}{\Xi}, \tag{2.84}$$

$$\text{soit} \quad \langle N \rangle = k_B T \left(\frac{\partial}{\partial \mu} \ln \Xi \right)_{V,T}. \tag{2.85}$$

Son calcul sera effectué dans les paragraphes (5.4.2) et (5.4.3) en même temps que l'étude des fonctions de corrélation, car le résultat est déterminant pour la théorie des liquides. Anticipant sur la suite, notons que pour les gaz réels et les liquides, dans lesquels les interactions entre les molécules ne peuvent pas être négligées, la fluctuation relative du nombre de particules est proportionnelle à la racine carrée de la température et de la compressibilité isotherme.

Chapitre 3

Méthode de la fonction de partition

Dans le chapitre précédent, on a montré que les grandeurs thermodynamiques peuvent se déduire de la fonction de partition qui contient toutes les informations cruciales relatives au système (Rel. 2.53). Par conséquent, le problème se ramène au calcul de la fonction de partition du système à partir des interactions interparticulaires. Ce chapitre est consacré à la présentation de quelques exemples du calcul direct de la fonction de partition et des grandeurs thermodynamiques qui en découlent, pour certains systèmes particuliers.

3.1 Expression de la fonction de partition

Si, pour les besoins du calcul, on choisit de travailler dans l'ensemble canonique, la fonction de partition $Q_N(V,T)$ d'un système en équilibre s'écrit explicitement en fonction du nombre de particules N, du volume V, de la température T et de l'hamiltonien $H_N(\mathbf{r}^N, \mathbf{p}^N)$ sous la forme suivante (Rel. 2.36) :

$$Q_N(V,T) = \frac{1}{N!h^{3N}} \iint_{6N} \exp\left[-\beta H_N(\mathbf{r}^N, \mathbf{p}^N)\right] d\mathbf{r}^N d\mathbf{p}^N. \tag{3.1}$$

Comme dans les systèmes réels il est indispensable de tenir compte des interactions entre les particules, l'hamiltonien s'écrit :

$$H_N(\mathbf{r}^N, \mathbf{p}^N) = \sum_{i=1}^{N} \frac{p_i^2}{2m} + U(\mathbf{r}^N), \tag{3.2}$$

où le premier terme du second membre représente l'énergie cinétique de toutes les particules et le second terme l'énergie d'interaction ne dépendant que des coordonnées. Il est évident que la fonction de partition (Rel. 3.1) peut se décomposer en une intégrale sur les moments et une intégrale sur les coordonnées, comme suit :

$$Q_N(V,T) = \frac{1}{N!h^{3N}} \iint_{3N} \exp\left[-\beta \sum_{i=1}^{N} \frac{p_i^2}{2m}\right] d\mathbf{p}^N \times \iint_{3N} \exp\left[-\beta U(\mathbf{r}^N)\right] d\mathbf{r}^N.$$

La fonction de partition dépend de l'intégrale sur les coordonnées, appelée *intégrale de configuration* et notée habituellement Z :

$$Z = \iint_{3N} \exp\left[-\beta U(\mathbf{r}^N)\right] d\mathbf{r}^N, \tag{3.3}$$

et de l'intégrale sur les moments. La fonction de partition s'écrit, en effet :

$$\begin{aligned} Q_N(V,T) &= \frac{Z}{N!h^{3N}} \iint_{3N} \exp\left[-\beta \sum_{i=1}^{N} \frac{p_i^2}{2m}\right] d\mathbf{p}^N, \\ Q_N(V,T) &= \frac{Z}{N!h^{3N}} \prod_{i=1}^{N} \iiint \exp\left[-\frac{\beta}{2m}(p_{x_i}^2 + p_{y_i}^2 + p_{z_i}^2)\right] dp_{x_i} dp_{y_i} dp_{z_i}. \end{aligned}$$

Or les composantes du moment dans les trois directions orthogonales sont indépendantes l'une de l'autre, de sorte que l'on peut décomposer l'intégrale de la relation précédente en un produit de trois intégrales, soit :

$$\begin{aligned} I &= \iiint \exp\left[-\frac{\beta}{2m}(p_{x_i}^2 + p_{y_i}^2 + p_{z_i}^2)\right] dp_{x_i} dp_{y_i} dp_{z_i} \\ I &= \int \exp\left(-\frac{\beta p_{x_i}^2}{2m}\right) dp_{x_i} \times \int \exp\left(-\frac{\beta p_{y_i}^2}{2m}\right) dp_{y_i} \times \int \exp\left(-\frac{\beta p_{z_i}^2}{2m}\right) dp_{z_i}. \end{aligned} \tag{3.4}$$

Mais comme le résultat de chaque intégrale[1] figurant dans la relation précédente vaut $\sqrt{\frac{2\pi m}{\beta}}$, la fonction de partition se réduit, après simplifications, à l'expression :

$$Q_N(V,T) = \frac{Z}{N!h^{3N}} \left(\sqrt{\frac{2\pi m}{\beta}}\right)^{3N} = \frac{Z}{N!} \left(\frac{2\pi m}{\beta h^2}\right)^{\frac{3N}{2}}. \tag{3.5}$$

Il est d'usage d'écrire $Q_N(V,T)$ en fonction du paramètre $\Lambda = \sqrt{\frac{h^2\beta}{2\pi m}}$, appelé *longueur d'onde thermique* ou longueur d'onde de *de Broglie*. Ce paramètre est très important car il dépend de la longueur d'onde λ associée à la particule et permet de savoir si celle-ci est de nature classique ou quantique. Pour définir Λ transformons successivement l'expression de la longueur d'onde λ de la manière suivante :

$$\begin{aligned} \lambda &= \frac{2\pi\hbar}{p} = \frac{h}{\sqrt{2mE}} = \frac{h}{\sqrt{2m\frac{3}{2}k_B T}} \\ \lambda &= \sqrt{\frac{h^2\beta}{3m}} = \sqrt{\frac{2\pi}{3}}\sqrt{\frac{h^2\beta}{2\pi m}} = \sqrt{\frac{2\pi}{3}}\Lambda, \end{aligned} \tag{3.6}$$

où $h = 6{,}62.10^{-34}$ J.s et $k_B = 1{,}38.10^{-23}$ J.K^{-1}. Par conséquent, si $\Lambda(\propto \lambda)$ est petit par rapport à la distance moyenne l entre les particules, les particules sont classiques. Dans le cas contraire ce sont des particules quantiques.

[1] Les intégrales sont de la forme :

$$\int_{-\infty}^{+\infty} \exp(-ap^2)dp = \sqrt{\frac{\pi}{a}}.$$

Pour illustrer ce propos, considérons une quantité d'hélium gazeux dans les conditions normales ($T = 293$ K), avec une densité de particules $\frac{N}{V} = 10^{23}$ m^{-3}. La distance moyenne entre les particules est $l \sim \left(\frac{V}{N}\right)^{1/3} \sim 2.10^{-8}$ m. Avec une masse atomique de $m = 6,6.10^{-27}$ kg, la longueur d'onde thermique vaut :

$$\Lambda = \sqrt{\frac{h^2\beta}{2\pi m}} = \frac{6,62.10^{-34}}{(2\pi \times 6,6.10^{-27} \times 1,38.10^{-23} \times 273)^{1/2}} \sim 5,3.10^{-11} \text{ m.} \tag{3.7}$$

La longueur d'onde thermique étant plus petite que la distance moyenne entre les particules, le système peut être considéré comme un système classique. Par contre, si l'hélium est à la température de 5 K avec une densité de particules de 10^{29} m^{-3}, la distance moyenne est $l \sim 2.10^{-10}$ m, tandis que la longueur d'onde thermique vaut :

$$\Lambda = \sqrt{\frac{h^2\beta}{2\pi m}} = \frac{6,62.10^{-34}}{(2\pi \times 6,6.10^{-27} \times 1,38.10^{-23} \times 5)^{1/2}} \sim 4.10^{-10} \text{ m.}$$

Dans ce cas, Λ est du même ordre de grandeur que l et les effets quantiques ne peuvent plus être ignorés.

L'expression générale de la fonction de partition, pour tout système en équilibre, est donc :

$$Q_N(V,T) = \frac{Z}{N!}\left(\frac{2\pi m}{\beta h^2}\right)^{\frac{3N}{2}} = \frac{Z}{N!\Lambda^{3N}}. \tag{3.8}$$

Les deux composantes essentielles de la fonction de partition sont la longueur d'onde thermique Λ, qui dépend uniquement de la température T, et l'intégrale de configuration Z qui dépend du volume V, du nombre de particules N et éventuellement de la température T lorsque l'énergie potentielle en dépend. On constate ainsi que le calcul des grandeurs thermodynamiques (Rels. 2.53 à 2.57) est conditionné essentiellement à l'énergie potentielle par l'intermédiaire de l'intégrale de configuration (Rel. 3.3).

Le potentiel chimique (Rel. 2.58) s'écrit lui-même explicitement en fonction de Λ et de Z, de la manière suivante :

$$\exp(\beta\mu) = \frac{Q(V,T,N-1)}{Q(V,T,N)} = \frac{Z_{N-1}(V,T)}{(N-1)!\Lambda^{3(N-1)}}\frac{N!\Lambda^{3N}}{Z_N(V,T)},$$

$$\text{soit} \qquad \exp(\beta\mu) = N\Lambda^3\frac{Z_{N-1}(V,T)}{Z_N(V,T)}.$$

Or, en posant $z = \frac{\exp(\beta\mu)}{\Lambda^3}$, on donne un sens précis à la fugacité z et à l'état de référence du potentiel chimique $\mu^0(T)$ définis par la relation (1.82), car z s'écrit encore :

$$z = \frac{\exp(\beta\mu)}{\Lambda^3} = N\frac{Z_{N-1}(V,T)}{Z_N(V,T)}. \tag{3.9}$$

Dans ce paragraphe, on se contentera d'établir l'expression générale de la fonction de partition, sans se soucier de la nature des forces d'interactions entre les atomes. L'étude des interactions sera faite dans le chapitre suivant. Pour l'instant, indiquons seulement

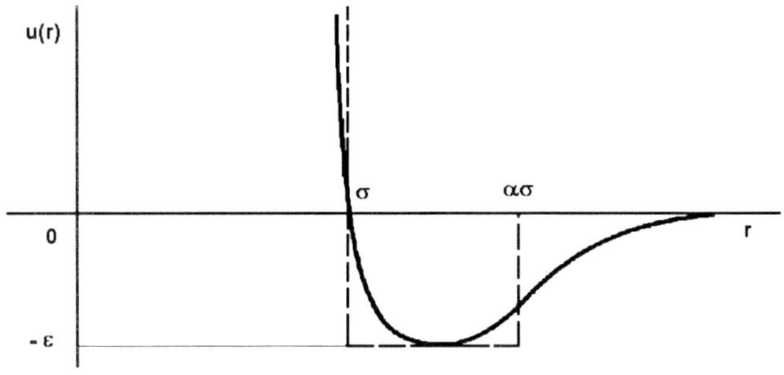

FIG. 3.1 – Représentation schématique du potentiel d'interaction atomique. Modélisation par un potentiel en puits carré.

que l'interaction entre deux atomes est attractive aux grandes distances et répulsive aux petites distances. Au fur et à mesure que la distance augmente l'attraction diminue et l'énergie potentielle s'annule. Aux très petites distances, les couches électroniques des atomes se recouvrent, de sorte que l'interaction est fortement répulsive et que l'énergie potentielle devient infinie. L'allure générale de l'énergie potentielle d'interaction mutuelle entre deux atomes, appelée *potentiel interatomique*, est représentée sur la figure (3.1). Elle est schématisée par un potentiel en puits carré, où ε est l'énergie de cohésion des deux atomes, σ la distance minimale d'approche des deux atomes correspondant sensiblement au diamètre des atomes et $\alpha\sigma$ est le rayon d'action des forces d'attraction.

Si l'on admet que les atomes interagissent deux à deux, l'énergie potentielle du système peut être assimilée à une somme de potentiels de paires qui s'écrit :

$$U(\mathbf{r}^N) = \sum_{i=1}^{N-1} \sum_{j>i}^{N} u(r_{ij}) = \frac{1}{2} \sum_{i=1}^{N} \sum_{j\neq i}^{N} u(r_{ij}),$$

où l'interaction $u(r_{ij})$ entre les atomes i et j est une fonction compliquée de la distance $r_{ij} = |\mathbf{r}_i - \mathbf{r}_j|$ qui les sépare. La somme est effectuée sur toutes les paires d'atomes, sans qu'aucune ne soit omise ou comptée deux fois, ce qui explique la somme double et le facteur $1/2$. Pour faciliter le décompte des interactions de paires, il est conseillé de faire un tableau à double entrées où les indices i et j varient de 1 à N.

L'approximation la plus simple, faite pour les gaz parfaits, consiste à ignorer l'interaction potentielle, c'est-à-dire à poser $U(\mathbf{r}^N) = 0$. Quelquefois on peut utiliser cette approximation pour les gaz réels sans que l'erreur commise ne soit trop importante. Mais lorsque les interactions entre les atomes deviennent appréciables, cette approximation est inadéquate. Dans ce cas, on emploie une méthode, élaborée par Ursell et Mayer[2], qui permet de calculer, tout au moins formellement, l'énergie potentielle et la fonction de partition des gaz réels.

Dans la méthode d'Ursell et Mayer, on écrit l'intégrale de configuration au moyen de

[2] J. E. Mayer and M. Goppert-Mayer, *Statistical Mechanics*, John Wiley, New York (1977), p. 232. J. Barriol et J. L. Rivail, *Eléments de mécanique statistique des systèmes en interaction forte*, Masson, Paris (1974), p. 89.

la *fonction de Mayer* f_{ij} définie par la relation suivante :

$$f_{ij} = \exp\left[-\beta u(r_{ij})\right] - 1. \tag{3.10}$$

Avec la fonction f_{ij}, l'intégrale de configuration (Rel. 3.3) s'écrit :

$$\begin{aligned} Z &= \iint_{3N} \exp\left[-\beta U(\mathbf{r}^N)\right] d\mathbf{r}^N = \iint_{3N} \exp\left[-\beta \sum_i \sum_{j>i} u(r_{ij})\right] d\mathbf{r}^N, \\ Z &= \iint_{3N} \prod_{j>i}^{N} \exp\left[-\beta u(r_{ij})\right] d\mathbf{r}^N = \iint_{3N} \prod_{j>i}^{N} (1+f_{ij}) d\mathbf{r}^N. \end{aligned} \tag{3.11}$$

Et la fonction de partition (Rel. 3.8) est fournie par l'intégrale d'un produit de termes $(1 + f_{ij})$ qui une fois développé donne :

$$\begin{aligned} Q_N(V,T) &= \frac{Z}{N!\Lambda^{3N}} = \frac{1}{N!\Lambda^{3N}} \iint_{3N} \prod_{j>i}^{N} (1+f_{ij}) d\mathbf{r}^N, \\ Q_N(V,T) &= \frac{1}{N!\Lambda^{3N}} \iint_{3N} \left[1 + \sum_i \sum_{j>i} f_{ij} + \sum_i \sum_{j>i} \sum_{k>j>i} \sum_{l>k>j>i} f_{ij} f_{kl} + \ldots\right] d\mathbf{r}^N \end{aligned} \tag{3.12}$$

3.2 Le gaz parfait monoatomique

Comme premier exemple d'application du calcul direct de la fonction de partition, examinons le cas du gaz parfait monoatomique constitué de N atomes, dans une enceinte de volume V, à la température T, n'interagissant pas entre eux. Dans un tel système, l'absence d'interactions entre les atomes revient à écrire que l'énergie potentielle $U(\mathbf{r}^N)$ est nulle. En toute rigueur, $U(\mathbf{r}^N)$ n'est pas totalement nulle car les atomes à la surface du système sont en interactions avec les parois de l'enceinte. Or, compte tenu du peu d'atomes en surface par rapport au nombre d'atomes en volume, ces interactions sont négligeables et les fonctions de Mayer sont nulles. Dans ce cas, l'intégrale de configuration (Rel. 3.11) se simplifie sous la forme :

$$Z = \iint_{3N} d\mathbf{r}^N = V^N. \tag{3.13}$$

3.2.1 Calcul des grandeurs thermodynamiques

La fonction de partition (Rel. 3.8) d'un gaz parfait monoatomique s'écrit donc tout simplement :

$$Q_N(V,T) = \frac{V^N}{N!\Lambda^{3N}}, \tag{3.14}$$

et, compte tenu de la relation (2.53) et de l'approximation de Stirling[3], l'énergie libre se réduit à l'expression :

$$\begin{aligned} F &= -k_B T \ln Q_N(V,T) = -k_B T \ln \frac{V^N}{N!\Lambda^{3N}}, \\ F &= -Nk_B T \left[\ln \frac{V}{N} - 3\ln\Lambda + 1\right]. \end{aligned} \tag{3.15}$$

Avec la relation (2.55), l'énergie interne E s'écrit :

$$E = k_B T^2 \left[\frac{\partial}{\partial T} \ln \frac{V^N}{N!\Lambda^{3N}}\right]_V = k_B T^2 \left[-3N \frac{\partial}{\partial T} \ln \Lambda\right]_V,$$

et puisque $\frac{\partial}{\partial T} \ln \Lambda = -\frac{1}{2T}$ (cf. Rel. 3.7), elle se simplifie sous la forme suivante :

$$E = \frac{3}{2} N k_B T, \tag{3.16}$$

qui est naturellement le résultat prévu par la loi de Joule.

Avec la relation (2.56), on obtient immédiatement l'expression de la pression :

$$\begin{aligned} p &= -\left(\frac{\partial F}{\partial V}\right)_T = k_B T \left[\frac{\partial}{\partial V} \ln \frac{V^N}{N!\Lambda^{3N}}\right]_T, \\ p &= \frac{N k_B T}{V} = \frac{2}{3}\frac{E}{V}. \end{aligned} \tag{3.17}$$

La relation (2.57) permet de déterminer la chaleur spécifique à volume constant :

$$c_V = \left(\frac{\partial E}{\partial T}\right)_V = \frac{3}{2} N k_B, \tag{3.18}$$

ainsi que la chaleur spécifique à pression constante :

$$\begin{aligned} c_p &= \left(\frac{\partial H}{\partial T}\right)_p = \left(\frac{\partial E}{\partial T}\right)_p + \left(p\frac{\partial V}{\partial T}\right)_p, \\ c_p &= \frac{3}{2} N k_B + N k_B = \frac{5}{2} N k_B. \end{aligned}$$

Notons enfin que la relation (3.17) donne la possibilité de calculer la fluctuation de pression :

$$\begin{aligned} \left\langle (p - \langle p \rangle)^2 \right\rangle &= \langle p^2 \rangle - \langle p \rangle^2 = \left\langle \left(\frac{2}{3}\frac{E}{V}\right)^2 \right\rangle - \left\langle \frac{2}{3}\frac{E}{V} \right\rangle^2 \\ \left\langle (p - \langle p \rangle)^2 \right\rangle &= \frac{4}{9V^2}\left(\langle E^2 \rangle - \langle E \rangle^2\right) = \frac{4}{9V^2} k_B T^2 c_V. \end{aligned}$$

[3]Ici on peut utiliser l'approximation de Stirling sous la forme :

$$\ln N! \simeq N \ln N - N.$$

Pour écrire la dernière égalité on a tenu compte de la relation (2.63) et du fait que dans l'ensemble canonique seule l'énergie peut varier. Quant à la fluctuation relative de la pression elle a pour expression :

$$\begin{aligned}\frac{\sqrt{\langle(p-\langle p\rangle)^2\rangle}}{p} &= \frac{2T}{3V}\sqrt{k_B c_V}\frac{V}{Nk_BT} = \frac{2}{3}\frac{\sqrt{k_B\frac{3}{2}Nk_B}}{Nk_B},\\ \frac{\sqrt{\langle(p-\langle p\rangle)^2\rangle}}{p} &= \sqrt{\frac{2}{3N}}.\end{aligned}$$

Comme pour les autres grandeurs thermodynamiques, la fluctuation relative de la pression est inversement proportionnelle à la racine carrée du nombre de particules contenues dans le système. Le résultat se généralise aux gaz parfaits polyatomiques car les contributions des énergies de rotation et de vibration sont indépendantes du volume et disparaissent lorsqu'on calcule $p = -\left(\frac{\partial F}{\partial V}\right)_T$.

3.2.2 Expression de l'entropie

Si le calcul de l'entropie se fait aisément en utilisant la relation (2.54), son résultat mérite quelques commentaires qui étaient sans objet pour les autres grandeurs thermodynamiques. Calculons tout d'abord l'entropie avec la relation (2.54), soit :

$$S = -\left(\frac{\partial F}{\partial T}\right)_V = k_B \ln Q_N(V,T) + k_BT\left[\frac{\partial}{\partial T}\ln Q_N(V,T)\right]_V.$$

Puisque $\frac{\partial}{\partial T}\ln Q_N(V,T) = -3N\frac{\partial}{\partial T}\ln\Lambda = \frac{3N}{2T}$ (Rel. 3.14), l'entropie s'écrit encore :

$$S = k_B \ln\frac{V^N}{N!\Lambda^{3N}} + k_BT\left[\frac{3N}{2T}\right].$$

En utilisant la formule de Stirling pour estimer $\ln N!$ et l'expression de la longueur d'onde thermique Λ de manière à faire apparaître explicitement la température T, on obtient :

$$S = k_B\left[N\ln V - (N\ln N - N) - 3N\ln\Lambda\right] + \frac{3}{2}k_BN = k_BN\left[-\ln\frac{N}{V}\Lambda^3 + \frac{5}{2}\right],$$

soit

$$S = k_BN\left[\ln\frac{V}{N} - \frac{3}{2}\ln\frac{h^2}{2\pi mk_BT} + \frac{5}{2}\right]. \tag{3.19}$$

Cette relation, connue sous le nom d'*équation de Sackur-Tetrode*, est historiquement importante pour les deux raisons suivantes.

La première raison est liée au paradoxe de Gibbs. Il se trouve que, dans le premier calcul de l'entropie effectué par Gibbs, la fonction de partition ne contenait pas le terme $N!$ au dénominateur. De ce fait l'entropie était non pas donnée par l'équation de Sackur-Tetrode (Rel. 3.19) mais par la relation :

$$S = k_BN\left[\ln V - \frac{3}{2}\ln\frac{h^2}{2\pi mk_BT} + \frac{3}{2}\right].$$

Comme nous allons le voir, cette expression implique que l'entropie n'est pas une grandeur extensive et n'existe pas en tant que fonction d'état. En effet, si l'on considère deux enceintes de volumes V_1 et V_2, contenant N_1 et N_2 particules identiques, à la même température T et à la même pression p, les entropies des deux systèmes séparés sont :

$$\begin{aligned} S_1 &= k_B N_1 \left[\ln V_1 - \frac{3}{2} \ln \frac{h^2}{2\pi m k_B T} + \frac{3}{2} \right], \\ S_2 &= k_B N_2 \left[\ln V_2 - \frac{3}{2} \ln \frac{h^2}{2\pi m k_B T} + \frac{3}{2} \right]. \end{aligned}$$

En faisant communiquer les deux enceintes de manière adiabatique, les particules se mélangent et l'entropie du mélange n'est pas une grandeur extensive puisque son expression est :

$$S_{mel} = k_B(N_1 + N_2) \left[\ln(V_1 + V_2) - \frac{3}{2} \ln \frac{h^2}{2\pi m k_B T} + \frac{3}{2} \right].$$

Alors que la transformation devrait s'effectuer sans variation d'entropie, le calcul montre au contraire qu'il se produit une augmentation d'entropie de :

$$\begin{aligned} \Delta S &= S_{mel} - (S_1 + S_2) = k_B(N_1 + N_2) \ln(V_1 + V_2) - [k_B N_1 \ln V_1 + k_B N_2 \ln V_2], \\ \Delta S &= k_B(N_1 + N_2) \ln(V_1 + V_2) - k_B N_1 \ln V_1 - k_B N_2 \ln V_2. \end{aligned}$$

Or, pour que l'entropie devienne une grandeur extensive, Gibbs proposa sans justification particulière de diviser la fonction de partition par $N!$, conduisant ainsi à l'équation de Sackur-Tetrode (Rel. 3.19). Il est facile de voir que, grâce à cette correction, l'entropie retrouve son caractère extensif car la variation d'entropie lors de la transformation précédente est nulle. En effet, avec la relation (3.19) on peut vérifier que :

$$\Delta S = k_B(N_1 + N_2) \ln(\frac{V_1 + V_2}{N_1 + N_2}) - k_B N_1 \ln \frac{V_1}{N_1} - k_B N_2 \ln \frac{V_2}{N_2},$$

c'est-à-dire que la variation d'entropie ΔS est nulle[4]. L'introduction du terme $N!$ a été justifiée plus tard, avec le développement des idées de la mécanique quantique, en prenant conscience qu'il n'est pas possible de discerner les particules microscopiques contrairement aux objets de la mécanique classique.

La deuxième raison concerne la valeur de l'entropie S au zéro absolu. En observant la relation (3.19), on constate que l'entropie S tend vers moins l'infini quand la température

[4]Lorsque les enceintes sont séparées, on a :

$$\begin{aligned} pV_1 &= N_1 k_B T, \\ pV_2 &= N_2 k_B T, \end{aligned}$$

et lorsqu'elles communiquent, on a :

$$p(V_1 + V_2) = (N_1 + N_2) k_B T.$$

En combinant ces relations, on trouve :

$$\ln \frac{V_1 + V_2}{N_1 + N_2} = \ln \frac{V_1}{N_1} = \ln \frac{V_2}{N_2},$$

ce qui conduit à $\Delta S = 0$.

T tend vers zéro, ce qui est en contradiction avec le troisième principe de la thermodynamique. Cette contradiction vient de ce que dans un état proche du zéro absolu, les effets quantiques prédominent et la statistique classique ne s'applique pas. Par contre, à plus haute température, les effets quantiques sont négligeables et la statistique classique peut être utilisée. Par conséquent, la relation (3.19) n'est valide que loin du zéro absolu et fournit des résultats en bon accord avec les valeurs expérimentales à haute température. Un des premiers tests de validité de l'équation de Sackur-Tetrode est le calcul de la pression dans une phase gazeuse en équilibre avec sa phase liquide. Si l'on utilise l'équation d'état des gaz parfaits (Rel. 3.17) pour écrire l'entropie S^{vap} de la phase vapeur en fonction de la pression p, la relation (3.19) s'écrit :

$$S^{vap} = k_B N \left[\ln \frac{k_B T}{p} - \frac{3}{2} \ln \frac{h^2}{2\pi m k_B T} + \frac{5}{2} \right].$$

Comme, par ailleurs, l'entropie de la vapeur S^{vap} est reliée à l'entropie du liquide S^{liq} et à la chaleur de vaporisation L par la relation suivante :

$$S^{vap} = S^{liq} + \frac{L}{T} \simeq \frac{L}{T},$$

on peut éliminer S^{vap} entre les deux relations précédentes et extraire la pression p, soit :

$$\ln p \simeq -\frac{L}{k_B N T} - \frac{3}{2} \ln \frac{h^2}{2\pi m} + \frac{5}{2} + \frac{5}{2} \ln k_B T.$$

Même si dans les systèmes réels il faut ajouter quelques termes supplémentaires à la relation précédente provenant de la structure interne des atomes, le bon accord entre les valeurs de p obtenues avec cette formule et les valeurs expérimentales est le meilleur test de l'équation de Sackur-Tetrode. Pour la petite histoire, notons que c'est au moyen de cette expérience que Tetrode, en 1912, évalua pour la première fois la valeur de la constante de Planck h.

Notons enfin qu'avec l'expression de l'entropie d'un gaz parfait monoatomique, on obtient sans peine la relation qui lie le volume V et la température T dans une transformation adiabatique. Pour cela il suffit de calculer $S_1 - S_2 = 0$, avec :

$$\begin{aligned} S_1 &= k_B N \left[\ln \frac{V_1}{N} - \frac{3}{2} \ln \frac{h^2}{2\pi m k_B T_1} + \frac{3}{2} \right], \\ S_2 &= k_B N \left[\ln \frac{V_2}{N} - \frac{3}{2} \ln \frac{h^2}{2\pi m k_B T_2} + \frac{3}{2} \right]. \end{aligned}$$

Ceci fournit directement l'équation de l'adiabatique :

$$\begin{aligned} \ln V_1 + \frac{3}{2} \ln T_1 &= \ln V_2 + \frac{3}{2} \ln T_2 \\ V_1 T_1^{\frac{3}{2}} &= V_2 T_2^{\frac{3}{2}}, \end{aligned}$$

qui coïncide avec la relation (**??**), $V_1^{\gamma-1} T_1 = V_2^{\gamma-1} T_2$, à condition de choisir la valeur $\gamma (= c_p/c_V = 5/3)$ des gaz monoatomiques.

3.3 Les gaz légèrement imparfaits

3.3.1 Fonction de partition

Si le volume de l'enceinte qui contient le gaz est très grand et que les atomes sont si espacés qu'il n'y a aucune chance de trouver plus de deux atomes en interaction mutuelle, le gaz est légèrement imparfait. Dans ce cas, on peut négliger les termes de la somme se trouvant au-delà de $\sum_i \sum_{j>i} f_{ij}$ dans la relation (3.12) et ne conserver que $\left(1 + \sum_i \sum_{j>i} f_{ij}\right)$. Ceci permet de calculer approximativement l'intégrale de configuration en assimilant l'énergie potentielle d'un atome i avec les $(N-1)$ autres atomes à celle de l'atome i avec son voisin le plus proche j car, autour d'eux, tous les autres atomes se trouvent à des distances supérieures au rayon d'action du potentiel $u(r_{ij})$ au-delà duquel $u(r_{ij}) \simeq 0$ et $f_{ij} \simeq 0$.

En écrivant la fonction de partition :

$$\begin{aligned} Q_N(V,T) &= \frac{1}{N!\Lambda^{3N}} \iint_{3N} \left(1 + \sum_i \sum_{j>i} f_{ij}\right) d\mathbf{r}_1 d\mathbf{r}_2 ... d\mathbf{r}_N, \\ Q_N(V,T) &= \frac{1}{N!\Lambda^{3N}} \left[\iint_{3N} d\mathbf{r}_1 d\mathbf{r}_2 ... d\mathbf{r}_N + \iint_{3N} \sum_i \sum_{j>i} f_{ij} d\mathbf{r}_1 d\mathbf{r}_2 ... d\mathbf{r}_N\right], \end{aligned}$$

on s'aperçoit que la première intégrale est égale à V^N et que, pour la raison indiquée précédemment, la seconde intégrale est une somme de termes égaux à :

$$\iint_6 f_{ij} d\mathbf{r}_i d\mathbf{r}_j \times \int \int_{3(N-2)} d\mathbf{r}^{N-2}.$$

Afin d'évaluer le nombre de ces termes sans en omettre, on peut placer tous les f_{ij} dans un tableau carré à N lignes et N colonnes, ce qui donne N^2 termes. Mais il faut retirer les termes qui se trouvent sur la diagonale principale pour ne pas compter l'interaction d'un atome avec lui-même, puis diviser le tout par 2 pour ne pas compter deux fois les mêmes interactions. Le nombre de termes dans la somme est donc :

$$\frac{N^2 - N}{2} = \frac{1}{2} N(N-1),$$

et la fonction de partition devient :

$$Q_N(V,T) = \frac{1}{N!\Lambda^{3N}} \left[V^N + \frac{1}{2} N(N-1) V^{N-2} \iint_6 f_{ij} d\mathbf{r}_i d\mathbf{r}_j\right].$$

L'intégrale porte sur les positions des deux atomes voisins i et j dont le domaine d'intégration s'étend à tout le volume V. Quant à la fonction de Mayer f_{ij}, elle dépend uniquement de la distance r_{ij} qui sépare les atomes i et j. Si les coordonnées cartésiennes des deux atomes sont (x_i, y_i, z_i) et (x_j, y_j, z_j), on peut effectuer l'intégration sur les variables (x_i, y_i, z_i) et $(X = x_i - x_j,\ Y = y_i - y_j,\ Z = z_i - z_j)$. Comme le jacobien de la transformation est égal à un et que f_{ij} ne dépend que des coordonnées (X, Y, Z), l'intégrale se sépare en deux :

$$\iint_6 f_{ij} d\mathbf{r}_i d\mathbf{r}_j = \iiint dx_i dy_i dz_i \iiint f(X, Y, Z) dX dY dZ,$$

$$\text{soit} \quad \iint_6 f_{ij} d\mathbf{r}_i d\mathbf{r}_j = V \int_0^\infty f(r) 4\pi r^2 dr. \tag{3.20}$$

La dernière intégration a été effectuée avec les coordonnées sphériques en supposant que le gaz est isotrope. La relation (3.20) est cruciale dans l'étude des gaz légèrement imparfaits. Dès lors qu'un potentiel de paire $u(r)$ est choisi, on peut calculer $f(r)$ ainsi que l'intégrale précédente et la fonction de partition. Moyennant l'approximation $N(N-1) \sim N^2$, la fonction de partition s'écrit sous la forme suivante :

$$Q_N(V, T) \simeq \frac{V^N}{N!\Lambda^{3N}} \left(1 + \frac{N^2}{2V} b\right), \tag{3.21}$$

$$\text{avec} \quad b = \int_0^\infty f(r) 4\pi r^2 dr. \tag{3.22}$$

3.3.2 Grandeurs thermodynamiques

Avec l'expression de la fonction de partition (Rel. 3.21), il est facile de calculer l'énergie libre au moyen de la relation (2.53), soit :

$$F = -k_B T \ln Q_N(V, T) \simeq -k_B T \ln \left[\frac{V^N}{N!\Lambda^{3N}} \left(1 + \frac{N^2}{2V} b\right)\right],$$

$$F \simeq -N k_B T \left[\ln \frac{V}{N} - 3 \ln \Lambda + 1 + \frac{N}{2V} b\right]. \tag{3.23}$$

Pour écrire la dernière égalité, on a employé légitimement le développement limité de $\ln\left(1 + \frac{N^2}{2V} b\right) \sim \frac{N^2}{2V} b$ car, pour un gaz légèrement imparfait $Nb \ll \frac{N}{V}$. On notera que l'énergie libre d'un gaz légèrement imparfait se distingue de l'énergie libre d'un gaz parfait (Rel. 3.15), par le terme $\frac{N^2 k_B T}{2V} b$.

On peut également calculer d'autres grandeurs thermodynamiques et les comparer à celles du gaz parfait. Par exemple, le calcul de la pression avec la relation (2.56) se réduit à :

$$p = -\left(\frac{\partial F}{\partial V}\right)_T \simeq \frac{N k_B T}{V} \left[1 - \frac{N}{2V} b\right].$$

Ainsi, on s'aperçoit que l'équation d'état d'un gaz légèrement imparfait se différencie de l'équation d'état d'un gaz parfait par le terme $\frac{N^2 k_B T b}{2V^2}$. Pour en savoir un peu plus sur ce terme, calculons l'expression de b avec la fonction de Mayer $f(r)$ du potentiel en puits carré, schématisé sur la figure (3.1) et défini par les paramètres suivants :

$$u(r) = \begin{cases} \infty & \text{si} \quad r < \sigma, \\ -\varepsilon & \text{si} \quad \sigma \leq r \leq \alpha\sigma, \\ 0 & \text{si} \quad r > \alpha\sigma. \end{cases}$$

Avec la relation (3.22), on trouve que l'intégrale b vaut :

$$\begin{aligned} b &= 4\pi \left\{ \int_0^{\sigma} [-1]\, r^2 dr + \int_{\sigma}^{\alpha\sigma} [\exp(\beta\epsilon) - 1]\, r^2 dr \right\}, \\ b &= 4\pi \left\{ -\left[\frac{\sigma^3}{3}\right] + [\exp(\beta\epsilon) - 1] \frac{1}{3} \left[(\alpha\sigma)^3 - \sigma^3\right] \right\}, \\ \text{soit} \qquad b &= -\frac{4\pi\sigma^3}{3} \left[\alpha^3 - \left(\alpha^3 - 1\right) \exp(\beta\epsilon)\right]. \end{aligned} \tag{3.24}$$

Par conséquent, l'équation d'état d'un gaz légèrement imparfait modélisé par un potentiel en puits carré se présente sous la forme analytique suivante :

$$p = \frac{Nk_BT}{V} \left\{ 1 + \frac{N}{2V} \frac{4\pi\sigma^3}{3} \alpha^3 - \frac{N}{2V} \frac{4\pi\sigma^3}{3} \left(\alpha^3 - 1\right) \exp(\beta\epsilon) \right\} \tag{3.25}$$

Il est facile de voir que la quantité b résulte de la compétition entre deux contributions (Rel. 3.24) qui dépendent des paramètres α et ε. On s'aperçoit, par exemple, que si $\varepsilon = 0$ le puits carré disparaît. Il reste ainsi un *potentiel de sphères dures* pour lequel $b(= -\frac{4\pi\sigma^3}{3})$ est négatif. Mais lorsque ε est sensiblement supérieur à $1/(\beta\alpha^3)$, b devient positif. Donc, à température et volume fixés, la pression d'un gaz légèrement imparfait peut être plus grande ou plus petite que celle d'un gaz parfait. Si le puits de potentiel ε est peu profond, on peut utiliser le développement limité de l'exponentielle pour écrire la relation (3.25), soit :

$$\begin{aligned} p &= \frac{Nk_BT}{V} \left\{ 1 + \frac{N}{2V} \frac{4\pi\sigma^3}{3} \alpha^3 - \frac{N}{2V} \frac{4\pi\sigma^3}{3} \left(\alpha^3 - 1\right) \left(1 + \frac{\varepsilon}{k_BT}\right) \right\}, \\ \text{ou bien} \qquad p &= \frac{Nk_BT}{V} + \frac{N^2 k_BT}{V^2} \frac{4\pi\sigma^3}{6} - \frac{N^2}{V^2} \frac{4\pi\sigma^3}{6} \left(\alpha^3 - 1\right) \varepsilon. \end{aligned} \tag{3.26}$$

A ce stade de l'étude il n'est pas sans intérêt de comparer l'équation d'état (Rel. 3.26) avec l'équation d'état de Van der Waals :

$$(p + \frac{N}{V^2} A)(V - NB) = Nk_BT, \tag{3.27}$$

où A et B sont deux constantes dont on peut trouver la signification physique par comparaison avec la relation (3.26). Transformons tout d'abord l'équation de Van der Waals en admettant que le gaz est légèrement imparfait ($NB \ll V$). Dans ce cas, la relation (3.27) s'écrit :

$$\begin{aligned} p &= \frac{Nk_BT}{(V - NB)} - \frac{N}{V^2} A, \\ \text{soit} \quad p &\simeq \frac{Nk_BT}{V} + \frac{N^2 k_BT}{V^2} B - \frac{N}{V^2} A, \end{aligned}$$

de sorte que son identification avec la relation (3.26) permet d'exprimer les constantes A et B en fonction des paramètres σ, α et ε du potentiel en puits carré. On trouve immédiatement :

$$\begin{aligned} B &= \frac{4\pi\sigma^3}{6} = 4v_0, \\ A &= \frac{4\pi\sigma^3 N}{6}\left(\alpha^3 - 1\right)\varepsilon = 4v_0 N\left(\alpha^3 - 1\right)\varepsilon. \end{aligned}$$

On notera que A est proportionnel à la profondeur ε du puits de potentiel et que B est égal à 4 fois le volume v_0 d'un atome de rayon $\sigma/2$.

De même, l'entropie d'un gaz légèrement imparfait se calcule sans peine avec la relation (2.54). On trouve en effet :

$$S = -\left(\frac{\partial F}{\partial T}\right)_V \simeq Nk_B\left[\ln\frac{V}{N} - 3\ln\Lambda + 1 + \frac{N}{2V}b\right] + Nk_BT\left[\frac{3}{2T} - \frac{N}{2V}\frac{\partial b}{\partial T}\right],$$

$$\text{soit} \qquad S \simeq Nk_B\left[\ln\frac{V}{N} - 3\ln\Lambda + \frac{5}{2} + \frac{N}{2V}b - \frac{N}{2V}T\frac{\partial b}{\partial T}\right], \tag{3.28}$$

où l'on a utilisé la longueur d'onde thermique $\Lambda = \left(\frac{h^2\beta}{2\pi m}\right)^{1/2}$ pour déterminer la relation $\frac{\partial}{\partial T}\ln\Lambda = -\frac{1}{2T}$. Il est facile de voir que l'entropie d'un gaz légèrement imparfait diffère de celle d'un gaz parfait (Rel. 3.19) uniquement par le terme $\left(\frac{N}{2V}b - \frac{N}{2V}T\frac{\partial b}{\partial T}\right)$.

Quant à l'expression de l'énergie interne E, on l'obtient immédiatement en combinant les expressions de l'énergie libre (Rel. 3.23) et de l'entropie (Rel. 3.28) au moyen de la relation (2.55), ce qui donne :

$$\begin{aligned} E &= F - T\left(\frac{\partial F}{\partial T}\right)_V, \\ E &\simeq -Nk_BT\left[\ln\frac{V}{N} - 3\ln\Lambda + 1 + \frac{N}{2V}b\right] \\ &\quad + TNk_B\left[\ln\frac{V}{N} - 3\ln\Lambda + \frac{5}{2} + \frac{N}{2V}b - \frac{N}{2V}T\frac{\partial b}{\partial T}\right], \end{aligned}$$

$$\text{soit} \qquad E \simeq Nk_BT\left(\frac{3}{2} - \frac{N}{2V}T\frac{\partial b}{\partial T}\right). \tag{3.29}$$

3.4 Les gaz réels

Dans le paragraphe (3.2), on a déterminé la fonction de partition d'un gaz parfait monoatomique ainsi que les principales grandeurs thermodynamiques. Dans un tel système, les atomes ne sont soumis à aucune interaction mutuelle, ce qui conduit à poser $U(\mathbf{r}^N) = 0$. Pour étudier le gaz légèrement imparfait (§ 3.3), on a considéré les deux premiers termes de la somme située entre les crochets de la relation (3.12) pour calculer l'intégrale de configuration, et on a déduit les grandeurs thermodynamiques et l'équation d'état. L'étude des gaz réels, qui est entreprise dans ce paragraphe, est plus compliquée

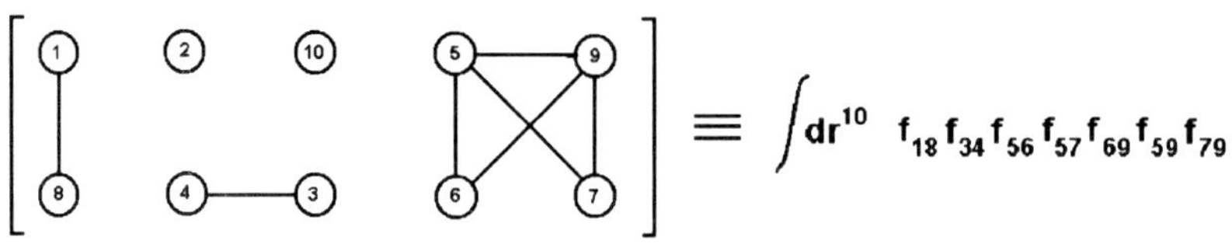

FIG. 3.2 – Exemple de graphe. Correspondance entre le graphe et l'intégrale qu'il représente.

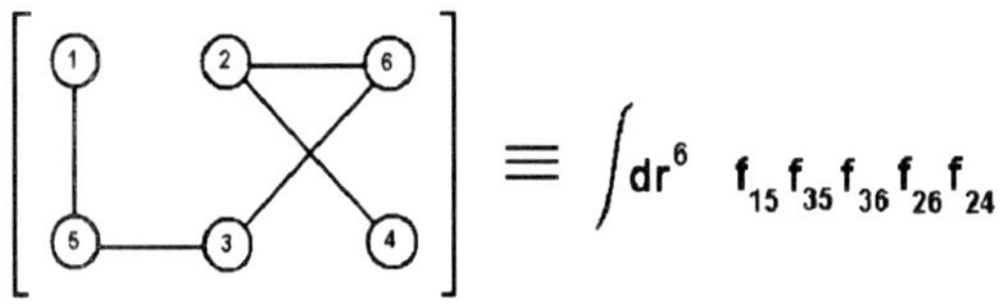

FIG. 3.3 – Exemple de cluster. Correspondance entre le cluster et l'intégrale qu'il représente.

car elle requiert la connaissance de tous les termes de la somme situés dans l'intégrale de configuration, dont le dénombrement est très difficile à réaliser. Un moyen commode d'effectuer ce dénombrement est d'associer un graphe à chaque intégrale.

3.4.1 Développement en clusters de la fonction de partition

Un *graphe* à N particules est un ensemble de N cercles distincts, numérotés de 1 à N et isolés ou joints deux à deux par des segments. Chaque segment correspond à une fonction de Mayer, si bien qu'un graphe est un moyen d'écrire sous forme picturale les intégrales du type de celles qui spécifient la fonction de partition. Par exemple, on établit la correspondance entre le graphe de la figure (3.2) à 10 particules et l'intégrale qu'il représente. Avec cette convention, la fonction de partition $Q_N(V,T)$ n'est rien d'autre que :

$$Q_N(V,T) = \frac{1}{N!\Lambda^{3N}} \left[\begin{array}{c} \text{somme de tous les graphes} \\ \text{distincts à } N \text{ particules} \end{array} \right]. \tag{3.30}$$

Pour faciliter le dénombrement de la somme de tous les graphes, il est utile de décomposer chaque graphe en un produit d'unités plus petites appelées *clusters*. Un cluster est un graphe dans lequel aucun cercle ne reste isolé. Ainsi, dans un cluster à l particules, chaque cercle est joint directement ou indirectement aux $(l-1)$ autres cercles. Par exemple, le cluster de la figure (3.3) à 6 particules correspond à l'intégrale qu'il représente.

Avec ces définitions, il est clair qu'un graphe se décompose en un produit de clusters. Par exemple, le graphe de la figure (3.2), à 10 particules, se simplifie sous la forme indiquée sur la figure (3.4), en 2 clusters à $l = 1$ particule, 2 clusters à $l = 2$ particules et 1 cluster

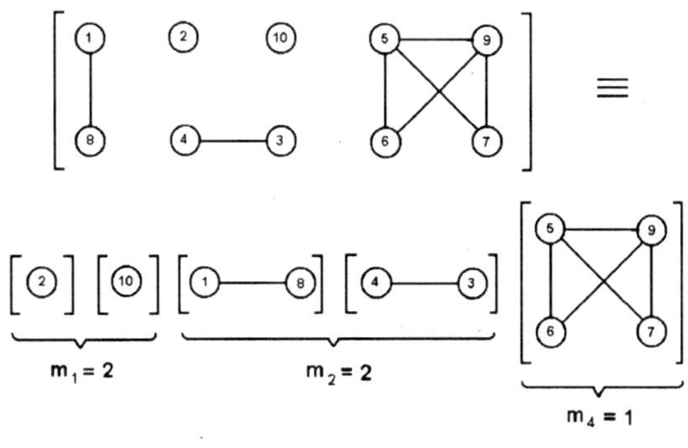

FIG. 3.4 – Exemple de décomposition d'un graphe en clusters.

à $l = 4$ particules. Plus généralement, tout graphe à N particules se réduit à un produit de clusters pour lequel la configuration vérifie toujours la relation suivante :

$$\sum_l l m_l = N,$$

où m_l est le nombre de clusters à l particules. Dans l'exemple de la figure (3.4), on vérifie immédiatement que : $(1 \times 2) + (2 \times 2) + (4 \times 1) = 10$.

Avant d'effectuer le dénombrement de tous les termes de $Q_N(V,T)$, il est encore nécessaire de définir les *intégrales réductibles de clusters* $b_l(V,T)$ par l'expression[5] :

$$b_l(V,T) = \frac{1}{l!V}\left[\begin{array}{c}\text{somme de tous les clusters}\\ \text{réalisables avec } l \text{ particules}\end{array}\right]. \tag{3.31}$$

Les deux premières intégrales réductibles de clusters sont :

$$\begin{aligned} b_1(V,T) &= \frac{1}{V}[(1)] \equiv \frac{1}{V}\iint d\mathbf{r}_1 = 1, && \text{(1 cluster à 1 particule)},\\ b_2(V,T) &= \frac{1}{2V}[(1)-(2)] \equiv \frac{1}{2V}\iint f_{12}d\mathbf{r}_1 d\mathbf{r}_2, && \text{(1 cluster à 2 particules)}. \end{aligned} \tag{3.32}$$

La représentation picturale de la troisième intégrale réductible de clusters, montrée sur la figure (3.5), se réduit à une somme de 4 clusters à 3 particules. Son expression mathématique est :

$$b_3(V,T) \equiv \frac{1}{3!V}\iint [f_{12}f_{13} + f_{12}f_{23} + f_{13}f_{23} + f_{12}f_{13}f_{23}]\, d\mathbf{r}_1 d\mathbf{r}_2 d\mathbf{r}_3.$$

Il est facile de voir que $b_l(V,T)$ est une *intégrale réductible* du fait que chacun de ses termes peut être factorisé en un produit d'*intégrales irréductibles*, pourvu que les dimensions de l'enceinte qui contient les particules soient grandes par rapport à la portée des forces d'interactions. Par exemple, le calcul de $b_2(V,T)$ se fait avec la relation (3.20) et la factorisation du premier terme de $b_3(V,T)$ se fait comme suit :

$$\iint [f_{12}f_{13}]\, d\mathbf{r}_1 d\mathbf{r}_2 d\mathbf{r}_3 = V\int f_{12}d\mathbf{r}_2 \int f_{13}d\mathbf{r}_3.$$

[5] J. E. Mayer and E. Montroll, J. Chem. Phys. **9**, 2 (1941).

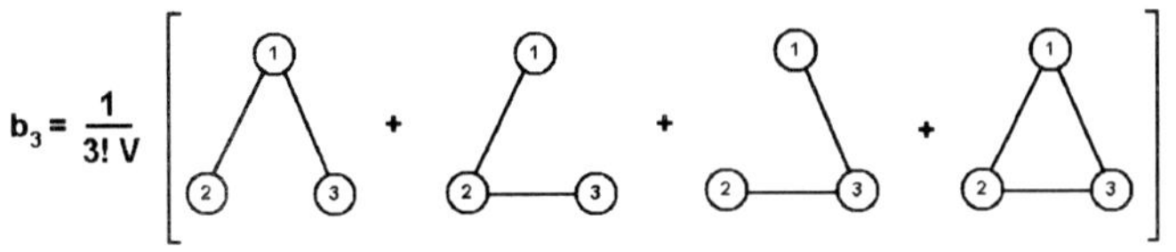

$$\equiv \frac{1}{6V}\int dr^3\left[f_{12}f_{13}+f_{12}f_{23}+f_{13}f_{23}+f_{12}f_{23}f_{13}\right]$$

FIG. 3.5 – Intégrale de clusters réductibles de 4 clusters à 3 particules.

Avec la définition suivante des *intégrales irréductibles de clusters*[6] :

$$\beta_k = \frac{1}{k!V}\int\cdots\int S_{1,2,\ldots,k+1}d\mathbf{r}_1 d\mathbf{r}_2 \ldots d\mathbf{r}_{k+1},$$

où $S_{1,2,\ldots,k+1}$ est la somme des clusters irréductibles, les premières intégrales irréductibles de clusters ont pour expressions[7] :

$$\begin{aligned}
\beta_1 &= \frac{1}{V}\iint f_{12}d\mathbf{r}_1 d\mathbf{r}_2,\\
\beta_2 &= \frac{1}{2V}\int\int\int f_{12}f_{13}f_{23}d\mathbf{r}_1 d\mathbf{r}_2 d\mathbf{r}_3,\\
&\ldots\ldots\ldots
\end{aligned}$$

Ces formules permettent d'écrire les intégrales réductibles b_l en fonction des intégrales irréductibles β_k. Les premières relations $b_l = f(\beta_k)$ sont :

$$\begin{aligned}
b_2 &= \frac{\beta_1}{2},\\
b_3 &= \frac{\beta_1^2}{2}+\frac{\beta_2}{3},\\
b_4 &= \frac{2\beta_1^3}{3}+\beta_1\beta_2+\frac{\beta_3}{4},\\
\ldots &= \ldots
\end{aligned} \tag{3.33}$$

et les premières relations $\beta_k = f(b_l)$ sont :

$$\beta_1 = 2b_2, \tag{3.34}$$

$$\beta_2 = 3b_3 - 6b_2^2, \tag{3.35}$$

$$\begin{aligned}
\beta_3 &= 4b_4 - 24b_2b_3 + \frac{80}{3}b_2^3,\\
\ldots &= \ldots
\end{aligned}$$

On notera que les intégrales de clusters b_l et β_k dépendent de la température, alors qu'elles sont quasiment indépendantes du volume lorsque celui-ci est grand par rapport à la portée

[6] Il ne faut pas confondre les intégrales irréductibles de clusters, notée β_k, avec le paramètre $\beta = \frac{1}{k_B T}$.
[7] T. L. Hill, *Statistical Mechanics*, McGraw-Hill, New York (1956), p. 136.

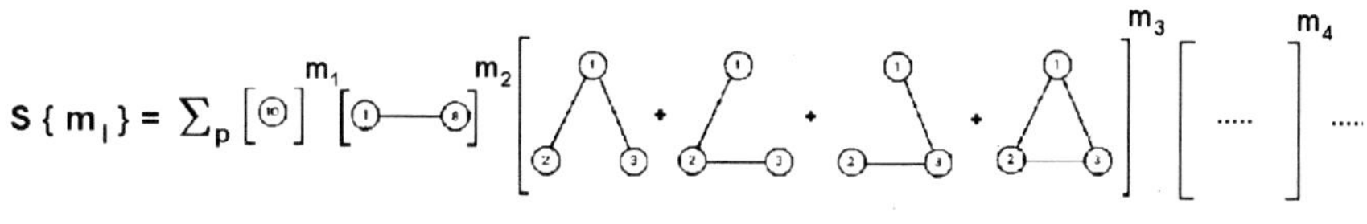

FIG. 3.6 Représentation picturale du terme $S_{\{m_l\}}$ de la relation (3.36).

des forces d'interaction. Ceci se voit, par exemple, en remarquant que la relation (3.20) correspond au terme $\beta_1 V$.

Avec les définitions qui viennent d'être données, il est possible d'effectuer le dénombrement de tous les graphes distincts à N particules contenus dans la fonction de partition. Celle-ci est notée habituellement :

$$Q_N(V,T) = \frac{1}{N!\Lambda^{3N}} \sum_{\{m_l\}} S_{\{m_l\}}. \tag{3.36}$$

La notation $\sum_{\{m_l\}}$ signifie qu'il faut faire la somme de tous les graphes à N particules susceptibles d'être formés avec un ensemble de N particules. Chacun de ces graphes, noté $S_{\{m_l\}}$, contient m_1 clusters à 1 particule, m_2 clusters à 2 particules, m_3 clusters à 3 particules, et ainsi de suite, avec la condition $\sum_l l m_l = N$. La représentation picturale d'un tel graphe est donnée sur la figure (3.6) et sa forme algébrique correspondante est :

$$S_{\{m_l\}} = \sum_p \left[(1!Vb_1)^{m_1} (2!Vb_2)^{m_2} \dots (l!Vb_l)^{m_l} \dots (N!Vb_N)^{m_N}\right] = \sum_p \prod_{l=1}^{N} (l!Vb_l)^{m_l}. \tag{3.37}$$

Dans la relation (3.37), la sommation sur p vient de la nécessité de tenir compte de toutes les répartitions possibles des N particules entre les clusters qui apportent la même contribution à la fonction de partition. Les N particules étant numérotées de 1 à N de manière arbitraire, on pourrait penser que la sommation sur p correspond aux $N!$ permutations des particules. Mais certaines de ces permutations sont inopérantes car elles ne produisent pas de nouveaux ensembles de clusters[8]. En fait, pour évaluer le nombre de termes de la sommation sur p, il faut tenir compte de la permutation des N particules en considérant que :

(1) la permutation de deux particules dans un groupe de m_l intégrales de clusters ne produit pas de nouvelle configuration, de sorte qu'il faut diviser $N!$ par le produit de factoriels $[(1!)^{m_1} (2!)^{m_2} \dots (l!)^{m_l} \dots (N!)^{m_N}]$,

(2) la permutation de deux intégrales de clusters dans un groupe de m_l intégrales de clusters ne conduit pas à une nouvelle configuration[9], donc $N!$ doit encore être divisé par $(m_1!m_2!\dots m_l!\dots m_N!)$. Il ressort de ces considérations que le nombre de termes de la

[8] J. E. Mayer and M. Goppert-Mayer, *Statistical Mechanics*, John Wiley, New York (1977), p. 468.

[9] Ceci revient à remplacer des l particules d'un groupe par les l particules d'un autre groupe du même ordre.

somme sur p est fourni par la quantité :

$$\frac{N!}{m_1!\,(1!)^{m_1}\,m_2!\,(2!)^{m_2}\,...m_l!\,(l!)^{m_l}\,...m_N!\,(N!)^{m_N}} = \frac{N!}{\prod\limits_{l=1}^{N} m_l!\,(l!)^{m_l}}. \tag{3.38}$$

En combinant les relations (3.37) et (3.38), $S_{\{m_l\}}$ se simplifie comme suit :

$$S_{\{m_l\}} = N! \prod_{l=1}^{N} \frac{(l!Vb_l)^{m_l}}{m_l!\,(l!)^{m_l}} = N! \prod_{l=1}^{N} \frac{(Vb_l)^{m_l}}{m_l!}.$$

Finalement, la fonction de partition (Rel. 3.36) s'écrit au moyen d'intégrales réductibles de clusters (Rel. 3.31) sous la forme suivante :

$$Q_N(V,T) = \frac{1}{\Lambda^{3N}} \sum_{\{m_l\}} \prod_{l=1}^{N} \frac{(Vb_l)^{m_l}}{m_l!}. \tag{3.39}$$

3.4.2 Calcul de la fonction de partition

On utilise ici la méthode du col[10] qui est plus rigoureuse que la méthode des multiplicateurs de Lagrange, car elle tient compte de tous les termes de la somme, et pas uniquement du terme dont ()la contribution la plus importante. Pour sa mise en oeuvre, introduisons la fonction génératrice :

$$g(z) = \exp(\sum_{l=1}^{\infty} Vb_l z^l),$$

où z est une variable complexe. En utilisant le développement limité de l'exponentielle, la fonction génératrice $g(z)$ s'écrit sous la forme d'une série en puissances croissantes de z :

$$\begin{aligned} g(z) &= 1 + (Vb_1 z + Vb_2 z^2 + ... + Vb_N z^N + ...) + \frac{1}{2!}(Vb_1 z + Vb_2 z^2 + ... + Vb_N z^N + ...)^2 \\ &\quad + \frac{1}{3!}(Vb_1 z + Vb_2 z^2 + ... + Vb_N z^N + ...)^3 + ..., \\ g(z) &= 1 + zVb_1 + z^2\left[Vb_2 + \frac{1}{2!}(Vb_1)^2\right] + z^3\left[Vb_3 + \frac{1}{2!}2(Vb_1)(Vb_2) + \frac{1}{3!}(Vb_1)^3\right] \\ &\quad + z^4\left[Vb_4...\right] + z^5\left[...\right] + ... \end{aligned}$$

Il se trouve que le coefficient de z^N correspond, à une constante près, à l'expression de la fonction de répartition $Q_N(V,T)$ (Rel. 3.39). Soit R_N ce coefficient :

$$R_N = \Lambda^{3N} Q_N(V,T) = \sum_{\{m_l\}} \prod_{l=1}^{N} \frac{(Vb_l)^{m_l}}{m_l!}. \tag{3.40}$$

[10]La méthode du col, due à Darwin et Fowler, a été appliquée pour la première fois au calcul de la fonction de partition par M. Born and K. Fuchs, Proc. Roy. Soc. (London), A **166**, 391 (1938).

Vérifions, par exemple, que l'on retrouve le terme R_3 au moyen de la formule générale. La condition $\sum_l lm_l = N$, qui est toujours valable, se réduit à la relation :

$$N = 3 = 1m_1 + 2m_2 + 3m_3,$$

avec les trois combinaisons possibles :

$$\begin{array}{lllll}(1) & m_1 & = m_2 = 0 & \text{et} & m_3 = 1,\\ (2) & m_1 & = m_2 = 1 & \text{et} & m_3 = 0,\\ (3) & m_1 & = 3 & \text{et} & m_2 = m_3 = 0.\end{array}$$

Puis effectuons le calcul de R_3 avec la relation (3.40) et les règles de combinaisons des l et des m_l. On obtient :

$$R_3 = \left[\frac{(Vb_1)^0}{0!}\frac{(Vb_2)^0}{0!}\frac{(Vb_3)^1}{1!}\right] + \left[\frac{(Vb_1)^1}{1!}\frac{(Vb_2)^1}{1!}\frac{(Vb_3)^0}{0!}\right] + \left[\frac{(Vb_1)^3}{3!}\frac{(Vb_2)^0}{0!}\frac{(Vb_3)^0}{0!}\right],$$

$$\text{soit} \qquad R_3 = (Vb_3) + (Vb_1)(Vb_2) + \frac{(Vb_1)^3}{6},$$

qui correspond bien au coefficient du terme en z^3 de la fonction génératrice $g(z)$. On admettra qu'il en est de même pour tous les coefficients de $g(z)$.

Si l'on divise la fonction génératrice $g(z)$ par z^{N+1}, on obtient la série de Laurent :

$$\frac{g(z)}{z^{N+1}} = \frac{1}{z^{N+1}} + \frac{R_1}{z^N} + \frac{R_2}{z^{N-1}} + ... + \frac{R_N}{z} + R_{N+1} + R_{N+2}.z + R_{N+3}.z^2 + ...$$

La *partie principale* de cette double série est celle qui contient les puissances de z au dénominateur. Le coefficient R_N est le ***résidu*** de la série relatif au pôle $z = 0$. Or, conformément au théorème des résidus, l'intégration de la série $g(z)z^{-(N+1)}$ autour du pôle fait disparaître tous les termes de la série à l'exception du résidu R_N. L'application de ce théorème conduit immédiatement à :

$$R_N = \frac{1}{2\pi i}\oint \frac{g(z)}{z^{N+1}}dz = \frac{1}{2\pi i}\oint z^{-N-1}\exp(\sum_{l=1}^{\infty} Vb_l z^l)dz.$$

Pour calculer cette intégrale, choisissons comme contour d'intégration un cercle de centre O et de rayon r. Après avoir effectué le changement de variables suivant :

$$\begin{array}{rcl} z & = & r\exp(i\phi),\\ \text{et} \qquad dz & = & ir\exp(i\phi)d\phi = izd\phi,\end{array}$$

dans l'expression de R_N, la fonction de partition (Rel. 3.40) s'écrit alors :

$$Q_N(V,T) = \frac{R_N}{\Lambda^{3N}} = \frac{1}{2\pi\Lambda^{3N}}\int_{-\pi}^{+\pi} z^{-N}\exp(\sum_{l=1}^{\infty} Vb_l z^l)d\phi. \tag{3.41}$$

Avant de poursuivre le calcul de cette intégrale, il est utile d'examiner attentivement l'intégrant, noté $C(z)$, en tant que fonction de la variable complexe $z = x + iy$. Avec les notations habituelles, la fonction $C(z)$ s'écrit :

$$C(z) = z^{-N}\exp(\sum_{l=1}^{\infty} Vb_l z^l) = \operatorname{Re} C(x,y) + i\operatorname{Im} C(x,y). \tag{3.42}$$

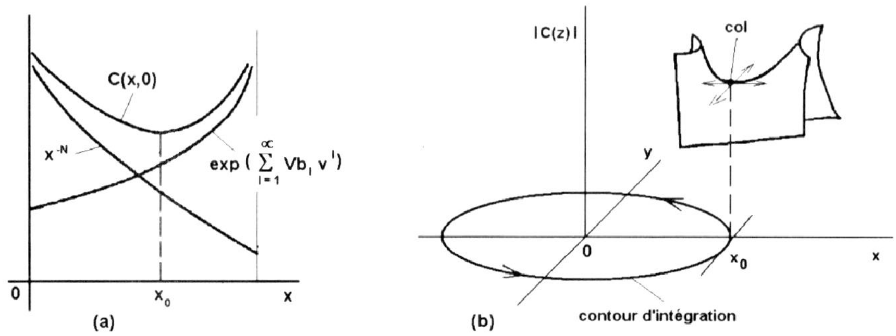

FIG. 3.7 – (a) Variation de l'intégrant $C(x,0)$ le long de l'axe réel. (b) Représentation schématique de la fonction $|C(x,y)|$ au voisinage du point $(x_0, 0)$.

Etudions tout d'abord la variation de l'intégrant $C(z)$ de la relation (3.41) le long de l'axe réel, quand z est une variable réelle positive ($\phi = 0$ et $z = x$). Le premier terme, x^{-N}, est une fonction monotone rapidement décroissante et le second terme, $\exp(\sum_{l=1}^{\infty} V b_l x^l)$, est une fonction monotone rapidement croissante, de sorte que le produit des deux termes passe par un minimum aigu (Fig. 3.7a) pour la valeur $x = x_0$. Comme la fonction $C(z)$ s'écrit encore :

$$C(x,0) = \exp\left[-N \ln x + \sum_{l=1}^{\infty} V b_l x^l\right],$$

la position x_0 du minimum est donnée par la condition :

$$\left.\frac{\partial C}{\partial x}\right|_{x=x_0} = \left[-\frac{N}{x} + \sum_{l=1}^{\infty} l V b_l x^{l-1}\right] C(x,0) = 0, \quad (3.43)$$

soit

$$N = \sum_{l=1}^{\infty} l V b_l x_0^l. \quad (3.44)$$

Mais la fonction $C(z)$ est une fonction *analytique monogène,* qui admet une dérivée unique quel que soit le rapport des accroissements infinitésimaux dx et dy, et qui répond aux conditions de Cauchy-Riemann :

$$\frac{\partial \operatorname{Re} C}{\partial y} = -\frac{\partial \operatorname{Im} C}{\partial x} \qquad \text{et} \qquad \frac{\partial \operatorname{Im} C}{\partial y} = \frac{\partial \operatorname{Re} C}{\partial x},$$

qui s'écrivent encore :

$$\frac{\partial^2 \operatorname{Re} C}{\partial x^2} + \frac{\partial^2 \operatorname{Re} C}{\partial y^2} = 0 \qquad \text{et} \qquad \frac{\partial^2 \operatorname{Im} C}{\partial x^2} + \frac{\partial^2 \operatorname{Im} C}{\partial y^2} = 0.$$

Avec la relation (3.42), il est facile de vérifier que les conditions de Cauchy-Riemann se réduisent également à :

$$\left[\frac{\partial^2 C}{\partial x^2} + \frac{\partial^2 C}{\partial y^2}\right] = 0. \quad (3.45)$$

Puisque la courbe de la figure (3.7a) montre clairement que $\left.\frac{dC}{dx}\right|_{x=x_0} = 0$ et $\left.\frac{d^2C}{dx^2}\right|_{x=x_0} > 0$, on déduit de la relation (3.45) l'inégalité $\left.\frac{d^2C}{dy^2}\right|_{x=x_0} < 0$. Ceci signifie que la fonction

$C(z)$ possède un minimum en $x = x_0$ le long de l'axe réel et un maximum le long de l'axe parallèle à l'axe imaginaire coupant l'axe réel en $x = x_0$. La représentation de la fonction $C(z)$ dans le plan complexe, montrée sur la figure (3.7b), correspond à un col en $x = x_0$. Par conséquent, si l'on choisit comme contour d'intégration le cercle de rayon $r = x_0$, $|C(z)|$ présente un maximum très aigu au point $z = (x_0, 0)$ et la seule contribution appréciable à l'intégrale de $C(z)$, le long du contour choisi, se trouve au voisinage immédiat de $x = x_0$. Or, en choisissant le cercle de rayon x_0 comme contour d'intégration, on peut développer l'argument de l'exponentielle dans la relation (3.42) en série des puissances de ϕ, autour de $\phi = 0$, en s'arrêtant après le terme en ϕ^2. Ceci permet de transformer $C(z)$ comme suit :

$$\begin{aligned}
C(z) &= z^{-N}\exp(\sum_{l=1}^{\infty} Vb_l z^l) = \exp\left[-N\ln(r\exp i\phi) + \sum_{l=1}^{\infty} Vb_l\,(r\exp i\phi)^l\right],\\
C(z) &\simeq \exp\left\{-N\ln r - Ni\phi + \sum_{l=1}^{\infty} Vb_l r^l\left[1 + il\phi + \frac{1}{2}(il\phi)^2\right]\right\}\\
C(z) &\simeq \exp\left\{-N\ln r - Ni\phi + \sum_{l=1}^{\infty} Vb_l r^l + \sum_{l=1}^{\infty} il\phi V b_l r^l - \sum_{l=1}^{\infty}\frac{1}{2}(l\phi)^2 Vb_l r^l\right\}.
\end{aligned}$$

Pour $z = r = x_0$, et compte tenu de la relation (3.44), la relation précédente se simplifie sous la forme suivante :

$$C(z) \simeq \exp\left\{-N\ln x_0 + \sum_{l=1}^{\infty} Vb_l x_0^l - \frac{1}{2}\phi^2\sum_{l=1}^{\infty} l^2 Vb_l x_0^l\right\}.$$

En utilisant cette expression de $C(z)$, la fonction de partition (Rel. 3.41) s'écrit :

$$\begin{aligned}
Q_N(V,T) &= \frac{1}{2\pi\Lambda^{3N}}\int_{-\pi}^{+\pi}\exp\left\{-N\ln x_0 + \sum_{l=1}^{\infty} Vb_l x_0^l - \frac{1}{2}\phi^2\sum_{l=1}^{\infty} l^2 Vb_l x_0^l\right\}d\phi,\\
Q_N(V,T) &= \frac{1}{2\pi\Lambda^{3N}}\exp\left(-N\ln x_0 + \sum_{l=1}^{\infty} Vb_l x_0^l\right)\int_{-\pi}^{+\pi}\exp\left(-\frac{1}{2}\phi^2\sum_{l=1}^{\infty} l^2 Vb_l x_0^l\right)d\phi.
\end{aligned}$$

Quant aux limites $-\pi$ et $+\pi$ de l'intégrale sur ϕ, elles peuvent sans inconvénient être repoussées à $-\infty$ et $+\infty$ car la contribution principale de l'intégrale se trouve essentiellement au voisinage de $\phi = 2k\pi$. L'intégrale ayant une forme connue[11], la fonction de partition se présente finalement sous la forme analytique suivante :

$$\begin{aligned}
Q_N(V,T) &= \frac{1}{2\pi\Lambda^{3N}}\frac{\exp\left(\sum_{l=1}^{\infty} Vb_l x_0^l\right)}{x_0^N}\frac{\sqrt{\pi}}{\sqrt{\frac{1}{2}\sum_{l=1}^{\infty} l^2 Vb_l x_0^l}},\\
\text{soit}\quad Q_N(V,T) &= \frac{1}{\Lambda^{3N}x_0^N}\frac{\exp\left(\sum_{l=1}^{\infty} Vb_l x_0^l\right)}{\sqrt{2\pi\sum_{l=1}^{\infty} l^2 Vb_l x_0^l}}.
\end{aligned} \tag{3.46}$$

3.4.3 Calcul des grandeurs thermodynamiques

La détermination de l'énergie libre F, au moyen de la relation qui lie la mécanique statistique et la thermodynamique classique, se ramène au calcul des intégrales réductibles

[11] cf. note 1 de ce chapitre.

de clusters b_l et à la connaissance du paramètre x_0. Or il est facile de donner un sens physique à la valeur particulière x_0 de la partie réelle de la variable complexe z, introduite arbitrairement dans la méthode du col.

Si l'on néglige le radical du dénominateur de la relation (3.46), du fait qu'il diffère peu de l'unité dans le cas des gaz réels, l'énergie libre des gaz réels s'écrit :

$$\begin{aligned} F &= -k_B T \ln Q_N(V,T) = -k_B T \ln \left[\frac{1}{\Lambda^{3N} x_0^N} \exp\left(\sum_{l=1}^{\infty} V b_l x_0^l \right) \right], \\ F &= -k_B T \left[\sum_{l=1}^{\infty} V b_l x_0^l - N \ln\left(\Lambda^3 x_0\right) \right]. \end{aligned} \tag{3.47}$$

La signification physique du paramètre x_0 apparaît immédiatement en calculant le potentiel chimique avec la relation (2.58). Puisque seul x_0 peut dépendre du nombre de particules N, l'expression du potentiel chimique μ est :

$$\mu = \left(\frac{\partial F}{\partial N}\right)_{V,T} = -k_B T \left[\sum_{l=1}^{\infty} l V b_l x_0^{l-1} \frac{\partial x_0}{\partial N} - \ln\left(\Lambda^3 x_0\right) - N \frac{1}{x_0} \frac{\partial x_0}{\partial N} \right].$$

Or, la dérivée de la relation (3.44) par rapport à N conduit à la relation :

$$\sum_{l=1}^{\infty} l V b_l x_0^l \frac{1}{x_0} \frac{\partial x_0}{\partial N} = N \frac{1}{x_0} \frac{\partial x_0}{\partial N},$$

qui permet de simplifier le potentiel chimique comme suit :

$$\begin{aligned} \mu &= \left(\frac{\partial F}{\partial N}\right)_{V,T} = k_B T \ln\left(\Lambda^3 x_0\right), \\ \text{soit} \quad \beta\mu &= \ln\left(\Lambda^3 x_0\right). \end{aligned} \tag{3.48}$$

En comparant cette relation avec la relation (3.9), on s'aperçoit que la paramètre x_0 s'identifie avec la fugacité z (à ne pas confondre avec la variable complexe z), soit :

$$x_0 = z = \frac{\exp(\beta\mu)}{\Lambda^3}. \tag{3.49}$$

Avec le sens physique ainsi attribué au paramètre $x_0 = z$ (fugacité), il est possible de déterminer les propriétés thermodynamiques des gaz réels. Commençons par calculer l'équation d'état. Après avoir rappelé que les intégrales réductibles de clusters b_l sont quasiment indépendantes du volume, on peut déduire la pression des relations (2.56) et (3.47) sous la forme suivante :

$$\begin{aligned} p &= -\left(\frac{\partial F}{\partial V}\right)_{T,N} = k_B T \sum_{l=1}^{\infty} b_l z^l, \\ \text{soit} \quad \frac{pV}{k_B T} &= \sum_{l=1}^{\infty} V b_l z^l. \end{aligned} \tag{3.50}$$

En combinant les relations (3.47), (3.48) et (3.50), on obtient immédiatement une relation très importante entre l'énergie libre F, le potentiel chimique μ et la pression p, soit :

$$\frac{F}{k_B T} = \frac{\mu N}{k_B T} - \frac{pV}{k_B T}. \tag{3.51}$$

Notons par ailleurs que la relation (3.50) présente une certaine ressemblance avec l'équation d'état du viriel dans laquelle la pression est donnée sous forme du développement en puissances croissantes de la densité $\rho = N/V$:

$$\frac{pV}{Nk_B T} = 1 + B_2(T)\rho + B_3(T)\rho^2 + B_4(T)\rho^3 + ... \tag{3.52}$$

Afin de comparer les deux expressions de l'équation d'état (Rels. 3.50 et 3.52), exprimons la fugacité z en fonction de la densité ρ de la manière suivante :

$$z(\rho) = \rho + a_2\rho^2 + a_3\rho^3 + ...,$$

puis récrivons la relation (3.44) après y avoir substitué la fugacité. Ceci donne :

$$N = \sum_{l=1}^{\infty} lVb_l z^l = V\sum_{l=1}^{\infty} lb_l \left(\rho + a_2\rho^2 + a_3\rho^3 + ...\right)^l.$$

Or, cette expression permet d'exprimer la densité $\rho = N/V$ comme suit :

$$\rho = \frac{N}{V} = b_1\left(\rho + a_2\rho^2 + a_3\rho^3 + ...\right) + 2b_2\left(\rho + a_2\rho^2 + a_3\rho^3 + ...\right)^2 + 3b_3\left(\rho + a_2\rho^2 + a_3\rho^3 + ...\right)^3 + ...$$

Après avoir développé les calculs et identifié entre eux les coefficients des puissances de ρ dans la relation précédente, on obtient :

$$\begin{aligned} \rho b_1 &\equiv \rho, \\ \rho^2(b_1a_2 + 2b_2) &\equiv 0, \\ \rho^3(b_1a_3 + 4a_2b_2 + 3b_3) &\equiv 0, \\ \rho^4(\left[b_1a_4 + 2b_2\left(a_2^2 + 2a_3\right) + 9a_2b_3 + 4b_4\right] &\equiv 0, \\ ... &= ... \end{aligned}$$

Ces relations permettent aisément d'exprimer les coefficients a_k en fonction des intégrales réductibles de clusters b_l au moyen des relations suivantes :

$$\begin{aligned} b_1 &= 1, \\ a_2 &= -2b_2, \\ a_3 &= 8b_2^2 - 3b_3, \\ a_4 &= -4b_4 - 40b_2^3 + 30b_2b_3, \\ ... &= ... \end{aligned}$$

Récrivons maintenant la relation (3.50) en fonction de la densité, soit :

$$\frac{pV}{k_B T} = V\sum_{l=1}^{\infty} b_l \left(\rho + a_2\rho^2 + a_3\rho^3 + ...\right)^l,$$

dans laquelle on remplace les coefficients a_k en fonction des intégrales réductibles de clusters b_l. Tous calculs faits, on trouve :

$$\begin{aligned}\frac{p}{k_BT} &= b_1\left[\rho+(-2b_2)\rho^2+\left(8b_2^2-3b_3\right)\rho^3+\left(-4b_4-40b_2^3+30b_2b_3\right)\rho^4+..\right]+\\ &+b_2\left[\rho+(-2b_2)\rho^2+\left(8b_2^2-3b_3\right)\rho^3+\left(-4b_4-40b_2^3+30b_2b_3\right)\rho^4+..\right]^2+\\ &+b_3\left[\rho+(-2b_2)\rho^2+\left(8b_2^2-3b_3\right)\rho^3+\left(-4b_4-40b_2^3+30b_2b_3\right)\rho^4+..\right]^3+....\end{aligned}$$

Et en regroupant les termes de même degré en ρ, on obtient :

$$\frac{p}{k_BT}=\rho\ \left[1-b_2\rho+\left(4b_2^2-2b_3\right)\rho^2-\left(3b_4-18b_2b_3+20b_2^3\right)\rho^3+...\right]. \tag{3.53}$$

Mais les coefficients de ce polynôme en ρ peuvent s'écrire également en termes d'intégrales irréductibles de clusters β_k. En effet, des relations (3.35) on extrait les relations :

$$\begin{aligned} b_2 &= \frac{\beta_1}{2},\\ \left(4b_2^2-2b_3\right) &= -\frac{2}{3}\beta_2,\\ \left(3b_4-18b_2b_3+20b_2^3\right) &= \frac{3}{4}\beta_3,\\ ... &= ...,\end{aligned}$$

qui permettent de récrire la relation (3.53) en fonction des intégrales irréductibles de clusters sous la forme compacte suivante :

$$\frac{p}{\rho k_BT} = 1-\sum_{k\geq 1}\frac{k}{k+1}\beta_k\rho^k. \tag{3.54}$$

La comparaison de cette relation avec la relation (3.52) indique que les coefficients du viriel peuvent être calculés, pour chaque type d'interaction spécifique, en fonction des intégrales irréductibles de clusters à l'aide de la formule :

$$B_k=\frac{1-k}{k}\beta_{k-1}. \tag{3.55}$$

Ceci donne une signification physique évidente aux coefficients du viriel. Comme les intégrales irréductibles de clusters, les coefficients B_k ne dépendent que de la température et du potentiel interatomique, mais sont indépendants du volume et donc de la densité. Ils fournissent une indication de l'écart du gaz réel par rapport au gaz parfait. Plus le gaz est dense, plus les intégrales irréductibles de clusters β_k et les coefficients du viriel B_k jouent un rôle important.

Poursuivons l'étude des gaz réels par le calcul de l'énergie interne. Avec la relation (2.55), elle s'écrit :

$$\begin{aligned}E &= k_BT^2\left[\frac{\partial}{\partial T}\ln Q_N(V,T)\right]_V = k_BT^2\frac{\partial}{\partial T}\ln\left[\frac{1}{\Lambda^{3N}z^N}\exp\left(\sum_{l=1}^{\infty}Vb_lz^l\right)\right]_V,\\ E &= k_BT^2\left[-3N\frac{\partial}{\partial T}\ln\Lambda+\sum_{l=1}^{\infty}V\frac{\partial b_l}{\partial T}z^l\right] = \frac{3}{2}Nk_BT+k_BT^2\sum_{l=1}^{\infty}V\frac{\partial b_l}{\partial T}z^l,\end{aligned}$$

où la dernière égalité a été obtenue en utilisant la longueur d'onde thermique $\Lambda = \left(\frac{h^2\beta}{2\pi m}\right)^{1/2}$ qui conduit à la relation $\frac{\partial}{\partial T}\ln\Lambda = -\frac{1}{2T}$. Pour exprimer E en fonction de la densité, partons de l'identité suivante obtenue en comparant les relations (3.50) et (3.54) :

$$\frac{pV}{k_B T} = \sum_{l=1}^{\infty} V b_l z^l = N\left(1 - \sum_{k\geq 1}\frac{k}{k+1}\beta_k \rho^k\right).$$

Puis dérivons-là par rapport à T, soit :

$$\sum_{l=1}^{\infty} V\frac{\partial b_l}{\partial T}z^l = -N\sum_{k\geq 1}\frac{k}{k+1}\frac{\partial \beta_k}{\partial T}\rho^k,$$

et utilisons-là pour récrire l'expression de l'énergie interne E, ce qui donne :

$$E = \frac{3}{2}Nk_BT - Nk_BT^2\sum_{k\geq 1}\frac{k}{k+1}\frac{\partial\beta_k}{\partial T}\rho^k. \tag{3.56}$$

Il n'est pas difficile d'exprimer également l'énergie libre F, l'entropie S et même la compressibilité isotherme χ_T en fonction de la densité ρ, avec les formules dont on dispose. En effet, en combinant les relations (3.51), (3.48) et (3.54), on obtient l'expression de l'énergie libre :

$$F = Nk_BT\left[\ln\left(\Lambda^3 x_0\right) - 1 + \sum_{k\geq 1}\frac{k}{k+1}\beta_k\rho^k\right]. \tag{3.57}$$

Et en combinant les relations (3.56) et (3.57), on obtient l'expression de l'entropie :

$$S = \frac{E-F}{T} = k_BN\left[-\ln\left(\Lambda^3 x_0\right) + \frac{5}{2} - \sum_{k\geq 1}\frac{k}{k+1}\frac{\partial(T\beta_k)}{\partial T}\rho^k\right]. \tag{3.58}$$

Quant à la compressibilité isotherme, elle se définit en termes de densité comme suit :

$$\chi_T = -\frac{1}{V}\left(\frac{\partial V}{\partial p}\right)_T = -\frac{1}{V}\left(\frac{\partial V}{\partial \rho}\right)_T\left(\frac{\partial \rho}{\partial p}\right)_T = \frac{1}{\rho}\left(\frac{\partial \rho}{\partial p}\right)_T,$$

où la dernière égalité a été obtenue en considérant la densité $\rho = \frac{N}{V}$ d'où il découle que $\frac{\partial\rho}{\partial V} = -\frac{\rho}{V}$. Finalement l'expression de la compressibilité isotherme χ_T s'écrit avec la relation (3.54) sous la forme suivante :

$$\begin{aligned}
\chi_T^{-1} &= \rho k_BT\left(1 - \sum_{k\geq 1}\frac{k}{k+1}\beta_k\rho^k\right) + \rho^2 k_BT\left(-\sum_{k\geq 1}\frac{k^2}{k+1}\beta_k\rho^{k-1}\right),\\
\chi_T^{-1} &= \rho k_BT\left[1 - \sum_{k\geq 1}\left(\frac{k}{k+1} + \frac{k^2}{k+1}\right)\beta_k\rho^k\right],
\end{aligned}$$

soit :

$$\chi_T^{-1} = \rho k_BT\left[1 - \sum_{k\geq 1}k\beta_k\rho^k\right].$$

3.5 Distribution de Maxwell-Boltzmann

3.5.1 Introduction

Dans ce paragraphe, on se propose de montrer que la densité de probabilité de l'ensemble canonique $P_N(\mathbf{r}^N, \mathbf{p}^N)$ d'un système de particules indépendantes se simplifie sous une forme donnée par la distribution de Maxwell-Boltzmann. Ecrivons la densité de probabilité (Rel. 2.35) :

$$P_N(\mathbf{r}^N, \mathbf{p}^N) = \frac{1}{N!h^{3N}Q_N(V,T)} \exp\left[-\beta H_N(\mathbf{r}^N, \mathbf{p}^N)\right].$$

Puisque les particules sont indépendantes, l'énergie du système est égale la somme des énergies des particules individuelles. Par conséquent, l'hamiltonien du système (Rel. 3.2) se réduit à une somme d'hamiltoniens individuels et la densité de probabilité se transforme en un produit de densités de probabilités d'ordre un (Rel. 1.97), soit :

$$\begin{aligned} H_N(\mathbf{r}^N, \mathbf{p}^N) &= \sum_{i=1}^{N} \left[\frac{p_i^2}{2m} + u(\mathbf{r}_i)\right], \\ \text{et} \quad P_N(\mathbf{r}^N, \mathbf{p}^N) &= \prod_{i=1}^{N} P_N^{(1)}(\mathbf{r}_i, \mathbf{p}_i), \end{aligned}$$

avec :

$$\begin{aligned} P_N^{(1)}(\mathbf{r}, \mathbf{p}) &= \frac{1}{h^3 Q(V,T)} \exp\left\{-\beta\left[\frac{p^2}{2m} + u(\mathbf{r})\right]\right\}, \\ \text{et} \quad Q(V,T) &= \frac{1}{h^3} \iint_6 \exp\left\{-\beta\left[\frac{p^2}{2m} + u(\mathbf{r})\right]\right\} d\mathbf{r}d\mathbf{p}. \end{aligned}$$

Evaluons tout d'abord la fonction de partition d'ordre un, $Q(V,T)$, en séparant les intégrales sur les coordonnées et sur les moments comme suit :

$$Q(V,T) = \frac{1}{h^3} \iiint \exp\left\{-\beta\frac{p^2}{2m}\right\} d\mathbf{p} \times \iiint \exp\left\{-\beta u(\mathbf{r})\right\} d\mathbf{r},$$

où l'intégrale sur les moments (Rel. 3.4) et l'intégrale sur les coordonnées (Rel. 3.3) valent respectivement :

$$\iiint \exp\left\{-\beta\frac{p^2}{2m}\right\} d\mathbf{p} = \left(\sqrt{\frac{2\pi m}{\beta}}\right)^3, \tag{3.59}$$

$$\text{et} \quad \iiint \exp\left\{-\beta u(\mathbf{r})\right\} d\mathbf{r} = Z\,. \tag{3.60}$$

L'expression de la fonction de partition d'ordre un est donc :

$$Q(V,T) = Z\left(\sqrt{\frac{2\pi m}{\beta h^2}}\right)^3, \tag{3.61}$$

comme on pouvait s'y attendre en considérant la relation (3.5).

Montrons à présent que la densité de probabilité d'ordre un, $P_N^{(1)}(\mathbf{r},\mathbf{p})$, permet de définir la *distribution de Maxwell* lorsque l'intégration est effectuée sur les coordonnées, soit :

$$P_N^{(1)}(\mathbf{p}) = \iiint P_N^{(1)}(\mathbf{r},\mathbf{p})d\mathbf{r} = \frac{1}{h^3Q(V,T)}\iiint \exp\left\{-\beta\left[\frac{p^2}{2m}+u(\mathbf{r})\right]\right\}d\mathbf{r}, \qquad (3.62)$$

ou bien la *distribution de Boltzmann* lorsque l'intégration est effectuée sur les moments, soit :

$$P_N^{(1)}(\mathbf{r}) = \iiint P_N^{(1)}(\mathbf{r},\mathbf{p})d\mathbf{p} = \frac{1}{h^3Q(V,T)}\iiint \exp\left\{-\beta\left[\frac{p^2}{2m}+u(\mathbf{r})\right]\right\}d\mathbf{p}. \qquad (3.63)$$

3.5.2 Distribution de Maxwell

Examinons tout d'abord la distribution de Maxwell. Pour cela, calculons la probabilité de trouver la valeur absolue de l'impulsion d'une particule donnée entre p et $p+dp$. Cette probabilité élémentaire a pour expression $P_N^{(1)}(\mathbf{p})d\mathbf{p}$, où l'élément de volume de l'espace des moments est $d\mathbf{p} = 4\pi p^2 dp$ c'est-à-dire la couronne sphérique contenant les points dont les composantes p_x, p_y et p_z vérifient l'inégalité :

$$p < \sqrt{p_x^2+p_y^2+p_z^2} < p+dp.$$

La probabilité élémentaire en question est donc :

$$\begin{aligned}
P_N^{(1)}(\mathbf{p})d\mathbf{p} &= \frac{1}{h^3Q(V,T)}\left\{\iiint \exp\left\{-\beta\left[\frac{p^2}{2m}+u(\mathbf{r})\right]\right\}d\mathbf{r}\right\}4\pi p^2dp,\\
P_N^{(1)}(\mathbf{p})d\mathbf{p} &= \frac{1}{h^3Q(V,T)}\left\{\iiint \exp\left[-\beta u(\mathbf{r})\right]d\mathbf{r}\right\}4\pi p^2\exp\left(-\beta\frac{p^2}{2m}\right)dp.
\end{aligned}$$

Utilisons les relations (3.60) et (3.61) pour évaluer l'intégrale sur $\mathbf{r}$ et simplifier la relation précédente comme suit :

$$\begin{aligned}
P_N^{(1)}(\mathbf{p})d\mathbf{p} &= \frac{Z}{h^3Z\left(\sqrt{\frac{2\pi m}{\beta h^2}}\right)^3}4\pi p^2\exp\left(-\beta\frac{p^2}{2m}\right)dp,\\
\text{soit}\quad P_N^{(1)}(\mathbf{p})d\mathbf{p} &= 4\pi\left(\frac{\beta}{2\pi m}\right)^{3/2}p^2\exp\left(-\beta\frac{p^2}{2m}\right)dp. \qquad (3.64)
\end{aligned}$$

Cette expression fournit la probabilité de trouver la valeur absolue de l'impulsion entre p et $p+dp$, mais elle permet également de déterminer la probabilité d'obtenir la valeur absolue de la vitesse d'une particule donnée entre v et $v+dv$. Pour obtenir une forme explicite de la fonction de distribution des vitesses, effectuons le changement de variables $p = mv$ dans la relation (3.64). Le résultat de cette probabilité, noté $f(v)dv$, devient :

$$f(v)dv = 4\pi\left(\frac{\beta}{2\pi m}\right)^{3/2}(mv)^2\exp\left[-\beta\frac{(mv)^2}{2m}\right]d(mv),$$

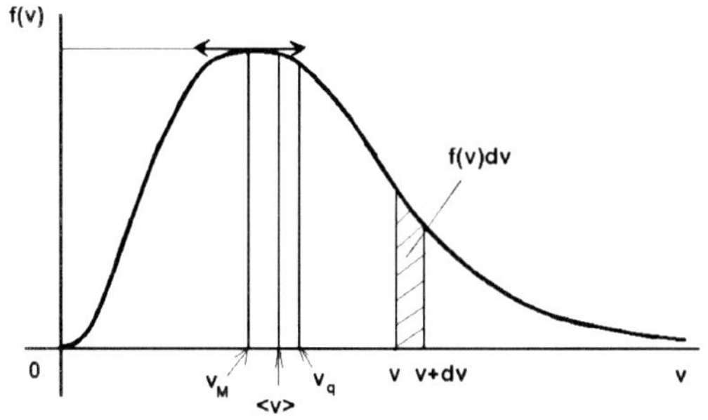

FIG. 3.8 – Courbe représentative de la fonction de distribution des vitesses de Maxwell.

soit :

$$f(v)dv = 4\pi\left(\frac{\beta m}{2\pi}\right)^{3/2} v^2 \exp\left[-\beta\frac{mv^2}{2}\right] dv. \tag{3.65}$$

La fonction $f(v)$ est la *fonction de distribution des vitesses de Maxwell.* C'est elle qui permet de calculer la probabilité d'avoir la valeur absolue de la vitesse d'une particule dans un intervalle donné. La courbe représentative de $f(v)$, qui passe par l'origine, croît d'abord lorsque la vitesse augmente, en atteignant la valeur maximale pour $v_M = \sqrt{\frac{2}{\beta m}}$, et décroît ensuite jusqu'à zéro quand la vitesse tend vers l'infini (Fig. 3.8). La valeur v_M correspondant au maximum de la courbe est la vitesse la plus probable.

Il faut noter que la vitesse la plus probable v_M ne doit pas être confondue avec la vitesse moyenne qui est égale à :

$$\langle v\rangle = \int_0^\infty v f(v)dv = 4\pi\left(\frac{\beta m}{2\pi}\right)^{3/2}\int_0^\infty v^3 \exp\left(-\beta\frac{mv^2}{2}\right) dv.$$

Le calcul de cette intégrale est grandement facilité si l'on remarque que l'intégrale générale :

$$I_n(a) = \int_0^\infty v^n \exp\left(-av^2\right) dv, \tag{3.66}$$

a pour résultat[12] :

$$\begin{aligned} I_n(a) &= \frac{1.3.5.\ \ (n-1)}{(2a)^{n/2}}\frac{1}{2}\left(\frac{\pi}{a}\right)^{1/2} && \text{si } n = 2, 4, 6... \\ I_n(a) &= \frac{2.4.6.\ \ (n-1)}{(2a)^{(n+1)/2}} && \text{si } n = 3, 5, 7... \end{aligned}$$

[12]On obtient ces formules de récurrence en considérant les deux identités suivantes (cf. note 2 du chapitre 1) :

$$\begin{aligned} I_0(a) &= \int_0^{+\infty} \exp(-av^2)dv = \sqrt{\frac{\pi}{4a}}, \\ \text{et} \quad I_1(a) &= \int_0^{+\infty} v\exp(-av^2)dv = \frac{1}{2a}, \end{aligned}$$

puis en calculant les dérivées successives de ces identités par rapport à a.

En utilisant le résultat de cette intégrale pour $n = 3$ et $a = \frac{\beta m}{2}$, on trouve $I_3(\frac{\beta m}{2}) = \frac{2}{(\beta m)^2}$, et la vitesse moyenne s'écrit :

$$\langle v \rangle = 4\pi \left(\frac{\beta m}{2\pi}\right)^{3/2} \frac{2}{(\beta m)^2} = \left(\frac{8}{\pi \beta m}\right)^{1/2}.$$

Quant à la vitesse quadratique moyenne $v_q = \sqrt{\langle v^2 \rangle}$, elle s'obtient avec la formule standard :

$$\langle v^2 \rangle = \int_0^\infty v^2 f(v) dv = 4\pi \left(\frac{\beta m}{2\pi}\right)^{3/2} \int_0^\infty v^4 \exp\left(-\beta \frac{mv^2}{2}\right) dv.$$

Le résultat de la relation (3.66), pour $n = 4$ et $a = \frac{\beta m}{2}$, étant $I_4(\frac{\beta m}{2}) = \frac{3}{(\beta m)^2} \frac{1}{2} \left(\frac{2\pi}{\beta m}\right)^{1/2}$, il s'ensuit que la vitesse quadratique moyenne vaut :

$$\langle v^2 \rangle = 4\pi \left(\frac{\beta m}{2\pi}\right)^{3/2} \frac{3}{2(\beta m)^2} \left(\frac{2\pi}{\beta m}\right)^{1/2} = \frac{3}{\beta m}.$$

Cette formule permet de déterminer la valeur moyenne de l'énergie cinétique d'une particule monoatomique (à 3 degrés de liberté), soit $\langle E_c \rangle = \frac{1}{2} m \langle v^2 \rangle = \frac{3}{2} k_B T$. Elle permet également de calculer le carré de la fluctuation de la vitesse :

$$\begin{aligned} \langle (v - \langle v \rangle)^2 \rangle &= \langle v^2 \rangle - \langle v \rangle^2 = \frac{3}{\beta m} - \frac{8}{\pi \beta m} \\ \langle (v - \langle v \rangle)^2 \rangle &= \frac{1}{\beta m} \left(3 - \frac{8}{\pi}\right). \end{aligned}$$

Remarquons encore que, pour un gaz parfait, la vitesse quadratique moyenne $\langle v^2 \rangle$ est liée à la vitesse du son v_s. En effet, comme l'a montré Laplace, la vitesse du son dans un fluide est fonction de la compressibilité adiabatique χ_S et non pas de la compressibilité isotherme χ_T. La raison en est que les variations locales de pression produites par les ondes longitudinales se propagent dans le milieu trop rapidement pour que puissent être observés les transferts de chaleur. La formule classique de Laplace donnant la vitesse du son est :

$$v_s^2 = \frac{c_p}{c_V} \frac{1}{m} \frac{V}{N} \frac{1}{\chi_T}. \tag{3.67}$$

Mais, pour un gaz parfait, la compressibilité isotherme est égale à l'inverse de la pression, car :

$$\chi_T = -\frac{1}{V} \left(\frac{\partial V}{\partial p}\right)_T = -\frac{1}{V} \frac{\partial}{\partial p} \left(\frac{N k_B T}{p}\right)_T = \frac{1}{p},$$

de sorte qu'après substitution de la compressibilité isotherme dans la relation (3.67), on peut écrire v_s^2 sous la forme suivante :

$$v_s^2 = \frac{c_p}{c_V} \frac{1}{\beta m} = \gamma \frac{\langle v^2 \rangle}{3}.$$

Etant donné que le rapport des chaleurs spécifiques $\gamma = \frac{c_p}{c_V}$ d'un gaz parfait monoatomique vaut $5/3$, il s'ensuit que la vitesse quadratique moyenne est du même ordre de grandeur que la vitesse du son.

3.5.3 Distribution de Boltzmann

Recherchons à présent la forme de la distribution de Boltzmann. Pour cela, calculons la probabilité de trouver une particule dans une position donnée, au moyen de la relation (3.63). La probabilité élémentaire de trouver une particule dans un volume donné $d\mathbf{r}$ de l'espace des configurations est naturellement $P_N^{(1)}(\mathbf{r})d\mathbf{r}$. Mais elle est aussi égale au rapport du nombre de particules dN, contenues dans l'élément de volume $d\mathbf{r}$, sur le nombre total N de particules. Par conséquent, en identifiant ces deux formulations de la probabilité et en s'aidant de la relation (3.63), on obtient :

$$\begin{aligned}\frac{dN}{N} &= P_N^{(1)}(\mathbf{r})d\mathbf{r} = \frac{1}{h^3 Q(V,T)}\left\{\iiint \exp\left\{-\beta\left[\frac{p^2}{2m}+u(\mathbf{r})\right]\right\}d\mathbf{p}\right\}\mathbf{dr},\\ \frac{dN}{N} &= \frac{1}{h^3 Q(V,T)}\left\{\iiint \exp\left(-\beta\frac{p^2}{2m}\right)d\mathbf{p}\right\}\exp\left[-\beta u(\mathbf{r})\right]\mathbf{dr}.\end{aligned}$$

Utilisons ensuite la relation (3.59) pour évaluer l'intégrale sur $\mathbf{p}$ et la relation (3.61) pour simplifier la relation précédente. A l'issue des transformations, la relation précédente s'écrit :

$$\frac{dN}{N} = \frac{1}{h^3 Z\left(\sqrt{\frac{2\pi m}{\beta h^2}}\right)^3}\left(\sqrt{\frac{2\pi m}{\beta}}\right)^3 \exp\left[-\beta u(\mathbf{r})\right]\mathbf{dr},$$

soit :

$$n(\mathbf{r}) = \frac{dN}{d\mathbf{r}} = N\frac{\exp\left[-\beta u(\mathbf{r})\right]}{\displaystyle\iiint \exp\left\{-\beta u(\mathbf{r})\right\}d\mathbf{r}}. \tag{3.68}$$

La fonction $n(\mathbf{r}) = \frac{dN}{d\mathbf{r}}$ est la *fonction de distribution de Boltzmann.* Elle permet de connaître le nombre de particules qui se trouvent dans un élément de volume donné. C'est une formule très importante de la physique classique, utilisée chaque fois que l'énergie potentielle d'un système est égale à la somme des énergies des particules individuelles.

Comme application directe de la distribution de Boltzmann, considérons un gaz parfait soumis au champ de pesanteur. Si l'on suppose que l'axe z coïncide avec la verticale ascendante, l'élément de volume $d\mathbf{r} = Sdz$ à considérer est une tranche de section S et d'épaisseur dz. L'énergie potentielle agissant sur chaque particule est :

$$u(z) = mgz,$$

et le nombre de particules dN contenues dans le volume Sdz est donné par la relation (3.68). Par conséquent, la probabilité de trouver une particule en z est :

$$\frac{dN}{Sdz} = \frac{N}{S}\frac{\exp\left(-\beta mgz\right)}{\int_0^\infty \exp\left(-\beta mgz\right)dz} = \frac{N}{S}\frac{mg}{k_BT}\exp\left(-\frac{mgz}{k_BT}\right).$$

Si la concentration de particules à l'altitude $z = 0$ est $n_0 = \frac{N}{S}\frac{mg}{k_BT}$, la concentration à l'altitude z a pour expression :

$$n(z) = n_0 \exp\left(-\frac{mgz}{k_BT}\right). \tag{3.69}$$

C'est la *formule barométrique* que l'on rencontre habituellement en statique des fluides.

3.6 Les gaz ionisés

3.6.1 Définition du champ moyen

Un gaz ionisé est un gaz composé d'anions et de cations, ou d'ions et d'électrons, tel qu'à l'équilibre il soit électriquement neutre. Or, les particules chargées constituant le gaz ionisé interagissent au moyen d'un potentiel coulombien, ce qui rend inapplicable la méthode des fonctions de partition sous la forme qui a été exposée dans les paragraphes précédents. En effet, le potentiel coulombien est un potentiel à longue distance variant en r^{-1} et occasionnant une divergence des intégrales de clusters qui entrent dans le calcul de la fonction de partition. Par conséquent, une méthode spécifique doit être mise en oeuvre pour calculer directement l'énergie libre des gaz ionisés.

Cette méthode a été appliquée par Debye et Hückel[13] au traitement des électrolytes qui sont des spécimens typiques de gaz ionisés. Elle a également été utilisée par Thomas et Fermi[14], dans le formalisme quantique, pour étudier le gaz d'électrons dégénéré inhomogène et par Mott[15] pour traiter le problème de l'écrantage électronique d'une impureté dans le métal.

Avant de présenter la méthode, rappelons tout d'abord que l'énergie libre d'un système de particules non chargées est :

$$F_0 = -k_B T \ln Q_N(V,T) = -k_B T \ln \left[\frac{1}{N!\Lambda^{3N}} \iint_{3N} \exp\left[-\beta U_0(\mathbf{r}^N)\right] d\mathbf{r}^N \right],$$

où $U_0(\mathbf{r}^N)$ est l'énergie potentielle du système décomposable en une somme de potentiels de paires sous la forme :

$$U_0(\mathbf{r}^N) = \sum_{i=1}^{N-1} \sum_{j>i}^{N} u(r_{ij}).$$

Si le système est composé de particules chargées portant des charges q_i, il faut ajouter à $U_0(\mathbf{r}^N)$ toutes les interactions coulombiennes, de sorte que l'énergie potentielle du système est :

$$U(\mathbf{r}^N) = \sum_i \sum_{j>i} u(r_{ij}) + \sum_i \sum_{j>i} \frac{q_i q_j}{\varepsilon \left|\mathbf{r}_{ij}\right|}.$$

Notons que le potentiel de paire $u(r)$ présente une très forte répulsion à courte distance - pouvant être assimilée à un potentiel de sphère dure - et une faible attraction à longue distance - due aux forces de dispersion (§ 4.2.4). A longue distance, ce potentiel attractif, variant en r^{-6}, peut être négligé par rapport au potentiel attractif de Coulomb qui s'exerce entre deux charges de signes opposés et qui varie en r^{-1}.

---

[13] P. Debye and E. Hückel, Phys. Z., **24**, 185 (1923).

[14] L. H. Thomas, Proc. Camb. Phil. Soc. **23**, 542 (1927). E. Fermi, Zeits. fur Phys. **48**, 73 (1928).

[15] N. F. Mott, Proc. Camb. Phil. Soc. **32**, 281 (1936). N. F. Mott and H. Jones, *The Theory of the Properties of Metals and Alloys*, Dover Publ., New York (1958), p. 86.

L'expression de l'énergie libre F d'un système de particules chargées s'écrit en fonction de l'énergie potentielle $U(\mathbf{r}^N)$ sous la forme :

$$F = -k_B T \ln \left\{ \frac{1}{N!\Lambda^{3N}} \iint_{3N} \exp\left[-\beta U_0(\mathbf{r}^N) - \beta \sum_i \sum_{j>i} \frac{q_i q_j}{\varepsilon |\mathbf{r}_{ij}|}\right] d\mathbf{r}^N \right\}. \tag{3.70}$$

Le caractère particulier du potentiel de Coulomb, qui détermine la configuration et le mouvement des charges mais qui en est également fonction, rend impossible le calcul de F avec la relation (3.70). Pour déterminer l'énergie libre F, on utilise un procédé qui consiste à remplacer le système réel par un système de charges indépendantes auxquelles serait appliqué un champ électrostatique extérieur produisant, à l'emplacement de chaque charge q_i, un champ identique à celui qui est produit réellement par toutes les autres charges. En admettant que l'on soit en mesure de créer un tel champ, l'énergie d'interaction électrostatique du système s'écrirait :

$$\sum_i \sum_{j>i} \frac{q_i q_j}{\varepsilon |\mathbf{r}_{ij}|} \quad \rightarrow \quad \sum_{i=1}^{N} q_i \Phi(\mathbf{r}_i),$$

où $\Phi(\mathbf{r}_i)$ est le potentiel électrostatique agissant sur la charge q_i, localisée en $\mathbf{r}_i$. L'énergie potentielle $q_i\Phi(\mathbf{r}_i)$ est un champ autocohérent qui détermine le mouvement de la charge q_i en même temps qu'il en dépend.

Avec cette nouvelle expression de l'énergie potentielle, l'énergie libre du système s'écrit donc :

$$F = -k_B T \ln \left\{ \frac{1}{N!\Lambda^{3N}} \iint_{3N} \exp\left[-\beta U_0(\mathbf{r}^N) - \beta \sum_{i=1}^{N} q_i \Phi(\mathbf{r}_i)\right] d\mathbf{r}^N \right\}. \tag{3.71}$$

A première vue, la relation (3.71) ne semble pas d'un emploi facile. Pourtant, en calculant la dérivée partielle de l'énergie libre par rapport à la charge q_i, localisée en $\mathbf{r}_i$, on trouve le moyen de calculer F et de justifier l'existence du potentiel électrostatique $\Phi(\mathbf{r}_i)$. Calculons donc la dérivée partielle de F par rapport à q_i, soit :

$$\frac{\partial F}{\partial q_i} = -k_B T \frac{\displaystyle\iint_{3N} [-\beta\Phi(\mathbf{r}_i)] \exp\left[-\beta U_0(\mathbf{r}^N) - \beta \sum_{i=1}^{N} q_i\Phi(\mathbf{r}_i)\right] d\mathbf{r}^N}{\displaystyle\iint_{3N} \exp\left[-\beta U_0(\mathbf{r}^N) - \beta \sum_{i=1}^{N} q_i\Phi(\mathbf{r}_i)\right] d\mathbf{r}^N} = \langle \Phi(\mathbf{r}_i) \rangle .$$

Puisque la dérivée partielle de l'énergie libre par rapport à la charge q_i n'est rien d'autre que la valeur moyenne $\langle\Phi(\mathbf{r}_i)\rangle$ du potentiel électrostatique sur le site $\mathbf{r}_i$, la différentielle totale de l'énergie libre, à T et V constants, est :

$$dF = \sum_{i=1}^{N} \frac{\partial F}{\partial q_i} dq_i = \sum_{i=1}^{N} \langle \Phi(\mathbf{r}_i) \rangle \, dq_i.$$

L'énergie libre du système correspond donc l'intégrale de la relation précédente sur q_i. Pour effectuer cette intégration, il est plus commode de procéder à l'intégration sur le *paramètre de charge* $\lambda \in [0,1]$, défini par la relation $dq_i = q_i d\lambda$. Ce paramètre permet de faire varier virtuellement la charge q_i de manière continue - de la valeur 0 (particules non chargées) à la valeur q_i (particules totalement chargées) - et d'écrire la différentielle totale de l'énergie libre sous la forme :

$$dF = \sum_{i=1}^{N} \langle \Phi(\mathbf{r}_i, \lambda) \rangle \, q_i d\lambda. \tag{3.72}$$

L'énergie libre F du système se détermine donc avec la relation suivante :

$$F = F_0 + \sum_{i=1}^{N} q_i \int_0^1 \langle \Phi(\mathbf{r}_i, \lambda) \rangle \, d\lambda, \tag{3.73}$$

où F_0 est l'énergie libre du système de particules non chargées ($\lambda = 0$) et où $\langle \Phi(\mathbf{r}_i, \lambda) \rangle$ est le *potentiel électrostatique moyen* agissant sur la particule i située en $\mathbf{r}_i$ lorsque toutes les particules ont la même charge individuelle λq_i.

Ainsi, le calcul de l'énergie libre du système est subordonné à celui du potentiel électrostatique moyen $\langle \Phi(\mathbf{r}_i, \lambda) \rangle$. Pour exposer brièvement la méthode de calcul du potentiel électrostatique $\Phi(\mathbf{r})$, supposons que le système soit constitué de n_{s0} particules d'espèce s, par unité de volume, portant la charge q_s. Le système devant être électriquement neutre, la charge totale positive est égale à la charge totale négative, c'est-à-dire :

$$\sum_s q_s n_{s0} = 0. \tag{3.74}$$

Or, chaque charge crée, dans son entourage, un potentiel électrostatique $\Phi(\mathbf{r})$ qui produit un nuage de charges, à symétrie sphérique mais non uniformément chargé. Si l'on désigne par $n_s(\mathbf{r})$ le nombre de charges d'espèce s, dans le volume $d\mathbf{r}$ à la position $\mathbf{r}$, il est naturel d'admettre que la répartition des charges s dans le potentiel électrostatique $\Phi(\mathbf{r})$ est fournie par la distribution de Boltzmann (Rel. 3.68) du fait que les charges sont indépendantes. La distribution des charges $n_s(\mathbf{r})$ s'écrit donc :

$$n_s(\mathbf{r}) = n_{s0} \exp\left[-\beta q_s \Phi(\mathbf{r})\right]. \tag{3.75}$$

La distribution de Boltzmann qui lie la densité locale de charges $n_s(\mathbf{r})$ au potentiel électrostatique $\Phi(\mathbf{r})$ ne permet pas, à elle seule, de résoudre le problème car les deux quantités $n_s(\mathbf{r})$ et $\Phi(\mathbf{r})$ sont inconnues. Il faut utiliser conjointement une seconde relation liant $n_s(\mathbf{r})$ à $\Phi(\mathbf{r})$. Cette relation est l'équation de Poisson :

$$\nabla^2 \Phi(\mathbf{r}) = -\frac{\sum_s q_s n_s(\mathbf{r})}{\varepsilon_0 \varepsilon}, \tag{3.76}$$

où $\varepsilon_0 \varepsilon$ est la constante diélectrique du milieu et où la sommation est faite sur toutes les charges. La distribution de Boltzmann et l'équation de Poisson forment ainsi un système d'équations que l'on résout généralement par une méthode autocohérente en prenant une fonction d'essai $\Phi(\mathbf{r})$ pour calculer $n_s(\mathbf{r})$, puis en reportant $n_s(\mathbf{r})$ dans l'équation de Poisson pour déterminer une nouvelle fonction $\Phi(\mathbf{r})$, et ainsi de suite jusqu'à l'obtention de fonctions stables. Mais dans certains cas, la résolution du système d'équations peut être effectuée analytiquement avec la théorie de Debye-Hückel, comme nous allons le voir dans le paragraphe suivant.

3.6.2 Théorie de Debye et Hückel

Considérons un électrolyte fort (où l'ionisation est totale), mais très dilué, dans lequel la densité d'ions de type s est n_{s0}. Si les ions étaient répartis au hasard, les probabilités de trouver un anion ou un cation au voisinage d'un ion donné seraient égales. En réalité, les ions ne sont pas répartis au hasard car, au voisinage d'un anion, il y a plus de chance de trouver un cation qu'un autre anion. Dans la théorie de Debye-Hückel, le problème est de calculer le potentiel électrostatique $\Phi(\mathbf{r})$ sur un ion situé en $\mathbf{r}$, résultant de l'action de tous les autres ions. Pour cela, considérons un ion i de type s, dont la charge ponctuelle $q_{s,i}$ est placée à un endroit pris comme origine. La distribution de charges autour de cet ion est donnée par la relation (3.75), le potentiel électrostatique produit au point $\mathbf{r}$ est donné par la relation (3.76) et la condition de neutralité du système est donnée par la relation (3.74). Or, en combinant les relations (3.75) et (3.76), on peut éliminer $n_s(\mathbf{r})$ et écrire :

$$\nabla^2\Phi(\mathbf{r}) = -\frac{1}{\varepsilon_0\varepsilon}\sum_s q_s n_{s0} \exp\left[-\beta q_s \Phi(\mathbf{r})\right].$$

Si l'on suppose, par ailleurs, que l'énergie d'interaction électrostatique $q_s\Phi(\mathbf{r})$ est faible devant l'énergie thermique $\beta^{-1} = k_BT$ (ce qui est vrai lorsque l'électrolyte est très dilué), on peut faire un développement limité de l'exponentielle au premier ordre, et écrire l'équation précédente sous la forme suivante :

$$\begin{aligned}
\nabla^2\Phi(\mathbf{r}) &= -\frac{1}{\varepsilon_0\varepsilon}\sum_s q_s n_{s0}\left[1 - \beta q_s \Phi(\mathbf{r})\right], \\
\nabla^2\Phi(\mathbf{r}) &= \frac{1}{\varepsilon_0\varepsilon}\beta\sum_s n_{s0} q_s^2 \Phi(\mathbf{r}).
\end{aligned}$$

La dernière égalité, qui constitue l'équation de Poisson-Boltzmann linéarisée, a été écrite en tenant compte de la condition de neutralité (Rel. 3.74). Dans la théorie initiale, Debye et Hückel considéraient que les ions sont des charges ponctuelles. Or, il s'est avéré plus réaliste de considérer les ions comme des particules sphériques rigides de rayon a, ne contenant pas de charge autre que la charge q_s concentrée au centre de la sphère. Comme les sphères de rayon a sont impénétrables, l'équation de Poisson-Boltzmann se scinde en deux équations aux dérivées partielles :

$$\begin{aligned}
\nabla^2\Phi(\mathbf{r}) &= 0 & \text{si} \quad & 0 < r < a, \\
\nabla^2\Phi(\mathbf{r}) &= \kappa_D^2\Phi(\mathbf{r}) & \text{si} \quad & r \geq a,
\end{aligned}$$

avec :

$$\kappa_D^2 = \frac{1}{\varepsilon_0\varepsilon k_BT}\sum_s n_{s0} q_s^2. \tag{3.77}$$

Le paramètre κ_D a été introduit pour alléger l'écriture. L'inverse du paramètre κ_D possède les dimensions d'une longueur et s'appelle *longueur de Debye*. La valeur de cette longueur est à peu près égale à l'épaisseur de l'atmosphère ionique au-delà de laquelle le potentiel électrostatique d'un ion n'a plus de valeur appréciable. Pour une solution électrolytique ayant une densité d'anions $n_{-0} = \frac{N_{-0}}{V}$ et une densité de cations $n_{+0} = \frac{N_{+0}}{V}$, le paramètre κ_D s'écrit explicitement

$$\kappa_D^2 = \frac{1}{\varepsilon_0\varepsilon k_BT}\left[n_{-0}q_-^2 + n_{+0}q_+^2\right].$$

Pour résoudre l'équation de Poisson-Boltzmann, la symétrie sphérique du système suggère d'utiliser le laplacien en coordonnées sphériques :

$$\nabla^2\Phi(\mathbf{r}) = \frac{1}{r^2}\frac{\partial}{\partial r}\left(r^2\frac{\partial\Phi}{\partial r}\right) + \frac{1}{r^2\sin\theta}\frac{\partial}{\partial\theta}\left(\sin\theta\frac{\partial\Phi}{\partial\theta}\right) + \frac{1}{r^2\sin^2\theta}\frac{\partial^2\Phi}{\partial\varphi^2},$$

dans lequel on ne conserve que la partie radiale. Du changement de variable $u = r\Phi$, on déduit :

$$\begin{aligned} \frac{d\Phi}{dr} &= -\frac{u}{r^2} + \frac{1}{r}\frac{du}{dr}, \\ \text{et} \qquad \frac{d}{dr}\left(r^2\frac{d\Phi}{dr}\right) &= r\,\frac{d^2u}{dr^2}, \end{aligned}$$

qui permet d'écrire la partie radiale du laplacien sous la forme :

$$\frac{1}{r^2}\frac{d}{dr}\left(r^2\frac{d\Phi}{dr}\right) = \frac{1}{r}\frac{d^2u}{dr^2}.$$

Il est alors facile de résoudre le système d'équations différentielles suivant :

$$\begin{aligned} \frac{1}{r^2}\frac{d}{dr}\left(r^2\frac{d\Phi}{dr}\right) &= \frac{1}{r}\frac{d^2u}{dr^2} = 0 & 0 < r < a, \\ \frac{1}{r^2}\frac{d}{dr}\left(r^2\frac{d\Phi}{dr}\right) &= \frac{1}{r}\frac{d^2u}{dr^2} = \kappa_D^2\frac{u}{r} & r \geq a, \end{aligned}$$

dont les solutions sont :

$$\begin{aligned} \Phi &= \frac{u}{r} = C_1 + \frac{C_2}{r} & 0 < r < a, \qquad (3.78) \\ \Phi &= \frac{u}{r} = \frac{C_3}{r}\exp(-\kappa_D r) + \frac{C_4}{r}\exp(\kappa_D r) & r \geq a, \end{aligned}$$

où C_1, C_2, C_3 et C_4 sont quatre constantes d'intégration qu'il faut déterminer avec les conditions aux limites. La valeur de la constante C_4 s'impose par le fait que le potentiel électrostatique Φ doit tendre vers zéro lorsque r tend vers l'infini. Ceci conduit à choisir $C_4 = 0$ pour éliminer l'exponentielle croissante. Pour évaluer la constante C_2, on a recours au théorème de Gauss $\iint \mathbf{E}.d\mathbf{S} = \frac{\sum q_s}{\varepsilon_0\varepsilon}$, en calculant le flux produit par la charge ponctuelle $q_{s,i}$ située au centre de l'ion à travers une petite sphère de rayon $r < a$. Comme $\mathbf{E} = -\mathbf{grad}\Phi$, le théorème de Gauss sous forme différentielle s'écrit :

$$-\frac{d\Phi}{dr}4\pi r^2 = \frac{q_{s,i}}{\varepsilon_0\varepsilon}.$$

En identifiant le champ électrostatique sur la sphère de rayon r, qui vaut $-\frac{d\Phi}{dr} = \frac{q_{s,i}}{\varepsilon_0\varepsilon}\frac{1}{4\pi r^2}$ à son expression tirée de la relation (3.78), $-\frac{d\Phi}{dr} = \frac{C_2}{r^2}$, on obtient immédiatement la constante d'intégration $C_2 = \frac{q_{s,i}}{4\pi\varepsilon_0\varepsilon}$. Pour déterminer les deux constantes restantes C_1 et C_3, écrivons les conditions de continuité du potentiel et de sa dérivée première en $r = a$, soit $\Phi_{in}(a) = \Phi_{ex}(a)$ et $\left.\frac{d\Phi_{in}}{dr}\right|_a = \left.\frac{d\Phi_{ex}}{dr}\right|_a$. On en déduit le système d'équations algébriques suivant :

$$\begin{aligned} C_1 + \frac{q_{s,i}}{4\pi\varepsilon_0\varepsilon a} &= \frac{C_3}{a}\exp(-\kappa_D a), \\ \frac{q_{s,i}}{4\pi\varepsilon_0\varepsilon a^2} &= \frac{\kappa_D C_3}{a}\exp(-\kappa_D a) + \frac{C_3}{a^2}\exp(-\kappa_D a), \end{aligned}$$

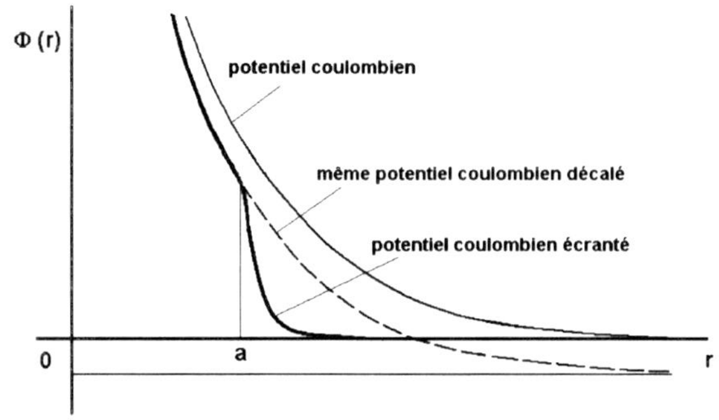

FIG. 3.9 – Représentation schématique du potentiel électrostatique autour d'un ion, dont la charge est concentrée au centre de la sphère ionique de rayon a.

d'où l'on tire les deux constantes d'intégration C_3 et C_1 :

$$\begin{aligned} C_3 &= \frac{q_{s,i}}{4\pi\varepsilon_0\varepsilon}\left[\frac{\exp(\kappa_D a)}{1+\kappa_D a}\right], \\ C_1 &= -\frac{q_{s,i}}{4\pi\varepsilon_0\varepsilon}\left(\frac{\kappa_D}{1+\kappa_D a}\right). \end{aligned} \tag{3.79}$$

Finalement la loi de variation du potentiel électrostatique à partir de l'ion origine i a pour expression :

$$\Phi(r) = \frac{q_{s,i}}{4\pi\varepsilon_0\varepsilon r} - \frac{q_{s,i}}{4\pi\varepsilon_0\varepsilon}\left(\frac{\kappa_D}{1+\kappa_D a}\right) \qquad 0 < r < a, \tag{3.80}$$

$$\Phi(r) = \frac{q_{s,i}}{4\pi\varepsilon_0\varepsilon}\left[\frac{\exp(\kappa_D a)}{1+\kappa_D a}\right]\frac{\exp(-\kappa_D r)}{r} \qquad r \geq a. \tag{3.81}$$

Il se trouve que le potentiel électrostatique dans la sphère de rayon a est un potentiel coulombien légèrement décalé vers le bas (Fig. 3.9), alors qu'au-delà de a c'est un potentiel coulombien écranté s'amortissant plus rapidement que le potentiel coulombien.

3.6.3 Grandeurs thermodynamiques et densité de charges ioniques

Pour calculer l'énergie libre de la solution électrolytique avec la relation (3.73), il faut tout d'abord déterminer l'expression du potentiel électrostatique moyen $\langle\Phi(\mathbf{r}_i, \lambda)\rangle$. Comme cela a été indiqué, c'est le potentiel électrostatique qui agit sur la particule située en $\mathbf{r}_i$ lorsque toutes les particules ont la même charge individuelle λq. Or, le potentiel $\langle\Phi(\mathbf{r}_i, \lambda)\rangle$ est relié au potentiel $\Phi(r)$ calculé avec la relation (3.80). En effet, la quantité :

$$\Phi(r) = \frac{q_{s,i}}{4\pi\varepsilon_0\varepsilon r} - \frac{q_{s,i}}{4\pi\varepsilon_0\varepsilon}\left(\frac{\kappa_D}{1+\kappa_D a}\right),$$

représente le potentiel électrostatique total produit en $\mathbf{r}$ par *toutes* les charges de la solution, incluant la charge i elle-même par sa contribution $\frac{q_{s,i}}{4\pi\varepsilon_0\varepsilon r}$. Mais le potentiel électrostatique moyen $\langle\Phi(\mathbf{r}_i, \lambda)\rangle$ est un potentiel constant qui ne doit pas contenir la contribution de la charge i. Par conséquent, l'expression du potentiel électrostatique moyen se réduit à :

$$\langle \Phi(\mathbf{r}_i, \lambda) \rangle = \Phi(r) - \frac{q_{s,i}}{4\pi\varepsilon_0\varepsilon r} = -\frac{q_{s,i}}{4\pi\varepsilon_0\varepsilon}\left[\frac{\kappa_D(\lambda)}{1+\kappa_D(\lambda)a}\right].$$

Pour calculer l'intégrale de la relation (3.73), il reste encore à écrire explicitement $\langle \Phi(\mathbf{r}_i, \lambda) \rangle$ en fonction du paramètre de charge λ, en remplaçant q_s par λq_s et en transformant $\kappa_D(\lambda)$ comme suit :

$$\kappa_D^2(\lambda) = \frac{1}{\varepsilon_0\varepsilon k_B T}\sum_s n_{s0}\lambda^2 q_s^2 = \lambda^2\kappa_D^2.$$

Le potentiel électrostatique moyen $\langle \Phi(\mathbf{r}_i, \lambda) \rangle$ se présente donc sous la forme analytique suivante :

$$\langle \Phi(\mathbf{r}_i, \lambda) \rangle = -\frac{q_{s,i}}{4\pi\varepsilon_0\varepsilon}\left[\frac{\lambda^2\kappa_D}{1+\lambda\kappa_D a}\right]. \tag{3.82}$$

En substituant l'expression du potentiel électrostatique moyen dans la relation (3.73), on peut alors calculer l'énergie libre de la solution électrolytique comme suit :

$$F = F_0 - \sum_{i=1}^{N}\frac{q_{s,i}^2\kappa_D}{4\pi\varepsilon_0\varepsilon}\int_0^1 \frac{\lambda^2}{1+\lambda\kappa_D a}d\lambda. \tag{3.83}$$

Or, il est possible de simplifier la relation précédente après avoir effectué l'intégration[16] sur λ, et après avoir transformé la somme discrète $\sum_{i=1}^{N} q_{s,i}^2$ sur les charges individuelles en une somme discrète sur le type de charges, c'est-à-dire en fonction du paramètre κ_D (Rel. 3.77), soit :

$$\begin{aligned}\sum_{i=1}^{N} q_{s,i}^2 &= \sum_s N_{s0}q_s^2 = V\sum_s n_{s0}q_s^2,\\ \sum_{i=1}^{N} q_{s,i}^2 &= V\varepsilon_0\varepsilon k_B T\kappa_D^2.\end{aligned}$$

Lorsque ces diverses transformations sont réalisées, on obtient la contribution électrostatique de l'énergie libre par unité de volume :

$$F = F_0 - \frac{1}{\kappa_D^3 a^3}\left[\ln(1+\kappa_D a) - \kappa_D a + \frac{1}{2}\kappa_D^2 a^2\right]\frac{V k_B T\kappa_D^3}{4\pi},$$

soit :

$$\beta\left(\frac{F-F_0}{V}\right) = -\frac{1}{4\pi a^3}\left[\ln(1+\kappa_D a) - \kappa_D a + \frac{1}{2}\kappa_D^2 a^2\right]. \tag{3.84}$$

La connaissance de l'énergie libre permet ensuite de calculer les autres grandeurs thermodynamiques. Au lieu d'effectuer ces calculs que l'on trouvera dans le livre de McQuarrie[17], déterminons plutôt la répartition des charges ioniques autour d'un ion dans

[16] Le résultat de l'intégrale sur λ est :

$$\int_0^1 \frac{\lambda^2}{1+\lambda\kappa_D a}d\lambda = \frac{1}{\kappa_D^3 a^3}\left[\ln(1+\kappa_D a) - \kappa_D a + \frac{1}{2}\kappa_D^2 a^2\right].$$

[17] D. A. McQuarrie, *Statistical Mechanics*, Harper and Row, New York (1976), p. 336.

une solution électrolytique diluée. On sait déjà que la charge d'un ion est concentrée au centre de la sphère de rayon a et que la densité de charge est nulle dans la sphère. En revanche, on peut calculer la densité de charge $\rho(\mathbf{r})$ à l'extérieur de la sphère de rayon a en utilisant la relation (3.75), soit :

$$\rho(r) = \sum_s q_s n_s(r) = \sum_s q_s n_{s0} \exp\left[-\beta q_s \Phi(r)\right].$$

Comme précédemment, linéarisons la relation en prenant le développement limité de l'exponentielle, ce qui donne :

$$\rho(r) = \sum_s q_s n_{s0} - \sum_s q_s n_{s0} \beta q_s \Phi(r),$$

puis simplifions la relation précédente en utilisant la condition de neutralité du système (Rel. 3.74) et en considérant le potentiel électrostatique au-delà de $r = a$ (Rel. 3.81). On obtient :

$$\rho(r) = -\frac{q_{s,i}}{4\pi\varepsilon_0\varepsilon}\left[\frac{\exp(\kappa_D a)}{1+\kappa_D a}\right]\frac{\exp(-\kappa_D r)}{r}\sum_s \beta n_{s0} q_s^2 \qquad r \geq a.$$

Explicitons enfin le terme $\sum_s \beta n_{s0} q_s^2$ en fonction du paramètre κ_D au moyen de la relation (3.77). Il s'ensuit que :

$$\rho(r) = -\frac{q_{s,i}\kappa_D^2}{4\pi}\left[\frac{\exp(\kappa_D a)}{1+\kappa_D a}\right]\frac{\exp(-\kappa_D r)}{r} \qquad r \geq a. \tag{3.85}$$

Comme on pouvait le penser, la densité de charge $\rho(r)$ a un signe opposé à la charge centrale $q_{s,i}$.

La relation (3.85) permet de calculer la charge totale dans une couronne sphérique, localisée entre r et $r + dr$, en évaluant la quantité :

$$X(r) = \left|\rho(r) 4\pi r^2\right| = q_{s,i}\kappa_D^2\left[\frac{\exp(\kappa_D a)}{1+\kappa_D a}\right] r \exp(-\kappa_D r).$$

Cette fonction donne une indication précise sur la forme et sur l'étendue de l'atmosphère ionique qui entoure tout ion de la solution électrolytique. En calculant la dérivée de $X(r)$, on constate que la fonction passe par un maximum pour la valeur $r_{\max} = \frac{1}{\kappa_D}$ qui devient ainsi la région de l'atmosphère ionique la plus dense (Fig. 3.10). On peut noter également que le maximum de la courbe se déplace vers les grandes valeurs de r lorsque κ_D diminue, c'est-à-dire quand la solution devient de plus en plus diluée.

3.7 Le gaz d'électrons libres

3.7.1 Introduction

La dernière application proposée dans ce chapitre concerne le gaz d'électrons libres. Cette application qui peut sembler, à première vue, hors de propos dans cet ouvrage,

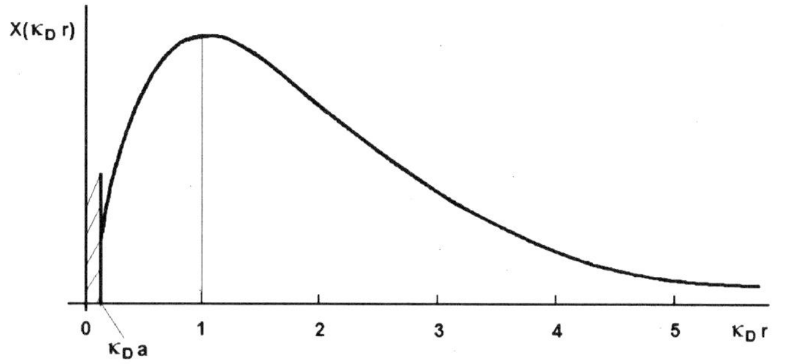

FIG. 3.10 – Distribution de la charge totale autour d'un ion pris comme origine.

présente en fait un double intérêt. Le premier est d'ordre pratique dans la mesure où le modèle des électrons libres est un des modèles de référence qui permet d'étudier des liquides métalliques. En effet, une substance métallique peut toujours être considérée comme un gaz d'électrons contenant des ions qui viennent perturber le nuage électronique. Quand on s'intéresse aux propriétés de transport électronique des métaux[18], on peut négliger l'influence des ions en première approximation et ne considérer que le gaz d'électrons. Le second intérêt est d'exposer très sommairement le développement logique des idées qui conduisent aux fondements des statistiques quantiques. Indiquons d'emblée que la formulation de base est énoncée ici sous une forme élémentaire convenant le mieux aux applications choisies.

En mécanique statistique classique, on a vu que l'état d'un système est parfaitement déterminé par la densité de probabilité qui dépend des coordonnées généralisées et des moments généralisés (§ 2.5). Par contre, en mécanique quantique, on ne peut pas connaître simultanément les coordonnées et les moments des particules en raison du principe d'incertitude d'Heisenberg. Il faut donc traiter le problème en calculant (1) la probabilité d'un état du système en termes de fonction d'onde et (2) la distribution de probabilité permettant de trouver une particule, dans le système, avec une énergie donnée.

Rappelons tout d'abord les résultats obtenus pour une particule astreinte à rester dans une boîte cubique de côté a. Admettons pour l'instant que la particule soit une particule quantique quelconque. Conformément aux résultats du chapitre 1, les fonctions d'onde (Rel. 1.36) et les niveaux d'énergie (Rel. 1.37) de la particule dans la boîte sont donnés par les relations :

$$\psi(x,y,z) = \sqrt{\frac{8}{a^3}}(\sin\frac{l\pi}{a}x)(\sin\frac{m\pi}{a}y)(\sin\frac{n\pi}{a}z), \tag{3.86}$$

et

$$E = \frac{\hbar^2\pi^2}{2\mu a^2}(l^2+m^2+n^2), \tag{3.87}$$

où les nombres quantiques l, m et n prennent des valeurs entières positives. Chaque triplet de nombre l, m et n détermine une fonction d'onde (état quantique) unique et une valeur

[18] N. W. Ashcroft and N. D. Mermin, *Solid States Physics*, Holt, Rinehart and Winston, New York (1976), p. 60. Il existe une traduction française de ce livre sous la référence : *Physique des solides*, EDP Sciences, Paris (2002).

unique de l'énergie. Puisque les nombres quantiques ne peuvent prendre que des valeurs entières, il s'ensuit que les états d'énergie sont discrets et que l'énergie de la particule est quantifiée. De plus, il résulte des relations (3.86) et (3.87) une dégénérescence des niveaux d'énergie qui se traduit généralement par la correspondance de nombreux états quantiques à chaque niveau d'énergie. On a d'ailleurs montré (Rel. 1.39) qu'aux grandes valeurs de E, les états quantiques associés à chaque niveau d'énergie sont si nombreux que l'on peut calculer le nombre d'états quantiques par intervalle unitaire d'énergie avec l'expression :

$$g(E) = \frac{dG}{dE} = \frac{a^3}{4\pi^2}\left(\frac{2\mu}{\hbar^2}\right)^{3/2} E^{1/2}. \tag{3.88}$$

Lorsque la particule quantique est un électron, on introduit habituellement le *vecteur d'onde* $\mathbf{k}$ défini par :

$$k^2 = \frac{\pi^2}{a^2}(l^2 + m^2 + n^2),$$

qui permet d'écrire les expressions de la fonction d'onde et de l'énergie d'un électron libre sous les formes compactes suivantes :

$$\psi(\mathbf{r}) = \frac{1}{\sqrt{V}} \exp(i\mathbf{kr}), \tag{3.89}$$

$$\epsilon = \frac{\hbar^2 k^2}{2m}. \tag{3.90}$$

A partir d'ici, la masse de la particule sera notée m et non μ pour ne pas la confondre avec le potentiel chimique.

Si à présent on place N électrons dans la boîte, ils exercent les uns sur les autres des répulsions coulombiennes très importantes, et l'hamiltonien du système est constitué de l'énergie cinétique et de l'énergie potentielle d'interaction. Or, dans le modèle des électrons libres, on ignore purement et simplement les interactions entre les électrons. Cette approximation qui, a priori, peut sembler illicite est justifiée par l'emploi d'un champ moyen. En effet, on admet que chaque électron est soumis à un champ électrostatique externe équivalent au champ créé par les électrons eux-mêmes. Comme par ailleurs le métal est constitué d'électrons libres et d'ions, la charge négative des électrons est en moyenne compensée par la charge positive des ions, de sorte que le champ électrostatique moyen total est quasiment nul. Ceci permet d'assimiler les électrons de conduction dans un métal à des particules indépendantes et d'écrire l'hamiltonien du système de N électrons comme la somme des énergies cinétiques individuelles, soit :

$$H_N(\mathbf{r}^N, \mathbf{p}^N) = \sum_{i=1}^{N} \epsilon_i.$$

3.7.2 Statistiques quantiques

Quand un système est constitué de particules indépendantes, ses propriétés sont directement rattachées à celles d'une particule unique. Ainsi, un ensemble de N particules indépendantes dans une boîte peut être caractérisé par le spectre d'énergie d'une seule particule et par les nombres moyens $\overline{n}_i$ de particules d'énergie ϵ_i, réparties dans les états quantiques g_i. Dans ce cas, le nombre total de particules N et l'énergie totale E sont :

$$N = \sum_i \overline{n}_i g_i, \tag{3.91}$$

$$E = \sum_i \overline{n}_i g_i \epsilon_i. \tag{3.92}$$

où les $\overline{n}_i$ sont des nombres non entiers[19]. Les relations qui lient les $\overline{n}_i$ aux ϵ_i constituent précisément les distributions quantiques.

Avant de déterminer les expressions de ces distributions, indiquons brièvement une conséquence importante du principe d'indiscernabilité des particules en mécanique quantique. Ce principe suppose que l'échange de deux particules identiques, par permutation de leur position, n'est physiquement pas observable. En d'autres termes, si l'état quantique d'un système de deux particules est représenté par la fonction d'onde $\psi(r_1, r_2)$ pour une certaine position des deux particules, leur permutation entraîne un simple changement de phase de la fonction d'onde, sans changement de l'état physique. Ceci se traduit par la formulation mathématique :

$$\psi(r_2, r_1) = \exp(i\alpha) \times \psi(r_1, r_2),$$

où α est une constante réelle. Or, une nouvelle permutation des positions des deux particules donne :

$$\psi(r_1, r_2) = \exp(i\alpha) \times \psi(r_2, r_1) = \exp(2i\alpha) \times \psi(r_1, r_2),$$

conduisant à la relation $\exp(2i\alpha) = 1$, soit $\exp(i\alpha) = \pm 1$, de sorte que l'on a :

$$\psi(r_2, r_1) = \pm\psi(r_1, r_2).$$

Il en résulte que la fonction d'onde peut être *symétrique* (sans changement de signe) ou *antisymétrique* (avec changement de signe). Le caractère symétrique ou antisymétrique de la fonction d'onde est lié à la nature des particules. Certaines particules, comme le photon, sont décrites par des fonctions d'onde symétriques et obéissent à la statistique de Bose-Einstein alors que d'autres particules, comme l'électron, sont décrites par des fonctions d'onde antisymétriques et obéissent à la statistique de Fermi-Dirac. Dans le premier cas (bosons), chaque état quantique peut être occupé par un *nombre illimité de particules* et, dans le second cas (fermions), chaque état quantique ne peut être occupé que par une *particule au maximum.*

Avant d'établir les distributions de Bose-Einstein et de Fermi-Dirac, considérons un système constitué d'un nombre de particules N constant dans des états tels que n_1 particules possèdent l'énergie ϵ_1 en occupant g_1 états quantiques, n_2 particules possèdent l'énergie ϵ_2 en occupant g_2 états quantiques,... n_i particules possèdent l'énergie ϵ_i en occupant g_i états quantiques, etc., conformément au schéma de la figure (Fig. 3.11). Il en

[19]Les $\overline{n}_i$ sont les nombres moyens définis, pour chaque niveau d'énergie ϵ_i, par le rapport du nombre de particules n_i au nombre d'états quantiques g_i.

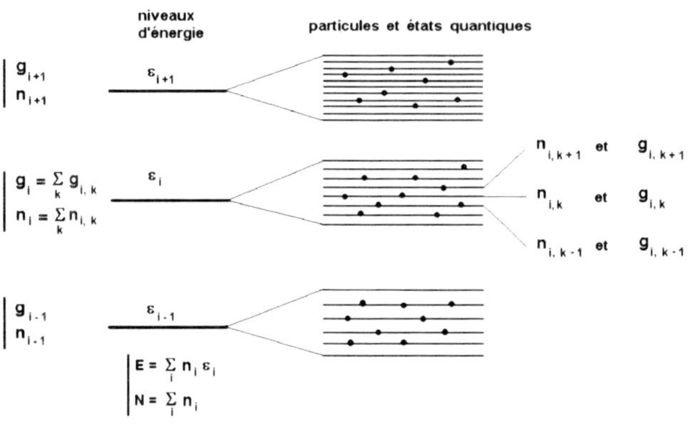

FIG. 3.11 – Diagramme représentatif des niveaux d'énergies ϵ, ainsi que du nombre d'états quantiques g et du nombre de particules n dans chaque état quantique. Les particules sont représentées par les points dans les états quantiques. Dans la statistique de Fermi-Dirac, chaque état quantique est occupé par 0 ou 1 particules. Dans la statistique de Bose-Einstein, chaque état quantique est occupé par un nombre illimité de particules.

résulte que le nombre total de particules et l'énergie totale du système sont :

$$N = \sum_i n_i, \tag{3.93}$$

$$E = \sum_i n_i \epsilon_i. \tag{3.94}$$

Il est évident que si les particules sont des bosons on a $n_i \gg g_i$ et si les particules sont des fermions on a $n_i \ll g_i$.

Cependant, le nombre de particules N du système peut être amené à varier. Dans ce cas, les niveaux d'énergie du système dépendent du nombre N de particules considérées. Si l'on note N_α le nombre variable de particules, à chaque valeur de N_α correspond une suite différente de niveaux d'énergie et les formules précédentes s'écrivent avec l'indice α :

$$N_\alpha = \sum_i n_{\alpha,i},$$

$$E_\alpha = \sum_i n_{\alpha,i} \epsilon_{\alpha,i}.$$

Puisque N_α est susceptible de varier, il semble naturel d'utiliser la densité de probabilité de l'ensemble grand canonique (Rel. 2.37) pour déterminer les distributions de Bose-Einstein et de Fermi-Dirac après y avoir incorporé les concepts de la mécanique quantique qui viennent d'être évoqués. Avec quelques transformations non triviales de la relation (2.37) sur lesquelles il est inutile de s'attarder, on peut exprimer la densité de probabilité en termes du nombre de particules N_α et de l'énergie E_α sous la forme :

$$P(N_\alpha, E_\alpha) = \frac{\exp(\beta\mu N_\alpha)\exp(-\beta E_\alpha)}{\sum_{N_\alpha}\sum_{E_\alpha}\exp(\beta\mu N_\alpha)\exp(-\beta E_\alpha)},$$

où le dénominateur correspond à la fonction de partition de l'ensemble grand canonique. Or, pour établir les distributions quantiques, une manière de faire est de considérer le cas particulier où le système est formé de n_j particules identiques ayant toutes la même énergie ϵ_j et occupant g_j états quantiques. Il en résulte que $N_\alpha = n_j$ et que $E_\alpha = n_j\epsilon_j$, ce qui simplifie considérablement les calculs sans pour autant en altérer les résultats. Dans ce cas particulier, la densité de probabilité s'écrit :

$$P(n_j, \epsilon_j) = \frac{\exp(\beta\mu n_j)\exp(-\beta n_j\epsilon_j)}{\sum_{n_j}\exp(\beta\mu n_j)\exp(-\beta n_j\epsilon_j)}. \tag{3.95}$$

La somme sur l'énergie a disparu car on ne s'intéresse qu'au niveau d'énergie ϵ_j.

Pour établir les distributions statistiques, c'est-à-dire les relations qui lient les nombres moyens de particules par niveau d'énergie $\overline{n}_j \left(= \frac{n_j}{g_j}\right)$ aux énergies ϵ_j, utilisons la relation (2.85) dans laquelle l'expression de la fonction de partition de l'ensemble grand canonique Ξ est donnée par le dénominateur de la relation (3.95). Il s'ensuit que :

$$\overline{n}_j = k_B T\left(\frac{\partial}{\partial\mu}\ln\Xi\right)_{V,T}, \tag{3.96}$$

avec :

$$\Xi = \sum_{n_j}\exp(\beta\mu n_j)\exp(-\beta n_j\epsilon_j) = \sum_{n_j}\exp\left[\beta n_j(\mu - \epsilon_j)\right].$$

Ce qui différencie la statistique de Fermi-Dirac de la statistique de Bose-Einstein réside dans les conditions imposées à la fonction de partition Ξ.

Pour la statistique de Bose-Einstein, dans laquelle le nombre de particules par état quantique est illimité (n_j = 0, 1, 2, 3,...), ceci se traduit par la forme suivante de la fonction de partition Ξ^{BE} :

$$\Xi^{BE} = 1 + \exp\left[\beta(\mu - \epsilon_j)\right] + \exp\left[2\beta(\mu - \epsilon_j)\right] + \exp\left[3\beta(\mu - \epsilon_j)\right] + ...,$$

soit :

$$\Xi^{BE} = \frac{1}{1 - \exp\left[\beta(\mu - \epsilon_j)\right]}.$$

Il est important de noter que la dernière égalité ne peut être écrite que si la série géométrique[20] de raison $\exp\left[\beta(\mu - \epsilon_j)\right]$ est convergente, c'est-à-dire si $(\mu - \epsilon_j) < 0$ pour toutes valeurs de ϵ_j. Par conséquent, dans la statistique de Bose-Einstein le potentiel chimique μ est toujours inférieur au niveau d'énergie ϵ_j.

Pour la statistique de Fermi-Dirac, le nombre de particules par état quantique est limité à un ($n_j = 0, 1$), de sorte que la fonction de partition est :

$$\Xi^{FD} = 1 + \exp\left[\beta(\mu - \epsilon_j)\right],$$

où le potentiel chimique μ est une quantité positive ou négative.

[20]La somme de la série géométrique suivante de $n+1$ termes est :

$$S = a + aq + aq^2 + ... + aq^n = a\frac{q^n - 1}{q - 1}.$$

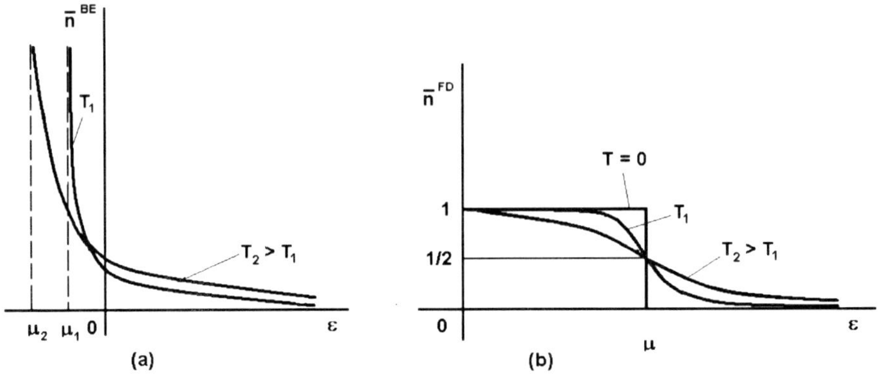

FIG. 3.12 – Distributions statistiques de Bose-Einstein (a) et de Fermi-Dirac (b) pour des températures différentes.

Quant au nombre moyen de particules par niveau d'énergie, $\overline{n}_j = \frac{n_j}{g_j}$, on l'obtient en utilisant la relation (3.96) conjointement avec la fonction de partition appropriée. Pour la statistique de Bose-Einstein, on trouve :

$$\overline{n}_j^{BE} = k_B T \left(\frac{\partial}{\partial \mu} \ln \Xi^{BE} \right)_{V,T} = k_B T \frac{\beta \left(-\exp\left[\beta(\mu - \epsilon_j) \right] \right)}{1 - \exp\left[\beta(\mu - \epsilon_j) \right]},$$

soit :

$$\overline{n}_j^{BE} = \frac{n_j}{g_j} = \frac{1}{\exp\left[\beta(\epsilon_j - \mu) \right] - 1}, \tag{3.97}$$

et pour la statistique de Fermi-Dirac, on a :

$$\overline{n}_j^{FD} = k_B T \left(\frac{\partial}{\partial \mu} \ln \Xi^{FD} \right)_{V,T} = k_B T \frac{\beta \left(\exp\left[\beta(\mu - \epsilon_j) \right] \right)}{1 + \exp\left[\beta(\mu - \epsilon_j) \right]},$$

soit :

$$\overline{n}_j^{FD} = \frac{n_j}{g_j} = \frac{1}{\exp\left[\beta(\epsilon_j - \mu) \right] + 1}. \tag{3.98}$$

Les relations (3.97) et (3.98) constituent les deux distributions quantiques. L'une et l'autre s'appliquent à des particules quantiques différentes. Par exemple, c'est la statistique de Fermi-Dirac qui est utilisée pour étudier le gaz d'électrons libres. Les représentations $\overline{n}^{BE}(\epsilon)$ et $\overline{n}^{FD}(\epsilon)$ diffèrent considérablement l'une de l'autre, comme il est facile de s'en rendre compte par une étude de fonctions (Fig. 3.12). Elles dépendent aussi de manière assez importante de la température. Cependant, aux grandes énergies elles se confondent toutes les deux avec la distribution de Boltzmann $\{\overline{n}_j = \exp\left[-\beta(\epsilon_j - \mu) \right]\}$.

3.7.3 Energie du gaz d'électrons libres à 0 K

Pour obtenir la relation (3.98), on a supposé que le système est constitué de n_j particules identiques qui ont toutes la même énergie ϵ_j et occupent g_j états quantiques formant ainsi un spectre discret. Or, on a vu au paragraphe (1.2.3) que les états quantiques d'une particule dans une boîte de volume $V = a^3$ sont si serrés qu'ils forment un spectre continu. Le nombre d'états quantiques dG contenus dans l'intervalle $d\epsilon$ autour de ϵ est d'ailleurs donné par la relation (3.88) :

$$dG = g(\epsilon)d\epsilon = \frac{V}{4\pi^2}\left(\frac{2m}{\hbar^2}\right)^{3/2} \epsilon^{1/2}d\epsilon.$$

On passe facilement du spectre discret au spectre continu en remplaçant g_j par $dG = g(\epsilon)d\epsilon$, ce qui permet de calculer le nombre dn d'états quantiques dont l'énergie est comprise dans l'intervalle $d\epsilon$ autour de ϵ avec la relation (3.98), soit :

$$dn = \frac{g(\epsilon)d\epsilon}{\exp\left[\beta(\epsilon - \mu)\right] + 1}.$$

Cette formule permet également de calculer le nombre de particules N et l'énergie E du système définis par les relations (3.93) et (3.94), soit :

$$N = \int_0^N dn = 2\frac{V}{4\pi^2}\left(\frac{2m}{\hbar^2}\right)^{3/2} \int_0^\infty \frac{1}{\exp\left[\beta(\epsilon - \mu)\right] + 1}\epsilon^{1/2}d\epsilon, \tag{3.99}$$

$$E = \int_0^N \epsilon dn = 2\frac{V}{4\pi^2}\left(\frac{2m}{\hbar^2}\right)^{3/2} \int_0^\infty \frac{1}{\exp\left[\beta(\epsilon - \mu)\right] + 1}\epsilon^{3/2}d\epsilon. \tag{3.100}$$

Il est important de noter la présence du coefficient 2 dans les relations précédentes qui vient de ce que chaque état quantique peut être occupé par deux électrons de spins opposés. On notera aussi que ces intégrales sont difficiles à calculer dans le cas général, alors qu'à $T = 0$ K elles peuvent être obtenues aisément. En effet, dans ce cas, la première intégrale se réduit à $\int_0^\mu \epsilon^{1/2}d\epsilon = \frac{2}{3}\mu^{3/2}$ et la seconde à $\int_0^\mu \epsilon^{3/2}d\epsilon = \frac{2}{5}\mu^{5/2}$, car la distribution de Fermi-Dirac (Fig. 3.12b) vaut un en deçà de $\epsilon = \mu$ et zéro au-delà de $\epsilon = \mu$. Ainsi, à 0 K, la relation (3.99) s'écrit sous la forme suivante :

$$N = 2\frac{V}{4\pi^2}\left(\frac{2m}{\hbar^2}\right)^{3/2} \frac{2}{3}\mu^{3/2}. \tag{3.101}$$

Cette relation permet d'ailleurs de trouver le potentiel chimique μ dont l'expression est :

$$\mu = \left(\frac{3\pi^2 N}{V}\right)^{2/3}\left(\frac{\hbar^2}{2m}\right). \tag{3.102}$$

Le potentiel chimique μ correspond à la limite supérieure de l'énergie libre de Gibbs d'un électron dans le système. Si l'on choisit la représentation des états électroniques dans l'espace des $\mathbf{k}$ (Rel. 3.90), les états électroniques d'énergie maximale sont situés sur la surface de la sphère de Fermi de rayon k_F et le potentiel chimique coïncide avec l'énergie d'un électron sur la sphère de Fermi, puisque :

$$\mu = \frac{\hbar^2 k_F^2}{2m},$$

$$\text{avec} \quad k_F = \left(\frac{3\pi^2 N}{V}\right)^{1/3}. \tag{3.103}$$

De même, l'énergie E_0 du système à 0 K est fournie par la relation (3.100) sous la forme :

$$\begin{aligned} E_0 &= 2\frac{V}{4\pi^2}\left(\frac{2m}{\hbar^2}\right)^{3/2}\frac{2}{5}\mu^{5/2}, \quad (3.104)\\ \text{soit} \quad E_0 &= 2\frac{V}{4\pi^2}\left(\frac{2m}{\hbar^2}\right)^{3/2}\frac{2}{3}\mu^{3/2}\frac{3}{5}\mu. \end{aligned}$$

Or, en s'aidant de la relation (3.101), E_0 s'écrit encore :

$$E_0 = \frac{3}{5}N\mu = \frac{3}{5}N\left(\frac{3\pi^2 N}{V}\right)^{2/3}\left(\frac{\hbar^2}{2m}\right). \quad (3.105)$$

L'énergie $\frac{E_0}{N} = \frac{3}{5}\mu$ est l'énergie moyenne, par électron, du système à 0 K. On l'appelle *énergie de Fermi*. Elle peut indifféremment être représentée dans l'espace des $\mathbf{k}$ par l'expression $E_F = \frac{3}{5}\frac{\hbar^2 k_F^2}{2m}$ ou dans l'espace réel. Pour une représentation dans l'espace réel, il faut relier le nombre d'électrons N au rayon r_s de la sphère disponible pour un électron. Si le volume total du système est V, on obtient la relation évidente suivante entre V, N et r_s :

$$\frac{V}{N} = \frac{4}{3}\pi r_s^3,$$

et l'expression de l'énergie de Fermi tirée de la relation (3.105) se réduit à :

$$\begin{aligned} E_F &= \frac{E_0}{N} = \frac{3}{5}\left(\frac{3\pi^2 N}{V}\right)^{2/3}\left(\frac{\hbar^2}{2m}\right), \\ \text{soit} \quad E_F &= \frac{3}{10}\left(\frac{9\pi}{4}\right)^{2/3}\frac{\hbar^2}{m}\frac{1}{r_s^2}, \end{aligned}$$

où r_s s'exprime en mètre et E_F en Joule. Notons que dans le système d'unités atomiques[21] l'expression de l'énergie de Fermi s'écrit :

$$E_F\left[\frac{me^4}{2\hbar^2(4\pi\varepsilon_0)^2}\right] = \frac{3}{10}\left(\frac{9\pi}{4}\right)^{2/3}\frac{\hbar^2}{m}\frac{1}{r_s^2\left[\frac{4\pi\varepsilon_0\hbar^2}{me^2}\right]^2},$$

[21] Dans le système d'unités atomiques la longueur s'exprime en unité atomique (u.a.) et son facteur de conversion est :

$$1 \text{ u.a.} = \frac{\hbar^2}{me^2}4\pi\varepsilon_0 = 0,529.10^{-10} \text{ m}.$$

L'énergie s'exprime en rydberg (Ry) et son facteur de conversion est :

$$1 \text{ Ry} = \frac{me^4}{2\hbar^2}\frac{1}{(4\pi\varepsilon_0)^2} = 2,179.10^{-18} \text{ J},$$

avec :

$$\begin{aligned} \hbar &= 1,054.10^{-34} \text{ J.s}, \\ m &= 0,911.10^{-30} \text{ kg}, \\ e &= 1,602.10^{-19} \text{ C}, \\ \varepsilon_0 &= 8,854.10^{-12} \text{ J}^{-1}.\text{C}^2.\text{m}^{-1}. \end{aligned}$$

Le rydberg est l'énergie de l'état fondamental de l'atome du modèle de Bohr (1 Ry = 13,6 eV).

soit :

$$E_F = 2\frac{3}{10}\left(\frac{9\pi}{4}\right)^{2/3}\frac{1}{r_s^2} = \frac{2,21}{r_s^2},$$

où r_s s'exprime en u.a. et E_F en Ry.

Quant à la pression p et à la compressibilité isotherme χ_T du gaz d'électrons[22] à 0 K, elles s'obtiennent facilement à partir de la relation (3.105). Elles ont pour expressions :

$$p = \frac{\partial E_0}{\partial V} = \frac{2}{3}\left|\frac{E_0}{V}\right| = \frac{2}{5}\frac{N}{V}\mu, \qquad (3.106)$$

et :

$$\chi_T = -\frac{1}{V}\left(\frac{\partial V}{\partial p}\right)_T = -\frac{1}{V}\left[-\frac{9}{10}\frac{E_0}{V^2}\right],$$

$$\text{soit} \quad \chi_T = \frac{3}{2}\frac{V}{N\mu}. \qquad (3.107)$$

Profitons de ces résultats pour faire un commentaire d'ordre pratique en rappelant que le modèle des électrons libres est le modèle de référence d'ordre zéro d'un métal constitué d'ions noyés dans le gaz d'électrons (§ 3.7.1). Son succès réside dans la description des propriétés de transport électronique (résistivité, pouvoir thermoélectrique...) des métaux[23]. Il permet également de prédire certaines grandeurs thermodynamiques, mais pas toutes. A titre indicatif, considérons le gaz d'électrons libres d'un échantillon de cuivre à 0 K, où $\frac{N}{V} = 8,5.10^{28}$ m^{-3}. Avec $\hbar = 1,054.10^{-34}$ J.s et $m = 0,911.10^{-30}$ kg, on trouve que le potentiel chimique vaut $\mu = 1,13.10^{-18}$ J, soit 7,04 eV. Quant à la pression et à la compressibilité isotherme, elles valent respectivement $p = \frac{2}{5}\frac{N}{V}\mu = \frac{2}{5}\left(8,5.10^{28}\right)\left(1,13.10^{-18}\right) = 3,83.10^{10}$ Pa, soit $3,8.10^5$ atm, et $\chi_T = \frac{3}{2}\frac{V}{N\mu} = 1,5.10^{-11}$ Pa^{-1}. Ces résultats montrent que le modèle des électrons libres ne prédit pas toutes les propriétés thermodynamiques du métal puisque la valeur de la pression donnée par le modèle des électrons libres est beaucoup trop élevée. Cela résulte de l'absence des forces d'attraction électrostatique électron-ion qui s'opposent à l'expansion du gaz d'électrons. En revanche, la valeur de la compressibilité isotherme correspond à celle du métal. Ceci s'explique[24] par le fait que la compressibilité isotherme du métal contient trois contributions provenant respectivement des interactions entre les électrons (χ_T^{ee}), entre les ions (χ_T^{ii}) et des interactions électron-ion (χ_T^{ei}), soit :

$$\chi_T = |\chi_T^{ee}| + |\chi_T^{ii}| - |\chi_T^{ei}|$$

Or, par pure coïncidence, ces trois contributions possèdent à peu près les mêmes valeurs numériques de sorte qu'en négligeant la présence des ions, comme on le fait ici, la compressibilité du métal est prédite par la compressibilité isotherme du gaz d'électrons $\chi_T \simeq |\chi_T^{ee}|$. Anticipant sur la suite, mentionnons que la compressibilité isotherme du modèle de référence des sphères dures - qui considère les ions et néglige les électrons - prédit aussi la compressibilité du métal $\chi_T \simeq |\chi_T^{ii}|$.

[22]D. Bohm and T. Staver, Phys. Rev. **84**, 836 (1952).

[23]Pour l'évolution de la théorie des métaux et la comparaison des théories de Drude (1900), de Lorentz (1905) et de Sommerfeld (1928), consulter, par exemple, le livre de N. W. Ashcroft and N. D. Mermin, *Solid States Physics*, Holt, Rinehart and Winston, New York (1976), p. 30.

[24]P. Ascarelli, Phys. Rev. **173**, 271 (1968).

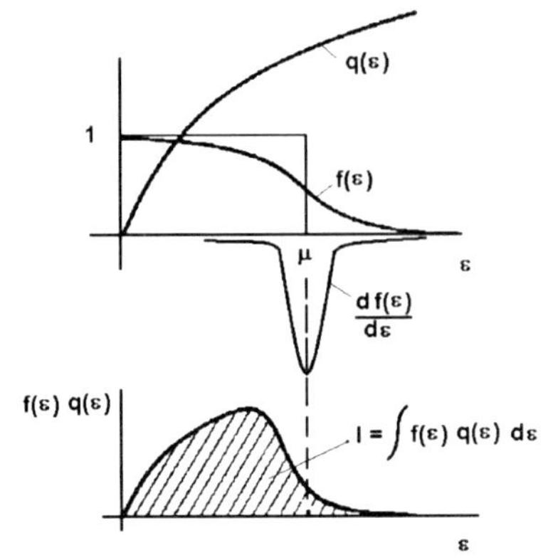

FIG. 3.13 – Représentation schématique des fonctions qui se trouvent dans l'intégrale de Fermi-Dirac.

3.7.4 Intégrale de Fermi-Dirac

Lorsque la température du gaz d'électrons est différente de zéro, les intégrales des relations (3.99) et (3.100) sont plus difficiles à calculer que dans le cas où $T = 0$. Pour évaluer ces intégrales de la forme :

$$I = \int_0^\infty f(\epsilon) q(\epsilon) d\epsilon,$$

où $f(\epsilon) = \frac{1}{\exp[\beta(\epsilon-\mu)]+1}$ et où $q(\epsilon)$ est une fonction qui tend vers zéro quand $\epsilon \to 0$ (Fig. 3.13), commençons par la transformer en effectuant l'intégration par parties suivante :

$$I = [f(\epsilon)Q(\epsilon)]_0^\infty - \int_0^\infty \frac{\partial f(\epsilon)}{\partial \epsilon} Q(\epsilon) d\epsilon, \tag{3.108}$$

où $Q(\epsilon) = \int_0^\epsilon q(\epsilon')d\epsilon'$. Or, compte tenu de l'allure des fonctions $f(\epsilon)$ et $Q(\epsilon)$, on voit que le terme entre crochets est nul et que les seules valeurs intéressantes de la fonction $\frac{\partial f(\epsilon)}{\partial \epsilon} Q(\epsilon)$ sont celles qui se trouvent à proximité[25] de $\epsilon = \mu$, c'est pourquoi on utilise le développement en série de Taylor de $Q(\epsilon)$ au voisinage de $\epsilon = \mu$, soit :

$$Q(\epsilon)|_{\epsilon=\mu} = Q(\mu) + (\epsilon - \mu) Q'(\mu) + \frac{1}{2}(\epsilon - \mu)^2 Q''(\mu) + ... + \frac{1}{n!}(\epsilon - \mu)^n Q^{(n)}(\mu). \tag{3.109}$$

Après substitution de cette expression dans la relation (3.108), on constate que le premier terme du développement se réduit à :

$$I_1 = -Q(\mu) \int_0^\infty \frac{\partial f(\epsilon)}{\partial \epsilon} d\epsilon \simeq Q(\mu) = \int_0^\mu q(\epsilon) d\epsilon. \tag{3.110}$$

[25]Lorsque la température n'est pas trop élevée, la fonction $\frac{\partial f(\epsilon)}{\partial \epsilon} = \frac{-\beta \exp[\beta(\epsilon-\mu)]}{\{\exp[\beta(\epsilon-\mu)]+1\}^2}$ peut être assimilée à la distribution de Dirac :

$$\frac{\partial f(\epsilon)}{\partial \epsilon} \simeq -\delta(\epsilon - \mu),$$

car $f(\epsilon)$ est presque une fonction échelon.

Pour calculer les intégrales des autres termes du développement, il faut utiliser la forme exacte de $\frac{\partial f(\epsilon)}{\partial \epsilon}$ et non pas la fonction de Dirac $-\delta(\epsilon - \mu)$. Commençons par effectuer le changement de variable $u = \beta(\epsilon - \mu)$ pour écrire le terme général comme suit :

$$\begin{aligned} I_n &= -\frac{1}{n!} Q^{(n)}(\mu) \int_0^\infty (\epsilon - \mu)^n \frac{\partial f(\epsilon)}{\partial \epsilon} d\epsilon, \\ \text{soit} \quad I_n &= -\frac{1}{n!} Q^{(n)}(\mu) \int_{-\beta u}^\infty \left(\frac{u}{\beta}\right)^n \left\{ \frac{-\beta \exp(u)}{[\exp(u) + 1]^2} \right\} \frac{du}{\beta}. \end{aligned}$$

Dans la mesure où la température n'est pas trop élevée, on peut remplacer la borne inférieure $-\beta u$ par $-\infty$, ce qui donne :

$$I_n = \frac{1}{n!} Q^{(n)}(\mu) \frac{1}{\beta^n} \int_{-\infty}^\infty u^n \left\{ \frac{\exp(u)}{[\exp(u) + 1]^2} \right\} du. \tag{3.111}$$

Puis transformons le terme entre les accolades en remarquant que c'est une fonction paire de u. En effet, on peut l'écrire :

$$\frac{\exp(u)}{[\exp(u) + 1]^2} = \frac{\exp(2u)\exp(-u)}{\exp(2u)[1 + \exp(-u)]^2} = \frac{\exp(-u)}{[\exp(-u) + 1]^2},$$

et puisque l'on a encore[26] :

$$\frac{\exp(-u)}{[\exp(-u) + 1]^2} = \exp(-u)[1 - 2\exp(-u) + 3\exp(-2u) + ...],$$

le terme en accolades se réduit à la somme suivante :

$$\frac{\exp(u)}{[\exp(u) + 1]^2} = -\sum_{p=1}^\infty (-1)^p p \exp(-pu).$$

Comme la fonction $\frac{\exp(u)}{[\exp(u)+1]^2}$ est paire, l'intégrant de la relation (3.111) est une fonction impaire lorsque n est impair et l'intégrale est nulle. Par contre, l'intégrant est une fonction paire lorsque n est pair. Par conséquent, il ne faut retenir que les intégrales $I_n = \frac{1}{n!} Q^{(n)}(\mu) J_n$ dans lesquelles n est paire, et où l'intégrale J_n est définie comme suit à l'aide des transformations précédentes :

$$J_n = \frac{1}{\beta^n} \int_{-\infty}^\infty u^n \left\{ \frac{\exp(u)}{[\exp(u) + 1]^2} \right\} du = -\frac{2}{\beta^n} \sum_{p=1}^\infty (-1)^p p \int_0^\infty u^n \exp(-pu) du.$$

Pour calculer l'intégrale J_n effectuons le changement de variables $X = pu$. L'intégrale J_n devient :

$$\begin{aligned} J_n &= -\frac{2}{\beta^n} \sum_{p=1}^\infty (-1)^p p \int_0^\infty \left(\frac{X}{p}\right)^n \exp(-X) \frac{dX}{p}, \\ \text{soit} \quad J_n &= -\frac{2}{\beta^n} \sum_{p=1}^\infty (-1)^p \frac{1}{p^n} \int_0^\infty X^n \exp(-X) dX, \end{aligned}$$

[26] La simplification du dénominateur s'opère en appliquant la formule du binôme :

$$(1 + X)^m = 1 + mX + \frac{m(m-1)}{2!} X^2 + ..., \qquad \text{avec } m = -2.$$

et se transforme encore sous la forme suivante[27] :

$$J_n = -\frac{2}{\beta^n} n! \sum_{p=1}^{\infty} (-1)^p \frac{1}{p^n}. \tag{3.112}$$

Par exemple, pour $n = 2$ et $n = 4$, les intégrales J_n valent[28] :

$$\begin{aligned} J_2 &= -\frac{2}{\beta^2} 2! \left(-\frac{\pi^2}{12} \right) = \frac{\pi^2}{6\beta^2} 2!, \\ J_4 &= -\frac{2}{\beta^4} 4! \left(-\frac{7\pi^4}{720} \right) = \frac{7\pi^4}{360\beta^4} 4!. \end{aligned}$$

En regroupant les résultats des relations (3.110) et (3.112), on aboutit au résultat approché de l'intégrale (Rel. 3.108) au quatrième ordre, soit :

$$I = \int_0^{\mu} q(\epsilon) d\epsilon + \frac{1}{2!} Q''(\mu) \left(\frac{\pi^2}{6\beta^2} 2! \right) + \frac{1}{4!} Q^{(4)}(\mu) \left(\frac{7\pi^4}{360\beta^4} 4! \right) + ...$$

En termes de la fonction initiale $q(\epsilon) = \frac{\partial Q(\epsilon)}{\partial \epsilon}$, l'expression de l'intégrale I à utiliser pour calculer le nombre de particules N et l'énergie E d'un gaz d'électrons libres, à température non nulle, est :

$$I = \int_0^{\infty} f(\epsilon) q(\epsilon) d\epsilon = \int_0^{\mu} q(\epsilon) d\epsilon + \frac{\pi^2}{6\beta^2} \left. \frac{\partial q(\epsilon)}{\partial \epsilon} \right|_{\mu} + \frac{7\pi^4}{360\beta^4} \left. \frac{\partial^3 q(\epsilon)}{\partial \epsilon^3} \right|_{\mu} + ... \tag{3.113}$$

3.7.5 Energie du gaz d'électrons libres à température non nulle

Disposant de la relation (3.113), il est possible de calculer l'expression de l'énergie totale d'un gaz d'électrons libres à toute température. La méthode est analogue à celle du paragraphe (3.7.3), mais les résultats ne sont qu'approximatifs, car il s'agit ici d'évaluer les intégrales qui se trouvent dans les relations (3.99) et (3.100) avec le développement de la relation (3.113).

Commençons par déterminer le potentiel chimique μ en utilisant la relation (3.99) conjointement avec la relation (3.113) où $q(\epsilon) = \epsilon^{1/2}$, soit :

$$N = \int_0^N dn = 2 \frac{V}{4\pi^2} \left(\frac{2m}{\hbar^2} \right)^{3/2} \int_0^{\infty} \frac{1}{\exp\left[\beta(\epsilon - \mu)\right] + 1} \epsilon^{1/2} d\epsilon.$$

---

[27] La transformation est évidente si l'on remarque que l'intégrale est une intégrale eulérienne de seconde espèce définie par la fonction Γ :

$$\int_0^{\infty} X^n \exp(-X) dX = \Gamma(n+1) = n\Gamma(n) = n(n-1)\Gamma(n-1) = ... = n!,$$

[28] Les sommes des séries alternées, pour $n = 2$ et $n = 4$, valent respectivement :

$$\begin{aligned} \sum_{p=1}^{\infty} (-1)^p \frac{1}{p^2} &= -1 + \frac{1}{4} - \frac{1}{9} + \frac{1}{16} - ... = -\frac{\pi^2}{12}, \\ \sum_{p=1}^{\infty} (-1)^p \frac{1}{p^4} &= -1 + \frac{1}{16} - \frac{1}{81} + ... = -\frac{7\pi^4}{720}. \end{aligned}$$

Or, la substitution des quantités $\int_0^\mu \epsilon^{1/2} d\epsilon = \frac{2}{3}\mu^{3/2}$, $\frac{\partial}{\partial \epsilon}\epsilon^{1/2} = \frac{1}{2}\epsilon^{-1/2}$... et $\frac{\partial^3}{\partial \epsilon^3}\epsilon^{1/2} = \frac{3}{8}\epsilon^{-5/2}$ dans la relation (3.113), pour $\epsilon = \mu$, permet d'écrire directement :

$$N = 2\frac{V}{4\pi^2}\left(\frac{2m}{\hbar^2}\right)^{3/2}\left[\frac{2}{3}\mu^{3/2} + \frac{\pi^2}{6\beta^2}\frac{1}{2}\mu^{-1/2} + \frac{7\pi^4}{360\beta^4}\frac{3}{8}\mu^{-5/2} + ...\right].$$

Mais N a déjà été calculé avec la relation (3.101) en fonction du potentiel chimique à température nulle, que l'on notera μ_0. Après identification des deux expressions de N, on aboutit à :

$$2\frac{V}{4\pi^2}\left(\frac{2m}{\hbar^2}\right)^{3/2}\frac{2}{3}\mu_0^{3/2} = 2\frac{V}{4\pi^2}\left(\frac{2m}{\hbar^2}\right)^{3/2}\left[\frac{2}{3}\mu^{3/2} + \frac{\pi^2}{6\beta^2}\frac{1}{2}\mu^{-1/2} + \frac{7\pi^4}{360\beta^4}\frac{3}{8}\mu^{-5/2} + ...\right],$$

soit :

$$\mu_0^{3/2} = \mu^{3/2}\left[1 + \frac{\pi^2}{8\beta^2}\frac{1}{\mu^2} + \frac{7\pi^4}{640\beta^4}\frac{1}{\mu^4} + ...\right].$$

On obtient ainsi une relation explicite de μ_0 en fonction de μ. Mais, en pratique, la relation utile est $\mu = f(\mu_0)$ que l'on détermine approximativement de la manière suivante à partir du rapport :

$$\frac{\mu}{\mu_0} = \frac{1}{(1+X)^{2/3}} \simeq 1 - \frac{2}{3}X + \frac{5}{9}X^2 - ...,$$

avec :

$$X = \frac{\pi^2}{8\beta^2}\frac{1}{\mu^2} + \frac{7\pi^4}{640\beta^4}\frac{1}{\mu^4} + ...$$

Après substitution de X dans le rapport $\frac{\mu}{\mu_0}$, on trouve :

$$\frac{\mu}{\mu_0} \simeq 1 - \frac{2}{3}\left[\frac{\pi^2}{8\beta^2}\frac{1}{\mu^2} + \frac{7\pi^4}{640\beta^4}\frac{1}{\mu^4} + ...\right] + \frac{5}{9}\left[\frac{\pi^2}{8\beta^2}\frac{1}{\mu^2} + \frac{7\pi^4}{640\beta^4}\frac{1}{\mu^4} + ...\right]^2 - ...$$

L'approximation ultime consiste à remplacer μ par μ_0 dans les termes entre crochets de sorte qu'à l'ordre 4 on obtient finalement l'expression approchée du potentiel chimique sous la forme suivante :

$$\frac{\mu}{\mu_0} \simeq 1 - \frac{\pi^2}{8\beta^2}\frac{1}{\mu_0^2}\left[\frac{2}{3}\right] - \frac{\pi^4}{\beta^4}\frac{1}{\mu_0^4}\left[\frac{2}{3}\frac{7}{640} - \frac{5}{9}\frac{1}{64}\right] - ...$$

soit :

$$\mu \simeq \mu_0\left(1 - \frac{\pi^2}{12}\frac{1}{\beta^2\mu_0^2} + \frac{\pi^4}{720}\frac{1}{\beta^4\mu_0^4} + ...\right). \tag{3.114}$$

Procédons de la même manière pour évaluer l'énergie totale E avec la relation (3.100) où $q(\epsilon) = \epsilon^{3/2}$, soit :

$$E = 2\frac{V}{4\pi^2}\left(\frac{2m}{\hbar^2}\right)^{3/2}\int_0^\infty \frac{1}{\exp\left[\beta(\epsilon-\mu)\right]+1}\epsilon^{3/2} d\epsilon.$$

Après substitution des quantités $\int_0^\mu \epsilon^{3/2} d\epsilon = \frac{2}{5}\mu^{5/2}$, $\frac{\partial}{\partial \epsilon}\epsilon^{3/2} = \frac{3}{2}\epsilon^{1/2}$... et $\frac{\partial^3}{\partial \epsilon^3}\epsilon^{3/2} = -\frac{3}{8}\epsilon^{-3/2}$ dans la relation (3.113), pour $\epsilon = \mu$, on obtient :

$$E = 2\frac{V}{4\pi^2}\left(\frac{2m}{\hbar^2}\right)^{3/2}\left[\frac{2}{5}\mu^{5/2} + \frac{\pi^2}{6\beta^2}\frac{3}{2}\mu^{1/2} - \frac{7\pi^4}{360\beta^4}\frac{3}{8}\mu^{-3/2} + ...\right],$$

$$\text{soit} \quad E = 2\frac{V}{4\pi^2}\left(\frac{2m}{\hbar^2}\right)^{3/2}\frac{2}{5}\mu^{5/2}\left[1 + \frac{5}{8}\frac{\pi^2}{\beta^2}\frac{1}{\mu^2} - \frac{7\pi^4}{384\beta^4}\frac{1}{\mu^4} + ...\right].$$

A ce stade, on peut exprimer $\mu^{5/2}$ en fonction de μ_0 avec la relation (3.114). Il s'ensuit que :

$$E = 2\frac{V}{4\pi^2}\left(\frac{2m}{\hbar^2}\right)^{3/2}\frac{2}{5}\mu_0^{5/2}\left(1 - \frac{\pi^2}{12}\frac{1}{\beta^2\mu_0^2} + \frac{\pi^4}{720}\frac{1}{\beta^4\mu_0^4} + ...\right)^{5/2}\left[1 + \frac{5}{8}\frac{\pi^2}{\beta^2}\frac{1}{\mu_0^2} - \frac{7\pi^4}{384\beta^4}\frac{1}{\mu_0^4} + ...\right],$$

où l'on reconnaît E_0 dans le terme factorisé (Rel. 3.104). A l'ordre 2 en μ_0, l'énergie E a pour expression :

$$E \simeq E_0\left(1 - \frac{5}{2}\frac{\pi^2}{12}\frac{1}{\beta^2\mu_0^2} + ...\right)\left[1 + \frac{5}{8}\frac{\pi^2}{\beta^2}\frac{1}{\mu_0^2} - ...\right]$$

soit :

$$E \simeq E_0\left(1 + \frac{5\pi^2}{12}\frac{1}{\beta^2\mu_0^2} + ...\right). \tag{3.115}$$

Les formules du potentiel chimique et de l'énergie totale du gaz d'électrons libres ne dépendent de la température que par un terme du second ordre en $\left(\frac{k_BT}{\mu_0}\right)$. Donc tant que $\frac{k_BT}{\mu_0} \ll 1$, les variations de μ et de E en fonction de la température sont faibles. C'est précisément ce que l'on observe dans le cas des métaux, puisqu'à la température de 1000 K le rapport $\frac{k_BT}{\mu_0}$ est typiquement de l'ordre de 10^{-2}. Par conséquent, on peut négliger la variation en température de l'énergie des liquides métalliques. Par contre, on ne peut pas négliger la dépendance en température des grandeurs dérivées comme la chaleur spécifique. En effet, de la relation (3.115) on déduit la chaleur spécifique du gaz d'électrons libres :

$$c_V = \left(\frac{\partial E}{\partial T}\right)_V = 2E_0\frac{5\pi^2}{12}\frac{k_B^2}{\mu_0^2}T,$$

soit :

$$c_V = \frac{3}{5}N\mu_0\frac{5\pi^2}{6}\frac{k_B^2}{\mu_0^2}T = \frac{\pi^2}{2}N\frac{k_B^2}{\mu_0}T. \tag{3.116}$$

Ainsi, la chaleur spécifique du gaz d'électrons libres est une fonction linéaire de la température. Il est important de noter que le comportement thermique réel des métaux est déterminé par le gaz d'électrons et par les ions. La chaleur spécifique possède donc deux contributions : la chaleur spécifique électronique et la chaleur spécifique ionique. Il n'est pas inutile de rappeler que le modèle de Debye, fondé sur la statistique quantique de Bose-Einstein, montre qu'à très basse température la chaleur spécifique ionique est proportionnelle au cube de la température. Aux très basses températures, la chaleur spécifique totale d'un métal est donc de la forme :

$$C = aT + bT^3,$$

où les valeurs des constantes a et b sont de l'ordre de $a \sim 10^{-3}$ J.mole^{-1}.K^{-2} et $b \sim 10^{-4}$ J.mole^{-1}.K^{-4}. Notons encore que la contribution électronique joue un rôle majeur à très basse température (inférieure à 5 K) et la contribution ionique devient prépondérante[29] au-delà de 5 K.

[29]Bien que dans les métaux la contribution des ions soit prédominante, le modèle de Debye n'est applicable qu'aux très basses températures. En 1819, Dulong et Petit observèrent expérimentalement que la chaleur spécifique des métaux à température ambiante tend vers la valeur constante $C \sim 25$ J.mole^{-1}.K^{-1}.

Chapitre 4

Interactions dans les liquides simples

4.1 Classification des liquides

Un liquide est une phase de la matière condensée dont la densité est plus éloignée de celle de la phase gazeuse que de la phase solide correspondante. C'est à cause de cette grande différence de densité entre les liquides et les gaz que l'on ne peut pas développer les fonctions thermodynamiques des liquides en fonction de la densité, comme on le fait pour les gaz (§ 3.4.4). Mais, bien que la densité des liquides soit proche de celle des solides, à température comparable, l'absence de symétrie de translation et d'ordre à longue distance ne permet pas de faire une description théorique des liquides aussi facilement que pour les solides.

On a longtemps classé les liquides en fonction de leurs propriétés de transport électronique ou atomique. Par exemple, les liquides, comme les solides, peuvent être répartis en isolants ou en conducteurs, encore faut-il préciser si la conduction est ionique (la conductivité des sels fondus varie de 1 à 10^3 $\Omega^{-1}.\mathrm{m}^{-1}$) ou électronique (la conductivité des métaux liquides est de l'ordre de 10^6 $\Omega^{-1}.\mathrm{m}^{-1}$). Mais les liquides peuvent également être classés selon leur faculté à s'écouler plus ou moins facilement. Alors que la plupart des liquides simples ont des viscosités dynamiques faibles (10^{-3} Pa.s), certains liquides organiques peuvent posséder des viscosités beaucoup plus importantes (1 Pa.s).

Parmi les classifications possibles des liquides, la moins contestable est celle qui est faite en fonction des interactions s'exerçant entre les atomes ou les molécules, car dans chaque liquide prédomine un type spécifique d'interaction. Ce chapitre est consacré uniquement aux *liquides simples*, c'est-à-dire aux liquides caractérisés par des interactions à symétrie sphérique dont les forces ont pour point d'application le centre de masse des particules. Pour de tels systèmes, l'énergie potentielle U s'écrit sous la forme d'une somme de potentiels à N corps :

$$U_N(\mathbf{r}_1, ..., \mathbf{r}_N) = \sum_{i<j} u_2(\mathbf{r}_i, \mathbf{r}_j) + \sum_{i<j<k} u_3(\mathbf{r}_i, \mathbf{r}_j, \mathbf{r}_k) + \sum_{i<j<k<l} u_4(\mathbf{r}_i, \mathbf{r}_j, \mathbf{r}_k, \mathbf{r}_l) + ...,$$

où $u_2(\mathbf{r}_i, \mathbf{r}_j)$ est le potentiel à 2 corps, $u_3(\mathbf{r}_i, \mathbf{r}_j, \mathbf{r}_k)$ le potentiel à 3 corps, etc. Cette notation indique clairement que si trois particules (i, j, k) sont en interaction, leur énergie potentielle se compose de la somme des potentiels à 2 corps $[u_2(\mathbf{r}_i, \mathbf{r}_j) + u_2(\mathbf{r}_j, \mathbf{r}_k) + u_2(\mathbf{r}_k, \mathbf{r}_i)]$ et du potentiel à 3 corps $u_3(\mathbf{r}_i, \mathbf{r}_j, \mathbf{r}_k)$.

Les liquides simples les plus représentatifs sont les *gaz rares* : argon, krypton, xénon, qui sont des liquides classiques, et néon et hélium qui sont des liquides quantiques, car la longueur d'onde de de Broglie de leurs atomes est de l'ordre de la distance interatomique (§ 3.1). Aux faibles densités, le méthane (CH_4) peut également être considéré comme un liquide simple car il est composé de molécules presque sphériques.

Dans la catégorie des liquides simples, on range aussi, sans restriction, les *métaux liquides* comme les métaux alcalins (Na, K, Cs...), les métaux nobles (Ag, Au, Cu) et la plupart des métaux polyvalents. Le germanium et le silicium peuvent l'être également bien qu'ils aient une tendance prononcée à former des liaisons covalentes. Contrairement aux atomes de gaz rares, les atomes métalliques ont des couches électroniques incomplètes, occupées par les électrons de valence constituant un gaz d'électrons presque libres. Or, il peut sembler étrange qu'un métal formé d'ions immergés dans un gaz d'électrons puisse être considéré comme un liquide simple. En fait, cela est légitime dans la mesure où le métal peut être assimilé à un ensemble de *pseudoions* en interaction avec un pseudopotentiel dont le concept a été élaboré par Philipps et Kleinman[1]. Même si le concept de pseudopotentiel est plus difficile à justifier pour les métaux de transition et les métaux de terres rares que pour les métaux normaux (alcalins et polyvalents), à cause des effets d'hybridation entre les électrons de valence et les électrons de coeur, il n'en demeure pas moins que, du point de vue structural, tous les métaux liquides sont considérés comme des liquides simples. Il faut noter que le formalisme du pseudopotentiel permet de définir un potentiel interionique effectif de paire, incluant les effets à N corps, qui dépend de la densité et de la température, contrairement au potentiel interatomique de paire des gaz rares.

Dans la suite, on considérera également une autre classe de liquides simples dont la longueur d'échelle structurale est comprise entre 10 nanomètres et un micromètre (1000 nm). Ces systèmes mésoscopiques sont composés de particules 1000 fois plus grandes que les atomes, immergées dans une solution aqueuse. Ils incluent les suspensions colloïdales, les polymères sphériques, les macromolécules biologiques, etc. Bien qu'ils soient plus sensibles aux contraintes mécaniques que les systèmes atomiques, on peut calculer leurs propriétés thermodynamiques et structurales avec les mêmes modèles théoriques que ceux des systèmes atomiques.

Par contre, ne seront pas étudiés dans cet ouvrage les liquides qui possèdent des effets directionnels importants comme les *liquides moléculaires homonucléaires* (N_2, O_2 , H_2) ou *hétéronucléaires* (CO), les *liquides associés* (eau, glycérol...) caractérisés par des liaisons hydrogènes et les *liquides polaires* (HBr, SO_2...) dont les molécules possèdent une forte asymétrie ou des interactions électrostatiques prononcées (pour les sels fondus se reporter au paragraphe 3.6.2).

[1] J. C. Philipps and J. Kleinman, Phys. Rev. **116**, 287 (1959).

4.2 Typologie des interactions microscopiques

4.2.1 Interactions aux courtes et longues distances

La faible compressibilité et la densité relativement importante des liquides témoignent respectivement de l'existence de forces répulsives, à courte distance, et de forces attractives, à longue distance. Ce sont les forces répulsives qui empêchent l'effondrement de la matière sur elle-même et ce sont les forces attractives qui lui confèrent ses propriétés de cohésion. On étudie généralement les interactions entre deux entités (molécules ou atomes) non pas en termes de force, avec $f(r) = -\frac{du_2(r)}{dr}$, mais en termes d'énergie potentielle $u_2(r)$. Et on calcule l'énergie potentielle (potentiel) d'interaction interparticulaire à l'aide de la mécanique quantique.

Le potentiel associé aux *forces de répulsion*, entre deux atomes ne se recouvrant pas, se présente habituellement sous la forme :

$$u_2^{rep}(r) = \sum_i P_i(r)\exp(-\frac{r}{r_{c_i}}),$$

où les $P_i(r)$ sont des polynômes en r et les r_{c_i} des paramètres qui dépendent du couple d'atomes. Le potentiel d'interaction tient compte de la répulsion électrostatique qui s'exerce entre les deux noyaux et des effets dus au principe d'exclusion de Pauli. En pratique, on utilise des formes simplifiées de $u_2^{rep}(r)$ comme celle de Born et Mayer[2] :

$$u_2^{rep}(r) = a\exp(-\frac{r}{b}), \tag{4.1}$$

où a et b sont des constantes déterminées par ajustement de certaines grandeurs physiques sur les résultats expérimentaux. Mais la valeur de b peut également être estimée avec une bonne précision par la relation $b \simeq \left(\frac{a_0}{\sqrt{2}}\right) Z^{1/3}$, où a_0 ($= 0,0529$ nm) est le rayon de Bohr et Z le numéro atomique. Quelquefois, on utilise aussi la forme suivante, en puissance inverse de r :

$$u_2^{rep}(r) = \frac{c}{r^m}, \tag{4.2}$$

où c et m sont des constantes à déterminer.

Les potentiels dont dérivent les *forces d'attraction* à longue distance contiennent diverses contributions qui sont mieux connues que celles du potentiel répulsif. Ces forces d'attraction, étudiées par London mais appelées *forces de van der Waals*, découlent de la présence de dipôles ou de multipôles dans les molécules et dans les atomes.

4.2.2 Interaction entre un dipôle et une charge ponctuelle

Dans ce paragraphe on rappelle le calcul de l'énergie potentielle d'interaction entre un dipôle et une charge ponctuelle (monopôle), qui est à la base de l'étude des forces de van der Waals. On appelle *dipôle électrostatique*, le couple de deux charges ponctuelles de

[2] M. Born and J. E. Mayer, Z. Physik, **75**, 1 (1932).

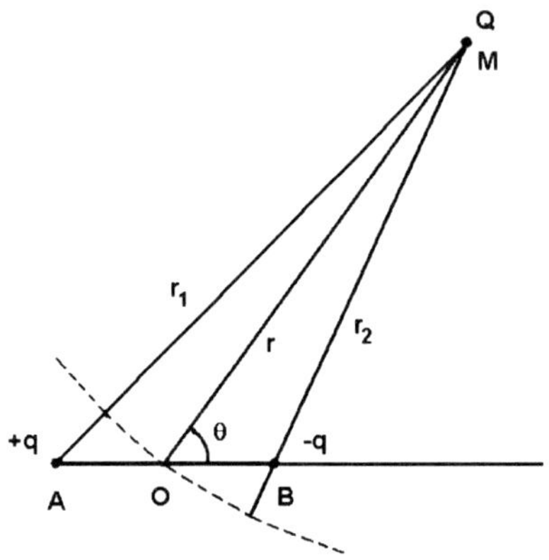

FIG. 4.1 – Schéma représentant un dipôle **AB** en interaction avec une charge ponctuelle **Q**.

signes opposés, $+q$ et $-q$, situées aux points A et B. Le *moment électrique dipolaire* est le vecteur $\mathbf{p}$ défini par :

$$\mathbf{p} = q.\mathbf{BA}. \tag{4.3}$$

Pour calculer l'énergie potentielle d'interaction entre ce dipôle et une charge ponctuelle Q, fixons le point O au milieu de $AB = l$ et supposons que la charge Q est située à la distance $OM = r$ (avec $r \gg l$) dans la direction θ (Fig. 4.1). L'énergie potentielle est donnée par la loi de Coulomb :

$$u(r) = +\frac{qQ}{4\pi\varepsilon_0 r_1} - \frac{qQ}{4\pi\varepsilon_0 r_2} = \frac{qQ}{4\pi\varepsilon_0}\left(\frac{r_2 - r_1}{r_1 r_2}\right), \tag{4.4}$$

où :

$$\begin{aligned} r_1 &= AM \simeq r + \frac{l}{2}\cos\theta, \\ r_2 &= BM \simeq r - \frac{l}{2}\cos\theta, \end{aligned}$$

de sorte que :

$$\frac{r_2 - r_1}{r_1 r_2} = \frac{-l\cos\theta}{r^2 - \frac{l^2}{4}\cos^2\theta} \simeq -\frac{l\cos\theta}{r^2}. \tag{4.5}$$

Or la substitution de ce résultat dans la relation (4.4), en tenant compte de la relation (4.3), permet d'écrire l'énergie potentielle $u(r)$ sous la forme suivante :

$$u(r) = -\frac{qQ}{4\pi\varepsilon_0}\frac{l\cos\theta}{r^2} = -\frac{Qp}{4\pi\varepsilon_0}\frac{\cos\theta}{r^2}. \tag{4.6}$$

Indiquons au passage que le champ électrique créé par le dipôle au point M est $\mathbf{E} = -\mathbf{grad}V$, où V est le potentiel électrostatique lié à l'énergie potentielle $u(r)$ par la relation $u(r) = Q.V(r)$. Par conséquent, le module du champ électrique au point M a pour expression :

$$E(r) = \frac{1}{Q}\frac{du(r)}{dr} = \frac{p\cos\theta}{4\pi\varepsilon_0}\frac{2}{r^3}. \tag{4.7}$$

4.2.3 Interactions intermoléculaires

Il arrive souvent que l'on ait à calculer l'énergie potentielle entre un ensemble de charges q_i, groupées dans un volume restreint, et une charge Q située à la distance r de ce volume.

Si la somme des charges dans le volume n'est pas nulle ($\sum q_i \neq 0$, comme dans un ion), on peut admettre que la charge $\sum q_i$ est concentrée au barycentre et calculer l'énergie potentielle avec la formule :

$$u(r) = \frac{1}{4\pi\varepsilon_0}\frac{Q\sum q_i}{r}.$$

Mais pour obtenir une meilleure précision, il faut réaliser le calcul pour toutes les charges individuelles, ce qui revient à évaluer l'énergie potentielle $u(r)$ sous forme d'un développement en puissances de $1/r$.

Si la somme des charges dans le volume est nulle ($\sum q_i = 0$, comme dans une molécule), le premier terme de la série en $1/r$ est nul. Si l'ensemble des charges q_i se réduit à un *dipôle* (constitué de la charge $-q$ et de la charge $+q$), l'énergie d'interaction entre la charge ponctuelle Q et le dipôle est donnée par la relation (4.6). Elle est donc proportionnelle à $1/r^2$. Mais il peut arriver que les charges dans le volume se réduisent, non pas à un dipôle, mais à un *quadrupôle* (ensemble de 4 charges $-q$, $+q$, $-q'$, $+q'$ disposées symétriquement par rapport au barycentre). Dans ce cas, le terme en $1/r^2$ est nul et l'énergie potentielle entre la charge ponctuelle Q et le quadrupôle est proportionnelle à $1/r^3$. S'il n'y a pas de quadrupôle, le terme en $1/r^3$ est nul et il faut considérer un *octupôle* (ensemble de 8 charges disposées symétriquement par rapport au barycentre), et ainsi de suite. On peut donc décomposer un ensemble de charges en multipôles (dipôles, quadrupôles, octupôles...) pouvant jouer un rôle non négligeable dans certaines circonstances.

Les systèmes *polaires* les plus simples sont formés de *monopôles*. Ce sont des systèmes comme les sels fondus constitués de charges $Q = ze$ (NaCl est constitué de charges $+e$ et $-e$). D'autres systèmes polaires sont formés de *dipôles permanents* (le bromure d'hydrogène est constitué de molécules non chargées mais possédant un moment dipolaire p_d) et d'autres de *quadrupôles permanents* (l'azote liquide est constitué de molécules qui possèdent un moment quadrupolaire p_q). Or, les énergies potentielles d'interaction entre ces différentes entités se calculent par application directe des lois de l'électrostatique. Par exemple, l'énergie potentielle d'interaction entre une charge Q et un dipôle de moment p_d, est donnée par la relation (4.6), soit :

$$u_{Qd}(r) = -\frac{Qp_d}{4\pi\varepsilon_0}\frac{\cos\theta}{r^2}.$$

De manière analogue, on peut calculer l'énergie potentielle d'interaction entre une charge Q et un quadrupôle de moment p_q. Le résultat est :

$$u_{Qq}(r) = -\frac{Qp_q}{16\pi\varepsilon_0 r^3}\left(3\cos^2\theta - 1\right).$$

Quant à l'énergie potentielle d'interaction entre deux dipôles de moments dipolaires respectifs p_{d1} et p_{d2}, elle a pour expression :

$$u_{dd}(r) = -\frac{p_{d1}\cdot p_{d2}}{4\pi\varepsilon_0 r^3}\left[2\cos\theta_1\cos\theta_2 - \sin\theta_1\sin\theta_2\cos\left(\phi_1 - \phi_2\right)\right].$$

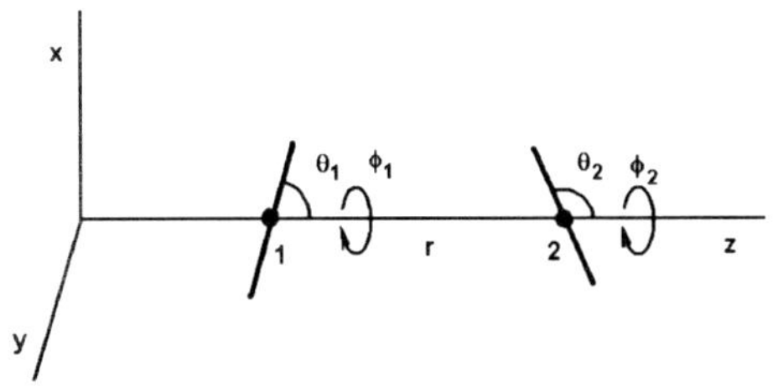

FIG. 4.2 – Positions et orientations de deux dipôles distants de r le long de l'axe z. Les orientations sont définies par les angles $\theta_1, \phi_1, \theta_2$ et ϕ_2.

On calcule ainsi les énergies potentielles correspondant aux interactions de toutes les entités : monopôle-monopôle (QQ), monopôle-dipôle (Qd), monopôle-quadrupôle (Qq), monopôle-octuplôle (Qo)..., dipôle-dipôle (dd), dipôle-quadrupôle (dq)..., quadrupôle-quadrupôle (qq)... et ainsi de suite. Toutes ces expressions correspondent à une position et une orientation données des entités. Par exemple, la figure (4.2) montre deux dipôles distants de r sur l'axe z, où θ_1 et θ_2 sont les angles formés par les dipôles et l'axe z, et ϕ_1 et ϕ_2 sont les angles azimutaux. Les cinq paramètres r, θ_1, θ_2, ϕ_1 et ϕ_2 déterminent complètement les positions des deux dipôles ainsi que l'énergie potentielle $u_{dd}(r, \theta_1, \theta_2, \phi_1, \phi_2)$.

Keesom[3] a proposé de calculer les propriétés thermodynamiques de ces systèmes avec l'énergie potentielle moyenne $\overline{u}(r,T)$, obtenue en intégrant $u(r)$ sur toutes les orientations des molécules, soit :

$$\overline{u}(r,T) = \frac{\displaystyle\iint u(r)\exp\left[-\beta u\left(r\right)\right]\sin\theta_1 d\theta_1 d\phi_1 \sin\theta_2 d\theta_2 d\phi_2}{\displaystyle\iint \exp\left[-\beta u\left(r\right)\right]\sin\theta_1 d\theta_1 d\phi_1 \sin\theta_2 d\theta_2 d\phi_2}, \tag{4.8}$$

où le facteur de Boltzmann $\exp(-\beta u)$ est utilisé dans le but de donner plus de poids aux orientations des molécules qui correspondent aux états d'énergie les plus faibles. De ce fait, l'énergie potentielle moyenne $\overline{u}(r,T)$ perd sa dépendance angulaire mais acquiert une dépendance en température. Comme ces intégrales sont très difficiles à calculer, on utilise généralement le développement en série de Taylor de l'exponentielle dans la relation (4.8), autour de la valeur moyenne de l'énergie potentielle, soit :

$$\overline{u}(r,T) = \frac{\displaystyle\iint u.\left[1-\beta(u-\overline{u})+...\right]\sin\theta_1 d\theta_1 d\phi_1 \sin\theta_2 d\theta_2 d\phi_2}{\displaystyle\iint \left[1-\beta(u-\overline{u})+...\right]\sin\theta_1 d\theta_1 d\phi_1 \sin\theta_2 d\theta_2 d\phi_2}.$$

Cette expression permet d'évaluer approximativement $\overline{u}(r,T)$ par la relation[4] :

$$\begin{aligned}\overline{u}(r,T) &= \frac{1}{64\pi^6}\iint u\sin\theta_1 d\theta_1 d\phi_1 \sin\theta_2 d\theta_2 d\phi_2 - \frac{1}{k_BT}\left\{\frac{1}{64\pi^6}\iint u^2 \sin\theta_1 d\theta_1 d\phi_1 \sin\theta_2 d\theta_2 d\phi_2\right.\\ &\left. - \left[\frac{1}{64\pi^6}\iint u\sin\theta_1 d\theta_1 d\phi_1 \sin\theta_2 d\theta_2 d\phi_2\right]^2\right\} + ...\end{aligned}$$

[3]W. H. Keesom, Physik. Z., **22**, 129 (1921).

[4]J. O. Hirschfelder, C. F. Curtiss and R. B. Bird, *Molecular Theory of Gases and Liquids*, Wiley, New York (1954), p. 985.

Indiquons ci-dessous les expressions des énergies potentielles moyennes des principales entités moléculaires (monopôle-monopôle QQ, monopôle-dipôle Qd, monopôle-quadrupôle Qq et dipôle-dipôle dd) :

$$\begin{aligned}
\overline{u}_{QQ}(r) &= \frac{Q^2}{r}, \\
\overline{u}_{Qd}(r) &= -\frac{1}{3k_BT}\frac{Q^2p_d^2}{r^4}, \\
\overline{u}_{Qq}(r) &= -\frac{1}{20k_BT}\frac{Q^2p_q^2}{r^6}, \\
\overline{u}_{dd}(r) &= -\frac{2}{3k_BT}\frac{p_{d1}^2 \cdot p_{d2}^2}{r^6}.
\end{aligned} \tag{4.9}$$

On constate que, plus le nombre de pôles dans une molécule est important plus l'énergie potentielle s'amortit rapidement avec la distance. Ainsi, le potentiel entre monopôles varie en r^{-1}, le potentiel monopôle-dipôle en r^{-4}, le potentiel dipôle-dipôle en r^{-6}. On montre également que le potentiel dipôle-quadrupôle varie en r^{-8}, le potentiel quadrupôle-quadrupôle en r^{-10}, etc.

Il peut arriver qu'un ensemble de charges ne présente pas de moment dipolaire permanent, alors qu'il peut en acquérir un lorsqu'il est placé dans un champ électrique. On comprend en effet qu'une molécule formée d'électrons et de noyaux ne possédant pas de moment dipolaire permanent puisse, sous l'action d'un champ électrique, voir ses électrons et ses noyaux se déplacer en sens opposés, créant ainsi une nouvelle configuration d'équilibre avec un *moment dipolaire induit*. Naturellement, il peut y avoir superposition de moments dipolaires permanents et de moments dipolaires induits. Dans ce cas, l'énergie potentielle est composée de deux contributions. L'une est due à l'interaction entre les dipôles permanents et l'autre à l'interaction entre les dipôles induits.

Généralement les forces purement électrostatiques entre molécules polaires (dipôles permanents) sont plus faibles que celles qui s'exercent entre les molécules non polaires (dipôles induits) et peuvent donc être négligées. Par contre, dans les molécules fortement polaires, comme celles de l'eau ou de l'acétone, les forces électrostatiques sont masquées par les interactions chimiques qui dépendent fortement de l'orientation. Celles-ci ne seront pas discutées ici.

4.2.4 Interactions interatomiques

Les forces électrostatiques qui viennent d'être évoquées dans le cas des molécules sphériques (non polaires) acquièrent une importance particulière dans le cas des atomes. La raison en est que la fluctuation de la densité électronique dans un atome produit un *dipôle instantané*. En effet, le mouvement des électrons autour du noyau déplace le barycentre des charges négatives, et contribue à la formation d'un dipôle instantané qui fluctue en grandeur et direction à la fréquence de rotation des électrons ($\sim 10^{15}$ s^{-1}). Or, le champ électrique créé par ce dipôle instantané peut affecter le mouvement des électrons dans un atome voisin en formant un dipôle induit qui fluctue en phase avec le premier.

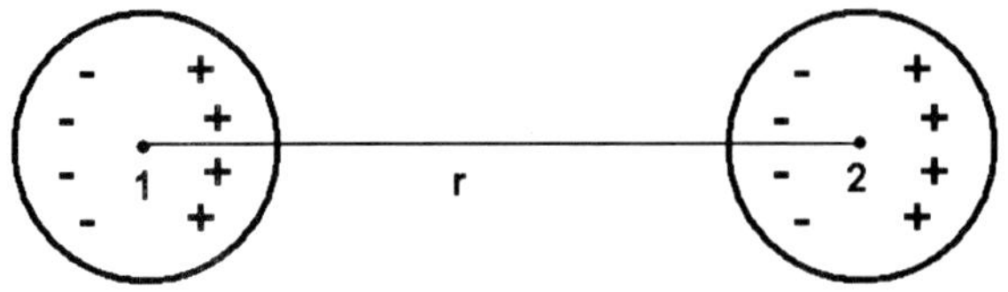

FIG. 4.3 – Interaction entre les dipôles induits créés dans deux atomes voisins.

En général les deux dipôles sont alignés et exercent l'un sur l'autre une force d'attraction. Cette force est appelée *force de dispersion* pour la raison suivante. Le champ électrique créé par le dipôle instantané du premier atome se propage à la vitesse de la lumière en direction du second atome, et le dipôle induit dans le second atome émet à son tour un champ électrique en direction du premier atome. Si les deux atomes sont suffisamment proches, les deux dipôles fluctuent en phase et leurs directions sont identiques. Mais, si les atomes sont éloignés, il se produit un déphasage entre les champs électriques, donc une désorientation des dipôles et une diminution de la force d'interaction. Cet effet est comparable à la dispersion de la lumière dans un milieu d'indice de réfraction donné.

Le calcul des forces de dispersion a été effectué par London[5] avec la théorie des perturbations de la mécanique quantique, mais la forme générale du résultat peut être établie plus simplement[6] au moyen du modèle de l'atome de Bohr[7]. Considérant l'atome de Bohr, on peut supposer qu'il se forme, entre le noyau et l'électron, un moment dipolaire instantané qui vaut approximativement (Rel. 4.3) :

$$p_1 \simeq e a_0, \tag{4.10}$$

[5]F. London, Z. Phys. Chem. B **11**, 222 (1930).

[6]J. N. Israelachvili, Comtemp. Phys. **15**, 159 (1974).

[7]L'énergie de l'atome de Bohr dans l'état fondamental est :

$$E_0 = -\frac{me^4}{8\varepsilon_0^2 h^2} = -2,18.10^{-18} \text{ J (soit } 13,6 \text{ eV)},$$

avec :

$$\begin{aligned} m &= 0,911.10^{-30} \text{ kg}, \\ e &= 1,602.10^{-19} \text{ C}, \\ \varepsilon_0 &= 8,854.10^{-12} \text{ J}^{-1}.\text{C}^2.\text{m}^{-1}, \\ h &= 6,622.10^{-34} \text{ J.s}. \end{aligned}$$

Mais, $E_0\,(= -h\nu)$ correspond aussi à l'énergie de l'électron sur son orbite la plus basse de rayon :

$$a_0 = \frac{\varepsilon_0 h^2}{\pi m e^2} = 0,0529.10^{-9} \text{ m}.$$

Or, la fréquence caractéristique associée au mouvement de l'électron sur son orbite est donnée par l'expression :

$$\nu = -\frac{E_0}{h} = \frac{me^4}{8\varepsilon_0^2 h^3} = \frac{1}{a_0}\frac{e^2}{8\pi\varepsilon_0 h} = 3,3.10^{15} \text{ s}^{-1},$$

qui permet d'exprimer a_0 en fonction de ν.

où e est la charge de l'électron et a_0 le rayon de Bohr :

$$a_0 = \frac{e^2}{8\pi\varepsilon_0 h\nu}. \tag{4.11}$$

L'énergie de l'atome d'hydrogène dans son état fondamental, aussi appelée *potentiel d'ionisation,* est $I = h\nu$, où ν ($= 3,3.10^{15}$ s^{-1}) est la fréquence caractéristique associée au mouvement de l'électron sur son orbite.

Le champ électrique produit par le dipôle instantané à la distance r de l'atome (Rel. 4.7) vaut en moyenne :

$$E(r) \simeq \frac{p_1}{4\pi\varepsilon_0 r^3} = \frac{ea_0}{4\pi\varepsilon_0 r^3}. \tag{4.12}$$

Or, un atome neutre, placé dans ce champ à la distance r, subit une polarisation et acquiert un moment dipolaire induit :

$$p_2 = \alpha E(r) = \frac{\alpha e a_0}{4\pi\varepsilon_0 r^3}, \tag{4.13}$$

où α est la polarisabilité atomique du second atome. Cette quantité, qui mesure la capacité de déplacer la distribution électronique dans l'atome, est proportionnelle au volume de l'atome :

$$\alpha \simeq 4\pi\varepsilon_0 a_0^3. \tag{4.14}$$

Ainsi l'énergie potentielle d'attraction entre les dipôles p_1 et p_2 s'obtient en effectuant le produit du moment dipolaire du second atome (Rel. 4.13) par le champ électrique créé au même endroit par le premier atome (Rel. 4.12), soit :

$$\begin{aligned} u_{dd}^{disp}(r) &= -E(r)p_2, \\ u_{dd}^{disp}(r) &= -\frac{ea_0}{4\pi\varepsilon_0 r^3}\frac{\alpha e a_0}{4\pi\varepsilon_0 r^3} = -\frac{\alpha e^2 a_0^2}{(4\pi\varepsilon_0)^2 r^6}. \end{aligned}$$

Par conséquent, en utilisant les relations (4.11) et (4.14), on peut écrire le potentiel d'attraction entre deux atomes séparés de la distance r sous la forme suivante :

$$u_2^{disp}(r) = -\frac{C_6}{r^6}, \tag{4.15}$$

où la constante $C_6 \simeq \frac{2\alpha^2 h\nu}{(4\pi\varepsilon_0)^2}$ dépend du carré de la polarisabilité α et du potentiel d'ionisation $h\nu$, comme cela peut être démontré par un calcul complet de mécanique quantique.

Dans les systèmes denses, la présence d'un troisième atome peut apporter une contribution supplémentaire au potentiel d'attraction à deux corps (Rel. 4.15). Il s'agit d'un potentiel à trois corps qui a été calculé par Axilrod et Teller[8] et qui tient compte des forces de dispersion entre trois dipôles. L'expression analytique de ce potentiel *triple dipôles* varie en r^{-9} et s'écrit en fonction de la polarisabilité atomique α et de la constante C_6 sous la forme suivante :

$$u_{ddd}^{disp}(r_{12}, r_{23}, r_{13}) = \frac{3}{4}\alpha C_6 \left[\frac{1 + 3\cos\theta_1\cos\theta_2\cos\theta_3}{r_{12}^3 r_{23}^3 r_{13}^3}\right], \tag{4.16}$$

[8]B. M. Axilrod and E. Teller, J. Chem. Phys. **11**, 299 (1943). B. M. Axilrod, J. Chem. Phys. **19**, 719 (1951).

où les angles θ_1, θ_2 et θ_3 sont ceux du triangle formé par les trois atomes $(1,2,3)$ dont les côtés sont $r_{12} = |\mathbf{r}_2 - \mathbf{r}_1|$, $r_{23} = |\mathbf{r}_3 - \mathbf{r}_2|$ et $r_{13} = |\mathbf{r}_3 - \mathbf{r}_1|$.

Notons que les calculs complets du potentiel à deux corps $u_2^{disp}(r)$ et du potentiel à trois corps $u_3^{disp}(r_{12}, r_{23}, r_{13})$ permettent de généraliser les relations (4.15) et (4.16) sous les formes respectives suivantes :

$$u_2^{disp}(r) = -\frac{C_6}{r^6} - \frac{C_8}{r^8} - \frac{C_{10}}{r^{10}} + ..., \tag{4.17}$$

$$\text{et} \quad u_3^{disp} = u_{ddd}^{disp} + u_{ddq}^{disp} + u_{dqq}^{disp} + u_{qqq}^{disp} + ...$$

Les différents termes de ces expressions ont été calculés par la théorie des perturbations jusqu'au quatrième ordre, sur la base de la structure électronique des atomes. On trouvera les détails sur ces questions dans la bibliographie des articles spécialisés[9].

4.2.5 Potentiels dans les gaz rares liquides

Bien que les coefficients C_6, C_8, C_{10} de la relation (4.17) soient reliés aux énergies des atomes, leurs valeurs ne sont cependant qu'approximatives. Par exemple, pour l'argon, elles valent :

$$C_6 \simeq \frac{3\alpha^2 I}{4}, \qquad C_8 \simeq 5C_6\left(\frac{I}{fe^2}\right), \qquad C_{10} \simeq 30C_6\left(\frac{I}{fe^2}\right)^2.$$

Avec une valeur de la polarisabilité atomique de $\alpha = 1,64.10^{-3}$ nm^3 et un potentiel d'ionisation de $I = 17,5$ eV, la valeur calculée de C_6 vaut à peu près 9/10 de la valeur expérimentale. Les valeurs des coefficients C_i sont donc approximatives et le potentiel attractif dans les gaz rares liquides l'est également. Or, le calcul du potentiel répulsif est encore plus sujet à caution. Ceci explique pourquoi la construction du potentiel d'interaction des gaz rares liquides est un mélange de calculs ab initio et de calculs empiriques.

Le premier calcul explicite de l'interaction entre deux atomes d'hélium a été réalisé par Slater et Kirkwood[10]. L'expression obtenue est la somme d'une exponentielle décroissante, pour la contribution répulsive, et d'un terme en r^{-6} pour la contribution attractive :

$$u(r) = a\exp(-\frac{r}{b}) - \frac{C_6}{r^6},$$

où a, b et C_6 sont trois constantes. On constate que l'interaction répulsive est de type Born-Mayer (Rel. 4.1) et l'interaction attractive est due aux forces de dispersion dipôle induit-dipôle induit (Rel. 4.15).

Une des formes les plus réalistes du potentiel à deux corps des gaz rares a été proposée

[9] M. B. Doran and I. J. Zucker, J. Phys. C : Solid Stat. Phys. **4**, 307 (1971). L. W. Bruch and I. J. McGee, J. Chem. Phys. **59**, 409 (1973). J. M. Bomont, J. L. Bretonnet and M. A. van der Hoef, J. Chem. Phys. **114**, 5674 (2001).

[10] J. C. Slater and J. G. Kirkwood, Phys. Rev. **37**, 682 (1931)

par Aziz et Slaman[11] :

$$u_2(x) = A\exp(-\alpha x + \beta x^2) - F(x)\sum_{i=0}^{2}\frac{C_{2i+6}}{x^{2i+6}},$$

où $x = r/r_m$ est la distance réduite et r_m la position du puits de potentiel. Pour faire disparaître la divergence introduite avec les termes de dispersion aux petites distances, les auteurs ont choisi d'utiliser la fonction amortie $F(x)$:

$$F(x) = \begin{cases} \exp\left[-\left(\frac{D}{x} - 1\right)^2\right] & \text{si} \quad x < D \\ 1 & \text{si} \quad x \geq D. \end{cases}$$

Le modèle de potentiel comporte huit paramètres qui ont été déterminés en ajustant certaines grandeurs expérimentales, et dont on trouvera les valeurs pour les différents gaz rares dans l'article original. Il faut rappeler que ce potentiel est un potentiel de paire et que l'on peut toujours y adjoindre le potentiel à trois corps d'Axilrod-Teller, pour améliorer le calcul des propriétés physiques.

4.2.6 Potentiels empiriques et loi des états correspondants

Pour faciliter l'étude des propriétés des liquides, il est souhaitable d'utiliser des expressions du potentiel d'interaction atomique plus simples, bien que réalistes, dans le but de simplifier les calculs analytiques. Par exemple, le *potentiel gaussien* est quelquefois utilisé pour représenter la partie répulsive, à courte distance, uniquement parce que cela facilite le calcul des intégrales qui le contiennent. Le potentiel en *puits carré* :

$$u(r) = \begin{cases} +\infty & \text{si} \quad r \leq \sigma \\ -\varepsilon & \text{si} \quad \sigma < r \leq \lambda\alpha \\ 0 & \text{si} \quad r > \lambda\alpha \end{cases}, \tag{4.18}$$

est également très utilisé pour la simplicité de sa forme mathématique. Il prédit correctement les propriétés thermodynamiques et la structure locale des liquides. Sans puits carré, le potentiel se réduit au potentiel de *sphères dures* qui est aussi très utilisé.

Il existe bien d'autres potentiels empiriques, mais celui qui semble le plus approprié pour étudier les liquides simples est le potentiel de *Lennard-Jones*. Il est représentatif de nombreux potentiels réels, dans la mesure où il permet de décrire un grand nombre de propriétés physiques sans complications excessives des calculs. Sa forme générale est :

$$u(r) = 4\varepsilon\left[\left(\frac{\sigma}{r}\right)^m - \left(\frac{\sigma}{r}\right)^n\right], \tag{4.19}$$

où ε et σ sont deux paramètres à déterminer. La forme la plus usitée est celle pour laquelle $n = 6$ et $m = 2n = 12$. Avec une partie répulsive en r^{-12} et une partie attractive en r^{-6}, il possède de solides justifications physiques si l'on se réfère aux relations (4.2) et (4.15). Par ailleurs, le choix des paramètres ε et σ est particulièrement adapté à la description mathématique de la fonction $u(r)$. En effet, σ est la valeur de r qui annule le potentiel et

[11] R. A. Aziz and M. J. Slaman, Mol. Phys. **58**, 679 (1986).

ε est la valeur du minimum du potentiel. Il est facile de voir, en calculant la dérivée $\frac{du(r)}{dr}$, que la position de ce minimum est $r_m = 2^{1/6}\sigma \simeq 1,12\sigma$, avec $u(r_m) = -\varepsilon$. Les valeurs des paramètres σ et ε sont déterminées en ajustant certaines grandeurs expérimentales. Pour l'argon, par exemple, les valeurs empiriques de ε et σ permettent d'évaluer le coefficient $C_6 = 4\varepsilon\sigma^6$, mais le résultat obtenu est presque deux fois plus grand que le résultat théorique.

Malgré ses limitations, le potentiel empirique de Lennard-Jones possède un comportement universel qui permet d'étudier de nombreux liquides simples, différant les uns des autres par les facteurs d'échelles $\sigma_i/\ \sigma_j$ et $\varepsilon_i/\ \varepsilon_j$. En effet, il est raisonnable de supposer que le potentiel $u(r)$ de chaque liquide simple peut être représenté, en termes d'une fonction universelle $u^*(r)$, sous la forme :

$$u(r) = \varepsilon u^*(\frac{r}{\sigma}),$$

qui est typique de celle du potentiel de Lennard-Jones.

L'équation d'état des liquides peut s'exprimer au moyen de la fonction de partition, conformément aux relations (2.56) et (3.5), soit :

$$p = k_B T \frac{\partial}{\partial V} \ln Q_N(V,T) = k_B T \frac{\partial}{\partial V} \ln Z_N(V,T), \tag{4.20}$$

où $Z_N(V,T)$ est l'intégrale de configuration. Anticipant sur un calcul qui sera détaillé dans le paragraphe (5.3.2), écrivons l'expression de la pression donnée par la relation (5.23) :

$$p = k_B T \frac{N}{V} - \frac{1}{3V} \frac{1}{Z_N(V,T)} \sum_i \sum_{j>i} \int \int_{3N} \left[r_{ij} \frac{\partial u(r_{ij})}{\partial r_{ij}} \right] \exp\left[-\beta U(\mathbf{r}^N)\right] d\mathbf{r}_1 ... d\mathbf{r}_N,$$

où $U(\mathbf{r}^N) = \sum_i \sum_{j>i} u(r_{ij})$ est l'énergie potentielle du liquide constitué de N atomes. Si l'on suppose que l'énergie potentielle est une somme de potentiels de paires de type universel :

$$U(\mathbf{r}^N) = \sum_i \sum_{j>i} u(r_{ij}) = \sum_i \sum_{j>i} \varepsilon u^*(\frac{r_{ij}}{\sigma}),$$

la pression s'écrit sous la forme fonctionnelle suivante :

$$p = k_B T \frac{N}{V} - \frac{\varepsilon N}{3V} g^*(\frac{\varepsilon}{k_B T}, \frac{N\sigma^3}{V}), \tag{4.21}$$

où $g^*(\frac{\varepsilon}{k_B T}, \frac{N\sigma^3}{V})$ est une fonction sans dimension dépendant de la nature du potentiel u^*, c'est-à-dire des paramètres ε et σ. Il s'ensuit que la pression dépend de la température T, du volume V et de la forme de la fonction universelle u^*, par l'intermédiaire de la fonction g^*. Or, si l'on utilise les deux paramètres ε et σ pour définir les variables réduites :

$$T^* = \frac{k_B T}{\varepsilon}, \qquad V^* = \frac{V}{N\sigma^3}, \qquad p^* = \frac{p\sigma^3}{\varepsilon},$$

la relation (4.21) prend la forme réduite suivante :

$$\frac{p\sigma^3}{\varepsilon} = \frac{k_B T}{\varepsilon} \frac{N\sigma^3}{V} - \frac{N\sigma^3}{3V} g^*(\frac{\varepsilon}{k_B T}, \frac{N\sigma^3}{V}),$$

soit :

$$p^* = \frac{T^*}{V^*} - \frac{1}{3V^*}g^*(T^*, V^*) = p^*(T^*, V^*). \tag{4.22}$$

On constate ainsi que la pression réduite p^* est une fonction universelle de la température réduite T^* et du volume réduit V^* pour tous les liquides simples décrits par un potentiel de la forme $u(r) = \varepsilon u^*(\frac{r}{\sigma})$. La relation (4.22) constitue la *loi des états correspondants* stipulant que tous les liquides de la même famille, interagissant avec le potentiel u^*, obéissent à la même équation d'état en termes de variables réduites. Comme cette équation d'état réduite doit s'appliquer à tous les états thermodynamiques, et notamment à l'état critique, il faut que les valeurs p_c^*, T_c^* et V_c^* soient des constantes universelles pour tous les liquides décrits par le potentiel u^*. Pour le potentiel de Lennard-Jones (12-6), on obtient les valeurs approximatives $p_c^* \simeq 0,28$, $T_c^* \simeq 1,3$ et $V_c^* \simeq 1,33$, de sorte que le produit $\frac{p_c^* V_c^*}{T_c^*} \simeq 0,28$. Or, les valeurs expérimentales de $\frac{p_c^* V_c^*}{T_c^*}$ trouvées pour les liquides simples[12] (Ar, Kr, Xe, N_2, O_2, CO_2, CH_4...) sont de $0,290 \pm 0,005$, ce qui constitue un test acceptable de la théorie.

4.2.7 Relation entre le potentiel et les limites de stabilité de phases

Un des succès de la simulation numérique a été d'établir un rapport entre la forme du potentiel interatomique et les limites de stabilité du diagramme de phases, et ainsi de clarifier les circonstances des transitions liquide-solide et liquide-vapeur. Il a été montré, en particulier, que le potentiel de sphères dures est capable de décrire correctement la structure atomique des liquides et de prédire la transition liquide-solide[13]. Par contre, il est incapable de décrire la transition liquide-vapeur qui est due à la présence des forces attractives de dispersion. Plus spécifiquement, les résultats de simulation numérique ont montré que la courbe de coexistence de phases liquide-solide est gouvernée par les détails de la partie répulsive du potentiel, et que cette transition dépend de l'encombrement stérique des atomes. D'ailleurs, cela était déjà contenu dans les théories phénoménologiques de la fusion, comme la théorie de Lindemann qui prédit la fusion d'un solide lorsque le déplacement moyen des atomes, par rapport à leur position d'équilibre sur le réseau, excède le diamètre atomique de 10%. Autrement dit, une substance fond quand son volume excède le volume à 0 K de 30%.

La figure (4.4) représente le diagramme $p(T)$ d'un corps pur et le potentiel de Lennard-Jones (Rel. 4.19). On peut voir comment la pente de la courbe de coexistence de phases solide-liquide varie avec la partie répulsive du potentiel ; en effet, plus m est grand, plus la partie répulsive du potentiel est raide (Fig. 4.4b) et plus la courbe de coexistence de phases solide-liquide est inclinée (Fig. 4.4a). On remarque également que le potentiel de Lennard-Jones prédit la courbe de coexistence de phases liquide-vapeur qui commence au point triple T et termine au point critique C. Une analyse détaillée des résultats montre que la longueur du segment TC est proportionnelle à la profondeur du puits de potentiel ε. D'ailleurs, pour les gaz rares, on vérifie que $(T_C - T_T)k_B \simeq 0,55\ \varepsilon$. Il découle

[12] J. O. Hirschfelder, C. F. Curtiss and R. B. Bird, *Molecular Theory of Gases and Liquids*, Wiley, New York (1954), p. 245.

[13] W. G. Hoover and F. H. Ree, J. Chem. Phys. **47**, 4873 (1967) ; **49**, 3609 (1968).

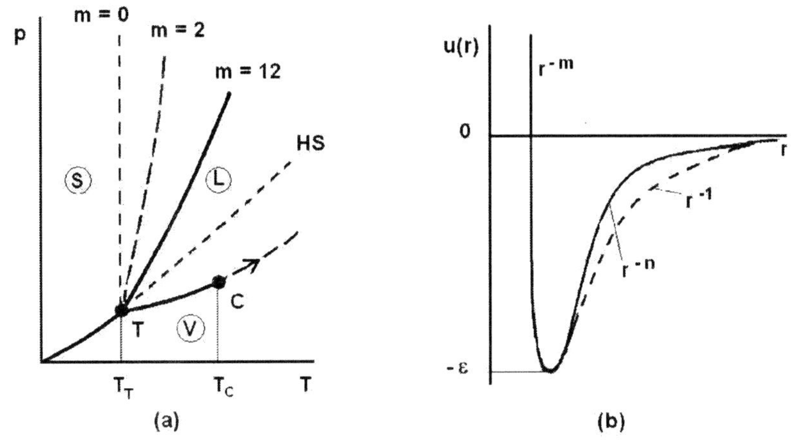

FIG. 4.4 – Représentations schématiques du diagramme $p(T)$ et du potentiel de Lennard-Jones.

immédiatement de cette relation que la courbe de coexistence de phases liquide-vapeur disparaît lorsqu'il n'y a pas de puits de potentiel ($\varepsilon = 0$).

Mais la valeur de la pente de la courbe TC dépend aussi de la partie attractive du potentiel comme le montre l'équation de Clausius-Clapeyron :

$$\frac{dp}{dT} = \frac{L_{vap}}{T_{vap}(V_{vap} - V_{liq})}, \tag{4.23}$$

où L_{vap} est la chaleur latente de vaporisation à la température correspondante T_{vap} et $(V_{vap} - V_{liq})$ la différence des volumes spécifiques de la vapeur et du liquide. Pour évaluer la pente $\frac{dp}{dT}$ de la courbe TC à pression ambiante, on peut estimer le rapport $\frac{L_{vap}}{T_{vap}}$ avec la règle de Trouton ($\frac{L_{vap}}{T_{vap}} \simeq 85$ J.K^{-1}.mol^{-1}) et la différence de volumes $(V_{vap} - V_{liq})$ en termes de largeur du puits de potentiel. En effet, en remarquant que la quantité $(V_{vap} - V_{liq})$ est une fonction croissante de la largeur du puits de potentiel, qui elle-même augmente quand n diminue, on voit que, pour une profondeur de puits ε donnée, la valeur de la pente de la courbe de coexistence de phases liquide-vapeur diminue lorsque n diminue.

Notons que, pour les métaux liquides, la partie répulsive du potentiel est toujours plus molle que pour les gaz rares liquides. De plus, même si ε est légèrement plus faible pour les métaux que pour les gaz rares, le rapport $\frac{(T_C - T_T)k_B}{\varepsilon}$ est beaucoup plus important (entre 2 et 4), ce qui explique l'allongement de la courbe TC par rapport à celle des gaz rares. Indiquons également que certains potentiels à *fond plat*[14] sont susceptibles de donner une bonne description des propriétés physiques des éléments qui possèdent une faible valeur du rapport $\frac{T_T}{T_C}$. Ce type de potentiel n'est évidemment pas adapté aux gaz rares liquides dont le rapport $\frac{T_T}{T_C} \simeq 0,56$, ni aux liquides organiques et inorganiques pour lesquels $0,25 < \frac{T_T}{T_C} < 0,45$. Par contre, il pourrait s'avérer utile, comme potentiel empirique, pour

[14]E. Chacon, M. Reinaldo-Falagan, E. Velasco and P. Tarazona, Phys. Rev. Lett. **87**, 166101 (2001). D. Li and S. A. Rice, J. Phys. Chem. B. **108**, 19640 (2004). J. M. Bomont and J. L. Bretonnet, J. Chem. Phys. **124**, 054504 (2006).

les métaux à bas point de fusion tels que le mercure, le gallium, l'indium, l'étain, etc. qui possèdent des rapports $\frac{T_T}{T_C} < 0,1$.

4.3 Potentiels interioniques dans les métaux liquides

4.3.1 Equation de Schrödinger des métaux liquides

Les atomes des gaz rares considérés dans le paragraphe précédent ont des couches électroniques complètement remplies. Ceci assure la stabilité de leurs structures électroniques et permet de considérer les gaz rares comme des liquides simples formés d'atomes. Par contre, les atomes des liquides métalliques possèdent peu d'électrons dans l'enveloppe extérieure - la *bande de valence* ou *bande* s. On appelle *métaux normaux* ceux, comme les métaux *alcalins*, qui n'ont qu'un électron dans la bande s. La facilité avec laquelle ils peuvent perdre cet électron de valence leur confère une forte conduction électronique. Les métaux liquides *polyvalents* qui ont plusieurs électrons de valences sont également considérés comme des métaux normaux. En revanche, les métaux *nobles* et les métaux de *transition* qui possèdent, en plus des électrons de valence, une bande d étroite chevauchant la bande s ne peuvent pas être traités comme des métaux normaux, car il se produit une interaction (*hybridation* s-d) entre les électrons s et les électrons d participant à la conduction.

Dans les métaux normaux, les électrons de conduction, détachés des atomes, constituent un gaz d'électrons libres qui joue un rôle actif dans la détermination de l'énergie du système alors que les électrons de coeur, fortement liés aux noyaux, n'ont pas d'incidence majeure. Ces considérations, avancées par Drude il y a plus d'un siècle, suggèrent de considérer le métal liquide comme un mélange d'ions en interaction dans le gaz d'électrons libres, et d'écrire l'énergie E du métal liquide comme une somme de deux termes :

$$E = Nu_g(V, T) + U_N(V, T, \mathbf{R}_1, ..., \mathbf{R}_N), \tag{4.24}$$

où le premier terme est une contribution énergétique qui dépend de la température et du volume des N ions, et le second terme une contribution énergétique qui dépend, en plus, de la configuration des ions situés aux positions $\mathbf{R}_i$. Or, nous verrons ultérieurement que cette contribution peut s'écrire approximativement comme la somme de potentiels effectifs de paires :

$$U_N(V, T, \mathbf{R}_1, ..., \mathbf{R}_N) = \frac{1}{2}\sum_i \sum_{j \neq i} u(R_{ij}), \tag{4.25}$$

entre entités (pseudoions) différant sensiblement des ions réels. La somme $\sum_i \sum_{j\neq i}$ et le facteur $1/2$ viennent de ce qu'une interaction de paire ne doit pas être comptée deux fois. Le potentiel effectif $u(R_{ij})$ possède une forme fonctionnelle qui dépend du volume, de la température et de la capacité du gaz d'électrons à écranter les ions.

Le calcul de l'énergie E du métal liquide est un problème compliqué de mécanique quantique qui se résout par la méthode des perturbations au second ordre du *pseudopotentiel* (interaction entre un électron et un ion).

Puisqu'un métal liquide est considéré comme un ensemble d'ions de charge Ze (où Z est la valence), noyés dans un gaz d'électrons libres, son état peut être décrit par l'équation de Schrödinger :

$$H\Psi = E\Psi, \tag{4.26}$$

où H est l'hamiltonien du système, Ψ sa fonction d'onde et E son énergie. L'opérateur hamiltonien H contient toutes les formes d'énergie telles que les énergies cinétiques des électrons libres et des ions :

$$\begin{aligned} T_{el} &= \sum_i \left(-\frac{\hbar^2}{2m}\nabla_i^2\right), \\ T_{io} &= \sum_i \left(-\frac{\hbar^2}{2M}\nabla_i^2\right), \end{aligned}$$

et les énergies d'interactions électron-électron, ion-ion et électron-ion :

$$\begin{aligned} U_{el-el} &= \frac{1}{2}\sum_i\sum_{j\neq i}\frac{1}{4\pi\varepsilon_0}\frac{e^2}{|\mathbf{r}_i-\mathbf{r}_j|} = \frac{1}{2}\sum_i\sum_{j\neq i}U_{el}\left(|\mathbf{r}_i-\mathbf{r}_j|\right), \\ U_{io-io} &= \frac{1}{2}\sum_\alpha\sum_{\beta\neq\alpha}\frac{1}{4\pi\varepsilon_0}\frac{Z^2e^2}{|\mathbf{R}_\alpha-\mathbf{R}_\beta|} = \frac{1}{2}\sum_\alpha\sum_{\beta\neq\alpha}U_{io}\left(|\mathbf{R}_\alpha-\mathbf{R}_\beta|\right), \\ U_{el-io} &= -\sum_i\sum_\alpha\frac{1}{4\pi\varepsilon_0}\frac{Ze^2}{|\mathbf{R}_\alpha-\mathbf{r}_i|} = \sum_i\sum_\alpha U_{el-io}\left(|\mathbf{R}_\alpha-\mathbf{r}_i|\right). \end{aligned} \tag{4.27}$$

Les ions de masse M ont pour coordonnées $\mathbf{R}_\alpha$ et les électrons libres de charge e et de masse m ont pour coordonnées $\mathbf{r}_i$.

Pour résoudre l'équation de Schrödinger (Rel. 4.26), il est indispensable de réduire le système des $(Z+1)N$ particules[15] en interaction à un système de particules indépendantes, par des simplifications raisonnables, ceci dans le but d'écrire la fonction d'onde Ψ du système sous la forme d'un produit des fonctions d'ondes de toutes les particules, et l'énergie totale E sous la forme d'une somme des énergies des particules.

La *première simplification* (approximation adiabatique) tient compte de la différence qui existe entre la masse des électrons et celle des ions. L'hypothèse qui est faite ici consiste à admettre que les ions, plus lourds, sont immobiles par rapport aux électrons dont les mouvements sont beaucoup plus rapides[16]. Avec cette simplification, l'énergie d'interaction ion-ion, U_{io-io}, est une quantité calculée à part, qui peut être ajoutée à l'énergie électronique E_{el} donnée par l'équation électronique de Schrödinger :

$$\left[\sum_i\left(-\frac{\hbar^2}{2m}\nabla_i^2\right)+\frac{1}{2}\sum_i\sum_{j\neq i}U_{el}\left(|\mathbf{r}_i-\mathbf{r}_j|\right)+\sum_i\sum_\alpha U_{el-io}\left(|\mathbf{R}_\alpha-\mathbf{r}_i|\right)\right]\Psi_{el} = E_{el}\Psi_{el}, \tag{4.28}$$

où Ψ_{el} représente la fonction d'onde du système de NZ électrons libres.

[15] En effet, le métal est constitué de N ions et NZ électrons libres.

[16] L'approximation adiabatique, ou approximation de Born-Oppenheimer, est présentée habituellement de manière plus subtile, mais supposer que les ions sont immobiles par rapport aux électrons affecte très peu le résultat du calcul de l'énergie.

Une *seconde simplification* s'impose pour résoudre l'équation précédente qui ne peut pas être rapportée à un seul électron à cause de la somme double sur i et j du terme $\sum_i \sum_{j \neq i} U_{el}(|\mathbf{r}_i - \mathbf{r}_j|)$. Evidemment, la relation (4.28) décrivant l'état des ZN électrons en interaction, en présence des ions, se réduirait à une équation à un seul électron s'il n'y avait pas d'interaction entre les électrons ($U_{el-el} = 0$), car l'hamiltonien pourrait se décomposer en une somme de ZN hamiltoniens. Dans le cas d'un système d'électrons en interaction, la réduction de la relation (4.28) est néanmoins envisageable grâce à l'approximation de Hartree-Fock. Cette approximation consiste à remplacer l'énergie d'interaction électron-électron, U_{el-el}, par une fonction - le potentiel de Hartree $W^H(r_i)$ - représentant l'énergie potentielle de l'électron i dans le champ de tous les autres électrons :

$$\frac{1}{2}\sum_i \sum_{j \neq i} U_{el}(|\mathbf{r}_i - \mathbf{r}_j|) \quad \rightarrow \quad \sum_i W^H(r_i).$$

En fait, la véritable expression de $W^H(r_i)$ que nous admettrons sans démonstration est :

$$W^H(r_i) = \frac{1}{2}\sum_{j \neq i} \int \frac{e^2}{4\pi\varepsilon_0} \frac{|\Psi_j(r_j)|^2}{|\mathbf{r}_i - \mathbf{r}_j|} d\mathbf{r}_j,$$

et son sens physique est le suivant : $e|\Psi_j(r_j)|^2$ représente la densité de charge du nuage électronique produit par l'électron j, la quantité $e|\Psi_j(r_j)|^2 d\mathbf{r}_j$ représente la charge électrique de l'élément de volume $d\mathbf{r}_j$ et l'intégrale $\int \frac{e^2}{4\pi\varepsilon_0} \frac{|\Psi_j(r_j)|^2}{|\mathbf{r}_i - \mathbf{r}_j|} d\mathbf{r}_j$ l'énergie d'interaction de l'électron i avec l'électron j. Il faut noter que l'énergie potentielle $W^H(r_i)$ d'un électron i dépend non seulement du mouvement de tous les autres électrons, mais, indirectement, de son propre mouvement qui influe par voie de conséquence sur le mouvement des autres électrons. De ce fait, la fonction $W^H(r_i)$ détermine le mouvement de l'électron i mais en est également fonction. La recherche de la fonction $W^H(r_i)$ se fait, en principe, de manière auto-cohérente par approximations successives.

Ainsi, la mise en oeuvre de la méthode de Hartree-Fock permet d'écrire l'hamiltonien de la relation (4.28) sous la forme suivante :

$$H_{el} = \sum_i \left[-\frac{\hbar^2}{2m}\nabla_i^2 + W^H(r_i) + \sum_\alpha U_{el-io}(|\mathbf{R}_\alpha - \mathbf{r}_i|) \right] = \sum_i H_i,$$

et de réduire l'équation de Schrödinger à électrons multiples (Rel. 4.28) à l'équation d'un seul électron :

$$\left[-\frac{\hbar^2}{2m}\nabla_i^2 + W^H(r_i) + \sum_\alpha U_{el-io}(|\mathbf{R}_\alpha - \mathbf{r}_i|) \right] \Psi_i = E_i \Psi_i, \tag{4.29}$$

où le produit des fonctions d'onde de chaque électron Ψ_i est égal à la fonction d'onde du système ($\Psi_{el} = \prod_i \Psi_i$) et la somme des énergies de chaque électron E_i est égale à l'énergie électronique totale ($E_{el} = \sum_i E_i$).

4.3.2 Concept de pseudopotentiel

Les simplifications précédentes permettent de réduire l'étude des métaux liquides à celle d'un électron indépendant. Mais la résolution de la relation (4.29) n'est pas encore possible car l'énergie d'interaction électron-ion $U_{el-io}(r)$ et le potentiel de Hartree $W^H(r)$ n'ont pas encore de formes connues.

Considérons tout d'abord le potentiel d'interaction électron-ion. Si l'électron i est proche de l'ion α, la contribution énergétique la plus importante est fournie par le potentiel électrostatique entre l'électron i et l'ion α (Fig. 4.5). Ce potentiel présente un puits profond à proximité de l'ion et s'amortit en $1/r$ lorsque l'électron s'en éloigne. Quant aux potentiels d'interaction entre l'électron i et les autres ions, ils sont très faibles et n'apportent aucune contribution majeure à l'énergie E_i. La caractéristique dominante de la somme $\sum_\alpha U_{el-io}(|\mathbf{R}_\alpha - \mathbf{r}_i|)$ est de ne dépendre que du potentiel de l'électron i et de l'ion le plus proche.

Pour résoudre l'équation de Schrödinger à un électron (Rel. 4.29), on fait usage de la théorie des perturbations indépendantes du temps. La méthode ne peut être mise en oeuvre que si l'opérateur énergie potentielle est suffisamment faible pour être traité en perturbation, ce qui n'est pas le cas à cause de la divergence du potentiel $\sum_\alpha U_{el-io}(|\mathbf{R}_\alpha - \mathbf{r}_i|)$ pour $\mathbf{r}_i = \mathbf{R}_\alpha$. La solution consiste à remplacer la vraie fonction d'onde Ψ_i par une pseudofonction d'onde χ_i monotone à l'extérieur comme à l'intérieur de l'ion, ce qui a pour conséquence de transformer l'opérateur énergie potentielle $\sum_\alpha U_{el-io}(|\mathbf{R}_\alpha - \mathbf{r}_i|)$ en un pseudopotentiel $W_0(r) = \sum_\alpha w_0(|\mathbf{R}_\alpha - \mathbf{r}_i|)$, faible partout, sans que cela n'affecte la valeur de l'énergie E_i.

La méthode des pseudopotentiels proposée par Phillips et Kleinman[17] repose sur des fondements théoriques sérieux qui ne seront pas discutés ici. En revanche, on peut fournir une justification au fait que le pseudopotentiel $W_0(r)$ est faible dans tout le système et donner une forme analytique simple au pseudopotentiel individuel $w_0(r)$ en se basant sur les arguments suivants. Comme cela a déjà été mentionné, le potentiel ressenti par l'électron i au voisinage de l'ion α est un potentiel coulombien égal à $-\frac{1}{4\pi\varepsilon_0}\frac{Ze^2}{|\mathbf{R}_\alpha - \mathbf{r}_i|}$. Mais l'électron i est également soumis à un potentiel répulsif de la part des électrons du coeur de l'ion à cause du principe d'exclusion de Pauli qui, compte tenu de la petite taille des coeurs, peut être représenté par un pic de Dirac $+\lambda\delta(|\mathbf{R}_\alpha - \mathbf{r}_i|)$. Par conséquent, le pseudopotentiel $w_0(r)$ au voisinage d'un ion est la somme de ces deux contributions dont une représentation possible (Fig. 4.5) est fournie par le modèle analytique d'Ashcroft[18] :

$$w_0(r) = \begin{cases} 0 & \text{si} \quad r < R_c, \\ -\frac{1}{4\pi\varepsilon_0}\frac{Ze^2}{r} & \text{si} \quad r > R_c. \end{cases} \tag{4.30}$$

Dans ce modèle, on fait l'hypothèse que le potentiel répulsif annule totalement le potentiel attractif dans une sphère de rayon R_c à déterminer. Il existe des modèles dans lesquels le potentiel dans le coeur n'est pas nul. Certains, comme celui d'Ashcroft, ont une forme analytique simple. D'autres sont des opérateurs (pseudopotentiels *non-locaux*)

[17] J. C. Philipps and J. Kleinman, Phys. Rev. **116**, 287 (1959).
[18] N. W. Ashcroft, Phys. Lett. **23**, 48 (1966).

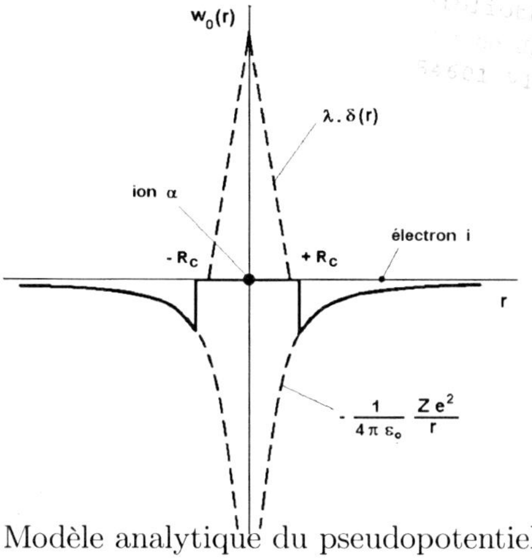

FIG. 4.5 – Modèle analytique du pseudopotentiel d'Aschcroft.

et, de ce fait, ne possèdent pas de forme analytique simple[19]. Tous les calculs présentés dans la suite ne seront effectués qu'avec le pseudopotentiel local d'Ashcroft.

Si l'on admet qu'un faible pseudopotentiel $W_0(r)$ existe, on peut résoudre le problème d'un électron libre dans le champ des ions et des autres électrons. Pour cela, récrivons la relation (4.29) avec le pseudopotentiel $W_0(r)$ et la pseudofonction d'onde $\chi_k(r)$, sans les munir de l'indice i et en utilisant les notations en vigueur en mécanique quantique[20] :

$$\left[-\frac{\hbar^2}{2m}\nabla^2 + W(r)\right]\chi_k(r) = E(k)\chi_k(r), \tag{4.31}$$

avec :

$$W(r) = W^H(r) + W_0(r). \tag{4.32}$$

Déterminons ensuite l'énergie électronique $E(k)$ avec la théorie des perturbations en adoptant comme approximation d'ordre zéro le modèle des électrons libres exposé dans le paragraphe (3.7.1). Ce modèle stipule que l'équation de Schrödinger d'un électron libre dans une boite de volume V s'écrit :

$$-\frac{\hbar^2}{2m}\nabla^2\chi_k^0(r) = E^0(k)\chi_k^0(r).$$

Cette équation admet une solution sous la forme d'une onde plane (Rel. 3.89) :

$$\chi_k^0(\mathbf{r}) = \frac{1}{\sqrt{V}}\exp(i\mathbf{kr}),$$

et possède un spectre d'énergie (Rel. 3.90) :

$$E^0(k) = \frac{\hbar^2 k^2}{2m}.$$

[19] V. Heine and I. V. Abarenkov, Phil. Mag. **9**, 451 (1964) ; Phil. Mag. **12**, 529 (1964). R. W. Jr. Shaw and W. A. Harrison, Phys. Rev. **163**, 604 (1967). V. Heine, Solid State Phys. **24**, 1 (1970).

[20] Le vecteur **k** caractérise toute fonction d'onde donnée et doit figurer en indice auprès de cette fonction.

Ainsi, dans l'approximation d'ordre zéro, l'énergie d'un électron libre $E^0(k)$ varie de manière continue en fonction du carré du vecteur d'onde **k**. Par ailleurs, l'énergie électronique du système de NZ électrons libres (Rel. 3.105) est :

$$E = \frac{3}{5} NZ \frac{\hbar^2 k_F^2}{2m}, \tag{4.33}$$

où $k_F = \left(\frac{3\pi^2 ZN}{V}\right)^{1/3}$ est le vecteur d'onde au niveau de Fermi.

4.3.3 Théorie des perturbations

Cas des états dégénérés. La théorie des perturbations se fixe comme but de déterminer les corrections à apporter à l'énergie $E^0(k)$ et à la fonction d'onde $\chi_k^0(\mathbf{r})$ du système d'électrons libres, lorsqu'on lui impose une perturbation $W(r)$ (Rel. 4.32). Dans ce paragraphe, on décrit brièvement la théorie des perturbations indépendantes du temps au deuxième ordre[21] pour les états non dégénérés, car ce sont les seuls résultats utiles ici.

Considérons le système quantique non perturbé régi par l'équation de Schrödinger :

$$\hat{H}\varphi_\alpha^0(\mathbf{r}) = E_\alpha^0 \varphi_\alpha^0(\mathbf{r}), \tag{4.34}$$

où le spectre discret des valeurs propres E_α^0 et les fonctions propres $\varphi_\alpha^0(\mathbf{r})$ de l'hamiltonien $\hat{H}$ sont supposés connus. Comme les états sont non dégénérés, une seule fonction d'onde correspond à chaque valeur d'énergie (§ 1.2.3). Dans ce qui suit, on se propose de déterminer les solutions approchées de la fonction d'onde $\psi_\beta(\mathbf{r})$ et de l'énergie E_β du système quantique soumis à une faible perturbation $\hat{W}$, dont l'équation de Schrödinger est :

$$\left(\hat{H} + \lambda \hat{W}\right) \psi_\beta(\mathbf{r}) = E_\beta \psi_\beta(\mathbf{r}), \tag{4.35}$$

où λ est un paramètre qui sert essentiellement à faciliter l'analyse, en prenant la valeur 0 quand le système est non perturbé et 1 quand le système est perturbé.

Pour trouver la solution de cette équation, utilisons la prescription de Dirac en développant la fonction d'onde inconnue $\psi_\beta(\mathbf{r})$ sur la base des fonctions d'ondes propres $\varphi_\alpha^0(\mathbf{r})$, soit :

$$\psi_\beta(\mathbf{r}) = \sum_\alpha c_{\beta\alpha} \varphi_\alpha^0(\mathbf{r}). \tag{4.36}$$

Puis substituons ce développement dans la relation (4.35) :

$$\sum_\alpha c_{\beta\alpha} \left(\hat{H} + \lambda \hat{W}\right) \varphi_\alpha^0(\mathbf{r}) = \sum_\alpha c_{\beta\alpha} E_\beta \varphi_\alpha^0(\mathbf{r}),$$

qui, avec la relation (4.34), s'écrit encore :

$$\sum_\alpha c_{\beta\alpha} \left(E_\alpha^0 + \lambda \hat{W}\right) \varphi_\alpha^0(\mathbf{r}) = \sum_\alpha c_{\beta\alpha} E_\beta \varphi_\alpha^0(\mathbf{r}).$$

[21] C. Cohen-Tannoudji, B. Diu et F. Laloë, *Mécanique quantique*, Hermann, Paris (1977), p. 1084.

Multiplions à gauche par φ_γ^{0*} et intégrons sur le domaine concerné. On obtient :

$$\sum_\alpha c_{\beta\alpha} \int \varphi_\gamma^{0*} E_\alpha^0 \varphi_\alpha^0 d^3r + \sum_\alpha c_{\beta\alpha} \int \varphi_\gamma^{0*} \lambda \hat{W} \varphi_\alpha^0 d^3r = \sum_\alpha c_{\beta\alpha} \int \varphi_\gamma^{0*} E_\beta \varphi_\alpha^0 d^3r.$$

Et après simplifications[22], cette relation devient :

$$\sum_\alpha c_{\beta\alpha} \lambda W_{\gamma\alpha} = \left(E_\beta - E_\gamma^0\right) c_{\beta\gamma}. \tag{4.37}$$

La méthode des perturbations consiste à rechercher l'énergie E_β et les coefficients $c_{\beta\alpha}$, susceptibles de résoudre la relation (4.35), sous la forme des séries :

$$\begin{aligned} E_\beta &= E_\beta^0 + \lambda E_\beta^{(1)} + \lambda^2 E_\beta^{(2)} + ..., \\ c_{\beta\alpha} &= c_{\beta\alpha}^0 + \lambda c_{\beta\alpha}^{(1)} + \lambda^2 c_{\beta\alpha}^{(2)} + ..., \end{aligned} \tag{4.38}$$

où E_β^0 et $c_{\beta\alpha}^0$ correspondent au système non perturbé (approximation d'ordre zéro), $E_\beta^{(1)}$ et $c_{\beta\alpha}^{(1)}$ à l'approximation d'ordre un, etc. En reportant les développements ci-dessus dans la relation (4.37), on obtient :

$$\sum_\alpha \left[c_{\beta\alpha}^0 + \lambda c_{\beta\alpha}^{(1)} + ...\right] \lambda W_{\gamma\alpha} = \left(E_\beta^0 + \lambda E_\beta^{(1)} + \lambda^2 E_\beta^{(2)} + ... - E_\gamma^0\right) \left[c_{\beta\gamma}^0 + \lambda c_{\beta\gamma}^{(1)} + \lambda^2 c_{\beta\gamma}^{(2)} + ...\right]. \tag{4.39}$$

Lorsque le système n'est pas perturbé ($\lambda = 0$), cette relation se réduit à $\left(E_\beta^0 - E_\gamma^0\right) c_{\beta\gamma}^0 = 0$ impliquant que $c_{\beta\gamma}^0 = 0$ quand $\beta \neq \gamma$. Comme, par ailleurs, la relation (4.36) s'écrit :

$$\psi_\beta(\mathbf{r}) = \sum_\alpha c_{\beta\alpha}^0 \varphi_\alpha^0(\mathbf{r}) = \varphi_\beta^0(\mathbf{r}),$$

il s'ensuit que le coefficient $c_{\beta\alpha}^0$ doit s'identifier au symbole de Kronecker, $c_{\beta\alpha}^0 = \delta_{\beta\alpha}$, valant 0 quand $\alpha \neq \beta$ et 1 quand $\alpha = \beta$.

Pour déterminer la correction au premier ordre du système perturbé, ignorons les puissances de λ supérieures ou égales à deux dans la relation (4.39), et posons $\lambda = 1$, soit :

$$\sum_\alpha \delta_{\beta\alpha} W_{\gamma\alpha} = \left(E_\beta^0 - E_\gamma^0\right) \left[\delta_{\beta\gamma} + c_{\beta\gamma}^{(1)}\right] + E_\beta^{(1)} \delta_{\beta\gamma}.$$

---

[22] Puisque la base formée par les fonctions propres ψ_α^0 est orthonormale, les trois termes de la relation précédente se réduisent à :

$$\begin{aligned} \sum_\alpha c_{\beta\alpha} \int \varphi_\gamma^{0*} E_\alpha^0 \varphi_\alpha^0 d^3r &= c_{\beta\gamma} E_\gamma^0, \\ \sum_\alpha c_{\beta\alpha} \int \varphi_\gamma^{0*} E_\beta^0 \varphi_\alpha^0 d^3r &= c_{\beta\gamma} E_\beta, \\ \sum_\alpha c_{\beta\alpha} \int \varphi_\gamma^{0*} \hat{W} \varphi_\alpha^0 d^3r &= \sum_\alpha c_{\beta\alpha} W_{\gamma\alpha}, \end{aligned}$$

où $W_{\gamma\alpha} = \int \varphi_\gamma^{0*} \hat{W} \varphi_\alpha^0 d^3r$ est l'élément de matrice de la perturbation.

On en déduit que :

$$\begin{aligned}
\text{si}\quad \gamma &= \beta \text{ et } \alpha \neq \beta, &\text{on a}\quad & E_\beta^{(1)} = 0,\\
\text{si}\quad \gamma &= \beta \text{ et } \alpha = \beta, &\text{on a}\quad & E_\beta^{(1)} = W_{\beta\beta} = \int \varphi_\beta^{0*} \hat{W} \varphi_\beta^0 d^3r,\\
\text{si}\quad \gamma &\neq \beta \text{ et } \alpha = \beta, &\text{on a}\quad & W_{\gamma\beta} = \left(E_\beta^0 - E_\gamma^0\right) c_{\beta\gamma}^{(1)}.
\end{aligned} \tag{4.40}$$

Avec ces résultats, on voit que, dans l'approximation d'ordre un, l'énergie E_β (Rel. 4.38) et la fonction d'onde $\psi_\beta(\mathbf{r})$ (Rel. 4.36) du système perturbé ont pour expressions :

$$\begin{aligned}
E_\beta &= E_\beta^0 + W_{\beta\beta},\\
\psi_\beta(\mathbf{r}) &= \sum_\alpha \left[\delta_{\beta\alpha} + c_{\beta\alpha}^{(1)}\right] \varphi_\alpha^0(\mathbf{r}) = \varphi_\beta^0(\mathbf{r}) + \sum_{\alpha\neq\beta} \frac{W_{\alpha\beta}}{E_\beta^0 - E_\alpha^0} \varphi_\alpha^0(\mathbf{r}).
\end{aligned} \tag{4.41}$$

Afin de déterminer la correction au second ordre du système perturbé, on doit ignorer les puissances de λ supérieures ou égales à trois dans la relation (4.39), et poser $\lambda = 1$, soit :

$$\sum_\alpha \left[\delta_{\beta\alpha} + c_{\beta\alpha}^{(1)}\right] W_{\gamma\alpha} = \left(E_\beta^0 - E_\gamma^0\right)\left[\delta_{\beta\gamma} + c_{\beta\gamma}^{(1)} + c_{\beta\gamma}^{(2)}\right] + E_\beta^{(1)}\left[\delta_{\beta\gamma} + c_{\beta\gamma}^{(1)}\right] + E_\beta^{(2)} \delta_{\beta\gamma}.$$

Dans le cas où $\gamma = \beta$ et $\alpha \neq \beta$, pour lequel on a trouvé $E_\beta^{(1)} = 0$, la relation précédente se réduit à :

$$E_\beta^{(2)} = \sum_{\alpha\neq\beta} c_{\beta\alpha}^{(1)} W_{\beta\alpha}.$$

Or, en substituant $c_{\beta\alpha}^{(1)}$ dans la relation précédente, avec la relation (4.40), on obtient la correction à l'ordre deux de l'énergie, soit :

$$E_\beta = E_\beta^0 + W_{\beta\beta} + \sum_{\alpha\neq\beta} \frac{W_{\alpha\beta} W_{\beta\alpha}}{E_\beta^0 - E_\alpha^0}. \tag{4.42}$$

Factorisation des éléments de matrice. Pour étudier les liquides métalliques, il n'est pas nécessaire d'aller au-delà des approximations d'ordre deux pour l'énergie (Rel. 4.42) et d'ordre un pour la fonction d'onde (Rel. 4.41). Dans ce cas, l'énergie $E(k)$ et la fonction d'onde $\chi_k(r)$ d'un électron de conduction, dans le système soumis à la perturbation $W(r)$, peuvent se calculer en récrivant les relations (4.42) et (4.41) avec les notations de l'énergie et de l'élément de matrice de la perturbation adaptées au problème, soit :

$$E(k) = \frac{\hbar^2 k^2}{2m} + \langle \mathbf{k} | W | \mathbf{k} \rangle + \sum_{q\neq 0} \frac{\left|\langle \mathbf{k}+\mathbf{q} | W | \mathbf{k}\rangle\right|^2}{\frac{\hbar^2}{2m}\left[\mathbf{k}^2 - |\mathbf{k}+\mathbf{q}|^2\right]}, \tag{4.43}$$

$$\chi_k(r) = \frac{1}{\sqrt{V}} \exp(i\mathbf{kr}) + \sum_{q\neq 0} \frac{\left|\langle \mathbf{k}+\mathbf{q} | W | \mathbf{k}\rangle\right|}{\frac{\hbar^2}{2m}\left[\mathbf{k}^2 - |\mathbf{k}+\mathbf{q}|^2\right]} \frac{1}{\sqrt{V}} \exp\left[i\left(\mathbf{k}+\mathbf{q}\right)\mathbf{r}\right], \tag{4.44}$$

où les termes correctifs dépendent de l'élément de matrice :

$$\langle \mathbf{k}+\mathbf{q} | W | \mathbf{k}\rangle = \frac{1}{V} \int \exp\left[-i\left(\mathbf{k}+\mathbf{q}\right)\mathbf{r}\right] W(r) \exp\left(i\mathbf{kr}\right) d\mathbf{r}, \tag{4.45}$$

responsable de la diffusion sur une surface d'énergie constante. En effet, l'élément de matrice est l'expression de la diffusion d'un électron de conduction, par le pseudopotentiel total $W(r)$ faiblement diffusant, de l'état initial défini par le vecteur d'onde $\mathbf{k}$ vers l'état final $\mathbf{k}' = \mathbf{k} + \mathbf{q}$. Puisque l'élément de matrice doit être calculé avec le pseudopotentiel de l'ion nu $W_0(r)$ et le potentiel de Hartree $W^H(r)$ responsable du réarrangement (écrantage) du gaz d'électrons autour des ions, on peut écrire le potentiel total $W(r)$ comme une somme de termes incluant le pseudopotentiel nu et le potentiel de Hartree centrés sur les ions (Rel. 4.32), soit :

$$W(r) = W^H(r) + W_0(r) = \sum_\alpha w(|\mathbf{R}_\alpha - \mathbf{r}|). \tag{4.46}$$

La substitution de la relation (4.46) dans la relation (4.45) permet de calculer l'élément de matrice :

$$\begin{aligned}
\langle \mathbf{k}+\mathbf{q}|W|\mathbf{k}\rangle &= \frac{1}{V}\int \exp[-i(\mathbf{k}+\mathbf{q})\mathbf{r}]\sum_\alpha w(|\mathbf{R}_\alpha - \mathbf{r}|)\exp(i\mathbf{k}\mathbf{r})\,d\mathbf{r},\\
\langle \mathbf{k}+\mathbf{q}|W|\mathbf{k}\rangle &= \frac{1}{V}\sum_\alpha \exp(-i\mathbf{q}\mathbf{R}_\alpha)\int \exp[-i(\mathbf{k}+\mathbf{q})(\mathbf{r}-\mathbf{R}_\alpha)]\,w(|\mathbf{R}_\alpha - \mathbf{r}|)\times\\
&\quad \exp[i\mathbf{k}(\mathbf{r}-\mathbf{R}_\alpha)]\,d\mathbf{r}.
\end{aligned}$$

Comme $(\mathbf{R}_\alpha - \mathbf{r})$ est une variable muette, on peut poser $\mathbf{X} = \mathbf{r} - \mathbf{R}_\alpha$ et procéder au calcul de l'intégrale permettant de factoriser l'élément de matrice sous la forme :

$$\langle \mathbf{k}+\mathbf{q}|W|\mathbf{k}\rangle = \frac{1}{N}\sum_\alpha \exp(-i\mathbf{q}\mathbf{R}_\alpha)\langle \mathbf{k}+\mathbf{q}|w|\mathbf{k}\rangle, \tag{4.47}$$

avec :

$$\langle \mathbf{k}+\mathbf{q}|w|\mathbf{k}\rangle = \frac{N}{V}\int \exp[-i(\mathbf{k}+\mathbf{q})\mathbf{X}]\,w(|\mathbf{X}|)\exp(i\mathbf{k}\mathbf{X})\,d\mathbf{X}. \tag{4.48}$$

Le carré de l'élément de matrice qui se trouve dans la relation (4.43) s'écrit habituellement :

$$\langle \mathbf{k}+\mathbf{q}|W|\mathbf{k}\rangle^2 = \frac{1}{N^2}\sum_{\alpha,\beta}\exp[-i\mathbf{q}(\mathbf{R}_\beta - \mathbf{R}_\alpha)]\langle \mathbf{k}+\mathbf{q}|w|\mathbf{k}\rangle^2, \tag{4.49}$$

soit :

$$\langle \mathbf{k}+\mathbf{q}|W|\mathbf{k}\rangle^2 = \frac{1}{N}S(q)\langle \mathbf{k}+\mathbf{q}|w|\mathbf{k}\rangle^2, \tag{4.50}$$

où $\langle \mathbf{k}+\mathbf{q}|w|\mathbf{k}\rangle$ est le *facteur de forme* qui dépend du potentiel individuel de l'ion et $S(q)$ le *facteur de structure* ionique qui dépend de la position des ions et qui peut être mesuré directement par diffraction de rayons X ou de neutrons. Sa définition est :

$$S(q) = \frac{1}{N}\sum_{\alpha,\beta}\exp[-i\mathbf{q}(\mathbf{R}_\beta - \mathbf{R}_\alpha)].$$

Dans le cadre de la théorie des perturbations qui vient d'être brièvement présentée, on peut noter que l'énergie électronique E_{el} du métal est égale à la somme des énergies $E(k)$ relative à tous les électrons libres. On peut noter également que la théorie des perturbations conduit à effectuer tous les calculs dans l'espace réciproque et non pas dans l'espace direct. Par conséquent, l'énergie électronique E_{el} du métal doit être calculée dans l'espace des $\mathbf{k}$, en effectuant la somme de tous les états d'énergie occupés dans la sphère de Fermi de rayon k_F, avec la relation[23] :

$$E_{el} = \sum_{k \leq k_F} E(k) = \frac{2V}{(2\pi)^3} \int_{k \leq k_F} E(k) d^3k,$$

où $E(k)$ est donné par la relation (4.43). L'énergie électronique E_{el} du métal a ainsi pour expression[24] :

$$E_{el} = \sum_{k \leq k_F} E(k) = \frac{2V}{(2\pi)^3} \int_{k \leq k_F} \left[\frac{\hbar^2 k^2}{2m} + \langle \mathbf{k} | W | \mathbf{k} \rangle + \sum_{q \neq 0} \frac{|\langle \mathbf{k} + \mathbf{q} | W | \mathbf{k} \rangle|^2}{\frac{\hbar^2}{2m} \left[\mathbf{k}^2 - |\mathbf{k} + \mathbf{q}|^2 \right]} \right] d^3k. \quad (4.51)$$

4.3.4 Facteur de forme du pseudopotentiel d'Ashcroft

A titre indicatif, calculons le facteur de forme du pseudopotentiel d'Ashcroft $w_0(r)$ en substituant la relation (4.30) dans la relation (4.48), soit :

$$\langle \mathbf{k} + \mathbf{q} | w_0 | \mathbf{k} \rangle = \frac{N}{V} \iiint \exp\left[-i (\mathbf{k} + \mathbf{q}) \mathbf{r} \right] w_0 (r) \exp(i \mathbf{k} \mathbf{r}) \, d^3r.$$

L'intégration dans la relation précédente peut s'effectuer avec les coordonnées sphériques :

$$\begin{aligned} d^3r &= r^2 \sin\theta d\theta d\varphi dr, \\ \text{et} \quad \mathbf{qr} &= qr \cos\theta, \end{aligned}$$

après avoir placé les vecteurs $\mathbf{q}$ et $\mathbf{r}$ comme indiqué sur la figure (4.6). Avec ce changement de variables, le facteur de forme s'écrit alors :

$$\langle \mathbf{k} + \mathbf{q} | w_0 | \mathbf{k} \rangle = 2\pi \frac{N}{V} \iint \exp(-iqr\cos\theta) \, w_0(r) \, r^2 \sin\theta d\theta dr.$$

---

[23] La transformation de la somme discrète sur k en une intégrale se fait au moyen de la formule :

$$\sum_{k \leq k_F} \rightarrow \frac{2V}{(2\pi)^3} \int_{k \leq k_F} d^3k.$$

Le nombre d'électrons qui se trouvent dans l'unité de volume de l'espace des $\mathbf{k}$ est $\frac{2V}{(2\pi)^3}$. Or, pour un système d'électrons libres, le volume occupé par les électrons dans l'espace des $\mathbf{k}$ est une sphère de rayon k_F, appelée sphère de Fermi. Par conséquent, le nombre d'électrons libres NZ est égal au produit du nombre d'électrons par unité de volume, multiplié par le volume de la sphère de Fermi, soit :

$$\begin{aligned} NZ &= \frac{2V}{(2\pi)^3} \int_{k \leq k_F} d^3k = \frac{2V}{(2\pi)^3} \frac{4}{3} \pi k_F^3, \\ \text{d'où} \quad k_F &= \left(\frac{3\pi^2 NZ}{V} \right)^{1/3}. \end{aligned}$$

[24] Il est important de noter, dès maintenant, que l'énergie E_{el} ne correspond pas exactement à l'énergie électronique du métal car, dans la manière d'effectuer son calcul, on est amené à compter deux fois l'énergie électron-électron. Par conséquent, cette dernière devra être soustraite à un moment donné.

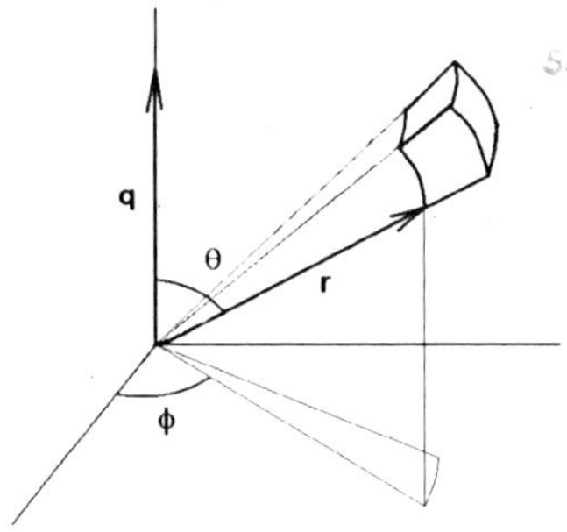

FIG. 4.6 – Position des vecteurs $\mathbf{q}$ et $\mathbf{r}$ pour le calcul du facteur de forme $w_0(q)$.

Pour intégrer la relation précédente sur la variable θ, posons $\mu = \cos\theta$ variant de 1 à -1, avec $d\mu = -\sin\theta d\theta$, ce qui donne :

$$\langle \mathbf{k}+\mathbf{q}\,|w_0|\,\mathbf{k}\rangle = 2\pi\frac{N}{V}\int\left[-\int_1^{-1}\exp\left(-iqr\mu\right)d\mu\right]w_0\left(r\right)r^2dr,$$

où l'intégrale qui se trouve entre crochets vaut :

$$\left[-\int_1^{-1}\exp\left(-iqr\mu\right)d\mu\right] = -\frac{1}{iqr}\left[\exp\left(-iqr\right)-\exp\left(iqr\right)\right]. \tag{4.52}$$

Avant d'effectuer l'intégration sur r, remplaçons le pseudopotentiel par son expression (Rel. 4.30) et introduisons le facteur d'amortissement $\exp\left(-\alpha r\right)$ que l'on fera disparaître à la fin du calcul en faisant tendre α vers zéro. Le facteur de forme du pseudopotentiel d'Ashcroft s'écrit :

$$\begin{aligned}\langle \mathbf{k}+\mathbf{q}\,|w_0|\,\mathbf{k}\rangle &= -\frac{2\pi}{iq}\frac{N}{V}\left\{\int_{R_c}^{\infty}\frac{1}{r}\exp\left[-\left(\alpha+iq\right)r\right]\left(-\frac{1}{4\pi\varepsilon_0}\frac{Ze^2}{r}\right)r^2dr\right.\\ &\qquad\left.-\int_{R_c}^{\infty}\frac{1}{r}\exp\left[-\left(\alpha-iq\right)r\right]\left(-\frac{1}{4\pi\varepsilon_0}\frac{Ze^2}{r}\right)r^2dr\right\},\\ \langle \mathbf{k}+\mathbf{q}\,|w_0|\,\mathbf{k}\rangle &= \frac{2\pi}{iq}\frac{N}{V}\frac{Ze^2}{4\pi\varepsilon_0}\left\{\int_{R_c}^{\infty}\exp\left[-\left(\alpha+iq\right)r\right]dr-\int_{R_c}^{\infty}\exp\left[-\left(\alpha-iq\right)r\right]dr\right\}.\end{aligned}$$

La suite de l'intégration sur r, avec $\alpha = 0$, donne :

$$\begin{aligned}\langle \mathbf{k}+\mathbf{q}\,|w_0|\,\mathbf{k}\rangle &= \frac{2\pi}{iq}\frac{N}{V}\frac{Ze^2}{4\pi\varepsilon_0}\left\{\frac{1}{\left(\alpha+iq\right)}\exp\left[-\left(\alpha+iq\right)R_c\right]-\frac{1}{\left(\alpha-iq\right)}\exp\left[-\left(\alpha-iq\right)R_c\right]\right\},\\ \langle \mathbf{k}+\mathbf{q}\,|w_0|\,\mathbf{k}\rangle &= \frac{2\pi}{\left(iq\right)^2}\frac{N}{V}\frac{Ze^2}{4\pi\varepsilon_0}\left\{\exp\left(-iqR_c\right)+\exp\left(iqR_c\right)\right\},\end{aligned}$$

soit :

$$\langle \mathbf{k}+\mathbf{q}\,|w_0|\,\mathbf{k}\rangle = -\frac{Ze^2}{\varepsilon_0 q^2}\frac{N}{V}\cos\left(qR_c\right). \tag{4.53}$$

4.3.5 Théorie de l'écrantage dans l'approximation de Hartree

Dans les paragraphes précédents on a trouvé l'expression formelle de l'énergie électronique $E_{el} = \sum_{k \leq k_F} E(k)$ d'un métal en fonction de $E(k)$ (Rel. 4.51). L'énergie $E(k)$ est l'énergie d'un électron de conduction en interaction avec les ions et avec les autres électrons du système, et elle dépend du pseudopotentiel total $W(r) = W^H(r) + W_0(r)$ par l'intermédiaire de l'élément de matrice $\langle \mathbf{k} + \mathbf{q} | W | \mathbf{k} \rangle$ (Rel. 4.45). Or, cet élément de matrice n'est que partiellement connu. En effet, avec le choix du pseudopotentiel d'Ashcroft, on dispose d'une expression de l'élément de matrice du pseudopotentiel nu $\langle \mathbf{k} + \mathbf{q} | W_0 | \mathbf{k} \rangle$, mais on n'a aucune indication sur l'élément de matrice $\left\langle \mathbf{k} + \mathbf{q} \left| W^H \right| \mathbf{k} \right\rangle$ représentant les interactions électron-électron dans l'approximation de Hartree.

Pour obtenir l'expression de l'élément de matrice $\left\langle \mathbf{k} + \mathbf{q} \left| W^H \right| \mathbf{k} \right\rangle$, on utilise la théorie de l'écrantage[25] basée sur le concept de *fonction diélectrique*. Le principe de la méthode est de déterminer, de manière autocohérente, l'élément de matrice $\left\langle \mathbf{k} + \mathbf{q} \left| W^H \right| \mathbf{k} \right\rangle$ et l'élément de matrice $\langle \mathbf{k} + \mathbf{q} | W | \mathbf{k} \rangle = \left\langle \mathbf{k} + \mathbf{q} \left| W^H \right| \mathbf{k} \right\rangle + \langle \mathbf{k} + \mathbf{q} | W_0 | \mathbf{k} \rangle$ en fonction de la densité du nuage électronique $n(\mathbf{r})$. Le procédé revient à calculer la densité électronique avec la fonction d'onde (premier postulat de la mécanique quantique, § 1.2.1) en utilisant conjointement la relation de Poisson[26]. Ainsi, la densité électronique $n(\mathbf{r})$ est donnée par la somme, sur tous les états occupés de la sphère de Fermi, du produit de la pseudofonction d'onde $\chi_k(r)$ (Rel. 4.44) par son complexe conjugué $\chi_k^*(r)$, c'est-à-dire :

$$n(\mathbf{r}) = \sum_{k \leq k_F} \chi_k(r) \chi_k^*(r),$$

soit :

$$\begin{aligned} n(\mathbf{r}) &= \sum_{k \leq k_F} \left[\frac{1}{\sqrt{V}} \exp(i\mathbf{kr}) + \sum_{q \neq 0} \frac{a_q(\mathbf{k})}{\sqrt{V}} \exp\left[i(\mathbf{k}+\mathbf{q})\mathbf{r}\right] \right] \times \\ & \left[\frac{1}{\sqrt{V}} \exp(-i\mathbf{kr}) + \sum_{q \neq 0} \frac{a_q^*(\mathbf{k})}{\sqrt{V}} \exp\left[-i(\mathbf{k}+\mathbf{q})\mathbf{r}\right] \right], \end{aligned}$$

où l'on a posé :

$$a_q(\mathbf{k}) = \frac{|\langle \mathbf{k} + \mathbf{q} | W | \mathbf{k} \rangle|}{\frac{\hbar^2}{2m} \left[\mathbf{k}^2 - |\mathbf{k} + \mathbf{q}|^2 \right]}, \tag{4.54}$$

de sorte que la densité électronique totale est :

$$n(\mathbf{r}) = \frac{1}{V} \sum_{k \leq k_F} \left[1 + \sum_{q \neq 0} a_q(\mathbf{k}) \exp(i\mathbf{qr}) + \sum_{q \neq 0} a_q^*(\mathbf{k}) \exp(-i\mathbf{qr}) + \ldots \right].$$

Le terme constant correspond à la distribution uniforme de charge négative qui compense la charge positive des ions. Et les termes restants représentent la densité de charge oscillante, écrantant les ions, qui est directement liée au potentiel de Hartree $W^H(r)$ par

[25] W. A. Harrison, *Pseudopotentiels in the Theory of Metals*, Benjamin, New York (1966), p. 46.

[26] Le procédé est analogue à celui qui a été utilisé pour introduire le champ local dans la théorie de Debye et Hückel, au paragraphe (3.6.1).

l'équation de Poisson. En négligeant les termes du développement d'ordres supérieurs à un, la densité électronique oscillante $n^{osc}(\mathbf{r})$ se réduit à l'expression :

$$\begin{aligned} n^{osc}(\mathbf{r}) &= \frac{1}{V}\sum_{k\leq k_F}\sum_{q\neq 0}\left[a_q(\mathbf{k})\exp(i\mathbf{qr}) + a_q^*(\mathbf{k})\exp(-i\mathbf{qr})\right], \\ n^{osc}(\mathbf{r}) &= \frac{1}{V}\sum_{k\leq k_F}\sum_{q\neq 0} 2a_q(\mathbf{k})\exp(i\mathbf{qr}), \end{aligned} \tag{4.55}$$

car $a_q^*(\mathbf{k})\exp(-i\mathbf{qr}) = a_q(\mathbf{k})\exp(i\mathbf{qr})$ par définition de $a_q(\mathbf{k})$.

Quant à l'équation de Poisson $\nabla^2\Phi(r) = -\frac{en^{osc}(\mathbf{r})}{\varepsilon_0}$, où $\Phi(r)$ est le potentiel électrostatique, elle se récrit alors avec l'énergie potentielle de Hartree $W^H(r) = e\Phi(r)$ sous la forme :

$$\nabla^2 W^H(\mathbf{r}) = e\nabla^2\Phi(r) = -\frac{e^2 n^{osc}(\mathbf{r})}{\varepsilon_0}. \tag{4.56}$$

Pour mettre en oeuvre la méthode, il est plus simple de combiner les relations (4.55) et (4.56) après les avoir transformées dans l'espace des $\mathbf{k}$ comme suit[27] :

$$n^{osc}(\mathbf{r}) = \sum_{q\neq 0} n_q^{osc}\exp(i\mathbf{qr}), \tag{4.57}$$

$$W^H(\mathbf{r}) = \sum_{q\neq 0} W_q^H\exp(i\mathbf{qr}). \tag{4.58}$$

En comparant les relations (4.55) et (4.57), d'une part, et en calculant le laplacien de $W^H(\mathbf{r})$ avec la relation (4.58), d'autre part, on obtient les deux relations suivantes :

$$n_q^{osc} = \frac{2}{V}\sum_{k\leq k_F} a_q(\mathbf{k}), \tag{4.59}$$

$$\nabla^2 W^H(\mathbf{r}) = \sum_{q\neq 0} W_q^H\left(-q^2\right)\exp(i\mathbf{qr}).$$

Or, la substitution de ces expressions dans la relation (4.56) permet d'écrire l'équation

[27] La transformation de la somme discrète sur q en une intégrale se fait au moyen de la formule :

$$\sum_{q\neq 0} \to \frac{V}{(2\pi)^3}\int d^3q.$$

Celle-ci permet de définir la transformée de Fourier de la manière suivante :

$$n^{osc}(\mathbf{r}) = \sum_{q\neq 0} n_q^{osc}\exp(i\mathbf{qr}) = \frac{V}{(2\pi)^3}\int n_q^{osc}\exp(i\mathbf{qr})\,d^3q$$

avec :

$$n_q^{osc} = \frac{1}{V}\int n^{osc}(\mathbf{r})\exp(-i\mathbf{qr})\,d^3r.$$

Il en est de même pour la fonction $W^H(\mathbf{r})$.

de Poisson sous la forme algébrique suivante :

$$\begin{aligned}
\sum_{q\neq 0} W_q^H\left(-q^2\right)\exp\left(i\mathbf{qr}\right) &= -\frac{e^2}{\varepsilon_0}\sum_{q\neq 0} n_q^{osc}\exp\left(i\mathbf{qr}\right),\\
W_q^H\left(-q^2\right) &= -\frac{e^2}{\varepsilon_0}n_q^{osc},
\end{aligned}$$

soit

$$W_q^H = \frac{e^2}{\varepsilon_0 q^2}n_q^{osc}. \tag{4.60}$$

Finalement, on peut écrire explicitement le potentiel de Hartree W_q^H en fonction de l'élément de matrice $|\langle\mathbf{k}+\mathbf{q}\,|W|\,\mathbf{k}\rangle|$, en utilisant les relations (4.59) et (4.54), soit :

$$W_q^H = \frac{e^2}{\varepsilon_0 q^2}\frac{2}{V}\sum_{k\leq k_F}\frac{|\langle\mathbf{k}+\mathbf{q}\,|W|\,\mathbf{k}\rangle|}{\frac{\hbar^2}{2m}\left[\mathbf{k}^2-|\mathbf{k}+\mathbf{q}|^2\right]},$$

et en tenant compte de la formule donnée dans la note 23 de ce chapitre, on obtient :

$$W_q^H = \frac{e^2}{2\pi^3\varepsilon_0 q^2}\int_{k\leq k_F}\frac{|\langle\mathbf{k}+\mathbf{q}\,|W|\,\mathbf{k}\rangle|}{\frac{\hbar^2}{2m}\left[\mathbf{k}^2-|\mathbf{k}+\mathbf{q}|^2\right]}d^3k. \tag{4.61}$$

4.3.6 Concept de fonction diélectrique

Afin de poursuivre le calcul du potentiel de Hartree (Rel. 4.61) sans trop de difficultés, admettons que le pseudopotentiel soit local. Il en découle que l'élément de matrice $|\langle\mathbf{k}+\mathbf{q}\,|W|\,\mathbf{k}\rangle|$ ne dépend que de q et peut être sorti de l'intégrale sur k, ce qui n'est pas le cas dans la théorie complète[28]. Le calcul de W_q^H se réduit donc à celui de l'intégrale :

$$I = \int_{k\leq k_F}\frac{d^3k}{\frac{\hbar^2}{2m}\left[\mathbf{k}^2-|\mathbf{k}+\mathbf{q}|^2\right]}. \tag{4.62}$$

Pour réaliser l'intégration sur les états contenus dans la sphère de Fermi, on trace la sphère de Fermi de rayon k_F, on place le vecteur de transfert $\mathbf{q}$ selon l'axe z (Fig. 4.7) et on effectue le changement de variables :

$$z = k_F\cos\theta,$$

de manière à choisir comme élément d'intégration le disque :

$$d^3k = \pi\left(k_F^2 - z^2\right)dz.$$

Par ailleurs, comme l'a indiqué Hubbard[29], supposons que l'intégration ne dépend quasiment pas des valeurs du vecteur d'onde qui sont éloignées de celles du vecteur d'onde de Fermi $\mathbf{k}_F$. Ceci simplifie considérablement les calculs car il suffit d'intégrer sur les états $\mathbf{k}=\mathbf{k}_F$, en posant :

[28] R. W. Shaw and W. A. Harrison, Phys. Rev. **163**, 604 (1967). R. W. Shaw, Phys. Rev. **174**, 769 (1968). R. W. Shaw, J. Phys. C : Solid State Phys. **2**, 2335 et 2350 (1969).

[29] J. Hubbard, Proc. Roy. Soc. (London) A **243**, 336 (1957).

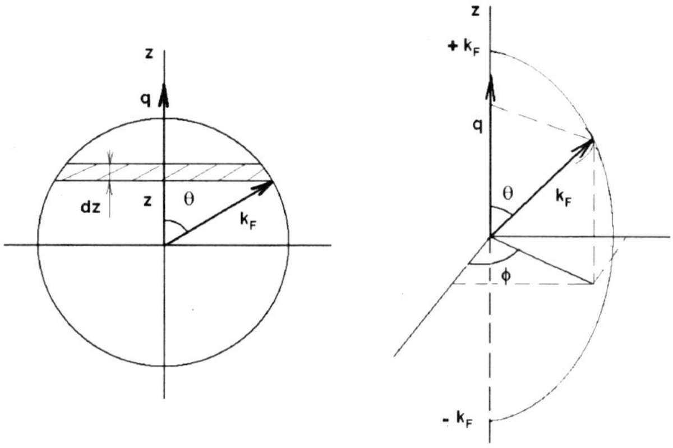

FIG. 4.7 – Choix des variables d'intégration pour effectuer le calcul de l'intégration de la relation (4.62) sur la sphère de Fermi. La partie hachurée correspond à l'élément de volume d^3k.

$$\mathbf{k}^2 - |\mathbf{k}+\mathbf{q}|^2 \simeq \mathbf{k}_F^2 - |\mathbf{k}_F+\mathbf{q}|^2 = k_F^2 - \left(k_F^2 + 2qk_F\cos\theta + q^2\right),$$

soit :

$$\mathbf{k}^2 - |\mathbf{k}+\mathbf{q}|^2 \simeq -q^2 - 2qz.$$

L'intégrale I s'écrit alors :

$$I = \frac{\pi m}{\hbar^2 q}\int_{-k_F}^{+k_F}\frac{(z^2-k_F^2)}{\frac{q}{2}+z}dz,$$

et son résultat se réduit à l'expression[30] :

$$I = \frac{\pi m}{\hbar^2 q}\left[-qk_F + k_F^2\left(\frac{q^2}{4k_F^2}-1\right)\ln\left|\frac{q+2k_F}{q-2k_F}\right|\right].$$

Simplifions encore l'intégrale I en posant $\eta = \frac{q}{k_F}$ (avec $\eta < 2$), soit :

$$I = -\frac{\pi m k_F}{\hbar^2}\left[1 + \left(\frac{4-\eta^2}{4\eta}\right)\ln\left|\frac{\eta+2}{\eta-2}\right|\right]. \qquad (4.63)$$

[30]Calcul de l'intégrale :

$$\begin{aligned}
J &= \int_{-k_F}^{+k_F}\frac{(z^2-k_F^2)}{\frac{q}{2}+z}dz,\\
J &= \int_{-k_F}^{+k_F}\frac{z^2-\frac{q^2}{4}}{\frac{q}{2}+z}dz + \left(\frac{q^2}{4}-k_F^2\right)\int_{-k_F}^{+k_F}\frac{1}{\frac{q}{2}+z}dz,\\
J &= \left[\frac{z^2}{2}-\frac{qz}{2}\right]_{-k_F}^{+k_F} + \left(\frac{q^2}{4}-k_F^2\right)\ln\left|\frac{\frac{q}{2}+k_F}{\frac{q}{2}-k_F}\right|,\\
J &= -qk_F + k_F^2\left(\frac{q^2}{4k_F^2}-1\right)\ln\left|\frac{q+2k_F}{q-2k_F}\right|.
\end{aligned}$$

La substitution de la relation (4.63) dans la relation (4.61) permet d'exprimer le potentiel de Hartree W_q^H en fonction de l'élément de matrice du pseudopotentiel total $|\langle \mathbf{k}+\mathbf{q}\,|W|\,\mathbf{k}\rangle|$ sous la forme suivante :

$$W_q^H = \frac{e^2}{2\pi^3 \varepsilon_0 q^2}\,|\langle \mathbf{k}+\mathbf{q}\,|W|\,\mathbf{k}\rangle| \left\{ -\frac{\pi m k_F}{\hbar^2}\left[1+\left(\frac{4-\eta^2}{4\eta}\right)\ln\left|\frac{\eta+2}{\eta-2}\right|\right]\right\},$$

soit :

$$W_q^H = \frac{e^2}{\varepsilon_0 q^2}\,|\langle \mathbf{k}+\mathbf{q}\,|W|\,\mathbf{k}\rangle|\, X_0(q), \tag{4.64}$$

où l'on a utilisé la fonction de Lindhard[31] $X_0(q)$ définie par l'expression suivante :

$$X_0(q) = -\frac{m k_F}{2\pi^2\hbar^2}\left[1+\left(\frac{4-\eta^2}{4\eta}\right)\ln\left|\frac{\eta+2}{\eta-2}\right|\right].$$

Ainsi, grâce à la relation (4.64), le potentiel de Hartree W_q^H se trouve relié, dans l'espace des **k**, au pseudopotentiel total $|\langle \mathbf{k}+\mathbf{q}\,|W|\,\mathbf{k}\rangle|$ par l'intermédiaire de la fonction de Lindhard $X_0(q)$. Mais d'après la théorie de l'écrantage, le pseudopotentiel total est égal à la somme du pseudopotentiel nu et du potentiel de Hartree (Rel. 4.32), de sorte que dans l'espace des **k** cette relation s'écrit aussi :

$$W_q^H = \left|\left\langle \mathbf{k}+\mathbf{q}\left|W^H\right|\mathbf{k}\right\rangle\right| = |\langle \mathbf{k}+\mathbf{q}\,|W|\,\mathbf{k}\rangle| - |\langle \mathbf{k}+\mathbf{q}\,|W_0|\,\mathbf{k}\rangle|\,. \tag{4.65}$$

Par conséquent, en éliminant W_q^H entre les relations (4.64) et (4.65), l'expression de l'élément de matrice du pseudopotentiel total, $|\langle \mathbf{k}+\mathbf{q}\,|W|\,\mathbf{k}\rangle|$, s'exprime encore en fonction de l'élément de matrice $|\langle \mathbf{k}+\mathbf{q}\,|W_0|\,\mathbf{k}\rangle|$ sous la forme suivante :

$$|\langle \mathbf{k}+\mathbf{q}\,|W|\,\mathbf{k}\rangle| - |\langle \mathbf{k}+\mathbf{q}\,|W_0|\,\mathbf{k}\rangle| = \frac{e^2}{\varepsilon_0 q^2}\,|\langle \mathbf{k}+\mathbf{q}\,|W|\,\mathbf{k}\rangle|\, X_0(q),$$

soit :

$$|\langle \mathbf{k}+\mathbf{q}\,|W|\,\mathbf{k}\rangle| = \frac{|\langle \mathbf{k}+\mathbf{q}\,|W_0|\,\mathbf{k}\rangle|}{\left(1-\frac{e^2}{\varepsilon_0 q^2}X_0(q)\right)} = \frac{|\langle \mathbf{k}+\mathbf{q}\,|W_0|\,\mathbf{k}\rangle|}{\varepsilon^H(q)}, \tag{4.66}$$

où l'on a défini la fonction diélectrique de Hartree $\varepsilon^H(q)$ par l'expression suivante :

$$\varepsilon^H(q) = 1 - \frac{e^2}{\varepsilon_0 q^2}X_0(q), \tag{4.67}$$

soit :

$$\varepsilon^H(q) = 1 + \frac{m e^2}{2\pi^2\varepsilon_0\hbar^2}\frac{k_F}{q^2}\left[1+\left(\frac{4-\eta^2}{4\eta}\right)\ln\left|\frac{\eta+2}{\eta-2}\right|\right]. \tag{4.68}$$

Ceci clôt la théorie de l'écrantage et permet d'évaluer l'énergie électronique E_{el} car il devient possible de calculer l'élément de matrice $|\langle \mathbf{k}+\mathbf{q}\,|W|\,\mathbf{k}\rangle|$ entrant dans la relation (4.51). On s'aperçoit, en particulier, que le facteur de forme du pseudopotentiel total $|\langle \mathbf{k}+\mathbf{q}\,|w|\,\mathbf{k}\rangle|$, appelé aussi *pseudopotentiel écranté*, s'obtient par simple division du facteur de forme du pseudopotentiel nu $|\langle \mathbf{k}+\mathbf{q}\,|w_0|\,\mathbf{k}\rangle|$ par la fonction diélectrique $\varepsilon^H(q)$.

[31] J. Lindhard, Danske Videnskab. Selskab. Matter Fys. Medd **28**, 8 (1954).

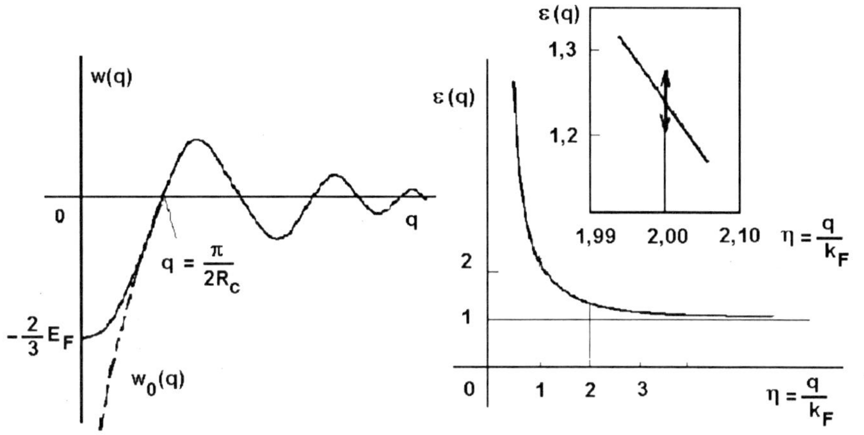

FIG. 4.8 – Représentations schématiques du facteur de forme nu $w_0(q)$ et du facteur de forme écranté $w(q)$, ainsi que de la fonction diélectrique de Hartree $\varepsilon(q)$.

Ainsi, l'expression du facteur de forme écranté du pseudopotentiel d'Ashcroft (Rel. 4.53) devient :

$$|\langle \mathbf{k}+\mathbf{q}\,|w|\,\mathbf{k}\rangle| = -\frac{Ze^2}{\varepsilon_0 q^2 \varepsilon^H(q)}\frac{N}{V}\cos qR_c. \tag{4.69}$$

Incidemment, on peut également exprimer le potentiel de Hartree W_q^H en fonction de l'élément de matrice $|\langle \mathbf{k}+\mathbf{q}\,|W_0|\,\mathbf{k}\rangle|$ à l'aide des relations (4.65) et (4.66) sous la forme :

$$W_q^H = \left[\frac{1}{\varepsilon^H(q)} - 1\right]|\langle \mathbf{k}+\mathbf{q}\,|W_0|\,\mathbf{k}\rangle|. \tag{4.70}$$

A titre indicatif, les facteurs de forme nu et écranté, ainsi que la fonction diélectrique ont été représentés sur la figure (4.8). On s'aperçoit que les courbes représentatives des fonctions $w(q)$ et $w_0(q)$ ne diffèrent que pour les valeurs $q < \frac{\pi}{2R_c}$. L'étude des fonctions ne pose pas de difficulté. Les caractères les plus saillants de la courbe $w(q) = |\langle \mathbf{k}+\mathbf{q}\,|w|\,\mathbf{k}\rangle|$ sont les oscillations amorties, ainsi que la valeur du premier noeud à $q = \frac{\pi}{2R_c}$ et la valeur à l'origine qui vaut $-\frac{2}{3}\frac{\hbar^2 k_F^2}{2m}$. Cette valeur est obtenue en calculant la limite de $|\langle \mathbf{k}+\mathbf{q}\,|w|\,\mathbf{k}\rangle|$ en $q = 0$. Elle s'obtient facilement en utilisant la relation $\frac{NZ}{V} = \frac{k_F^3}{3\pi^2}$ (cf. note 23 de ce chapitre) et en étudiant le comportement de la fonction diélectrique $\varepsilon^H(q)$. Celle-ci est une fonction positive décroissante variant entre les limites :

$$\varepsilon^H(q) \sim 1 + \frac{me^2}{\pi^2\varepsilon_0\hbar^2}\frac{k_F}{q^2} \qquad \text{quand} \quad q \to 0,$$

$$\varepsilon^H(q) \sim 1 + \frac{4}{3}\frac{me^2}{\pi^2\varepsilon_0\hbar^2}\frac{k_F^3}{q^4} \qquad \text{quand} \quad q \to \infty.$$

Mais son caractère le plus frappant est la singularité logarithmique en $q = 2k_F$. On peut en effet vérifier que[32] :

$$\begin{aligned}
\varepsilon^H(2k_F) &= 1+\frac{me^2}{8\pi^2\varepsilon_0\hbar^2}\frac{1}{k_F}\left[2-2\sum_{p\geq1}^{\infty}\frac{1}{(2p-1)(2p+1)}\right]=1+\frac{me^2}{8\pi^2\varepsilon_0\hbar^2}\frac{1}{k_F},\\
\left(\frac{d\varepsilon^H}{dq}\right)_{2k_F} &= -\frac{me^2}{8\pi^2\varepsilon_0\hbar^2}\frac{1}{k_F}\left[1+\sum_{p\geq1}^{\infty}\frac{1}{(2p-1)}\right]\to-\infty.
\end{aligned}$$

Cette singularité n'est pas visible à l'oeil nu sur la courbe, mais c'est néanmoins elle qui est à l'origine des oscillations du potentiel interionique dans les métaux liquides.

4.3.7 Potentiels interioniques dans les liquides métalliques

Avec l'élément de matrice $|\langle\mathbf{k}+\mathbf{q}\,|W|\,\mathbf{k}\rangle|$ (Rel. 4.66) on est en mesure de calculer l'énergie électronique E_{el} définie par la relation (4.51). Compte tenu des simplifications préconisées dans la théorie de l'écrantage, l'expression de E_{el} s'écrit sous la forme suivante :

$$\begin{aligned}
E_{el} &= \frac{2V}{(2\pi)^3}\int_{k\leq k_F}\frac{\hbar^2k^2}{2m}d^3k+\frac{2V}{(2\pi)^3}\int_{k\leq k_F}\langle\mathbf{k}\,|W|\,\mathbf{k}\rangle\,d^3k\\
&\quad+\sum_{q\neq0}\frac{2V}{(2\pi)^3}|\langle\mathbf{k}+\mathbf{q}\,|W|\,\mathbf{k}\rangle|^2\int_{k\leq k_F}\frac{1}{\frac{\hbar^2}{2m}\left[\mathbf{k}^2-|\mathbf{k}+\mathbf{q}|^2\right]}d^3k.
\end{aligned}$$

Il est facile de vérifier que le premier terme du second membre correspond à l'énergie de Fermi $E_{el}^{(1)}=NZE_F$ du gaz d'électrons libres, avec $E_F=\frac{3}{5}\frac{\hbar^2k_F^2}{2m}$ (Rel. 4.33). Le second terme représente l'énergie moyenne $E_{el}^{(2)}=\overline{\langle\mathbf{k}\,|W|\,\mathbf{k}\rangle}$. Quant au troisième terme, $E_{el}^{(3)}$, il est beaucoup plus intéressant car, contrairement aux deux premiers, il dépend de la configuration des ions et permet de déterminer le potentiel interionique. Examinons-le attentivement. Avec la relation (4.61) qui est rappelée ci-dessous :

$$W_q^H=\frac{e^2}{2\pi^3\varepsilon_0q^2}|\langle\mathbf{k}+\mathbf{q}\,|W|\,\mathbf{k}\rangle|\int_{k\leq k_F}\frac{1}{\frac{\hbar^2}{2m}\left[\mathbf{k}^2-|\mathbf{k}+\mathbf{q}|^2\right]}d^3k,$$

on peut transformer le terme $E_{el}^{(3)}$ comme suit :

$$E_{el}^{(3)}=\sum_{q\neq0}\frac{2V}{(2\pi)^3}|\langle\mathbf{k}+\mathbf{q}\,|W|\,\mathbf{k}\rangle|\,W_q^H\frac{2\pi^3\varepsilon_0q^2}{e^2}.$$

[32] Le calcul des limites des fonctions $\varepsilon^H(q)$ et $\frac{d\varepsilon^H(q)}{d\varepsilon}$, en $q=2k_F$, fait usage des sérires :

$$\sum_{p\geq1}^{\infty}\frac{1}{(2p-1)(2p+1)}=\frac{1}{2},$$

et

$$\sum_{p\geq1}^{\infty}\frac{1}{(2p-1)}\to\infty,$$

[cf. I. S. Gradshteyn and I. M. Ryzhik, *Table of Integrals, Series and Products*, Acad. Press, New York (1965), pages 3 et 8].

Or, si l'on utilise les relations (4.66) et (4.70), rappelées ci-dessous :

$$|\langle \mathbf{k}+\mathbf{q}\,|W|\,\mathbf{k}\rangle| = \frac{|\langle \mathbf{k}+\mathbf{q}\,|W_0|\,\mathbf{k}\rangle|}{\varepsilon^H(q)},$$

$$\text{et} \qquad W_q^H = \left[\frac{1}{\varepsilon^H(q)} - 1\right] |\langle \mathbf{k}+\mathbf{q}\,|W_0|\,\mathbf{k}\rangle|,$$

on peut également écrire $E_{el}^{(3)}$ en fonction de l'élément de matrice du pseudopotentiel nu $|\langle \mathbf{k}+\mathbf{q}\,|W_0|\,\mathbf{k}\rangle|$ et de la fonction diélectrique $\varepsilon^H(q)$. En effet, on trouve :

$$E_{el}^{(3)} = \sum_{q\neq 0} \frac{2V}{(2\pi)^3} \frac{|\langle \mathbf{k}+\mathbf{q}\,|W_0|\,\mathbf{k}\rangle|^2}{\varepsilon^H(q)} \left[\frac{1}{\varepsilon^H(q)} - 1\right] \frac{2\pi^3\varepsilon_0 q^2}{e^2},$$

soit :

$$E_{el}^{(3)} = \frac{\varepsilon_0 V}{2e^2} \sum_{q\neq 0} q^2 \frac{|\langle \mathbf{k}+\mathbf{q}\,|W_0|\,\mathbf{k}\rangle|^2}{\varepsilon^H(q)} \left[\frac{1}{\varepsilon^H(q)} - 1\right].$$

Rappelons que l'énergie électronique E_{el} inclut l'énergie électron-ion et l'énergie électron-électron. Dans la méthode de Hartree-Fock, qui a été employée pour calculer $E_{el} = \sum_i E_i$, l'énergie de chaque électron (Rel. 4.29) est calculée dans le champ des ions et dans celui de tous les autres électrons. Par conséquent, l'énergie d'interaction entre chaque paire d'électrons (i, j) est comptée deux fois, une fois lorsque l'électron i est à l'origine et une fois lorsque c'est au tour de l'électron j. C'est pourquoi il faut soustraire de l'énergie électronique E_{el} l'énergie d'interaction électron-électron E_{el-el} qui a été comptée deux fois (cf. note 24 de ce chapitre). Or, celle-ci peut être évaluée en fonction du potentiel de Hartree $W^H(r)$ et de la densité électronique oscillante $n^{osc}(r)$ par la formule :

$$E_{el-el} = \frac{1}{2}\int n^{osc}(r) W^H(r) d^3r.$$

Mais, comme pour le calcul de E_{el}, il est préférable d'exprimer l'énergie E_{el-el}, dans l'espace des $\mathbf{k}$, à l'aide des relations (4.57) et (4.58). Après avoir transformé $n^{osc}(r)$ et $W^H(r)$, on obtient[33] :

$$E_{el-el} = \frac{V}{2}\sum_{q\neq 0} n_q^{osc} W_q^{*H}.$$

Puis, en tenant compte de la relation (4.60), on peut remplacer n_q^{osc} en fonction de W_q^H et récrire l'énergie E_{el-el} comme suit :

$$E_{el-el} = \frac{\varepsilon_0 V}{2e^2}\sum_{q\neq 0} q^2 W_q^H W_q^{*H}.$$

[33]Le calcul du terme E_{el-el} s'effectue de la manière suivante :

$$E_{el-el} = \frac{1}{2}\int \sum_{q\neq 0} n_q^{osc} \exp(i\mathbf{qr})\; W^H(r) d^3r,$$

$$E_{el-el} = \frac{V}{2}\sum_{q\neq 0} n_q^{osc} \frac{1}{V}\int \exp(i\mathbf{qr})\; W^H(r) d^3r,$$

$$E_{el-el} = \frac{V}{2}\sum_{q\neq 0} n_q^{osc} W_{-q}^H = \frac{V}{2}\sum_{q\neq 0} n_q^{osc} W_q^{*H}.$$

Utilisons enfin la relation (4.70) pour exprimer l'énergie E_{el-el} en fonction de l'élément de matrice $|\langle \mathbf{k}+\mathbf{q}\,|W_0|\,\mathbf{k}\rangle|$ et de la fonction diélectrique $\varepsilon^H(q)$, soit :

$$E_{el-el} = \frac{\varepsilon_0 V}{2e^2}\sum_{q\neq 0} q^2\left[\frac{1}{\varepsilon^H(q)}-1\right]^2 |\langle \mathbf{k}+\mathbf{q}\,|W_0|\,\mathbf{k}\rangle|^2 . \tag{4.71}$$

Cette expression représente l'énergie d'interaction électron-électron qui a été comptée deux fois et qui doit être soustraite de l'énergie électronique E_{el}. Mais le calcul de l'énergie du métal liquide requiert que soit ajoutée au résultat obtenu, $(E_{el} - E_{el-el})$, l'énergie d'interaction ion-ion E_{io-io} définie par la relation (4.27). Le regroupement de ces termes conduit à l'expression de l'énergie totale du liquide métallique qui s'écrit :

$$\begin{aligned}
E &= E_{el}^{(1)} + E_{el}^{(2)} + E_{el}^{(3)} - E_{el-el} + E_{io-io},\\
E &= NZE_F + \overline{\langle \mathbf{k}\,|W|\,\mathbf{k}\rangle} + \frac{\varepsilon_0 V}{2e^2}\sum_{q\neq 0} q^2\frac{|\langle \mathbf{k}+\mathbf{q}\,|W_0|\,\mathbf{k}\rangle|^2}{\varepsilon^H(q)}\left[\frac{1}{\varepsilon^H(q)}-1\right]\\
&\quad - \frac{\varepsilon_0 V}{2e^2}\sum_{q\neq 0} q^2\left[\frac{1}{\varepsilon^H(q)}-1\right]^2 |\langle \mathbf{k}+\mathbf{q}\,|W_0|\,\mathbf{k}\rangle|^2 + \frac{1}{2}\sum_{\alpha,\beta\neq\alpha}\frac{1}{4\pi\varepsilon_0}\frac{Z^2e^2}{|\mathbf{R}_\alpha-\mathbf{R}_\beta|},
\end{aligned}$$

et se simplifie sous la forme suivante :

$$\begin{aligned}
E &= NZE_F + \overline{\langle \mathbf{k}\,|W|\,\mathbf{k}\rangle} + \frac{\varepsilon_0 V}{2e^2}\sum_{q\neq 0} q^2\,|\langle \mathbf{k}+\mathbf{q}\,|W_0|\,\mathbf{k}\rangle|^2\left[\frac{1}{\varepsilon^H(q)}-1\right]\\
&\quad + \frac{1}{2}\sum_{\alpha,\beta\neq\alpha}\frac{1}{4\pi\varepsilon_0}\frac{Z^2e^2}{|\mathbf{R}_\alpha-\mathbf{R}_\beta|}.
\end{aligned}\tag{4.72}$$

Ceci est l'expression de l'énergie totale du métal liquide devant être identifiée à la relation (4.24). Avant de comparer dans les meilleures conditions les relations (4.24) et (4.72), transformons le troisième terme du membre de droite de la relation (4.72), de manière à séparer la contribution énergétique dépendant de la configuration de celle qui n'en dépend pas. Pour cela utilisons la formule de décomposition de l'élément de matrices (Rel. 4.49) :

$$|\langle \mathbf{k}+\mathbf{q}\,|W_0|\,\mathbf{k}\rangle|^2 = \frac{1}{N^2}\sum_{\alpha,\beta}\exp\left[-i\mathbf{q}\left(\mathbf{R}_{\boldsymbol\beta}-\mathbf{R}_{\boldsymbol\alpha}\right)\right]|\langle \mathbf{k}+\mathbf{q}\,|w_0|\,\mathbf{k}\rangle|^2 .$$

Cette relation permet d'écrire le troisième terme de la relation (4.72) comme suit :

$$\begin{aligned}
\frac{\varepsilon_0 V}{2e^2}\sum_{q\neq 0} q^2\,|\langle \mathbf{k}+\mathbf{q}\,|W_0|\,\mathbf{k}\rangle|^2\left[\frac{1}{\varepsilon^H(q)}-1\right] &= \sum_{q\neq 0}\left\{\frac{1}{N}\sum_{\alpha,\beta\neq\alpha}\exp\left[-i\mathbf{q}\left(\mathbf{R}_{\boldsymbol\beta}-\mathbf{R}_{\boldsymbol\alpha}\right)\right]F(q) + \right.\\
&\quad\left.\frac{1}{N}\sum_{\alpha=\beta}\exp\left[-i\mathbf{q}\left(\mathbf{R}_{\boldsymbol\beta}-\mathbf{R}_{\boldsymbol\alpha}\right)\right]F(q)\right\},
\end{aligned}\tag{4.73}$$

en fonction de la *caractéristique énergie-vecteur de transfert* :

$$F(q) = -\frac{\varepsilon_0 V}{2e^2 N}q^2\,|\langle \mathbf{k}+\mathbf{q}\,|w_0|\,\mathbf{k}\rangle|^2\left[1-\frac{1}{\varepsilon^H(q)}\right]. \tag{4.74}$$

Comme $\sum_{\alpha=\beta} \exp\left[-i\mathbf{q}\left(\mathbf{R}_{\boldsymbol{\beta}} - \mathbf{R}_{\boldsymbol{\alpha}}\right)\right] = N$, le second terme entre les accolades de la relation (4.73) vaut $F(q)$. Ne dépendant pas de la configuration des ions, il peut être regroupé avec les termes $E_{el}^{(1)}$ et $E_{el}^{(2)}$ pour former la contribution de l'énergie du métal liquide $Nu_g(V,T)$ qui est fonction du volume et de la température. Par contre, le premier terme entre les accolades de la relation (4.73) fournit, avec l'interaction ion-ion E_{io-io}, la contribution de l'énergie du métal liquide $U_N(V,T,\mathbf{R}_1,...,\mathbf{R}_N) = \frac{1}{2}\sum_{\alpha,\beta\neq\alpha} u(R_{\alpha\beta})$ dépendant du volume, de la température et de la configuration (Rel. 4.25). Cette dernière a donc pour expression :

$$\frac{1}{2}\sum_{\alpha,\beta\neq\alpha} u(R_{\alpha\beta}) = \frac{1}{N}\sum_{\alpha,\beta\neq\alpha}\sum_{q\neq 0}\exp\left[-i\mathbf{q}\left(\mathbf{R}_{\boldsymbol{\beta}} - \mathbf{R}_{\boldsymbol{\alpha}}\right)\right] F(q) + \frac{1}{2}\sum_{\alpha,\beta\neq\alpha}\frac{1}{4\pi\varepsilon_0}\frac{Z^2e^2}{|\mathbf{R}_\alpha - \mathbf{R}_\beta|}.$$

Pour évaluer cette contribution énergétique, remplaçons la somme discrète sur q par une intégrale[34] et posons $\mathbf{R}_{\boldsymbol{\beta}} - \mathbf{R}_{\boldsymbol{\alpha}} = \mathbf{r}_{\alpha\beta}$, soit :

$$\frac{1}{2}\sum_{\alpha,\beta\neq\alpha} u(r_{\alpha\beta}) = \frac{1}{2}\sum_{\alpha,\beta\neq\alpha}\left[\frac{1}{4\pi\varepsilon_0}\frac{Z^2e^2}{r_{\alpha\beta}} + \frac{2V}{(2\pi)^3N}\int F(q)\exp(-i\mathbf{q}\mathbf{r}_{\alpha\beta})d^3q\right].$$

C'est cette relation qui permet de calculer le potentiel interionique dans les liquides métalliques et dont l'expression est :

$$u(r) = \frac{1}{4\pi\varepsilon_0}\frac{Z^2e^2}{r} + \frac{2V}{(2\pi)^3N}\int F(q)\exp(-i\mathbf{q}\mathbf{r})d^3q. \tag{4.75}$$

Le potentiel interionique $u(r)$ est constitué de deux termes. Le premier correspond à l'interaction directe entre les ions, $u_{dir}(r)$, et le second à l'interaction induite par le gaz d'électrons, $u_{ind}(r)$. La contribution induite dépend explicitement du facteur de forme nu $\langle\mathbf{k}+\mathbf{q}\,|w_0|\,\mathbf{k}\rangle$ et de la fonction diélectrique $\varepsilon^H(q)$ par l'intermédiaire de la fonction énergie-vecteur de transfert $F(q)$. On notera tout l'intérêt que procure la fonction $F(q)$ comme mesure de la contribution induite $u_{ind}(r)$, puisque $u_{ind}(r)$ n'est rien d'autre que la transformée de Fourier de la fonction énergie-vecteur de transfert $F(q)$, soit :

$$u_{ind}(r) = TF\left[\frac{2V}{N}F(q)\right]. \tag{4.76}$$

Quelques potentiels interioniques dans les métaux liquides ont été représentés sur la figure (4.9). On constate qu'ils possèdent des puits attractifs pouvant varier de manière significative de l'un à l'autre. Par ailleurs, ils possèdent une partie oscillante à longue distance, appelée *oscillations de Friedel*[35], qui est due à la singularité logarithmique de la fonction diélectrique en $q = 2k_F$. Quant à la partie répulsive à courte distance, elle est plus molle que celle des gaz rares liquides pour lesquels les couches électroniques de valence sont complètement remplies.

[34] Le calcul de la somme discrète sur q se fait au moyen de la formule :

$$\sum_{q\neq 0} \rightarrow \frac{V}{(2\pi)^3}\int d^3q.$$

[35] J. Friedel, Phil. Mag. **43**, 153 (1952).

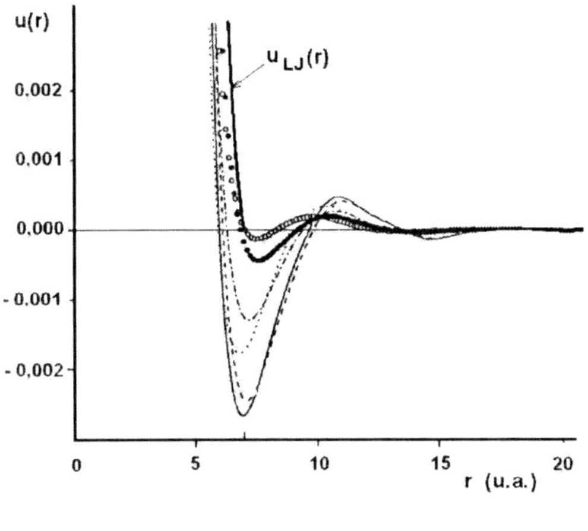

FIG. 4.9 – Potentiels interioniques du sodium, calculés avec différents pseudopotentiels. La partie répulsive du potentiel de Lennard-Jones est tracée en trait épais à titre de comparaison.

4.3.8 Réponse linéaire ; corrections d'échange et de corrélation

On a mentionné que le calcul de l'énergie d'un métal liquide s'effectue en ajoutant à l'énergie de configuration, $\frac{1}{2}\sum_{\alpha,\beta\neq\alpha} u(r_{\alpha\beta})$, le terme $Nu_g(V,T)$ ne dépendant que du volume et de la température. En consultant les ouvrages spécialisés[36], on notera que $Nu_g(V,T)$ contient, en plus de l'énergie de Fermi du gaz d'électrons, des termes dus aux effets d'échange et de corrélation dans le gaz d'électrons. Or, ces effets modifient également le potentiel interionique en corrigeant la fonction diélectrique de Hartree.

Pour introduire les effets d'échange et de corrélation dans le potentiel interionique, on utilise habituellement la théorie de la fonction réponse[37] qui constitue une alternative à la théorie de l'écrantage. On peut suivre les grandes lignes de cette théorie en cherchant comment réagit le gaz d'électrons libres lorsqu'il est soumis au potentiel perturbateur $W_0(q)$ produit par les ions. Si $W_0(q)$ est suffisamment faible, la théorie de la réponse linéaire stipule que la densité de charge oscillante induite $n^{osc}(q)$ est liée linéairement à $W_0(q)$ par la relation :

$$n^{osc}(q) = \chi^{(1)}(q)W_0(q), \tag{4.77}$$

où $\chi^{(1)}(q)$ est la fonction réponse linéaire du système perturbé. Il ne faut pas confondre cette relation avec la relation (4.60) qui relie la densité de charge $n^{osc}(q)$ au potentiel de Hartree $W^H(q)$.

1- **Si l'on fait abstraction des effets d'échange et de corrélation** dans le gaz d'électrons, le potentiel total $W(q)$ ressenti par une *charge test hypothétique* (électronique

[36] M. Shimoji, *Liquid Metals*, Acad. Press London (1977), p. 105. J. Hafner, *From Hamiltonians to Phase Diagrams*, Springer-Verlag, Berlin (1987). W. H. Young, Rep. Prog. Phys. **55**, 1769 (1992).

[37] D. Pines and P. Nozières, *The Theory of Quantum Liquids* 1, Benjamin, New York, (1966). S. Raimes, *The Wave Mechanics of Electrons in metals*, North-Holland Publishing. Company, Amsterdam (1967). N. W. Ashcroft and D. Stroud, Solid State Physics **33**, 1 (1978).

ou non électronique) est égale à (Rels. 4.65 et 4.66) :

$$W(q) = W_0(q) + W^H(q) = \frac{W_0(q)}{\varepsilon^H(q)}, \tag{4.78}$$

où le potentiel de Hartree $W^H(q)$ représente l'énergie d'interaction électron-électron. Après avoir remplacé $W^H(q)$ par son expression tirée de la relation (4.60), tout en s'aidant de la relation (4.77), la relation précédente s'écrit encore :

$$W(q) = W_0(q) + \frac{e^2}{\varepsilon_0 q^2} n^{osc}(q) = \frac{W_0(q)}{\varepsilon^H(q)}, \tag{4.79}$$

$$W(q) = W_0(q) + \frac{e^2}{\varepsilon_0 q^2} \chi^{(1)}(q) W_0(q) = \frac{W_0(q)}{\varepsilon^H(q)}. \tag{4.80}$$

Cette expression permet de relier directement la fonction réponse $\chi^{(1)}(q)$ à la fonction diélectrique de Hartree $\varepsilon^H(q)$ par la relation suivante :

$$\frac{1}{\varepsilon^H(q)} = 1 + \frac{e^2}{\varepsilon_0 q^2} \chi^{(1)}(q),$$

soit :

$$\chi^{(1)}(q) = \frac{\varepsilon_0 q^2}{e^2} \left[\frac{1}{\varepsilon^H(q)} - 1 \right]. \tag{4.81}$$

Il faut noter que, dans le formalisme général, la fonction réponse linéaire $\chi^{(1)}(q)$ est liée directement au facteur de structure statique[38] du système perturbé correspondant. Dans le cas où le système perturbé est un système d'électrons renfermant des pseudoions, la fonction réponse peut être déterminée dans le cadre de la théorie du plasma à un composant[39] .

Profitant des résultats de la théorie de l'écrantage et comparant la quantité $\frac{\varepsilon_0 q^2}{e^2}$ extraite des relations (4.81 et 4.67), on peut montrer que la fonction réponse $\chi^{(1)}(q)$ s'exprime au moyen de la fonction de Lindhard $X_0(q)$ sous la forme suivante :

$$\chi^{(1)}(q) = \frac{X_0(q)}{\varepsilon^H(q)}, \tag{4.82}$$

et récrire la relation (4.77) comme suit :

$$n^{osc}(q) = \frac{X_0(q)}{\varepsilon^H(q)} W_0(q) = X_0(q) W(q). \tag{4.83}$$

On s'aperçoit que la fonction réponse $\chi^{(1)}(q)$ est une grandeur très importante qui mesure la capacité du gaz d'électrons libres à réagir à une perturbation, et qui permet de calculer le potentiel interionique induit $u_{ind}(r)$. Pour le montrer, exprimons la fonction énergie-vecteur de transfert (Rel. 4.74) en termes de fonction réponse (Rel. 4.81), soit :

$$F(q) = \frac{V}{2N} \chi^{(1)}(q) \left| \langle \mathbf{k} + \mathbf{q} \left| w_0 \right| \mathbf{k} \rangle \right|^2, \tag{4.84}$$

[38]La détermination du facteur de structure des liquides en termes de fonctions de corrélation sera étudiée dans le chapitre 6.

[39]M. Baus and J. P. Hansen, Physics Reports, **59**, 1 (1980). S. Ichimaru, Rev. Mod. Phys. **54**, 1017 (1982). N. H. March and M. P. Tosi, *Coulomb Liquids*. Acad. Press, London (1984), p. 70.

de sorte que la substitution de la relation (4.84) dans la relation (4.76) permet d'écrire la contribution du potentiel interionique induite par le gaz d'électrons sous la forme compacte suivante :

$$u_{ind}(r) = TF\left[\left(\frac{V}{N}\right)^2 \chi^{(1)}(q)\left|\langle\mathbf{k}+\mathbf{q}\left|w_0\right|\mathbf{k}\rangle\right|^2\right]. \tag{4.85}$$

2- **Si l'on tient compte des effets d'échange et de corrélation** dans le gaz d'électrons, le potentiel perturbateur $W_0(q)$ induit une densité de charge oscillante $n_{xc}^{osc}(q)$, différente de $n^{osc}(q)$, qui modifie la relation (4.83) comme suit :

$$n_{xc}^{osc}(q) = X_0(q)W^{\mathrm{mod}}(q), \tag{4.86}$$

où $X_0(q)$ est la fonction de Lindhard et $W^{\mathrm{mod}}(q)$ le potentiel total modifié ressenti par une *charge test hypothétique électronique*. Ce potentiel contient, en plus des termes $W_0(q)$ et $W^H(q) = \frac{e^2}{\varepsilon_0 q^2}n_{xc}^{osc}(q)$, une correction de champ local $W^{xc}(q) = -\frac{e^2}{\varepsilon_0 q^2}n_{xc}^{osc}(q)G(q)$, où la fonction de champ local $G(q)$ existe sous différentes formes analytiques[40] qui ne seront pas discutées ici. Notons simplement qu'elles varient en fonction de q^2 aux petites valeurs de q mais présentent des comportements très différents les uns des autres aux grandes valeurs de q.

Il est établi que la correction de champ local modifie la relation (4.78) en réduisant l'écrantage de la manière suivante :

$$W^{\mathrm{mod}}(q) = W_0(q) + W^H(q) + W^{xc}(q),$$

soit :

$$W^{\mathrm{mod}}(q) = W_0(q) + \frac{e^2}{\varepsilon_0 q^2}n_{xc}^{osc}(q) - \frac{e^2}{\varepsilon_0 q^2}n_{xc}^{osc}(q)G(q).$$

En utilisant la relation (4.86) pour remplacer $n_{xc}^{osc}(q)$ dans la relation précédente, on obtient :

$$W^{\mathrm{mod}}(q) = W_0(q) + \frac{e^2}{\varepsilon_0 q^2}X_0(q)W^{\mathrm{mod}}(q)\left[1 - G(q)\right],$$

soit :

$$W^{\mathrm{mod}}(q) = \frac{W_0(q)}{1 - \frac{e^2}{\varepsilon_0 q^2}X_0(q)\left[1 - G(q)\right]} = \frac{W_0(q)}{\varepsilon(q)}, \tag{4.87}$$

où l'on a défini la fonction diélectrique modifiée $\varepsilon(q)$ par la relation :

$$\varepsilon(q) = 1 - \frac{e^2}{\varepsilon_0 q^2}X_0(q)\left[1 - G(q)\right]. \tag{4.88}$$

Or, avec la relation (4.67), la relation précédente s'écrit encore sous la forme simple suivante :

$$\varepsilon(q) = 1 + \left[\varepsilon^H(q) - 1\right]\left[1 - G(q)\right]. \tag{4.89}$$

Il faut rappeler qu'un ion (*charge test hypothétique non électronique*) plongé dans le gaz d'électrons ressent le potentiel $\left[W_0(q) + W^H(q)\right]$ et non pas le potentiel $\left[W_0(q) + W^H(q)\right.$

[40] P. Vashishta and K. S. Singwi, Phys. Rev. B **6**, 875 (1972). S. Ichimaru and K. Utsumi, Phys. Rev. B **24**, 7385 (1982). B. Farid, V. Heine, G. E. Engel and I. J. Robertson, Phys. Rev. B **48**, 11602 (1993).

$+ W^{xc}(q)]$. Par conséquent, ce n'est pas la fonction diélectrique $\varepsilon(q)$ qui doit remplacer la fonction diélectrique de Hartree $\varepsilon^H(q)$ dans la relation (4.74), mais une nouvelle fonction diélectrique $\varepsilon_{io}(q)$ devant satisfaire la relation (4.79), soit :

$$W_0(q) + W^H(q) = W_0(q) + \frac{e^2}{\varepsilon_0 q^2} n_{xc}^{osc}(q) = \frac{W_0(q)}{\varepsilon_{io}(q)}.$$

Pour obtenir l'expression de $\varepsilon_{io}(q)$ en fonction de $\varepsilon^H(q)$ et de $G(q)$, il suffit d'utiliser conjointement les relations (4.86) et (4.87) pour expliciter $n_{xc}^{osc}(q)$ dans la relation précédente, soit :

$$W_0(q) + \frac{e^2}{\varepsilon_0 q^2} X_0(q) \frac{W_0(q)}{\varepsilon(q)} = \frac{W_0(q)}{\varepsilon_{io}(q)},$$

d'où l'on extrait :

$$\varepsilon_{io}(q) = \frac{1}{1 + \frac{e^2}{\varepsilon_0 q^2} X_0(q) \frac{1}{\varepsilon(q)}}.$$

Or, en utilisant la relation (4.88) pour éliminer la quantité $\frac{e^2}{\varepsilon_0 q^2} X_0(q)$, on aboutit à la forme simplifiée suivante :

$$\left[1 - \frac{1}{\varepsilon_{io}(q)}\right] = \left[1 - \frac{1}{\varepsilon(q)}\right] \frac{1}{[1 - G(q)]}.$$

La fonction diélectrique $\varepsilon_{io}(q)$ dépend donc de la fonction de champ local $G(q)$ et de la fonction diélectrique modifiée $\varepsilon(q)$ qui dépend elle-même de $G(q)$ (Rel. 4.88).

Par conséquent, si l'on tient compte des effets d'échange et de corrélation, le potentiel interionique $u(r)$ doit être calculé avec la fonction caractéristique énergie-vecteur de transfert $F(q)$, au moyen de la relation (4.75) :

$$u(r) = \frac{1}{4\pi\varepsilon_0} \frac{Z^2 e^2}{r} + \frac{2V}{(2\pi)^3 N} \int F(q) \exp(-i\mathbf{q}\mathbf{r}) d^3 q,$$

dans laquelle la fonction diélectrique de Hartree est remplacée par la fonction diélectrique $\varepsilon_{io}(q)$, soit :

$$F(q) = -\frac{\varepsilon_0 V}{2e^2 N} q^2 \left|\langle \mathbf{k} + \mathbf{q} \left| w_0 \right| \mathbf{k} \rangle\right|^2 \left[1 - \frac{1}{\varepsilon_{io}(q)}\right]. \tag{4.90}$$

Pour terminer ce paragraphe, notons que le potentiel interionique $u(r)$ s'écrit habituellement sous forme d'une intégrale simple sur q moyennant quelques transformations. La première transformation consiste à introduire la fonction caractéristique énergie-vecteur de transfert normalisée $F_N(q)$, valant l'unité en $q = 0$. Cette dernière s'obtient en calculant la limite de la relation (4.90), lorsque $q = 0$, et en remarquant que $\lim_{q \to 0} \varepsilon_{io}(q) \to \infty$ et que $\lim_{q \to 0} \langle \mathbf{k} + \mathbf{q} \left| w_0 \right| \mathbf{k} \rangle \sim -\frac{Ze^2}{\varepsilon_0} \frac{N}{V} \frac{1}{q^2}$ (cf. Fig. 4.8 ou Rel. 4.53). On trouve ainsi :

$$F_N(q) = -\frac{2\varepsilon_0}{Z^2 e^2} \frac{V}{N} q^2 F(q).$$

La seconde transformation s'opère en réduisant l'intégrale triple de la relation (4.75) à une intégrale simple[41] qui modifie $u(r)$ comme suit :

$$u(r) = \frac{1}{4\pi\varepsilon_0}\frac{Z^2e^2}{r} - \frac{2V}{(2\pi)^3 N}4\pi \int_0^\infty \left[\frac{Z^2e^2}{2\varepsilon_0}\frac{N}{V}\frac{1}{q^2}F_N(q)\right]\frac{\sin(qr)}{qr}q^2dq.$$

La troisième transformation consiste à écrire l'interaction directe entre les ions dans l'espace des $\mathbf{k}$ avant d'effectuer les simplifications suivantes[42], soit :

$$u(r) = \frac{1}{4\pi\varepsilon_0}\frac{Z^2e^2}{r}\frac{2}{\pi}\int_0^\infty \frac{\sin(qr)}{qr}rdq - \frac{2V}{(2\pi)^3 N}4\pi \int_0^\infty \left[\frac{Z^2e^2}{2\varepsilon_0}\frac{N}{V}\frac{1}{q^2}F_N(q)\right]\frac{\sin(qr)}{qr}q^2dq,$$

$$u(r) = \frac{Z^2e^2}{2\pi^2\varepsilon_0}\int_0^\infty \frac{\sin(qr)}{qr}dq - \frac{Z^2e^2}{2\pi^2\varepsilon_0}\int_0^\infty F_N(q)\frac{\sin(qr)}{qr}dq,$$

d'où :

$$u(r) = \frac{Z^2e^2}{2\pi^2\varepsilon_0}\int_0^\infty \left[1 - F_N(q)\right]\frac{\sin(qr)}{qr}dq. \qquad (4.91)$$

Naturellement, le potentiel interionique $u(r)$ s'écrit encore sous la forme compacte suivante :

$$u(r) = \frac{Z^2e^2}{8\pi^3\varepsilon_0}\int \left[\frac{1 - F_N(q)}{q^2}\right]\exp(-i\mathbf{qr})d\mathbf{q},$$

qui, comparée à sa transformée de Fourier :

$$u(r) = \frac{1}{8\pi^3}\int u(q)\exp(-i\mathbf{qr})d\mathbf{q},$$

permet d'obtenir une relation particulièrement simple entre $u(q)$ et $F_N(q)$, soit :

$$u(q) = \frac{Z^2e^2}{\varepsilon_0 q^2}\left[1 - F_N(q)\right]. \qquad (4.92)$$

4.4 Potentiels dans les solutions colloïdales

4.4.1 Introduction

On qualifie de *solutions colloïdales* tout système constitué de particules solides dispersées dans un liquide. La taille des particules, comprise entre 10 et 1000 nanomètres,

[41] Avec les changements de variables $d^3q = q^2\sin\theta d\theta d\varphi dq$ et $\mathbf{qr} = qr\mu$, où $\mu = \cos\theta$, on trouve que l'intégrale se simplifie de la façon suivante [cf. Rel. (4.52) ou note 2 du chapitre 5] :

$$\int F(q)\exp(-i\mathbf{qr})d^3q = 2\pi\int_0^\infty F(q)\frac{1}{iqr}\left[\exp(-iqr)\right]_{+1}^{-1}q^2dq,$$

$$\int F(q)\exp(-i\mathbf{qr})d^3q = 4\pi\int_0^\infty F(q)\frac{\sin(qr)}{qr}q^2dq.$$

[42] Pour cela il faut utiliser la relation :

$$\int_0^\infty \frac{\sin(qr)}{qr}rdq = \frac{\pi}{2}.$$

rend ces systèmes sont sensibles aux contraintes mécaniques que les systèmes purement moléculaires. Par ailleurs, les particules possèdent en général une charge électrique fixe. Pour respecter la neutralité électrique, cette charge doit être compensée par celle d'ions de signes opposés, de sorte que si les particules se trouvent dans une solution saline, le processus de compensation de charges a pour effet de modifier localement la concentration ionique en solution.

Parmi les particules en suspension dans un solvant, on en distingue deux types. Les particules *lyophobes* qui ont horreur du solvant et qui subissent une faible dissolution. Ces particules portent des charges de même signe qui provoquent une répulsion mutuelle les empêchant de s'approcher les unes des autres. Les suspensions de sulfure d'arsenic (As_2S_3) ou d'argile en sont des exemples typiques, avec une charge négative élevée qui empêche les particules de coaguler. A l'opposé, les particules *lyophiles*, comme les suspensions d'amidon, éprouvent une forte attirance pour le solvant. Elles sont caractérisées par une *solvatation* importante, c'est-à-dire une grande facilité à s'agréger avec les ions du solvant, allant jusqu'à la formation de gels lorsque les concentrations sont suffisamment importantes. La différence de comportements de ces deux types de suspensions colloïdales est liée au processus de compensation de charges, et aux modifications locales subies par la solution électrolytique en présence des particules chargées. Quant aux conditions de stabilité des suspensions colloïdales, elle dépendent fortement des interactions mutuelles entre les particules et les ions.

Plus encore que pour les autres liquides simples, pour les suspensions colloïdales la partie répulsive du potentiel d'interaction produite par les forces électrostatiques joue un rôle très important. L'interface particule chargée/liquide est le siège d'une différence de potentiel qui, dans le modèle le plus simple, donne naissance à une couche double électrique ; d'un côté de l'interface la charge est nettement positive alors que de l'autre côté elle est nettement négative. Par conséquent, la couche double électrique équivaut à un condensateur plan. La première étude quantitative de la couche double électrique fut réalisée par Helmholtz (1879) en considérant un solide immergé dans une solution. Cette étude a permis de montrer qu'à cause de l'agitation thermique, les charges ne forment pas une couche rigide. Plus tard, Gouy[43] et Chapman[44] développèrent indépendamment un modèle rationnel montrant que les charges les plus éloignées de l'interface se meuvent plus librement que celles qui sont près de l'interface. Notons au passage que c'est sur la base de ce modèle, appelé *modèle de la couche diffuse*, que fut élaborée la théorie de Debye et Hückel (§ 3.6) pour les électrolytes forts.

4.4.2 Modèle de la couche diffuse de Gouy et Chapman

Le modèle de Gouy-Chapman traite le cas de particules colloïdales entourées d'une couche diffuse. Comme le modèle de Debye-Hückel, le modèle de Gouy-Chapman repose sur les équations de Boltzmann et de Poisson qui permettent de calculer le potentiel électrique $\Phi(\mathbf{r})$ en fonction des coordonnées $\mathbf{r}$ et de la concentration ionique c dans la solution.

[43] G. Gouy, J. de Phys. (Paris) **9**, 457 (1910).
[44] D. L. Chapman, Phil. Mag. **25**, 475 (1913).

L'équation de Boltzmann (Rel. 3.75) découle de considérations statistiques et pourrait être admise telle qu'elle, mais on peut également la retrouver par un calcul thermodynamique en remarquant qu'elle est la conséquence directe de l'équilibre d'un système de particules chargées. Dans un tel système, il est judicieux de considérer le *potentiel électrochimique* $(\mu_i + z_i e\Phi_i)$, où μ_i est le potentiel chimique du constituant i donné par la relation (1.81) et $z_i e\Phi_i$ le travail électrique. Or, si l'on suppose que c_A et c_B sont les concentrations du même constituant en deux points distincts de la solution, et que Φ_A et Φ_B sont les potentiels électriques en ces mêmes points, l'équilibre thermodynamique est donné par l'égalité des potentiels électrochimiques, soit :

$$\mu_A^0 + k_B T \ln c_A + ze\Phi_A = \mu_B^0 + k_B T \ln c_B + ze\Phi_B. \tag{4.93}$$

De plus, si l'on suppose que $\mu_A^0 = \mu_B^0$ et que le potentiel électrique dans la région non perturbée est $\Phi_B = 0$, la relation (4.93) se simplifie sous une forme qui est précisément l'équation de Boltzmann (Rel. 3.75) :

$$c_A = c_B \exp(-\frac{ze\Phi_A}{k_B T}). \tag{4.94}$$

Ainsi, l'équation de Boltzmann fournit la loi de variation de la concentration d'un constituant dans la couche diffuse, en fonction de la concentration c_B dans la région non perturbée et du potentiel Φ_A au point où la concentration c_A est calculée.

Quant à l'équation de Poisson qui est une conséquence de la loi de Coulomb, elle permet de relier la densité de charge électrique $\rho(\mathbf{r})$ au potentiel électrique $\Phi(\mathbf{r})$ en chaque point de la couche diffuse. La forme locale de l'équation de Poisson (Rel. 3.76) est :

$$\nabla^2 \Phi(\mathbf{r}) = -\frac{\rho(\mathbf{r})}{\varepsilon_0 \varepsilon}, \tag{4.95}$$

où $\varepsilon_0 \varepsilon$ est la constante diélectrique de la solution et ∇^2 l'opérateur laplacien défini en coordonnées cartésiennes par :

$$\nabla^2 = \frac{\partial^2}{\partial x^2} + \frac{\partial^2}{\partial y^2} + \frac{\partial^2}{\partial z^2}.$$

Dans le modèle de Gouy-Chapman, les particules colloïdale sont assimilées à des parallélépipèdes d'épaisseur petite, devant les deux autres dimensions (Fig. 4.10). C'est une manière de s'assurer que les équipotentielles dans la couche diffuse sont des surfaces planes, parallèles à la plus grande surface du parallélépipède, ce qui permet d'utiliser l'équation de Poisson à une dimension :

$$\frac{d^2\Phi(x)}{dx^2} = -\frac{\rho(x)}{\varepsilon_0 \varepsilon}. \tag{4.96}$$

En outre, on admet que la charge électrique de la particule colloïdale est uniformément répartie à sa surface, et que les charges ioniques dans la solution sont ponctuelles. Malgré ces hypothèses restrictives, le modèle de Gouy-Chapman s'est avéré très utile pour étudier les suspensions d'argile.

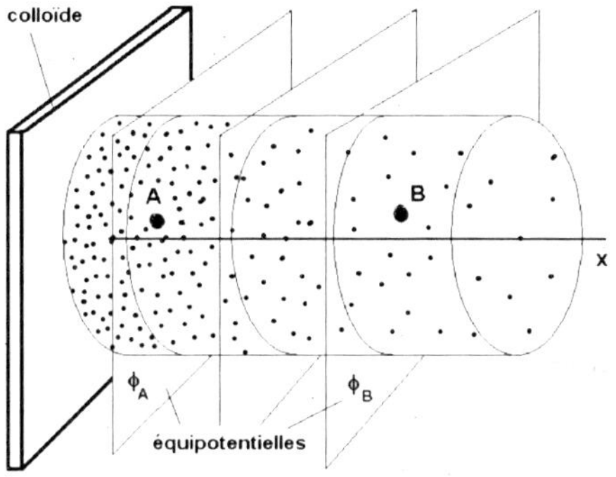

FIG. 4.10 – Distribution de la concentration ionique dans la couche diffuse à proximité d'une particule colloïdale.

4.4.3 Potentiel électrique dans la couche diffuse

Dans la couche diffuse confinant au colloïde, la densité de charges $\rho(x)$ à introduire dans la relation (4.96) est :

$$\rho(x) = \sum_i z_i e n_i(x), \tag{4.97}$$

où n_i est le nombre d'ions d'espèce i par unité de volume et z_i la valence des ions d'espèce i affectée du signe correspondant. Or, le nombre d'ions n_i est donné par l'équation de Boltzmann (Rel. 4.94), soit :

$$n_i(x) = n_{0i} \exp\left[-\frac{z_i e \Phi(x)}{k_B T}\right], \tag{4.98}$$

où n_{0i} est le nombre d'ions par unité de volume dans la région non perturbée électriquement, loin de la couche diffuse, et Φ le potentiel électrique au point où n_i est calculé. En combinant les relations (4.98), (4.97) et (4.96), l'équation différentielle donnant la loi de variation du potentiel électrique, en fonction de l'abscisse x, s'écrit :

$$\frac{d^2\Phi(x)}{dx^2} = -\frac{1}{\varepsilon_0 \varepsilon} \sum_i z_i e n_{0i} \exp\left[-\frac{z_i e \Phi(x)}{k_B T}\right].$$

Sans que cela n'altère la généralité, supposons que la présence de la suspension colloïdale dissocie totalement la solution en un électrolyte univalent[45]. Dans ce cas, l'équation différentielle précédente devient alors :

$$\frac{d^2\Phi(x)}{dx^2} = -\frac{1}{\varepsilon_0 \varepsilon} e n_0 \left\{\exp\left[-\frac{e\Phi(x)}{k_B T}\right] - \exp\left[\frac{e\Phi(x)}{k_B T}\right]\right\}.$$

En multipliant les deux membres par $2\frac{d\Phi(x)}{dx}$ on peut effectuer aisément la première intégration. Le résultat de cette intégration est :

$$\left[\frac{d\Phi(x)}{dx}\right]^2 = \frac{2n_0 k_B T}{\varepsilon_0 \varepsilon} \left\{\exp\left[-\frac{e\Phi(x)}{k_B T}\right] + \exp\left[\frac{e\Phi(x)}{k_B T}\right] + C\right\}. \tag{4.99}$$

[45] Si les particules colloïdales dissocient totalement la solution en un électrolyte univalent, il y a un cation ($z_1 = +1$) pour un anion ($z_2 = -1$) et des nombres égaux d'ions d'espèces différentes ($n_{0+} = n_{0-} = n_0$).

On obtient immédiatement la constante d'intégration $C = -2$ au moyen des conditions aux limites à l'infini, qui sont : $\Phi = 0$ et $\frac{d\Phi(x)}{dx} = 0$ quand x tend vers l'infini. De plus, si l'on remarque que le terme entre crochets est le carré parfait suivant :

$$\left\{\exp\left[-\frac{e\Phi(x)}{2k_BT}\right] - \exp\left[\frac{e\Phi(x)}{2k_BT}\right]\right\}^2,$$

on peut déterminer $\frac{d\Phi(x)}{dx}$ en prenant la racine carrée de la relation (4.99). Or, le choix du signe dépend de la nature de la particule colloïdale immergée dans la solution. Dans le cas d'une suspension d'argile, par exemple, pour laquelle la charge est négative, le potentiel électrique dans la couche diffuse $\Phi(x)$ est négatif et sa pente $\frac{d\Phi(x)}{dx}$ est positive, de sorte qu'il faut choisir :

$$\frac{d\Phi(x)}{dx} = \left(\frac{2n_0k_BT}{\varepsilon_0\varepsilon}\right)^{\frac{1}{2}} \left\{\exp\left[-\frac{e\Phi(x)}{2k_BT}\right] - \exp\left[\frac{e\Phi(x)}{2k_BT}\right]\right\}. \tag{4.100}$$

Avant de réaliser l'intégration de cette équation, effectuons tout d'abord les changements de variables suivants :

$$\alpha = \frac{e}{2k_BT} \qquad \text{et} \qquad \kappa = \alpha\left(\frac{2n_0k_BT}{\varepsilon_0\varepsilon}\right)^{\frac{1}{2}}.$$

Si l'on considère que le potentiel électrique possède la valeur finie Φ_0 sur la surface de la particule colloïdale, l'intégration de la relation (4.100) peut s'effectuer par séparation de variables sous la forme :

$$\int_{\Phi_0}^{\Phi(x)} \frac{d\Phi\left(x\right)}{\exp\left[-\alpha\Phi\left(x\right)\right] - \exp\left[\alpha\Phi\left(x\right)\right]} = \frac{\kappa}{\alpha}\int_0^x dx,$$

soit :

$$\frac{1}{2\alpha}\left[\ln\frac{1+\exp\left[\alpha\Phi\left(x\right)\right]}{1-\exp\left[\alpha\Phi\left(x\right)\right]} - \ln\frac{1+\exp(\alpha\Phi_0)}{1-\exp(\alpha\Phi_0)}\right] = \frac{\kappa}{\alpha}x.$$

Après les simplifications réalisées notamment en posant $1+\exp(\alpha\Phi_0) = A$ et $1-\exp(\alpha\Phi_0) = B$, on peut encore récrire l'équation précédente de la manière suivante :

$$\frac{1+\exp\left[\alpha\Phi\left(x\right)\right]}{1-\exp\left[\alpha\Phi\left(x\right)\right]}\frac{B}{A} = \exp(2\kappa x),$$

soit :

$$\Phi(x) = \frac{1}{\alpha}\ln\left[\frac{A - B\exp(-2\kappa x)}{A + B\exp(-2\kappa x)}\right]. \tag{4.101}$$

Comme prévu, dans le cas d'une particule colloïdale chargée négativement (suspension d'argile), le potentiel électrique est toujours négatif, valant Φ_0 en $x = 0$. La relation (4.101) permet aussi de trouver la forme asymptotique du potentiel électrique $\Phi(x)$:

$$\Phi(x) \simeq -\frac{2}{\alpha}\frac{B}{A}\exp(-2\kappa x), \tag{4.102}$$

montrant ainsi que la courbe représentative de la fonction $\Phi(x)$ a l'allure d'une exponentielle décroissante, tendant vers 0 par valeur négative quand x tend vers l'infini (Fig. 4.12). Il ressort de ces expressions que les paramètres α et κ ont respectivement les dimensions de l'inverse d'un potentiel électrique et de l'inverse d'une longueur ; rappelons que e s'exprime en C, k_BT en J, n_0 en m^{-3} et $\varepsilon_0\varepsilon$ en $C^2.N^{-1}.m^{-2}$.

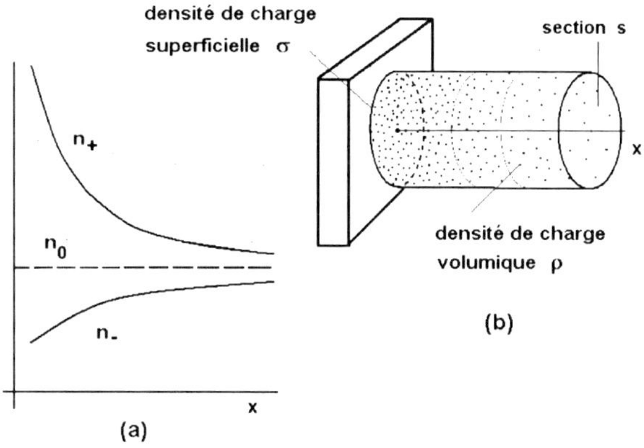

FIG. 4.11 – (a) Variation des concentrations ioniques à proximité d'une surface chargée négativement. (b) Distribution de la charge totale de la couche diffuse.

4.4.4 Distributions ioniques et densité de charge superficielle

Il est facile de déterminer les distributions cationique et anionique dans la couche diffuse en éliminant $\Phi(x)$ entre les relations (4.101) et (4.98). Les distributions qui vont être calculées ici correspondent au cas d'une suspension d'argile pour laquelle la surface est chargée négativement, et pour des valeurs fixées de n_0 et ϕ_0. Si l'on remarque que :

$$\exp\left[\frac{e\Phi(x)}{k_BT}\right] = \exp\left[2\alpha\Phi(x)\right] = \left\{\exp\left[\alpha\Phi(x)\right]\right\}^2,$$

la distribution des anions [Rel. (4.98), avec $z_i = -1$] s'écrit en s'aidant de la relation (4.101) sous la forme suivante :

$$n_-(x) = n_0 \exp\left[\frac{e\Phi(x)}{k_BT}\right] = n_0\left[\frac{A - B\exp(-2\kappa x)}{A + B\exp(-2\kappa x)}\right]^2,$$

et celle des cations (avec $z_i = +1$) est :

$$n_+(x) = n_0 \exp\left[-\frac{e\Phi(x)}{k_BT}\right] = n_0\left[\frac{A + B\exp(-2\kappa x)}{A - B\exp(-2\kappa x)}\right]^2.$$

On peut alors noter que les courbes $n_+(x)$ et $n_-(x)$ tendent toutes les deux vers la limite asymptotique n_0 lorsque x tend vers l'infini, chaque courbe approchant l'asymptote d'un côté différent, car $n_+ > n_-$ (puisque $\Phi < 0$) et $\frac{dn_+}{dx} < 0$ alors que $\frac{dn_-}{dx} > 0$ (puisque $\frac{d\Phi}{dx} > 0$). Les représentations schématiques des concentrations ioniques en fonction de la distance sont montrées sur la figure (4.11). Aux faibles valeurs de x, les deux courbes sont fortement dissymétriques par rapport à l'asymptote n_0. Cela signifie que, pour une particule colloïdale chargée négativement, la concentration en cations dans la couche diffuse est plus importante que la concentration en anions. Dans le cas précis, la charge négative de la particule d'argile est équilibrée par un excès de cations et un déficit d'anions, mesurés tous deux par rapport à la concentration n_0 de la solution non perturbée. On

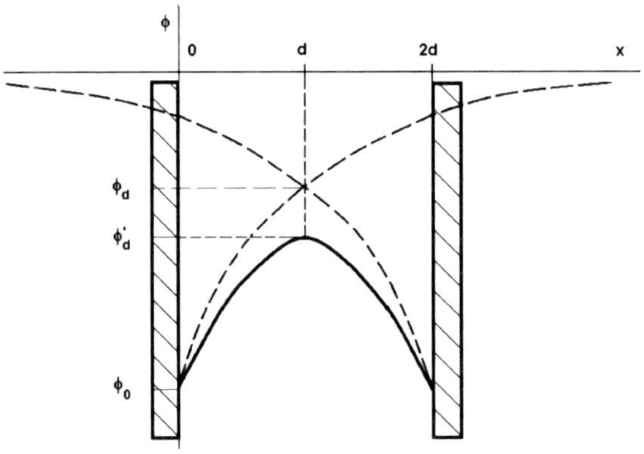

FIG. 4.12 – Représentation schématique du potentiel électrique entre deux particules colloïdales voisines.

parle d'adsorption négative pour les ions de même signe que la particule colloïdale, et d'adsorption positive pour les ions de signe opposé.

Les calculs du potentiel électrique et des concentrations ioniques qui viennent d'être présentés correspondent au cas où les suspensions colloïdales sont éloignées les unes des autres, et que leurs interactions mutuelles sont négligées. Si deux surfaces planes identiques et parallèles s'approchent l'une de l'autre, les couches diffuses interfèrent et le potentiel électrique se présente sous la forme de la figure (4.12).

Depuis une cinquantaine d'années la stabilité des suspensions colloïdales a été abondamment étudiée avec le potentiel DLVO développé par Derjaguin, Landau, Verwey et Overbeek[46] comme on le verra dans la suite. Ce potentiel a été élaboré initialement pour décrire les interactions effectives entre deux particules colloïdales sphériques dans une solution électrolytique aqueuse univalente ($n_{0+} = n_{0-} = n_0$). Il est composé d'une contribution répulsive provenant du recouvrement entre les couches diffuses de deux particules colloïdales sphériques, et d'un potentiel attractif provenant des forces de dispersion s'exerçant entre les atomes des particules colloïdales. La contribution attractive du potentiel DLVO s'amortit en r^{-2} et dépend très peu de la nature de l'électrolyte. Par contre, la contribution répulsive est un potentiel de Coulomb écranté, très sensible à la valeur de la concentration en sel[47]. Il semble acquis aujourd'hui que la stabilité des suspensions s'explique par la compétition entre la contribution répulsive, dépendant fortement de n_0, et la contribution attractive du potentiel DLVO. On peut déjà indiquer que pour des concentrations en sel très faibles, de l'ordre de 10^{-6} M, la contribution attractive du potentiel est pratiquement masquée par la contribution répulsive, alors que pour des concentrations importantes (1 M) la présence du potentiel attractif joue un rôle majeur dans le processus d'agrégation des particules colloïdales.

[46] B. V. Derjaguin and L. Landau, Acta Phys. Chim. (URSS) **14**, 633 (1941), E. J. W. Verwey and J. T. G. Overbeek, *Theory of the Stability of Lyophobic Colloïds*, Elsevier, Amsterdam (1948).

[47] La concentration en sel c s'exprime en mole par litre (M) alors que le nombre moyen d'ions n_0 s'exprime en ion par m^3. Ces deux quantités sont liées l'une à l'autre par la formule :

$$n_0 = 1000\mathbb{N}c,$$

où $\mathbb{N}$ est le nombre d'Avogadro.

4.4.5 Potentiel répulsif de Verwey et Overbeek

La méthode utilisée par Verwey et Overbeek pour déterminer l'expression de la partie répulsive du potentiel DLVO est la même que celle de Gouy et Chapman, à la différence près que les particules colloïdales sont de forme sphérique. Dans ce paragraphe, on utilise une démonstration différente de celle de Gouy et Chapman, due à Denton[48], qui repose sur l'analogie observée par Silbert et Grimson[49] entre les liquides métalliques et les suspensions colloïdales. En effet, si l'on assimile les *macroions* aux ions métalliques et les *microions*[50] aux électrons, il est logique de poursuivre l'analogie en utilisant le formalisme de la théorie de l'écrantage ou de la réponse linéaire pour déduire le potentiel effectif entre les macroions.

Le système étudié par Denton est constitué de N_M macroions et de N_m microions occupant un volume V, à la température T. Les macroions et les microions sont immergés dans un solvant constitué par un milieu continu uniforme, de constante diélectrique $\varepsilon_0\varepsilon$. Les macroions sont des sphères dures chargées de diamètre σ et de charge $-Ze$ uniformément répartie à la surface. On notera que la charge des macroions est négative contrairement aux ions métalliques. Quant aux microions, ils sont ponctuels et portent tous la même charge ze. Par conséquent, la neutralité électrique globale se réduit à la condition $ZN_M = zN_m$.

Par analogie avec les métaux liquides, on peut évaluer l'hamiltonien du système (§ 4.3.1) avec les énergies d'interactions des différents constituants. Le potentiel d'interaction directe entre deux macroions a pour expression :

$$u_{MM}(r) = \frac{Z^2e^2}{4\pi\varepsilon_0\varepsilon r} \quad \text{pour} \quad r > \sigma, \tag{4.103}$$

et le potentiel d'interaction entre deux microions est :

$$u_{mm}(r) = \frac{z^2e^2}{4\pi\varepsilon_0\varepsilon r}. \tag{4.104}$$

Quant au potentiel d'interaction entre un macroion et un microion, il est choisi sous la forme suivante proposée antérieurement par Roij et Hansen[51] :

$$u_{Mm}(r) = \begin{cases} -\frac{Zze^2}{4\pi\varepsilon_0\varepsilon\frac{\sigma}{2}}\alpha & \text{pour} \quad r < \frac{\sigma}{2}, \\ \\ -\frac{Zze^2}{4\pi\varepsilon_0\varepsilon r} & \text{pour} \quad r > \frac{\sigma}{2}. \end{cases} \tag{4.105}$$

Le potentiel est coulombien à l'extérieur du macroion et constant dans le coeur. On peut noter que ce potentiel se distingue du pseudopotentiel d'Ashcroft employé dans les métaux liquides, dont la valeur est nulle dans le coeur de l'ion métallique, ce qui est justifié par la présence des électrons de coeur. On comprend alors que le paramètre α devra être déterminé, dans la suite, de manière que le profil de densité des microions dans le coeur soit nul.

---

[48] A. R. Denton, J. Phys. : Condens. Matter **11**, 10061 (1999).

[49] E. Canessa, M. J. Grimson and M. Silbert, Mol. Phys. **64**, 1195 (1988). M. J. Grimson and M. Silbert, Mol. Phys. **74**, 397 (1991).

[50] Les termes fréquemment utilisés dans la littérature sont *macroions* pour les particules colloïdales et *microions* pour les ions de la solutions. Ce sont ceux qui seront utilisés ici.

[51] R. van Roij and J. P. Hansen, Phys. Rev. Lett. **79**, 3082 (1997).

Après avoir défini les potentiels d'interaction des différentes entités, on peut appliquer la théorie de la fonction réponse pour chercher comment réagit le système de microions à la perturbation occasionnée par la présence des macroions. Il s'agit ici de calculer la fonction réponse linéaire $\chi^{(1)}(q)$ du système classique de *plasma à un composant* (OCP), composé de microions en présence de macroions. Contrairement au procédé utilisé dans le paragraphe (4.3.8) pour déterminer la fonction réponse $\chi^{(1)}(q)$ (Rel. 4.82), pour l'OCP classique il faut utiliser le formalisme général[52] qui relie la fonction réponse $\chi^{(1)}(q)$ au facteur de structure statique $S(q)$ par la formule :

$$\chi^{(1)}(q) = -\beta n_m S(q) = -\frac{\beta n_m}{1 - n_m c(q)}, \tag{4.106}$$

où n_m est la densité effective des microions, et $c(q)$ la transformée de Fourier de la fonction de corrélation directe qui sera étudiée dans les paragraphes (6.2) et (6.3).

Le calcul de la densité effective n_m des microions se fait en ne considérant que le volume V_m disponible aux microions, c'est-à-dire le volume V du système amputé du volume des macroions, $\frac{\pi\sigma^3}{6}N_M$, qui ne peut pas être occupé par les microions. L'expression de la densité effective est donc :

$$n_m = \frac{N_m}{V_m} = \frac{N_m}{V - \frac{\pi\sigma^3}{6}N_M}.$$

Quant à la fonction $c(q)$, elle peut être estimée dans le cas présent par une approximation qui consiste à assimiler la fonction de corrélation directe $c(r)$ au potentiel $u_{mm}(r)$ par la formule $c(r) \simeq -\beta u_{mm}(r)$. Ainsi la fonction $c(q)$, qui est la transformée de Fourier de $c(r)$, s'écrit à l'aide de la relation (4.104) sous la forme suivante[53] :

$$c(q) = \int \left(-\frac{\beta z^2 e^2}{4\pi\varepsilon_0 \varepsilon r} \right) \exp(-i\mathbf{q}\mathbf{r}) d^3 r = -\frac{\beta z^2 e^2}{\varepsilon_0 \varepsilon q^2}. \tag{4.107}$$

La substitution de la relation (4.107) dans la relation (4.106) conduit à la fonction réponse linéaire $\chi^{(1)}(q)$:

$$\chi^{(1)}(q) = -\frac{\beta n_m}{1 - n_m c(q)} = -\frac{\beta n_m}{1 + \frac{\kappa^2}{q^2}}, \tag{4.108}$$

où :

$$\kappa = \left(\frac{\beta z^2 e^2 n_m}{\varepsilon_0 \varepsilon} \right)^{\frac{1}{2}}.$$

Avec la fonction réponse $\chi^{(1)}(q)$, on peut déterminer la contribution du potentiel induit par les microions au moyen de la relation (4.85). Si les notations relatives aux liquides métalliques sont transposées à celles des suspensions colloïdales, la relation (Rel. 4.85) s'écrit :

$$u_{ind}(r) = TF \left[\chi^{(1)}(q) u_{Mm}^2(q) \right], \tag{4.109}$$

---

[52] Le formalisme de la fonction réponse sera abordé dans les paragraphes (6.2.2) et (8.2.3). Voir également J. P. Hansen and I. R. McDonald, *Theory of Simple Liquids*, Acad. Press, London (3ième édition, 2006), p. 206. M. Baus and J. P. Hansen, Physics Reports, **59**, 1 (1980).

[53] Le calcul de la transformée de Fourier est le même que celui qui a permis d'obtenir la relation (4.53).

où $u_{Mm}(q)$ est la transformée de Fourier du potentiel $u_{Mm}(r)$ défini par la relation (4.105). Le calcul de $u_{Mm}(q)$ s'effectue comme celui du facteur de forme d'Ashcroft (Rel. 4.53) et son résultat est :

$$u_{Mm}(q) = -\frac{Zze^2}{\varepsilon_0 \varepsilon q^2}\left[(1-\alpha)\cos(\frac{q\sigma}{2}) + \alpha\frac{\sin(\frac{q\sigma}{2})}{\frac{q\sigma}{2}}\right]. \tag{4.110}$$

Il faut noter la présence du paramètre inconnu α dans la relation précédente. Or, il a été indiqué que sa détermination est possible en imposant que le profil de densité des microions s'annule dans le coeur des macroions. Pour assurer cette condition, calculons tout d'abord le profil de densité des microions dans l'espace réciproque, au moyen de la relation (4.77), soit :

$$n_m(q) = \chi^{(1)}(q)\sum_l \exp(-i\mathbf{q}\mathbf{R}_l)u_{Mm}(q). \tag{4.111}$$

La somme sur l de l'exponentielle provient de la décomposition du potentiel perturbateur total en élément de matrice (Rel. 4.47) et $\mathbf{R}_l$ correspond à la position du centre de masse du l-ième macroion. La substitution de $\chi^{(1)}(q)$ et de $u_{Mm}(q)$ dans la relation (4.111) permet d'obtenir $n_m(q)$ sous la forme suivante :

$$n_m(q) = \frac{Z}{z}\left(\frac{\kappa^2}{q^2+\kappa^2}\right)\left[(1-\alpha)\cos(\frac{q\sigma}{2}) + \alpha\frac{\sin(\frac{q\sigma}{2})}{\frac{q\sigma}{2}}\right]\sum_l \exp(-i\mathbf{q}\mathbf{R}_l).$$

Pour déterminer le profil de densité des microions dans l'espace réel, il faut calculer la transformée de Fourier inverse de $n_m(q)$. Afin de simplifier les calculs, Denton suggère de considérer l'environnement immédiat d'un macroion situé en position origine ($\mathbf{R}=0$) et rejeté loin de tous les autres, de manière à ne retenir que le terme $\mathbf{R}=0$ dans la somme sur l. Le résultat de la transformée de Fourier inverse est[54] :

$$n_m(r) = \begin{cases} \frac{Z}{z}\left(\frac{\kappa^2}{4\pi}\right)\left[-1+\alpha+\frac{\alpha}{\frac{\kappa\sigma}{2}}\right]\exp(-\frac{\kappa\sigma}{2})\frac{\sinh(\kappa r)}{r} & \text{pour} \quad r < \frac{\sigma}{2}, \\ \frac{Z}{z}\left(\frac{\kappa^2}{4\pi}\right)\left[(1-\alpha)\cosh(\frac{\kappa\sigma}{2}) + \alpha\frac{\sinh(\frac{\kappa\sigma}{2})}{\frac{\kappa\sigma}{2}}\right]\frac{\exp(-\kappa r)}{r} & \text{pour} \quad r > \frac{\sigma}{2}. \end{cases}$$

En écrivant que le profil de densité est nul pour $r < \frac{\sigma}{2}$, on obtient directement l'expression du paramètre inconnu α, qui est :

$$\alpha = \frac{\frac{\kappa\sigma}{2}}{1+\frac{\kappa\sigma}{2}}.$$

[54] La transformée de Fourier et la transformée inverse sont définies par les expressions :

$$\begin{aligned} n_m(q) &= \int n_m(r)\exp(i\mathbf{q}\mathbf{r})d^3r, \\ \text{et} \quad n_m(r) &= \frac{1}{(2\pi)^3}\int n_m(q)\exp(-i\mathbf{q}\mathbf{r})d^3q. \end{aligned}$$

Par conséquent, si l'on substitue α dans la relation (4.110), l'expression de $u_{Mm}(q)$ s'écrit :

$$u_{Mm}(q) \quad = \quad -\frac{Zze^2}{\varepsilon_0 \varepsilon q^2}\left(\frac{1}{1+\frac{\kappa\sigma}{2}}\right)\left[\cos(\frac{q\sigma}{2}) + \kappa\frac{\sin(\frac{q\sigma}{2})}{q}\right], \tag{4.112}$$

et si l'on utilise les relations (4.112) et (4.108), on peut écrire le potentiel entre deux macroions en présence des microions (Rel. 4.109) sous la forme suivante :

$$u_{ind}(r) \quad = \quad TF\left\{-\frac{\beta n_m}{1+\frac{\kappa^2}{q^2}}.\left(\frac{Zze^2}{\varepsilon_0\varepsilon q^2}\right)^2\left(\frac{1}{1+\frac{\kappa\sigma}{2}}\right)^2\left[\cos(\frac{q\sigma}{2}) + \kappa\frac{\sin(\frac{q\sigma}{2})}{q}\right]^2\right\},$$

$$u_{ind}(r) \quad = \quad -\frac{1}{8\pi^3}\int\left(\frac{1}{1+\frac{\kappa\sigma}{2}}\right)^2\left(\frac{Z^2e^2}{\varepsilon_0\varepsilon q^2}\right)\frac{\kappa^2}{\kappa^2+q^2}\left[\cos(\frac{q\sigma}{2}) + \kappa\frac{\sin(\frac{q\sigma}{2})}{q}\right]^2 \exp(i\mathbf{qr})d^3q.$$

Le calcul de la transformée de Fourier inverse est simple mais fastidieux. Selon Denton, son résultat est :

$$u_{ind}(r) = \begin{cases} -\frac{Z^2e^2}{8\pi\varepsilon_0\varepsilon r}\left(\frac{1}{1+\frac{\kappa\sigma}{2}}\right)^2\left[(2+\kappa\sigma)\kappa r - \frac{\kappa^2r^2}{2}\right] & \text{pour} \quad r<\sigma, \\ \\ \frac{Z^2e^2}{4\pi\varepsilon_0\varepsilon}\left[\frac{\exp(\frac{\kappa\sigma}{2})}{1+\frac{\kappa\sigma}{2}}\right]^2\frac{\exp(-\kappa r)}{r} - \frac{Z^2e^2}{4\pi\varepsilon_0\varepsilon r} & \text{pour} \quad r>\sigma. \end{cases} \tag{4.113}$$

Finalement, en ajoutant la contribution induite $u_{ind}(r)$ à la contribution directe $u_{MM}(r)$ fournie par la relation (4.103), on obtient le potentiel répulsif entre les macroions sous la forme explicite :

$$u_{rep}(r) \quad = \quad u_{MM}(r) + u_{ind}(r) = \frac{Z^2e^2}{4\pi\varepsilon_0\varepsilon}\left[\frac{\exp(\frac{\kappa\sigma}{2})}{1+\frac{\kappa\sigma}{2}}\right]^2\frac{\exp(-\kappa r)}{r}. \tag{4.114}$$

Cette expression est la même que celle qui a été trouvée par Verwey et Overbeek en utilisant les équations de Boltzmann et de Poisson. On notera que la décroissance du potentiel est d'autant plus rapide que κ est grand, c'est-à-dire que la densité effective n_m et la valence z des microions sont plus importantes.

4.4.6 Potentiel attractif de Hamaker

On a indiqué à la fin du paragraphe (4.4.4) que le potentiel DLVO est composé du potentiel électrostatique répulsif de Verwey et Overbeek et d'un potentiel attractif qui joue un rôle déterminant lorsque la concentration en sel dans la solution est importante. Ce potentiel d'attraction est attribué aux forces microscopiques qui s'exercent entre les atomes des particules colloïdales. Rappelons que les molécules polaires possèdent des dipôles permanents (§ 4.2.3) qui tendent à s'aligner et qui sont à l'origine des forces d'attraction de van der Waals. Quant aux molécules non polaires et aux atomes, ils possèdent des dipôles instantanés (§ 4.2.4), capables d'induire des dipôles dans les atomes voisins, qui sont à

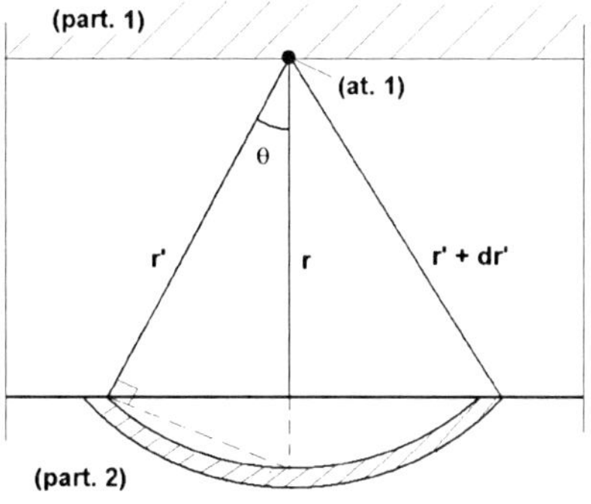

FIG. 4.13 – Elément d'intégration sur la particule 2, constitué par deux calottes sphériques d'épaisseur dr'.

l'origine des forces de dispersion de London. Pour les molécules et les atomes, les forces de van der Waals et les forces de London ont des portées qui ne dépassent pas le nanomètre.

Quand deux particules colloïdales s'approchent l'une de l'autre, chaque atome de l'une interagit avec tous les atomes de l'autre de manière plus ou moins additive. Comme on va le voir dans la suite, la somme de toutes ces actions microscopiques est susceptible de générer une force attractive entre les particules colloïdales, appelée *force de Hamaker*[55]. Alors que les forces de London entre les atomes ont des portées de l'ordre du nanomètre, les forces de Hamaker entre les particules colloïdales ont une portée qui s'étend sur une centaine de nanomètres en décroissant plus lentement. Cette portée est comparable à la portée des forces électrostatiques répulsives de Verwey et Overbeek.

Calculons tout d'abord l'énergie d'attraction entre un atome d'une particule colloïdale et tous les atomes d'une particule colloïdale voisine. Comme le potentiel d'attraction de deux atomes est donné par la relation (4.15), on peut calculer le potentiel d'interaction entre l'atome 1 de la particule 1 et la particule 2 en réalisant la sommation suivante sur tous les atomes de la particule 2 :

$$u_{at.1/part.2}(r) = -\sum_{part.2} \frac{C_6}{r^6}.$$

Pour effectuer ce calcul, remplaçons la somme discrète sur les atomes par une intégrale sur le volume de la particule 2 en considérant le nombre d'atomes par unité de volume ρ et le volume élémentaire $d\tau$, soit :

$$u_{at.1/part.2}(r) = -\int \frac{C_6}{r^6}\rho d\tau.$$

Si l'on suppose que l'atome 1 est proche de la particule 2, on peut admettre qu'il voit une surface plane. En utilisant comme élément d'intégration le volume compris entre deux calottes sphériques concentriques (Fig. 4.13), interceptées par l'angle 2θ, dont le volume

[55] H. C. Hamaker, Physica **4**, 1058 (1937).

élémentaire est[56] :

$$d\tau = 2\pi r'^2(1-\cos\theta)dr',$$

le potentiel d'interaction entre l'atome 1 et la particule 2 se réduit à l'expression suivante[57] :

$$u_{at.1/part.2}(r) = -\int_r^\infty \frac{C_6}{r'^6} 2\pi\rho r'^2(1-\cos\theta)dr' = -\frac{\pi\rho C_6}{6r^3}. \tag{4.115}$$

On notera la décroissance en $1/r^3$ de ce potentiel d'interaction alors que celle du potentiel interatomique est en $1/r^6$. Mais pour déterminer le potentiel d'interaction entre deux particules colloïdales, il reste encore à faire la sommation sur tous les atomes de la particule 1, c'est-à-dire à intégrer sur le volume de la particule 1. Si l'aire des faces des deux particules en regard est S, l'élément de volume est $dV = Sdr$ et le potentiel d'interaction des deux particules, par unité de surface, est égal à l'intégrale de la relation (4.115) entre r et l'infini, soit :

$$\frac{u_{att}(r)}{S} = -\frac{\pi\rho C_6}{6}\int_r^\infty \frac{1}{r^3}dr = -\frac{A}{12\pi r^2}, \tag{4.116}$$

où $A(=\pi^2\rho C_6)$ est la constante de Hamaker. La relation (4.116) fournit l'énergie d'attraction, par unité de surface, entre les deux particules colloïdales dont les surfaces en regard sont planes. On notera sa loi de variation en $1/r^2$. On notera également que la constante de Hamaker A a les dimensions d'une énergie. Elle varie assez peu avec la nature des particules et du solvant, et sa valeur numérique est de l'ordre de l'énergie thermique k_BT. Par exemple, elle vaut $A = 6,3.10^{-21}$ J pour les interfaces quartz-eau-quartz et $A = 10^{-18}$ J pour les interfaces cuivre-vide-cuivre. Les valeurs de la constante de Hamaker sont tabulées pour toutes sortes de surfaces séparées par le vide ou un solvant.

Il existe des formules du potentiel d'attraction de Hamaker pour d'autres formes de particules mais elles sont plus compliquées. Indiquons le résultat du potentiel d'attraction entre deux sphères de diamètre σ :

$$u_{att}(r) = -\frac{A}{12}\left[\frac{\sigma^2}{r^2-\sigma^2} + \frac{\sigma^2}{r^2} + 2\ln(1-\frac{\sigma^2}{r^2})\right]. \tag{4.117}$$

---

[56]Les rayons des calottes sphériques sont r' et $r'+dr'$, et l'aire d'une calotte sphérique est :

$$S = 2\pi r'^2(1-\cos\theta).$$

[57]Comme $r = r'\cos\theta$, l'intégrale s'écrit encore :

$$\begin{aligned} u_{at.1/part.2}(r) &= -2\pi\rho C_6 \int_r^\infty \left[\frac{1}{r'^4} - \frac{r}{r'^5}\right] dr', \\ u_{at.1/part.2}(r) &= -2\pi\rho C_6 \left[\frac{1}{3r^3} - \frac{r}{4r^4}\right]. \end{aligned}$$

Quand $r > \sigma$, la relation (4.117) s'écrit sous la forme approximative suivante[58] :

$$u_{att}(r) \simeq -\frac{A}{12}\left\{\frac{\sigma^6 r^2 + 2\sigma^8}{3r^6\left(r^2-\sigma^2\right)}\right\},$$

de sorte que pour $r \gg \sigma$, le potentiel se comporte comme :

$$u_{att}(r \gg \sigma) \simeq -\frac{A}{36}\left(\frac{\sigma^6}{r^6}\right),$$

et pour $r = \sigma^+$, comme :

$$u_{att}(r = \sigma^+) \simeq -\frac{A}{12}\left[\frac{\sigma^2}{(r+\sigma)(r-\sigma)}\right] \simeq -\frac{A}{24}\left(\frac{\sigma}{r-\sigma}\right).$$

Lorsque deux particules sphériques de diamètres σ_1 et σ_2 sont proches l'une de l'autre, on peut utiliser la formule suivante :

$$u_{att}(r) = -\frac{A\overline{\sigma}}{12r}\left[1 + \frac{r}{\overline{\sigma}}\left(1 - \frac{\overline{\sigma}}{2\sigma_1 + 2\sigma_2}\right) + 2\frac{r}{\overline{\sigma}}\ln\left(\frac{r}{\overline{\sigma}}\right) + \ldots\right], \quad \text{avec} \quad \overline{\sigma} = \frac{2\sigma_1\sigma_2}{\sigma_1 + \sigma_2}.$$

4.4.7 Potentiel de Casimir

Dans le paragraphe (4.2.4), on a mentionné que les forces de dispersion ont pour origine les fluctuations des moments dipolaires atomiques. Le processus est le suivant. Le champ électrique créé par le moment dipolaire d'un atome se propage à la vitesse de la lumière et induit, dans un atome voisin, un moment dipolaire dont la direction est la même que celle du premier. L'attraction entre les dipôles est maximum si les deux moments dipolaires sont alignés, comme cela est le cas entre deux molécules polaires. Mais dans le cas de deux atomes éloignés l'un de l'autre, il se produit un désalignement des moments dipolaires instantanés et une réduction des forces de dispersion du fait que le champ électrique émis par le second atome arrive au premier atome avec un certain déphasage. Ce processus donne lieu à un *effet retardé des forces de dispersion*[59]. Il affecte très peu les interactions entre les atomes. Par contre, il peut modifier sensiblement les interactions entre les particules colloïdales dont les distances de séparation sont plus grandes.

La première application des effets retardés au calcul des interactions dans les suspensions colloïdales a été réalisée par Overbeek[60]. En traitant les particules colloïdales comme deux plaques parallèles, cet auteur a proposé de corriger la relation (4.116) par la fonction retard $f(p)$ de la manière suivante :

$$\frac{u_{att}^C(r)}{S} = -\frac{A}{12\pi r^2} f(p),$$

[58] Le développement limité du logarithme permet d'écrire l'approximation :

$$u_{att}(r) \simeq -\frac{A}{12}\left\{\frac{\sigma^2}{r^2-\sigma^2} + \frac{\sigma^2}{r^2} + 2\left[-\frac{\sigma^2}{r^2} - \frac{1}{2}\frac{\sigma^4}{r^4} - \frac{1}{3}\frac{\sigma^6}{r^6}\right]\right\},$$

$$u_{att}(r) \simeq -\frac{A}{12}\left\{\frac{\sigma^6 r^2 + 2\sigma^8}{3r^6\left(r^2-\sigma^2\right)}\right\}.$$

[59] H. B. G. Casimir and D. Polder, Phys. Rev. **73**, 360 (1948).

[60] J. T. G. Overbeek, Discussions Faraday Soc. **42**, 7 (1966).

où $f(p)$ est une fonction empirique variant entre 1 et 0 lorsque le paramètre p augmente de 1 à l'infini. Le paramètre p est une mesure relative de la distance r de séparation des plaques par rapport à la longueur d'onde λ du rayonnement du champ électromagnétique. Avec le paramètre p défini par la relation $p = 2\pi\frac{r}{\lambda}$, la fonction empirique $f(p)$ a pour expression :

$$f(p) = \begin{cases} 1,01 - 0,14p & \text{pour } 1 < p < 3, \\ \frac{2,45}{p} - \frac{2,04}{p^2} & \text{pour } 3 < p < \infty. \end{cases}$$

Montrons incidemment que la spécificité des forces de dispersion provoque l'apparition d'un type particulier de forces qui s'exercent dans le vide. En s'intéressant aux fluctuations du champ électromagnétique, Casimir[61] montra qu'une force macroscopique doit s'exercer entre deux plaques parallèles (conductrices et non chargées), dans le vide, en équilibre avec les photons du vide. Qualitativement on peut expliquer le phénomène de la manière suivante. Les plaques conductrices forment une cavité résonnante et imposent aux photons les conditions aux limites $L = p\lambda$, où L est la distance qui sépare les deux surfaces, λ la longueur d'onde d'un photon et p un nombre entier. Par rapport au nombre de photons contenus dans l'enceinte, seuls ceux d'entre eux dont la longueur d'onde est inférieure à L sont confinés entre les plaques. Par conséquent, le déficit de photons entre les plaques doit produire une réduction de pression, donc une attraction des plaques.

En mécanique quantique, les niveaux d'énergie d'un oscillateur harmonique sont donnés par la relation :

$$E_n = \hbar\omega(n + \frac{1}{2}),$$

où $\hbar\omega = h\nu$ et n est le nombre de photons présents dans le mode de pulsation ω. Or, à température nulle, bien qu'il n'y ait pas de photon[62] dans l'enceinte, l'énergie du vide quantique électromagnétique au *point zéro* ($n = 0$) vaut $\frac{1}{2}\hbar\omega$. Elle génère une pression et crée une force macroscopique entre les plaques.

Notons que la forme fonctionnelle de la pression, à température nulle, créée entre les plaques peut être obtenue par une simple analyse dimensionnelle. En remarquant que l'effet est d'origine quantique et relativiste, on peut s'attendre à ce que la pression $\frac{F}{S}$ (en N.m^{-2}) dépende des constantes universelles $\hbar$ (en J.s) et c (en m.s^{-1}), ainsi que de l'écartement des plaques L (en m). L'équation de dimensions qui lie ces quatre grandeurs est donc :

$$\frac{F}{S} \propto \frac{\hbar c}{L^4}.$$

La démonstration de la formule exacte[63] de la pression indique que $\frac{F}{S}$ suit une loi universelle indépendante de la nature des conducteurs, dont l'expression est :

$$\frac{F}{S} = -\frac{\pi^2}{240}\frac{\hbar c}{L^4}.$$

[61] H. B. G. Casimir, Proc. Kon. Nederl. Akad. Wetensch. B **51**, 793 (1948).

[62] Une des lois du rayonnement du corps noir indique que le nombre de photons dans une enceinte fermée est proportionnelle au cube de la température. A température nulle il n'y a donc pas de photons réels.

[63] Le lecteur désirant en savoir plus sur l'effet Casimir peut consulter les articles publiés dans *Séminaire Poincaré*, "L'énergie du vide" (mars 2002). L'article de B. Duplantier, consultable en ligne : www.lpthe.jussieu.fr/poincare/, est particulièrement intéressant.

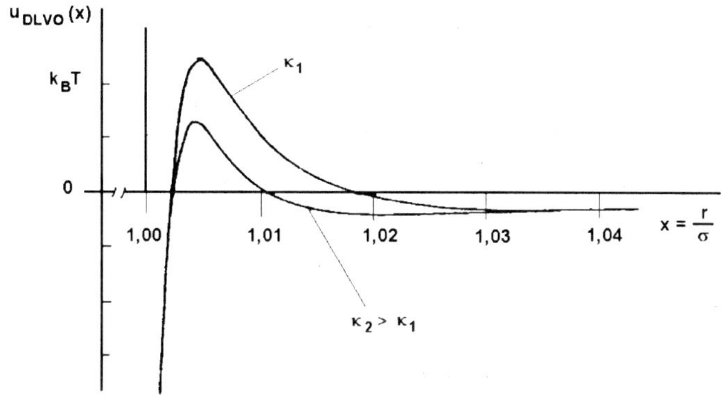

FIG. 4.14 – Représentation du potentiel DLVO entre deux particules colloïdales placées dans des solutions électrolytiques de concentrations différentes.

Le signe de la pression montre que la force de Casimir est attractive et que l'énergie d'interaction ($F = -\mathbf{grad}_L u_{att}^C$), par unité de surface, est de la forme :

$$\frac{u_{att}^C(L)}{S} = -\int -\frac{\pi^2}{240}\frac{\hbar c}{L^4}dL = -\frac{\pi^2}{720}\frac{\hbar c}{L^3}.$$

Notons que d'autres expressions de la force de Casimir ont été obtenues pour des configurations différentes, et que leurs dépendances en température ont également été étudiées. Par exemple, il a été montré que l'expression de la force attractive qui s'exerce entre un plan et une sphère de rayon R est $F = 2\pi R\frac{\pi^2}{720}\frac{\hbar c}{L^3} = \frac{\pi^3}{360}R\frac{\hbar c}{L^3}$. Entre un plan et une sphère de rayon $R = 98\ \mu$m, la force vaut $F = 33.10^{-12}$ N quand $L = 200$ nm. Bien que cette force soit très faible, son intensité est comparable aux forces mises en jeu dans les systèmes biologiques, et elle est parfaitement mesurable par microscopie à force atomique.

4.4.8 Potentiels d'interactions interparticulaires

L'expression la plus couramment utilisée du potentiel d'interaction entre deux particules colloïdales sphériques de diamètre σ est constituée d'un potentiel de sphères dures $u_{HS}(r)$ de diamètre σ, d'une contribution purement répulsive $u_{rep}(r)$ due à la couche diffuse (Rel. 4.114) et d'une contribution attractive $u_{att}(r)$ due aux forces de dispersion (Rel. 4.117). L'ensemble de ces trois termes constitue le potentiel DLVO dont la forme est :

$$\begin{aligned} u_{DLVO}(r) &= u_{HS}(\sigma) + \frac{Z^2e^2}{4\pi\varepsilon_0\varepsilon}\left[\frac{\exp(\frac{\kappa\sigma}{2})}{1+\frac{\kappa\sigma}{2}}\right]^2\frac{\exp(-\kappa r)}{r} \\ &\quad - \frac{A}{12}\left[\frac{\sigma^2}{r^2-\sigma^2} + \frac{\sigma^2}{r^2} + 2\ln\left(1-\frac{\sigma^2}{r^2}\right)\right]. \end{aligned}$$

La figure (4.14) donne une représentation schématique du potentiel DLVO pour deux électrolytes différents. Lorsque la concentration en électrolyte est importante, κ est grand et la décroissance du potentiel répulsif u_{rep} est rapide. On peut donc s'attendre à ce que la contribution du potentiel répulsif soit dominée par le potentiel attractif et que la barrière de potentiel soit faible.

Ainsi, pour des concentrations en sel importantes ($c \simeq 1$ M), la contribution attractive du potentiel DLVO est dominante et la barrière de potentiel est faible ($< k_B T$), ce qui permet d'expliquer l'agrégation irréversible des macroions. Pour des concentrations en sel plus faibles, la contribution répulsive augmente et produit une barrière de potentiel qui empêche les macroions d'entrer en contact. Ceci permet d'expliquer la transition réversible liquide-gaz observée dans les solutions électrolytiques de concentration en sel inférieure à 10^{-3} M. C'est donc de la compétition entre u_{att} et u_{rep} que dépend l'état de stabilité des suspensions colloïdales. Pour des concentrations en sel encore plus faibles, on peut s'attendre à ce que le potentiel attractif de Hamaker soit partiellement masqué par le potentiel répulsif. En fait, toutes les expériences réalisées avec des solutions électrolytiques où la concentration en sel est de l'ordre de 10^{-5} à 10^{-6} M ont montré que le potentiel DLVO est toujours répulsif[64].

Parmi les systèmes mésoscopiques, les polymères sont également des objets étudiés avec la plus grande attention. En solution, les polymères peuvent se présenter sous forme de chaînes de macromolécules (1) dépliées et enchevêtrées les unes avec les autres ou (2) repliées sur elles-mêmes, formant des objets sphériques colloïdaux légèrement interpénétrables. Le modèle classique des polymères sphériques, développé par Daoud et Cotton[65], stipule qu'il existe une sphère de rayon R_c, appelé *rayon de couronne*, à l'intérieur de laquelle le profil de densité des monomères suit une loi de puissance bien déterminée. Cette sphère est entourée d'une couche diffuse dans laquelle f monomères, attachés tels des cheveux à la surface de la sphère, ont un profil de densité quelconque.

Lorsqu'on s'intéresse aux interactions qui s'exercent entre les polymères sphériques, on utilise généralement le modèle d'Asakura et Oosawa[66]. Ces auteurs ont étudié l'interaction entre deux grosses sphères immergées dans un fluide de très petites particules n'interagissant pas entre elles, et ils ont fourni l'explication au mécanisme selon lequel, quand la distance qui sépare les deux sphères est inférieure au diamètre des petites particules du fluide, celles-ci sont expulsées de la région intermédiaire située entre les sphères, en produisant une anisotropie de la pression locale et une attraction des grosses sphères, appelée *potentiel de déplétion*.

Plus tard, Pincus[67] a élaboré un modèle de potentiel permettant de décrire l'interaction entre un polymère sphérique et un mur plan. Ce potentiel possède une forme logarithmique universelle, $u(r) \sim -k_B T \ln(\frac{r}{R_c})$, valable à toute distance r.

Plus récemment, un potentiel purement répulsif a été développé pour représenter l'in-

[64] J. C. Crocker and D. G. Grier, Phys. Rev. Lett. **77,** 1897 (1996). R. van Roij, M. Dijkstra and J. P. Hansen. Phys. Rev. E. **59,** 2010 (1999).
[65] M. Daoud and J. P. Cotton, J. Physique **43,** 531 (1982).
[66] S. Asakura and F. Oosawa, J. Polymer Sci. **33**, 183 (1958).
[67] P. Pincus, Macromolecules **24,** 2912 (1991).

teraction entre deux polymères sphériques[68]. Son expression est de la forme :

$$u(r) = \frac{5}{18} k_B T f^{\frac{3}{2}} \begin{cases} -\ln(\frac{r}{R_c}) + \frac{1}{1+\frac{\sqrt{f}}{2}} & \text{si} \quad r \leq R_c, \\ \frac{1}{1+\frac{\sqrt{f}}{2}} (\frac{R_c}{r}) \exp\left[-\frac{\sqrt{f}}{2R_c}(r - R_c)\right] & \text{si} \quad r > R_c, \end{cases} \tag{4.118}$$

où f est le nombre de monomères à la périphérie de la sphère de rayon R_c. A l'extérieur de la sphère, on a un potentiel de Coulomb écranté et à l'intérieur on retrouve la forme logarithmique de l'interaction avec un mur.

Terminons ce chapitre en évoquant l'influence de la forme générale du potentiel interparticulaire sur le diagramme de phase d'un fluide de particules identiques. Dans le paragraphe (4.2.7) on a déjà mentionné le rôle de la contribution répulsive et de la contribution attractive du potentiel de Lennard-Jones sur les limites de stabilités du diagramme de phase des fluides. Dans cette discussion sommaire, il n'était question que des transitions liquide-vapeur et liquide-solide. Or, au cours de ces dernières années il a été montré que des potentiels empiriques, à peine plus compliqués que le potentiel de Lennard-Jones, peuvent produire des diagrammes de phase radicalement différents de ceux des liquides simples, où peuvent apparaître de nouvelles transitions de phase ainsi que des phases inhomogènes[69].

Par exemple, des systèmes de particules interagissant avec un potentiel répulsif suffisamment mou peuvent révéler des transitions liquide-liquide en plus de la transition liquide-vapeur. Malgré leur symétrie sphérique de tels potentiels peuvent également donner naissance à des phases fluides inhomogènes composées de clusters[70].

La variation de l'étendue de la partie attractive du potentiel peut aussi avoir des effets dramatiques sur le diagramme de phase des systèmes. En ce qui concerne les fluides moléculaires, un des premiers travaux a été effectué pour étudier le comportement du carbone 60 et l'existence possible d'une phase liquide de cette molécule, avec le potentiel de Girifalco[71]. Ce potentiel est formé par la somme des potentiels d'interactions entre deux atomes de deux molécules différentes de C 60 - le potentiel interatomique étant un potentiel de Lennard-Jones. Le potentiel de Girifalco est caractérisé par une forte répulsion et une partie attractive sensiblement plus courte que celle du potentiel de Lennard-Jones. Ce potentiel ne sera pas montré ici. Mais il démontre clairement que l'existence de la phase liquide de C 60 est strictement reliée à l'étendue de la partie attractive du potentiel.

D'autres potentiels ressemblant au potentiel DLVO, avec une partie attractive à courte distance et une partie répulsive à longue distance, produisent aussi des diagrammes de phase inhabituels. Ce type de potentiel est particulièrement utile pour décrire les solutions colloïdales, les solutions de protéines, les polymères sphériques, etc. Pour justifier les résultats expérimentaux, un grand nombre d'études théoriques ont été réalisées au cours des dix dernières années, au moyen du potentiel empirique formé par un potentiel de sphères dures auquel sont ajoutés un potentiel de Yukawa répulsif et un potentiel de

[68] M. Watzlawek, C. N. Likos and H. Löwen, Phys. Rev. Lett. **82**, 5289 (1999).
[69] G. Malescio, J. Phys. : Condens. Matter **19**, 073101 (2007).
[70] H. M. Gibson and N. B. Wilding, Phys. Rev. E **73**, 061507 (2006).
[71] L. A. Girifalco, J. Phys. Chem. **96**, 858 (1992).

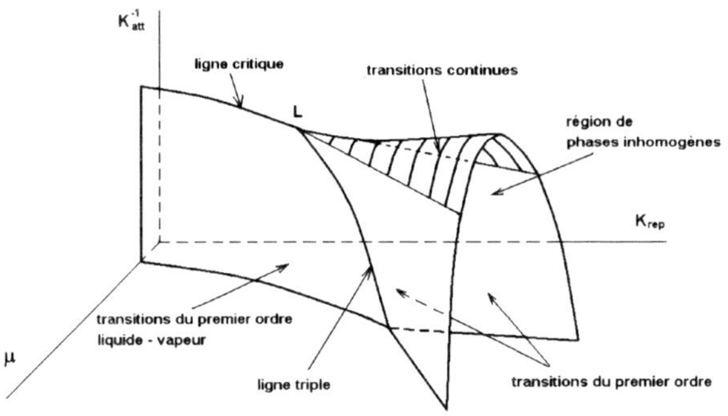

FIG. 4.15 – Représentation schématique d'une forme possible du diagramme de phase pour le potentiel double Yukawa, tirée de l'article de Archer et Wilding.

Yukawa attractif, dont l'expression analytique globale est :

$$\beta u(r) = u_{HS}(\sigma) + K_{rep}\frac{\sigma}{r}\exp\left[-Z_{rep}(\frac{r}{\sigma}-1)\right] - K_{att}\frac{\sigma}{r}\exp\left[-Z_{att}(\frac{r}{\sigma}-1)\right],$$

où σ est le diamètre des sphères dures. Les paramètres positifs K_i caractérisent l'intensité des forces d'attraction et de répulsion et les paramètres positifs Z_i caractérisent l'étendue des interactions. Plus Z_i est petit plus l'étendue de l'interaction est grande.

Par un choix judicieux des valeurs des Z_i on peut facilement générer une attraction à courte distance et une répulsion à longue distance. Or, c'est la compétition entre les contributions attractive et répulsive sur des échelles de longueurs différentes qui est responsable de la formation de phases fluides inhomogène[72] (clusters en équilibre et gels hors d'équilibre). Il convient de signaler que cette question avait déjà été soulevée par Lebowitz et Penrose[73] il y a une quarantaine d'années, avec l'étude d'un système de particules en interaction au moyen d'un potentiel de Kac (similaire à celui de Yukawa). A l'issue de calculs compliqués, les auteurs remarquaient que la contribution répulsive du potentiel à longue distance *devait amener les phases vapeur et liquide à se décomposer en gouttelettes et en mousses, sans provoquer de transition liquide-vapeur, du premier ordre.* Dans le cadre de la physique statistique des liquides simples cette remarque pouvait sembler hors de propos, mais avec les liquides complexes (particules colloïdales chargées, polymères sphériques en solution, protéines globulaires...) elle prend tout son sens. La figure (4.15) tirée de l'article de Archer et Wilding[74] représente la variation du potentiel chimique μ en fonction des intensités des potentiels répulsif et attractif, K_{rep} et K_{att}. Ce diagramme montre comment, pour certaines valeurs de K_{rep} et K_{att}, il se produit une bifurcation sur chaque courbe de transition liquide-vapeur (point L). Les deux branches émergeant de la bifurcation correspondent à des transitions du premier ordre, et les nappes décrites respectivement par ces deux branches délimitent la région des phases inhomogènes. On parle aussi de *phases modulées* ou de *phases à motifs*, et le phénomène correspond à une *microséparation de phases.* Les phases modulées sont formées de clusters disposés suivant certaines symétries rappelant celles des solides, avec une période de modulation plus grande.

[72] A. J. Archer and N. B. Wilding, Phys. Rev. E **76**, 031501 (2007).
[73] J. L. Lebowitz and O. Penrose, J. Math. Phys. **7**, 98 (1966).
[74] cf. note 72 de ce chapitre.

Chapitre 5

Méthode des fonctions de corrélation spatiales

Le chapitre trois était consacré au calcul des propriétés thermodynamiques des gaz au moyen de la fonction de partition. On a vu que la fonction de partition et les grandeurs thermodynamiques des gaz réels s'expriment sous forme de développements en séries de la densité. Mais pour les liquides dont les densités sont beaucoup plus fortes que celles des gaz, de tels développements ne sont plus utilisables. C'est pourquoi il faut remplacer le formalisme de la *fonction de partition* par celui des *fonctions de corrélation*. Celui-ci permet de traiter avec plus de rigueur les interactions entre les particules dans les liquides, car elles sont plus importantes que dans les gaz en raison de la forte densité qui y règne.

Ainsi, la détermination des grandeurs thermodynamiques des gaz peut s'effectuer soit par la méthode de la fonction de partition, soit par la méthode des fonctions de corrélation. Les deux méthodes sont équivalentes. Mais si la première est une méthode très élégante, qui permet d'obtenir la fonction de partition par un calcul direct, elle ne peut s'appliquer qu'à des systèmes en équilibre. La méthode des fonctions de corrélation est un peu plus compliquée à mettre en oeuvre, car elle entre dans le cadre d'une théorie plus générale permettant d'étudier les systèmes en équilibre et hors d'équilibre. Mais c'est la méthode qui s'impose pour étudier les liquides.

Parmi les fonctions de corrélation, la *fonction de corrélation de paire* $g(r)$ est la grandeur centrale de la théorie microscopique des liquides, pour deux raisons principales. La première réside dans le fait que si l'énergie potentielle totale du liquide peut s'écrire sous forme d'une somme de potentiels de paires, toutes les grandeurs thermodynamiques s'expriment en fonction de $g(r)$. La seconde raison est que $g(r)$ peut être déterminée expérimentalement par diffraction de rayons X ou de neutrons, ce qui donne le moyen de tester la théorie microscopique des liquides, en confrontant les résultats issus des modèles théoriques avec les résultats expérimentaux.

5.1 Expression de la fonction de corrélation de paire

5.1.1 Dans l'ensemble canonique

La fonction de corrélation de paire repose sur le formalisme des fonctions de distribution génériques décrit dans le paragraphe (2.6). Si l'on considère l'ensemble canonique, l'expression générale des fonctions génériques spatiales $\rho_N^{(n)}(\mathbf{r}^n)$ donnée par la relation (2.42) s'écrit[1] :

$$\rho_N^{(n)}(\mathbf{r}^n) = \frac{N!}{(N-n)!} \int\int P_N(\mathbf{r}^N, \mathbf{p}^N) d\mathbf{r}^{N-n} d\mathbf{p}^N, \tag{5.1}$$

avec :

$$P_N(\mathbf{r}^N, \mathbf{p}^N) = \frac{1}{N! h^{3N} Q_N(V,T)} \exp\left[-\beta H(\mathbf{r}^N, \mathbf{p}^N)\right].$$

Or, si l'hamiltonien du système est constitué de l'énergie cinétique $\sum_i \frac{p_i^2}{2m}$ et de l'énergie potentielle $U(\mathbf{r}^N)$, la fonction de partition a pour expression (Rel. 3.8) :

$$\begin{aligned} Q_N(V,T) &= \frac{1}{N! h^{3N}} \int\int_{3N} \exp\left(-\beta \sum_i \frac{p_i^2}{2m}\right) d\mathbf{p}^N \int\int_{3N} \exp\left[-\beta U(\mathbf{r}^N)\right] d\mathbf{r}^N, \\ Q_N(V,T) &= \frac{1}{N! h^{3N}} \left(\sqrt{\frac{2\pi m}{\beta}}\right)^{3N} \int\int_{3N} \exp\left[-\beta U(\mathbf{r}^N)\right] d\mathbf{r}^N, \end{aligned}$$

soit :

$$Q_N(V,T) = \frac{Z_N(V,T)}{N! \Lambda^{3N}}, \tag{5.2}$$

où $Z_N(V,T)$ est l'intégrale de configuration et Λ la longueur d'onde thermique, définies respectivement par les relations (3.3) et (3.7), soit :

$$\begin{aligned} Z_N(V,T) &= \int\int \exp\left[-\beta U(\mathbf{r}^N)\right] d\mathbf{r}^N, \\ \text{et} \qquad \Lambda &= \frac{h}{\sqrt{2\pi m k_B T}}. \end{aligned}$$

Quant à l'expression générale des fonctions de distribution génériques spatiales, $\rho_N^{(n)}(\mathbf{r}^n)$, elle se transforme comme suit :

$$\begin{aligned} \rho_N^{(n)}(\mathbf{r}^n) &= \frac{N!}{(N-n)!} \frac{1}{N! h^{3N} Q_N(V,T)} \\ &\quad \times \int\int_{3N} \exp\left(-\beta \sum_i \frac{p_i^2}{2m}\right) d\mathbf{p}^N \int\int_{3(N-n)} \exp\left[-\beta U(\mathbf{r}^N)\right] d\mathbf{r}^{N-n}, \\ \rho_N^{(n)}(\mathbf{r}^n) &= \frac{N!}{(N-n)!} \frac{1}{N! h^{3N} Q_N(V,T)} \left(\sqrt{\frac{2\pi m}{\beta}}\right)^{3N} \int\int_{3(N-n)} \exp\left[-\beta U(\mathbf{r}^N)\right] d\mathbf{r}^{N-n}, \end{aligned}$$

[1] Pour l'étude de cette question on peut consulter, par exemple, les ouvrages de J. P. Hansen and I. R. McDonald, *Theory of Simple Liquids*, Acad. Press, London (3ième édition, 2006), p. 28 ou de D. A. McQuarrie, *Statistical Mechanics*, Harper and Row, New-York (1976), p. 257.

et se réduit, à l'aide de la relation (5.2), à :

$$\rho_N^{(n)}(\mathbf{r}^n) = \frac{N!}{(N-n)!}\frac{1}{Z_N(V,T)}\int\int_{3(N-n)} \exp\left[-\beta U(\mathbf{r}^N)\right] d\mathbf{r}_{n+1}d\mathbf{r}_{n+2}...d\mathbf{r}_N. \tag{5.3}$$

Notons que la condition de normalisation de la relation précédente permet de trouver l'expression utile suivante :

$$\int\int_{3n} \rho_N^{(n)}(\mathbf{r}^n)d\mathbf{r}^n = \frac{N!}{(N-n)!}\frac{1}{Z_N(V,T)}\int\int_{3N} \exp\left[-\beta U(\mathbf{r}^N)\right] d\mathbf{r}^N,$$

soit :

$$\int\int_{3n} \rho_N^{(n)}(\mathbf{r}^n)d\mathbf{r}^n = \frac{N!}{(N-n)!}. \tag{5.4}$$

Ceci montre que les fonctions de distribution génériques ne sont pas des densités de probabilité au sens de la statistique car elles ne sont pas normées à l'unité. Si $n = 1$ on obtient :

$$\int \rho_N^{(1)}(\mathbf{r}_1)d\mathbf{r}_1 = \frac{N!}{(N-1)!} = N,$$

et si le fluide est homogène et isotrope, $\rho_N^{(1)}(\mathbf{r}_1)$ ne dépend pas des coordonnées des particules, de sorte que la fonction générique d'ordre un, $\rho_N^{(1)} = \frac{N}{\int d\mathbf{r}}$, est égale à la densité de particule ρ qui vaut :

$$\rho_N^{(1)} = \frac{N}{V} = \rho.$$

Notons également que si les particules du système sont indépendantes, donc sans interaction mutuelle $[U(\mathbf{r}^N) = 0]$, l'intégrale de configuration se réduit à $Z_N(V,T) = V^N$ et l'expression générale des fonctions de distribution génériques spatiales (Rel. 5.3) se simplifie sous la forme suivante :

$$\rho_N^{(n)}(\mathbf{r}^n) = \frac{N!}{(N-n)!}\frac{1}{Z_N(V,T)}\int\int_{3(N-n)} d\mathbf{r}^{N-n} = \frac{N!}{(N-n)!}\frac{V^{N-n}}{V^N},$$

soit :

$$\rho_N^{(n)}(\mathbf{r}^n) = \frac{N(N-1)...\left[N-(n-1)\right]}{V^n} \simeq \left(\frac{N}{V}\right)^n = \rho^n.$$

Cette expression est particulièrement avantageuse pour mesurer le degré de dépendance des particules, puisque la fonction réduite :

$$g_N^{(n)}(\mathbf{r}^n) = \frac{\rho_N^{(n)}(\mathbf{r}^n)}{\rho^n}$$

tend vers l'unité lorsque les particules sont indépendantes. En pratique, la plus importante de ces fonctions réduites est $g_N^{(2)}(\mathbf{r}_1,\mathbf{r}_2)$. On l'appelle *fonction de corrélation de paire* et elle a pour expression :

$$g_N^{(2)}(\mathbf{r}_1,\mathbf{r}_2) = \frac{\rho_N^{(2)}(\mathbf{r}_1,\mathbf{r}_2)}{\rho^2} = \frac{N!}{(N-2)!}\frac{1}{\rho^2}\frac{1}{Z_N(V,T)}\int\int_{3(N-2)} \exp\left[-\beta U(\mathbf{r}^N)\right] d\mathbf{r}_3d\mathbf{r}_4...d\mathbf{r}_N. \tag{5.5}$$

Si le fluide est homogène et isotrope, la fonction de corrélation de paire se note simplement $g_N^{(2)}(|\mathbf{r}_1 - \mathbf{r}_2|) = g(r)$. Nous verrons au moment de calculer les différentes grandeurs thermodynamiques que $g(r)$ acquiert une importance capitale lorsque l'énergie potentielle se réduit à une somme de potentiels de paires.

Notons enfin que la fonction de corrélation de paire $g(r)$ possède un sens probabiliste précis. En effet, si l'on effectue son intégration sur les deux variables de positions $\mathbf{r}_1$ et $\mathbf{r}_2$, on obtient :

$$\int\int_6 g_N^{(2)}(|\mathbf{r}_1 - \mathbf{r}_2|)d\mathbf{r}_1 d\mathbf{r}_2 = \frac{N!}{(N-2)!}\frac{1}{\rho^2}\frac{1}{Z_N(V,T)}\int\int_{3N} \exp\left[-\beta U(\mathbf{r}^N)\right] d\mathbf{r}_1 d\mathbf{r}_2 d\mathbf{r}_3 d\mathbf{r}_4 ... d\mathbf{r}_N.$$

Comme l'intégrale de la relation précédente correspond à l'intégrale de configuration $Z_N(V,T)$, le membre de droite se simplifie et vaut $\frac{N(N-1)}{\rho^2}$. Pour effectuer l'intégration du membre de gauche réalisons les changements de variables $\mathbf{R} = \mathbf{r}_1$ et $\mathbf{r} = \mathbf{r}_1 - \mathbf{r}_2$, où le jacobien est égal à l'unité et où $\mathbf{R}$ et $\mathbf{r}$ décrivent le volume du système. Ainsi, on peut écrire :

$$\int_V d\mathbf{R} \int_V g(|\mathbf{r}|)d\mathbf{r} = \frac{N(N-1)}{\rho^2} \simeq \frac{N^2}{\rho^2},$$

d'où :

$$\int_0^\infty 4\pi\rho r^2 g(r)dr \simeq N.$$

Cette relation montre que la quantité $4\pi\rho r^2 g(r)dr$ représente le nombre de particules dN contenues dans la couronne sphérique centrée sur une particule prise pour origine, et comprise entre les rayons r et $r + dr$. Par conséquent, la probabilité de trouver une particule dans la couronne de volume $dV = 4\pi r^2 dr$ à la distance r de la particule origine est :

$$\frac{dN}{N} = \frac{4\pi\rho r^2 g(r)dr}{N} = \rho g(r)\frac{dV}{N}. \tag{5.6}$$

Ainsi, la quantité $\rho g(r) = \frac{dN}{dV}$ représente le nombre de particules par unité de volume en un point donné. Si dV est suffisamment grand, $\frac{dN}{dV} = \frac{N}{V}$ tend vers ρ et $g(r)$ tend vers un. D'ailleurs, s'il n'y a pas d'interaction mutuelle entre les particules, $g(r) = 1$ à toutes distances supérieures à la distance de contact de deux particules.

5.1.2 Dans l'ensemble grand canonique

Lorsque les systèmes sont ouverts, le nombre de particules N est variable et on doit utiliser les fonctions de distribution génériques de l'ensemble grand canonique plutôt que celles de l'ensemble canonique. Il faut donc procéder à l'extension de ce qui a été fait dans le paragraphe précédent. Pour cela, considérons l'expression générale des fonctions de distribution génériques spatiales des systèmes ouverts, sous la forme suivante :

$$\rho^{(n)}(\mathbf{r}^n) = \sum_{N\geq n}^{\infty} \rho_N^{(n)}(\mathbf{r}^n)P(N), \tag{5.7}$$

où $P(N)$ est la probabilité qu'un système ouvert contienne exactement N particules (Rel. 2.39) et $\rho_N^{(n)}(\mathbf{r}^n)$ est la fonction de distribution générique à n particules de l'ensemble canonique. Il est important de noter que si l'on multiplie les deux membres de la relation (5.7) par l'élément de volume $(d\mathbf{r}_1...d\mathbf{r}_n)$, on a à gauche le terme $\rho^{(n)}(\mathbf{r}^n)d\mathbf{r}_1...d\mathbf{r}_n$ qui représente la probabilité de trouver un groupe de n particules dans l'élément de volume $(d\mathbf{r}_1...d\mathbf{r}_n)$, situé en $\mathbf{r}_1, ..., \mathbf{r}_n$, sans distinction du nombre N, tandis que le terme $\rho_N^{(n)}(\mathbf{r}^n)d\mathbf{r}_1...d\mathbf{r}_n$ dans le membre de droite représente la probabilité de trouver un groupe de n particules dans l'élément de volume $(d\mathbf{r}_1...d\mathbf{r}_n)$, situé en $\mathbf{r}_1, ..., \mathbf{r}_n$, quand le système contient exactement N particules. Comme par ailleurs, la fonction de distribution générique $\rho_N^{(n)}(\mathbf{r}^n)$ n'existe que pour N supérieur à n, on peut faire débuter la somme discrète à $N = 0$. Il s'ensuit que la fonction $\rho^{(n)}(\mathbf{r}^n)$ est égale à la valeur moyenne de la fonction $\rho_N^{(n)}(\mathbf{r}^n)$, soit :

$$\rho^{(n)}(\mathbf{r}^n) = \sum_{N=0}^{\infty} \rho_N^{(n)}(\mathbf{r}^n)P(N) = \left\langle \rho_N^{(n)}(\mathbf{r}^n) \right\rangle. \tag{5.8}$$

Puisque la probabilité $P(N)$ est donnée par la relation (2.39) et $\rho_N^{(n)}(\mathbf{r}^n)$ par la relation (5.3), on trouve après substitutions :

$$\begin{aligned} \rho^{(n)}(\mathbf{r}^n) &= \sum_{N \geq n}^{\infty} \frac{\exp(\beta\mu N)Q_N(V,T)}{\Xi} \\ &\quad \times \frac{N!}{(N-n)!} \frac{1}{Z_N(V,T)} \int\int_{3(N-n)} \exp\left[-\beta U(\mathbf{r}^N)\right] d\mathbf{r}_{n+1}d\mathbf{r}_{n+2}...d\mathbf{r}_N, \\ \rho^{(n)}(\mathbf{r}^n) &= \sum_{N \geq n}^{\infty} \frac{\exp(\beta\mu N)}{\Xi} \\ &\quad \times \frac{N!}{(N-n)!} \frac{1}{N!\Lambda^{3N}} \int\int_{3(N-n)} \exp\left[-\beta U(\mathbf{r}^N)\right] d\mathbf{r}_{n+1}d\mathbf{r}_{n+2}...d\mathbf{r}_N, \end{aligned}$$

où Ξ est la fonction de partition de l'ensemble grand canonique (Rel. 2.38) ne dépendant pas de N, alors que $Q_N(V,T)$ est la fonction de partition de l'ensemble canonique (Rel. 5.2) qui dépend de N. Pour simplifier le terme qui se trouve devant l'intégrale on introduit habituellement la fugacité $z = \frac{\exp(\beta\mu)}{\Lambda^3}$, définie par la relation (3.49). Celle-ci permet d'écrire la fonction de distribution générique $\rho^{(n)}(\mathbf{r}^n)$ sous la forme standard :

$$\rho^{(n)}(\mathbf{r}^n) = \frac{1}{\Xi} \sum_{N \geq n}^{\infty} \frac{z^N}{(N-n)!} \int\int_{3(N-n)} \exp\left[-\beta U(\mathbf{r}^N)\right] d\mathbf{r}_{n+1}d\mathbf{r}_{n+2}...d\mathbf{r}_N. \tag{5.9}$$

Notons que les fonctions de distribution génériques des ensembles canonique et grand canonique donnent des résultats pratiquement identiques pour les grands systèmes ($V \to \infty$ et $N \to \infty$) tant que $\rho = \frac{N}{V}$ est constant. Ceci vient de ce que, dans la somme discrète de la relation (5.9), le terme pour lequel l'indice N correspond à $\langle N \rangle$ a beaucoup plus d'importance que tous les autres.

On peut naturellement appliquer la condition de normalisation à la relation (5.8). Compte tenu de la relation (5.4), la condition de normalisation devient :

$$\begin{aligned} \int\int_{3n} \rho^{(n)}(\mathbf{r}^n)d\mathbf{r}^n &= \int\int_{3n} \sum_{N=0}^{\infty} \rho_N^{(n)}(\mathbf{r}^n)P(N)d\mathbf{r}^n, \\ \int\int_{3n} \rho^{(n)}(\mathbf{r}^n)d\mathbf{r}^n &= \sum_{N=0}^{\infty} \left[\int\int_{3n} \rho_N^{(n)}(\mathbf{r}^n)d\mathbf{r}^n\right] P(N) = \left\langle \frac{N!}{(N-n)!} \right\rangle. \end{aligned}$$

Si $n = 1$, la condition de normalisation s'écrit :

$$\int_V \rho^{(1)}(\mathbf{r}_1)d\mathbf{r}_1 = \langle N \rangle\,, \tag{5.10}$$

et si $n = 2$ on obtient :

$$\int\int_6 \rho^{(2)}(\mathbf{r}_1, \mathbf{r}_2)d\mathbf{r}_1 d\mathbf{r}_2 = \langle N(N-1) \rangle = \left\langle N^2 \right\rangle - \langle N \rangle\,. \tag{5.11}$$

De plus, pour un fluide homogène et isotrope, $\rho^{(1)}(\mathbf{r})$ ne dépend pas des coordonnées des particules de sorte que $\rho^{(1)} = \frac{\langle N \rangle}{V} = \rho$. Enfin, comme pour l'ensemble canonique, on peut définir une fonction réduite permettant de mesurer le degré de dépendance des particules. Il s'agit de la quantité $g^{(n)}(\mathbf{r}^n) = \frac{\rho^{(n)}(\mathbf{r}^n)}{\rho^n}$ et, plus spécialement, de la fonction de corrélation de paire :

$$g^{(2)}(\mathbf{r}_1, \mathbf{r}_2) = \frac{\rho^{(2)}(\mathbf{r}_1, \mathbf{r}_2)}{\rho^2}.$$

5.2 Détermination de la fonction de corrélation de paire

5.2.1 Moyens d'investigation

La fonction de corrélation de paire $g(r)$ expérimentale se déduit de la mesure directe du facteur de structure $S(q)$ par diffraction de rayons X, de neutrons ou d'électrons. Puisque, dans la matière, les centres diffuseurs sont essentiellement des atomes individuels, les expériences de diffraction permettent de déterminer uniquement la structure des *liquides monoatomiques* comme les gaz rares et les métaux. Par contre, elles ne fournissent aucune information sur la structure des *liquides moléculaires*, excepté s'ils sont formés de molécules sphériques ou d'ions monoatomiques comme certains sels fondus.

Par ailleurs, chaque type d'interaction rayonnement-matière possède ses particularités propres. Alors que les électrons sont diffractés par toutes les charges qui se trouvent dans les atomes (électrons et noyaux), les neutrons ne sont diffractés que par les noyaux situés au centre des atomes et les rayons X ne sont diffractés que par les électrons localisés sur les couches électroniques stables. La diffraction d'électrons n'est pratiquement utilisée que pour les fluides de faible densité. Seuls les faisceaux de neutrons et de rayons X sont employés pour étudier la structure des liquides, avec leurs avantages et leur inconvénients respectifs. Par exemple, le rayon des noyaux étant 10000 fois plus petit que celui des atomes, il n'est pas surprenant que les facteurs de structure obtenus avec des neutrons ne soient pas totalement identiques à ceux qui sont obtenus avec des rayons X.

Pour réaliser une expérience de diffraction de rayons X, il faut irradier l'échantillon de liquide avec un faisceau monochromatique de rayons X ayant une longueur d'onde de l'ordre de la distance interatomique ($\lambda \sim 0,1$ nm). A ce rayonnement correspond une énergie photonique ($h\nu = \frac{hc}{\lambda} \sim 10^4$ eV), beaucoup plus grande que l'énergie moyenne d'un atome qui est de l'ordre de quelques $k_B T$, soit $\sim 10^{-1}$ eV. La grande différence

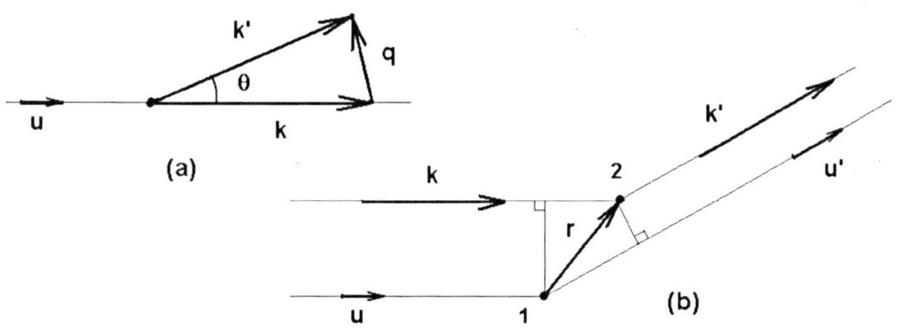

FIG. 5.1 – (a) Représentation vectorielle de la relation de Bragg. (b) Calcul de la différence de marche $\delta = \mathbf{r}.\mathbf{u}' - \mathbf{r}.\mathbf{u}$ dans l'interférence produite par deux atomes.

d'énergie et de masse entre un photon et un atome fait que la collision photon-atome est élastique (énergie constante) et que la matière est transparente au rayonnement. Naturellement, les dimensions de l'échantillon doivent être suffisamment grandes par rapport à la longueur d'onde λ du rayonnement pour qu'il n'y ait pas d'effets de bord dûs aux parois de l'enceinte - mais pas trop cependant pour éviter une absorption trop importante du rayonnement. Ceci serait particulièrement gênant si les rayons X devaient traverser des éléments métalliques qui ont des nombres atomiques importants.

Le rayonnement incident est caractérisé par sa longueur d'onde λ et par son intensité I_0, et les figures de diffraction qui sont observées dépendent des propriétés structurales du liquide et des propriétés de diffusion des atomes. Dans la diffusion de neutrons, l'atome est caractérisé par la *section efficace de diffusion* $\sigma = 4\pi b^2$, où b est un paramètre qui est de l'ordre du rayon du noyau ($\sim 10^{-14}$ m). Il faut noter que la valeur du paramètre b ne dépend pas de la direction d'observation mais peut varier légèrement, même pour un élément pur, en fonction de son isotope. Par contre, dans la diffraction de rayons X, la quantité correspondant à b est le *facteur de diffusion atomique* $A(q)$ qui dépend de la densité électronique dans l'atome isolé et de la direction d'observation. Le facteur de structure $S(q)$ obtenu avec les rayons X possède, en général, une meilleure précision aux valeurs intermédiaires de q. Aux extrémités de l'échelle des q, il est moins précis que le facteur de structure obtenu avec les neutrons, car le facteur de diffusion atomique $A(q)$ est très faible aux fortes valeurs de q, et il est très mal connu aux faibles valeurs de q. Les corrections à apporter aux résultats expérimentaux bruts sont affaire de spécialistes et ne seront pas discutées ici.

5.2.2 Facteur de structure

Lorsqu'un photon incident, de vecteur d'onde $\mathbf{k} = \frac{2\pi}{\lambda}\mathbf{u}$, entre en interaction avec un atome, il est dévié d'un angle θ et le vecteur d'onde du photon diffusé est $\mathbf{k}' = \frac{2\pi}{\lambda}\mathbf{u}'$, où $\mathbf{u}$ et $\mathbf{u}'$ sont des vecteurs unitaires. En outre, $|\mathbf{k}'| = |\mathbf{k}|$ car la diffusion est élastique ($E \propto k^2 = cte$) et le *vecteur de diffusion* (ou vecteur de transfert) $\mathbf{q}$ est défini (Fig. 5.1a) par la relation de Bragg :

$$\mathbf{q} = \mathbf{k}' - \mathbf{k}, \qquad \text{et} \qquad |\mathbf{q}| = 2\,|\mathbf{k}| \sin\frac{\theta}{2} = \frac{4\pi}{\lambda}\sin\frac{\theta}{2}. \tag{5.12}$$

Si l'on considère l'interférence produite par deux atomes (Fig. 5.1b), où l'un est placé dans une position prise comme origine et l'autre à la distance $\mathbf{r}$, l'amplitude de l'onde diffusée est donnée en fonction de la différence de marche δ, par l'expression suivante :

$$A = A_0 \exp(-i\frac{2\pi}{\lambda}\delta),$$

où A_0 est le facteur de diffusion atomique qui dépend du type d'atome. Conformément à la figure (5.1b), la différence de marche vaut $\delta = \mathbf{r}.\mathbf{u}' - \mathbf{r}.\mathbf{u}$ et l'expression de l'amplitude de diffusion se réduit à :

$$A = A_0 \exp\left[-i\frac{2\pi}{\lambda}(\mathbf{r}.\mathbf{u}' - \mathbf{r}.\mathbf{u})\right] = A_0 \exp\left[-i(\mathbf{k}' - \mathbf{k})\mathbf{r}\right] = A_0 \exp\left(-i\mathbf{q}\mathbf{r}\right).$$

Si l'on considère une assemblée de N atomes identiques formant l'échantillon liquide, l'amplitude de diffusion totale A_N est la somme des amplitudes partielles, soit :

$$A_N = \sum_{j=1}^{N} A_0 \exp\left(-i\mathbf{q}\mathbf{r}_j\right),$$

et l'intensité diffusée par les N atomes dans une direction θ (ou q, conformément à la loi de Bragg) est donnée par la relation :

$$I(q) = A_N A_N^{\star} = A_0 A_0^{\star} \sum_{j=1}^{N}\sum_{l=1}^{N} \exp\left[i\mathbf{q}\left(\mathbf{r}_j - \mathbf{r}_l\right)\right].$$

Dans un solide cristallin l'arrangement des atomes est connu une fois pour toute, et la représentation de l'intensité diffusée I est donnée par des taches qui constituent les diagrammes de Laue ou de Debye-Scherrer étudiés en cristallographie. Mais dans un liquide, les atomes sont en mouvement permanent et l'expérience de diffraction ne fournit que la valeur moyenne des configurations qui se succèdent au cours de l'expérience. Compte tenu de l'absence de symétrie de translation dans les liquides, cette valeur moyenne n'apporte aucun renseignement sur l'ordre à longue distance. Par contre, elle constitue une bonne mesure de l'ordre à courte distance autour de chaque atome choisi spécifiquement. Ainsi, dans un liquide, l'intensité diffusée par les atomes doit s'exprimer en fonction de q sous forme de la moyenne statistique :

$$I(q) = I_0 \left\langle \sum_{j=1}^{N}\sum_{l=1}^{N} \exp\left[i\mathbf{q}\left(\mathbf{r}_j - \mathbf{r}_l\right)\right] \right\rangle.$$

Pour calculer $I(q)$, décomposons la somme double de la manière suivante :

$$I(q) = I_0 \left\langle \sum_{l=j=1}^{N} \exp\left[i\mathbf{q}\left(\mathbf{r}_j - \mathbf{r}_l\right)\right] \right\rangle + I_0 \left\langle \sum_{j=1}^{N}\sum_{l\neq j}^{N} \exp\left[i\mathbf{q}\left(\mathbf{r}_j - \mathbf{r}_l\right)\right] \right\rangle. \tag{5.13}$$

La première valeur moyenne de la relation précédente vaut N car, étant donné que $l = j$, elle représente la somme de N termes qui sont tous égaux à l'unité. Pour évaluer la seconde valeur moyenne, il faudrait pouvoir calculer la somme des exponentielles en considérant tous les couples d'atomes (j, l) dans toutes les configurations occupées au cours de l'expérience, puis effectuer la moyenne d'ensemble des configurations. Or, ceci n'est réalisable que par la simulation numérique d'un système contenant peu de particules. Dans un système réel, le procédé adopté consiste à déterminer la contribution moyenne apportée par chaque couple d'atomes (j, l) en utilisant la probabilité de trouver les atomes j et l respectivement dans les positions $\mathbf{r}'$ et $\mathbf{r}$. A cette fin, récrivons la somme double au moyen de la distribution de Dirac sous la forme suivante :

$$\sum_{j=1}^{N}\sum_{l\neq j}^{N}\exp\left[i\mathbf{q}\left(\mathbf{r}_j-\mathbf{r}_l\right)\right]=\sum_{j=1}^{N}\sum_{l\neq j}^{N}\int\int d\mathbf{r}d\mathbf{r}'\exp\left[i\mathbf{q}\left(\mathbf{r}'-\mathbf{r}\right)\right]\delta\left(\mathbf{r}_j-\mathbf{r}'\right)\delta\left(\mathbf{r}_l-\mathbf{r}\right).$$

Le calcul de la moyenne d'ensemble (Rel. 2.17) est réalisé en utilisant la densité de probabilité $P_N(\mathbf{r}^N, \mathbf{p}^N)$ de l'ensemble canonique, soit :

$$\begin{aligned}\left\langle\sum_{j=1}^{N}\sum_{l\neq j}^{N}\exp\left[i\mathbf{q}\left(\mathbf{r}_j-\mathbf{r}_l\right)\right]\right\rangle &= \int\int_{6N}\left\{\sum_{j=1}^{N}\sum_{l\neq j}^{N}\int\int d\mathbf{r}d\mathbf{r}'\exp\left[i\mathbf{q}\left(\mathbf{r}'-\mathbf{r}\right)\right]\right.\\ &\qquad\left.\times\,\delta\left(\mathbf{r}_j-\mathbf{r}'\right)\delta\left(\mathbf{r}_l-\mathbf{r}\right)\right\}P_N(\mathbf{r}^N,\mathbf{p}^N)d\mathbf{r}^N d\mathbf{p}^N,\end{aligned}$$

$$\begin{aligned}\left\langle\sum_{j=1}^{N}\sum_{l\neq j}^{N}\exp\left[i\mathbf{q}\left(\mathbf{r}_j-\mathbf{r}_l\right)\right]\right\rangle &= \int\int_{6}d\mathbf{r}d\mathbf{r}'\exp\left[i\mathbf{q}\left(\mathbf{r}'-\mathbf{r}\right)\right]\times\\ &\quad\left\{\sum_{j=1}^{N}\sum_{l\neq j}^{N}\int\int_{6N}\delta\left(\mathbf{r}_j-\mathbf{r}'\right)\delta\left(\mathbf{r}_l-\mathbf{r}\right)P_N(\mathbf{r}^N,\mathbf{p}^N)d\mathbf{r}^N d\mathbf{p}^N\right\}.\end{aligned}$$

Le terme entre accolades est formé par une somme double qui contient $(N^2 - N) = N(N-1) = \frac{N!}{(N-2)!}$ termes identiques. En effet, tous les termes de la somme sont égaux à l'intégrale $\int\int_{6(N-1)} P_N(\mathbf{r}^N, \mathbf{p}^N)d\mathbf{r}^{N-2}d\mathbf{p}^N$ car, en utilisant la propriété de la distribution de Dirac, il est possible d'effectuer l'intégration directement sur tous les couples $(\mathbf{r}_j, \mathbf{r}_l)$ formés avec les N variables de position. Par conséquent, l'expression qui se trouve entre les accolades se réduit à :

$$\left\{\frac{N!}{(N-2)!}\int\int_{6(N-1)}P_N(\mathbf{r}^N,\mathbf{p}^N)d\mathbf{r}^{N-2}d\mathbf{p}^N\right\},$$

de sorte qu'en s'aidant de la relation (5.1), on peut écrire la moyenne d'ensemble au moyen de la fonction de distribution générique $\rho_N^{(2)}(\mathbf{r}^2)$ de la manière suivante :

$$\left\langle\sum_{j=1}^{N}\sum_{l\neq j}^{N}\exp\left[i\mathbf{q}\left(\mathbf{r}_j-\mathbf{r}_l\right)\right]\right\rangle=\int\int_{6}d\mathbf{r}d\mathbf{r}'\exp\left[i\mathbf{q}\left(\mathbf{r}'-\mathbf{r}\right)\right]\rho_N^{(2)}\left(\mathbf{r},\mathbf{r}'\right).$$

Si l'on admet que le liquide est homogène et isotrope, et que tous les atomes jouissent des mêmes propriétés, on peut effectuer les changements de variables $\mathbf{R} = \mathbf{r}$ et $\mathbf{X} =$

$\mathbf{r}' - \mathbf{r}$, et faire apparaître explicitement la fonction de corrélation de paire $\rho_N^{(2)}(\mathbf{r}, \mathbf{r}') = \rho^2 g(|\mathbf{r}' - \mathbf{r}|)$ dans la moyenne d'ensemble comme suit :

$$\begin{aligned}\left\langle \sum_{j=1}^{N} \sum_{l \neq j}^{N} \exp\left[i\mathbf{q}\left(\mathbf{r}_j - \mathbf{r}_l\right)\right] \right\rangle &= \int\int_6 d\mathbf{r} d\mathbf{r}' \exp\left[i\mathbf{q}\left(\mathbf{r}' - \mathbf{r}\right)\right] \rho^2 g(|\mathbf{r}' - \mathbf{r}|), \\ \left\langle \sum_{j=1}^{N} \sum_{l \neq j}^{N} \exp\left[i\mathbf{q}\left(\mathbf{r}_j - \mathbf{r}_l\right)\right] \right\rangle &= \rho^2 \int_V d\mathbf{R} \int_V d\mathbf{X} \exp\left(i\mathbf{q}\mathbf{X}\right) g(X). \end{aligned} \tag{5.14}$$

Après avoir effectué l'intégration sur $\mathbf{R}$ qui donne V et l'intégration sur $\mathbf{X}$, on obtient finalement[2] :

$$\left\langle \sum_{j=1}^{N} \sum_{l \neq j}^{N} \exp\left[i\mathbf{q}\left(\mathbf{r}_j - \mathbf{r}_l\right)\right] \right\rangle = 4\pi\rho^2 V \int_0^\infty \frac{\sin(qr)}{qr} g(r) r^2 dr. \tag{5.15}$$

On s'aperçoit que cette intégrale est divergente car l'intégrant augmente avec r. Ceci pose un problème, car l'intensité diffusée n'a pas de sens physique et ne semble pas pouvoir être mesurée. Pour s'affranchir de cette divergence et utiliser les expériences de diffraction, récrivons l'intensité diffusée $I(q)$ définie par la relation (5.13) au moyen de la relation (5.14), soit :

$$I(q) = NI_0 + NI_0\rho \int_V \exp\left(i\mathbf{q}\mathbf{r}\right) g(r) d\mathbf{r},$$

ou sous la forme identique suivante :

$$I(q) = NI_0 + NI_0\rho \int_V \exp\left(i\mathbf{q}\mathbf{r}\right)\left[g(r) - 1\right] d\mathbf{r} + NI_0\rho \int_V \exp\left(i\mathbf{q}\mathbf{r}\right) d\mathbf{r}. \tag{5.16}$$

Aux grandes distances, $g(r)$ tend vers l'unité de sorte que la quantité $[g(r) - 1]$ tend vers zéro et que la première intégrale converge. Quant à la seconde intégrale, c'est une représentation de la distribution de Dirac[3] qui est nulle pour toutes valeurs de q, à l'exception de $q = 0$ pour laquelle elle est infinie. Ainsi, l'expression de l'intensité diffusée

[2]Pour évaluer une intégrale de la forme :

$$I = \int_V d\mathbf{r} \exp\left(i\mathbf{q}\mathbf{r}\right) g(r),$$

il faut utiliser les coordonnées sphériques en plaçant le vecteur $\mathbf{q}$ selon l'axe z de manière que $\theta = (\mathbf{q}, \mathbf{r})$. De ce fait, l'intégrale s'écrit :

$$I = \int_0^{2\pi} d\varphi \int_0^{\pi} \int_0^{\infty} \exp\left(iqr\cos\theta\right) g(r) r^2 \sin\theta d\theta dr,$$

avec :

$$\mu = \cos\theta \quad \text{et} \quad d\mu = -\sin\theta d\theta.$$

d'où :

$$\begin{aligned} I &= -2\pi \int_0^\infty \left[\int_{+1}^{-1} \exp\left(iqr\mu\right) d\mu\right] g(r) r^2 dr = -2\pi \int_0^\infty \left[\frac{1}{iqr}\left[\exp\left(-iqr\right) - \exp\left(iqr\right)\right]\right] g(r) r^2 dr, \\ I &= 4\pi \int_0^\infty \frac{\sin(qr)}{qr} g(r) r^2 dr. \end{aligned}$$

[3]La transformée de Fourier de la distribution de Dirac est :

$$\delta(r_x) = \frac{1}{2\pi} \int_{-\infty}^{+\infty} \delta(q_x) \exp\left(-iq_x r_x\right) dq_x = \frac{1}{2\pi},$$

$I(q)$ devient :

$$I(q) = NI_0 + NI_0\rho \int_V \exp(i\mathbf{qr})\,[g(r) - 1]\,d\mathbf{r} + NI_0\rho(2\pi)^3\delta(\mathbf{q}).$$

Du point de vue expérimental, il convient d'exclure les mesures de l'intensité diffusée dans la direction du faisceau incident ($q = 0$). En pratique, on définit le *facteur de structure* $S(q)$ des liquides par la fonction normée suivante :

$$S(q) = \frac{I(q) - (2\pi)^3 NI_0\rho\delta(\mathbf{q})}{NI_0} = 1 + \rho \int_V \exp(i\mathbf{qr})\,[g(r) - 1]\,d\mathbf{r}, \tag{5.17}$$

soit :

$$S(q) = 1 + 4\pi\rho \int_0^\infty \frac{\sin(qr)}{qr}\,[g(r) - 1]\,r^2 dr. \tag{5.18}$$

Par conséquent, la fonction de corrélation de paire $g(r)$ peut être extraite des résultats expérimentaux du facteur de structure $S(q)$ en effectuant la transformée de Fourier numérique, puisque :

$$\rho\,[g(r) - 1] = TF\,[S(q) - 1]\,.$$

5.2.3 Détermination du nombre de premiers voisins

Une détermination précise de la fonction de corrélation de paire $g(r)$ présuppose une connaissance précise du facteur de structure $S(q)$ pour toutes valeurs de q, car la transformée de Fourier amplifie les imperfections qui peuvent entacher $S(q)$ aux faibles et aux fortes valeurs de q. La figure (5.2) montre l'allure générale des fonctions $S(q)$ et $g(r)$ des liquides. On peut remarquer qu'elles oscillent, l'une comme l'autre, autour de l'unité aux grandes valeurs de q et de r, respectivement. Du fait que les atomes sont impénétrables, les valeurs de $g(r)$ sont rigoureusement nulles aux petites distances. Quant aux valeurs de $S(q)$ aux petites valeurs de q, elles sont très faibles, mais non nulles. Il faut d'ailleurs noter que la valeur de $S(0)$ est inaccessible au moyen des expériences de diffraction à cause de la divergence de l'intégrale qui se trouve dans la relation (5.15). On peut néanmoins l'obtenir expérimentalement par mesure de la vitesse du son v_s via la compressibilité isotherme χ_T, car $S(0) \propto \chi_T \propto v_s^{-2}$ comme on le verra dans le paragraphe (5.4.3).

---

et la transformée inverse est :

$$\delta(q_x) = \int_{-\infty}^{+\infty} \delta(r_x)\exp(iq_x r_x)\,dr_x = \frac{1}{2\pi}\int_{-\infty}^{+\infty} \exp(iq_x r_x)\,dr_x.$$

La généralisation du résultat à trois dimensions est :

$$\delta(\mathbf{r}) = \frac{1}{(2\pi)^3}\int\int\int_{-\infty}^{+\infty} \delta(\mathbf{q})\exp(-i\mathbf{qr})\,d\mathbf{q} = \frac{1}{(2\pi)^3},$$

et la transformée inverse est :

$$\delta(\mathbf{q}) = \int\int\int_{-\infty}^{+\infty} \delta(\mathbf{r})\exp(i\mathbf{qr})\,d\mathbf{r} = \frac{1}{(2\pi)^3}\int\int\int_{-\infty}^{+\infty} \exp(i\mathbf{qr})\,d\mathbf{r},$$

où $\delta(\mathbf{q}) = \delta(q_x)\delta(q_y)\delta(q_z)$.

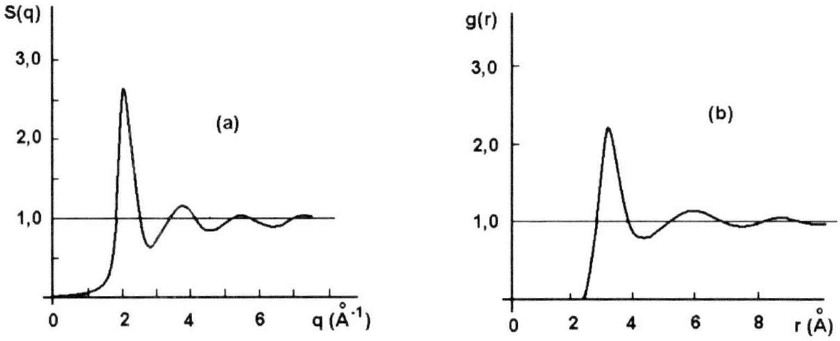

FIG. 5.2 – Représentations types du facteur de structure expérimental d'un métal liquide normal (a) et de la fonction de corrélation de paire correspondante (b).

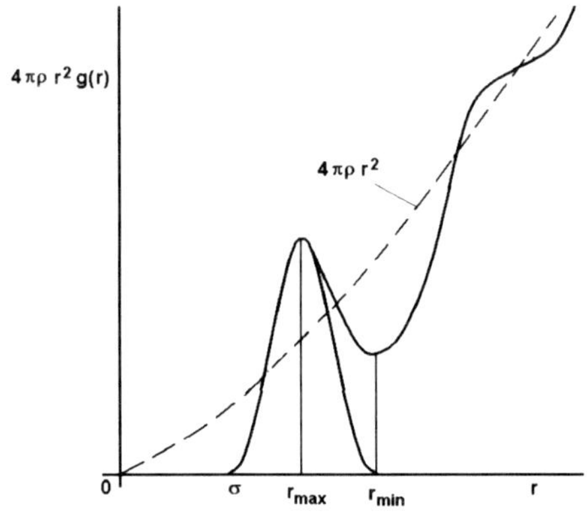

FIG. 5.3 – Détermination du nombre de coordination Z à partir de la courbe de $g(r)$.

Lorsque la fonction de corrélation de paire $g(r)$ est extraite de $S(q)$, elle peut être utilisée pour déterminer diverses propriétés physiques qui découlent directement de la structure, comme le *nombre de coordination* dans un liquide monoatomique ou toutes autres propriétés thermodynamiques. Indiquons dans la suite du paragraphe comment déterminer le nombre de coordination Z (nombre de premiers voisins). En considérant la relation (5.6), on s'aperçoit que le nombre d'atomes $N(r)$ situés autour d'un atome, pris au hasard, est proportionnel à l'aire sous la courbe $r^2 g(r)$, puisque :

$$N(r) = 4\pi \int_0^r \rho r^2 g(r) dr.$$

Si la borne supérieure d'intégration est inférieure ou égale au diamètre σ de l'atome, le nombre de voisins est évidemment nul puisque $g(r)$ est nul à l'intérieur de l'atome. Or, pour déterminer expérimentalement le nombre de premiers voisins Z, il faut choisir de manière optimale la borne supérieure d'intégration. La figure (5.3) montre les deux moyens habituellement utilisés. Soit on choisit d'intégrer $4\pi\rho r^2 g(r)$ jusqu'au premier minimum ($r = r_{\text{min}}$) de la courbe de $g(r)$, soit on choisit le double de l'intégrale de 0 à r_{max}, où r_{max} correspond au sommet du premier pic de $g(r)$, c'est-à-dire :

$$Z = 4\pi \int_0^{r_{\text{min}}} \rho r^2 g(r) dr \qquad \text{ou} \qquad Z = 8\pi \int_0^{r_{\text{max}}} \rho r^2 g(r) dr.$$

Chaque méthode possède ses avantages. Dans la seconde méthode $r_{\max}$ est plus facile à déterminer mais il faut supposer que le pic de $g(r)$ est symétrique ce qui n'est pas le cas puisque les atomes tendent naturellement à se placer au-delà de $r_{\max}$. Dans la première méthode on tient compte de la dissymétrie du pic mais la valeur de $r_{\min}$ est plus difficile à déterminer.

5.3 Grandeurs thermodynamiques des liquides

5.3.1 Energie interne d'un liquide

Pour exprimer l'énergie interne d'un liquide avec la fonction de corrélation de paire, il faut utiliser la relation (2.55) :

$$E = k_B T^2 \frac{\partial}{\partial T} \ln Q_N(V,T),$$

où la fonction de partition $Q_N(V,T)$ dépend de l'intégrale de configuration $Z_N(V,T)$ et de la longueur d'onde thermique Λ conformément à la relation standard (Rel. 3.8) :

$$Q_N(V,T) = \frac{Z_N(V,T)}{N!\Lambda^{3N}},$$

avec :

$$\begin{aligned} Z_N(V,T) &= \int\int \exp\left[-\beta U(\mathbf{r}^N)\right] d\mathbf{r}^N, \\ \text{et} \qquad \Lambda &= \sqrt{\frac{h^2}{2\pi m k_B T}}. \end{aligned}$$

La dérivée de $\ln Q_N(V,T)$ par rapport à T s'écrit :

$$\frac{\partial}{\partial T} \ln Q_N(V,T) = \frac{\partial}{\partial T} \ln Z_N(V,T) - 3N \frac{\partial}{\partial T} \ln \Lambda,$$

avec :

$$\begin{aligned} \frac{\partial}{\partial T} \ln Z_N(V,T) &= \frac{1}{Z_N(V,T)} \int\int \left[\frac{1}{k_B T^2} U(\mathbf{r}^N)\right] \exp\left[-\beta U(\mathbf{r}^N)\right] d\mathbf{r}^N \\ \text{et} \qquad \frac{\partial}{\partial T} \ln \Lambda &= \frac{1}{\Lambda}\left(-\frac{1}{2T^{3/2}}\sqrt{\frac{h^2}{2\pi m k_B}}\right) = -\frac{1}{2T}. \end{aligned}$$

Pour continuer le calcul, on doit admettre que l'énergie potentielle $U(\mathbf{r}^N)$ s'écrit sous la forme d'une somme de potentiels de paires, comme dans le paragraphe (3.3.1). Si $U(\mathbf{r}^N) = \sum_i \sum_{j>i} u(r_{ij})$, l'énergie interne s'écrit :

$$E = \frac{3}{2} N k_B T + \frac{1}{Z_N(V,T)} \int\int \left[\sum_i \sum_{j>i} u(r_{ij})\right] \exp\left[-\beta U(\mathbf{r}^N)\right] d\mathbf{r}^N. \tag{5.19}$$

Le premier terme du second membre correspond à l'énergie cinétique du système ; c'est la contribution du gaz parfait. Le second terme représente l'énergie potentielle d'interaction. Compte tenu de l'hypothèse d'additivité des potentiels de paires, on peut admettre qu'il est composé de $N(N-1)/2$ termes égaux (§ 3.3.1) permettant d'écrire :

$$\sum_i \sum_{j>i} \frac{1}{Z_N(V,T)} \int\int u(r_{ij}) \exp\left[-\beta U(\mathbf{r}^N)\right] d\mathbf{r}^N = \frac{N(N-1)}{2} \left\langle u(r_{ij}) \right\rangle ,$$

avec :

$$\left\langle u(r_{ij}) \right\rangle = \frac{\int\int u(r_{ij}) \exp\left[-\beta U(\mathbf{r}^N)\right] d\mathbf{r}^N}{\int\int \exp\left[-\beta U(\mathbf{r}^N)\right] d\mathbf{r}^N}. \tag{5.20}$$

Si l'on choisit, par exemple, comme valeur du couple (i, j), $i = 1$ et $j = 2$, l'intégrale du numérateur de la relation (5.20) s'écrit en isolant les éléments d'intégration $d\mathbf{r}_1$ et $d\mathbf{r}_2$ sous la forme suivante :

$$\left\langle u(r_{12}) \right\rangle = \frac{1}{Z_N(V,T)} \int\int_6 u(r_{12}) \left\{ \int\int_{3(N-2)} \exp\left[-\beta U(\mathbf{r}^N)\right] d\mathbf{r}_3 d\mathbf{r}_4 ... d\mathbf{r}_N \right\} d\mathbf{r}_1 d\mathbf{r}_2.$$

Et en utilisant la relation (5.5), le terme dans les accolades s'écrit avec la fonction de corrélation de paire comme suit :

$$\left\langle u(r_{12}) \right\rangle = \frac{1}{Z_N(V,T)} \int\int_6 u(r_{12}) \left[g_N^{(2)}(\mathbf{r}_1, \mathbf{r}_2) \rho^2 \frac{(N-2)!}{N!} Z_N(V,T) \right] d\mathbf{r}_1 d\mathbf{r}_2,$$

soit :

$$\left\langle u(r_{12}) \right\rangle = \rho^2 \frac{(N-2)!}{N!} \int\int_6 u(r_{12}) \left[g_N^{(2}(\mathbf{r}_1, \mathbf{r}_2) \right] d\mathbf{r}_1 d\mathbf{r}_2.$$

Pour un fluide homogène et isotrope, on peut effectuer les changements de variables $\mathbf{R} = \mathbf{r}_1$ et $\mathbf{r} = \mathbf{r}_1 - \mathbf{r}_2$, où $\mathbf{R}$ et $\mathbf{r}$ décrivent le volume du système, ce qui permet d'écrire l'expression de l'énergie interne (Rel. 5.19) sous la forme intégrale :

$$\begin{aligned} E &= \frac{3}{2} N k_B T + \frac{N(N-1)}{2} \rho^2 \frac{(N-2)!}{N!} \int\int_6 u(r_{12}) \left[g_N^{(2}(\mathbf{r}_1, \mathbf{r}_2) \right] d\mathbf{r}_1 d\mathbf{r}_2, \\ E &= \frac{3}{2} N k_B T + \frac{\rho^2}{2} \int_V d\mathbf{R} \int_V u(r) g(r) d\mathbf{r}, \end{aligned}$$

soit :

$$E = \frac{3}{2} N k_B T + 2\pi\rho N \int_0^\infty u(r) g(r) r^2 dr. \tag{5.21}$$

Par conséquent, le calcul de l'énergie interne d'un liquide nécessite la connaissance du potentiel de paire $u(r)$ et de la fonction de corrélation de paire $g(r)$. Pour cette dernière, on a le choix d'utiliser les valeurs expérimentales ou les valeurs déduites de la théorie microscopique des liquides qui sera exposée dans le chapitre suivant. Notons que l'intégrant de la relation (5.21) est le produit du potentiel de paire par la fonction de corrélation de paire, pondéré par r^2. Notons également que le calcul de E peut être effectué en tenant compte du potentiel à trois corps $u_3(\mathbf{r}_1, \mathbf{r}_2, \mathbf{r}_3)$ et de la fonction de corrélation à trois corps $g^{(3)}(\mathbf{r}_1, \mathbf{r}_2, \mathbf{r}_3)$. Dans ce cas, la fonction de corrélation à trois corps doit être déterminée par la théorie des liquides, car elle n'est pas accessible par l'expérience.

5.3.2 Pression d'un liquide

L'expression de la pression s'obtient de la même manière que l'énergie interne, en considérant la relation (2.56) :

$$p = k_B T \frac{\partial}{\partial V} \ln Q_N(V,T) = k_B T \frac{\partial}{\partial V} \ln Z_N(V,T).$$

La dérivation de l'intégrale de configuration par rapport au volume, dans la relation précédente, requiert d'utiliser la variable réduite $\mathbf{X} = \frac{\mathbf{r}}{V}$ qui permet de trouver la dépendance de l'énergie potentielle $U(\mathbf{r}^N)$ en fonction du volume. En effet, si l'élément de volume est $d\mathbf{r} = V d\mathbf{X}$, la variable scalaire dr se simplifie comme suit :

$$dr = V^{1/3} dX,$$

soit :

$$\frac{dr}{dV} = \frac{1}{3} V^{-2/3} X = \frac{1}{3V} r. \tag{5.22}$$

L'intégrale de configuration et sa dérivée par rapport au volume s'écrivent avec les variables réduites sous les formes suivantes :

$$Z_N(V,T) = V^N \int \int_{3N} \exp\left[-\beta U(\mathbf{r}^N)\right] d\mathbf{X}_1 ... d\mathbf{X}_N,$$

et :

$$\frac{\partial}{\partial V} \ln Z_N(V,T) = \frac{N}{V} + \frac{V^N}{Z_N(V,T)} \frac{\partial}{\partial V} \left[\int \int_{3N} \exp\left[-\beta U(\mathbf{r}^N)\right] d\mathbf{X}_1 ... d\mathbf{X}_N \right],$$

soit :

$$\frac{\partial}{\partial V} \ln Z_N(V,T) = \frac{N}{V} + \frac{V^N}{Z_N(V,T)} \int \int_{3N} \left[-\beta \frac{\partial U(\mathbf{r}^N)}{\partial V} \right] \exp\left[-\beta U(\mathbf{r}^N)\right] d\mathbf{X}_1 ... d\mathbf{X}_N.$$

En admettant que l'énergie potentielle se décompose en une somme de potentiels de paires et en s'aidant de la relation (5.22), la dérivation de l'énergie potentielle par rapport au volume s'effectue comme suit :

$$\begin{aligned} \frac{\partial U(\mathbf{r}^N)}{\partial V} &= \frac{\partial}{\partial V} \sum_i \sum_{j>i} u(r_{ij}) = \sum_i \sum_{j>i} \frac{\partial u(r_{ij})}{\partial r_{ij}} \frac{\partial r_{ij}}{\partial V}, \\ \frac{\partial U(\mathbf{r}^N)}{\partial V} &= \frac{1}{3V} \sum_i \sum_{j>i} r_{ij} \frac{\partial u(r_{ij})}{\partial r_{ij}}, \end{aligned}$$

et la dérivation de l'intégrale de configuration se réduit à :

$$\frac{\partial}{\partial V} \ln Z_N(V,T) = \frac{N}{V} - \frac{\beta}{3V} \frac{V^N}{Z_N(V,T)} \int \int_{3N} \left[\sum_i \sum_{j>i} r_{ij} \frac{\partial u(r_{ij})}{\partial r_{ij}} \right] \exp\left[-\beta U(\mathbf{r}^N)\right] d\mathbf{X}_1 ... d\mathbf{X}_N.$$

En revenant aux anciennes variables de positions, l'expression de la pression est :

$$p = k_B T \frac{N}{V} - \frac{1}{3V} \frac{1}{Z_N(V,T)} \sum_i \sum_{j>i} \int \int_{3N} \left[r_{ij} \frac{\partial u(r_{ij})}{\partial r_{ij}} \right] \exp\left[-\beta U(\mathbf{r}^N)\right] d\mathbf{r}_1 ... d\mathbf{r}_N. \tag{5.23}$$

Comme pour le calcul de l'énergie interne, l'hypothèse d'additivité des potentiels de paires permet d'écrire la somme des intégrales de la relation précédente sous la forme suivante :

$$\sum_i \sum_{j>i} \frac{1}{Z_N(V,T)} \int\int \left[r_{ij} \frac{\partial u(r_{ij})}{\partial r_{ij}} \right] \exp\left[-\beta U(\mathbf{r}^N)\right] d\mathbf{r}^N = \frac{N(N-1)}{2} \left\langle r_{ij} \frac{\partial u(r_{ij})}{\partial r_{ij}} \right\rangle,$$

avec :

$$\left\langle r_{ij} \frac{\partial u(r_{ij})}{\partial r_{ij}} \right\rangle = \frac{\int\int \left[r_{ij} \frac{\partial u(r_{ij})}{\partial r_{ij}} \right] \exp\left[-\beta U(\mathbf{r}^N)\right] d\mathbf{r}^N}{\int\int \exp\left[-\beta U(\mathbf{r}^N)\right] d\mathbf{r}^N}. \tag{5.24}$$

Si l'on choisit la paire de particules d'indices $i = 1$ et $j = 2$, il est possible d'écrire la relation (5.24) en isolant les éléments d'intégration $d\mathbf{r}_1$ et $d\mathbf{r}_2$ dans l'intégrale du numérateur, soit :

$$\left\langle r_{12} \frac{\partial u(r_{12})}{\partial r_{12}} \right\rangle = \frac{1}{Z_N(V,T)} \int\int_6 r_{12} \frac{\partial u(r_{12})}{\partial r_{12}} \left[\int\int_{3(N-2)} \exp\left[-\beta U(\mathbf{r}^N)\right] d\mathbf{r}_3 d\mathbf{r}_4 ... d\mathbf{r}_N \right] d\mathbf{r}_1 d\mathbf{r}_2.$$

Puis en utilisant la relation (5.5), on fait apparaître la fonction de corrélation de paire dans le terme entre les crochets de sorte que la relation précédente s'écrit :

$$\begin{aligned}
\left\langle r_{12} \frac{\partial u(r_{12})}{\partial r_{12}} \right\rangle &= \frac{1}{Z_N(V,T)} \int\int_6 r_{12} \frac{\partial u(r_{12})}{\partial r_{12}} \left[g_N^{(2)}(\mathbf{r}_1, \mathbf{r}_2) \rho^2 \frac{(N-2)!}{N!} Z_N(V,T) \right] d\mathbf{r}_1 d\mathbf{r}_2, \\
\left\langle r_{12} \frac{\partial u(r_{12})}{\partial r_{12}} \right\rangle &= \rho^2 \frac{(N-2)!}{N!} \int\int_6 r_{12} \frac{\partial u(r_{12})}{\partial r_{12}} \left[g_N^{(2}(\mathbf{r}_1, \mathbf{r}_2) \right] d\mathbf{r}_1 d\mathbf{r}_2.
\end{aligned}$$

Pour un fluide homogène et isotrope, on peut effectuer les changements de variables $\mathbf{R} = \mathbf{r}_1$ et $\mathbf{r} = \mathbf{r}_1 - \mathbf{r}_2$, et simplifier l'expression de la pression (Rel. 5.23) comme suit :

$$\begin{aligned}
p &= k_B T \frac{N}{V} - \frac{1}{3V} \frac{N(N-1)}{2} \rho^2 \frac{(N-2)!}{N!} \int\int_6 r_{12} \frac{\partial u(r_{12})}{\partial r_{12}} \left\{ g_N^{(2}(\mathbf{r}_1, \mathbf{r}_2) \right\} d\mathbf{r}_1 d\mathbf{r}_2, \\
p &= k_B T \frac{N}{V} - \frac{1}{6V} \rho^2 \int_V d\mathbf{R} \int_V r \frac{\partial u(r)}{\partial r} g(r) d\mathbf{r},
\end{aligned}$$

soit :

$$p = k_B T \frac{N}{V} - \frac{2\pi}{3} \rho^2 \int_0^\infty r^3 \frac{\partial u(r)}{\partial r} g(r) dr. \tag{5.25}$$

La relation (5.25) fournit la pression d'un liquide en fonction du potentiel de paire et de la fonction de corrélation de paire. Elle représente l'équation d'état des liquides, appelée *équation d'état de pression*. Comme pour l'énergie interne, elle peut s'écrire avec un terme supplémentaire contenant le potentiel à trois corps $u_3(\mathbf{r}_1, \mathbf{r}_2, \mathbf{r}_3)$ et la fonction de corrélation à trois corps $g^{(3)}(\mathbf{r}_1, \mathbf{r}_2, \mathbf{r}_3)$. Il est important de noter, qu'à coté de cette équation d'état on peut en déduire une autre sur la base de considérations différentes comme on le verra dans le paragraphe (5.4.3).

5.3.3 Potentiel chimique

Avec les relations (5.21) et (5.25) on est désormais en mesure de calculer l'énergie interne E et la pression p de tout système dont l'énergie potentielle est assimilable à une somme de potentiels de paires $u(r)$ et dont la fonction de corrélation de paire $g(r)$ est connue. Les deux grandeurs E et p relèvent autant de la mécanique que de la thermodynamique. Mais pour déduire aisément toutes les autres grandeurs thermodynamiques, il est plus approprié de connaître l'expression de l'entropie S, ou du potentiel chimique μ, en fonction de $g(r)$. Traditionnellement, on élabore une expression du potentiel chimique[4] en intégrant la fonction de partition par rapport à un paramètre à définir comme nous allons le voir dans ce qui suit.

Rappelons tout d'abord l'expression formelle du potentiel chimique (Rel. 2.58) :

$$\mu = \left(\frac{\partial F}{\partial N}\right)_{V,T} = F(V,T,N) - F(V,T,N-1).$$

Or, en vertu des relations (2.53) et (3.8), l'énergie libre F s'écrit :

$$\begin{aligned} F(V,T,N) &= -k_B T \ln Q_N(V,T), \\ F(V,T,N) &= -k_B T \left[\ln Z_N(V,T) - \ln N! - N \ln \Lambda^3\right], \end{aligned}$$

de sorte que le potentiel chimique se simplifie comme suit :

$$\begin{aligned} \mu &= -k_B T \left[\ln Z_N(V,T) - \ln N! - N \ln \Lambda^3\right] \\ &\quad + k_B T \left[\ln Z_{N-1}(V,T) - \ln (N-1)! - (N-1) \ln \Lambda^3\right], \end{aligned}$$

soit :

$$\mu = k_B T \left[- \ln \frac{Z_N(V,T)}{Z_{N-1}(V,T)} + \ln N + \ln \Lambda^3 \right]. \tag{5.26}$$

Pour évaluer l'argument du logarithme, dans la relation précédente, la procédure requiert d'écrire l'énergie potentielle au moyen du *paramètre de couplage* λ, sous la forme suivante :

$$U(\mathbf{r}^N, \lambda) = \lambda \sum_{j=2}^{N} u(r_{1j}) + \sum_{i}^{N} \sum_{j>i\geq 2}^{N} u(r_{ij}). \tag{5.27}$$

Le paramètre de couplage λ a la même fonction que le paramètre de charge introduit dans le modèle de Debye-Hückel (Rel. 3.72). En variant de 0 à 1, il indique le degré de couplage de la particule à laquelle il est affecté avec le reste du système. Dans la relation précédente, $\lambda = 1$ signifie que la particule 1 est totalement couplée avec les autres particules, alors que $\lambda = 0$ indique un couplage nul, c'est-à-dire l'absence de la particule 1 dans le système. Ceci permet d'écrire les relations très importantes :

$$\begin{aligned} U(\mathbf{r}^N, 1) &= \sum_{j=2}^{N} u(r_{1j}) + \sum_{i}^{N} \sum_{j>i\geq 2}^{N} u(r_{ij}) = \sum_{i}^{N} \sum_{j>i\geq 1}^{N} u(r_{ij}) = U(\mathbf{r}^N), \\ \text{et} \quad U(\mathbf{r}^N, 0) &= \sum_{i}^{N} \sum_{j>i\geq 2}^{N} u(r_{ij}) = U(\mathbf{r}^{N-1}). \end{aligned}$$

[4] J. G. Kirkwood, J. Chem. Phys. **3**, 300 (1935). J. G. Kirkwood and E. Monroe, J. Chem. Phys. **9**, 514 (1941). Voir aussi D. A. McQuarrie, *Statistical Mechanics*, Harper and Row, New-York (1976), p. 263.

Dans ces conditions, les intégrales de configuration (Rel. 3.3) s'écrivent :

$$Z_N(V,T,\lambda=1) = \int\int_{3N} \exp\left[-\beta U(\mathbf{r}^N)\right] d\mathbf{r}_1 d\mathbf{r}_2 ... d\mathbf{r}_N = Z_N(V,T), \tag{5.28}$$

et :

$$Z_N(V,T,\lambda=0) = \int_V d\mathbf{r}_1 \int\int_{3(N-1)} \exp\left[-\beta U(\mathbf{r}^{N-1})\right] d\mathbf{r}_2 ... d\mathbf{r}_N,$$

soit :

$$Z_N(V,T,\lambda=0) = V Z_{N-1}(V,T).$$

Ces expressions permettent de calculer le logarithme du rapport des intégrales de configuration qui se trouve dans la relation (5.26), soit :

$$\begin{aligned}\ln \frac{Z_N(V,T)}{Z_{N-1}(V,T)} &= \ln \frac{Z_N(V,T,\lambda=1)}{Z_N(V,T,\lambda=0)} + \ln V,\\ \ln \frac{Z_N(V,T)}{Z_{N-1}(V,T)} &= \ln V + \int_0^1 \frac{\partial \ln Z_N}{\partial \lambda} d\lambda. \end{aligned}\tag{5.29}$$

Mais avec l'intégrale de configuration :

$$Z_N(V,T,\lambda) = \int\int_{3N} \exp\left[-\beta U(\mathbf{r}^N,\lambda)\right] d\mathbf{r}_1 d\mathbf{r}_2 ... d\mathbf{r}_N,$$

dans laquelle l'énergie potentielle est donnée par la relation (5.27), on peut évaluer la dérivée partielle $\frac{\partial Z_N}{\partial \lambda}$, soit :

$$\frac{\partial Z_N(V,T,\lambda)}{\partial \lambda} = -\beta \int\int_{3N} \left[\sum_{j=2}^{N} u(r_{1j})\right] \exp\left[-\beta U(\mathbf{r}^N,\lambda)\right] d\mathbf{r}_1 d\mathbf{r}_2 ... d\mathbf{r}_N,$$

ainsi que $\frac{\partial \ln Z_N}{\partial \lambda}$, soit :

$$\frac{\partial \ln Z_N(V,T,\lambda)}{\partial \lambda} = -\frac{\beta}{Z_N} \sum_{j=2}^{N} \int\int_{3N} u(r_{1j}) \exp\left[-\beta U(\mathbf{r}^N,\lambda)\right] d\mathbf{r}_1 d\mathbf{r}_2 ... d\mathbf{r}_N.$$

Comme la relation précédente comporte $(N-1)$ termes identiques, elle s'écrit encore :

$$\frac{\partial \ln Z_N(V,T,\lambda)}{\partial \lambda} = -\frac{\beta(N-1)}{Z_N} \int\int_{3N} u(r_{1j}) \exp\left[-\beta U(\mathbf{r}^N,\lambda)\right] d\mathbf{r}_1 d\mathbf{r}_2 ... d\mathbf{r}_N.$$

Si l'on choisit comme indice j la valeur 2, on peut isoler les éléments d'intégration $d\mathbf{r}_1$ et $d\mathbf{r}_2$, comme cela a été fait pour l'énergie interne et la pression, et réduire la relation précédente sous la forme suivante :

$$\frac{\partial \ln Z_N(V,T,\lambda)}{\partial \lambda} = -\frac{\beta(N-1)}{Z_N(V,T)} \int\int_6 u(r_{12}) \left\{\int\int_{3(N-2)} \exp\left[-\beta U(\mathbf{r}^N,\lambda)\right] d\mathbf{r}_3 d\mathbf{r}_4 ... d\mathbf{r}_N\right\} d\mathbf{r}_1 d\mathbf{r}_2.$$

Or en utilisant la relation (5.5), on fait apparaître la fonction de corrélation de paire entre les accolades, ce qui donne :

$$\frac{\partial \ln Z_N(V,T,\lambda)}{\partial \lambda} = -\frac{\beta(N-1)}{Z_N(V,T)} \int\int_6 u(r_{12}) \left\{g_N^{(2)}(\mathbf{r}_1,\mathbf{r}_2,\lambda)\rho^2 \frac{(N-2)!}{N!} Z_N(V,T)\right\} d\mathbf{r}_1 d\mathbf{r}_2,$$

soit :

$$\frac{\partial \ln Z_N(V,T,\lambda)}{\partial \lambda} = -\beta\rho^2 \frac{(N-1)(N-2)!}{N!} \int\int_6 u(r_{12}) \left\{ g_N^{(2)}(\mathbf{r}_1, \mathbf{r}_2, \lambda) \right\} d\mathbf{r}_1 d\mathbf{r}_2.$$

Si le fluide est homogène et isotrope, la relation précédente se simplifie avec les changements de variables $\mathbf{R} = \mathbf{r}_1$ et $\mathbf{r} = \mathbf{r}_1 - \mathbf{r}_2$, où $\mathbf{R}$ et $\mathbf{r}$ décrivent le volume du système. Toutes simplifications effectuées, $\frac{\partial \ln Z_N(\lambda)}{\partial \lambda}$ se réduit à :

$$\frac{\partial \ln Z_N(V,T,\lambda)}{\partial \lambda} = -\frac{\beta\rho^2}{N} V \int_0^\infty u(r) g(r,\lambda) 4\pi r^2 dr,$$

qu'il ne reste plus qu'à substituer dans la relation (5.29) pour obtenir le logarithme du rapport des intégrales de configuration. On obtient :

$$\ln \frac{Z_N(V,T)}{Z_{N-1}(V,T)} = \ln V + \int_0^1 \frac{\partial \ln Z_N}{\partial \lambda} d\lambda = \ln V - \beta\rho \int_0^1 \int_0^\infty u(r) g(r,\lambda) 4\pi r^2 dr d\lambda.$$

Puis en reportant ce résultat dans la relation (5.26), on aboutit à l'expression finale du potentiel chimique :

$$\mu = k_B T \left[-\ln V + \beta\rho \int_0^1 \int_0^\infty u(r) g(r,\lambda) 4\pi r^2 dr d\lambda + \ln N + \ln \Lambda^3 \right],$$

soit :

$$\mu = k_B T \ln \rho\Lambda^3 + 4\pi\rho \int_0^1 \int_0^\infty u(r) g(r,\lambda) r^2 dr d\lambda. \qquad (5.30)$$

Ainsi, comme l'énergie interne (Rel. 5.21) et la pression (Rel. 5.25), le potentiel chimique (Rel. 5.30) se calcule au moyen du potentiel de paire et de la fonction de corrélation de paire.

5.3.4 Entropie

Avec les expressions de l'énergie interne E, de la pression p et du potentiel chimique μ, il est possible de déduire l'entropie S en combinant les relations (2.51) et (3.51) sous la forme suivante :

$$S = \frac{E - F}{T} = \frac{E}{T} - \frac{\mu N}{T} + \frac{pV}{T}, \qquad (5.31)$$

où E, μ et p sont donnés respectivement par les relations (5.21), (5.30) et (5.25). Evidemment, le calcul de l'entropie avec la relation (5.31) requiert la connaissance du potentiel de paire. Pourtant, il faut noter que l'entropie peut être déterminée approximativement au moyen de la fonction de corrélation de paire $g(r)$, sans recourir au potentiel de paire. La démonstration sort du cadre de cet exposé. Le lecteur intéressé se reportera aux articles originaux de Nettleton et Green[5] et de Raveché[6]. Indiquons simplement les grandes lignes de la démonstration menée à partir de la relation (2.47) :

$$S = -k_B \int\int_{6N} P_N(\mathbf{r}^N, \mathbf{p}^N) \ln P_N(\mathbf{r}^N, \mathbf{p}^N) d\mathbf{r}^N d\mathbf{p}^N. \qquad (5.32)$$

[5] R. E. Nettleton and M. S. Green, J. Chem. Phys. **29**, 1365 (1958).
[6] H. J. Raveché, J. Chem. Phys. **55**, 2242 (1971).

On suit à peu près la même démarche que celle du paragraphe (2.7) en considérant que les particules sont identiques et en interaction, donc non indépendantes. De ce fait on ne peut pas utiliser la relation (2.48). Ici, on sépare la densité de probabilité $P_N(\mathbf{r}^N, \mathbf{p}^N)$ en une partie qui dépend des moments $\mathbf{p}$ et une autre qui dépend des positions $\mathbf{r}$:

$$P_N(\mathbf{r}^N, \mathbf{p}^N) = \prod_{i=1}^{N} P_N^{(1)}(\mathbf{p}_i).P_N(\mathbf{r}_1, \mathbf{r}_2, ...\mathbf{r}_N),$$

où chacun des termes $P_N^{(1)}(\mathbf{p}_i)$ correspond à la fonction de distribution de Maxwell (Rel. 3.64). Quant à $P_N(\mathbf{r}_1, \mathbf{r}_2, ...\mathbf{r}_N)$, il est factorisé d'une manière séquentielle compliquée au moyen des fonctions de corrélation multiparticules $g_N^{(2)}(\mathbf{r}_1, \mathbf{r}_2)$, $g_N^{(3)}(\mathbf{r}_1, \mathbf{r}_2, \mathbf{r}_3), ...$ Après transformations et intégrations terme à terme de la relation (5.32), on aboutit à une série qui, arrêtée à la fonction de corrélation de paire $g_N^{(2)}(\mathbf{r}_1, \mathbf{r}_2)$, s'écrit :

$$S \simeq S^{GP} - \frac{1}{2}k_B\rho^2 \int\int g_N^{(2)}(\mathbf{r}_1, \mathbf{r}_2) \ln g_N^{(2)}(\mathbf{r}_1, \mathbf{r}_2) d\mathbf{r}_1 d\mathbf{r}_2 + \frac{1}{2}k_B\rho^2 \int\int \left[g_N^{(2)}(\mathbf{r}_1, \mathbf{r}_2) - 1\right] d\mathbf{r}_1 d\mathbf{r}_2,$$

où S^{GP} est l'entropie du gaz parfait (Rel. 3.19). Avec les changements de variables classiques relatifs aux liquides homogènes et isotropes, on obtient finalement l'expression de l'entropie sous la forme suivante, en fonction de $g(r)$ uniquement :

$$S \simeq k_B N(-\ln \rho\Lambda^3 + \frac{5}{2}) - 2\pi k_B \rho N \int_0^\infty [g(r) \ln g(r) - g(r) + 1]\, r^2 dr. \tag{5.33}$$

5.4 Considérations diverses

5.4.1 Développement de $g(r)$ en puissances de la densité

Jusqu'ici on sait peu de choses sur la fonction de corrélation de paire $g(r)$, si ce n'est qu'elle mesure le degré de dépendance des particules. L'élaboration des méthodes théoriques permettant son calcul fera l'objet du prochain chapitre. A ce stade, il est toutefois possible d'avoir une première indication sur la forme de la fonction de corrélation de paire $g(r, \rho, T)$ qui, a priori, doit dépendre de la position r, de la densité ρ et de la température T. Puisque l'équation d'état (Rel. 5.25) obtenue en vue d'être appliquée aux liquides est également valable pour les gaz, il est intéressant de la comparer à l'équation d'état du viriel (Rel. 3.52) :

$$\frac{p}{\rho k_B T} = 1 + \rho B_2(T) + \rho^2 B_3(T) + \rho^3 B_4(T) + ... \tag{5.34}$$

Compte tenu des relations (3.55), (3.34) et (3.32), le second terme du développement s'exprime au moyen de l'intégrale irréductible de cluster β_1 sous la forme suivante :

$$\rho B_2(T) = -\frac{1}{2}\beta_1 \rho = -b_2 \rho,$$

soit :

$$\rho B_2(T) = -\frac{\rho}{2V} \int\int f_{12} d\mathbf{r}_1 d\mathbf{r}_2.$$

Après avoir utilisé la fonction de Mayer (Rel. 3.10) et effectué les changements de variables $\mathbf{R} = \mathbf{r}_1$ et $\mathbf{r} = \mathbf{r}_1 - \mathbf{r}_2$, la relation précédente s'écrit :

$$\rho B_2(T) = -\frac{\rho}{2V} \int d\mathbf{R} \int \{\exp\left[-\beta u(r)\right] - 1\} \, d\mathbf{r},$$

soit :

$$\rho B_2(T) = -2\pi\rho \int_0^{\infty} \{\exp\left[-\beta u(r)\right] - 1\} \, r^2 dr.$$

Et puisque $u(r)$ tend vers zéro quand r tend vers l'infini, l'intégration par parties de l'intégrale ci-dessus conduit à l'expression :

$$\rho B_2(T) = -\frac{2\pi}{3} \frac{\rho}{k_B T} \int_0^{\infty} r^3 \frac{\partial u}{\partial r} \exp\left[-\beta u(r)\right] dr,$$

qui peut être substituée dans l'équation d'état du viriel :

$$\frac{p}{\rho k_B T} = 1 - \frac{2\pi}{3} \frac{\rho}{k_B T} \int_0^{\infty} r^3 \frac{\partial u}{\partial r} \exp\left[-\beta u(r)\right] dr + \rho^2 B_3(T) + ... \tag{5.35}$$

Or, en comparant les deux premiers termes de la relation précédente avec l'équation d'état (Rel. 5.25), on constate que la fonction de corrélation de paire $g(r)$ s'identifie avec le facteur de Boltzmann $\exp\left[-\beta u(r)\right]$. Cette constatation suggère d'utiliser comme forme approximative de la fonction de corrélation de paire le développement suivant, en puissances de la densité :

$$g(r, \rho, T) = g_0(r, T) + \rho g_1(r, T) + \rho^2 g_2(r, T) + ...,$$

avec :

$$g_0(r, T) = \exp\left[-\beta u(r)\right].$$

Si l'on adopte cette forme approximative pour la fonction de corrélation de paire, on peut récrire la relation (5.25) au moyen du développement en puissances de la densité, sous la forme suivante :

$$\frac{p}{\rho k_B T} = 1 - \frac{2\pi}{3} \frac{\rho}{k_B T} \sum_{k=0} \rho^k \int_0^{\infty} r^3 \frac{\partial u(r)}{\partial r} g_k(r) dr. \tag{5.36}$$

En identifiant terme à terme la relation (5.36) à l'équation d'état du viriel (Rel. 5.34), on obtient les coefficients du viriel :

$$\begin{aligned} B_3(T) &= -\frac{2\pi}{3} \frac{1}{k_B T} \int_0^{\infty} r^3 \frac{\partial u(r)}{\partial r} g_1(r) dr, \\ B_4(T) &= -\frac{2\pi}{3} \frac{1}{k_B T} \int_0^{\infty} r^3 \frac{\partial u(r)}{\partial r} g_2(r) dr, \\ ... &= ... \end{aligned}$$

Ces expressions donnent la possibilité de tester les formes approximatives des premières contributions $g_1(r, T)$, $g_2(r, T)$, ... du développement de la fonction de corrélation de paire, car les valeurs des premiers coefficients du viriel $B_3(T)$, $B_4(T)$,... ont des valeurs connues pour les potentiels de paires les plus courants

Il n'est pas inutile de noter qu'en remplaçant la fonction de corrélation de paire par le facteur de Boltzmann dans l'expression de l'énergie (Rel. 5.21), on ne retrouve pas le second terme du développement de l'énergie des gaz réels (Rel. 3.56). Ceci provient de ce que l'expression de la fonction de corrélation de paire n'est qu'approximative.

5.4.2 Relation entre $g(r)$ et la fluctuation du nombre de particules

Pour trouver la relation qui lie la fonction de corrélation de paire $g(r)$ à la fluctuation du nombre de particules, considérons la relation :

$$\int\int_6 \left[\rho^{(2)}(\mathbf{r}_1, \mathbf{r}_2) - \rho^{(1)}(\mathbf{r}_1)\rho^{(1)}(\mathbf{r}_2)\right] d\mathbf{r}_1 d\mathbf{r}_2,$$

dans laquelle les fonctions de distribution génériques $\rho^{(2)}(\mathbf{r}_1, \mathbf{r}_2)$ et $\rho^{(1)}(\mathbf{r}_1)$ ont été définies dans le paragraphe (5.1.2). Avec les relations (5.10) et (5.11), il est possible de transformer la relation précédente de la manière suivante :

$$\int\int_6 \rho^{(2)}(\mathbf{r}_1, \mathbf{r}_2) d\mathbf{r}_1 d\mathbf{r}_2 - \int_V \rho^{(1)}(\mathbf{r}_1) d\mathbf{r}_1 \int_V \rho^{(1)}(\mathbf{r}_2) d\mathbf{r}_2 = \left[\langle N^2\rangle - \langle N\rangle\right] - \langle N\rangle^2. \quad (5.37)$$

Mais il est également possible de l'exprimer au moyen de la fonction de corrélation de paire $g(r)$ comme suit :

$$\int\int_6 \left[\rho^{(2)}(\mathbf{r}_1, \mathbf{r}_2) - \rho^{(1)}(\mathbf{r}_1)\rho^{(1)}(\mathbf{r}_2)\right] d\mathbf{r}_1 d\mathbf{r}_2 = \int\int_6 \left[\rho^2 g^{(2)}(\mathbf{r}_1, \mathbf{r}_2) - \rho^2\right] d\mathbf{r}_1 d\mathbf{r}_2.$$

Si le fluide est homogène et isotrope, on peut effectuer les changements de variables $\mathbf{R} = \mathbf{r}_1$ et $\mathbf{r} = \mathbf{r}_1 - \mathbf{r}_2$ de manière à simplifier la relation précédente, soit :

$$\int\int_6 \left[\rho^{(2)}(\mathbf{r}_1, \mathbf{r}_2) - \rho^{(1)}(\mathbf{r}_1)\rho^{(1)}(\mathbf{r}_2)\right] d\mathbf{r}_1 d\mathbf{r}_2 = 4\pi\rho^2 V \int_0^\infty \left[g(r) - 1\right] r^2 dr. \quad (5.38)$$

Or, en identifiant les relations (5.37) et (5.38), on aboutit à une expression très importante qui lie la fonction de corrélation de paire $g(r)$ au carré de la fluctuation du nombre de particules :

$$\begin{aligned} 4\pi\rho^2 V \int_0^\infty \left[g(r) - 1\right] r^2 dr &= \langle N\rangle \left[\frac{\langle N^2\rangle - \langle N\rangle^2}{\langle N\rangle} - 1\right] \\ 1 + 4\pi\rho \int_0^\infty \left[g(r) - 1\right] r^2 dr &= \frac{\langle N^2\rangle - \langle N\rangle^2}{\langle N\rangle}. \end{aligned} \quad (5.39)$$

Un rapide coup d'oeil à la relation (5.18) montre que le membre de gauche de la relation précédente n'est rien d'autre que le facteur de structure en $q = 0$, de sorte que la relation (5.39) s'écrit encore :

$$S(0) = \frac{\langle N^2\rangle - \langle N\rangle^2}{\langle N\rangle}.$$

Par conséquent, la valeur du facteur de structure $S(0)$ est rigoureusement égale au carré de la fluctuation relative du nombre de particules dans le système (§ 2.8.5).

5.4.3 Equation d'état de compressibilité

Dans ce paragraphe, on cherche l'expression d'une nouvelle équation d'état des liquides reposant sur la relation qui lie la compressibilité isotherme χ_T et la fluctuation du nombre de particules. Pour cela, on évalue la quantité $\frac{\partial\langle N\rangle}{\beta\partial\mu}$ par deux voies différentes, puis on identifie les deux résultats.

Le premier calcul relève de la mécanique statistique. Il débute avec l'expression de la valeur moyenne du nombre de particules $\langle N\rangle$ dans l'ensemble grand canonique (Rel. 2.84) :

$$\langle N\rangle = \sum_{N=0}^{\infty} NP(N), \tag{5.40}$$

où $P(N)$ est la probabilité d'avoir exactement N particules dans le système. Celle-ci est donnée par la relation (2.39) :

$$P(N) = \frac{\exp(\beta N\mu)}{\Xi} Q(V,T). \tag{5.41}$$

Mais, conformément aux relations (3.8) et (3.49), elle s'écrit encore sous l'une des formes suivantes :

$$P(N) = \frac{\exp(\beta N\mu)}{\Xi}\frac{Z_N}{N!\Lambda^{3N}} = \frac{z^N}{N!}\frac{Z_N}{\Xi},$$

où la fonction de partition Ξ de l'ensemble grand canonique (Rel. 2.38) est :

$$\Xi = \sum_{N=0}^{\infty}\exp(\beta N\mu)Q(V,T) = \sum_{N=0}^{\infty}\exp(\beta N\mu)\frac{Z_N}{N!\Lambda^{3N}} = \sum_{N=0}^{\infty}\frac{z^N}{N!}Z_N.$$

Par conséquent, la valeur moyenne du nombre de particules devient :

$$\langle N\rangle = \sum_{N=0}^{\infty} N\frac{z^N}{N!}\frac{Z_N}{\Xi},$$

et sa dérivée par rapport au potentiel chimique se calcule de la manière suivante. Evaluons tout d'abord la dérivée de la fugacité (Rel. 3.49) par rapport au potentiel chimique, soit $\frac{\partial z}{\partial\mu} = \beta z$, ce qui permet d'écrire la dérivée de $\langle N\rangle$ par rapport à μ comme suit :

$$\begin{aligned}
\frac{\partial\langle N\rangle}{\beta\partial\mu} &= \frac{\partial\langle N\rangle}{\beta\partial z}\frac{\partial z}{\partial\mu} = \frac{\partial}{\beta\partial z}\left[\sum_{N=0}^{\infty} N\frac{z^N}{N!}\frac{Z_N}{\Xi}\right]\beta z,\\
\frac{\partial\langle N\rangle}{\beta\partial\mu} &= z\left[\sum_{N=0}^{\infty} N^2\frac{z^{N-1}}{N!}\frac{Z_N}{\Xi} + \sum_{N=0}^{\infty} N\frac{z^N}{N!}Z_N\left(-\frac{1}{\Xi^2}\frac{\partial\Xi}{\partial z}\right)\right],
\end{aligned}$$

soit :

$$\frac{\partial\langle N\rangle}{\beta\partial\mu} = \sum_{N=0}^{\infty} N^2\frac{z^N}{N!}\frac{Z_N}{\Xi} - z\sum_{N=0}^{\infty} N\frac{z^N}{N!}\frac{Z_N}{\Xi^2}\left(\sum_{N=0}^{\infty} N\frac{z^{N-1}}{N!}Z_N\right).$$

Exprimons ensuite les termes qui se trouvent dans les sommes discrètes en fonction de $P(N)$ avec la relation (5.41). On obtient :

$$\frac{\partial\langle N\rangle}{\beta\partial\mu} = \sum_{N=0}^{\infty} N^2P(N) - \sum_{N=0}^{\infty} NP(N)\sum_{N=0}^{\infty} NP(N) = \langle N^2\rangle - \langle N\rangle^2. \tag{5.42}$$

Le second calcul de $\frac{\partial\langle N\rangle}{\beta\partial\mu}$ relève de la thermodynamique classique. Dans l'ensemble grand canonique, où T et V sont constants, la relation de Gibbs-Duhem (Rel. 1.73) se réduit à :

$$Nd\mu = Vdp,$$

d'où il découle la relation suivante[7] :

$$N\left(\frac{\partial\mu}{\partial N}\right)_{T,V} = V\left(\frac{\partial p}{\partial N}\right)_{T,V} = V\left[-\left(\frac{\partial p}{\partial V}\right)_{T,N}\left(\frac{\partial V}{\partial N}\right)_{T,p}\right]. \tag{5.43}$$

Or, avec la définition de la compressibilité isotherme χ_T et dans la limite thermodynamique ($N \to \infty$ quand $V \to \infty$, avec $\rho = N/V$), on dispose des relations :

$$\begin{aligned} -\frac{1}{V}\left(\frac{\partial V}{\partial p}\right)_{T,N} &= \chi_T, \\ \text{et} \quad \left(\frac{\partial N}{\partial V}\right)_{T,p} &= \rho, \end{aligned}$$

qui permettent de récrire la relation (5.43) comme suit :

$$N\left(\frac{\partial\mu}{\partial N}\right)_{T,V} = \frac{1}{\chi_T}\frac{1}{\rho}.$$

Ainsi, dans l'ensemble grand canonique, la dérivée du nombre moyen de particules $\langle N\rangle$ par rapport au potentiel chimique μ a encore pour expression :

$$\frac{\partial\langle N\rangle}{\beta\partial\mu} = \langle N\rangle \rho k_B T\chi_T. \tag{5.44}$$

L'identification des relations (5.42) et (5.44) montre que le carré de la fluctuation du nombre de particules dépend explicitement de la compressibilité isotherme, à savoir :

$$\rho k_B T\chi_T = \frac{\langle N^2\rangle - \langle N\rangle^2}{\langle N\rangle}. \tag{5.45}$$

Mais la comparaison des relations (5.45) et (5.39) permet également d'exprimer le facteur de structure $S(0)$ en fonction de la compressibilité isotherme, soit :

$$S(0) = 1 + 4\pi\rho\int_0^\infty [g(r)-1]\, r^2 dr = \rho k_B T\chi_T. \tag{5.46}$$

Par conséquent, la valeur du facteur de structure en $q = 0$, bien qu'inaccessible par diffraction de rayons X ou de neutrons, devient une grandeur thermodynamique directement liée à la compressibilité isotherme. De plus, l'intégration de la deuxième égalité de la relation (5.46) fournit une nouvelle équation d'état de l'état liquide, appelée *équation d'état de compressibilité.* On notera que la relation (5.46) est une relation exacte et que l'équation d'état qui en découle ne contient pas le potentiel de paire $u(r)$, contrairement à l'équation d'état de pression donnée par la relation (5.25).

---

[7] Il suffit d'utiliser la relation :

$$\left(\frac{\partial p}{\partial V}\right)_N\left(\frac{\partial V}{\partial N}\right)_p\left(\frac{\partial N}{\partial p}\right)_V = -1.$$

5.4.4 Cohérence thermodynamique

Il est clair que l'équation d'état de pression (Rel. 5.25) permet de déterminer une expression de la compressibilité isotherme χ_T différente de celle de la relation (5.46) et, de surcroît, dépendante du potentiel de paire. En effet, si l'on admet que la fonction de corrélation de paire dépend de ρ et de T, et que le potentiel de paire n'en dépend pas, on peut calculer la compressibilité isotherme avec la relation (5.25) comme suit :

$$\begin{aligned}\chi_T^{-1} &= -V\left(\frac{\partial p}{\partial V}\right)_T = \rho\left(\frac{\partial p}{\partial \rho}\right)_T, \\ \chi_T^{-1} &= k_B T\rho - \frac{2\pi\rho}{3}\left[2\rho\int_0^\infty r^3\frac{\partial u(r)}{\partial r}g(r,T,\rho)dr + \rho^2\int_0^\infty r^3\frac{\partial u(r)}{\partial r}\frac{\partial g(r,T,\rho)}{\partial \rho}dr\right],\end{aligned} \tag{5.47}$$

soit :

$$\chi_T^{-1} = k_B T\rho - \frac{2\pi\rho^2}{3}\int_0^\infty r^3\frac{\partial u(r)}{\partial r}\left[2g(r,T,\rho) + \rho\frac{\partial g(r,T,\rho)}{\partial \rho}\right]dr. \tag{5.48}$$

Pour un liquide donné, les relations (5.46) et (5.48) doivent fournir la même valeur de la compressibilité isotherme χ_T dès lors que le potentiel de paire $u(r)$ est bien choisi, et que la fonction de corrélation de paire $g(r)$ est déterminée de manière exacte. Comme la fonction de corrélation de paire n'est généralement connue qu'approximativement, il est rare que les deux valeurs de la compressibilité isotherme coïncident. On comprend tout l'intérêt de la confrontation des deux résultats de la compressibilité isotherme comme test de la théorie microscopique des liquides. En imposant l'égalité entre χ_T(pression) (Rel. 5.48) et χ_T(compressibilité) (Rel. 5.46), on réalise la *cohérence thermodynamique* de la manière la plus simple qui soit. C'est donc en forçant l'égalité χ_T(pression) $=$ χ_T(compressibilité), par des méthodes qui seront décrites dans le prochain chapitre, que l'on réalise la cohérence thermodynamique et que l'on peut déterminer la meilleure fonction de corrélation de paire $g(r)$.

Mais il est possible d'imposer la cohérence thermodynamique avec d'autres propriétés que la compressibilité isotherme. Par exemple, avec la relation (5.44), on dispose d'une relation entre la dérivée du potentiel chimique μ par rapport à la densité $\rho(=\frac{N}{V})$ et la compressibilité isotherme χ_T, c'est-à-dire :

$$\frac{\beta\partial\mu}{\partial\rho} = \frac{\beta\partial\mu}{\partial N}\frac{\partial N}{\partial\rho} = V\frac{\beta\partial\mu}{\partial N} = \frac{1}{\rho^2 k_B T\chi_T}. \tag{5.49}$$

Ceci est une relation explicite entre la dérivée du potentiel chimique (Rel. 5.30) et la compressibilité isotherme (Rel. 5.48).

On peut également forcer l'égalité thermodynamique au moyen des expressions de l'énergie interne (Rel. 5.21) et de la pression (Rel. 5.25). Pour cela combinons la relation fondamentale de la thermodynamique $dE = TdS - pdV$ avec la relation de Maxwell

$\left(\frac{\partial S}{\partial V}\right)_T = \left(\frac{\partial p}{\partial T}\right)_V$ de la manière suivante[8] :

$$\begin{aligned}\left(\frac{\partial E}{\partial V}\right)_T &= T\left(\frac{\partial S}{\partial V}\right)_T - p,\\ \left(\frac{\partial E}{\partial V}\right)_T &= T\left(\frac{\partial p}{\partial T}\right)_V - p = T^2\frac{\partial}{\partial T}\left(\frac{p}{T}\right)_V.\end{aligned} \tag{5.50}$$

Si l'on écrit la relation (5.50) comme suit :

$$\left(\frac{\partial E}{\partial \rho}\right)_T \frac{\partial \rho}{\partial V} = T^2\frac{\partial}{\partial \beta}\left(\frac{p}{T}\right)_V \frac{\partial \beta}{\partial T},$$

il est possible de poursuivre les transformations en utilisant les relations :

$$\frac{\partial \rho}{\partial V} = -\frac{\rho}{V} \qquad \text{et} \qquad \frac{\partial \beta}{\partial T} = -\frac{\beta}{T}.$$

En effet, on obtient :

$$\begin{aligned}-\frac{\rho}{V}\left(\frac{\partial E}{\partial \rho}\right)_T &= -\frac{\beta}{T}T^2\frac{\partial}{\partial \beta}\left(\frac{p}{T}\right)_V,\\ \frac{\rho^2}{N}\left(\frac{\partial E}{\partial \rho}\right)_T &= \frac{1}{k_B}\frac{\partial}{\partial \beta}\left(\frac{p}{T}\right)_V,\\ \rho^2\frac{\partial}{\partial \rho}\left(\frac{E}{N}\right)_T &= \frac{\partial}{\partial \beta}\left(\frac{p}{k_B T}\right)_V,\end{aligned}$$

soit :

$$\rho\frac{\partial}{\partial \rho}\left(\frac{\beta E}{N}\right)_T = \beta\frac{\partial}{\partial \beta}\left(\frac{\beta p}{\rho}\right)_V. \tag{5.51}$$

Or, si l'on considère maintenant les expressions de l'énergie interne (Rel. 5.21) et de la pression (Rel. 5.25) :

$$\begin{aligned}\frac{\beta E}{N} &= \frac{3}{2} + 2\pi\beta\rho\int_0^\infty u(r)g(r)r^2 dr,\\ \text{et} \qquad \frac{\beta p}{\rho} &= 1 - \frac{2\pi}{3}\beta\rho\int_0^\infty r^3\frac{\partial u(r)}{\partial r}g(r)dr,\end{aligned}$$

leurs dérivées par rapport à ρ et par rapport à β conduisent respectivement à :

$$\begin{aligned}\rho\frac{\partial}{\partial \rho}\left(\frac{\beta E}{N}\right)_T &= \rho\left\{2\pi\beta\int_0^\infty u(r)g(r)r^2 dr + 2\pi\beta\rho\int_0^\infty u(r)\frac{\partial g(r)}{\partial \rho}r^2 dr\right\},\\ \beta\frac{\partial}{\partial \beta}\left(\frac{\beta p}{\rho}\right)_V &= \beta\left\{-\frac{2\pi}{3}\rho\int_0^\infty r^3\frac{\partial u(r)}{\partial r}g(r)dr - \frac{2\pi}{3}\beta\rho\int_0^\infty r^3\frac{\partial u(r)}{\partial r}\left[-\frac{T}{\beta}\frac{\partial g(r)}{\partial T}\right]dr\right\},\end{aligned}$$

de sorte que la cohérence thermodynamique (Rel. 5.51) est finalement réalisée avec la relation suivante :

$$\int_0^\infty u(r)\left[g(r) + \rho\frac{\partial g(r)}{\partial \rho}\right]r^2 dr = -\frac{1}{3}\int_0^\infty r^3\frac{\partial u(r)}{\partial r}\left[g(r) - T\frac{\partial g(r)}{\partial T}\right]dr.$$

[8] Pour la définition des fonctions caractéristiques voir par exemple J. L. Bretonnet, *Thermodynamique générale et appliquée*, Ellipses, Paris (2008), p. 92.

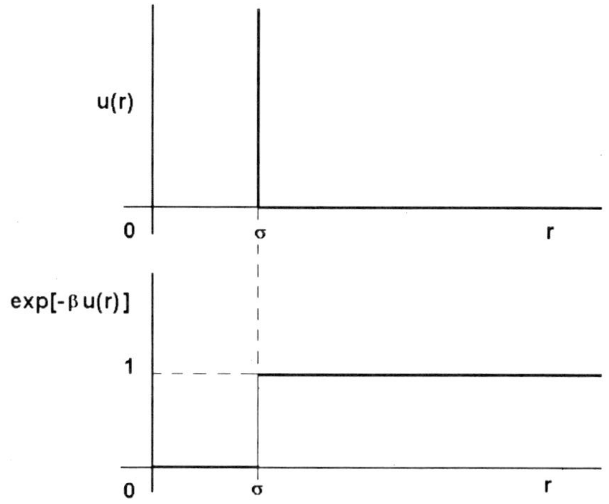

FIG. 5.4 – Représentation du potentiel de sphères dures et de son facteur de Boltzmann.

5.5 Application au potentiel de sphères dures

A titre d'illustration, calculons l'équation d'état du fluide de sphère dures[9] pour lequel le potentiel de paire est :

$$u(r) = \begin{cases} \infty & \text{si } r \leq \sigma \\ \\ 0 & \text{si } r > \sigma, \end{cases}$$

où σ est le diamètre des sphères dures. Le facteur de Boltzmann associé à ce potentiel possède une propriété appréciable qui permet d'exprimer les grandeurs thermodynamiques sous des formes particulièrement simples. En effet, la représentation du facteur de Boltzmann :

$$\exp\left[-\beta u(r)\right] = \begin{cases} 0 & \text{si} \quad r \leq \sigma \\ \\ 1 & \text{si} \quad r > \sigma, \end{cases}$$

est une fonction échelon (Fig. 5.4) dont la dérivée par rapport à r correspond à la fonction de Dirac :

$$\frac{\partial}{\partial r}\exp\left[-\beta u(r)\right] = -\beta\frac{\partial u}{\partial r}\exp\left[-\beta u(r)\right] = \delta(r-\sigma).$$

En substituant $\frac{\partial u}{\partial r}$, tirée de la relation précédente, dans la relation (5.25) on obtient l'expression de la pression :

$$p = k_B T\frac{N}{V} - \frac{2\pi}{3}\rho^2\int_0^\infty r^3\left\{-\frac{1}{\beta}\frac{\delta(r-\sigma)}{\exp\left[-\beta u(r)\right]}\right\}g(r)dr,$$

soit :

$$p = k_B T\frac{N}{V} + \frac{2\pi}{3}k_B T\rho^2\sigma^3 g(\sigma)\exp\left[\beta u(\sigma)\right]. \tag{5.52}$$

Mais on peut également porter $\frac{\partial u}{\partial r}$ dans la relation (5.35), ce qui permet d'écrire l'équation du viriel :

$$\frac{p}{\rho k_B T} = 1 + \frac{2\pi}{3}\rho\sigma^3 + \rho^2 B_3(T) + \rho^3 B_4(T) + \ldots$$

[9] J. P. Hansen and I. R. McDonald, *Theory of Simple Liquids*, Acad. Press, London (3ième édition, 2006), p. 75.

Pour un fluide de sphères dures, on utilise habituellement le *paramètre de remplissage* η défini par le rapport du volume réellement occupé par les N sphères sur le volume total V du système, soit :

$$\eta = \frac{1}{V}\frac{4\pi}{3}\left(\frac{\sigma}{2}\right)^3 N = \frac{\pi}{6}\rho\sigma^3. \tag{5.53}$$

L'équation du viriel s'exprime alors en fonction de η sous la forme suivante :

$$\frac{p}{\rho k_B T} = \frac{p^{GP}}{\rho k_B T} + \frac{p^{ex}}{\rho k_B T},$$

où p^{GP} représente la contribution du gaz parfait (Rel. 3.17) et p^{ex} la pression d'excès due aux interactions entre les particules, soit :

$$\begin{aligned} \frac{p^{GP}}{\rho k_B T} &= 1, \\ \text{et} \quad \frac{p^{ex}}{\rho k_B T} &= 4\eta + \eta^2 B_3'(T) + \eta^3 B_4'(T) + ... \end{aligned}$$

Notons que les 6 premiers coefficients $B_3'(T)$, $B_4'(T)$,... ont été calculés analytiquement[10] et par dynamique moléculaire[11], avec une grande précision. Or, Carnahan et Starling[12] se aperçus qu'en arrondissant les valeurs numériques des coefficients $B_3'(T)$, $B_4'(T)$,... ainsi obtenues aux valeurs entières les plus proches, la pression d'excès s'écrit approximativement :

$$\frac{p^{ex}}{\rho k_B T} \simeq 4\eta + 10\eta^2 + 18\eta^3 + 28\eta^4 + 40\eta^5 + 54\eta^6 ... \simeq \sum_{k=1}^{\infty}(k^2+3k)\eta^k. \tag{5.54}$$

Il se trouve qu'en combinant la dérivée première et la dérivée seconde de la série géométrique $\sum_{k=1}^{\infty}\eta^k$, la relation (5.54) se transforme en une fraction rationnelle. En effet, la somme :

$$\sum_{k=1}^{\infty}(k^2+3k)\eta^k = \sum_{k=1}^{\infty}(k^2-k)\eta^k + \sum_{k=1}^{\infty}4k\eta^k,$$

s'écrit encore[13] :

$$\sum_{k=1}^{\infty}(k^2+3k)\eta^k = \frac{2\eta^2}{(1-\eta)^3} + \frac{4\eta}{(1-\eta)^2},$$

[10] F. H. Ree and W. G. Hoover, J. Chem. Phys. **40**, 939 (1964).
[11] B. J. Alder and T. E. Wainwright, Phys. Rev. **127**, 359 (1962).
[12] N. F. Carnahan and K. E. Starling, J. Chem. Phys. **51**, 635 (1969).
[13] Pour obtenir la fraction rationnelle, il faut considérer la série géométrique :

$$\sum_{k=1}^{\infty}\eta^k = \eta + \eta^2 + \eta^3 + ... = \frac{\eta}{1-\eta},$$

et ses dérivées première et seconde :

$$\begin{aligned} \sum_{k=1}^{\infty} k\eta^{k-1} &= \frac{1}{(1-\eta)^2}, \\ \text{et} \quad \sum_{k=1}^{\infty} k(k-1)\eta^{k-2} &= \frac{2}{(1-\eta)^3}. \end{aligned}$$

ce qui permet de déduire la pression d'excès :

$$\frac{p^{ex}}{\rho k_B T} \simeq \sum_{k=1}^{\infty}(k^2+3k)\eta^k = \frac{4\eta-2\eta^2}{(1-\eta)^3}.$$

Par conséquent, l'équation d'état du fluide de sphères dures s'écrit avec une excellente précision sous la forme suivante :

$$\frac{p}{\rho k_B T} = \frac{1+\eta+\eta^2-\eta^3}{(1-\eta)^3}. \tag{5.55}$$

Il est également possible de calculer l'énergie interne du fluide de sphères dures en substituant $u(r)$ dans la relation (5.21). Compte tenu que $u(r)$ est nul quand $r > \sigma$ et que $g(r)$ est nul quand $r < \sigma$, il s'ensuit que l'intégrale est toujours nulle et que l'énergie interne est égale à celle du gaz parfait (Rel. 3.16), soit :

$$E = \frac{3}{2}Nk_B T.$$

Quant à l'énergie libre F, elle peut être déterminée en intégrant la pression par rapport au volume avec la relation :

$$p = -\left(\frac{\partial F}{\partial V}\right)_T = -\left(\frac{\partial F^{GP}}{\partial V}\right)_T - \left(\frac{\partial F^{ex}}{\partial V}\right)_T,$$

où F^{GP} est l'énergie libre du gaz parfait (Rel. 3.15) :

$$F^{GP} = Nk_B T\left(\ln \rho\Lambda^3 - 1\right),$$

et F^{ex} l'énergie libre d'excès, calculée en intégrant la relation (5.54) comme suit :

$$F^{ex} = -\int p^{ex}dV = -\int \frac{Nk_BT}{V}\left(4\eta+10\eta^2+18\eta^3+28\eta^4+40\eta^5+54\eta^6...\right)\frac{dV}{d\eta}d\eta.$$

Mais, avec la relation (5.53) qui donne $\frac{dV}{d\eta} = -\frac{V}{\eta}$, F^{ex} se réduit à la série :

$$F^{ex} = Nk_BT\int\left(4+10\eta+18\eta^2+28\eta^3+40\eta^4+54\eta^5...\right)d\eta,$$

soit :

$$\frac{F^{ex}}{Nk_BT} = 4\eta+5\eta^2+6\eta^3+7\eta^4+8\eta^5+9\eta^6... = \sum_{k=1}^{\infty}(k+3)\eta^k.$$

Comme pour la pression, cette série s'écrit sous forme d'une fraction rationnelle en combinant la série géométrique $\sum_{k=1}^{\infty}\eta^k$ avec sa dérivée première. En effet, l'identité :

$$\sum_{k=1}^{\infty}(k+3)\eta^k = \sum_{k=1}^{\infty}k\eta^k + \sum_{k=1}^{\infty}3\eta^k,$$

s'écrit encore :

$$\sum_{k=1}^{\infty}(k+3)\eta^k = \frac{\eta}{(1-\eta)^2} + \frac{3\eta}{(1-\eta)},$$

et permet d'obtenir l'expression de l'énergie libre d'excès :

$$\frac{F^{ex}}{Nk_BT} = \sum_{k=1}^{\infty}(k+3)\eta^k = \frac{4\eta - 3\eta^2}{(1-\eta)^2}.$$

Par conséquent, l'expression de l'énergie libre du fluide de sphères dures se présente sous la forme suivante :

$$F = F^{GP} + F^{ex},$$

$$\text{soit} \quad \frac{F}{Nk_BT} = \ln \rho\Lambda^3 - 1 + \frac{4\eta - 3\eta^2}{(1-\eta)^2}. \tag{5.56}$$

L'entropie s'obtient en suivant la même méthode de calcul, par dérivation de l'énergie libre par rapport à la température, à savoir :

$$S = -\left(\frac{\partial F}{\partial T}\right)_V = -\left(\frac{\partial F^{GP}}{\partial T}\right)_V - \left(\frac{\partial F^{ex}}{\partial T}\right)_V,$$

où S^{GP} est l'entropie du gaz parfait (Rel. 3.19) :

$$S^{GP} = -Nk_B\left(\ln \rho\Lambda^3 - \frac{5}{2}\right),$$

et où S^{ex} l'entropie d'excès découle de la relation :

$$S^{ex} = -\left(\frac{\partial F^{ex}}{\partial T}\right)_V = -Nk_B\frac{4\eta - 3\eta^2}{(1-\eta)^2},$$

de sorte que l'expression de l'entropie du fluide de sphères dures est donnée par :

$$\frac{S}{Nk_B} = -\ln \rho\Lambda^3 + \frac{5}{2} - \frac{4\eta - 3\eta^2}{(1-\eta)^2}. \tag{5.57}$$

Enfin, en combinant les relations (5.56) et (5.55) au moyen de la relation (3.51), on accède au potentiel chimique du fluide de sphères dures, avec l'expression :

$$\frac{\mu}{k_BT} = \frac{F}{Nk_BT} + \frac{p}{\rho k_BT},$$

$$\frac{\mu}{k_BT} = \ln \rho\Lambda^3 - 1 + \frac{4\eta - 3\eta^2}{(1-\eta)^2} + \frac{1+\eta+\eta^2-\eta^3}{(1-\eta)^3},$$

soit :

$$\frac{\mu}{k_BT} = \ln \rho\Lambda^3 - 1 + \frac{1 + 5\eta - 6\eta^2 + 2\eta^3}{(1-\eta)^3}. \tag{5.58}$$

Puisqu'elles découlent toutes de la relation (5.54), les expressions des grandeurs physiques (p, F, S et μ) du fluide de sphères dures constituent un groupe homogène relatif à l'équation d'état de Carnahan et Starling. Mais d'autres expressions des grandeurs thermodynamiques peuvent également être déterminés en faisant appel à l'équation d'état de pression (Rel. 5.25), d'une part, et à l'équation d'état de compressibilité (Rel. 5.46), d'autre part. Contrairement à l'équation d'état de Carnahan et Starling, ces deux équations d'état requièrent la connaissance de la fonction de corrélation de paire des sphères dures, $g_{HS}(r)$. Les méthodes de calcul de la fonction de corrélation de paire $g(r)$ et du facteur de structure $S(q)$ des systèmes réels seront exposées dans le prochain chapitre. Notons qu'il n'est généralement pas possible d'exprimer $g(r)$ et $S(q)$ au moyen de fonctions élémentaires. Seul le facteur de structure des sphères dures, $S_{HS}(q)$, est disponible sous forme analytique. Les grandeurs thermodynamiques (p, F, S et μ) du fluide de sphères dures, obtenues avec les équations d'états de pression et de compressibilité, ont des formes analytiques très similaires à celles qui sont issues de l'équation d'état de Carnahan et Starling, et elles fournissent des résultats dont les écarts sont indiscernables aux faibles densités. Elles seront analysées dans la paragraphe (6.3.2).

5.6 Traitement des potentiels à trois corps

5.6.1 Généralisation du calcul des grandeurs thermodynamiques

Il était admis dans les paragraphes précédents que l'énergie potentielle d'un liquide s'écrit sous forme d'une somme de potentiels de paires. Cependant, il se trouve que pour certains systèmes, comme par exemple les gaz rares liquides, les potentiels à trois corps ne peuvent pas être ignorés. Si tel est le cas, on ne peut plus utiliser les relations (5.21) pour l'énergie interne, (5.25) pour la pression, (5.30) pour le potentiel chimique et (5.33) pour l'entropie, car elles ne tiennent compte que du potentiel de paire. Pour un liquide dont l'énergie potentielle totale est :

$$U(\boldsymbol{r}^N) = \sum_{i<j}^{N} u_2(\mathbf{r}_i, \mathbf{r}_j) + \sum_{i<j<k} u_3(\mathbf{r}_i, \mathbf{r}_j, \mathbf{r}_k),$$

les grandeurs thermodynamiques doivent être évaluées avec des relations qui contiennent une contribution supplémentaire combinant le potentiel à trois corps $u_3(\mathbf{r}_i, \mathbf{r}_j, \mathbf{r}_k)$ et la fonction de corrélation de triplet $g^{(3)}(\mathbf{r}_i, \mathbf{r}_j, \mathbf{r}_k)$. Ne voulant pas alourdir l'exposé avec des développements mathématiques calqués sur ceux qui ont été effectués pour le potentiel de paire, on se contentera de donner les formules générales[14] de E, p, μ et S.

Ainsi, les considérations du paragraphe (5.3.1) permettent de généraliser l'expression de l'énergie interne E sous la forme suivante :

$$\begin{aligned} E &= \frac{3}{2}Nk_BT + \frac{\rho^2}{2!}\int\int u_2(\mathbf{r}_1, \mathbf{r}_2)g^{(2)}(\mathbf{r}_1, \mathbf{r}_2)d\mathbf{r}_1 d\mathbf{r}_2 \\ &\quad + \frac{\rho^3}{3!}\int\int\int u_3(\mathbf{r}_1, \mathbf{r}_2, \mathbf{r}_3)g^{(3)}(\mathbf{r}_1, \mathbf{r}_2, \mathbf{r}_3)d\mathbf{r}_1 d\mathbf{r}_2 d\mathbf{r}_3. \end{aligned} \quad (5.59)$$

[11]L. L. Lee, *Molecular Thermodynamics of Nonideal Fluids*, Butterworths, London (1988) p. 97-99.

Il en est de même pour la pression p et pour le potentiel chimique μ qui s'écrivent respectivement :

$$\begin{aligned} p &= k_B T \frac{N}{V} - \frac{1}{2!} \frac{\rho^2}{3V} \int\int r_{12} \frac{\partial u_2(r_{12})}{\partial r_{12}} g^{(2)}(\mathbf{r}_1, \mathbf{r}_2) d\mathbf{r}_1 d\mathbf{r}_2 \\ &- \frac{1}{3!} \frac{\rho^3}{3V} \int\int\int \left[r_{12} \frac{\partial}{\partial r_{12}} + r_{13} \frac{\partial}{\partial r_{13}} + r_{23} \frac{\partial}{\partial r_{23}} \right] u_3(\mathbf{r}_1, \mathbf{r}_2, \mathbf{r}_3) g^{(3)}(\mathbf{r}_1, \mathbf{r}_2, \mathbf{r}_3) d\mathbf{r}_1 d\mathbf{r}_2 d\mathbf{r}_3, \end{aligned} \tag{5.60}$$

et :

$$\begin{aligned} \mu &= k_B T \ln \rho \Lambda^3 + \frac{\rho^2}{N} \int_0^1 d\lambda \int\int u(\mathbf{r}_1, \mathbf{r}_2) g^{(2)}(\mathbf{r}_1, \mathbf{r}_2, \lambda) d\mathbf{r}_1 d\mathbf{r}_2 \\ &+ \frac{1}{2!} \frac{\rho^3}{N} \int_0^1 d\lambda \int\int\int u_3(\mathbf{r}_1, \mathbf{r}_2, \mathbf{r}_3) g^{(3)}(\mathbf{r}_1, \mathbf{r}_2, \mathbf{r}_3, \lambda) d\mathbf{r}_1 d\mathbf{r}_2 d\mathbf{r}_3. \end{aligned} \tag{5.61}$$

Pour l'entropie S, la généralisation est plus compliquée. La forme générale démontrée par Raveché[15] est la suivante :

$$\begin{aligned} S &= S^{GP} - \frac{1}{2} k_B \rho^2 \int\int g^{(2)}(\mathbf{r}_1, \mathbf{r}_2) \ln g^{(2)}(\mathbf{r}_1, \mathbf{r}_2) d\mathbf{r}_1 d\mathbf{r}_2 + \frac{1}{2} k_B \rho^2 \int\int \left[g^{(2)}(\mathbf{r}_1, \mathbf{r}_2) - 1 \right] d\mathbf{r}_1 d\mathbf{r}_2 \\ &- \frac{1}{2} k_B \rho^3 \int\int\int g^{(3)}(\mathbf{r}_1, \mathbf{r}_2, \mathbf{r}_3) \ln \left[\delta g^{(3)}(\mathbf{r}_1, \mathbf{r}_2, \mathbf{r}_3) \right] d\mathbf{r}_1 d\mathbf{r}_2 d\mathbf{r}_3 \\ &+ \frac{1}{6} k_B \rho^3 \int\int\int \left[g^{(3)}(\mathbf{r}_1, \mathbf{r}_2, \mathbf{r}_3) - g^{(2)}(\mathbf{r}_1, \mathbf{r}_2) g^{(2)}(\mathbf{r}_1, \mathbf{r}_3) - g^{(2)}(\mathbf{r}_1, \mathbf{r}_3) g^{(2)}(\mathbf{r}_2, \mathbf{r}_3) \right. \\ &\left. - g^{(2)}(\mathbf{r}_1, \mathbf{r}_2) g^{(2)}(\mathbf{r}_2, \mathbf{r}_3) + g^{(2)}(\mathbf{r}_1, \mathbf{r}_2) + g^{(2)}(\mathbf{r}_2, \mathbf{r}_3) + g^{(2)}(\mathbf{r}_1, \mathbf{r}_3) - 1 \right] d\mathbf{r}_1 d\mathbf{r}_2 d\mathbf{r}_3, \end{aligned} \tag{5.62}$$

où $S^{GP} = -k_B N(\ln \rho \Lambda^3 - \frac{5}{2})$ et la quantité $\delta g^{(3)}(\mathbf{r}_1, \mathbf{r}_2, \mathbf{r}_3)$ est définie par le rapport :

$$\delta g^{(3)}(\mathbf{r}_1, \mathbf{r}_2, \mathbf{r}_3) = \frac{g^{(3)}(\mathbf{r}_1, \mathbf{r}_2, \mathbf{r}_3)}{g^{(2)}(\mathbf{r}_1, \mathbf{r}_2) g^{(2)}(\mathbf{r}_1, \mathbf{r}_3) g^{(2)}(\mathbf{r}_2, \mathbf{r}_3)}.$$

On notera que ces expressions contiennent en plus du potentiel à trois corps $u_3(\mathbf{r}_1, \mathbf{r}_2, \mathbf{r}_3)$, la fonction de corrélation de triplet $g^{(3)}(\mathbf{r}_1, \mathbf{r}_2, \mathbf{r}_3)$ dont la mesure par diffraction est impossible et la détermination théorique extrêmement difficile. Son calcul reste un des défis de la théorie des liquides. A ce jour, on procède souvent à son estimation au moyen de l'approximation de superposition de Kirkwood[16] dont la forme la plus simple est :

$$g^{(3)}(\mathbf{r}_1, \mathbf{r}_2, \mathbf{r}_3) \simeq g^{(2)}(\mathbf{r}_1, \mathbf{r}_2) g^{(2)}(\mathbf{r}_1, \mathbf{r}_3) g^{(2)}(\mathbf{r}_2, \mathbf{r}_3). \tag{5.63}$$

5.6.2 Calcul des intégrales à deux centres

En pratique il est important de simplifier le calcul des intégrales du type $\int\int\int d\mathbf{r}_1 d\mathbf{r}_2 d\mathbf{r}_3$ se trouvant dans les relations précédentes. Si le fluide est homogène et isotrope, les intégrales sur $\mathbf{r}_1$ et $\mathbf{r}_2$ s'effectuent avec les changements de variables $\mathbf{R} = \mathbf{r}_1$ et $\mathbf{r}_{12} = \mathbf{r}_2 - \mathbf{r}_1$, où

[15] H. J. Raveché, J. Chem. Phys. **55**, 2242 (1971). Voir aussi D. C. Wallace, J. Chem. Phys. **87**, 2282 (1987).

[16] J. G. Kirwood, J. Chem. Phys. **3**, 300 (1935). Voir aussi P. Attard, Phys. Rev. A **45**, 3659 (1992).

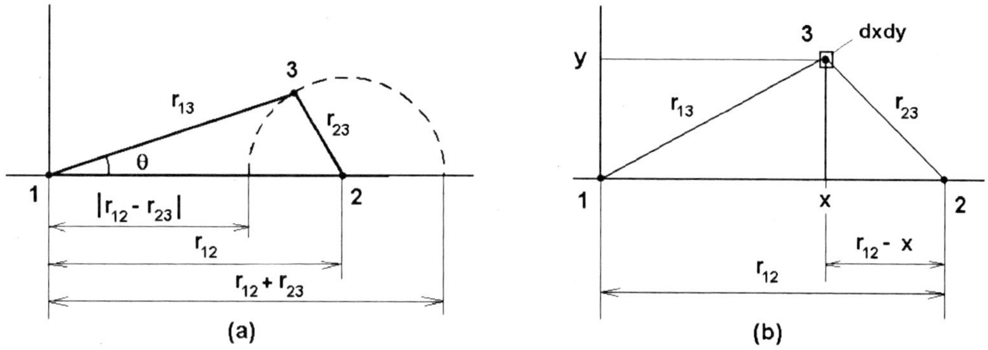

FIG. 5.5 – Utilisation des coordonnées bipolaires pour déterminer l'élément de volume $d\mathbf{r}_3$.

$\mathbf{R}$ et $\mathbf{r}_{12}$ décrivent le volume du système. Avec ces changements de variables déjà utilisés à plusieurs reprises, l'élément d'intégration $d\mathbf{r}_1 d\mathbf{r}_2$ vaut :

$$d\mathbf{r}_1 d\mathbf{r}_2 = d\mathbf{R} 4\pi r_{12}^2 dr_{12},$$

avec $\int d\mathbf{R} = V$.

L'intégrale sur $\mathbf{r}_3$, à $\mathbf{r}_1$ et $\mathbf{r}_2$ fixés, doit être examinée avec plus d'attention en raison de la dépendance qu'il y a entre les 3 variables $\mathbf{r}_1$, $\mathbf{r}_2$ et $\mathbf{r}_3$. Pour évaluer l'élément de volume $d\mathbf{r}_3$, on utilise habituellement[17] les coordonnées bipolaires r_{13} et r_{23}, avec r_{12} constant, (Fig. 5.5a) reliées par la relation :

$$r_{23}^2 = r_{12}^2 + r_{13}^2 - 2r_{12}r_{13}\cos\theta. \tag{5.64}$$

L'élément de volume $d\mathbf{r}_3$ correspond à la couronne circulaire (Fig. 5.5b), de rayon y et de section $dxdy$, centrée sur l'axe qui joint les atomes 1 et 2, soit :

$$d\mathbf{r}_3 = 2\pi y dx dy.$$

Il est clair que les coordonnées bipolaires r_{13} et r_{23} s'expriment en fonction des variables auxiliaires x et y au moyen des relations suivantes :

$$r_{13}^2 = x^2 + y^2 \qquad \text{et} \qquad r_{23}^2 = (r_{12} - x)^2 + y^2,$$

et que le jacobien de la transformation vaut :

$$J = \begin{vmatrix} \frac{\partial r_{13}}{\partial x} & \frac{\partial r_{13}}{\partial y} \\ \frac{\partial r_{23}}{\partial x} & \frac{\partial r_{23}}{\partial y} \end{vmatrix} = \begin{vmatrix} \frac{x}{r_{13}} & \frac{y}{r_{13}} \\ \frac{-(r_{12}-x)}{r_{23}} & \frac{y}{r_{23}} \end{vmatrix} = \frac{y r_{12}}{r_{13} r_{23}}.$$

Par conséquent, les éléments de surface $dr_{13}dr_{23}$ et $dxdy$ sont liés par la formule :

$$dr_{13}dr_{23} = |J|\, dxdy = \frac{y r_{12}}{r_{13} r_{23}} dxdy,$$

[17] T. L. Hill, *Statistical Mechanics*, McGraw-Hill, New York (1956), p. 203.

et l'élément de volume $d\mathbf{r}_3$ s'exprime en fonction des coordonnées bipolaires au moyen de la relation :

$$d\mathbf{r}_3 = 2\pi \frac{r_{13} r_{23}}{r_{12}} dr_{13} dr_{23}. \tag{5.65}$$

Comme on le voit sur la figure (5.5a), les bornes d'intégrations des variables r_{13} et r_{23} sont respectivement :

$$|r_{12} - r_{23}| \leq r_{13} \leq r_{12} + r_{23} \qquad \text{et} \qquad 0 \leq r_{23} \leq \infty.$$

Avec ces divers changements de variables, et compte tenu de l'approximation de superposition de Kirkwood, la contribution E_3 à l'énergie interne provenant du potentiel à trois corps se transforme comme suit :

$$E_3 = \frac{\rho^3}{3!} \int\int\int u_3(\mathbf{r}_1, \mathbf{r}_2, \mathbf{r}_3) g^{(3)}(\mathbf{r}_1, \mathbf{r}_2, \mathbf{r}_3) d\mathbf{r}_1 d\mathbf{r}_2 d\mathbf{r}_3, \tag{5.66}$$

$$E_3 = \frac{\rho^3}{3!} \int\int\int u_3(\mathbf{r}_1, \mathbf{r}_2, \mathbf{r}_3) g^{(3)}(\mathbf{r}_1, \mathbf{r}_2, \mathbf{r}_3) \left(d\mathbf{R} 4\pi r_{12}^2 dr_{12}\right) \left(2\pi \frac{r_{13} r_{23}}{r_{12}} dr_{13} dr_{23}\right),$$

soit :

$$\begin{aligned} E_3 &= \frac{4\pi^2}{3} \rho^2 N \int_0^\infty g^{(2)}(r_{12}) r_{12} dr_{12} \int_0^\infty g^{(2)}(r_{23}) r_{23} dr_{23} \times \\ &\int_{r_{13}=|r_{12}-r_{23}|}^{r_{13}=r_{12}+r_{23}} u_3(r_{12}, r_{13}, r_{23}) g^{(2)}(r_{13}) r_{13} dr_{13}. \end{aligned}$$

Les contributions du potentiel à 3 corps au potentiel chimique μ et à l'entropie S s'obtiennent de manière analogue. Par contre, la contribution p_3 à la pression est sensiblement plus compliquée, excepté dans le cas où le potentiel à trois corps est celui d'Axilrod-Teller car p_3 est directement proportionnel à E_3. En effet, le potentiel d'Axilrod-Teller (4.16) est une fonction homogène des variables r_{12}, r_{13} et r_{23} de degré (-9). Or, en vertu du théorème d'Euler (1.19), on peut écrire :

$$\left[r_{12}\frac{\partial}{\partial r_{12}} + r_{13}\frac{\partial}{\partial r_{13}} + r_{23}\frac{\partial}{\partial r_{23}}\right] u_3(r_{12}, r_{13}, r_{23}) = -9 u_3(r_{12}, r_{13}, r_{23}),$$

de sorte que la contribution p_3 s'écrit :

$$p_3 = -\frac{1}{3!}\frac{\rho^3}{3V} \int\int\int \left[-9 u_3(r_{12}, r_{13}, r_{23})\right] g^{(3)}(\mathbf{r}_1, \mathbf{r}_2, \mathbf{r}_3) d\mathbf{r}_1 d\mathbf{r}_2 d\mathbf{r}_3,$$

soit :

$$p_3 = \frac{3}{3!}\frac{\rho^3}{V} \int\int\int u_3(r_{12}, r_{13}, r_{23}) g^{(3)}(\mathbf{r}_1, \mathbf{r}_2, \mathbf{r}_3) d\mathbf{r}_1 d\mathbf{r}_2 d\mathbf{r}_3, \tag{5.67}$$

Or, en comparant les relations (5.67) et (5.66) on s'aperçoit que :

$$p_3 = \frac{3}{V} E_3.$$

Les expressions des grandeurs thermodynamiques qui viennent d'être présentées sont formellement exactes. Elles contiennent explicitement les potentiels de paires et de triplets correspondant au système concerné, ainsi que les fonctions de corrélation de paire et de triplet. La fonction de corrélation de triplet s'exprime au moyen de l'approximation de superposition de Kirkwood, en termes de fonction de corrélation de paire qui est la seule grandeur à calculer préalablement par la théorie microscopique des liquides.

5.6.3 Potentiel effectif de paire

A partir des années 60, la bonne qualité des mesures du facteur de structure $S(q)$, par diffraction de rayons X ou de neutrons, a permis d'extraire le *potentiel effectif de paire* $u_{eff}(r)$ incluant le potentiel de paire $u_2(r)$ et les interactions à N-corps. Simultanément, la théorie des liquides a été développée pour évaluer le potentiel effectif au moyen du potentiel de paire et du potentiel à trois corps[18]. Il se trouve que l'évaluation de $u_{eff}(r)$ est possible avec la relation (5.59) ou avec la relation (5.60).

Si l'on choisit l'énergie interne, il faut transformer la relation (5.59) comme suit :

$$E = \frac{3}{2}Nk_BT+\frac{\rho^2}{2!}\int\int g^{(2)}(\mathbf{r}_1,\mathbf{r}_2)\left[u_2(\mathbf{r}_1,\mathbf{r}_2)+\frac{\rho}{3}\int_V u_3(\mathbf{r}_1,\mathbf{r}_2,\mathbf{r}_3)\frac{g^{(3)}(\mathbf{r}_1,\mathbf{r}_2,\mathbf{r}_3)}{g^{(2)}(\mathbf{r}_1,\mathbf{r}_2)}d\mathbf{r}_3\right]d\mathbf{r}_1 d\mathbf{r}_2,$$

où le potentiel effectif est défini par l'expression entre crochets, soit :

$$u_{eff}^{(E)}(r_{12}) = u_2(\mathbf{r}_1,\mathbf{r}_2)+\frac{\rho}{3}\int_V u_3(\mathbf{r}_1,\mathbf{r}_2,\mathbf{r}_3)\frac{g^{(3)}(\mathbf{r}_1,\mathbf{r}_2,\mathbf{r}_3)}{g^{(2)}(\mathbf{r}_1,\mathbf{r}_2)}d\mathbf{r}_3.$$

En utilisant la relation (5.65) pour exprimer l'élément de volume $d\mathbf{r}_3$, dans la relation précédente, et l'approximation de superposition (Rel. 5.63), pour simplifier l'intégrant, on obtient :

$$\begin{aligned} u_{eff}^{(E)}(r_{12}) &= u_2(r_{12})+\frac{\rho}{3}\int_0^\infty\int_{r_{13}=|r_{12}-r_{23}|}^{r_{13}=r_{12}+r_{23}} u_3(r_{12},r_{23},r_{13}) \\ &\quad \times g^{(2)}(r_{13})g^{(2)}(r_{23})\left(2\pi\frac{r_{13}r_{23}}{r_{12}}dr_{13}dr_{23}\right). \end{aligned} \tag{5.68}$$

Si l'on choisit la pression pour déterminer le potentiel effectif, il faut transformer la relation (5.60) comme suit :

$$\begin{aligned} p &= k_BT\frac{N}{V}-\frac{1}{2!}\frac{\rho^2}{3V}\int\int g^{(2)}(\mathbf{r}_1,\mathbf{r}_2)\left\{r_{12}\frac{\partial u_2(r_{12})}{\partial r_{12}}\right. \\ &\quad \left.+\frac{\rho}{3}\int\left[r_{12}\frac{\partial}{\partial r_{12}}+r_{13}\frac{\partial}{\partial r_{13}}+r_{23}\frac{\partial}{\partial r_{23}}\right]u_3(\mathbf{r}_1,\mathbf{r}_2,\mathbf{r}_3)\frac{g^{(3)}(\mathbf{r}_1,\mathbf{r}_2,\mathbf{r}_3)}{g^{(2)}(\mathbf{r}_1,\mathbf{r}_2)}d\mathbf{r}_3\right\}d\mathbf{r}_1d\mathbf{r}_2. \end{aligned}$$

En supposant que le liquide est homogène et isotrope, on peut simplifier l'opérateur du viriel comme suit :

$$r_{12}\frac{\partial}{\partial r_{12}}+r_{13}\frac{\partial}{\partial r_{13}}+r_{23}\frac{\partial}{\partial r_{23}} = 3r_{12}\frac{\partial}{\partial r_{12}},$$

et récrire la pression :

$$\begin{aligned} p &= k_BT\frac{N}{V}-\frac{1}{2!}\frac{\rho^2}{3V}\int\int g^{(2)}(r_{12})\left[r_{12}\frac{\partial u_2(r_{12})}{\partial r_{12}}\right. \\ &\quad \left.+\frac{\rho}{3}\int 3r_{12}\frac{\partial u_3(r_{12},r_{23},r_{13})}{\partial r_{12}}\frac{g^{(3)}(r_{12},r_{23},r_{13})}{g^{(2)}(r_{12})}d\mathbf{r}_3\right]d\mathbf{r}_1d\mathbf{r}_2, \end{aligned}$$

[18] G. S. Rushbrooke and M. Silbert, Mol. Phys. **12**, 505 (1967). D. A. Copeland and N. R. Kestner, J. Chem. Phys. **49**, 5214 (1968).

soit :

$$p = k_B T \frac{N}{V} - \frac{1}{2!} \frac{\rho^2}{3V} \int \int g^{(2)}(r_{12}) r_{12} \frac{\partial}{\partial r_{12}} \left[u_2(r_{12}) + \frac{\rho}{3} \int_0^{\infty} \right.$$
$$\left. \int_{r_{13}=|r_{12}-r_{23}|}^{r_{13}=r_{12}+r_{23}} 3u_3(r_{12}, r_{23}, r_{13}) \frac{g^{(3)}(r_{12}, r_{23}, r_{13})}{g^{(2)}(r_{12})} \left(2\pi \frac{r_{13} r_{23}}{r_{12}} dr_{13} dr_{23} \right) \right] d\mathbf{r}_1 d\mathbf{r}_2.$$

Il semble donc possible de définir le potentiel effectif par l'expression entre crochets, après avoir utilisé l'approximation de Kirkwood, à savoir :

$$u_{eff}^{(p)}(r_{12}) = u_2(r_{12}) + \rho \int_0^{\infty} \int_{r_{13}=|r_{12}-r_{23}|}^{r_{13}=r_{12}+r_{23}} u_3(r_{12}, r_{23}, r_{13}) \times g^{(2)}(r_{13}) g^{(2)}(r_{23}) \left(2\pi \frac{r_{13} r_{23}}{r_{12}} dr_{13} dr_{23} \right). \tag{5.69}$$

Les expressions de $u_{eff}^{(p)}(r)$ et de $u_{eff}^{(E)}(r)$ ne coïncident pas car les relations (5.68) et (5.69) diffèrent par le facteur 1/3 devant l'intégrale. Ceci n'est pas étonnant car, après avoir utilisé l'approximation de Kirkwood, on obtient la relation (5.69) en ne dérivant que le potentiel de paire et le potentiel à trois corps par rapport à r_{12}. Notons que certains auteurs[19] ont préconisé d'utiliser le facteur 2/3 devant l'intégrale.

Que le potentiel effectif diffère, suivant la formule employée, soulève un commentaire sur le caractère des potentiels d'interaction dans les liquides en termes d'*unicité*, de *représentativité* et de *transférabilité*[20]. Il est assez rare qu'un système donné possède un potentiel *unique* ; la plupart du temps différents potentiels peuvent faire l'affaire (§ 4.2.6). En ce qui concerne la *représentativité*, qui est la capacité d'un potentiel à décrire le mieux possible le plus grand nombre de propriétés physiques du même système, il est assez peu probable, d'après ce qui vient d'être indiqué, que le même potentiel puisse décrire parfaitement toutes les propriétés. Quant à la *transférabilité*, qui reflète la capacité d'utiliser un potentiel dans des environnements divers, c'est-à-dire pour des états thermodynamiques différents, on la rencontre assez peu fréquemment. Pour les gaz rares, le potentiel de Lennard-Jones est transférable car un seul jeu de paramètres (ε et σ) est employé à toutes températures et densités. Par contre, pour les métaux liquides, le potentiel interionique dépend de la densité et n'est donc pas transférable puisque sa forme varie d'un état thermodynamique à l'autre.

5.7 Théorie des perturbations thermodynamiques

Toutes les études théoriques et expérimentales montrent que le facteur de structure $S(q)$ des liquides ressemble fortement à celui du fluide de sphères dures. Pour s'en convaincre, il suffit de regarder la figure (5.6) qui montre le facteur de structure expé-

[19] G. Casanova, R. J. Dulla, D. A. Jonah, J. S. Rowlinson and G. Saville, Mol. Phys. **18**, 589 (1970). Pour une étude comparative des résultats obtenus avec les expressions analytiques et la dynamique moléculaire voir, par exemple, N. Jakse and J. L. Bretonnet, J. Phys. : Condens. Matter **15**, S3455 (2003).

[20] A. A. Louis, J. Phys. : Condens. Matter, **14**, 9187 (2002).

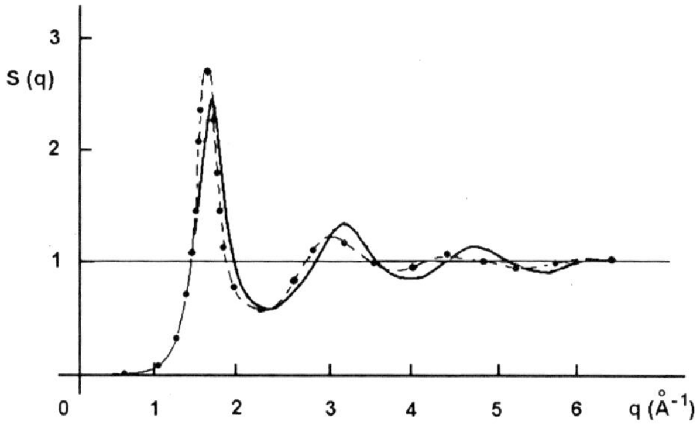

FIG. 5.6 – Facteur de structure expérimental du sodium liquide à 373 K (points) et facteur de structure des sphères dures (courbe en trait plein) avec $\eta = 0,45$.

rimental[21] du sodium liquide à 373 K comparé avec le facteur de structure des sphères dures[22], pour une valeur du paramètre de remplissage η de 0, 45. On peut voir que l'accord n'est pas mauvais, bien qu'il y ait un léger décalage des oscillations et que les rapports des hauteurs des pics diffèrent sensiblement. A coté des résultats expérimentaux, les calculs de simulation numérique[23] ont montré que le facteur de structure obtenu avec le potentiel de Lennard-Jones, susceptible de décrire la structure des fluides simples à forte densité, ressemble fortement au facteur de structure du fluide de sphères dures dont le diamètre est correctement choisi.

Un tel succès qualitatif met l'accent sur le rôle important joué par la partie répulsive du potentiel d'interaction pour décrire le facteur de structure des liquides, alors que la partie attractive à longue distance a un moindre effet. On peut dire, pour simplifier, que la partie répulsive du potentiel détermine la structure des liquides (empilement des atomes ou effet stérique) et que la partie attractive confère aux liquides leur cohésion.

Il est important de rappeler que l'on peut calculer, de manière quasiment exacte, les propriétés thermodynamiques du fluide de sphères dures (Rels. 5.55, 5.56, 5.57, 5.58) ainsi que le facteur de structure $S_{HS}(q)$. Ceci suggère de remplacer la partie répulsive des potentiels d'interactions dans les systèmes réels par un potentiel de sphères dures, qui devient ainsi le *système de référence,* et d'estimer les propriétés thermodynamiques et structurales des systèmes réels par celles du fluide de sphères dures, en y apportant les corrections nécessaires. Pour évaluer ces corrections il faut traiter la partie attractive du potentiel comme une perturbation au système de référence.

La suite de ce paragraphe est consacrée à une présentation succincte des méthodes de perturbations thermodynamiques[24]. On notera dès maintenant que le calcul des propriétés thermodynamiques, avec la méthode des perturbations thermodynamiques, requiert la connaissance de la fonction de corrélation de paire $g_{HS}(r)$ du système de sphères dures et

[21] A. J. Greenfield, J. Wellendorf and N. Wiser, Phys. Rev. A **4**, 1607 (1971).
[22] N. W. Ashcroft and J. Lekner, Phys. Rev. **156**, 83 (1966).
[23] L. Verlet, Phys. Rev. **165**, 201 (1968).
[24] Le lecteur intéressé trouvera tous les compléments utiles dans le livre de J. P. Hansen and I. R. McDonald, *Theory of Simple Liquids*, Acad. Press, London (3ième édition, 2006), p. 109.

non pas celle du système réel.

5.7.1 Méthode de Zwanzig

Dans la théorie des perturbations développée par Zwanzig[25], on suppose que l'énergie potentielle totale $U(\mathbf{r}^N)$ du système peut se décomposer en deux parties. La première partie, $U_0(\mathbf{r}^N)$, est l'énergie du système non perturbé considéré comme système de référence et la seconde partie, $U_1(\mathbf{r}^N)$, est l'énergie de la perturbation beaucoup plus petite que $U_0(\mathbf{r}^N)$. Historiquement Zwanzig fit dépendre l'énergie potentielle du paramètre de couplage λ par la relation :

$$U(\mathbf{r}^N) = U_0(\mathbf{r}^N) + \lambda U_1(\mathbf{r}^N)$$

dans le but de faire varier de manière continue l'énergie potentielle de $U_0(\mathbf{r}^N)$ à $U(\mathbf{r}^N)$, en faisant varier λ de 0 à 1, et de développer l'énergie libre F du système en série de Taylor sous la forme suivante :

$$F = F_0 + \lambda \left(\frac{\partial F}{\partial \lambda}\right) + \frac{\lambda^2}{2}\left(\frac{\partial^2 F}{\partial \lambda^2}\right) + ... \tag{5.70}$$

En remplaçant l'énergie potentielle $U(\mathbf{r}^N)$ dans l'expression de l'intégrale de configuration (Rel. 3.3), on obtient :

$$Z_N(V,T) = \int\int_{3N} \exp\left\{-\beta\left[U_0(\mathbf{r}^N) + \lambda U_1(\mathbf{r}^N)\right]\right\} d\mathbf{r}^N,$$

ou encore :

$$Z_N(V,T) = \int\int_{3N} \exp\left[-\beta U_0(\mathbf{r}^N)\right] d\mathbf{r}^N \times \frac{\int\int_{3N}\left\{\exp\left[-\beta\lambda U_1(\mathbf{r}^N)\right]\right\}\exp\left[-\beta U_0(\mathbf{r}^N)\right] d\mathbf{r}^N}{\int\int_{3N}\exp\left[-\beta U_0(\mathbf{r}^N)\right] d\mathbf{r}^N}.$$

La première intégrale représente l'intégrale de configuration $Z_N^{(0)}(V,T)$ du système de référence et le terme restant peut être considéré comme la valeur moyenne de la quantité $\exp\left[-\beta\lambda U_1(\mathbf{r}^N)\right]$, de sorte que la relation précédente peut s'écrire sous la forme générale :

$$Z_N(V,T) = Z_N^{(0)}(V,T)\left\langle \exp\left[-\beta\lambda U_1(\mathbf{r}^N)\right]\right\rangle_0, \tag{5.71}$$

où $\langle ... \rangle_0$ indique une moyenne d'ensemble calculée dans l'ensemble canonique du système de référence.

Pour calculer les grandeurs thermodynamiques, on doit préalablement déterminer l'énergie libre F du système réel avec les relations (2.53) et (5.2), soit :

$$F = -k_B T \ln Q_N(V,T) = -k_B T \ln \frac{Z_N(V,T)}{N!\Lambda^{3N}}.$$

Après avoir remplacé l'intégrale de configuration (Rel. 5.71) dans l'expression de l'énergie libre, on obtient :

$$-\beta F = \ln \frac{Z_N^{(0)}(V,T)}{N!\Lambda^{3N}} + \ln\left\langle \exp\left[-\beta\lambda U_1(\mathbf{r}^N)\right]\right\rangle_0. \tag{5.72}$$

[25] R. Zwanzig, J. Chem. Phys. **22**, 1420 (1954).

Le premier terme du second membre correspond à l'énergie libre du système de référence, qui sera notée $(-\beta F_0)$, et le second terme représente l'énergie libre de la perturbation :

$$-\beta F_1 = \ln \left\langle \exp\left[-\beta\lambda U_1(\mathbf{r}^N)\right]\right\rangle_0 . \tag{5.73}$$

Puisque la perturbation $U_1(\mathbf{r}^N)$ est faible, $\exp(-\beta\lambda U_1)$ peut être développé en série. On obtient alors :

$$\exp(-\beta\lambda U_1) = 1 - \beta\lambda U_1 + \frac{1}{2!}\beta^2\lambda^2 U_1^2 - \frac{1}{3!}\beta^3\lambda^3 U_1^3 + ...,$$

de sorte que la moyenne d'ensemble $\left\langle \exp\left[-\beta\lambda U_1(\mathbf{r}^N)\right]\right\rangle_0$, calculée sur le système de référence avec la définition :

$$\left\langle \exp\left[-\beta\lambda U_1(\mathbf{r}^N)\right]\right\rangle_0 = \frac{\int\int_{3N} \left\{\exp\left[-\beta\lambda U_1(\mathbf{r}^N)\right]\right\} \exp\left[-\beta U_0(\mathbf{r}^N)\right] d\mathbf{r}^N}{\int\int_{3N} \exp\left[-\beta U_0(\mathbf{r}^N)\right] d\mathbf{r}^N},$$

a pour expression :

$$\left\langle \exp\left[-\beta\lambda U_1(\mathbf{r}^N)\right]\right\rangle_0 = 1 - \beta\lambda \langle U_1\rangle_0 + \frac{1}{2!}\beta^2\lambda^2 \langle U_1^2\rangle_0 - \frac{1}{3!}\beta^3\lambda^3 \langle U_1^3\rangle_0 + ... \tag{5.74}$$

Incidemment, on peut noter que les coefficients de β dans le développement de la relation précédente représentent des moments au sens de la relation (1.92). Compte tenu de la forme de la relation (5.74), il est encore possible d'écrire la relation (5.73) en prenant le développement limité du logarithme de $\left\langle \exp\left[-\beta\lambda U_1(\mathbf{r}^N)\right]\right\rangle_0$, soit[26] :

$$\begin{aligned}\ln \left\langle \exp\left[-\beta\lambda U_1(\mathbf{r}^N)\right]\right\rangle_0 &= -\beta\lambda \langle U_1\rangle_0 + \frac{1}{2!}\beta^2\lambda^2 \langle U_1^2\rangle_0 - \frac{1}{3!}\beta^3\lambda^3 \langle U_1^3\rangle_0 + ... \\ &\quad -\frac{1}{2}\left\{\beta^2\lambda^2 \langle U_1\rangle_0^2 - \beta^3\lambda^3 \langle U_1\rangle_0 \langle U_1^2\rangle_0 + \beta^4\lambda^4[...] + ...\right\} \\ &\quad +\frac{1}{3}\left\{-\beta^3\lambda^3 \langle U_1\rangle_0^3 + \frac{3}{2}\beta^4\lambda^4 \langle U_1\rangle_0^2 \langle U_1^2\rangle_0 - \frac{1}{2}\beta^5\lambda^5[...] + ...\right\} - ...\end{aligned}$$

[26] Le calcul s'effectue en écrivant la relation (5.74) sous la forme suivante :

$$\left\langle \exp\left[-\beta\lambda U_1(\mathbf{r}^N)\right]\right\rangle_0 = 1 + x,$$

avec :

$$x = -\beta\lambda \langle U_1\rangle_0 + \frac{1}{2!}\beta^2\lambda^2 \langle U_1^2\rangle_0 - \frac{1}{3!}\beta^3\lambda^3 \langle U_1^3\rangle_0 + ...$$

et en utilisant le développement limité de $\ln\left\langle \exp\left[-\beta\lambda U_1(\mathbf{r}^N)\right]\right\rangle$ comme suit :

$$\ln \left\langle \exp\left[-\beta\lambda U_1(\mathbf{r}^N)\right]\right\rangle_0 = \ln(1+x) = x - \frac{1}{2}x^2 + \frac{1}{3}x^3 - ... \qquad \text{pour} \quad |x| < 1$$

avec :

$$\begin{aligned} x &= -\beta\lambda \langle U_1\rangle_0 + \frac{1}{2!}\beta^2\lambda^2 \langle U_1^2\rangle_0 - \frac{1}{3!}\beta^3\lambda^3 \langle U_1^3\rangle_0 + ... \\ x^2 &= \beta^2\lambda^2 \langle U_1\rangle_0^2 - \beta^3\lambda^3 \langle U_1\rangle_0 \langle U_1^2\rangle_0 + \beta^4\lambda^4 \left[\frac{1}{4}\langle U_1^2\rangle_0^2 + \frac{1}{3}\langle U_1\rangle_0 \langle U_1^3\rangle_0\right] + ... \\ x^3 &= -\beta^3\lambda^3 \langle U_1\rangle_0^3 + \frac{3}{2}\beta^4\lambda^4 \langle U_1\rangle_0^2 \langle U_1^2\rangle_0 - \frac{1}{2}\beta^5\lambda^5 \left[\langle U_1\rangle_0^2 \langle U_1^3\rangle_0 + \frac{3}{2}\langle U_1\rangle_0 \langle U_1^2\rangle_0^2\right] + ...\end{aligned}$$

Après simplifications, le développement précédent en puissance de β se réduit à :

$$\begin{aligned}\ln\left\langle \exp\left[-\beta\lambda U_1(\mathbf{r}^N)\right]\right\rangle_0 &= -\beta\lambda\left\langle U_1\right\rangle_0 + \frac{1}{2!}\beta^2\lambda^2\left[\left\langle U_1^2\right\rangle_0 - \left\langle U_1\right\rangle_0^2\right] \\ &\quad -\beta^3\lambda^3\left[\frac{1}{3!}\left\langle U_1^3\right\rangle_0 - \frac{1}{2}\left\langle U_1\right\rangle_0\left\langle U_1^2\right\rangle_0 + \frac{1}{3}\left\langle U_1\right\rangle_0^3\right] + \beta^4\lambda^4\left[...\right] - ...\end{aligned}$$

Or, si l'on pose :

$$c_1 = \left\langle U_1\right\rangle_0, \tag{5.75}$$

$$c_2 = \frac{1}{2!}\left[\left\langle U_1^2\right\rangle_0 - \left\langle U_1\right\rangle_0^2\right], \tag{5.76}$$

$$c_3 = \frac{1}{3!}\left[\left\langle U_1^3\right\rangle_0 - 3\left\langle U_1\right\rangle_0\left\langle U_1^2\right\rangle_0 + 2\left\langle U_1\right\rangle_0^3\right], \quad \text{etc.} \tag{5.77}$$

on trouve que :

$$\ln\left\langle \exp\left[-\beta\lambda U_1(\mathbf{r}^N)\right]\right\rangle_0 = -\lambda\beta c_1 + \lambda^2\beta^2 c_2 - \lambda^3\beta^3 c_3 + ...$$

La contribution de la perturbation (Rel. 5.73) à l'énergie libre s'écrit donc sous la forme compacte suivante :

$$-\beta F_1 = \ln\left\langle \exp\left[-\beta\lambda U_1(\mathbf{r}^N)\right]\right\rangle_0 = -\lambda\beta\sum_{n=1}^{\infty} c_n(-\lambda\beta)^{n-1}, \tag{5.78}$$

et l'expression de l'énergie libre F du système réel s'obtient en substituant la relation (5.78) dans la relation (5.72), comme suit :

$$-\beta F = -\beta F_0 - \beta F_1 = -\beta F_0 - \lambda\beta c_1 + \lambda^2\beta^2 c_2 - \lambda^3\beta^3 c_3 + ...,$$

soit :

$$F = F_0 + \lambda c_1 - \lambda^2\beta c_2 + \lambda^3\beta^2 c_3 - ... \tag{5.79}$$

dans laquelle l'énergie libre du système réel est obtenue en posant $\lambda = 1$. Ce développement de l'énergie libre d'un liquide en puissances croissantes de β constitue l'*approximation des hautes températures.* La technique utilisée pour obtenir les coefficients c_n est la *méthode des cumulants.*

5.7.2 Equation de van der Waals

Comme première application de la méthode des perturbations thermodynamiques, retrouvons l'équation phénoménologique d'état de van der Waals. Pour cela, considérons la relation (5.79) à l'ordre zéro en β. L'hypothèse la plus simple à formuler pour calculer le coefficient c_1 est d'admettre que l'énergie potentielle totale se décompose en une somme de potentiels de paires de la manière suivante :

$$U(\mathbf{r}^N) = U_0(\mathbf{r}^N) + U_1(\mathbf{r}^N) = \sum_i\sum_{j>i} u_0(r_{ij}) + \sum_i\sum_{j>i} u_1(r_{ij}).$$

Par conséquent, l'énergie libre de la perturbation à l'ordre zéro en β est donnée par la relation (5.75), c'est-à-dire :

$$c_1 = \left\langle U_1\right\rangle_0 = \frac{\int\int_{3N}\left[\sum_i\sum_{j>i} u_1(r_{ij})\right]\exp\left[-\beta U_0(\mathbf{r}^N)\right]d\mathbf{r}^N}{\int\int_{3N}\exp\left[-\beta U_0(\mathbf{r}^N)\right]d\mathbf{r}^N}.$$

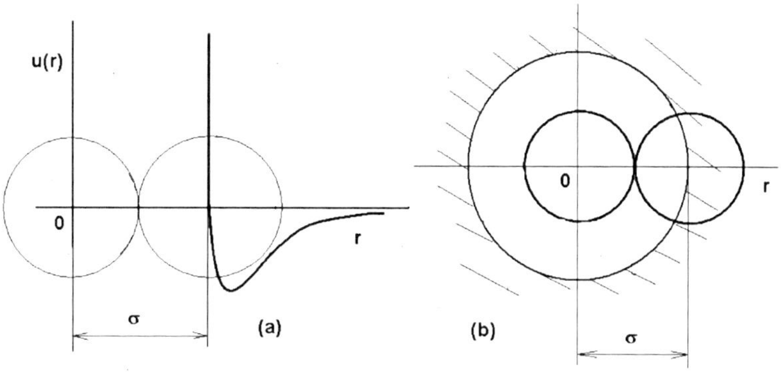

FIG. 5.7 – (a) Schématisation du potentiel interparticulaire par un potentriel de sphères dures plus une perturbation. (b) Définition du covolume par la quantité $b = \frac{1}{2}\left(\frac{4}{3}\pi d^3\right)$.

Pour simplifier la relation précédente, procédons comme pour le calcul de l'énergie interne d'un liquide (Rel. 5.19) en faisant apparaître la fonction de corrélation de paire du système de référence dans l'intégrale du numérateur. Si l'on admet que la somme des potentiels de paires est composée de termes égaux, $\sum_i \sum_{j>i} u_1(r_{ij}) = \frac{N(N-1)}{2} u_1(r_{12})$, le coefficient c_1 se simplifie comme suit :

$$c_1 = \frac{1}{Z_0(V,T)} \int\int \frac{N(N-1)}{2} u_1(r_{12}) \left\{ \int\int_{3(N-2)} \exp\left[-\beta U_0(\mathbf{r}^N)\right] d\mathbf{r}_3 ... d\mathbf{r}_N \right\} d\mathbf{r}_1 d\mathbf{r}_2.$$

L'intégrale qui se trouve entre les accolades s'exprime en termes de fonction de corrélation de paire (Rel. 5.5), et le coefficient c_1 s'écrit sous la forme suivante :

$$c_1 = \frac{N(N-1)}{2Z_0(V,T)} \frac{(N-2)!\rho^2 Z_0(V,T)}{N!} \int\int u_1(r_{12}) g_0(r_{12}) d\mathbf{r}_1 d\mathbf{r}_2,$$

soit :

$$c_1 = \frac{\rho^2}{2} \int d\mathbf{R} \int u_1(r) g_0(r) d\mathbf{r}. \tag{5.80}$$

Or, pour retrouver l'équation de van der Waals, choisissons comme système de référence le fluide de sphères dures de diamètre σ et supposons que la perturbation est un potentiel à longue distance faiblement attractif, dont il n'est pas utile de préciser la forme (Fig. 5.7a). Comme à l'époque où fut développé le modèle de van der Waals on ne connaissait pas l'existence de la fonction de corrélation de paire, il est légitime d'estimer $g_0(r)$ par une fonction valant zéro à l'intérieur de la particule, et un à l'extérieure. Avec van der Waals, supposons en outre que le volume disponible par particule[27] est $b = \frac{2}{3}\pi\sigma^3$ et que le volume restant inoccupé est $(V - Nb)$.

Avec ces hypothèses simplificatrices, l'intégrale de configuration (Rel. 3.13) et l'énergie libre du système de référence (Rel. 3.15) s'écrivent respectivement :

$$Z_0(V,T) = \int\int_{3N} \exp\left[-\beta U_0(\mathbf{r}^N)\right] d\mathbf{r}^N = (V - Nb)^N$$

[27] Le paramètre b introduit par van der Waals est le covolume. Son expression vient de ce que, si deux particules sont en contact, la moitié du volume exclus $\frac{4}{3}\pi\sigma^3$ doit être assigné à chaque particule (cf. Fig. 5.7b).

et :

$$F_0 = -k_BT \ln \left[\frac{(V - Nb)^N}{N! \Lambda^{3N}} \right] = -Nk_BT \left[\ln \frac{(V - Nb)}{N} - 3 \ln \Lambda + 1 \right].$$

Quant au coefficient c_1 (Rel. 5.80), il se simplifie comme suit :

$$c_1 = 2\pi\rho^2 V \int_\sigma^\infty u_1(r) r^2 dr = -a\rho N, \qquad (5.81)$$

avec :

$$a = -2\pi \int_\sigma^\infty u_1(r) r^2 dr.$$

Par conséquent, l'expression de l'énergie libre (5.79) correspondant au modèle de van der Waals est :

$$F = F_0 + c_1 = -Nk_BT \left[\ln \frac{(V - Nb)}{N} - 3 \ln \Lambda + 1 \right] - a\rho N,$$

et l'équation d'état de van der Waals se réduit à :

$$p = - \left(\frac{\partial F}{\partial V} \right)_T = \frac{Nk_BT}{V - Nb} - a \frac{N^2}{V^2},$$

soit encore :

$$\left(p + a \frac{N^2}{V^2} \right) (V - Nb) = Nk_BT.$$

Il est évident qu'en posant $b = a = 0$ on retrouve l'équation d'état des gaz parfaits. Si l'on désire améliorer la qualité de l'équation d'état de van der Waals, on peut utiliser l'expression de l'énergie libre du fluide de sphères dures (Rel. 5.56) et la fonction de corrélation de paire $g_{HS}(r)$ pour calculer a. Un autre moyen d'améliorer les résultats est aussi de calculer le terme c_2 de la relation (5.79). C'est précisément ce qui sera fait dans le paragraphe suivant.

5.7.3 Méthode de Barker et Henderson

Pour évaluer les valeurs moyennes de la perturbation $U_1(\mathbf{r}^N)$ qui se trouvent dans les relations (5.76) et (5.77), Barker et Henderson[28] suggérèrent de discrétiser le domaine des distances interatomiques en intervalles suffisamment petits, $(r_1, r_2), (r_2, r_3), ..., (r_i, r_{i+1}), ...$, afin que le potentiel perturbateur possède une valeur constante dans chaque intervalle. En supposant que le potentiel perturbateur dans l'intervalle (r_i, r_{i+1}) soit $u_1(r_i)$ et que le nombre d'atomes soumis à ce potentiel soit N_i, on peut écrire la perturbation totale comme une somme de potentiels perturbateurs sous la forme suivante :

$$U_1(\mathbf{r}^N) = \sum_i N_i u_1(r_i),$$

avant de la substituer dans l'intégrale de configuration. L'intérêt de la méthode est de calculer les coefficients c_n puis l'énergie libre (Rel. 5.79), non pas avec les valeurs moyennes

[28] J. A. Barker and D. Henderson, J. Chem. Phys. **47**, 2856 (1967).

de la perturbation mais au moyen de la fluctuation du nombre de particules. En effet, chaque potentiel perturbateur $u_1(r_i)$ étant constant dans l'intervalle auquel il appartient, on peut écrire $\langle U_1\rangle_0^2 = \sum_i \sum_j \langle N_i\rangle_0 \langle N_j\rangle_0 u_1(r_i)u_1(r_j)$. Par exemple, le coefficient c_2 défini par la relation (5.76) :

$$c_2 = \frac{1}{2!}\left[\left\langle U_1^2\right\rangle_0 - \langle U_1\rangle_0^2\right],$$

se transforme en :

$$c_2 = \frac{1}{2!}\sum_i \sum_j \left[\langle N_i N_j\rangle_0 - \langle N_i\rangle_0 \langle N_j\rangle_0\right] u_1(r_i)u_1(r_j).$$

Indiquons, sans donner les développements mathématiques intermédiaires, deux expressions de c_2 obtenues par Barker et Henderson au moyen du procédé décrit ci-dessus. La première expression utilise l'approximation *macroscopique de la compressibilité* (MC), dans laquelle ρ est supposé dépendre de p, et la seconde expression utilise l'approximation *locale de la compressibilité* (LC), dans laquelle ρ et g_0 dépendent de p. Elles s'écrivent respectivement :

$$c_2(MC) = \frac{\pi N\rho}{\beta}\left(\frac{\partial\rho}{\partial p}\right)_0 \int u_1^2(r)g_0(r)r^2 dr. \tag{5.82}$$

et :

$$c_2(LC) = \frac{\pi N\rho}{\beta}\int u_1^2(r)\frac{\partial\left[\rho g_0(r)\right]}{\partial p}r^2 dr,$$

soit

$$c_2(LC) = \frac{\pi N\rho}{\beta}\left(\frac{\partial\rho}{\partial p}\right)_0 \frac{\partial}{\partial\rho}\left[\int \rho u_1^2(r)g_0(r)r^2 dr\right]. \tag{5.83}$$

Ces auteurs ont testé les deux approximations de c_2 sur un système dont le système de référence est celui des sphères dures et la perturbation un potentiel en puits carré. Aux faibles et aux fortes densités les résultats des deux approximations sont comparables. Mais aux densités intermédiaires, les résultats obtenus avec l'approximation LC sont en meilleur accord avec les résultats de simulation que ceux de l'approximation MC. Notons également que le coefficient c_3 a été calculé par Mansoori et Canfield[29] avec l'approximation macroscopique de la compressibilité. Son expression est :

$$c_3(MC) = \frac{\pi N\rho}{6\beta^2}\left(\frac{\partial^2\rho^2}{\partial p^2}\right)_0 \int u_1^3(r)g_0(r)r^2 dr.$$

A ce stade de l'exposé de la théorie des perturbations thermodynamiques, on est capable de calculer les premiers termes du développement de l'énergie libre F (Rel. 5.79), en utilisant le système de sphères dures comme système de référence. Mais on ne dispose pas encore de critère permettant de choisir le diamètre d des sphères dures. Or, ce point est important car tous les potentiels d'interaction ont une partie répulsive qui doit être remplacée par un potentiel de sphères dures de diamètre correctement choisi. Des progrès déterminants ont été accomplis pour résoudre ce problème selon trois démarches distinctes, suivies respectivement par Barker et Henderson[30], par Mansoori et Canfield[31] et par Week, Chandler et Andersen[32].

[29] G. A. Mansoori and F. B. Canfield, J. Chem. Phys. **51**, 4958 (1969).
[30] J. A. Barker and D. Henderson, Ann. Rev. Phys. Chem. **23**, 439 (1972).
[31] G. A. Mansoori and F. B. Canfield, J. Chem. Phys. **51**, 4967 (1969) ; 5295 (1969) ; **53,** 1618 (1970).
[32] J. D. Weeks, D. Chandler and H. C. Andersen, J. Chem. Phys. **54**, 5237 (1971) ; **55**, 5422 (1971).

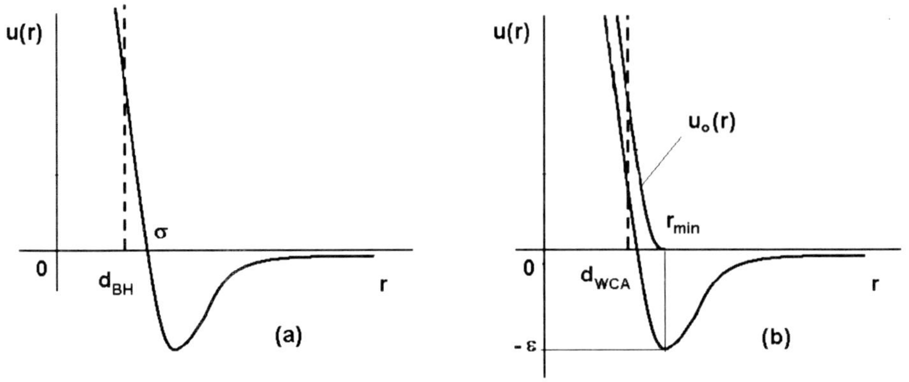

FIG. 5.8 – Séparations du potentiel $u(r)$ par (a) la méthode de Barker et Henderson (a) et (b) la méthode de Weeks, Chandler et Andersen.

Prescription de Barker et Henserson. Pour choisir le meilleur système de référence, c'est-à-dire diamètre d optimal des sphères dures, Barker et Henderson proposèrent de remplacer la séparation traditionnelle du potentiel de paire $u(r) = u_0(r) + \lambda u_1(r)$, où $u_0(r)$ est le potentiel de référence, $u_1(r)$ la perturbation et λ le paramètre de couplage, par une séparation plus compliquée associée à un potentiel $v(r)$ dont le facteur de Boltzmann est :

$$\begin{aligned}\exp\left[-\beta v(r)\right] &= \left[1 - \Xi\left(d + \frac{r-d}{\alpha} - \sigma\right)\right] \exp\left[-\beta u(d + \frac{r-d}{\alpha})\right] \\ &\quad + \Xi\left(d + \frac{r-d}{\alpha} - \sigma\right) + \Xi\left(r - \sigma\right)\left\{\exp\left[-\beta\lambda u(r)\right] - 1\right\}, \quad (5.84)\end{aligned}$$

où $\Xi(x)$ est la fonction d'Heaviside qui vaut zéro quand $x < 0$ et un quand $x > 0$. Notons ici que σ est la valeur de r à laquelle le potentiel réel $u(r)$ s'annule et que d est le diamètre des sphères dures du potentiel de référence, à déterminer. Par ailleurs, les paramètres λ et α sont des paramètres de couplage qui valent 0 ou 1. Si l'on observe attentivement la relation (5.84) en même temps que la figure (5.8a), on s'aperçoit que la fonction $v(r)$ se réduit au potentiel réel $u(r)$ quand $\alpha = \lambda = 1$ et qu'elle se comporte approximativement comme le potentiel de sphères dures de diamètre d, quand $\alpha \sim \lambda \sim 0$.

En effet, si $\alpha = \lambda = 1$, la relation (5.84) s'écrit :

$$\exp\left[-\beta v(r)\right] = \left[1 - \Xi\left(r - \sigma\right)\right] \exp\left[-\beta u(r)\right] + \Xi\left(r - \sigma\right) + \Xi\left(r - \sigma\right)\left\{\exp\left[-\beta u(r)\right] - 1\right\},$$

soit :

$$\exp\left[-\beta v(r)\right] = \exp\left[-\beta u(r)\right] \qquad \forall r$$

et, si $\alpha \sim \lambda \sim 0$, elle est équivalente à :

$$\exp\left[-\beta v(r)\right] \simeq \left[1 - \Xi\left(r - d\right)\right] \exp\left[-\beta u_{HS}(d)\right] + \Xi\left(r - d\right),$$

soit :

$$\exp\left[-\beta v(r)\right] \simeq \begin{cases} \exp\left[-\beta u_{HS}(d)\right] & \text{donc } v(r) = u_{HS}(d), \quad \text{si } r < d, \\ 1 & \text{donc } v(r) = 0, \quad \text{si } r > d. \end{cases}$$

La substitution de la relation (5.84) dans l'intégrale de configuration (Rel. 5.71) suivie des calculs afférents, non reproduits ici, permettent d'exprimer l'énergie libre F du système réel sous la forme d'un développement en puissances de α et de λ généralisant la relation (5.70), soit :

$$F = F_{HS} + \lambda \left(\frac{\partial F}{\partial \lambda}\right) + \alpha \left(\frac{\partial F}{\partial \alpha}\right) + \frac{\lambda^2}{2}\left(\frac{\partial^2 F}{\partial \lambda^2}\right) + \frac{\alpha^2}{2}\left(\frac{\partial^2 F}{\partial \alpha^2}\right) + ... \tag{5.85}$$

En comparant les relations (5.79) et (5.85), on s'aperçoit que la dérivée première $\left(\frac{\partial F}{\partial \lambda}\right)$ coïncide avec le coefficient c_1 et la dérivée seconde $\frac{1}{2}\left(\frac{\partial^2 F}{\partial \lambda^2}\right)$ avec le coefficient $(-\beta c_2)$. Quant aux dérivées de F par rapport au paramètre α, ce sont des fonctions compliquées du potentiel et de la fonction de corrélation de paire du système de sphères dures. La dérivée première $\left(\frac{\partial F}{\partial \alpha}\right)$, dont la forme explicite donnée sans démonstration est :

$$\left(\frac{\partial F}{\partial \alpha}\right) = -2\pi N \rho k_B T d^2 g^{HS}(d)\left[d - \int_0^\sigma \{1 - \exp\left[-\beta u(r)\right]\} dr\right],$$

est à la base de la prescription suggérée par Barker et Henderson pour choisir la valeur de d. En effet, la proposition d'annuler le terme $\left(\frac{\partial F}{\partial \alpha}\right)$ comme critère de choix du diamètre de sphères dures d se réduit à la relation suivante :

$$d = \int_0^\sigma \{1 - \exp\left[-\beta u(r)\right]\} dr.$$

En appliquant ce critère au potentiel de Lennard-Jones, on constate que d dépend de la température mais pas de la densité. A l'issue des calculs, on s'aperçoit également que les termes du développement de F en α^2 et en $\alpha\lambda$ sont négligeables par rapport au terme en λ^2.

Par conséquent, en utilisant la relation (5.80) pour évaluer le coefficient c_1 et la relation (5.83) pour évaluer le coefficient c_2, l'expression de l'énergie libre F du système réel (5.85) s'écrit alors :

$$\begin{aligned} F &= F_{HS} + 2\pi\rho N \int_d^\infty u_1(r) g_{HS}(\eta; r) r^2 dr \\ &\quad - \pi N \rho \left(\frac{\partial \rho}{\partial p}\right)_{HS} \frac{\partial}{\partial \rho}\left[\int_d^\infty \rho u_1^2(r) g_{HS}(\eta; r) r^2 dr\right], \end{aligned} \tag{5.86}$$

où le premier terme du membre de droite représentant l'énergie libre du système de sphères dures est donné par la relation (5.56) et la dérivée partielle $\left(\frac{\partial \rho}{\partial p}\right)_{HS}$ est déduite de l'équation d'état de Carnahan et Starling (Rel. 5.55), soit :

$$\left(\frac{\partial \rho}{\partial p}\right)_{HS} = \frac{(1-\eta)^4}{(1+2\eta)^2 + \eta^3(\eta - 4)}.$$

Quant à la fonction de corrélation de paire des sphères dures, $g_{HS}(\eta; r)$, elle ne peut être déterminée que numériquement par des méthodes qui seront décrites dans le prochain chapitre. Elle dépend de la densité ρ et du diamètre d par l'intermédiaire du paramètre de remplissage $\eta (= \frac{\pi}{6}\rho d^3)$. Comme $g_{HS}(\eta; r) = 0$ quand $r < d$, on peut utiliser indifféremment 0 ou d, comme borne inférieure d'intégration dans la relation (5.86).

Prescription de Mansoori et Canfield. Une conséquence importante de l'approximation des hautes températures au premier ordre en β est de borner rigoureusement l'énergie libre du système réel par une limite supérieure. En effet, on peut montrer que la somme des termes supérieurs à c_1 est toujours négative. La façon la plus simple de s'en rendre compte est de considérer l'expression de l'énergie libre (Rel. 5.72) :

$$-\beta F = \ln \frac{Z_N^{(0)}(V,T)}{N!\Lambda^{3N}} + \ln \left\langle \exp\left[-\beta U_1(\mathbf{r}^N)\right]\right\rangle_0, \tag{5.87}$$

et d'écrire la perturbation $U_1(\mathbf{r}^N)$ autour de sa valeur moyenne $\langle U_1\rangle_0$ comme suit :

$$U_1 = \langle U_1\rangle_0 + \Delta U_{1.}$$

Après substitution de U_1 dans la relation (5.87), on obtient :

$$-\beta F = -\beta F_0 + \ln \langle \exp\left[-\beta \langle U_1\rangle_0\right].\exp\left[-\beta\Delta U_1\right]\rangle_0,$$

$$-\beta F = -\beta F_0 + \ln \left\{\exp\left[-\beta \langle U_1\rangle_0\right].\langle\exp\left[-\beta\Delta U_1\right]\rangle_0\right\},$$

soit :

$$-\beta F = -\beta F_0 - \beta\langle U_1\rangle_0 + \ln \langle\exp\left[-\beta\Delta U_1\right]_0\rangle.$$

Or, en considérant le développement limité de l'exponentielle, on obtient l'inégalité suivante[33] :

$$-\beta F \geq -\beta F_0 - \beta\langle U_1\rangle_0 + \ln \left\langle \sum_{k=0}^{2n+1} \frac{(-\beta\Delta U_1)^k}{k!}\right\rangle_0,$$

ou encore :

$$F \leq F_0 + \langle U_1\rangle_0 - \frac{1}{\beta}\ln \left\langle \sum_{k=0}^{2n+1} \frac{(-\beta\Delta U_1)^k}{k!}\right\rangle_0. \tag{5.88}$$

Pour $n=0$, le dernier terme de la relation précédente vaut :

$$\ln \left\langle \sum_{k=0}^{1} \frac{(-\beta\Delta U_1)^k}{k!}\right\rangle_0 = \ln\langle 1-\beta\Delta U_1\rangle_0 \simeq -\beta\langle\Delta U_1\rangle_0.$$

Mais comme la valeur moyenne de l'écart, $\langle\Delta U_1\rangle_0$, est nulle, la relation (5.88) se réduit à l'inégalité :

$$F \leq F_0 + \langle U_1\rangle_0, \tag{5.89}$$

appelée habituellement *inégalité de Gibbs-Bogoliubov.* Une étude approfondie de cette inégalité montre qu'elle est toujours valable et qu'il est inutile de considérer des valeurs de n supérieures à zéro. La relation (5.89), à la base de la méthode variationnelle, permet de trouver la valeur du paramètre d qui rend *l'énergie libre F minimale.* Si le système de référence est celui des sphères dures, la valeur de l'énergie libre obtenue avec la valeur d

[33]La formule de Mac-Laurin de l'exponentielle conduit naturellement à l'inégalité :

$$\exp(x) \geq \sum_{k=0}^{2n+1} \frac{x^k}{k!} \qquad (n = 0,\ 1,\ 2, ...).$$

(ou $\eta = \frac{\pi}{6}\rho d^3$) est considérée comme la meilleure estimation de l'énergie libre du système réel. Son expression est :

$$F \leq F_{HS} + \frac{\rho N}{2} \int u_1(r) g_{HS}(\eta; r) d\mathbf{r}, \tag{5.90}$$

où $F_0 = F_{HS}$ est donnée par la relation (5.56) et $\langle U_1 \rangle_0 = c_1$ par la relation (5.80). Etant donné que $g_{HS}(\eta; r) = 0$ quand $r < d$ et que $u_1(r) = u(r) - u_{HS}(r) = u(r)$ quand $r \geq d$, on peut récrire la relation (5.90) sous la forme suivante :

$$F \leq F_{HS} + 2\pi\rho N \int_0^\infty u(r) g_{HS}(\eta; r) r^2 dr. \tag{5.91}$$

Comme il n'existe pas d'expression analytique de la fonction de corrélation de paire $g_{HS}(\eta; r)$, alors qu'il en existe une du facteur de structure $S_{HS}(\eta; q)$, il peut être intéressant d'effectuer le calcul de l'intégrale de la relation précédente dans l'espace réciproque. Pour cela, considérons l'expression du facteur de structure (Rel. 5.17) :

$$S_{HS}(\eta; q) - 1 = \rho \int [g_{HS}(\eta; r) - 1] \exp(i\mathbf{qr}) d\mathbf{r}, \tag{5.92}$$

ainsi que la transformée de Fourier de la perturbation :

$$\begin{aligned} u_1(q) &= \int u_1(r) \exp(-i\mathbf{qr}) d\mathbf{r}, \\ \text{avec} \qquad u_1(r) &= \frac{1}{(2\pi)^3} \int u_1(q) \exp(i\mathbf{qr}) d\mathbf{q}, \end{aligned}$$

dans le but de récrire la relation (5.90) comme suit :

$$\begin{aligned} F &\leq F_{HS} + \frac{\rho N}{2} \int \left[\frac{1}{(2\pi)^3} \int u_1(q) \exp(i\mathbf{qr}) d\mathbf{q} \right] g_{HS}(\eta; r) d\mathbf{r}, \\ F &\leq F_{HS} + \frac{N}{16\pi^3} \int \left[\rho \int g_{HS}(\eta; r) \exp(i\mathbf{qr}) d\mathbf{r} \right] u_1(q) d\mathbf{q}, \end{aligned}$$

soit :

$$F \leq F_{HS} + \frac{N}{16\pi^3} \int \left\{ \rho \int [g_{HS}(\eta; r) - 1] \exp(i\mathbf{qr}) d\mathbf{r} + \rho \int \exp(i\mathbf{qr}) d\mathbf{r} \right\} u_1(q) d\mathbf{q}.$$

Après avoir utilisé la relation (5.92) et omis le terme $\int \exp(i\mathbf{qr}) d\mathbf{r} = 8\pi^3 \delta(\mathbf{q})$ qui n'a aucune contribution ailleurs qu'à $q = 0$ (Rel. 5.17), l'inégalité de Gibbs-Bogoliubov s'écrit aussi :

$$F \leq F_{HS} + \frac{N}{16\pi^3} \int \{[S_{HS}(\eta; q) - 1]\} u_1(q) d\mathbf{q}.$$

Pratiquement, on fait varier la valeur de η (ou de d), jusqu'à ce que le résultat de l'intégrale soit minimum. C'est alors que l'on obtient les valeurs optimales de d et de F prescrites par la méthode variationnelle.

Prescription de Weeks, Chandler et Andersen. En même temps que se développait la théorie des perturbations, Weeks, Chandler et Andersen formulaient une nouvelle prescription pour trouver le diamètre d des sphères dures. Son originalité repose sur l'idée qu'une particule dans le liquide est moins sensible au signe du potentiel d'interaction $u(r)$ qu'au signe de la force, c'est-à-dire à la dérivée du potentiel $-\left(\frac{\partial u}{\partial r}\right)_{\rho,T}$. C'est la raison pour laquelle les auteurs proposèrent de séparer le potentiel réel en une partie purement répulsive et une perturbation purement attractive. Cette séparation, représentée sur la figure (5.8b), est définie par la relation $u(r) = u_0(r) + u_1(r)$ avec :

$$u_0(r) = \begin{cases} u(r) + \varepsilon & \text{si} \quad r < r_{\min} \\ 0 & \text{si} \quad r \geq r_{\min} \end{cases}$$

$$u_1(r) = \begin{cases} -\varepsilon & \text{si} \quad r < r_{\min} \\ u(r) & \text{si} \quad r \geq r_{\min}, \end{cases}$$

où ε est la profondeur du puits de potentiel, c'est-à-dire la valeur de $u(r_{\min}) = -\varepsilon$.

Afin de suivre la même présentation que celle qui a été faite pour la prescription de Barker et Henderson, définissons le potentiel $v(r)$ par le facteur de Boltzmann :

$$\exp\left[-\beta v(r)\right] = \exp\left[-\beta u_{HS}(d)\right] + \alpha\left\{\exp\left[-\beta\left(u_0(r) + \lambda u_1(r)\right)\right] - \exp\left[-\beta u_{HS}(d)\right]\right\}. \tag{5.93}$$

Or, en observant simultanément la relation (5.93) et la figure (5.8b), on s'aperçoit que le potentiel $v(r)$ se réduit au potentiel réel $u(r)$ quand $\alpha = \lambda = 1$ et qu'il se comporte comme le potentiel de sphères dures de diamètre d, quand $\alpha = 0$.

La substitution de la relation (5.93) dans l'intégrale de configuration et les calculs subséquents permettent d'exprimer l'énergie libre F du système sous la forme d'un développement en puissances de α et de λ identique à celui de la relation (5.85). Le premier terme du développement, F_{HS}, est l'énergie libre du système de sphères dures. Quant à la dérivée première de F par rapport au paramètre α, elle s'écrit dans ce cas :

$$\left(\frac{\partial F}{\partial \alpha}\right) = -\frac{2\pi N\rho}{\beta}\int_0^{\infty}\left\{\exp\left[-\beta u_0(r)\right] - \exp\left[-\beta u_{HS}(d)\right]\right\} y_{HS}(\eta; r) r^2 dr, \tag{5.94}$$

où $y_{HS}(\eta; r)$ est la *fonction cavité* qui a une importance capitale dans la théorie microscopique des liquides[34]. Elle s'écrit au moyen de la fonction de corrélation de paire $g_{HS}(\eta : r)$ et du facteur de Boltzmann $\exp\left[-\beta u_{HS}(d)\right]$ du fluide de sphères dures, sous la forme exacte :

$$y_{HS}(\eta; r) = \exp\left[\beta u_{HS}(d)\right] g_{HS}(\eta; r). \tag{5.95}$$

Il est important pour la suite de noter que la fonction cavité ne dépend que faiblement du potentiel, c'est pourquoi Weeks, Chander et Anderson (WCA) suggérèrent d'utiliser la même fonction cavité $y_{HS}(\eta; r)$ pour tous les potentiels, et d'écrire la fonction de corrélation de paire de tous les potentiels en fonction de $y_{HS}(\eta; r)$. De ce fait, la fonction de corrélation de paire $g_0(r)$ du potentiel répulsif $u_0(r)$ s'écrit approximativement sous la forme suivante :

$$g_0(r) \simeq \exp\left[-\beta u_0(r)\right] y_{HS}(\eta; r). \tag{5.96}$$

La prescription de WCA pour choisir le diamètre de sphères dures d consiste à annuler

[34] La fonction cavité $y_{HS}(\eta; r)$ n'existe pas sous forme analytique. Elle se calcule à toutes densités réduites (ρd^3) par une méthode qui sera décrite dans le chapitre suivant.

$\left(\frac{\partial F}{\partial \alpha}\right)$, ce qui revient à résoudre l'équation non linéaire donnée par la relation (5.94), soit :

$$\int_0^\infty \{\exp[-\beta u_0(r)] - \exp[-\beta u_{HS}(d)]\} \, y_{HS}(\eta; r) r^2 dr = 0. \qquad (5.97)$$

Notons que la valeur du diamètre d obtenue par cette méthode (méthode de la *fonction blip*) est sensiblement plus grande que celle qui est obtenue par la méthode de Barker et Henderson (BH). Du fait que $y_{HS}(\eta; r)$ dépend de la densité, la valeur de d calculée avec la relation (5.97) dépend de la température et de la densité, alors qu'avec la prescription de BH elle ne dépend que de la température. Par ailleurs, il est intéressant de noter que la relation (5.97) possède un sens physique précis que l'on découvre en la récrivant avec les fonctions de corrélation de paire $g_0(r)$ et $g_{HS}(\eta; r)$ tirées des relations (5.95) et (5.96), soit :

$$\int_0^\infty \exp[-\beta u_0(r)] \, y_{HS}(\eta; r) r^2 dr = \int_0^\infty \exp[-\beta u_{HS}(d)] \, y_{HS}(\eta; r) r^2 dr,$$

ou encore :

$$\int_0^\infty [g_0(r) - 1] \, r^2 dr = \int_0^\infty [g_{HS}(\eta; r) - 1] \, r^2 dr.$$

Selon la relation (5.46), l'expression précédente se réduit à l'égalité $S_0(0) = S_{HS}(0)$, c'est-à-dire à une égalité entre la compressibilité isotherme du potentiel de sphères dures $u_{HS}(d)$ et la compressibilité du potentiel répulsif $u_0(r)$. Enfin, le choix de d proposé par WCA fait que, non seulement les termes du développement de F en α^2 et en $\alpha\lambda$ sont négligeables, mais également le terme en λ^2. Ceci signifie que le traitement de WCA est une théorie du premier ordre en λ (ou β) alors que le traitement de BH est une théorie du second ordre.

En définitive, l'expression de l'énergie libre (Rel. 5.70) du système réel est la somme de F_{HS}, calculée avec la valeur de d provenant de la relation (5.97), et du terme $\left(\frac{\partial F}{\partial \lambda}\right) = c_1$, calculé au moyen de la relation (5.80) avec la fonction de corrélation de paire $g_0(r) \simeq \exp[-\beta u_0(r)] \, y_{HS}(\eta; r)$, soit :

$$F = F_{HS} + 2\pi\rho N \int_0^\infty u_1(r) \{\exp[-\beta u_0(r)] \, y_{HS}(\eta; r)\} \, r^2 dr. \qquad (5.98)$$

Pour comparer les mérites respectifs des relations (5.86) et (5.98), notons simplement que le traitement de BH semble plus cohérent, du fait que F_{HS}, c_1 et c_2 sont calculés avec le même système de référence. Le traitement de WCA est moins cohérent puisqu'il utilise le système de sphères dures pour calculer F_{HS} et la fonction de corrélation $g_0(r)$ du potentiel répulsif pour calculer c_1. Par contre, la séparation du potentiel proposée par WCA ne nécessite pas le calcul de c_2 et améliore la convergence des calculs. Un avantage supplémentaire de la prescription de WCA sur celle de BH est qu'elle permet de calculer la fonction de corrélation de paire $g_0(r)$ du potentiel répulsif. En effet, en récrivant les relations (5.95) et (5.96) comme suit :

$$g_{HS}(\eta; r) - 1 = \exp[-\beta u_{HS}(d)] \, y_{HS}(\eta; r) - 1$$

et :

$$g_0(r) - 1 \simeq \exp[-\beta u_0(r)] \, y_{HS}(\eta; r) - 1,$$

on déduit la fonction de corrélation de paire $g_0(r)$ en calculant la différence :

$$[g_0(r) - 1] - [g_{HS}(\eta; r) - 1] \simeq \{\exp[-\beta u_0(r)] - \exp[-\beta u_{HS}(d)]\} \, y_{HS}(\eta; r),$$

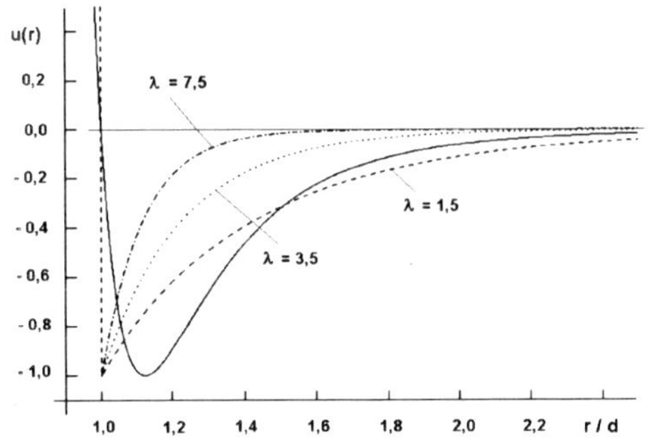

FIG. 5.9 – Représentation du potentiel HCY pour trois valeurs de λ, en comparaison du potentiel de Lennard-Jones de même diamètre et de même profondeur de puits.

où les fonctions $u_{HS}(d)$, $g_{HS}(\eta; r)$, $y_{HS}(\eta; r)$ et $u_0(r)$ sont connues. En calculant la transformée de Fourier (Rel. 5.17) de la relation précédente, on obtient également le facteur de structure $S_0(q)$, du potentiel répulsif, qui fournit une bonne estimation du facteur de structure du système réel, soit :

$$S_0(q) = S_{HS}(\eta; q) + \rho \int \{\exp\left[-\beta u_0(r)\right] - \exp\left[-\beta u_{HS}(d)\right]\} \, y_{HS}(\eta; r) \exp(-i\mathbf{q}\mathbf{r}) d\mathbf{r}.$$

Notons que les mêmes auteurs[35] élaborèrent une théorie permettant de calculer le facteur de structure des liquides, qui est particulièrement efficace dans le cas des liquides métalliques[36]. Cette théorie, présentée dans le prochain chapitre, repose sur les approximations de la *phase aléatoire* (RPA) et de la *phase aléatoire optimisée* (ORPA).

5.7.4 Application au potentiel attractif de Yukawa à coeur dur

Comme application de la théorie des perturbations, considérons le potentiel de Yukawa attractif à coeur dur (HCY). Ce potentiel se compose du potentiel de sphères dures $u_{HS}(d)$ et d'une perturbation attractive $u_1(r)$. Sa forme analytique traditionnelle est :

$$u(r) = \begin{cases} \infty & r < d \\ -(\varepsilon d/r) \exp[-\lambda(r/d - 1)] & r \geq d, \end{cases} \tag{5.99}$$

où d est le diamètre des sphères dures, $-\varepsilon$ la valeur du potentiel en $r = d$ et λ un paramètre qui mesure le taux de décroissance de l'exponentielle. L'allure du potentiel est représentée sur la figure (5.9) pour trois valeurs de λ différentes. A titre indicatif, notons qu'une valeur $\lambda \sim 2$ prédit les grandeurs thermodynamiques des gaz rares liquides à peu près aussi correctement que le potentiel de Lennard-Jones. Par contre, il faut employer des valeurs de λ de l'ordre de 8 pour reproduire les propriétés thermodynamiques des suspensions de colloïdes ou de protéines. Ce large éventail de valeurs de λ explique pourquoi le potentiel HCY a été utilisé dans beaucoup d'applications et a fait l'objet de nombreuses études théoriques après que sa solution analytique ait été obtenue par Waisman[37]. Sans entrer

[35] H. C. Andersen, D. Chandler and J. D. Weeks, J. Chem. Phys. **56**, 3812 (1972). R. E. Jacobs and H. C. Andersen, Chem. Phys. **10**, 73 (1975).

[36] J. L. Bretonnet and C. Régnaut, Phys. Rev. B **31**, 5071 (1985).

[37] E. Waisman, Mol. Phys. **25**, 45 (1973).

dans les détails de la résolution du problème qui fait appel à la théorie microscopique des liquides exposée dans le chapitre suivant, indiquons que la solution se réduit à l'étude de l'équation suivante[38] du quatrième degré en Γ :

$$\Gamma(1+\lambda\Gamma)(1+\psi\Gamma)^2+\beta\varepsilon w=0, \tag{5.100}$$

où ε et λ sont les deux paramètres du potentiel, et w et ψ deux paramètres supplémentaires qui dépendent explicitement de λ et du paramètre de remplissage $\eta(=\pi\rho d^3/6)$ par les relations suivantes :

$$\begin{aligned}
w &= \frac{6\eta}{\phi_0^2},\\
\psi &= \lambda^2(1-\eta)^2\frac{[1-\exp(-\lambda)]}{L(\lambda)\exp(-\lambda)+S(\lambda)}\\
&\quad -12\eta(1-\eta)\frac{[1-\lambda/2-(1+\lambda/2)\exp(-\lambda)]}{L(\lambda)\exp(-\lambda)+S(\lambda)},
\end{aligned}$$

avec :

$$\begin{aligned}
\phi_0 &= \frac{L(\lambda)\exp(-\lambda)+S(\lambda)}{\lambda^3(1-\eta)^2},\\
L(\lambda) &= 12\eta[1+2\eta+(1+\eta/2)\lambda],\\
S(\lambda) &= (1-\eta)^2\lambda^3+6\eta(1-\eta)\lambda^2+18\eta^2\lambda-12\eta(1+2\eta).
\end{aligned}$$

En exprimant Γ en fonction de β, Henderson, Blum et Noworyta[39] (HBN) parvinrent à écrire l'énergie libre F du système sous la forme du développement suivant en puissances de β :

$$F=F_{HS}-\frac{Nk_BT}{2}\sum_{n=1}^{\infty}\frac{v_n}{n}(\beta\varepsilon)^n, \tag{5.101}$$

où F_{HS} est l'énergie libre du système de sphères dures calculée, par exemple, avec la relation (5.56), et où les cinq premiers termes v_n du développement ont pour expressions :

$$\begin{aligned}
v_0 &= 0,\\
v_1 &= \frac{2\alpha_0}{\phi_0},\\
v_2 &= \frac{2w(1-\alpha_1+\alpha_0\psi)}{\lambda\phi_0},\\
v_3 &= \frac{2w^2(1-\alpha_1+\alpha_0\psi)(1+3\lambda\psi)}{\lambda^3\phi_0},\\
v_4 &= \frac{4w^3(1-\alpha_1+\alpha_0\psi)\left(1+4\lambda\psi+6\lambda^2\psi^2\right)}{\lambda^5\phi_0},\\
v_5 &= \frac{10w^4(1-\alpha_1+\alpha_0\psi)\left(1+5\lambda\psi+11\lambda^2\psi^2+11\lambda^3\psi^3\right)}{\lambda^7\phi_0},
\end{aligned}$$

[38] M. Ginoza, Mol. Phys. **71**, 145 (1990).
[39] D. Henderson, L. Blum and J. P. Noworyta, J. Chem. Phys. **102**, 4973 (1995).

avec :

$$\alpha_0 = \frac{L(\lambda)}{\lambda^2(1-\eta)^2} \quad ; \quad \alpha_1 = \frac{12\eta(1+\lambda/2)}{\lambda^2(1-\eta)} \quad \text{et} \quad (1-\alpha_1+\alpha_0\psi)\phi_0 = 1.$$

A ce stade, on s'aperçoit que l'énergie libre du potentiel HCY peut être évaluée approximativement pour toutes valeurs du triplet $(\eta, \varepsilon, \lambda)$, au moyen des expressions analytiques des cinq coefficients v_n écrites ci-dessus. De la relation (5.101), on peut également déduire l'énergie interne (Rel. 2.55) ainsi que la pression (Rel. 2.56), le potentiel chimique (Rel. 3.51) et l'entropie (Rel. 5.31) du système.

Chapitre 6

Théorie des équations intégrales

Dans le chapitre précédent on a défini les fonctions de corrélation spatiales et montré comment les propriétés thermodynamiques des liquides se déduisent des propriétés microscopiques de la matière. On a vu, en particulier, que l'énergie interne (Rel. 5.21), la pression (Rel. 5.25) et le potentiel chimique (Rel. 5.30) s'expriment au moyen de la fonction de corrélation de paire $g(r)$ et du potentiel de paire $u(r)$. Par contre, l'entropie (Rel. 5.33) et la compressibilité isotherme (Rel. 5.46) peuvent être déterminées uniquement avec la fonction de corrélation de paire, sans recourir au potentiel de paire. Ceci n'est pas surprenant lorsqu'on sait que la fonction de corrélation de paire $g(r)$ se déduit elle-même du potentiel de paire $u(r)$. On a également montré que les propriétés thermodynamiques des liquides sont obtenues avec plus de précision en incluant le potentiel à trois corps $u_3(\mathbf{r}_1, \mathbf{r}_2, \mathbf{r}_3)$ et la fonction de corrélation à trois corps $g^{(3)}(\mathbf{r}_1, \mathbf{r}_2, \mathbf{r}_3)$. Or, même si l'on génère un potentiel effectif de paire en regroupant le potentiel à trois corps et le potentiel de paire, on n'échappe pas au besoin d'estimer la fonction de corrélation à trois corps avec l'approximation de superposition de Kirkwood (Rel. 5.63), pour évaluer les grandeurs thermodynamiques.

Le présent chapitre est consacré aux théories qui permettent de calculer la fonction de corrélation de paire $g(r)$ à partir du potentiel de paire $u(r)$. Ces théories peuvent être classées en deux familles.

La première famille est basée sur la relation (5.5) qui relie la fonction de corrélation de paire $g(r)$ à la fonction de partition $Z_N(V, T)$ et à l'énergie potentielle $U(\mathbf{r}^N)$. Le procédé adopté consiste à exprimer la fonction de corrélation de paire $g(r)$ en fonction du potentiel de paire $u(r)$ et de la fonction de corrélation à trois corps $g^{(3)}(\mathbf{r}_1, \mathbf{r}_2, \mathbf{r}_3)$. Comme cette dernière est inconnue, il est nécessaire d'employer l'approximation de Kirkwood pour mener à bien le calcul de $g(r)$ en fonction de $u(r)$. La relation obtenue est une équation intégro-différentielle qu'il faut résoudre numériquement par une méthode itérative.

La seconde famille d'équations intégrales repose sur une fonction intermédiaire d'un autre type, la *fonction de corrélation directe* $c(r)$, qui est définie par la relation d'Ornstein-Zernike. Or, cette approche requiert l'utilisation d'une équation supplémentaire indépendante qui, combinée avec la relation d'Ornstein-Zernike, permet de déduire $g(r)$ en fonction de $u(r)$. Une des difficultés de la théorie des liquides est précisément de construire cette équation supplémentaire. Pour cela, on peut utiliser des techniques diverses comme la théorie des champs[1], la théorie des fonctionnelles[2] ou l'analyse des diagrammes[3].

Bien que fondées sur des concepts très différents, les deux approches du calcul de $g(r)$ sont similaires, dans la mesure où elles réclament l'une et l'autre une relation supplémentaire qui ne reste jamais qu'une relation approximative. Pour tester ces approximations, on peut comparer les résultats théoriques des propriétés thermodynamiques aux résultats expérimentaux les plus sensibles aux détails de la fonction de corrélation de paire. Mais le moyen le plus efficace de juger de la qualité d'une approximation reste la confrontation de la fonction de corrélation de paire théorique à celle qui est obtenue par simulation numérique, pour un potentiel de paire donné. Etant exempte d'erreurs expérimentales, la simulation numérique est le véritable test des approximations de la théorie des liquides car elle fournit des résultats virtuellement exacts.

Dans la suite du chapitre, on déduit tout d'abord l'équation intégro-différentielle de Yvon-Born-Green (YBG) représentative de la première famille d'équations intégrales. On présente ensuite la seconde famille d'équations intégrales, après avoir donné un aperçu de la théorie des fonctionnelles qui est utilisée pour justifier la relation d'Ornstein-Zernike. Puis, on clôt le chapitre en indiquant les grandes lignes de la simulation numérique indispensables pour tester les équations intégrales approximatives de la théorie des liquides.

6.1 Equation intégro-différentielle de Yvon-Born-Green

6.1.1 Obtention de l'équation de Yvon-Born-Green

L'équation de YBG[4] est indissociable de l'équation de Kirkwood[5] qui a été établie à la même époque. Les deux équations reposent sur l'expression de la fonction de corrélation de paire (Rel. 5.5). Tandis que l'équation de YBG est obtenue en dérivant la fonction de corrélation de paire par rapport aux coordonnées d'une particule donnée, celle de Kirkwood est établie en dérivant la fonction de corrélation de paire par rapport au paramètre de couplage λ défini dans la relation (5.27). Ici, on ne s'intéressera qu'à l'équation de YBG.

Considérons l'expression de la fonction de distribution générique d'ordre deux (Rel. 5.5) de l'ensemble canonique :

$$\rho_N^{(2)}(\mathbf{r}_1, \mathbf{r}_2) = \rho^2 g_N^{(2)}(\mathbf{r}_1, \mathbf{r}_2) = \frac{N!}{(N-2)!} \frac{1}{Z_N(V,T)} \int \int_{3(N-2)} \exp\left[-\beta U(\mathbf{r}^N)\right] d\mathbf{r}^{N-2}. \quad (6.1)$$

Puis effectuons sa dérivation par rapport à la variable $\mathbf{r}_1$, en maintenant $\mathbf{r}_2$ constant. On

[1] J. K. Percus and G. J. Yevick, Phys. Rev. **110**, 1 (1958).
[2] G. Stell, Physica, **29**, 517 (1963).
[3] J. K. Percus, Phys. Rev. Lett., **8**, 462 (1962).
[4] J. Yvon, *Actualités scientifiques et industrielles*, Hermann, Paris (1935), p. 203. M. Born and H. S. Green, Proc. Roy. Soc, **A189**, 103 (1947).
[5] J. G. Kirkwood, J. Chem. Phys. **3**, 300 (1935).

obtient :

$$\frac{\partial \rho_N^{(2)}(\mathbf{r}_1, \mathbf{r}_2)}{\partial \mathbf{r}_1} = \frac{N!}{(N-2)!} \frac{1}{Z_N(V,T)} \int \int_{3(N-2)} \left[-\beta \frac{\partial U(\mathbf{r}^N)}{\partial \mathbf{r}_1} \right] \exp\left[-\beta U(\mathbf{r}^N) \right] d\mathbf{r}^{N-2}. \quad (6.2)$$

Si l'on admet que l'énergie potentielle $U(\mathbf{r}^N)$ se réduit à une somme de potentiels de paires écrite explicitement comme suit :

$$\begin{aligned} U(\mathbf{r}^N) &= \sum_{i=1}^{N-1} \sum_{j>i}^{N} u(r_{ij}), \\ U(\mathbf{r}^N) &= u(r_{12}) + u(r_{13}) + u(r_{14}) + u(r_{15}) + \ldots + u(r_{1N}) \\ &\quad + u(r_{23}) + u(r_{24}) + \ldots + u(r_{2N}) + u(r_{34}) + u(r_{35}) + \ldots + u(r_{3N}) + \ldots, \end{aligned}$$

tous les termes d'indice i supérieurs ou égaux à 2 sont indépendants de $\mathbf{r}_1$ et la dérivée de $U(\mathbf{r}^N)$ par rapport à $\mathbf{r}_1$ s'écrit :

$$\frac{\partial U(\mathbf{r}^N)}{\partial \mathbf{r}_1} = \frac{\partial u(r_{12})}{\partial \mathbf{r}_1} + \sum_{j=3}^{N} \frac{\partial u(r_{1j})}{\partial \mathbf{r}_1},$$

où $\frac{\partial u(r_{12})}{\partial \mathbf{r}_1}$ représente la force exercée par la particule 2 sur la particule 1. Après substitution de l'expression de $\frac{\partial U(\mathbf{r}^N)}{\partial \mathbf{r}_1}$ dans la relation (6.2), on obtient :

$$\begin{aligned} \frac{\partial \rho_N^{(2)}(\mathbf{r}_1, \mathbf{r}_2)}{\partial \mathbf{r}_1} &= -\frac{N!}{(N-2)!} \frac{\beta}{Z_N(V,T)} \left\{ \frac{\partial u(r_{12})}{\partial \mathbf{r}_1} \int \int_{3(N-2)} \exp\left[-\beta U(\mathbf{r}^N) \right] d\mathbf{r}^{N-2} \right. \\ &\quad \left. + \sum_{j=3}^{N} \int \int_{3(N-2)} \frac{\partial u(r_{1j})}{\partial \mathbf{r}_1} \exp\left[-\beta U(\mathbf{r}^N) \right] d\mathbf{r}^{N-2} \right\}. \quad (6.3) \end{aligned}$$

La première intégrale dans la relation précédente s'écrit aisément en fonction de $\rho_N^{(2)}(\mathbf{r}_1, \mathbf{r}_2)$ à l'aide de la relation (6.1). Son expression se réduit à :

$$-\frac{N!}{(N-2)!} \frac{\beta}{Z_N(V,T)} \frac{\partial u(r_{12})}{\partial \mathbf{r}_1} \int \int_{3(N-2)} \exp\left[-\beta U(\mathbf{r}^N) \right] d\mathbf{r}^{N-2} = -\beta \frac{\partial u(r_{12})}{\partial \mathbf{r}_1} \rho_N^{(2)}(\mathbf{r}_1, \mathbf{r}_2). \quad (6.4)$$

Quant à la seconde intégrale, on peut l'estimer par la somme de $(N-2)$ intégrales identiques à une intégrale dans laquelle j prend une valeur quelconque supérieure ou égale à 3. Si l'on choisit, par exemple, $j = 3$, l'intégrale devient :

$$\sum_{j=3}^{N} \int \int \frac{\partial u(r_{1j})}{\partial \mathbf{r}_1} \exp\left[-\beta U(\mathbf{r}^N) \right] d\mathbf{r}^{N-2} = (N-2) \int \int \frac{\partial u(r_{13})}{\partial \mathbf{r}_1} \exp\left[-\beta U(\mathbf{r}^N) \right] d\mathbf{r}^{N-2},$$

et se simplifie comme suit :

$$\ldots = (N-2) \int \int_3 \frac{\partial u(r_{13})}{\partial \mathbf{r}_1} \left\{ \int \int_{3(N-3)} \exp\left[-\beta U(\mathbf{r}^N) \right] d\mathbf{r}_4 d\mathbf{r}_5 \ldots d\mathbf{r}_N \right\} d\mathbf{r}_3. \quad (6.5)$$

Compte tenu de l'expression générale des fonctions de distribution génériques (Rel. 5.3), l'intégrale entre les accolades de la relation (6.5) s'exprime au moyen de la fonction de distribution générique à trois corps $\rho_N^{(3)}(\mathbf{r}_1, \mathbf{r}_2, \mathbf{r}_3)$, soit :

$$\int\int_{3(N-3)} \exp\left[-\beta U(\mathbf{r}^N)\right] d\mathbf{r}_4 d\mathbf{r}_5 ... d\mathbf{r}_N = \rho_N^{(3)}(\mathbf{r}_1, \mathbf{r}_2, \mathbf{r}_3) \frac{(N-3)!}{N!} Z_N(V,T).$$

Avec les expressions des deux intégrales qui viennent d'être explicitées, la relation (6.3) se transforme de la manière suivante :

$$\begin{aligned}\frac{\partial \rho_N^{(2)}(\mathbf{r}_1, \mathbf{r}_2)}{\partial \mathbf{r}_1} &= -\beta \frac{\partial u(r_{12})}{\partial \mathbf{r}_1} \rho_N^{(2)}(\mathbf{r}_1, \mathbf{r}_2) - \frac{N!}{(N-2)!} \frac{\beta}{Z_N(V,T)} \\ &\quad \times (N-2) \int\int \frac{\partial u(r_{13})}{\partial \mathbf{r}_1} \left\{ \rho_N^{(3)}(\mathbf{r}_1, \mathbf{r}_2, \mathbf{r}_3) \frac{(N-3)!}{N!} Z_N(V,T) \right\} d\mathbf{r}_3, \\ \frac{\partial \rho_N^{(2)}(\mathbf{r}_1, \mathbf{r}_2)}{\partial \mathbf{r}_1} &= -\beta \frac{\partial u(r_{12})}{\partial \mathbf{r}_1} \rho_N^{(2)}(\mathbf{r}_1, \mathbf{r}_2) - \beta \int\int \frac{\partial u(r_{13})}{\partial \mathbf{r}_1} \rho_N^{(3)}(\mathbf{r}_1, \mathbf{r}_2, \mathbf{r}_3) d\mathbf{r}_3,\end{aligned}$$

soit encore :

$$\frac{\partial}{\partial \mathbf{r}_1} \ln \rho_N^{(2)}(\mathbf{r}_1, \mathbf{r}_2) = -\beta \frac{\partial u(r_{12})}{\partial \mathbf{r}_1} - \beta \int\int \frac{\partial u(r_{13})}{\partial \mathbf{r}_1} \frac{\rho_N^{(3)}(\mathbf{r}_1, \mathbf{r}_2, \mathbf{r}_3)}{\rho_N^{(2)}(\mathbf{r}_1, \mathbf{r}_2)} d\mathbf{r}_3. \tag{6.6}$$

Cette relation constitue l'*équation de Yvon-Born-Green.* C'est une équation intégro-différentielle qui ne permet pas, sous sa forme actuelle, de calculer la fonction de corrélation de paire, car elle contient la fonction de distribution générique à trois corps $\rho_N^{(3)}(\mathbf{r}_1, \mathbf{r}_2, \mathbf{r}_3)$ qui est inconnue. Un moyen de résoudre le problème est d'utiliser l'approximation de superposition de Kikwood.

6.1.2 Justification de l'approximation de superposition de Kirkwood

Pour chercher l'origine de l'approximation de Kirkwood, il est nécessaire d'introduire la notion de *potentiel de force moyenne.* Pour cela, évaluons la dérivée logarithmique de $\rho_N^{(2)}(\mathbf{r}_1, \mathbf{r}_2)$ par rapport à $\mathbf{r}_1$, à partir des relations (6.1) et (6.2). On trouve :

$$\frac{\partial}{\partial \mathbf{r}_1} \ln \rho_N^{(2)}(\mathbf{r}_1, \mathbf{r}_2) = \beta \frac{\int\int_{3(N-2)} \left[-\frac{\partial U(\mathbf{r}^N)}{\partial \mathbf{r}_1}\right] \exp\left[-\beta U(\mathbf{r}^N)\right] d\mathbf{r}^{N-2}}{\int\int_{3(N-2)} \exp\left[-\beta U(\mathbf{r}^N)\right] d\mathbf{r}^{N-2}} = \beta \mathbf{F}_1(\mathbf{r}_1, \mathbf{r}_2). \tag{6.7}$$

Les deux intégrales dans la relation précédente, dont l'élément d'intégration est $d\mathbf{r}^{N-2} = d\mathbf{r}_3 ... d\mathbf{r}_N$, ne dépendent que des deux variables manquantes $\mathbf{r}_1$ et $\mathbf{r}_2$, c'est pourquoi leur rapport est égal à une fonction $\mathbf{F}_1(\mathbf{r}_1, \mathbf{r}_2)$ qui possède les dimensions d'une force. Cette force est appelée *force moyenne* exercée par la particule 2 sur la particule 1. Elle ne doit pas être confondue avec la force totale exercée par toutes les particules du système sur la particule 1, dont l'expression est :

$$\mathbf{F}_1(\mathbf{r}^N) = -\frac{\partial U(\mathbf{r}^N)}{\partial \mathbf{r}_1}.$$

Il s'ensuit que la force moyenne $\mathbf{F}_1(\mathbf{r}_1, \mathbf{r}_2)$ dérive du *potentiel de force moyenne* $w(\mathbf{r}_1, \mathbf{r}_2)$ par la relation :

$$\mathbf{F}_1(\mathbf{r}_1, \mathbf{r}_2) = -\frac{\partial w(\mathbf{r}_1, \mathbf{r}_2)}{\partial \mathbf{r}_1},$$

et que la relation (6.7) se simplifie comme suit :

$$\frac{\partial}{\partial \mathbf{r}_1} \ln \rho_N^{(2)}(\mathbf{r}_1, \mathbf{r}_2) = -\beta \frac{\partial w(\mathbf{r}_1, \mathbf{r}_2)}{\partial \mathbf{r}_1}.$$

L'intégration de la relation précédente s'écrit donc :

$$\rho_N^{(2)}(\mathbf{r}_1, \mathbf{r}_2) = A \exp\left[-\beta w(\mathbf{r}_1, \mathbf{r}_2)\right] = \rho^2 g_N^{(2)}(\mathbf{r}_1, \mathbf{r}_2). \tag{6.8}$$

Or, si l'on suppose que les deux particules sont éloignées l'une de l'autre (particules indépendantes), il s'ensuit que $\lim\limits_{r_{12}\to\infty} g_N^{(2)}(\mathbf{r}_1, \mathbf{r}_2) \to 1$ et que $\lim\limits_{r_{12}\to\infty} w(\mathbf{r}_1, \mathbf{r}_2) \to 0$. Par conséquent, de la relation (6.8), il ressort que :

$$\begin{aligned} \lim_{r_{12}\to\infty} \rho_N^{(2)}(\mathbf{r}_1, \mathbf{r}_2) &= \rho^2 = A, \\ \text{et} \qquad g_N^{(2)}(\mathbf{r}_1, \mathbf{r}_2) &= \exp\left[-\beta w(\mathbf{r}_1, \mathbf{r}_2)\right]. \end{aligned} \tag{6.9}$$

Cette dernière relation constitue la nouvelle définition de la fonction de corrélation de paire, en fonction du potentiel de force moyenne. Quant à l'approximation de superposition, elle consiste à admettre que les potentiels de forces moyennes sont additifs, comme le sont les potentiels de paires. Pour un potentiel à trois corps, cela se traduit par :

$$w(\mathbf{r}_1, \mathbf{r}_2, \mathbf{r}_3) \simeq w(\mathbf{r}_1, \mathbf{r}_2) + w(\mathbf{r}_1, \mathbf{r}_3) + w(\mathbf{r}_2, \mathbf{r}_3).$$

Si, par ailleurs, on généralise la relation (6.8) à la fonction de distribution générique d'ordre trois, soit :

$$\rho_N^{(3)}(\mathbf{r}_1, \mathbf{r}_2, \mathbf{r}_3) = \rho^3 \exp\left[-\beta w(\mathbf{r}_1, \mathbf{r}_2, \mathbf{r}_3)\right],$$

compte tenu de l'approximation de superposition, $\rho_N^{(3)}(\mathbf{r}_1, \mathbf{r}_2, \mathbf{r}_3)$ s'écrit :

$$\rho_N^{(3)}(\mathbf{r}_1, \mathbf{r}_2, \mathbf{r}_3) \simeq \rho^3 \exp\left[-\beta w(\mathbf{r}_1, \mathbf{r}_2)\right] \exp\left[-\beta w(\mathbf{r}_1, \mathbf{r}_3)\right] \exp\left[-\beta w(\mathbf{r}_2, \mathbf{r}_3)\right]. \tag{6.10}$$

Cette expression s'écrit encore :

$$\frac{\rho_N^{(3)}(\mathbf{r}_1, \mathbf{r}_2, \mathbf{r}_3)}{\rho^2 \exp\left[-\beta w(\mathbf{r}_1, \mathbf{r}_2)\right]} \simeq \rho \exp\left[-\beta w(\mathbf{r}_1, \mathbf{r}_3)\right] \exp\left[-\beta w(\mathbf{r}_2, \mathbf{r}_3)\right].$$

Et compte tenu des relations (6.8) et (6.9) on en déduit le rapport suivant :

$$\frac{\rho_N^{(3)}(\mathbf{r}_1, \mathbf{r}_2, \mathbf{r}_3)}{\rho^2 g_N^{(2)}(\mathbf{r}_1, \mathbf{r}_2)} \simeq \rho \exp\left[-\beta w(\mathbf{r}_1, \mathbf{r}_3)\right] \exp\left[-\beta w(\mathbf{r}_2, \mathbf{r}_3)\right] = \rho g_N^{(2)}(\mathbf{r}_1, \mathbf{r}_3) g_N^{(2)}(\mathbf{r}_2, \mathbf{r}_3), \tag{6.11}$$

ou encore :

$$g_N^{(3)}(\mathbf{r}_1, \mathbf{r}_2, \mathbf{r}_3) \simeq g_N^{(2)}(\mathbf{r}_1, \mathbf{r}_2) g_N^{(2)}(\mathbf{r}_1, \mathbf{r}_3) g_N^{(2)}(\mathbf{r}_2, \mathbf{r}_3). \tag{6.12}$$

C'est la forme la plus simple de l'*approximation de superposition de Kirkwood* utilisée dans le paragraphe (5.6.1). Elle n'est valide qu'aux faibles densités ou lorsque les

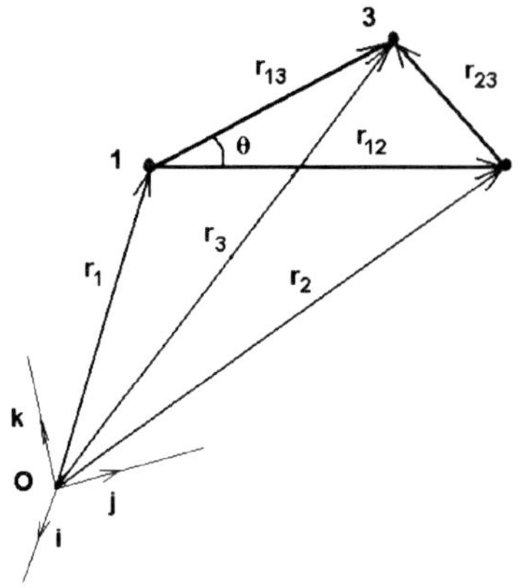

FIG. 6.1 – Positions respectives des trois particules 1, 2 et 3 dans le système.

particules sont éloignées les unes des autres. En effet, si les particules 1 et 2 sont éloignées de la particule 3, $g_N^{(2)}(\mathbf{r}_1, \mathbf{r}_3)$ et $g_N^{(2)}(\mathbf{r}_2, \mathbf{r}_3)$ tendent toutes deux vers l'unité et $g_N^{(3)}(\mathbf{r}_1, \mathbf{r}_2, \mathbf{r}_3) \to g_N^{(2)}(\mathbf{r}_1, \mathbf{r}_2)$. Bien qu'elle soit inappropriée aux fortes densités, l'approximation de Kirkwood est néanmoins utilisée faute de mieux. Il faut noter que si la fonction de corrélation à trois corps $g_N^{(3)}(\mathbf{r}_1, \mathbf{r}_2, \mathbf{r}_3)$ n'est pas accessible par mesure directe, elle peut être calculée par simulation numérique pour une configuration des particules en triangle équilatéral[6]. Etonnamment, tant pour le potentiel de sphères dures que pour le potentiel de Lennard-Jones, l'écart entre $g_N^{(3)}(\mathbf{r}_1, \mathbf{r}_2, \mathbf{r}_3)$ et $g_N^{(2)}(\mathbf{r}_1, \mathbf{r}_2)$ n'excède pas 10%. Notons également que des améliorations substantielles ont été apportées par la suite à l'approximation de superposition[7], mais il n'en sera pas tenu compte pour résoudre l'équation de YBG.

6.1.3 Résolution de l'équation de Yvon-Born-Green

Après avoir remplacé la fonction de distribution générique à trois corps (Rel. 6.11) dans l'intégrant de la relation (6.6), l'équation de YBG s'écrit :

$$\frac{\partial}{\partial \mathbf{r}_1} \ln \rho_N^{(2)}(\mathbf{r}_1, \mathbf{r}_2) = -\beta \frac{\partial u(r_{12})}{\partial \mathbf{r}_1} - \beta\rho \int\int_3 \frac{\partial u(r_{13})}{\partial \mathbf{r}_1} g_N^{(2)}(\mathbf{r}_1, \mathbf{r}_3) g_N^{(2)}(\mathbf{r}_2, \mathbf{r}_3) d\mathbf{r}_3.$$

Si le liquide est homogène et isotrope, il est judicieux de transformer les éléments différentiels $d\mathbf{r}_1$ et $d\mathbf{r}_3$ dans l'équation précédente, de manière à faciliter son intégration numérique. Intéressons nous tout d'abord à la dérivation par rapport à $\mathbf{r}_1$, en effectuant les changements de variables suivants (Fig. 6.1) :

$$\begin{aligned}
\mathbf{r}_1 &= x_1\mathbf{i} + y_1\mathbf{j} + z_1\mathbf{k}, \\
\mathbf{r}_2 &= x_2\mathbf{i} + y_2\mathbf{j} + z_2\mathbf{k}, \\
\mathbf{r}_{12} &= (x_2 - x_1)\,\mathbf{i} + (y_2 - y_1)\,\mathbf{j} + (z_2 - z_1)\,\mathbf{k}, \\
r_{12} &= \sqrt{(x_2 - x_1)^2 + (y_2 - y_1)^2 + (z_2 - z_1)^2}.
\end{aligned}$$

[6]B. J. Alder, Phys. Rev. Lett. **12**, 317 (1964). A. Rahman, Phys. Rev. Lett. **12**, 575 (1964).
[7]E. E. Salpeter, Ann. Phys., **5**, 183 (1958).

Avec ces nouvelles variables, les dérivées de $\ln \rho_N^{(2)}(\mathbf{r}_1, \mathbf{r}_2)$ et de $u(r_{12})$ par rapport à $\mathbf{r}_1$ se transforment comme suit :

$$\begin{aligned}
\frac{\partial}{\partial \mathbf{r}_1} \ln \rho_N^{(2)}(\mathbf{r}_1, \mathbf{r}_2) &= \frac{\partial}{\partial r_{12}} \ln \rho_N^{(2)}(\mathbf{r}_1, \mathbf{r}_2) \frac{\partial r_{12}}{\partial \mathbf{r}_1}, \\
\frac{\partial u(r_{12})}{\partial \mathbf{r}_1} &= \frac{\partial u(r_{12})}{\partial r_{12}} \frac{\partial r_{12}}{\partial \mathbf{r}_1},
\end{aligned}$$

avec :

$$\frac{\partial r_{12}}{\partial \mathbf{r}_1} = \frac{\partial r_{12}}{\partial x_1}\mathbf{i} + \frac{\partial r_{12}}{\partial y_1}\mathbf{j} + \frac{\partial r_{12}}{\partial z_1}\mathbf{k} = \mathbf{grad}_{\mathbf{r}_1} r_{12}.$$

Mais puisque l'on a aussi :

$$\begin{aligned}
\frac{\partial r_{12}}{\partial x_1} &= -\frac{(x_2 - x_1)}{r_{12}}, \\
\frac{\partial r_{12}}{\partial y_1} &= -\frac{(y_2 - y_1)}{r_{12}}, \\
\frac{\partial r_{12}}{\partial z_1} &= -\frac{(z_2 - z_1)}{r_{12}},
\end{aligned}$$

on aboutit à la relation :

$$\frac{\partial r_{12}}{\partial \mathbf{r}_1} = -\frac{\mathbf{r}_{12}}{r_{12}},$$

qui permet d'écrire les dérivées de $\ln \rho_N^{(2)}(\mathbf{r}_1, \mathbf{r}_2)$, de $u(r_{12})$ et, par analogie, de $u(r_{13})$ comme suit :

$$\begin{aligned}
\frac{\partial}{\partial \mathbf{r}_1} \ln \rho_N^{(2)}(\mathbf{r}_1, \mathbf{r}_2) &= -\frac{\mathbf{r}_{12}}{r_{12}} \frac{\partial}{\partial r_{12}} \ln \rho_N^{(2)}(\mathbf{r}_1, \mathbf{r}_2), \\
\frac{\partial u(r_{12})}{\partial \mathbf{r}_1} &= -\frac{\mathbf{r}_{12}}{r_{12}} \frac{\partial u(r_{12})}{\partial r_{12}}, \\
\frac{\partial u(r_{13})}{\partial \mathbf{r}_1} &= -\frac{\mathbf{r}_{13}}{r_{13}} \frac{\partial u(r_{13})}{\partial r_{13}}.
\end{aligned}$$

Ces premiers changements de variables permettent donc de récrire l'équation de YBG sous la forme simplifiée suivante :

$$-\frac{\mathbf{r}_{12}}{r_{12}} \frac{\partial}{\partial r_{12}} \left[k_B T \ln g(r_{12}) + u(r_{12})\right] = \rho \int\int \frac{\mathbf{r}_{13}}{r_{13}} \frac{\partial u(r_{13})}{\partial r_{13}} g(r_{13}) g(r_{23}) d\mathbf{r}_3. \tag{6.13}$$

Or, pour effectuer l'intégration numérique de cette équation, il est nécessaire de faire disparaître son caractère vectoriel par les considérations suivantes à partir de la figure (6.1). En effet, sur cette figure on observe que :

$$\begin{aligned}
r_{23}^2 &= r_{12}^2 + r_{13}^2 - 2r_{12}r_{13}\cos\theta, \\
\frac{\mathbf{r}_{12}}{r_{12}} \frac{\mathbf{r}_{12}}{r_{12}} &= 1, \\
\frac{\mathbf{r}_{13}}{r_{13}} \frac{\mathbf{r}_{12}}{r_{12}} &= \cos\theta = \frac{r_{12}^2 + r_{13}^2 - r_{23}^2}{2r_{12}r_{13}}.
\end{aligned}$$

Par conséquent, la multiplication de la relation (6.13) par le vecteur unitaire $\frac{\mathbf{r}_{12}}{r_{12}}$ conduit directement à l'équation intégro-différentielle scalaire suivante :

$$\frac{\partial}{\partial r_{12}} \left[k_B T \ln g(r_{12}) + u(r_{12})\right] = -\rho \int\int \frac{\partial u(r_{13})}{\partial r_{13}} \left(\frac{r_{12}^2 + r_{13}^2 - r_{23}^2}{2r_{12}r_{13}}\right) g(r_{13}) g(r_{23}) d\mathbf{r}_3. \tag{6.14}$$

Ainsi, de la symétrie de l'intégrant dans la relation (6.13), il résulte que, seule, la projection de l'équation vectorielle sur l'axe qui joint les particules 1 et 2 contribue au résultat de l'intégration. Il convient encore de noter que, conventionnellement, on remplace la fonction de corrélation de paire $g(r_{23})$ par $[g(r_{23})-1]$, sans que cela ne change quoi que ce soit[8] car $\int \frac{\partial u(r_{13})}{\partial r_{13}} g(r_{13}) d\mathbf{r}_3 \simeq 0$.

L'intégrale sur $\mathbf{r}_3$ dans la relation (6.14) est une intégrale à deux centres que l'on calcule en utilisant les coordonnées bipolaires r_{13} et r_{23}. Cette transformation a déjà été faite dans le paragraphe (5.6.2). En s'y reportant, on s'aperçoit que l'élément de volume $d\mathbf{r}_3$ a pour expression (Rel. 5.65) :

$$d\mathbf{r}_3 = 2\pi \frac{r_{13} r_{23}}{r_{12}} dr_{13} dr_{23}.$$

Quant aux bornes d'intégrations de r_{13} et r_{23}, il est plus avantageux ici de les choisir comme suit :

$$|r_{12}-r_{13}| \leq r_{23} \leq r_{12}+r_{13} \qquad \text{et} \qquad 0 \leq r_{13} \leq \infty.$$

En tenant compte de ces nouvelles transformations, la relation (6.14) s'écrit :

$$\begin{aligned}\frac{\partial}{\partial r_{12}} \left[k_B T \ln g(r_{12}) + u(r_{12})\right] \quad &= \quad -\pi\rho \int_{r_{13}=0}^{\infty} \frac{\partial u(r_{13})}{\partial r_{13}} g(r_{13}) \left\{ \int_{r_{23}=|r_{12}-r_{13}|}^{r_{12}+r_{13}} [g(r_{23})-1] \right. \\ &\quad \left. \times \left(\frac{r_{12}^2 + r_{13}^2 - r_{23}^2}{r_{12}^2} \right) r_{23} dr_{23} \right\} dr_{13}. \qquad (6.15)\end{aligned}$$

Dans le cas où $r_{12} < r_{13}$, on doit décomposer l'intégrale sur r_{23}, entre les accolades, en deux, comme suit :

$$\int_{-(r_{12}-r_{13})}^{r_{12}+r_{13}} [\ldots] r_{23} dr_{23} = \int_{-(r_{12}-r_{13})}^{r_{12}-r_{13}} [\ldots] r_{23} dr_{23} + \int_{r_{12}-r_{13}}^{r_{12}+r_{13}} [\ldots] r_{23} dr_{23}.$$

Or, la première intégrale du membre de droite est nulle car l'intégrant est une fonction impaire du fait que $g(-r_{23}) = g(r_{23})$. Par conséquent, on peut remplacer purement et simplement la borne d'intégration $|r_{12}-r_{13}|$, dans la relation (6.15), par $(r_{12}-r_{13})$.

Mais pour calculer $g(r_{12})$, il reste encore à intégrer la relation (6.15) sur r_{12}, de r_{12} à l'infini. En remarquant que l'intégrale du membre de gauche tend vers zéro quand $r_{12} \to \infty$ - du fait que $g(r_{12}) \to 1$ et $u(r_{12}) \to 0$ - l'équation de YBG devient :

$$\begin{aligned}-\left[k_B T \ln g(r_{12}) + u(r_{12})\right] \quad &= \quad -\pi\rho \int_{r_{13}=0}^{\infty} \frac{\partial u(r_{13})}{\partial r_{13}} g(r_{13}) \int_{r_{12}}^{\infty} \left\{ \int_{r_{23}=r_{12}-r_{13}}^{r_{12}+r_{13}} [g(r_{23})-1] \right. \\ &\quad \left. \times \left(\frac{r_{12}^2 + r_{13}^2 - r_{23}^2}{r_{12}^2} \right) r_{23} dr_{23} \right\} dr_{12} dr_{13}. \qquad (6.16)\end{aligned}$$

L'ordre des intégrations adopté dans l'intégrale multiple précédente est r_{23}, r_{12} et r_{13}. Montrons que, si l'on permute les intégrations sur r_{23} et r_{12}, l'intégrale sur r_{12} s'exprime sous forme analytique. Pour inverser l'ordre des intégrations sur r_{23} et r_{12} dans l'expression dont la forme générale est :

$$I = \int_a^b \left[\int_{r_{12}-r_{13}}^{r_{12}+r_{13}} F(r_{12}, r_{13}, r_{23}) dr_{23} \right] dr_{12},$$

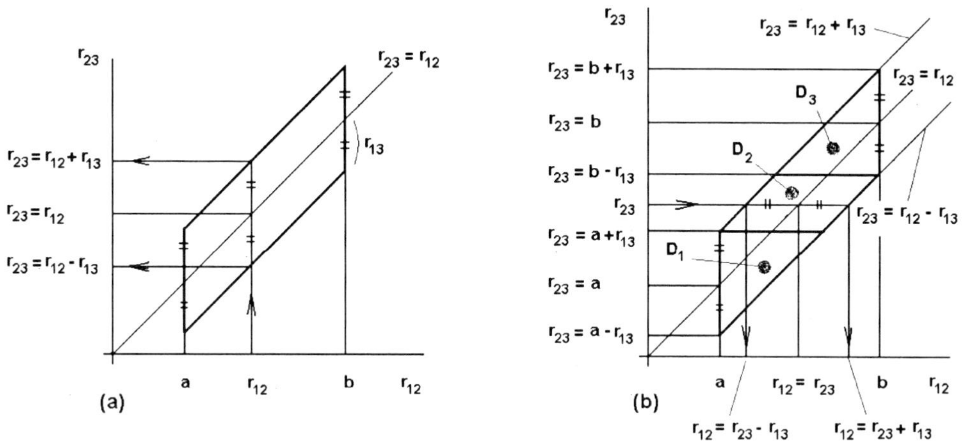

FIG. 6.2 Représentation des domaines d'intégration permettant d'inverser l'ordre d'intégration des intégrales sur r_{23} et r_{12}.

utilisons le théorème de Fubini pour décomposer le domaine d'intégration en trois domaines distincts D_1, D_2 et D_3 représentés sur la figure (6.2b). L'application de ce théorème conduit à calculer l'intégrale I avec l'expression :

$$I = \int_{a-r_{13}}^{a+r_{13}} \left[\int_a^{r_{23}+r_{13}} F dr_{12}\right] dr_{23} + \int_{a+r_{13}}^{b-r_{13}} \left[\int_{r_{23}-r_{13}}^{r_{23}+r_{13}} F dr_{12}\right] dr_{23} + \int_{b-r_{13}}^{b+r_{13}} \left[\int_{r_{23}-r_{13}}^{b} F dr_{12}\right] dr_{23}.$$

Puis revenons aux bornes initiales, $a = r_{12}$ et $b \to \infty$, en calculant tout d'abord l'intégrale sur r_{12} dans le domaine D_1. Le résultat de cette intégrale notée J est[9] :

$$J = \int_{r_{12}}^{r_{23}+r_{13}} \frac{r_{12}^2 + r_{13}^2 - r_{23}^2}{r_{12}^2} dr_{12} = \frac{r_{13}^2 - (r_{23} - r_{12})^2}{r_{12}}.$$

Un calcul analogue montre que l'intégrale sur r_{12}, dans le domaine D_2, vaut :

$$\int_{r_{23}-r_{13}}^{r_{23}+r_{13}} \frac{r_{12}^2 + r_{13}^2 - r_{23}^2}{r_{12}^2} dr_{12} = 0.$$

Quant à l'intégrale sur r_{23} dans le domaine D_3, elle est également nulle puisque $b \to \infty$. Par conséquent, en tenant compte du fait que l'intégrale sur r_{12} vaut J, la relation (6.16) se simplifie et l'*équation de Born-Yvon-Green* se réduit finalement à l'expression :

$$\begin{aligned} k_B T \ln g(r) + u(r) &= \pi\rho \int_{r_{13}=0}^{\infty} \frac{\partial u(r_{13})}{\partial r_{13}} g(r_{13}) \left\{ \int_{r_{23}=r_{12}-r_{13}}^{r_{12}+r_{13}} [g(r_{23}) - 1] \right. \\ &\qquad \left. \times \left[\frac{r_{13}^2 - (r_{23} - r_{12})^2}{r_{12}}\right] r_{23} dr_{23} \right\} dr_{13}. \end{aligned} \tag{6.17}$$

[8] T. L. Hill, *Statistical Mechanics*, McGraw-Hill, New York (1956), p. 206.

[9] En effet, après quelques simplifications, on obtient :

$$\begin{aligned} J &= \int_{r_{12}}^{r_{23}+r_{13}} \frac{r_{12}^2 + r_{13}^2 - r_{23}^2}{r_{12}^2} dr_{12} = \int_{r_{12}}^{r_{23}+r_{13}} dr_{12} + (r_{13}^2 - r_{23}^2) \int_{r_{12}}^{r_{23}+r_{13}} \frac{dr_{12}}{r_{12}^2}, \\ J &= (r_{23} + r_{13} - r_{12}) - (r_{13}^2 - r_{23}^2)\left(\frac{1}{r_{23} + r_{13}} - \frac{1}{r_{12}}\right) = \frac{r_{13}^2 - (r_{23} - r_{12})^2}{r_{12}}. \end{aligned}$$

Pratiquement la relation (6.17) se résout numériquement par une méthode itérative. Pour un potentiel de paire $u(r)$ donné, une forme approximative initiale possédant les limites correctes $[g(0) = 0$ et $g(\infty) = 1]$ est adoptée pour les fonctions de corrélation de paire $g(r_{13})$ et $g(r_{23})$. Après la première itération, on obtient une nouvelle forme de $g(r)$ qui est réutilisée pour effectuer la seconde itération. Puis le processus est répété jusqu'à ce que $g(r)$ converge vers une forme finale qui n'évolue plus après quelques itérations.

La mauvaise qualité de l'équation de YBG aux densités élevées est imputée à l'approximation de superposition. On a bien cherché à modifier cette approximation[10], sans amélioration significative des résultats. C'est pourquoi une nouvelle famille d'équations intégrales a été développée. Celles-ci sont fondées sur la relation d'Ornstein-Zernike qui ne nécessite pas d'utiliser l'approximation de superposition mais qui requiert l'emploi d'une nouvelle fonction de corrélation, la *fonction de corrélation directe* $c(r)$.

6.2 Relation d'Ornstein-Zernike

A côté de l'équation de YBG, il existe d'autres équations intégrales, plus efficaces, établies par des méthodes très différentes - comme par exemple celle de Percus-Yevick[11]. Or, chacune de ces équations doit être utilisée, comme équation auxiliaire, en complément de la relation d'Ornstein-Zernike[12] qui, elle-même, a été introduite de manière heuristique bien avant les équations intégrales. Puisque, par choix personnel, nous avons décidé d'employer la technique de la dérivée fonctionnelle pour présenter les équations intégrales, donnons dans ce paragraphe un bref aperçu de cette technique mathématique avant de définir la fonction de corrélation directe et d'introduire la relation d'Ornstein-Zernike sur des bases plus solides.

6.2.1 Notions fondamentales de fonctionnelle

Une *fonctionnelle* est une loi de correspondance F qui associe à une fonction $f(x)$, définie sur un intervalle donné $[a, b]$, la valeur déterminée I d'un nombre réel. La fonctionnelle se distingue de la *fonction* qui établit une correspondance entre les nombres et de l'*opérateur* qui établit une correspondance entre les fonctions. L'exemple le plus courant de fonctionnelle[13] est celui de l'intégrale définie :

$$I = F\left[f(x)\right] = \int_a^b f(x)dx. \tag{6.18}$$

Parmi les opérations sur les fonctionnelles, une des plus importantes est la *dérivée fonctionnelle.* C'est une extension naturelle de la notion de dérivée définie de la manière

[10] J. E. Mayer, J. Chem. Phys. **15**, 187 (1947). J. G. Kirkwood and Z. Salsburg, Discussions Faraday Soc. **15**, 28 (1953). Voir aussi T. L. Hill, *Statistical Mechanics*, McGraw-Hill, New-York (1956), p. 251.

[11] J. K. Percus and G. J. Yevick, Phys. Rev. **110**, 1 (1958).

[12] L. S. Ornstein and F. Zernike, Proc. Akad. Sci. (Amsterdam), **17**, 793 (1914).

[13] La fonctionnelle est liée au calcul des variations proposé et résolu à la fin du 17ième siècle par Leibniz, l'Hôpital et Newton.

suivante : à une variation $\delta f(x)$ de la fonction $f(x)$ correspond une variation du nombre I, c'est-à-dire une variation δF de la fonctionnelle. La dérivée fonctionnelle, désignée par $\frac{\delta F}{\delta f(x)}$, est alors définie par la relation générale :

$$\delta F = \int_a^b \frac{\delta F}{\delta f(x)} \delta f(x) dx. \tag{6.19}$$

Avec la fonctionnelle de la relation (6.18), cette opération s'écrit :

$$F + \delta F = \int_a^b [f(x) + \delta f(x)]\, dx,$$

où la variation de la fonctionnelle est $\delta F = \int_a^b \delta f(x) dx$ et la dérivée fonctionnelle est $\frac{\delta F}{\delta f(x)} = 1$.

Il est important de noter que le calcul de la dérivée fonctionnelle se fait uniquement avec le terme linéaire en $\delta f(x)$. Afin de clarifier cette question, considérons la fonctionnelle suivante :

$$F\left[f(x)\right] = \int_a^b (\sin x)^2\, dx,$$

où $f(x) = \sin x$. Si la variation de la fonction est $\delta f(x) = \alpha x^3$ (où α est un paramètre dont la valeur est petite), l'accroissement ΔF de la fonctionnelle se calcule avec la formule :

$$F + \Delta F = \int_a^b \left(\sin x + \alpha x^3\right)^2 dx = \int_a^b (\sin x)^2\, dx + \int_a^b 2\,(\sin x)\left(\alpha x^3\right) dx + \int_a^b \left(\alpha x^3\right)^2 dx.$$

Alors que l'accroissement ΔF de la fonctionnelle est :

$$\Delta F = \int_a^b (2 \sin x)\left(\alpha x^3\right) dx + \int_a^b \left(\alpha x^3\right)^2 dx,$$

sa variation δF n'est donnée que par le terme linéaire en $\delta f(x) = \alpha x^3$, soit :

$$\delta F = \int_a^b (2 \sin x)\left(\alpha x^3\right) dx,$$

et la dérivée fonctionnelle a pour expression :

$$\frac{\delta F}{\delta f(x)} = 2 \sin x.$$

Ici la dérivée fonctionnelle est une fonction de x. Mais elle peut être aussi une fonctionnelle de $f(x)$, c'est pourquoi on préfère la noter comme suit :

$$\frac{\delta F}{\delta f(x)} = A\left[f(x), x\right] \qquad \text{avec} \qquad \delta F = \int_a^b A\left[f(x), x\right] \delta f(x) dx.$$

On peut étendre la notion de dérivée fonctionnelle aux fonctions vectorielles définies sur un volume donné. Si la fonctionnelle est $F\left[f(\mathbf{r})\right]$, sa dérivée fonctionnelle s'écrit :

$$\frac{\delta F}{\delta f(\mathbf{r})} = A\left[f(\mathbf{r}), \mathbf{r}\right] \qquad \text{avec} \qquad \delta F = \int_V A\left[f(\mathbf{r}), \mathbf{r}\right] \delta f(\mathbf{r}) d\mathbf{r}. \tag{6.20}$$

On peut également étendre la notion de dérivée fonctionnelle aux fonctions de plusieurs variables et aux dérivées d'ordres supérieurs. Un cas particulièrement important est celui où la fonctionnelle est de la forme[14] $F\left[\prod_{i=1}^{N} f(\mathbf{r}_i)\right]$. Une variation $\delta f(\mathbf{r})$ entraîne une variation δF de la fonctionnelle définie par la relation :

$$F+\delta F=\int\ldots\int\prod_{i=1}^{N}\left[f(\mathbf{r}_i)+\delta f(\mathbf{r}_i)\right]d\mathbf{r}_1 d\mathbf{r}_2 \ldots d\mathbf{r}_N,$$

dont le développement au premier ordre se réduit à[15] :

$$F+\delta F=\int\ldots\int\prod_{i=1}^{N} f(\mathbf{r}_i) d\mathbf{r}_1 d\mathbf{r}_2 \ldots d\mathbf{r}_N+\int\ldots\int\sum_{j=1}^{N}\frac{\delta f(\mathbf{r}_j)}{f(\mathbf{r}_j)}\prod_{i=1}^{N} f(\mathbf{r}_i) d\mathbf{r}_1 d\mathbf{r}_2 \ldots d\mathbf{r}_N.$$

Comme la somme discrète sur j comporte N termes et que tous les termes de la somme sont égaux, en prenant $j=1$ on peut écrire :

$$\sum_{j=1}^{N}\frac{\delta f(\mathbf{r}_j)}{f(\mathbf{r}_j)}=N\frac{\delta f(\mathbf{r}_1)}{f(\mathbf{r}_1)},$$

[14] C'est typiquement le cas de l'intégrale de configuration $Z_N\ (T,V)$ qui est une fonctionnelle de l'énergie potentielle du système, lorsque celle-ci se décompose en une somme de potentiels de paires, soit :

$$\begin{aligned} Z_N\ (T,V) &= \int\int \exp\left[-\beta\sum_{i<j} u(r_{ij})\right] d\mathbf{r}^N, \\ Z_N\ (T,V) &= \int\int \prod_{i<j} \exp\left[-\beta u(r_{ij})\right] d\mathbf{r}_1 d\mathbf{r}_2 \ldots d\mathbf{r}_N. \end{aligned}$$

[15] En effet, l'intégrant s'écrit :

$$\begin{aligned} \prod_{i=1}^{N}\left[f(\mathbf{r}_i)+\delta f(\mathbf{r}_i)\right] &= f(\mathbf{r}_1)f(\mathbf{r}_2)\ldots f(\mathbf{r}_N) \\ &+\delta f(\mathbf{r}_1)\left[f(\mathbf{r}_2)f(\mathbf{r}_3)\ldots f(\mathbf{r}_N)\right] \\ &+\delta f(\mathbf{r}_2)\left[f(\mathbf{r}_1)f(\mathbf{r}_3)\ldots f(\mathbf{r}_N)\right] \\ &+\delta f(\mathbf{r}_3)\left[f(\mathbf{r}_1)f(\mathbf{r}_2)\ldots f(\mathbf{r}_N)\right]+\ldots, \end{aligned}$$

ou encore :

$$\begin{aligned} \prod_{i=1}^{N}\left[f(\mathbf{r}_i)+\delta f(\mathbf{r}_i)\right] &= f(\mathbf{r}_1)f(\mathbf{r}_2)\ldots f(\mathbf{r}_N) \\ &+\frac{\delta f(\mathbf{r}_1)}{f(\mathbf{r}_1)}\left[f(\mathbf{r}_1)f(\mathbf{r}_2)f(\mathbf{r}_3)\ldots f(\mathbf{r}_N)\right] \\ &+\frac{\delta f(\mathbf{r}_2)}{f(\mathbf{r}_2)}\left[f(\mathbf{r}_1)f(\mathbf{r}_2)f(\mathbf{r}_3)\ldots f(\mathbf{r}_N)\right]+ \\ &+\frac{\delta f(\mathbf{r}_3)}{f(\mathbf{r}_3)}\left[f(\mathbf{r}_1)f(\mathbf{r}_2)f(\mathbf{r}_3)\ldots f(\mathbf{r}_N)\right]+\ldots, \end{aligned}$$

soit :

$$\prod_{i=1}^{N}\left[f(\mathbf{r}_i)+\delta f(\mathbf{r}_i)\right]=\prod_{i=1}^{N} f(\mathbf{r}_i)+\sum_{j=1}^{N}\frac{\delta f(\mathbf{r}_j)}{f(\mathbf{r}_j)}\prod_{i=1}^{N} f(\mathbf{r}_i).$$

de sorte que la variation de la fonctionnelle devient :

$$\delta F = \int_V \left[\int ... \int N \prod_{i=2}^{N} f(\mathbf{r}_i) d\mathbf{r}_2 ... d\mathbf{r}_N \right] \delta f(\mathbf{r}_1) d\mathbf{r}_1. \tag{6.21}$$

Avec la relation (6.20), on extrait de la relation précédente la dérivée fonctionnelle par rapport à la variation $\delta f(\mathbf{r}_1)$, soit :

$$\frac{\delta F}{\delta f(\mathbf{r}_1)} = A\left[f(\mathbf{r}^N), \mathbf{r}_1\right] = N \int ... \int \prod_{i=2}^{N} f(\mathbf{r}_i) d\mathbf{r}_2 ... d\mathbf{r}_N.$$

Quant à la dérivée fonctionnelle seconde de F par rapport à la variation $\delta f(\mathbf{r}_2)$, elle a pour expression générale :

$$\begin{aligned} \frac{\delta A}{\delta f(\mathbf{r}_2)} &= \frac{\delta^2 F}{\delta f(\mathbf{r}_2)\delta f(\mathbf{r}_1)} = B\left[f(\mathbf{r}^N), \mathbf{r}_1, \mathbf{r}_2\right], \\ \text{avec} \qquad \delta A &= \int_V B\left[f(\mathbf{r}^N), \mathbf{r}_1, \mathbf{r}_2\right] \delta f(\mathbf{r}_2) d\mathbf{r}_2. \end{aligned}$$

Comme la dérivée seconde $\frac{\delta A}{\delta f(\mathbf{r}_2)}$ dépend des deux variables $\mathbf{r}_1$ et $\mathbf{r}_2$, on peut l'écrire sous forme matricielle. Et puisque l'inverse de cette dérivée, $\frac{\delta f(\mathbf{r}_2)}{\delta A}$, est égale à la matrice inverse, les deux matrices obéissent à la relation importante suivante :

$$\int \frac{\delta A\left[f(\mathbf{r}^N), \mathbf{r}_1, \mathbf{r}_3\right]}{\delta f(\mathbf{r}_3)} \frac{\delta f(\mathbf{r}_3)}{\delta A\left[f(\mathbf{r}^N), \mathbf{r}_2, \mathbf{r}_3\right]} d\mathbf{r}_3 = \delta(\mathbf{r}_1 - \mathbf{r}_2), \tag{6.22}$$

où le second membre de la relation précédente est égal à la fonction de Dirac. Notons que si A et B sont deux fonctionnelles indépendantes, la relation précédente se généralise comme suit[16] :

$$\int \frac{\delta A\left[f(\mathbf{r}^N), \mathbf{r}_1, \mathbf{r}_3\right]}{\delta f(\mathbf{r}_3)} \frac{\delta f(\mathbf{r}_3)}{\delta B\left[f(\mathbf{r}^N), \mathbf{r}_2, \mathbf{r}_3\right]} d\mathbf{r}_3 = \frac{\delta A\left[f(\mathbf{r}^N), \mathbf{r}_1\right]}{\delta B\left[f(\mathbf{r}^N), \mathbf{r}_2\right]}. \tag{6.23}$$

Notons enfin que la définition des dérivées fonctionnelles permet d'écrire une formule analogue à la formule de Mac-Laurin sous la forme suivante :

$$\begin{aligned} F\left[f(\mathbf{r}), \mathbf{r}_1\right] &= F\left[0, \mathbf{r}_1\right] + \int \left\{ \frac{\delta F\left[f(\mathbf{r}), \mathbf{r}_1\right]}{\delta f(\mathbf{r}_2)} \right\}_{f=0} \delta f(\mathbf{r}_2) d\mathbf{r}_2 \\ &+ \frac{1}{2!} \int \int \left\{ \frac{\delta^2 F\left[f(\mathbf{r}), \mathbf{r}_1\right]}{\delta f(\mathbf{r}_2)\delta f(\mathbf{r}_3)} \right\}_{f=0} \delta f(\mathbf{r}_2)\delta f(\mathbf{r}_3) d\mathbf{r}_2 d\mathbf{r}_3 + ... \end{aligned} \tag{6.24}$$

6.2.2 Réponse linéaire de la densité à une perturbation extérieure

Le formalisme de la dérivée fonctionnelle permet de justifier la relation d'Ornstein-Zernike[17] et l'utilisation de la fonction de corrélation directe $c(r)$. Mais, occasionnellement,

---

[16] V. Volterra, *Theory of Functionals*, Dover, New-York (1959).

[17] R. Balescu, *Equilibrium and Non-Equilibrium Statistical Mechanics*, Wiley, New-York (1975), p. 251. G. S. Rushbrooke, *Physics of Simple Liquids*, North-Holland Publishing Company, Amsterdam (1968), p. 25.

il permet de décrire la réponse de la densité d'un liquide classique à une faible perturbation extérieure. Pour le montrer, considérons un liquide dont l'hamiltonien est

$$H_N(\mathbf{r}^N, \mathbf{p}^N) = \sum_{i=1}^{N} \frac{p_i^2}{2m} + U(\mathbf{r}^N) + \sum_{i=1}^{N} \phi(\mathbf{r}_i),$$

où $\phi(\mathbf{r}_i)$ est un potentiel arbitraire appliqué au système, dépendant seulement des positions des particules. Conformément à la relation (5.2), la fonction de partition du système est :

$$Q_N(V,T) = \frac{1}{N!}\frac{1}{\Lambda^{3N}} Z_N(V,T),$$

$$\text{avec} \quad Z_N(V,T) = \int ... \int \exp\left[-\beta U(\mathbf{r}^N) - \beta \sum_{i=1}^{N} \phi(\mathbf{r}_i)\right] d\mathbf{r}^N. \tag{6.25}$$

Si l'on suppose que la fonction de partition $Q_N(V,T)$ est une fonctionnelle de $\phi(\mathbf{r}_i)$, la variation de la fonctionnelle $\ln Q_N[\phi]$ consécutive à une variation $\delta\phi$ du potentiel appliqué est égale à :

$$\delta \ln Q_N[\phi] = \delta \ln Z_N[\phi] = \frac{\delta Z_N[\phi]}{Z_N[\phi]},$$

et le développement au premier ordre de la variation de l'intégrale de configuration a pour expression[18] :

$$\delta Z_N[\phi] = \int ... \int \left[-\beta \sum_{j=1}^{N} \delta\phi(\mathbf{r}_j)\right] \exp\left[-\beta U(\mathbf{r}^N) - \beta \sum_{i=1}^{N} \phi(\mathbf{r}_i)\right] d\mathbf{r}^N. \tag{6.26}$$

Comme les N termes de la somme discrète sur j apportent la même contribution, on peut encore écrire $\sum_{j=1}^{N} \delta\phi(\mathbf{r}_j) = N\delta\phi(\mathbf{r}_1)$ et exprimer la variation de la fonctionnelle $\ln Q_N[\phi]$ sous la forme suivante :

$$\delta \ln Q_N[\phi] = -\frac{\beta N}{Z_N[\phi]} \int ... \int \delta\phi(\mathbf{r}_1) \exp\left[-\beta U(\mathbf{r}^N) - \beta \sum_{i=1}^{N} \phi(\mathbf{r}_i)\right] d\mathbf{r}^N,$$

$$\delta \ln Q_N[\phi] = -\beta \int_V \left\{ \frac{N!}{(N-1)!} \frac{1}{Z_N[\phi]} \int ... \int \exp\left[-\beta U(\mathbf{r}^N) - \beta \sum_{i=1}^{N} \phi(\mathbf{r}_i)\right] d\mathbf{r}_2 ... d\mathbf{r}_N \right\} \delta\phi(\mathbf{r}_1) d\mathbf{r}_1.$$

[18] Le développement limité de l'exponentielle au premier ordre permet d'écrire la variation de la fonctionnelle de la manière suivante :

$$Z + \delta Z = \int ... \int \exp\left\{-\beta U(\mathbf{r}^N) - \beta \sum_{i=1}^{N} [\phi(\mathbf{r}_i) + \delta\phi(\mathbf{r}_i)]\right\} d\mathbf{r}^N,$$

$$Z + \delta Z = \int ... \int \exp\left[-\beta U(\mathbf{r}^N) - \beta \sum_{i=1}^{N} \phi(\mathbf{r}_i)\right] \exp\left[-\beta \sum_{i=1}^{N} \delta\phi(\mathbf{r}_i)\right] d\mathbf{r}^N,$$

$$Z + \delta Z = \int ... \int \exp\left[-\beta U(\mathbf{r}^N) - \beta \sum_{i=1}^{N} \phi(\mathbf{r}_i)\right] \left[1 - \beta \sum_{i=1}^{N} \delta\phi(\mathbf{r}_i) - ...\right] d\mathbf{r}^N,$$

soit :

$$\delta Z = \int ... \int \left[-\beta \sum_{i=1}^{N} \delta\phi(\mathbf{r}_i)\right] \exp\left[-\beta U(\mathbf{r}^N) - \beta \sum_{i=1}^{N} \phi(\mathbf{r}_i)\right] d\mathbf{r}^N.$$

Or, l'expression entre les accolades coïncide avec la fonction de distribution générique à une particule (Rel. 5.3) en présence du potentiel appliqué, à savoir :

$$\rho_N^{(1)}[\phi, \mathbf{r}_1] = \frac{N!}{(N-1)!}\frac{1}{Z_N[\phi]}\int ... \int \exp\left[-\beta U(\mathbf{r}^N) - \beta\sum_{i=1}^{N}\phi(\mathbf{r}_i)\right] d\mathbf{r}_2...d\mathbf{r}_N, \quad (6.27)$$

et elle représente également la dérivée fonctionnelle (Rel. 6.21) de $\ln Q_N[\phi]$ par rapport à la variation $\delta\phi(\mathbf{r}_1)$, soit :

$$\rho_N^{(1)}[\phi, \mathbf{r}_1] = -\frac{1}{\beta}\frac{\delta \ln Q_N[\phi]}{\delta\phi(\mathbf{r}_1)}. \quad (6.28)$$

Cette relation permet de donner une nouvelle interprétation de la fonction de distribution générique à une particule $\rho_N^{(1)}[\phi, \mathbf{r}_1]$. En effet, puisque $-k_B T \ln Q_N[\phi]$ est égal à l'énergie libre de Helmholtz (Rel. 2.53), $\rho_N^{(1)}[\phi, \mathbf{r}_1]$ devient ainsi la dérivée fonctionnelle de l'énergie libre du système par rapport au potentiel appliqué, lorsque celui-ci s'annule.

Calculons à présent la dérivée fonctionnelle de $\rho_N^{(1)}[\phi, \mathbf{r}_1]$. Sa variation s'écrit avec la relation (6.27) comme suit :

$$\delta\rho_N^{(1)}[\phi, \mathbf{r}_1] = N\delta\left\{\frac{X[\phi]}{Z_N[\phi]}\right\}, \quad (6.29)$$

où $X[\phi]$ est la fonctionnelle définie conformément à la relation (6.27) par l'expression :

$$X[\phi] = \int ... \int \exp\left[-\beta U(\mathbf{r}^N) - \beta\sum_{i=1}^{N}\phi(\mathbf{r}_i)\right] d\mathbf{r}_2...d\mathbf{r}_N. \quad (6.30)$$

Comme on l'a fait pour l'intégrale de configuration (Rel. 6.26), utilisons le développement au premier ordre de la variation de la fonctionnelle $X[\phi]$, soit :

$$\delta X[\phi] = \int ... \int \left[-\beta\sum_{i=1}^{N}\delta\phi(\mathbf{r}_j)\right] \exp\left[-\beta U(\mathbf{r}^N) - \beta\sum_{i=1}^{N}\phi(\mathbf{r}_i)\right] d\mathbf{r}_2...d\mathbf{r}_N. \quad (6.31)$$

A l'aide de la relation (6.29), on est en mesure à présent de calculer la variation de la fonction de distribution générique à une particule, $\delta\rho_N^{(1)}[\phi, \mathbf{r}_1]$, relative à la variation $\delta\phi$ du potentiel appliqué. Celle-ci s'écrit :

$$\delta\rho_N^{(1)}[\phi, \mathbf{r}_1] = N\left[\frac{\delta X[\phi]\, Z_N[\phi] - \delta Z_N[\phi]\, X[\phi]}{Z_N^2[\phi]}\right]. \quad (6.32)$$

Disposant des fonctionnelles $Z_N[\phi]$ et $X[\phi]$, ainsi que de leurs variations $\delta Z_N[\phi]$ et $\delta X[\phi]$, on peut effectuer les simplifications qui s'imposent en substituant, dans la relation (6.32), les termes entre crochets par leurs expressions respectives. Avec les relations (6.25) et (6.31), la première contribution se transforme astucieusement de la manière suivante :

$$N\frac{\delta X[\phi]\, Z_N[\phi]}{Z_N^2[\phi]} = \frac{-N\beta}{Z_N[\phi]}\int ... \int \left[\delta\phi(\mathbf{r}_1) + \sum_{j=2}^{N}\delta\phi(\mathbf{r}_j)\right] \exp\left[-\beta U(\mathbf{r}^N) - \beta\sum_{i=1}^{N}\phi(\mathbf{r}_i)\right] d\mathbf{r}_2...d\mathbf{r}_N,$$

et s'écrit encore :

$$
\begin{aligned}
N\frac{\delta X[\phi]\, Z_N[\phi]}{Z_N^2[\phi]} &= -\frac{N\beta}{Z_N[\phi]}\int ... \int \delta\phi(\mathbf{r}_1)\exp\left[-\beta U(\mathbf{r}^N)-\beta\sum_{i=1}^{N}\phi(\mathbf{r}_i)\right]d\mathbf{r}_2...d\mathbf{r}_N \\
&\quad -\frac{N\beta}{Z_N[\phi]}\int ... \int \sum_{j=2}^{N}\delta\phi(\mathbf{r}_j)\exp\left[-\beta U(\mathbf{r}^N)-\beta\sum_{i=1}^{N}\phi(\mathbf{r}_i)\right]d\mathbf{r}_2...d\mathbf{r}_N.
\end{aligned}
$$

Considérant que les $(N-1)$ termes de la somme sur j apportent la même contribution, on peut poser $\sum_{j=2}^{N}\delta\phi(\mathbf{r}_j) = (N-1)\delta\phi(\mathbf{r}_2)$ et simplifier la relation précédente comme suit :

$$
\begin{aligned}
N\frac{\delta X[\phi]\, Z_N[\phi]}{Z_N^2[\phi]} &= -\beta\delta\phi(\mathbf{r}_1)\left\{\frac{N}{Z_N[\phi]}\int ... \int \exp\left[-\beta U(\mathbf{r}^N)-\beta\sum_{i=1}^{N}\phi(\mathbf{r}_i)\right]d\mathbf{r}_2...d\mathbf{r}_N\right\} \\
&\quad -\beta\int_V\left\{\frac{N(N-1)}{Z_N[\phi]}\int ... \right. \\
&\quad \left.\int \exp\left[-\beta U(\mathbf{r}^N)-\beta\sum_{i=1}^{N}\phi(\mathbf{r}_i)\right]d\mathbf{r}_3...d\mathbf{r}_N\right\}\delta\phi(\mathbf{r}_2)d\mathbf{r}_2.
\end{aligned}
$$

Mais l'expression qui se trouve entre les premières accolades est la fonction de distribution générique à une particule $\rho_N^{(1)}[\phi,\mathbf{r}_1]$ en présence du potentiel appliqué (Rel. 6.27) et celle qui se trouve entre les secondes accolades correspond à la fonction de distribution générique à deux particules $\rho_N^{(2)}[\phi,\mathbf{r}_1,\mathbf{r}_2]$. Par conséquent, la première contribution de la relation (6.32) se réduit à l'expression :

$$
N\frac{\delta X[\phi]\, Z_N[\phi]}{Z_N^2[\phi]} = -\beta\delta\phi(\mathbf{r}_1)\rho_N^{(1)}[\phi,\mathbf{r}_1] - \beta\int_V \rho_N^{(2)}[\phi,\mathbf{r}_1,\mathbf{r}_2]\,\delta\phi(\mathbf{r}_2)d\mathbf{r}_2. \qquad (6.33)
$$

Quant à la seconde contribution de la relation (6.32) elle s'écrit avec les relations (6.26) et (6.30) comme suit :

$$
\begin{aligned}
N\frac{\delta Z_N[\phi]\, X[\phi]}{Z_N^2[\phi]} &= \frac{N}{Z_N^2[\phi]}\int ... \int\left[-\beta\sum_{j=1}^{N}\delta\phi(\mathbf{r}_j)\right]\exp\left[-\beta U(\mathbf{r}^N)-\beta\sum_{i=1}^{N}\phi(\mathbf{r}_i)\right]d\mathbf{r}^N \\
&\quad \times\int ... \int \exp\left[-\beta U(\mathbf{r}^N)-\beta\sum_{i=1}^{N}\phi(\mathbf{r}_i)\right]d\mathbf{r}_2...d\mathbf{r}_N.
\end{aligned}
$$

Si l'on décompose habilement la première intégrale après avoir posé $\sum_{j=1}^{N}\delta\phi(\mathbf{r}_j) = N\delta\phi(\mathbf{r}_2)$, on obtient encore :

$$
\begin{aligned}
N\frac{\delta Z_N[\phi]\, X[\phi]}{Z_N^2[\phi]} &= -\beta\int_V\left\{\frac{N}{Z_N[\phi]}\int ... \int \exp\left[-\beta U(\mathbf{r}^N)-\beta\sum_{i=1}^{N}\phi(\mathbf{r}_i)\right]d\mathbf{r}_1 d\mathbf{r}_3...d\mathbf{r}_N\right\}\times \\
&\quad \delta\phi(\mathbf{r}_2)d\mathbf{r}_2\times\left\{\frac{N}{Z_N[\phi]}\int ... \int \exp\left[-\beta U(\mathbf{r}^N)-\beta\sum_{i=1}^{N}\phi(\mathbf{r}_i)\right]d\mathbf{r}_2...d\mathbf{r}_N\right\}.
\end{aligned}
$$

Comme les expressions entre accolades sont respectivement les fonctions de distribution génériques à une particule $\rho_N^{(1)}[\phi,\mathbf{r}_2]$ et $\rho_N^{(1)}[\phi,\mathbf{r}_1]$, la relation précédente se réduit à :

$$
N\frac{\delta Z_N[\phi]\, X[\phi]}{Z_N^2[\phi]} = -\beta\int_V \rho_N^{(1)}[\phi,\mathbf{r}_2]\,\rho_N^{(1)}[\phi,\mathbf{r}_1]\,\delta\phi(\mathbf{r}_2)d\mathbf{r}_2. \qquad (6.34)
$$

En combinant maintenant les relations (6.34), (6.33) et (6.32), on aboutit à l'expression suivante de la variation de la fonction de distribution générique à une particule $\delta\rho_N^{(1)}[\phi, \mathbf{r}_1]$, soit :

$$\begin{aligned}\delta\rho_N^{(1)}[\phi, \mathbf{r}_1] &= -\beta\delta\phi(\mathbf{r}_1)\rho_N^{(1)}[\phi, \mathbf{r}_1] - \beta\int_V \rho_N^{(2)}[\phi, \mathbf{r}_1, \mathbf{r}_2]\,\delta\phi(\mathbf{r}_2)d\mathbf{r}_2 \\ &\quad + \beta\int_V \rho_N^{(1)}[\phi, \mathbf{r}_2]\,\rho_N^{(1)}[\phi, \mathbf{r}_1]\,\delta\phi(\mathbf{r}_2)d\mathbf{r}_2,\end{aligned}$$

ou encore :

$$\delta\rho_N^{(1)}[\phi, \mathbf{r}_1] = -\beta\delta\phi(\mathbf{r}_1)\rho_N^{(1)}[\phi, \mathbf{r}_1] - \beta\int_V \left[\rho_N^{(2)}[\phi, \mathbf{r}_1, \mathbf{r}_2] - \rho_N^{(1)}[\phi, \mathbf{r}_2]\,\rho_N^{(1)}[\phi, \mathbf{r}_1]\right]\delta\phi(\mathbf{r}_2)d\mathbf{r}_2. \tag{6.35}$$

Cette équation est une relation très importante de la théorie des liquides. Elle permet de déduire la relation d'Ornstein-Zernike, comme on le verra dans le paragraphe suivant, mais elle fournit également le moyen de calculer la réponse de la densité d'un liquide homogène et isotrope à une faible perturbation extérieure. En effet, si l'on écrit les fonctions de distribution génériques en termes de densité particulaire ρ et de fonction de corrélation de paire (§ 5.1.1), la relation (6.35) se simplifie comme suit :

$$\delta\rho_N^{(1)}[\phi, \mathbf{r}_1] = -\beta\rho\delta\phi(\mathbf{r}_1) - \beta\int_V \left[\rho^2 g_N^{(2)}[\phi, \mathbf{r}_1, \mathbf{r}_2] - \rho^2\right]\delta\phi(\mathbf{r}_2)d\mathbf{r}_2.$$

Or, en prenant la transformée de Fourier des deux membres de la relation précédente et en utilisant le théorème de convolution[19] on trouve :

$$\delta\rho^{(1)}(\mathbf{q}) = -\beta\rho\delta\phi(\mathbf{q}) - \beta\rho\,[S(\mathbf{q}) - 1]\,\delta\phi(\mathbf{q}),$$

soit :

$$\delta\rho^{(1)}(\mathbf{q}) = -\beta\rho S(\mathbf{q})\delta\phi(\mathbf{q}). \tag{6.36}$$

Cette relation permet de calculer la réponse linéaire de la densité à une faible perturbation extérieure dans l'espace réciproque de l'ensemble des configurations, puisque la relation (6.36) s'écrit encore :

$$\delta\rho^{(1)}(\mathbf{q}) = \chi^{(1)}(\mathbf{q})\delta\phi(\mathbf{q}),$$

[19] Il faut multiplier les deux côtés de la relation précédente par $\exp(i\mathbf{q}\mathbf{r}_1)\,d\mathbf{r}_1$ et intégrer sur $\mathbf{r}_1$, soit :

$$\begin{aligned}\int \delta\rho_N^{(1)}[\phi, \mathbf{r}_1]\exp(i\mathbf{q}\mathbf{r}_1)\,d\mathbf{r}_1 &= -\beta\rho\int \delta\phi(\mathbf{r}_1)\exp(i\mathbf{q}\mathbf{r}_1)\,d\mathbf{r}_1 \\ &\quad -\beta\rho^2\int \left[g_N^{(2)}[\phi, \mathbf{r}_1, \mathbf{r}_2] - 1\right]\exp[i\mathbf{q}(\mathbf{r}_1 - \mathbf{r}_2)]\,\delta\phi(\mathbf{r}_2)\exp(i\mathbf{q}\mathbf{r}_2)\,d\mathbf{r}_1 d\mathbf{r}_2.\end{aligned}$$

A l'aide des changements de variables $\mathbf{r}_2 = \mathbf{r}_2$, $\mathbf{r}_{21} = \mathbf{r}_1 - \mathbf{r}_2$ dans l'intégrale de convolution, pour lesquels le jacobien est égal à l'unité, l'équation précédente se transforme en :

$$\delta\rho^{(1)}(\mathbf{q}) = -\beta\rho\delta\phi(\mathbf{q}) - \beta\rho\,[S(\mathbf{q}) - 1]\,\delta\phi(\mathbf{q}),$$

où :

$$\begin{aligned}\delta\rho^{(1)}(\mathbf{q}) &= \int \delta\rho_N^{(1)}[\phi, \mathbf{r}]\exp(i\mathbf{q}\mathbf{r})\,d\mathbf{r}, \\ \delta\phi(\mathbf{q}) &= \int \delta\phi(\mathbf{r})\exp(i\mathbf{q}\mathbf{r})\,d\mathbf{r}, \\ S(\mathbf{q}) - 1 &= \rho\int [g(r) - 1]\exp(i\mathbf{q}\mathbf{r})\,d\mathbf{r}.\end{aligned}$$

où l'on a posé :

$$\chi^{(1)}(\mathbf{q}) = -\beta\rho S(\mathbf{q}). \tag{6.37}$$

La fonction $\chi^{(1)}(\mathbf{q})$, appelée *fonction réponse linéaire,* est directement proportionnelle au facteur de structure statique $S(\mathbf{q})$ du système. Ce résultat constitue un des aspects du théorème *fluctuation-dissipation.* Dans ce cas précis, il donne une signification particulière au facteur de structure des liquides, qui devient la réponse linéaire du système relativement à la densité particulaire. On notera que la relation (6.37) a déjà été évoquée dans la note 52 du chapitre 4.

6.2.3 Obtention de la relation d'Ornstein-Zernike

Pour établir la relation d'Ornstein-Zernike, récrivons la relation (6.35) après avoir transformé le premier terme du second membre au moyen de la fonction de Dirac $\delta(\mathbf{r}_1 - \mathbf{r}_2)$ sous la forme suivante :

$$\beta\delta\phi(\mathbf{r}_1)\rho_N^{(1)}[\phi, \mathbf{r}_1] = \beta \int_V \rho_N^{(1)}[\phi, \mathbf{r}_1]\,\delta(\mathbf{r}_1 - \mathbf{r}_2)\delta\phi(\mathbf{r}_2)d\mathbf{r}_2.$$

Avec cette expression, la relation (6.35) se simplifie comme suit :

$$\delta\rho_N^{(1)}[\phi, \mathbf{r}_1] = -\beta \int_V \left\{\rho_N^{(1)}[\phi, \mathbf{r}_1]\,\delta(\mathbf{r}_1 - \mathbf{r}_2) + \rho_N^{(2)}[\phi, \mathbf{r}_1, \mathbf{r}_2] - \rho_N^{(1)}[\phi, \mathbf{r}_2]\,\rho_N^{(1)}[\phi, \mathbf{r}_1]\right\}\delta\phi(\mathbf{r}_2)d\mathbf{r}_2,$$

et la dérivée fonctionnelle de $\rho_N^{(1)}[\phi, \mathbf{r}_1]$ par rapport à la variation $\delta\phi(\mathbf{r}_2)$ s'écrit conformément à la relation (6.20), de la manière suivante :

$$\frac{\delta\rho_N^{(1)}[\phi, \mathbf{r}_1]}{\delta\phi(\mathbf{r}_2)} = -\beta\left\{\rho_N^{(1)}[\phi, \mathbf{r}_1]\,\delta(\mathbf{r}_1 - \mathbf{r}_2) + \rho_N^{(2)}[\phi, \mathbf{r}_1, \mathbf{r}_2] - \rho_N^{(1)}[\phi, \mathbf{r}_2]\,\rho_N^{(1)}[\phi, \mathbf{r}_1]\right\}. \tag{6.38}$$

Mais, en regardant la relation (6.28), on s'aperçoit que cette dérivée fonctionnelle dépend également de l'intégrale de configuration, soit :

$$\frac{\delta\rho_N^{(1)}[\phi, \mathbf{r}_1]}{\delta\phi(\mathbf{r}_2)} = -\frac{1}{\beta}\frac{\delta^2 \ln Q_N[\phi]}{\delta\phi(\mathbf{r}_2)\delta\phi(\mathbf{r}_1)} = \frac{\delta^2 F[\phi]}{\delta\phi(\mathbf{r}_2)\delta\phi(\mathbf{r}_1)}. \tag{6.39}$$

En comparant les relations (6.38) et (6.39), on constate que la dérivée fonctionnelle seconde de l'énergie libre de Helmholtz $F[\phi]$ par rapport à une faible perturbation extérieure dépend explicitement des fonctions de distribution génériques à une particule et à deux particules. Quant à la relation (6.38), elle permet d'obtenir la relation d'Ornstein-Zernike à condition d'introduire une nouvelle fonction, la *fonction de corrélation directe* $c[\phi, \mathbf{r}_1, \mathbf{r}_2]$, dont on admettra qu'elle est définie par la relation :

$$c[\phi, \mathbf{r}_1, \mathbf{r}_2] = \beta\frac{\delta\phi(\mathbf{r}_2)}{\delta\rho_N^{(1)}[\phi, \mathbf{r}_1]} + \frac{1}{\rho_N^{(1)}[\phi, \mathbf{r}_1]}\delta(\mathbf{r}_1 - \mathbf{r}_2),$$

d'où l'on tire :

$$\frac{\delta\phi(\mathbf{r}_2)}{\delta\rho_N^{(1)}[\phi, \mathbf{r}_1]} = \frac{1}{\beta}\left\{c[\phi, \mathbf{r}_1, \mathbf{r}_2] - \frac{1}{\rho_N^{(1)}[\phi, \mathbf{r}_1]}\delta(\mathbf{r}_1 - \mathbf{r}_2)\right\}. \tag{6.40}$$

Comme les relations (6.38) et (6.40) correspondent à des expressions inverses l'une de l'autre, on peut les substituer dans la relation (6.22), soit :

$$\int \frac{\delta\rho_N^{(1)}[\phi,\mathbf{r}_1,\mathbf{r}_3]}{\delta\phi(\mathbf{r}_3)} \frac{\delta\phi(\mathbf{r}_3)}{\delta\rho_N^{(1)}[\phi,\mathbf{r}_2,\mathbf{r}_3]} d\mathbf{r}_3 = \delta(\mathbf{r}_1 - \mathbf{r}_2),$$

ce qui donne :

$$\begin{aligned}\delta(\mathbf{r}_1-\mathbf{r}_2) &= \int -\left\{\rho_N^{(1)}[\phi,\mathbf{r}_1]\,\delta(\mathbf{r}_1-\mathbf{r}_3) + \rho_N^{(2)}[\phi,\mathbf{r}_1,\mathbf{r}_3] - \rho_N^{(1)}[\phi,\mathbf{r}_3]\,\rho_N^{(1)}[\phi,\mathbf{r}_1]\right\} \\ &\quad \times \left\{ c[\phi,\mathbf{r}_2,\mathbf{r}_3] - \frac{1}{\rho_N^{(1)}[\phi,\mathbf{r}_2]}\delta(\mathbf{r}_2-\mathbf{r}_3)\right\} d\mathbf{r}_3.\end{aligned}$$

Après avoir simplifié l'intégrant et tiré parti de la fonction de Dirac, pour $\mathbf{r}_1 \neq \mathbf{r}_2$, on obtient :

$$\begin{aligned}0 &= -c[\phi,\mathbf{r}_1,\mathbf{r}_2]\,\rho_N^{(1)}[\phi,\mathbf{r}_1] - \int c[\phi,\mathbf{r}_2,\mathbf{r}_3]\left\{\rho_N^{(2)}[\phi,\mathbf{r}_1,\mathbf{r}_3] - \rho_N^{(1)}[\phi,\mathbf{r}_3]\,\rho_N^{(1)}[\phi,\mathbf{r}_1]\right\} d\mathbf{r}_3 \\ &\quad + \frac{1}{\rho_N^{(1)}[\phi,\mathbf{r}_2]}\left\{\rho_N^{(2)}[\phi,\mathbf{r}_1,\mathbf{r}_2] - \rho_N^{(1)}[\phi,\mathbf{r}_2]\,\rho_N^{(1)}[\phi,\mathbf{r}_1]\right\}. \qquad (6.41)\end{aligned}$$

Si la perturbation appliquée est faible et si le liquide est homogène et isotrope, on peut exprimer les fonctions de distribution génériques à deux particules (Rel. 5.5) au moyen de la fonction de corrélation de paire $g(r)$ en transformant la relation précédente comme suit :

$$0 = -\rho c(r_{12}) - \int c(r_{23})\left[\rho^2 g(r_{13}) - \rho^2\right] d\mathbf{r}_3 + \frac{1}{\rho}\left[\rho^2 g(r_{12}) - \rho^2\right],$$

soit :

$$g(r_{12}) - 1 = c(r_{12}) + \rho \int c(r_{23})\left[g(r_{13}) - 1\right] d\mathbf{r}_3. \qquad (6.42)$$

C'est la *relation d'Ornstein-Zernike* (OZ) qui relie de manière exacte la fonction de corrélation de paire $g(r)$ à la fonction de corrélation directe $c(r)$. Traditionnellement, on appelle *fonction de corrélation totale* la fonction $h(r) = g(r) - 1$ permettant de récrire la relation d'OZ sous la forme compacte suivante :

$$h(r_{12}) = c(r_{12}) + \rho \int c(r_{23}) h(r_{13}) d\mathbf{r}_3. \qquad (6.43)$$

La relation d'OZ a été établie initialement pour étudier les fluctuations critiques[20] en supposant que la fonction de corrélation totale $h(r_{12})$ se sépare en deux contributions : la *fonction de corrélation directe* $c(r_{12})$ et la *fonction de corrélation indirecte* notée $\gamma(r_{12}) = \rho \int c(r_{23}) h(r_{13}) d\mathbf{r}_3$. La figure (6.3a) illustre de manière schématique ce qui différencie la fonction de corrélation directe $c(r_{12})$ de la fonction de corrélation indirecte $\gamma(r_{12})$. Alors que $c(r_{12})$ mesure la corrélation directe entre la particule 1 et la particule 2, $\gamma(r_{12})$ est une mesure de la corrélation existant entre la particule 1 et la particule 2, par l'intermédiaire de toutes les autres particules.

[20] L. S. Ornstein and F. Zernike, Proc. Akad. Sci. (Amsterdam), **17**, 793 (1914).

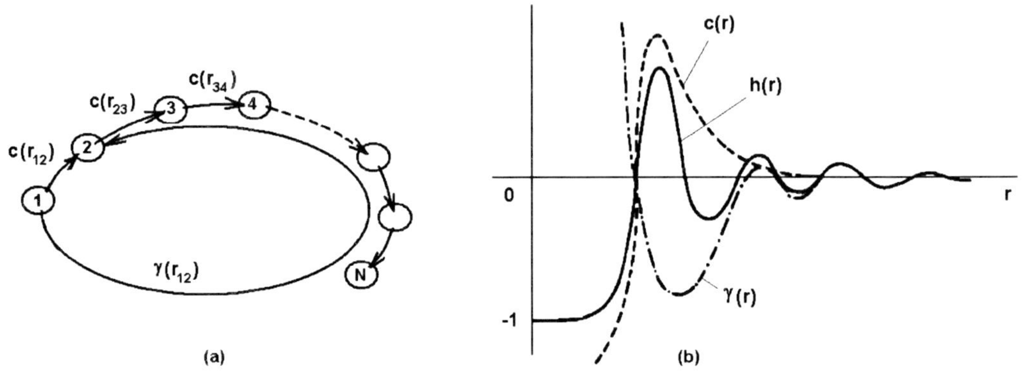

FIG. 6.3 – (a) Interprétation schématique des fonctions de corrélation directe $c(r_{12})$ et indirecte $\gamma(r_{12})$. (b) Représentation schématique des fonctions de corrélation directe $c(r_{12})$, indirecte $\gamma(r_{12})$ et totale $h(r_{12}) = c(r_{12}) + \gamma(r_{12})$ dans les liquides.

En dépit de son interprétation quelque peu obscure, la fonction de corrélation directe $c(r)$ est importante pour deux raisons. La première raison tient à ce qu'aux faibles densités elle se réduit à la fonction de Mayer. En effet, en considérant la relation (6.43), on s'aperçoit que $c(r) \to h(r) = g(r) - 1$, quand $\rho \to 0$. Or, les considérations du paragraphe (5.4.1) ont montré, qu'aux faibles densités, la fonction de corrélation de paire $g(r)$ s'identifie au facteur de Boltzmann, $\exp[-\beta u(r)]$, qui est lui-même utilisé pour définir la fonction de Mayer $f(r)$. Il en ressort qu'aux grandes distances, quand $u(r)$ tend vers 0, la fonction de corrélation directe $c(r)$ se comporte approximativement[21] comme $c(r) \sim -\beta u(r)$. On notera sur la figure (6.3b) que sa variation est plus régulière que celle de $h(r)$ et qu'elle a une portée plus courte que $\gamma(r)$.

La deuxième raison de l'importance de $c(r)$ vient du fait qu'elle est directement accessible à partir du facteur de structure $S(q)$, tout comme la fonction de corrélation de paire $g(r)$. En effet, si l'on calcule la transformée de Fourier de la relation (6.43) en utilisant le théorème de convolution[22], on obtient :

$$h(q) = c(q) + \rho c(q)h(q),$$

[21] En effet, quand $r \to \infty$, la fonction de corrélation directe $c(r)$ peut être assimilée indifféremment à :

$$c(r) \sim [g(r) - 1] \sim \exp[-\beta u(r)] - 1 = f(r) \sim -\beta u(r).$$

[22] Il faut multiplier les deux côtés de la relation (6.43) par $\exp[i\mathbf{q}(\mathbf{r}_2 - \mathbf{r}_1)]\, d\mathbf{r}_1 d\mathbf{r}_2$ et intégrer sur $\mathbf{r}_1$ et $\mathbf{r}_2$, soit :

$$\begin{aligned}\int h(r_{12}) \exp[i\mathbf{q}(\mathbf{r}_2 - \mathbf{r}_1)]\, d\mathbf{r}_1 d\mathbf{r}_2 &= \int c(r_{12}) \exp[i\mathbf{q}(\mathbf{r}_2 - \mathbf{r}_1)]\, d\mathbf{r}_1 d\mathbf{r}_2 \\ &+ \rho \int c(r_{23}) h(r_{13}) \exp[i\mathbf{q}(\mathbf{r}_2 - \mathbf{r}_1)]\, d\mathbf{r}_1 d\mathbf{r}_2 d\mathbf{r}_3.\end{aligned}$$

A l'aide des changements de variables $\mathbf{r}_1 = \mathbf{r}_1$, $\mathbf{r}_{12} = \mathbf{r}_2 - \mathbf{r}_1$, dans les deux premières intégrales, et $\mathbf{r}_{13} = \mathbf{r}_3 - \mathbf{r}_1$, $\mathbf{r}_{32} = \mathbf{r}_2 - \mathbf{r}_3$, $\mathbf{r}_3 = \mathbf{r}_3$, dans l'intégrale de convolution - pour lesquels les jacobiens sont égaux à l'unité -, l'équation précédente se transforme en :

$$h(\mathbf{q}) = c(\mathbf{q}) + \rho c(\mathbf{q}) h(\mathbf{q}),$$

ou encore :

$$[1 + \rho h(q)]\,[1 - \rho c(q)] = 1. \tag{6.44}$$

Or, de la relation (5.17), il découle que :

$$S(q) - 1 = \rho \int [g(r) - 1] \exp{(i\mathbf{qr})}\, d\mathbf{r} = \rho h(q),$$

qui combinée avec la relation (6.44), donne :

$$S(q) = 1 + \rho h(q) = \frac{1}{1 - \rho c(q)}, \tag{6.45}$$

soit :

$$\rho c(q) = 1 - \frac{1}{S(q)} = \rho \int c(r) \exp{(i\mathbf{qr})}\, d\mathbf{r}. \tag{6.46}$$

Par conséquent, il est facile d'extraire la fonction de corrélation directe $c(r)$ en prenant la transformée de Fourier inverse de la relation (6.46), soit :

$$\rho c(r) = \frac{1}{(2\pi)^3} \int \left[1 - \frac{1}{S(q)}\right] \exp{(-i\mathbf{qr})}\, d\mathbf{q}.$$

Incidemment, on notera que pour $q = 0$, la relation (6.46) se réduit à l'expression :

$$\rho c(0) = 1 - \frac{1}{S(0)} = \rho \int c(r) d\mathbf{r},$$

qui permet de relier la fonction de corrélation directe $c(r)$ à la compressibilité isotherme χ_T au moyen de l'expression exacte suivante (Rel. 5.46) :

$$S(0) = \rho k_B T \chi_T = \frac{1}{1 - \rho \int c(r) d\mathbf{r}}, \tag{6.47}$$

ou à la dérivée du potentiel chimique μ, par rapport à ρ, avec l'expression suivante (Rel. 5.49) :

$$\rho\beta \frac{\partial \mu}{\partial \rho} = \frac{1}{\rho k_B T \chi_T} = 1 - \rho \int c(r) d\mathbf{r}. \tag{6.48}$$

6.3 Equation de Percus-Yevick

6.3.1 Obtention de l'équation de Percus-Yevick

La relation d'OZ obtenue précédemment est une équation exacte qui relie la fonction de corrélation directe $c(r)$ à la fonction de corrélation de paire $g(r)$. Puisque $c(r)$ et $g(r)$

---

où

$$h(\mathbf{q}) = \int h(r_{12}) \exp{(i\mathbf{qr}_{12})}\, d\mathbf{r}_{12},$$
$$c(\mathbf{q}) = \int c(r_{12}) \exp{(i\mathbf{qr}_{12})}\, d\mathbf{r}_{12}.$$

sont deux fonctions inconnues, il est nécessaire d'utiliser une équation supplémentaire susceptible de déterminer $c(r)$ et $g(r)$ simultanément. Une des méthodes utilisées pour établir cette équation est basée sur le développement des fonctionnelles en série de MacLaurin. Comme on le verra, cette équation auxiliaire, indépendante de la relation d'OZ, est une équation approximative qui dépend du choix de la fonctionnelle. Une des équations approximatives qui donna le plus de satisfaction pour étudier les liquides est l'équation de Percus-Yevik (PY), présentée ci-dessous, en utilisant la méthode des fonctionnelles[23].

Supposons tout d'abord que la perturbation extérieure ϕ appliquée au système soit le potentiel d'une particule test, identique à toutes les autres, interagissant avec les N autres particules par le même potentiel de paire $u(r)$. Si la particule test d'indice 0 est fixée dans une position donnée $\mathbf{r}_0$, le potentiel appliqué ϕ s'écrit :

$$\phi(\mathbf{r}^N) = \sum_{i=1}^{N} u(r_{0i}).$$

Mais si l'on admet que l'énergie potentielle $U(\mathbf{r}^N)$ du système sans la particule test se décompose en une somme de potentiels de paires, on peut écrire l'énergie potentielle du système avec la particule test :

$$U(\mathbf{r}^N) + \phi(\mathbf{r}^N) = \sum_{i=1}^{N-1} \sum_{j>i}^{N} u(r_{ij}) + \sum_{i=1}^{N} u(r_{0i}) = \sum_{i=1}^{N} \sum_{j>i}^{N+1} u(r_{ij}).$$

Pour mettre en oeuvre la méthode, on choisit deux fonctionnelles du potentiel appliqué $\phi(\mathbf{r})$: l'une appelée *fonctionnelle indépendante* $F[\phi(\mathbf{r}), \mathbf{r}_i]$ et l'autre *fonctionnelle génératrice* $G[\phi(\mathbf{r}), \mathbf{r}_i]$. A priori, le choix de la fonctionnelle génératrice est arbitraire ; on sait si le choix est bon au moment de tester la fonction de corrélation de paire. Ainsi, pour obtenir l'équation de Percus-Yevick, on choisit comme fonctionnelle indépendante $F[\phi(\mathbf{r}), \mathbf{r}_i]$ la fonction de distribution générique à une particule en présence du potentiel appliqué, c'est-à-dire avec la particule test dans le système (attention, ici $F[\phi(\mathbf{r}), \mathbf{r}_i]$ n'est pas l'énergie libre de Helmholtz), soit :

$$F[\phi(\mathbf{r}), \mathbf{r}_i] = \rho_{N+1}^{(1)}[\phi, \mathbf{r}_i], \tag{6.49}$$

et comme fonctionnelle génératrice[24] $G[\phi(\mathbf{r}), \mathbf{r}_i]$ l'expression :

$$G[\phi(\mathbf{r}), \mathbf{r}_i] = \rho_{N+1}^{(1)}[\phi, \mathbf{r}_i] \exp[\beta u(r_{0i})]. \tag{6.50}$$

Ce choix est particulièrement ingénieux car les deux fonctionnelles $F[\phi(\mathbf{r}), \mathbf{r}_i]$ et $G[\phi(\mathbf{r}), \mathbf{r}_i]$ s'identifient à la fonction de distribution générique à une particule lorsque le potentiel appliqué est nul $\left[\phi(\mathbf{r}^N) = \sum_{i=1}^{N} u(r_{0i}) = 0\right]$, c'est-à-dire lorsque la particule test est retirée du système :

$$F[0, \mathbf{r}_i] = G[0, \mathbf{r}_i] = \rho_N^{(1)}(\mathbf{r}).$$

Quant à la fonctionnelle $\rho_{N+1}^{(1)}[\phi, \mathbf{r}_i]$, montrons qu'elle représente, non pas une fonction de distribution générique à une particule, mais une fonction de distribution générique à

[23] J. K. Percus, Phys. Rev. Lett. **8**, 462 (1962).

[24] Notons au passage que la fonctionnelle génératrice $G[\phi(\mathbf{r}), \mathbf{r}_i] = \ln\left\{\rho_{N+1}^{(1)}[\phi(\mathbf{r}), \mathbf{r}_i] \exp[\beta u(r_{0i})]\right\}$ fournit une autre équation bien connue - l'équation HNC (hypernetted-chain).

deux particules dans un système de $(N+1)$ particules. En effet, d'après la relation (6.27), $\rho_{N+1}^{(1)}[\phi, \mathbf{r}_i]$ a pour expression :

$$\rho_{N+1}^{(1)}[\phi, \mathbf{r}_1] = \frac{N!}{(N-1)!} \frac{\int ... \int \exp\left[-\beta \sum_{i=1}^{N-1} \sum_{j>i}^{N} u(r_{ij}) - \beta \sum_{i=1}^{N} u(r_{0i})\right] d\mathbf{r}_2 ... d\mathbf{r}_N}{\int ... \int \exp\left[-\beta \sum_{i=1}^{N-1} \sum_{j>i}^{N} u(r_{ij}) - \beta \sum_{i=1}^{N} u(r_{0i})\right] d\mathbf{r}_1 d\mathbf{r}_2 ... d\mathbf{r}_N}.$$

Après quelques modifications, $\rho_{N+1}^{(1)}[\phi, \mathbf{r}_1]$ s'écrit encore :

$$\rho_{N+1}^{(1)}[\phi, \mathbf{r}_1] = \frac{\frac{(N+1)!}{(N-1)!} \frac{1}{Z_{N+1}(V,T)} \int ... \int \exp\left[-\beta \sum_{i=1}^{N} \sum_{j>i}^{N+1} u(r_{ij})\right] d\mathbf{r}_2 ... d\mathbf{r}_N}{\frac{(N+1)!}{N!} \frac{1}{Z_{N+1}(V,T)} \int ... \int \exp\left[-\beta \sum_{i=1}^{N} \sum_{j>i}^{N+1} u(r_{ij})\right] d\mathbf{r}_1 d\mathbf{r}_2 ... d\mathbf{r}_N}.$$

Or, on peut remarquer que le numérateur et le dénominateur de cette fraction correspondent, respectivement, à la fonction de distribution générique à deux particules et à la fonction de distribution générique à une particule dans un système de $(N+1)$ particules, quand la première particule est fixée en $\mathbf{r}_0$. En notant ces deux fonctions $\rho_N^{(2)}(\mathbf{r}_1, \mathbf{r}_0)$ et $\rho_N^{(1)}(\mathbf{r}_0)$, l'expression de la fonctionnelle $\rho_{N+1}^{(1)}[\phi, \mathbf{r}_1]$ se réduit à :

$$\rho_{N+1}^{(1)}[\phi, \mathbf{r}_1] = \frac{\rho_N^{(2)}(\mathbf{r}_1, \mathbf{r}_0)}{\rho_N^{(1)}(\mathbf{r}_0)}. \tag{6.51}$$

Après avoir choisi la fonctionnelle génératrice $G[\phi(\mathbf{r}), \mathbf{r}_i]$ spécifique à l'approximation de PY, il reste à écrire son développement en série de Mac-Laurin (Rel. 6.24), soit :

$$\begin{aligned} G[\phi(\mathbf{r}), \mathbf{r}_1] &= G[0, \mathbf{r}_1] + \int \left\{\frac{\delta G[\phi(\mathbf{r}), \mathbf{r}_1]}{\delta\phi(\mathbf{r}_2)}\right\}_{\phi=0} \delta\phi(\mathbf{r}_2) d\mathbf{r}_2 \\ &+ \frac{1}{2!} \int \int \left\{\frac{\delta^2 G[\phi(\mathbf{r}), \mathbf{r}_1]}{\delta\phi(\mathbf{r}_2)\delta\phi(\mathbf{r}_3)}\right\}_{\phi=0} \delta\phi(\mathbf{r}_2)\delta\phi(\mathbf{r}_3) d\mathbf{r}_2 d\mathbf{r}_3 + ... \end{aligned} \tag{6.52}$$

Si l'on réalise que la dérivée fonctionnelle première de la relation (6.52) dépend des fonctions de distribution génériques à une et à deux particules, alors que la dérivée fonctionnelle seconde dépend des fonctions de distribution génériques à plus de deux particules, il est justifié, pour déterminer la fonction de corrélation de paire, de tronquer la série après le terme du premier ordre. Par ailleurs, il est légitime d'identifier la variation du potentiel appliqué $\delta\phi(\mathbf{r}_2)$ à celle de la fonctionnelle indépendante $F[\phi(\mathbf{r}), \mathbf{r}_2]$ en écrivant :

$$\delta\phi(\mathbf{r}_2) \simeq \delta F[\phi(\mathbf{r}), \mathbf{r}_2], \tag{6.53}$$

avec $\delta F[\phi(\mathbf{r}), \mathbf{r}_2] = F[\phi(\mathbf{r}), \mathbf{r}_2] - F[0, \mathbf{r}_2]$, car si $\phi(\mathbf{r}) \to 0$, on a :

$$F[\phi(\mathbf{r}), \mathbf{r}_2] \to F[0, \mathbf{r}_2] \qquad \text{et} \qquad \delta\phi(\mathbf{r}_2) \simeq \delta F[\phi(\mathbf{r}), \mathbf{r}_2] \to 0.$$

La substitution de $\delta\phi(\mathbf{r}_2)$ dans la relation (6.52), tronquée au premier ordre, permet de récrire la fonctionnelle génératrice comme suit :

$$G[\phi(\mathbf{r}), \mathbf{r}_1] = G[0, \mathbf{r}_1] + \int \left\{\frac{\delta G[\phi(\mathbf{r}), \mathbf{r}_1]}{\delta F[\phi(\mathbf{r}), \mathbf{r}_2]}\right\}_{\phi=0} \{F[\phi(\mathbf{r}), \mathbf{r}_2] - F[0, \mathbf{r}_2]\} d\mathbf{r}_2.$$

Or, le terme qui se trouve entre les grandes accolades peut être modifié en utilisant la relation (6.23). Après transformation, on obtient :

$$G\left[\phi(\mathbf{r}),\mathbf{r}_1\right]=G\left[0,\mathbf{r}_1\right]+\int\left\{\int\frac{\delta G\left[\phi(\mathbf{r}),\mathbf{r}_1,\mathbf{r}_3\right]}{\delta\phi(\mathbf{r}_3)}\frac{\delta\phi(\mathbf{r}_3)}{\delta F\left[\phi(\mathbf{r}),\mathbf{r}_2,\mathbf{r}_3\right]}d\mathbf{r}_3\right\}_{\phi=0}\left\{F\left[\phi(\mathbf{r}),\mathbf{r}_2\right]-F\left[0,\mathbf{r}_2\right]\right\}d\mathbf{r}_2$$

On peut encore remplacer les fonctionnelles G et F dans la relation précédente par leurs expressions tirées des relations (6.49) et (6.50), soit :

$$\begin{aligned}\rho_{N+1}^{(1)}\left[\phi,\mathbf{r}_1\right]\exp\left[\beta u(r_{01})\right] &= \rho_N^{(1)}(\mathbf{r}_1)+\int\left\{\int\frac{\delta\left\{\rho_{N+1}^{(1)}\left[\phi,\mathbf{r}_1\right]\exp\left[\beta u(r_{01})\right]\right\}}{\delta\phi(\mathbf{r}_3)}\right.\\ &\left.\frac{\delta\phi(\mathbf{r}_3)}{\delta\rho_{N+1}^{(1)}\left[\phi,\mathbf{r}_2\right]}d\mathbf{r}_3\right\}_{\phi=0}\left\{\rho_{N+1}^{(1)}\left[\phi,\mathbf{r}_2\right]-\rho_N^{(1)}(\mathbf{r}_2)\right\}d\mathbf{r}_2 \quad (6.54)\end{aligned}$$

Evaluons tout d'abord la première dérivée fonctionnelle située entre les grandes accolades de la relation (6.54), soit :

$$I_1=\frac{\delta\left\{\rho_{N+1}^{(1)}\left[\phi,\mathbf{r}_1\right]\exp\left[\beta u(r_{01})\right]\right\}}{\delta\phi(\mathbf{r}_3)}=\frac{\delta\rho_{N+1}^{(1)}\left[\phi,\mathbf{r}_1\right]}{\delta\phi(\mathbf{r}_3)}\exp\left[\beta u(r_{01})\right]+\rho_{N+1}^{(1)}\left[\phi,\mathbf{r}_1\right]\frac{\delta\exp\left[\beta u(r_{01})\right]}{\delta\phi(\mathbf{r}_3)}. \quad (6.55)$$

Pour déterminer I_1 il faut calculer les dérivées fonctionnelles qui se trouvent dans la relation précédente[25]. L'expression finale de I_1 s'écrit :

$$I_1=-\beta\left\{\rho_{N+1}^{(2)}\left[\phi,\mathbf{r}_1,\mathbf{r}_3\right]-\rho_{N+1}^{(1)}\left[\phi,\mathbf{r}_3\right]\rho_{N+1}^{(1)}\left[\phi,\mathbf{r}_1\right]\right\}\exp\left[\beta u(r_{01})\right].$$

Evaluons ensuite la seconde dérivée fonctionnelle située entre les grandes accolades de la relation (6.54) au moyen de la relation (6.40), soit :

$$I_2=\frac{\delta\phi(\mathbf{r}_3)}{\delta\rho_{N+1}^{(1)}\left[\phi,\mathbf{r}_2\right]}=\frac{1}{\beta}\left\{c\left[\phi,\mathbf{r}_2,\mathbf{r}_3\right]-\frac{\delta(\mathbf{r}_2-\mathbf{r}_3)}{\rho_{N+1}^{(1)}\left[\phi,\mathbf{r}_2\right]}\right\}.$$

---

[25] Compte tenu de la relation (6.38), le premer terme est :

$$I_{11}=\frac{\delta\rho_{N+1}^{(1)}\left[\phi,\mathbf{r}_1\right]}{\delta\phi(\mathbf{r}_3)}=-\beta\left\{\rho_{N+1}^{(1)}\left[\phi,\mathbf{r}_1\right]\delta(\mathbf{r}_1-\mathbf{r}_3)+\rho_{N+1}^{(2)}\left[\phi,\mathbf{r}_1,\mathbf{r}_3\right]-\rho_{N+1}^{(1)}\left[\phi,\mathbf{r}_3\right]\rho_{N+1}^{(1)}\left[\phi,\mathbf{r}_1\right]\right\},$$

et, puisque $\phi(\mathbf{r}_3)=u(r_{03})$, le second terme est :

$$I_{12}=\frac{\delta\exp\left[\beta u(r_{01})\right]}{\delta\phi(\mathbf{r}_3)}=\beta\frac{\delta u(r_{01})}{\delta u(r_{03})}\exp\left[\beta u(r_{01})\right]=\beta\delta(\mathbf{r}_1-\mathbf{r}_3)\exp\left[\beta u(r_{01})\right].$$

Par conséquent la dérivée fonctionnelle $I_1=I_{11}\exp\left[\beta u(r_{01})\right]+\rho_{N+1}^{(1)}\left[\phi,\mathbf{r}_1\right]I_{12}$ s'écrit :

$$\begin{aligned}I_1 &= -\beta\left\{\rho_{N+1}^{(1)}\left[\phi,\mathbf{r}_1\right]\delta(\mathbf{r}_1-\mathbf{r}_3)+\rho_{N+1}^{(2)}\left[\phi,\mathbf{r}_1,\mathbf{r}_3\right]-\rho_{N+1}^{(1)}\left[\phi,\mathbf{r}_3\right]\rho_{N+1}^{(1)}\left[\phi,\mathbf{r}_1\right]\right\}\exp\left[\beta u(r_{01})\right]\\ &\quad+\rho_{N+1}^{(1)}\left[\phi,\mathbf{r}_1\right]\beta\delta(\mathbf{r}_1-\mathbf{r}_3)\exp\left[\beta u(r_{01})\right],\\ I_1 &= -\beta\left\{\rho_{N+1}^{(2)}\left[\phi,\mathbf{r}_1,\mathbf{r}_3\right]-\rho_{N+1}^{(1)}\left[\phi,\mathbf{r}_3\right]\rho_{N+1}^{(1)}\left[\phi,\mathbf{r}_1\right]\right\}\exp\left[\beta u(r_{01})\right].\end{aligned}$$

En utilisant les résultats I_1 et I_2 des deux dérivées fonctionnelles, l'intégrale qui se trouve entre les grandes accolades de la relation (6.54) s'écrit :

$$\begin{aligned} J &= \int (I_1 \times I_2)\, d\mathbf{r}_3 = \int -\beta \left\{ \rho^{(2)}_{N+1}[\phi, \mathbf{r}_1, \mathbf{r}_3] - \rho^{(1)}_{N+1}[\phi, \mathbf{r}_3]\, \rho^{(1)}_{N+1}[\phi, \mathbf{r}_1] \right\} \times \\ & \exp[\beta u(r_{01})]\, \frac{1}{\beta} \left\{ c[\phi, \mathbf{r}_2, \mathbf{r}_3] - \frac{\delta(\mathbf{r}_2 - \mathbf{r}_3)}{\rho^{(1)}_{N+1}[\phi, \mathbf{r}_2]} \right\} d\mathbf{r}_3. \end{aligned}$$

L'intégrale J se scinde en deux termes ($J = J_1 + J_2$) qui ont respectivement pour expressions :

$$J_1 = \int -\beta \left\{ \rho^{(2)}_{N+1}[\phi, \mathbf{r}_1, \mathbf{r}_3] - \rho^{(1)}_{N+1}[\phi, \mathbf{r}_3]\, \rho^{(1)}_{N+1}[\phi, \mathbf{r}_1] \right\} \exp[\beta u(r_{01})]\, \frac{1}{\beta} c[\phi, \mathbf{r}_2, \mathbf{r}_3]\, d\mathbf{r}_3,$$

et :

$$J_2 = \int -\beta \left\{ \rho^{(2)}_{N+1}[\phi, \mathbf{r}_1, \mathbf{r}_3] - \rho^{(1)}_{N+1}[\phi, \mathbf{r}_3]\, \rho^{(1)}_{N+1}[\phi, \mathbf{r}_1] \right\} \exp[\beta u(r_{01})]\, \frac{1}{\beta} \left\{ - \frac{\delta(\mathbf{r}_2 - \mathbf{r}_3)}{\rho^{(1)}_{N+1}[\phi, \mathbf{r}_2]} \right\} d\mathbf{r}_3.$$

Or, si l'on annule le potentiel appliqué ($\phi = 0$) en retirant la particule test du système, les intégrales J_1 et J_2 se simplifient comme suit :

$$\begin{aligned} J_1 &= -\int \left\{ \rho^{(2)}_N(\mathbf{r}_1, \mathbf{r}_3) - \rho^{(1)}_N(\mathbf{r}_3)\, \rho^{(1)}_N(\mathbf{r}_1) \right\} c(\mathbf{r}_2, \mathbf{r}_3)\, d\mathbf{r}_3, \\ J_2 &= \frac{\rho^{(2)}_N(\mathbf{r}_1, \mathbf{r}_2)}{\rho^{(1)}_N(\mathbf{r}_2)} - \rho^{(1)}_N(\mathbf{r}_1), \end{aligned}$$

de sorte que J se réduit à :

$$J = J_1 + J_2 = -\int \left\{ \rho^{(2)}_N(\mathbf{r}_1, \mathbf{r}_3) - \rho^{(1)}_N(\mathbf{r}_3)\, \rho^{(1)}_N(\mathbf{r}_1) \right\} c(\mathbf{r}_2, \mathbf{r}_3)\, d\mathbf{r}_3 + \frac{\rho^{(2)}_N(\mathbf{r}_1, \mathbf{r}_2)}{\rho^{(1)}_N(\mathbf{r}_2)} - \rho^{(1)}_N(\mathbf{r}_1).$$

Mais, avec la relation (6.41), J se transforme encore de la manière suivante :

$$J = c(\mathbf{r}_1, \mathbf{r}_2)\, \rho^{(1)}_N(\mathbf{r}_1) - \frac{1}{\rho^{(1)}_N(\mathbf{r}_2)} \left\{ \rho^{(2)}_N(\mathbf{r}_1, \mathbf{r}_2) - \rho^{(1)}_N(\mathbf{r}_2)\, \rho^{(1)}_N(\mathbf{r}_1) \right\} + \frac{\rho^{(2)}_N(\mathbf{r}_1, \mathbf{r}_2)}{\rho^{(1)}_N(\mathbf{r}_2)} - \rho^{(1)}_N(\mathbf{r}_1),$$

soit :

$$J = c(\mathbf{r}_1, \mathbf{r}_2)\, \rho^{(1)}_N(\mathbf{r}_1).$$

La simplification de la relation (6.54) peut s'opérer, à présent, en substituant l'expression de l'intégrale J et en remplaçant le terme $\rho^{(1)}_{N+1}[\phi, \mathbf{r}_i]$ par $\frac{\rho^{(2)}_N(\mathbf{r}_i, \mathbf{r}_0)}{\rho^{(1)}_N(\mathbf{r}_0)}$, grâce à la relation (6.51), ce qui donne :

$$\frac{\rho^{(2)}_N(\mathbf{r}_1, \mathbf{r}_0)}{\rho^{(1)}_N(\mathbf{r}_0)} \exp[\beta u(r_{01})] = \rho^{(1)}_N(\mathbf{r}_1) + \int c(\mathbf{r}_1, \mathbf{r}_2)\, \rho^{(1)}_N(\mathbf{r}_1) \left\{ \frac{\rho^{(2)}_N(\mathbf{r}_2, \mathbf{r}_0)}{\rho^{(1)}_N(\mathbf{r}_0)} - \rho^{(1)}_N(\mathbf{r}_2) \right\} d\mathbf{r}_2,$$

soit :

$$\frac{\rho^{(2)}_N(\mathbf{r}_1, \mathbf{r}_0)}{\rho^{(1)}_N(\mathbf{r}_0)\, \rho^{(1)}_N(\mathbf{r}_1)} \exp[\beta u(r_{01})] = 1 + \int c(\mathbf{r}_1, \mathbf{r}_2)\, \rho^{(1)}_N(\mathbf{r}_2) \left\{ \frac{\rho^{(2)}_N(\mathbf{r}_2, \mathbf{r}_0)}{\rho^{(1)}_N(\mathbf{r}_0)\, \rho^{(1)}_N(\mathbf{r}_2)} - 1 \right\} d\mathbf{r}_2.$$

Finalement, l'équation approximative de PY relie la fonction de corrélation de paire $g(r_{12})$ à la fonction de corrélation directe $c(r_{23})$, par l'intermédiaire du potentiel de paire $u(r_{12})$, comme suit[26] :

$$g(r_{12})\exp[\beta u(r_{12})] = 1 + \rho \int c(r_{23})\,[g(r_{13}) - 1]\,d\mathbf{r}_3. \tag{6.56}$$

On peut indifféremment écrire cette équation en réutilisant la relation exacte d'OZ (Rel. 6.42), sous la forme suivante :

$$g(r_{12})\exp[\beta u(r_{12})] = 1 + g(r_{12}) - 1 - c(r_{12}),$$

soit :

$$c(r_{12}) = g(r_{12})\left\{1 - \exp[\beta u(r_{12})]\right\}, \tag{6.57}$$

ou avec la *fonction cavité*, $y(r_{12}) = g(r_{12})\exp[\beta u(r_{12})]$, et la fonction de Mayer, $f(r_{12}) = \exp[-\beta u(r_{12})] - 1$, comme suit :

$$c(r_{12}) = y(r_{12})\left\{\exp[-\beta u(r_{12})] - 1\right\} = y(r_{12})f(r_{12}), \tag{6.58}$$

soit encore :

$$c(r_{12}) = g(r_{12}) - y(r_{12}). \tag{6.59}$$

Les relations (6.57), (6.58) et (6.59) sont trois formes de l'*équation de Percus-Yevick.*

6.3.2 Application de l'équation de Percus-Yevick aux sphères dures

Il faut tout d'abord noter que les équations intégrales ne peuvent généralement pas être résolues analytiquement. Pour le potentiel de sphères dures, les seules formes analytiques disponibles sont celles de la fonction de corrélation directe $c(r)$ et du facteur de structure $S(q)$ obtenus avec l'équation de Percus-Yevik[27]. Pour tout autre potentiel de paire, les équations intégrales fournissent les fonctions de corrélation sous formes tabulées. Puisque les propriétés thermodynamiques et structurales des liquides peuvent être estimées avec une précision raisonnable en utilisant le potentiel de référence des sphères dures (§ 5.7), il est particulièrement important de connaître l'expression analytique du facteur de structure des sphères dures.

---

[26] Avec la définition de la fonction de corrélation de paire et la relation $\rho_N^{(1)}(\mathbf{r}_0) = \rho_N^{(1)}(\mathbf{r}_1) = \rho$, les transformations suivantes sont immédiates :

$$\begin{aligned}
\frac{\rho_N^{(2)}(\mathbf{r}_1,\mathbf{r}_0)}{\rho_N^{(1)}(\mathbf{r}_0)\,\rho_N^{(1)}(\mathbf{r}_1)}\exp[\beta u(r_{01})] &= 1 + \int c(\mathbf{r}_1,\mathbf{r}_2)\,\rho_N^{(1)}(\mathbf{r}_2)\left\{\frac{\rho_N^{(2)}(\mathbf{r}_2,\mathbf{r}_0)}{\rho_N^{(1)}(\mathbf{r}_0)\,\rho_N^{(1)}(\mathbf{r}_2)} - 1\right\}d\mathbf{r}_2,\\
g_N^{(2)}(\mathbf{r}_1,\mathbf{r}_0)\exp[\beta u(r_{01})] &= 1 + \int c(\mathbf{r}_1,\mathbf{r}_2)\,\rho_N^{(1)}(\mathbf{r}_2)\left\{g_N^{(2)}(\mathbf{r}_2,\mathbf{r}_0) - 1\right\}d\mathbf{r}_2,\\
g(r_{01})\exp[\beta u(r_{01})] &= 1 + \rho\int c(r_{12})\,[g(r_{02}) - 1]\,d\mathbf{r}_2.
\end{aligned}$$

[27] M. S. Wertheim, Phys. Rev. Lett. **10**, 321 (1963). E. Thiele, J. Chem. Phys. **39**, 474 (1963).

Pour résoudre analytiquement l'équation de PY, considérons le potentiel de sphères dures (§ 5.5) :

$$u(r) = \begin{cases} \infty & \text{si } r \leq \sigma, \\ 0 & \text{si } r > \sigma, \end{cases}$$

où σ est le diamètre des sphères dures. Quant au facteur de Boltzmann des sphères dures, il peut être représenté par la fonction d'Heaviside, $\exp[-\beta u(r)] = \Theta(r-\sigma)$, puisque :

$$\exp[-\beta u(r)] = \begin{cases} 0 & \text{si } r \leq \sigma, \\ 1 & \text{si } r > \sigma. \end{cases} \tag{6.60}$$

Considérant par ailleurs l'équation de PY (Rel. 6.57) sous la forme :

$$c(r)\exp[-\beta u(r)] = g(r)\left\{\exp[-\beta u(r)] - 1\right\},$$

on voit que la relation (6.60) impose les conditions suivantes :

$$\begin{aligned} g(r) &= 0 \quad \text{si} \quad r \leq \sigma, \\ c(r) &= 0 \quad \text{si} \quad r > \sigma. \end{aligned} \tag{6.61}$$

Alors que les fonctions $g(r)$ et $c(r)$ présentent toutes les deux une discontinuité en $r = \sigma$, il est facile de voir que la fonction cavité $y(r) = g(r) - c(r)$ (Rel. 6.59) est continue sur tout le domaine de variation, puisque :

$$y(r) = \begin{cases} -c(r) & \text{si } r \leq \sigma, \\ g(r) & \text{si } r > \sigma. \end{cases} \tag{6.62}$$

La solution exacte de l'équation de PY pour le potentiel de sphères dures est obtenue par une manipulation compliquée des transformées de Laplace. Le calcul nécessite une mise en forme préalable de la relation (6.56) en utilisant les coordonnées bipolaires pour exprimer l'élément d'intégration $d\mathbf{r}_3$ (Rel. 5.65), et en remplaçant $c(r_{23})$ à l'aide de la relation (6.57). Ceci donne :

$$\begin{aligned} g(r_{12})\exp[\beta u(r_{12})] &= 1 + \rho\int_{r_{23}=0}^{\infty}\int_{r_{13}=|r_{12}-r_{23}|}^{r_{13}=r_{12}+r_{23}} g(r_{23})\left\{1 - \exp[\beta u(r_{23})]\right\} \\ &\quad \times [g(r_{13}) - 1]\, 2\pi\frac{r_{13}r_{23}}{r_{12}} dr_{13}dr_{23}. \end{aligned}$$

L'équation précédente se transforme encore avec la fonction cavité, $y(r) = g(r)\exp[\beta u(r)]$, comme suit :

$$\begin{aligned} r_{12}y(r_{12}) &= r_{12} + 2\pi\rho\int_{r_{23}=0}^{\infty}\int_{r_{13}=|r_{12}-r_{23}|}^{r_{13}=r_{12}+r_{23}} y(r_{23})\left\{\exp[-\beta u(r_{23})] - 1\right\} \\ &\quad \times \left\{y(r_{13})\exp[-\beta u(r_{13})] - 1\right\} r_{13}r_{23}dr_{13}dr_{23}, \end{aligned}$$

soit :

$$\begin{aligned} r_{12}y\left(r_{12}\right) &= r_{12}+2\pi\rho\int_{r_{23}=0}^{\infty}\int_{r_{13}=|r_{12}-r_{23}|}^{r_{13}=r_{12}+r_{23}} y(r_{23})\left\{\exp\left[-\beta u(r_{23})\right]-1\right\} y\left(r_{13}\right)\exp\left[-\beta u(r_{13})\right] \\ &\quad \times r_{13}r_{23}dr_{13}dr_{23} - 2\pi\rho\int_{r_{23}=0}^{\infty}\int_{r_{13}=|r_{12}-r_{23}|}^{r_{13}=r_{12}+r_{23}} y(r_{23})\left\{\exp\left[-\beta u(r_{23})\right]-1\right\} r_{13}r_{23}dr_{13}dr_{23} \end{aligned}$$

Or, si l'on utilise la fonction d'Heaviside (Rel. 6.60) pour écrire le facteur de Boltzmann, les intégrales de la relation précédente se simplifie encore :

$$\begin{aligned} r_{12}y\left(r_{12}\right) &= r_{12}-2\pi\rho\int_0^{\sigma} r_{23}y(r_{23})\left\{\int_{|r_{12}-r_{23}|}^{r_{12}+r_{23}} y\left(r_{13}\right)\Theta(r_{13}-\sigma)r_{13}dr_{13}\right\}dr_{23} \\ &\quad + 2\pi\rho\int_0^{\sigma} r_{23}y(r_{23})\left\{\int_{|r_{12}-r_{23}|}^{r_{12}+r_{23}} r_{13}dr_{13}\right\}dr_{23}. \end{aligned}$$

En effet, l'utilisation de la fonction d'Heaviside permet d'intégrer la variable r_{23} de 0 à σ. Comme l'intégrale entre les dernières accolades a pour résultat $2r_{12}r_{23}$, l'équation de PY se réduit finalement à la forme suivante :

$$\begin{aligned} r_{12}y\left(r_{12}\right) &= r_{12}\left(1+4\pi\rho\int_0^{\sigma} r_{23}^2 y(r_{23})dr_{23}\right)-2\pi\rho\int_0^{\sigma} r_{23}y(r_{23}) \\ &\quad \times\left\{\int_{|r_{12}-r_{23}|}^{r_{12}+r_{23}} y\left(r_{13}\right)\Theta(r_{13}-\sigma)r_{13}dr_{13}\right\}dr_{23}. \qquad (6.63) \end{aligned}$$

Cette équation est une *équation intégrale linéaire de Fredholm de seconde espèce* qui se résout généralement par des méthodes numériques. Cependant, par une analyse rigoureuse des propriétés analytiques des transformées de Laplace, Wertheim et Thiele ont trouvé les expressions analytiques exactes de la fonction de corrélation directe $c_{HS}(r)$ et du facteur de structure $S_{HS}(q)$. A l'issue des calculs, qui ne seront pas reproduits ici[28], l'expression de la fonction de corrélation directe $c_{HS}(r)$ dans le coeur dur se possède la forme polynomiale suivante :

$$c_{HS}(r) = -\alpha-\beta\left(\frac{r}{\sigma}\right)-\gamma\left(\frac{r}{\sigma}\right)^3, \qquad (6.64)$$

où :

$$\alpha = \frac{\left(1+2\eta\right)^2}{\left(1-\eta\right)^4}, \qquad \beta = -\frac{6\eta\left(1+\frac{\eta}{2}\right)^2}{\left(1-\eta\right)^4}, \qquad \gamma = \frac{\eta\left(1+2\eta\right)^2}{2\left(1-\eta\right)^4} \quad \text{et} \quad \eta = \frac{\pi}{6}\rho\sigma^3.$$

Avec la relation (6.46) on peut aussi déterminer le facteur de structure $S_{HS}(q)$ sous forme analytique, en calculant la transformée de Fourier de la fonction de corrélation directe (cf. note 2 du chapitre 5). En effet :

$$\rho c_{HS}(q) = 1-\frac{1}{S_{HS}(q)} = \rho\int c_{HS}(r)\exp\left(i\mathbf{qr}\right)d\mathbf{r},$$

[28] Le lecteur intéressé se reportera aux articles originaux de Wertheim ou de Thiele (cf. note précédente). Il trouvera également une esquisse de la démonstration dans le livre de R. Balescu, *Equilibrium and Non-Equilibrium Statistical Mechanics*, Wiley, New-York (1975), p. 267.

soit, en posant $x = \frac{r}{\sigma}$:

$$\rho c_{HS}(q) = -4\pi\rho\sigma^3 \int_0^1 \left[\alpha + \beta x + \gamma x^3\right] \frac{\sin(q\sigma x)}{q\sigma x} x^2 dx.$$

L'intégrale de la relation précédente se scinde en trois contributions qui permettent d'écrire la transformée de Fourier de la fonction de corrélation directe sous la forme analytique suivante[29] :

$$\rho c_{HS}(q) = -24\eta\left[\alpha J_1(q\sigma) + \beta J_2(q\sigma) + \gamma J_3(q\sigma)\right],$$

où $\eta(= \frac{\pi}{6}\rho\sigma^3)$ est le paramètre de remplissage (Rel. 5.53). La relation (6.46) donne ainsi la possibilité de déterminer le facteur de structure du système de sphères dures sous forme analytique, en remplaçant $\rho c_{HS}(q)$ par son expression, soit :

$$S_{HS}(q) = \frac{1}{1 - \rho c_{HS}(q)}. \tag{6.65}$$

Il est important de noter que s'il existe une forme analytique du facteur de structure des sphères dures, il n'y a pas d'expression analytique équivalente pour la fonction de corrélation de paire qui doit être calculée numériquement[30] avec la relation (6.63). On a montré sur la figure (6.4) une représentation des différentes fonctions de corrélation des sphères dures et de leurs transformées de Fourier.

Comme la compressibilité isotherme χ_T est liée à la fonction de corrélation directe (Rel. 6.47), on entrevoit la possibilité de rattacher directement les propriétés thermodynamiques du système de sphères dures aux propriétés structurales, et de déduire une équation d'état du fluide de sphères dures différente de la relation (5.55). En effet, la relation (6.47) s'écrit :

$$\frac{1}{S(0)} = \frac{1}{\rho k_B T \chi_T} = 1 - 4\pi\rho \int_0^\sigma \left[-\alpha - \beta\left(\frac{r}{\sigma}\right) - \gamma\left(\frac{r}{\sigma}\right)^3\right] r^2 dr, \tag{6.66}$$

et, avec la définition de la compressibilité isotherme $\chi_T = \frac{1}{\rho}\left(\frac{\partial\rho}{\partial p}\right)_T$, la relation précédente

[29] En effectuant des intégrations par parties, on obtient trois intégrales partielles qui valent respectivement :

$$J_1(q\sigma) = \frac{1}{(q\sigma)} \int_0^1 x\sin(q\sigma x)\,dx = \frac{1}{(q\sigma)^3}\left[\sin(q\sigma) - (q\sigma)\cos(q\sigma)\right].$$

$$J_2(q\sigma) = \frac{1}{(q\sigma)} \int_0^1 x^2\sin(q\sigma x)\,dx = \frac{1}{(q\sigma)^4}\left\{2(q\sigma)\sin(q\sigma) - \left[(q\sigma)^2 - 2\right]\cos(q\sigma) - 2\right\}.$$

$$\begin{aligned} J_3(q\sigma) &= \frac{1}{(q\sigma)} \int_0^1 x^4 \sin(q\sigma x)\,dx, \\ J_3(q\sigma) &= \frac{1}{(q\sigma)^6}\left\{\left[4(q\sigma)^3 - 24(q\sigma)\right]\sin(q\sigma) - \left[(q\sigma)^4 - 12(q\sigma)^2 + 24\right]\cos(q\sigma) + 24\right\}. \end{aligned}$$

[30] On trouvera un listing du programme FORTRAN permettant de calculer la fonction de corrélation de paire $g_{HS}(r)$ d'un fluide de sphères dures dans le livre de D. A. McQuarrie, *Statistical Mechanics*, Harper and Row, New-York (1976), p. 600.

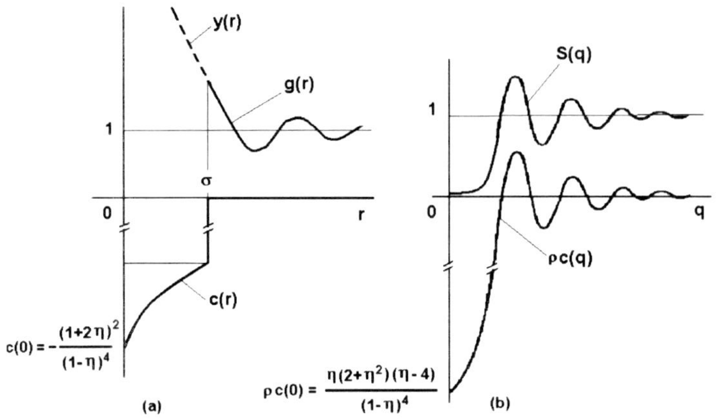

FIG. 6.4 – (a) Représentation schématique de la fonction de corrélation directe $c(r)$, de la fonction de corrélation de paire $g(r)$ et de la fonction cavité $y(r)$ des sphères dures. (b) Représentation schématique de la transformée de Fourier de la fonction de corrélation directe $\rho c(q)$ et du facteur de structure $S(q)$ des sphères dures.

se simplifie sous la forme[31] :

$$\frac{1}{\rho k_B T \chi_T} = \frac{1}{k_B T}\left(\frac{\partial p}{\partial \rho}\right)_T = \frac{(1+2\eta)^2}{(1-\eta)^4}.$$

Quant à l'équation d'état des sphères dures issue de la compressibilité, on l'obtient en intégrant la relation précédente sur ρ (ou $\eta = \frac{\pi}{6}\rho\sigma^3$). L'expression de l'équation d'état qui en découle est donc :

$$\frac{p^{(c)}}{k_B T} = \int_0^\eta \frac{(1+2\eta)^2}{(1-\eta)^4}\left(\frac{6}{\pi\sigma^3}\right) d\eta,$$

soit[32] :

$$\frac{p^{(c)}}{\rho k_B T} = \frac{1+\eta+\eta^2}{(1-\eta)^3}. \tag{6.67}$$

[31]Avec la variable réduite $x = \frac{r}{\sigma}$, l'intégrale se récrit :

$$\begin{aligned}
\frac{1}{k_B T}\left(\frac{\partial p}{\partial \rho}\right)_T &= 1 + 4\pi\rho\sigma^3 \int_0^1 \left[\alpha x^2 + \beta x^3 + \gamma x^5\right] dx, \\
\frac{1}{k_B T}\left(\frac{\partial p}{\partial \rho}\right)_T &= 1 + 4\pi\rho\sigma^3 \left[\frac{1}{3}\frac{(1+2\eta)^2}{(1-\eta)^4} - \frac{6\eta\left(1+\frac{\eta}{2}\right)^2}{4(1-\eta)^4} + \frac{\eta(1+2\eta)^2}{12(1-\eta)^4}\right] = \frac{(1+2\eta)^2}{(1-\eta)^4}.
\end{aligned}$$

[32]Le calcul de l'intégrale sur η s'effectue comme suit :

$$\begin{aligned}
\frac{p^{(c)}}{k_B T} &= \int_0^\eta \frac{(1+2\eta)^2}{(1-\eta)^4}\frac{6}{\pi\sigma^3} d\eta = \frac{6}{\pi\sigma^3}\int_0^\eta \left[\frac{4}{(1-\eta)^2} - \frac{12}{(1-\eta)^3} + \frac{9}{(1-\eta)^4}\right] d\eta, \\
\frac{p^{(c)}}{k_B T} &= \frac{6}{\pi\sigma^3}\left[\frac{4}{(1-\eta)} - \frac{6}{(1-\eta)^2} + \frac{3}{(1-\eta)^3}\right]_0^\eta = \rho\frac{1+\eta+\eta^2}{(1-\eta)^3}.
\end{aligned}$$

Cette équation d'état, appelée *équation de compressibilité*, diffère sensiblement de l'équation d'état de Carnahan-Starling (Rel. 5.55) obtenue sans recourir au facteur de structure[33].

Il faut noter qu'une troisième équation d'état des sphères dures peut également être trouvée avec la relation de pression (Rel. 5.52). Celle-ci s'écrit au moyen de la fonction cavité $y(r) = g(r) \exp[\beta u(r)]$ sous la forme :

$$p = k_B T \frac{N}{V} + \frac{2\pi}{3} k_B T \rho^2 \sigma^3 y(\sigma).$$

Or, quand $r \leq \sigma$, la fonction cavité est égale à l'opposé de la fonction de corrélation directe (Rel. 6.62), de sorte que l'équation précédente, appelée *équation de pression*, se réduit à[34] :

$$\frac{p^{(p)}}{\rho k_B T} = \frac{1 + 2\eta + 3\eta^2}{(1-\eta)^2}. \tag{6.68}$$

Il est facile de vérifier que les trois équations d'états des sphères dures (Rels. 6.68, 6.67 et 5.55), fournissent des résultats pratiquement identiques pour les valeurs de $\eta < 0,3$. On notera également qu'elles sont liées entre elles par la relation linéaire suivante :

$$\frac{p^{(CS)}}{\rho k_B T} = \frac{2}{3} \frac{p^{(c)}}{\rho k_B T} + \frac{1}{3} \frac{p^{(p)}}{\rho k_B T} = \frac{1 + \eta + \eta^2 - \eta^3}{(1-\eta)^3}.$$

6.4 Prolongement de la théorie des équations intégrales

6.4.1 Approximation auto-cohérente des équations intégrales

Dans le paragraphe précédent, on a établi l'équation de Percus-Yevick avec la méthode des fonctionnelles en choisissant une fonctionnelle génératrice particulière (Rel. 6.50). L'équation approximative de PY ainsi obtenue (Rels. 6.57, 6.58 et 6.59) :

$$c^{PY}(r_{12}) = g(r_{12}) \{1 - \exp[\beta u(r_{12}]\} = h(r_{12}) + 1 - y(r_{12}), \tag{6.69}$$

combinée avec l'équation exacte d'Ornstein-Zernike (Rel. 6.43) :

$$g(r_{12}) - 1 = c(r_{12}) + \rho \int c(r_{23}) [g(r_{13}) - 1] \, d\mathbf{r}_3, \tag{6.70}$$

[33]L'équation d'état de compressibilité (Rel. 6.67) a aussi été établie par H. Reiss, H. L. Frisch and J. L. Lebowitz, J. Chem. Phys. **34**, 1037 (1959), sur la base de considérations purement thermodynamiques. Elle repose sur le calcul du travail réversible requis pour produire une cavité de diamètre 2σ. Voir aussi E. Meeron and A. J. F. Siegert, J. Chem. Phys. **48**, 3139 (1968).

[34]L'expression de l'équation d'état de pression des sphères dures s'obtient de la manière suivante :

$$\begin{aligned} p &= k_B T \frac{N}{V} - \frac{2\pi}{3} k_B T \rho^2 \sigma^3 c(\sigma) = k_B T \frac{N}{V} - \frac{2\pi}{3} k_B T \rho^2 \sigma^3 [-\alpha - \beta - \gamma], \\ \frac{p}{\rho k_B T} &= 1 - 4\eta \left[-\frac{(1+2\eta)^2}{(1-\eta)^4} + \frac{6\eta \left(1 + \frac{\eta}{2}\right)^2}{(1-\eta)^4} - \frac{\eta (1+2\eta)^2}{2(1-\eta)^4} \right] = \frac{1 + 2\eta + 3\eta^2}{(1-\eta)^2}. \end{aligned}$$

pour un potentiel $u(r_{12})$ donné, permet de déterminer les fonctions de corrélation en résolvant numériquement le système d'équations formé par les relations (6.69) et (6.70).

Pour le potentiel de sphères dures, on obtient la fonction de corrélation directe $c_{HS}^{PY}(r)$ (Rel. 6.64) et le facteur de structure $S_{HS}^{PY}(q)$ (Rel. 6.65) sous formes analytiques, ainsi que deux équations d'état (Rels. 6.67 et 6.68) qui diffèrent sensiblement l'une de l'autre. Cette inconsistance interne de la théorie est due au fait que l'équation de PY est une relation approximative. D'ailleurs, comparée à la simulation, la fonction de corrélation de paire $g_{HS}^{PY}(r)$ présente aussi quelques défauts : la hauteur du pic principal est trop petite et les oscillations à longue distance ne sont pas assez amorties et légèrement déphasées. La correction proposée par Verlet et Weis[35] permet d'améliorer notablement l'amplitude et la position des oscillations de $g_{HS}^{PY}(r)$.

Dans le paragraphe précédent, on a également indiqué d'autres choix possibles de fonctionnelles génératrices. Il se trouve que l'une d'entre elles (cf. note 24 de ce chapitre) conduit, par un calcul analogue à celui de l'équation de PY, à l'équation HNC dont la fonction de corrélation directe est :

$$c^{HNC}(r_{12}) = h(r_{12}) - \ln y\,(r_{12})\,. \tag{6.71}$$

Il est facile de voir que la différence entre les fonctions de corrélation directes $c^{HNC}(r_{12})$ et $c^{PY}(r_{12})$ est :

$$c^{HNC}(r_{12}) - c^{PY}(r_{12}) = y\,(r_{12}) - 1 - \ln y\,(r_{12})\,.$$

Pour le potentiel de sphères dures, les fonctions de corrélation directes sont respectivement $c_{HS}^{HNC}(r_{12}) = h(r_{12}) - \ln\left[h(r_{12}) + 1\right]$ et $c_{HS}^{PY}(r_{12}) = 0$ (Rel. 6.61), quand $r > \sigma$.

Ayant remarqué que la fonction de corrélation directe de l'équation HNC possède une contribution à longue distance alors que celle de l'équation de PY est nulle, Rowlinson[36] proposa de mélanger les deux équations intégrales en combinant les fonctions de corrélation directes de la manière suivante :

$$c^{Ro}(r_{12}) = c^{PY}(r_{12}) + \alpha(\rho, T)\left[c^{HNC}(r_{12}) - c^{PY}(r_{12})\right],$$

soit :

$$c^{Ro}(r_{12}) = \left[h(r_{12}) + 1 - y\,(r_{12})\right] + \alpha(\rho, T)\left[y\,(r_{12}) - 1 - \ln y\,(r_{12})\right],$$

où $\alpha(\rho, T)$ est un paramètre ajustable dépendant de la densité et de la température. Ce choix permet de retrouver l'équation de PY quand $\alpha(\rho, T) = 0$ et l'équation de HNC quand $\alpha(\rho, T) = 1$. Quant à la valeur optimale de $\alpha(\rho, T)$, elle est obtenue par itérations successives jusqu'à ce que la cohérence thermodynamique soit atteinte, c'est-à-dire en imposant l'égalité entre $\chi_T^{(c)}$ (Rel. 5.46) et $\chi_T^{(p)}$ (Rel. 5.48) avec :

$$\chi_T^{(c)} = \frac{1}{\rho k_B T} + \frac{4\pi}{k_B T}\int_0^\infty \left[g(r) - 1\right] r^2 dr,$$

et :

$$\frac{1}{\chi_T^{(p)}} = \rho k_B T - \frac{2\pi\rho^2}{3}\int_0^\infty r^3 \frac{\partial u(r)}{\partial r}\left[2g(r, T, \rho) + \rho\frac{\partial g(r, T, \rho)}{\partial \rho}\right] dr.$$

---

[35] L. Verlet and J. J. Weis, Mol. Phys. **24**, 1013 (1972).

[36] J. S. Rowlinson, Mol. Phys. **9**, 217 (1965).

Il faut noter que la validité de cet artifice repose moins sur des bases physiques sérieuses que sur les résultats obtenus, car la qualité de la fonction de corrélation de paire est considérablement améliorée, quelle que soit la densité et pour tout type de potentiel.

Dans tous les travaux inhérents à la théorie microscopique des liquides, il est apparu que la contribution à longue distance de la fonction de corrélation directe joue un rôle secondaire, mais non négligeable, sur les propriétés structurales et thermodynamiques des liquides. C'est pourquoi, il a été proposé d'assimiler la variation de la fonction de corrélation directe $c(r)$, à longue distance, à celle du potentiel de paire par la formule (cf. note 21 de ce chapitre) :

$$c(r) \sim -\beta u(r). \tag{6.72}$$

Un modèle fréquemment utilisé dans la théorie des liquides est celui de l'*approximation de la sphère moyenne*[37] (MSA). Dans cette approximation, on emploie l'équation de Percus-Yevick conjointement avec la relation d'Ornstein-Zernike, pour le potentiel attractif de Yukawa à coeur dur (YHS) qui a été défini dans le paragraphe (5.7.4). La MSA pose que la fonction de corrélation directe hors du coeur est $c(r) = -\beta u(r)$, de sorte que les conditions à satisfaire avec le potentiel YHS (Rels. 6.61 et 5.99) sont :

$$\begin{aligned} g(r) &= 0 && \text{si} \quad r \leq \sigma, \\ c_{YHS}(r) &= \beta\left(\frac{\varepsilon\sigma}{r}\right)\exp\left[-\lambda\left(\frac{r}{\sigma}-1\right)\right] && \text{si} \quad r > \sigma, \end{aligned}$$

où σ est le diamètre des sphères dures. En utilisant le même type de calcul que celui de Wertheim et Thiele pour les sphères dures, Waisman[38] a obtenu une solution analytique pour la fonction de corrélation directe, dont l'expression à l'extérieur du coeur est évidemment :

$$c_{YHS}(r) = \left(\frac{\beta\varepsilon\sigma}{r}\right)\exp\left[-\lambda\left(\frac{r}{\sigma}-1\right)\right] \qquad \text{si} \quad r > \sigma,$$

alors qu'à l'intérieur du coeur elle contient la contribution correspondant aux sphères dures (Rel. 6.64) en plus de la contribution qui provient du potentiel YHS, soit :

$$\begin{aligned} c_{YHS}(r) = & \left[-\alpha' - \beta'\left(\frac{r}{\sigma}\right) - \gamma'\left(\frac{r}{\sigma}\right)^3\right] \\ & -\left(\frac{\beta\varepsilon\sigma w}{r}\right)\left\{\frac{1-\exp(-\lambda\frac{r}{\sigma})}{\lambda} + \frac{w}{2\lambda^2\exp(\lambda)}\left[\cosh(\lambda\frac{r}{\sigma})-1\right]\right\}, \qquad \text{si} \quad r \leq \sigma. \end{aligned}$$

La détermination des paramètres α', β', γ' et w doit être effectuée avec d'autres relations qui ne sont pas données ici, mais que l'on trouvera, par exemple, dans l'article de Hoye et Stell[39]. Comme pour le système de sphères dures, le facteur de structure $S_{YHS}(q)$ peut être déterminé sous forme analytique en prenant la transformée de Fourier de $c_{YHS}(r)$, mais le calcul de la fonction de corrélation de paire $g_{YHS}(r)$ doit être effectué numériquement.

[37] J. L. Lebowitz and J. K. Percus, Phys. Rev. **144**, 251 (1966).
[38] E. Waisman, Mol. Phys. **25**, 45 (1973).
[39] J. S. Hoye and G. Stell, Mol. Phys. **32**, 195 (1976).

6.4.2 Représentation des fonctions de corrélation par les diagrammes

Dans ce qui précède, les équations de PY et de HNC ont été établies par la technique des fonctionnelles. Mais ce n'est pas la seule voie possible. Historiquement, la théorie des liquides a été développée sur la base des connaissances acquises par l'étude des gaz réels (§ 3.4), en remplaçant les fonctions de corrélation par des séries infinies en puissances croissantes de la densité ρ.

Puisque les coefficients de ces séries sont des intégrales de clusters difficiles à calculer, les séries ont souvent été tronquées au second ordre en ρ, et l'effort a été porté sur la réduction topologique des intégrales de clusters, en utilisant la technique des diagrammes élaborée par Mayer. Par exemple, Rushbrooke et Scoins[40] ont montré que la fonction de corrélation directe $c(r)$ s'exprime sous forme du développement en puissances croissantes de la densité ρ :

$$c(r_{12}) = \sum_{n\geq 2} \alpha_{n+1}(r_{12})\rho^{n-1}, \tag{6.73}$$

où les coefficients $\alpha_{n+1}(r_{12})$ correspondent à certains types d'intégrales de clusters. Pour présenter les grandes lignes de la technique des diagrammes, suivons la terminologie de Klein et Green[41] en écrivant le développement de la fonction de corrélation totale $h(r_{12})$ en puissances croissantes de ρ sous la forme suivante :

$$h(r_{12}) = f(r_{12}) + [1 + f(r_{12})]\, D(r_{12}), \tag{6.74}$$

où $f(r_{12})\,\{= \exp[-\beta u(r_{12})] - 1\}$ est la fonction de Mayer et $D(r_{12})$ une combinaison linéaire d'intégrales de clusters dont l'expression générale est de la forme :

$$D(r_{12}) = \sum_{n=1}^{\infty}\left[\sum \frac{1}{\mu(n,\gamma)} \int \prod_{i,j} f(r_{ij}) d\mathbf{r}_3 ... d\mathbf{r}_n\right]\rho^n,$$

où le terme entre crochets est le coefficient associé à chaque puissance de la densité et $\mu(n,\gamma)$ un nombre qui correspond à chaque type particulier de clusters. La figure (6.5a) donne la représentation des premiers diagrammes de $D(r_{12})$.

Comme dans le paragraphe (3.4.1), on convient de représenter chaque fonction de Mayer par un segment joignant deux points. Pour différencier les points fixes de base 1 et 2 des points 3 et 4, sur lesquels ont lieu les intégrations, on représente habituellement les premiers par des points blancs et les seconds par des points noirs. Le premier terme du développement de la figure (6.5a) correspond à un cluster à trois particules, dont l'intégration est réalisée sur la particule 3 et dont l'expression est :

$$\int f(r_{13}) f(r_{23}) d\mathbf{r}_3.$$

[40] G. S. Rushbrooke and H. I. Scoins, Proc. Roy. Soc. **A216**, 203 (1953). On trouvera une présentation claire des résultats dans le livre de C. Croxton, *Introduction to Liquid State Physics*, Wiley, New York (1975), p. 76. Le livre de J. P. Hansen et I. R. McDonald est également très bien documenté sur cette question.

[41] M. Klein and M. S. Green, J. Chem. Phys. **39**, 1367 (1963). J. de Boer, Physica **15**, 680 (1949). J. E. Mayer and E. Montroll, J. Chem. Phys. **9**, 2 (1941). On peut choisir d'autres terminologies que celle qui a été adoptée ici, comme, par exemple, celle du livre de G. A. Martynov, *Fundamental Theory of Liquids*, Adam Hilger, Bristol (1997), chapitres 4 et 5, mais les notations sont très différentes.

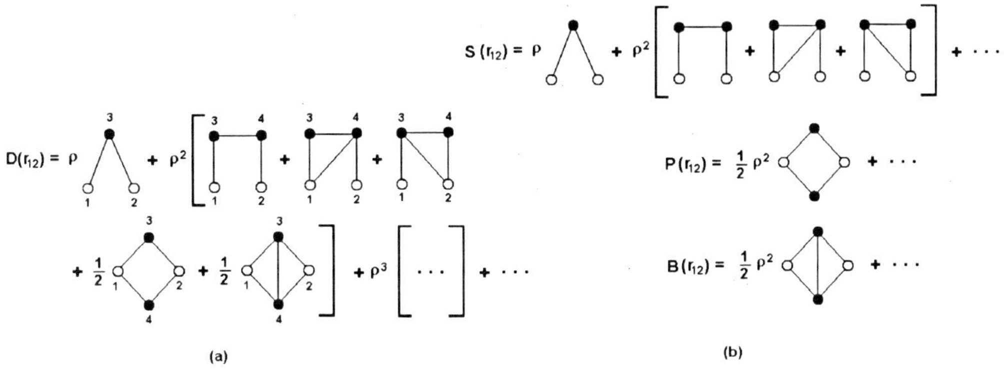

FIG. 6.5 – (a) Représentation du développement en diagrammes de la fonction $D(r_{12})$. (b) Représentations des diagrammes séries $S(r_{12})$, des diagrammes parallèles $P(r_{12})$ et des diagrammes bridges $B(r_{12})$.

Les termes suivants contiennent des clusters à quatre particules, dont les intégrations sont effectuées sur les particules 3 et 4. Or, ces clusters ont certaines caractéristiques topologiques communes permettant de les classer en trois catégories :

a) les *diagrammes séries*, dans lesquels chaque cluster contient *au moins un point noir* par lequel passent tous les trajets permettant de raccorder les points de base 1 et 2,

b) les *diagrammes parallèles*, dans lesquels chaque cluster contient *au moins deux trajets indépendants* raccordant les points de base 1 et 2,

c) les *diagrammes bridges* qui ne sont ni série ni parallèle.

Ainsi, dans le diagramme $D(r_{12})$ de la figure (6.5a), il y a quatre clusters séries, un cluster parallèle et un cluster bridge. Si l'on désigne la somme de tous les clusters séries, affectés de leurs coefficients respectifs, par $S(r)$, celle des clusters parallèles par $P(r)$ et celle des clusters bridges par $B(r)$, on peut encore écrire le diagramme $D(r_{12})$ comme suit (Fig. 6.5b) :

$$D(r_{12}) = S(r_{12}) + P(r_{12}) + B(r_{12}).$$

En substituant l'expression de $D(r_{12})$ dans la relation (6.74), on obtient la fonction de corrélation totale $h(r_{12})$, sous la forme suivante :

$$\begin{aligned} h(r_{12}) &= f(r_{12}) + [1 + f(r_{12})]\,[S(r_{12}) + P(r_{12}) + B(r_{12})]\,, \\ h(r_{12}) &= S(r_{12}) + P(r_{12}) + B(r_{12}) + f(r_{12})\,[1 + S(r_{12}) + P(r_{12}) + B(r_{12})]\,. \end{aligned} \quad (6.75)$$

Mais, traditionnellement, la fonction de corrélation totale $h(r_{12})$ est décomposée en deux contributions : la *fonction de corrélation directe* $c(r_{12})$ et la *fonction de corrélation indirecte* $\gamma(r_{12})$:

$$h(r_{12}) = c(r_{12}) + \gamma(r_{12}), \quad (6.76)$$

où il est convenu d'associer $\gamma(r_{12})$ à la somme des diagrammes séries et $c(r_{12})$ à la somme des diagrammes restants, soit :

$$\begin{aligned}\gamma(r_{12}) &= S(r_{12}),\\ c(r_{12}) &= P(r_{12}) + B(r_{12}) + f(r_{12})\left[1 + S(r_{12}) + P(r_{12}) + B(r_{12})\right].\end{aligned} \tag{6.77}$$

Un examen approfondi du diagramme $S(r_{12})$ montre que tous les clusters contiennent un seul lien entre un point de base (le point 1 par exemple) et un point sur lequel a lieu l'intégration (le point 3 par exemple), alors qu'entre l'autre point de base (point 2) et le point (3) il peut y avoir un faisceau de liens. Ceci suggère que le diagramme $S(r_{12})$ est équivalent au produit de convolution :

$$S(r_{12}) = \gamma(r_{12}) = \rho \int c(r_{23})h(r_{13})d\mathbf{r}_3.$$

En tenant compte de ces définitions, la relation (6.76) permet de retrouver directement la relation d'Ornstein-Zernike :

$$h(r_{12}) = c(r_{12}) + \rho \int c(r_{23})h(r_{13})d\mathbf{r}_3, \tag{6.78}$$

ainsi que sa transformée de Fourier (Rel. 6.44) :

$$\left[1 + \rho h(q)\right]\left[1 - \rho c(q)\right] = 1, \tag{6.79}$$

et les expressions de $h(q)$ et $\gamma(q)$:

$$h(q) = \frac{1}{\rho}\left[\frac{1}{1-\rho c(q)} - 1\right] = \frac{c(q)}{1-\rho c(q)}, \tag{6.80}$$

$$\gamma(q) = h(q) - c(q) = \frac{\rho c^2(q)}{1-\rho c(q)}. \tag{6.81}$$

6.4.3 Quelques expressions de la fonction bridge

Avec la relation (6.75), il est facile d'exprimer la fonction cavité au moyen de diagrammes sous la forme[42] :

$$y(r_{12}) = g(r_{12})\exp\left[\beta u(r_{12})\right] = \left[1 + S(r_{12}) + P(r_{12}) + B(r_{12})\right], \tag{6.82}$$

dans le but de récrire la fonction de corrélation directe (Rel. 6.77) comme suit :

$$c(r_{12}) = P(r_{12}) + B(r_{12}) + f(r_{12})y(r_{12}). \tag{6.83}$$

[42] En utilisant la fonction de Mayer, la relation (6.75) se simplifie de la manière suivante :

$$\begin{aligned}h(r_{12}) &= f(r_{12}) + \left[1 + f(r_{12}\right]\left[S(r_{12}) + P(r_{12}) + B(r_{12})\right],\\ g(r_{12}) - 1 &= \{\exp\left[-\beta u(r_{12})\right] - 1\} + \{\exp\left[-\beta u(r_{12})\right]\}\left[S(r_{12}) + P(r_{12}) + B(r_{12})\right],\\ g(r_{12}) &= \{\exp\left[-\beta u(r_{12})\right]\}\left[1 + S(r_{12}) + P(r_{12}) + B(r_{12})\right],\\ g(r_{12})\exp\left[\beta u(r_{12})\right] &= \left[1 + S(r_{12}) + P(r_{12}) + B(r_{12})\right].\end{aligned}$$

Incidemment, on notera que la relation (6.83) coïncide avec l'équation de Percus-Yevick (Rel. 6.58) quand $P(r_{12}) = B(r_{12}) = 0$. Par contre, si l'on convient de définir l'équation HNC par la condition $B(r_{12}) = 0$, on peut déduire l'expression du diagramme parallèle $P(r_{12})$ en identifiant les relations (6.71) et (6.83), soit :

$$\begin{aligned} c^{HNC}(r_{12}) &= g(r_{12}) - 1 - \ln y(r_{12}) = P(r_{12}) + f(r_{12})y(r_{12}), \\ \text{d'où} \quad P(r_{12}) &= g(r_{12}) - 1 - \ln y(r_{12}) - f(r_{12})y(r_{12}). \end{aligned}$$

En reportant $P(r_{12})$ dans la relation (6.82), on peut exprimer la fonction de corrélation de paire sous la forme suivante[43] :

$$g(r_{12}) = \exp\left[-\beta u(r_{12}) + S(r_{12}) + B(r_{12})\right], \tag{6.84}$$

De même, en reportant $P(r_{12})$ dans la relation (6.83), on aboutit à l'expression exacte suivante qui peut être considérée comme la *relation clé de la théorie des équations intégrales contemporaines*, soit :

$$c(r_{12}) = g(r_{12}) - 1 - \ln y(r_{12}) + B(r_{12}). \tag{6.85}$$

Notons au passage que la fonction de corrélation directe peut encore s'écrire[44] :

$$c(r) = \exp\left[-\beta u(r) + \gamma(r) + B(r)\right] - \gamma(r) - 1.$$

La théorie des équations intégrales se réduit donc essentiellement à la recherche de la fonction bridge $B(r_{12})$ puisque, dès lors que $B(r_{12})$ est connue, il suffit de résoudre le système d'équations constitué par la relation d'Ornstein-Zernike (Rel. 6.78) et la relation auxiliaire (Rel. 6.85) pour déduire $g(r)$ et $c(r)$. Un grand nombre de travaux ont été réalisés sur cette question au cours des vingt dernières années. Certains ont été orientés vers le calcul direct des intégrales de clusters dominantes[45]. Mais la plupart d'entre eux[46] ont été consacrés à la recherche de formes approximatives de la fonction bridge $B(r_{12})$.

[43] Après avoir substitué $P(r_{12})$ et la fonction cavité $y(r_{12})$ dans la relation (6.82), celle-ci se transforme comme suit :

$$\begin{aligned} g(r_{12})\exp[\beta u(r_{12})] &= S(r_{12}) + g(r_{12}) - \ln y(r_{12}) - \{\exp[-\beta u(r_{12})] - 1\}\, g(r_{12})\exp[\beta u(r_{12})] + B(r_{12}), \\ 0 &= S(r_{12}) - \ln y(r_{12}) + B(r_{12}), \\ 0 &= S(r_{12}) - \ln\{g(r_{12})\exp[\beta u(r_{12})]\} + B(r_{12}), \\ g(r_{12}) &= \exp\left[-\beta u(r_{12}) + S(r_{12}) + B(r_{12})\right]. \end{aligned}$$

[44] Avec les expressions de la fonction cavité, $y(r) = g(r)\exp[\beta u(r)]$, et de la fonction de corrélation totale, $h(r) = g(r) - 1 = c(r) + \gamma(r)$, la fonction de corrélation se transforme comme suit :

$$\begin{aligned} c(r) &= h(r) - \ln\{g(r)\exp[\beta u(r)]\} + B(r), \\ \ln g(r) &= \ln[h(r) + 1] = \gamma(r) - \beta u(r) + B(r), \\ \text{soit} \quad c(r) &= \exp[-\beta u(r) + \gamma(r) + B(r)] - \gamma(r) - 1. \end{aligned}$$

[45] B. R. A Nijboer and L. van Hove, Phys. Rev. **85**, 777 (1952). P. Attard and G. N. Patey, J. Chem. Phys. **92**, 4970 (1990).

[46] L. Verlet, Mol. Phys. **41**, 183 (1980). F. J. Rogers and D. A Young, Phys. rev. A **30**, 999 (1984). G. Zerah and J. P. Hansen, J. Chem. Phys. **84**, 2336 (1986). D. M. Duh and D. Henderson, J. Chem. Phys. **104**, 6746 (1996). L.L. Lee, J. Chem. Phys. **107**, 7360 (1997). G. A. Martinov, G. N. Sarkisov and A. G. Vompe, J. Chem. Phys. **110**, 3961 (1999). J. M. Bomont and J. L. Bretonnet, J. Chem. Phys. **119**, 2188 (2003).

La forme la plus simple est évidemment celle de l'équation HNC, puisque $B^{HNC}(r) = 0$. Habituellement, on exprime la fonction bridge $B(r)$ au moyen de la fonction de corrélation indirecte $\gamma(r)$ plutôt que directement en fonction de r. Pour déterminer la fonction bridge de l'équation de PY, il suffit de l'extraire de la relation (6.85) après avoir substitué la fonction cavité issue de l'équation de PY. Ayant remplacé $y(r)$ par son expression tirée de la relation (Rel. 6.59), on obtient[47] :

$$B^{PY}(r) = -\gamma(r) + \ln\left[1 + \gamma(r)\right].$$

D'autres relations plus précises ont été proposées[48], comme par exemple :

$$\begin{aligned} B^{V}(r) &= -\frac{\zeta}{2}\gamma^2(r)\frac{1}{1+\alpha\gamma(r)} && \text{Verlet (1980),} \\ B^{RY}(r) &= \ln\left[1 + \frac{\exp\{\alpha\gamma(r)\} - 1}{\alpha}\right] - \gamma(r) && \text{Rogers et Young (1984),} \\ B^{MS}(r) &= \left[1 - 2\gamma(r)\right]^{1/2} - 1 - \gamma(r) && \text{Martinov et Sarkisov (1999),} \end{aligned}$$

où les paramètres ζ et α sont déterminés par des moyens préconisés par les auteurs. On s'aperçoit que $B(r)$ n'est pas reliée directement à r par une simple fonction, et qu'elle en dépend par l'intermédiaire de la fonction de corrélation indirecte $\gamma(r)$. Ceci n'est pas sans conséquence sur les calculs des grandeurs thermodynamiques des liquides[49].

6.4.4 De la fonction bridge aux propriétés thermodynamiques

On a montré dans le paragraphe (5.3) que les propriétés thermodynamiques des liquides se calculent au moyen de la fonction de corrélation de paire $g(r)$. Parmi les propriétés thermodynamiques, le potentiel chimique est une des grandeurs les plus sensibles aux détails de la fonction bridge $B(r)$. Pour s'en convaincre, considérons la relation (5.30) sous la forme suivante :

$$\beta\mu = \ln(\rho\Lambda^3) + \beta\mu^{ex}, \tag{6.86}$$

$$\text{avec} \qquad \beta\mu^{ex} = \rho\int_0^1 d\lambda \int \frac{\partial\beta u(r,\lambda)}{\partial\lambda} g(r,\lambda) d\mathbf{r}, \tag{6.87}$$

où l'intégrant de la relation précédente peut aussi s'écrire comme suit[50] :

$$\frac{\partial\beta u(r,\lambda)}{\partial\lambda} g(r,\lambda) = h(r,\lambda)\frac{\partial}{\partial\lambda}\left[B(r,\lambda) - c(r,\lambda)\right] + \frac{\partial}{\partial\lambda}\left[\frac{1}{2}h^2(r,\lambda) - c(r,\lambda) + B(r,\lambda)\right].$$

[47] L'expression de la fonction bridge $B^{PY}(r)$ s'obtient à partir de la relation (6.85) après avoir substitué la fonction cavité de PY (Rel. 6.59) puis utilisé la fonction de corrélation totale $h(r) = g(r) - 1$ et la fonction de corrélation indirecte $\gamma(r) = h(r) - c(r)$. on obtient ainsi :

$$\begin{aligned} B(r) &= c(r) - g(r) + 1 + \ln y(r), \\ B^{PY}(r) &= c(r) - g(r) + 1 + \ln\left[g(r) - c(r)\right], \\ B^{PY}(r) &= -\gamma(r) + \ln\left[1 + \gamma(r)\right]. \end{aligned}$$

[48] On trouvera une compilation récente des diverses approximations de la fonction bridge dans l'article de revue de J. M. Bomont, Advances in Chemical Physics, **139**, 1 (2008).

[49] L. L. Lee, J. Chem. Phys. **97**, 8606 (1992).

[50] En explicitant la fonction cavité $y(r) = g(r)\exp\left[\beta u(r)\right]$, la relation (6.85) s'écrit :

$$c(r,\lambda) = h(r,\lambda) - \ln g(r,\lambda) - \beta u(r,\lambda) + B(r,\lambda),$$

Après avoir interverti l'ordre des intégrations dans la relation (6.87) et admis que les fonctions $h(r,\lambda)$, $c(r,\lambda)$ et $B(r,\lambda)$ sont nulles quand $\lambda = 0$, l'expression du potentiel chimique d'excès devient :

$$\beta\mu^{ex} = \rho \int \left[\frac{1}{2}h^2(r) - c(r) + B(r) + \int_0^1 h(r,\lambda)\frac{\partial}{\partial\lambda}\left[B(r,\lambda) - c(r,\lambda)\right] d\lambda\right] d\mathbf{r}. \qquad (6.88)$$

Cette relation constitue la *première relation exacte du potentiel chimique d'excès* en termes de fonction bridge. Les trois premières contributions de l'intégrale sur $\mathbf{r}$ sont faciles à calculer. Quant à l'intégrale sur λ, elle pose un problème topologique d'homotopie, car la dépendance en λ des fonctions $B(r,\lambda)$ et $c(r,\lambda)$ est inconnue ; seules leurs valeurs en $\lambda = 0$ et $\lambda = 1$ le sont. Par conséquent, le résultat de l'intégrale doit dépendre du chemin d'intégration. Par simplicité, la plupart des auteurs[51] admettent la même dépendance linéaire pour les fonctions de corrélation - $c(r,\lambda) = \lambda c(r)$ et $h(r,\lambda) = \lambda h(r)$ -, sans qu'il en soit de même pour la fonction bridge. Comme on peut le voir en consultant les articles originaux, ceci permet de remplacer l'intégration sur λ, par une intégration sur γ, sans soulever néanmoins quelques difficultés qui ne seront pas évoquées ici.

Il existe toutefois une autre possibilité pour calculer le potentiel chimique d'excès, qui repose sur la renormalisation des clusters constituant les diagrammes de la fonction bridge. Cette *seconde relation exacte du potentiel chimique d'excès*, obtenue par Kiselyov et Martynov[52], ne contient pas le paramètre de couplage λ. Selon ces auteurs, le potentiel chimique d'excès a pour expression :

$$\beta\mu^{ex} = \rho \int \left[\frac{1}{2}h^2(r) - c(r) + B(r)\right] d\mathbf{r} + \rho\frac{1}{2}\int \left\{-h(r)c(r) + h(r)\left[B(r) + M(r)\right]\right\} d\mathbf{r}, \qquad (6.89)$$

où $B(r)$ et $M(r)$ sont les fonctions bridges représentées par les diagrammes de la figure (6.6) au troisième ordre en densité. Comme les relations (6.88) et (6.89) sont équivalentes, leur identification conduit à la relation :

$$-\frac{1}{2}h(r)c(r) + \frac{1}{2}h(r)\left[B(r) + M(r)\right] = \int_0^1 h(r,\lambda)\frac{\partial B(r,\lambda)}{\partial\lambda}d\lambda - \int_0^1 h(r,\lambda)\frac{\partial c(r,\lambda)}{\partial\lambda}d\lambda. \qquad (6.90)$$

Il est tentant de chercher à imposer la cohérence thermodynamique sur le potentiel chimique, en choisissant comme élément d'ajustement le chemin d'intégration[53] sur λ.

et sa dérivée par rapport à λ se transforme de la manière suivante :

$$\begin{aligned}
\frac{\partial\beta u(r,\lambda)}{\partial\lambda} &= \frac{\partial}{\partial\lambda}\left[h(r,\lambda) - c(r,\lambda) + B(r,\lambda)\right] - \frac{1}{g(r,\lambda)}\frac{\partial g(r,\lambda)}{\partial\lambda},\\
\frac{\partial\beta u(r,\lambda)}{\partial\lambda}g(r,\lambda) &= \left[h(r,\lambda)+1\right]\frac{\partial}{\partial\lambda}\left[h(r,\lambda) - c(r,\lambda) + B(r,\lambda)\right] - \frac{\partial h(r,\lambda)}{\partial\lambda},\\
\frac{\partial\beta u(r,\lambda)}{\partial\lambda}g(r,\lambda) &= h(r,\lambda)\frac{\partial h(r,\lambda)}{\partial\lambda} + h(r,\lambda)\frac{\partial}{\partial\lambda}\left[-c(r,\lambda) + B(r,\lambda)\right] + \frac{\partial}{\partial\lambda}\left[-c(r,\lambda) + B(r,\lambda)\right],\\
\frac{\partial\beta u(r,\lambda)}{\partial\lambda}g(r,\lambda) &= h(r,\lambda)\frac{\partial}{\partial\lambda}\left[-c(r,\lambda) + B(r,\lambda)\right] + \frac{\partial}{\partial\lambda}\left[\frac{h^2(r,\lambda)}{2} - c(r,\lambda) + B(r,\lambda)\right].
\end{aligned}$$

[51] R. Kjellander and S. Sarman, J. Chem. Phys. **90**, 2768 (1989). X. S. Chen, F. Forstmann and M. Kasch, J. Chem. Phys. **95**, 2832 (1991). L. L. Lee, J. Chem. Phys. **97**, 8606 (1992). D. M. Duh and D. Henderson, J. Chem. Phys. **104**, 6742 (1996).

[52] O. E. Kiselyov and G. A. Martynov, J. Chem. Phys. **93**, 1942 (1990).

[53] J. M. Bomont and J. L. Bretonnet, J. Chem. Phys. **126**, 214504 (2007).

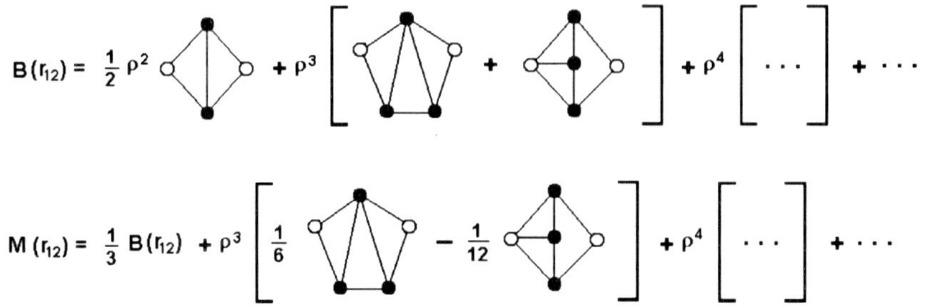

FIG. 6.6 – Représentations des diagrammes bridges $B(r_{12})$ et $M(r_{12})$.

Pour réaliser l'opération, commençons par évaluer la dernière intégrale de la relation précédente, en supposant que la dépendance des fonctions de corrélation en λ est de la forme $h(r,\lambda) = \lambda^n h(r)$ et $c(r,\lambda) = \lambda^n c(r)$, avec $n > 0$. De ce fait, le second membre de la relation précédente s'écrit[54] :

$$h(r)\int_0^1 \lambda^n \frac{\partial B(r,\lambda)}{\partial\lambda} d\lambda - \frac{1}{2}h(r)c(r),$$

et la relation (6.90) se simplifie sous la forme suivante :

$$B(r) + M(r) = 2\int_0^1 \lambda^n \frac{\partial B(r,\lambda)}{\partial\lambda} d\lambda.$$

Evaluons ensuite l'intégrale de la relation précédente en supposant une dépendance de la fonction bridge en λ de la forme $B(r,\lambda) = \lambda^m B(r)$, où $m \neq n$ avec $m > 0$, ce qui donne :

$$B(r) + M(r) = 2mB(r)\int_0^1 \lambda^{n+m-1} d\lambda = 2\frac{m}{m+n}B(r),$$

soit :

$$M(r) = \left(\frac{m-n}{m+n}\right) B(r).$$

On voit que si $m = n$, $M(r) = 0$, ce qu'interdit l'analyse des diagrammes de Kiselyov et Martynov puisque, selon ces auteurs, $0 < |M(r)| < \frac{1}{3}|B(r)|$. En reportant l'expression de $M(r)$ dans la relation (6.89), le potentiel chimique d'excès s'écrit :

$$\begin{aligned}
\beta\mu^{ex} &= \rho\int \left[\frac{1}{2}h^2(r) - c(r) + B(r)\right] d\mathbf{r} + \rho\frac{1}{2}\int \left[-h(r)c(r) + h(r)B(r)\left(\frac{2m}{m+n}\right)\right] d\mathbf{r}, \\
\beta\mu^{ex} &= \rho\int \left[\frac{1}{2}h^2(r) - c(r) + B(r) - \frac{1}{2}h(r)c(r)\right] d\mathbf{r} + \left(\frac{2m}{m+n}\right)\rho\int \frac{1}{2}h(r)B(r)d\mathbf{r},
\end{aligned}$$

[54]En effet, la seconde intégrale se résout analytiquement comme suit :

$$\begin{aligned}
\int_0^1 h(r,\lambda)\frac{\partial c(r,\lambda)}{\partial\lambda} d\lambda &= h(r)c(r)n\int_0^1 \lambda^{2n-1} d\lambda, \\
\int_0^1 h(r,\lambda)\frac{\partial c(r,\lambda)}{\partial\lambda} d\lambda &= h(r)c(r)n\left[\frac{\lambda^{2n}}{2n}\right]_0^1, \\
\int_0^1 h(r,\lambda)\frac{\partial c(r,\lambda)}{\partial\lambda} d\lambda &= \frac{1}{2}h(r)c(r).
\end{aligned}$$

soit :

$$\beta\mu^{ex} = P(\rho) + \alpha Q(\rho), \tag{6.91}$$

avec :

$$\begin{aligned} P(\rho) &= \rho \int \left[\frac{1}{2}h^2(r) - c(r) - \frac{1}{2}h(r)c(r) + B(r)\right] d\mathbf{r}, \\ Q(\rho) &= \rho \int \frac{1}{2}h(r)B(r)d\mathbf{r}, \\ \text{et} \qquad \alpha &= \frac{2m}{m+n}. \end{aligned} \tag{6.92}$$

Pour déterminer la valeur de α, utilisons la relation de Gibbs-Duhem qui a pour expression[55] :

$$\beta\frac{\partial\mu^{ex}}{\partial\rho} = -\int c(r)d\mathbf{r}, \tag{6.93}$$

et combinons les relations (6.91) et (6.93), soit :

$$\beta\frac{\partial\mu^{ex}}{\partial\rho} = \frac{\partial P(\rho)}{\partial\rho} + \alpha\frac{\partial Q(\rho)}{\partial\rho} = -\int c(r)d\mathbf{r},$$

d'où l'on tire :

$$\alpha = -\frac{\partial\rho}{\partial Q(\rho)}\left[\int c(r)d\mathbf{r} + \frac{\partial P(\rho)}{\partial\rho}\right].$$

Cette relation permet de calculer le potentiel chimique de manière auto-cohérente pour toute expression de la fonction bridge. Par ailleurs, la relation (6.92) fournit le lien entre le chemin d'intégration emprunté pour intégrer les fonctions de corrélation $h(r,\lambda)$ et $c(r,\lambda)$, désigné par n, et le chemin d'intégration emprunté pour intégrer la fonction bridge $B(r,\lambda)$, désigné par m, soit :

$$m = \frac{\alpha}{2-\alpha}n.$$

6.4.5 Correction due à une perturbation du potentiel

Le problème évoqué dans ce paragraphe est celui de l'influence de la contribution à longue distance du potentiel de paire sur la fonction de corrélation de paire $g(r)$. Cette question a déjà été abordée avec la théorie des perturbations de Zwanzig au paragraphe (5.7.1). Dans la méthode de Zwanzig, on développe l'énergie libre F du système en puissances croissantes du paramètre de couplage λ, et on s'intéresse essentiellement à l'influence de la perturbation sur les propriétés thermodynamiques. La méthode utilisée ici

[55] La relation (6.48) :

$$\rho\beta\frac{\partial\mu}{\partial\rho} = 1 - \rho\int c(r)d\mathbf{r},$$

combinée avec la dérivée de la relation (6.86) :

$$\beta\frac{\partial\mu}{\partial\rho} = \frac{1}{\rho} + \beta\frac{\partial\mu^{ex}}{\partial\rho},$$

permet d'obtenir :

$$\rho\beta\frac{\partial\mu^{ex}}{\partial\rho} = -\rho\int c(r)d\mathbf{r}.$$

consiste à développer la fonction de corrélation de paire $g(r)$ en puissances croissantes d'un paramètre ξ caractérisant la portée de la perturbation, et à représenter $g(r)$ par un dia- gramme permettant de séparer les effets des contributions répulsive et attractive du potentiel. Le besoin de séparer le potentiel de paire $u(r)$ en une partie répulsive $u_0(r)$, à courte distance, et une partie attractive $u_1(r)$, à longue distance, vient de ce que les équations intégrales de PY et de HNC fournissent les mêmes résultats pour les potentiels à courte portée alors qu'elles donnent des résultats différents lorsque les potentiels contiennent une contribution attractive à longue portée[56].

Pour exposer succinctement le problème, considérons le potentiel de paire :

$$u(r) = u_0(r) + u_1(r)$$

où $u_0(r)$ est la partie répulsive à courte distance et $u_1(r)$ la partie attractive à longue distance. Or, si la perturbation $u_1(r)$ est très faible, on peut admettre l'additivité des fonctions de corrélation :

$$\begin{aligned} h(r) &= h_0(r) + h_1(r), \\ c(r) &= c_0(r) + c_1(r), \\ \gamma(r) &= \gamma_0(r) + \gamma_1(r), \end{aligned}$$

comme conséquence de l'additivité des diagrammes séries et parallèles. Par contre, on conviendra que les diagrammes bridges ne sont pratiquement pas affectés par la présence de la perturbation, c'est-à-dire que $B(r) \sim B_0(r)$.

Avec ces hypothèses on peut écrire la fonction de corrélation de paire $g_0(r)$ de la contribution à courte distance, au moyen de diagrammes, sous la forme suivante (Rel. 6.84) :

$$g_0(r_{12}) = \exp\left[-\beta u_0(r_{12}) + S_0(r_{12}) + B_0(r_{12})\right],$$

et la fonction de corrélation de paire du potentiel total $u(r)$ comme suit :

$$g(r_{12}) = g_0(r_{12}) \exp\left[-\beta u_1(r_{12}) + S_1(r_{12})\right]. \tag{6.94}$$

Si l'on suppose que $g_0(r_{12})$ est connu, l'évaluation de la fonction de corrélation de paire $g(r_{12})$ se réduit uniquement à celle du diagramme série $S_1(r_{12})$, c'est-à-dire à la fonction de corrélation indirecte $\gamma_1(r_{12}) = S_1(r_{12})$ (Rel. 6.66). Pour les besoins du calcul, il est plus avantageux de travailler dans l'espace réciproque en prenant la transformée de Fourier de $\gamma_1(r_{12})$. Avec la relation (6.81), celle-ci s'écrit :

$$\begin{aligned} \gamma_1(q) &= \gamma(q) - \gamma_0(q) = \frac{\rho c^2(q)}{1 - \rho c(q)} - \frac{\rho c_0^2(q)}{1 - \rho c_0(q)}, \\ \gamma_1(q) &= \frac{\rho c_0^2(q) + 2\rho c_0(q) c_1(q) + \rho c_1^2(q)}{1 - \rho c_0(q) - \rho c_1(q)} - \frac{\rho c_0^2(q)}{1 - \rho c_0(q)}, \end{aligned}$$

[56] A. A. Broyles, H. L. Sahlin and D. D. Carley, J. Math. Phys. **4**, 216 (1963). P. C. Hemmer, J. Math. Phys. **5**, 75 (1964). F. Lado, Phys. Rev. **135**, A1013 (1964). J. L. Lebowitz, G. Stell and S. Baer, J. Chem. Phys. **6**, 1282 (1965). D. Chander and H. C. Andersen, J. Chem. Phys. **54**, 26 (1971).

ou encore[57] :

$$\gamma_1(q) = \frac{c_1(q)\left[1+\rho h_0(q)\right]^2}{1-\rho c_1(q)\frac{1}{1-\rho c_0(q)}} - c_1(q).$$

Or, en utilisant la relation (6.79) on obtient finalement :

$$\gamma_1(q) = \frac{c_1(q)\left[1+\rho h_0(q)\right]^2}{1-\rho c_1(q)\left[1+\rho h_0(q)\right]} - c_1(q),$$

soit :

$$h_1(q) = c_1(q) + \gamma_1(q) = \frac{c_1(q)\left[1+\rho h_0(q)\right]^2}{1-\rho c_1(q)\left[1+\rho h_0(q)\right]}. \tag{6.95}$$

Pour déterminer $h_1(q)$, il reste à évaluer $c_1(q)$. Puisque la fonction de corrélation directe des liquides, à longue distance, peut être assimilée à la queue du potentiel de paire (Rel. 6.72), il est justifié de faire l'approximation $c_1(q) \sim -\beta u_1(q)$. Avec cette approximation, la relation (6.95) se réduit à :

$$h_1(q) = -\beta u_1(q) + \gamma_1(q) = -\frac{\left[1+\rho h_0(q)\right]^2 \beta u_1(q)}{1+\rho\left[1+\rho h_0(q)\right]\beta u_1(q)}, \tag{6.96}$$

et sa transformée de Fourier inverse s'écrit :

$$h_1(r_{12}) = TF\left[-\beta u_1(q) + \gamma_1(q)\right] = -\beta u_1(r_{12}) + \gamma_1(r_{12}), \tag{6.97}$$

$$\text{soit} \quad h_1(r_{12}) = -\frac{1}{(2\pi)^3}\int \frac{\left[1+\rho h_0(q)\right]^2 \beta u_1(q)}{1+\rho\left[1+\rho h_0(q)\right]\beta u_1(q)} \exp\left(-i\mathbf{q}\mathbf{r}_{12}\right) d\mathbf{q}. \tag{6.98}$$

Et puisque $S_1(r_{12}) = \gamma_1(r_{12})$, un coup d'oeil à la relation (6.97) permet d'identifier l'argument de l'exponentielle dans la relation (6.94) à $h_1(r_{12})$, soit :

$$-\beta u_1(r_{12}) + S_1(r_{12}) = -\beta u_1(r_{12}) + \gamma_1(r_{12}) = h_1(r_{12}).$$

Par conséquent, la fonction de corrélation de paire $g(r_{12})$ s'obtient en remplaçant $h_1(r_{12})$ (Rel. 6.98) dans la relation (6.94), soit :

$$g(r_{12}) = g_0(r_{12}) \exp\left[-\frac{1}{(2\pi)^3}\int \frac{\left[1+\rho h_0(q)\right]^2 \beta u_1(q)}{1+\rho\left[1+\rho h_0(q)\right]\beta u_1(q)} \exp(-i\mathbf{q}\mathbf{r}_{12}) d\mathbf{q}\right]. \tag{6.99}$$

[57] On peut utiliser la relation (6.80) pour transformer les dénominateurs des fractions dans la relation précédente et effectuer les simplifications suivantes :

$$\begin{aligned}
\gamma_1(q) &= \frac{h_0(q)\left[\rho c_0^2(q) + 2\rho c_0(q)c_1(q) + \rho c_1^2(q)\right]}{c_0(q) - \rho c_1(q)h_0(q)} - \rho c_0(q)h_0(q), \\
\gamma_1(q) &= \frac{2\rho c_0(q)c_1(q)h_0(q) + \rho c_1^2(q)h_0(q) + \rho^2 c_0(q)c_1(q)h_0^2(q)}{c_0(q) - \rho c_1(q)h_0(q)}, \\
\gamma_1(q) &= \frac{c_0(q)c_1(q)\left[2\rho h_0(q) + \rho^2 h_0^2(q) + 1\right] - c_0(q)c_1(q) + \rho c_1^2(q)h_0(q)}{c_0(q) - \rho c_1(q)h_0(q)}, \\
\gamma_1(q) &= \frac{c_1(q)\left[1+\rho h_0(q)\right]^2}{1-\rho c_1(q)\frac{h_0(q)}{c_0(q)}} - c_1(q), \\
\gamma_1(q) &= \frac{c_1(q)\left[1+\rho h_0(q)\right]^2}{1-\rho c_1(q)\frac{1}{1-\rho c_0(q)}} - c_1(q).
\end{aligned}$$

Avant de clore ce paragraphe, utilisons le résultat de la relation (6.95) pour déduire le facteur de structure $S(q)$. En effet, avec la relation (6.45), on obtient :

$$S(q) = 1 + \rho h(q) = 1 + \rho h_0(q) + \rho h_1(q),$$

où $1 + \rho h_0(q) = S_0(q)$ est le facteur de structure correspondant au potentiel $u_0(r_{12})$, déjà connu, et $\rho h_1(q)$ est donné par la relation (6.95). Ainsi la substitution de $\rho h_1(q)$ dans l'expression du facteur de structure donne :

$$S(q) = S_0(q) + \frac{\rho c_1(q) S_0(q)^2}{1 - \rho c_1(q) S_0(q)} = \frac{S_0(q)}{1 - \rho c_1(q) S_0(q)},$$

soit :

$$S(q) = \frac{S_0(q)}{1 + \rho\beta u_1(q) S_0(q)}. \tag{6.100}$$

La relation (6.99) a été démontrée de différentes manières et utilisée dans de nombreuses applications[58], en particulier avec les potentiels de Coulomb, de Kac, de Gauss, de Lennard-Jones et même avec les potentiels métalliques oscillants. Quant à la relation (6.100), elle permet de calculer le facteur de structure $S(q)$ d'un système dans l'*approximation de la phase aléatoire* (RPA), en fonction du facteur de structure $S_0(q)$ du système non perturbé et de la transformée de Fourier de la perturbation $u_1(r)$. Notons qu'il est possible d'améliorer sensiblement le résultat de $S(q)$ avec la méthode de la RPA optimisée (ORPA), développée par Weeks, Chandler et Andersen (§ 5.7.3). Pour les détails de l'ORPA, le lecteur consultera les articles originaux.

6.5 Méthodes de simulation

6.5.1 Introduction

La puissance croissante des microprocesseurs et la fabrication de micro-ordinateurs de plus en plus performants et bon marché ont contribué, ces dernières années, au développement spectaculaire des méthodes de simulation dans toutes les branches des sciences. Appliquée aux liquides, la simulation numérique offre la possibilité de produire des états microscopiques d'un système, pour un type de potentiel pris comme modèle d'interaction, en vue d'extraire ses propriétés macroscopiques. Un des principaux succès des méthodes de simulation est l'absence d'approximation d'ordre physique, contrairement à celles qui sont faites dans la plupart des théories analytiques. Par exemple, pour calculer la fonction de corrélation de paire $g(r)$ par les méthodes analytiques, les approximations sont nombreuses comme on l'a vu tout au long de ce chapitre, alors qu'avec les méthodes de simulations, $g(r)$ est extraite directement des configurations produites avec le modèle d'interaction choisi.

Avant l'utilisation intensive de la simulation, on devait tester les approximations de la théorie des liquides et les modèles d'interactions en comparant les résultats obtenus aux

[58] Le lecteur que cette question intéresse est invité à consulter le livre de J. P. Hansen and I. R. McDonald, *Theory of Simple Liquids*, Acad. Press, London (3ième édition, 2006), p. 95.

résultats expérimentaux. Malheureusement les différences ne pouvaient être attribuées avec certitude ni aux approximations de la théorie ni au choix du potentiel. D'ailleurs, les expériences réelles sont souvent insuffisamment précises, et parfois même irréalisables, pour constituer un test efficace de la théorie. Par contre, les méthodes de simulation peuvent être considérées comme de véritables expériences sur lesquelles on peut tester les approximations des théories analytiques, pour un potentiel d'interaction donné. De ce fait, la simulation constitue un outil puissant qui permet de *tester les approximations de la théorie* - en comparant les résultats aux résultats de la théorie - et de *tester les modèles d'interactions* - en comparant les résultats aux résultats expérimentaux.

La simulation a véritablement pris naissance en 1955 avec la fameuse expérience de Fermi-Pasta-Ulam (FPU)[59] effectuée sur le plus puissant ordinateur de l'époque (10^4 opérations par seconde au lieu des 10^8 que peut réaliser tout micro-ordinateur actuel) construit au Los Alamos National Laboratory. Cette expérience avait pour objet de vérifier, par simulation, qu'un système composé de quelques dizaines d'oscillateurs dépendants, se comporte comme un système de mécanique statistique. En d'autres termes, il s'agissait de vérifier l'hypothèse d'ergodicité selon laquelle tous les points de l'espace des phases sont visités avec la même probabilité.

Le principe d'ergodicité stipule que, à l'équilibre, les valeurs moyennes des grandeurs, évaluées à l'aide d'un ensemble statistique de systèmes identiques, coïncident avec les valeurs moyennes des mêmes grandeurs, calculées sur les fluctuations au cours du temps dans un système unique (§ 2.3). Ce principe a été justifié avec l'oscillateur harmonique (§ 2.4) en montrant que, dans l'ensemble microcanonique, la moyenne d'ensemble et la moyenne temporelle sont égales et que tous les éléments d'extension en phase correspondant à l'énergie comprise entre $E - \Delta E$ et $E + \Delta E$ sont visités avec la même probabilité. Si l'on considère un système composés de N oscillateurs harmoniques indépendants (ayant chacun sa fréquence propre et son énergie propre) d'énergie totale E donnée, l'état dynamique de chaque oscillateur explore sa propre région de l'espace des phases et le système n'est pas ergodique. Fermi, Pasta et Ulam ont pensé que le système pouvait devenir ergodique si les mouvements des oscillateurs étaient rendus dépendants les uns des autres en introduisant une certaine dose d'anharmonicité.

Le modèle FPU est une chaîne de 32 oscillateurs anharmoniques dont les extrémités sont fixes, et où les équations du mouvement sont :

$$\frac{d^2x_n}{dt^2} = (x_{n+1} - 2x_n + x_{n-1}) + \alpha \left[(x_{n+1} - x_n)^2 - (x_n - x_{n-1})^2 \right] ,$$

où $\alpha \ll 1$ est le paramètre qui introduit l'anharmonicité dans le modèle. Si le système est harmonique ($\alpha = 0$), le mouvement se décompose en modes indépendants et le système n'est pas ergodique. Mais si le système présente une faible anharmonicité, tout mouvement initial concentré sur un mode doit s'amortir en répartissant l'énergie sur tous les modes jusqu'à complète équipartition de l'énergie, ce qui exclut la possibilité de décomposer le mouvement en modes indépendants. Le début de la simulation se passe comme prévu. Or, contre toute attente, après un temps suffisamment long, presque toute l'énergie répartie sur les modes normaux retourne progressivement sur le mode initial fixé au début de

[59] Il existe une abondante littérature sur ce sujet qui est à l'origine de la théorie du chaos. Voir, par exemple, T. Dauxois, M. Peyrard and S. Ruffo, Eur. J. Phys. **26**, S3-S11, 1 (2005). G. P. Berman and F. M. Izrailev, Chaos **15**, 015104 (2005).

la simulation. L'expérience répétée ultérieurement, avec des ordinateurs plus puissants, montre que le phénomène se reproduit périodiquement. Ce résultat, connu sous le nom de paradoxe de FPU, a donné lieu au théorème de Kolmogorov-Arnold-Moser[60] (KAM) ; ce théorème indique que l'anharmonicité n'est pas le seul facteur qui conduit à l'ergodicité. Le lecteur intéressé pourra lui-même effectuer l'expérience de FPU avec un code Matlab fourni dans l'article de T. Dauxois *et al.* cité dans la note précédente.

Les méthodes de simulation se classent en deux catégories : la méthode de Monte Carlo et la dynamique moléculaire. Dans la première méthode, les particules, soumises à un modèle d'interaction connu, sont placées dans une succession de configurations générées aléatoirement. On détermine pour chacune d'elles la grandeur physique choisie, $f(\mathbf{r}_i^N)$, en fonction des coordonnées des particules. Puis on calcule la moyenne d'ensemble $\langle f(\mathbf{r}^N)\rangle$ de cette grandeur à l'aide de l'intégrale de configuration $Z = \sum_i \exp\left[-\beta U_N(i)\right]$, soit :

$$\langle f(\mathbf{r}^N)\rangle = \frac{\sum_i f(i) \exp\left[-\beta U_N(i)\right]}{\sum_i \exp\left[-\beta U_N(i)\right]}, \tag{6.101}$$

où i est un indice qui parcourt l'ensemble des configurations possibles. Dans la dynamique moléculaire, on soumet également les particules à un type d'interaction connu, et on leur assigne une position initiale et une vitesse initiale dans l'espace des phases. Puis on calcule, par une méthode de différences finies, les états dynamiques successifs décrivant la trajectoire des phases. On notera que la dynamique moléculaire (DM), qui nécessite l'établissement et l'intégration des équations du mouvement des particules, est une méthode purement déterministe, alors que la méthode de Monte Carlo (MC), qui requiert la génération aléatoire d'un grand nombre de configurations, est une méthode stochastique. Par ailleurs, la méthode de MC permet de calculer uniquement les grandeurs statiques des systèmes, comme l'énergie ou le facteur de structure, alors que la dynamique moléculaire fournit, en plus, les propriétés de transport atomique liées aux phénomènes dépendant du temps.

Pour mettre en oeuvre la simulation en tant qu'expérience numérique, on rencontre certaines difficultés comme la représentativité du système réel, avec les problèmes liés aux *effets de taille*, aux *conditions aux limites*, etc. de la boite de simulation. On est également confronté au choix de la *durée optimale* de simulation qui doit être ni trop courte pour que l'équilibre thermique soit atteint, ni trop longue pour ne pas devenir prohibitive. Cette question, liée à l'ergodicité, est cruciale lorsqu'on étudie les liquides en surfusion. On est ensuite confronté aux *erreurs de calculs* car, même si la simulation est exempte d'approximations de nature physique, il est impossible d'exclure les erreurs statistiques d'exploitation des résultats et les erreurs systématiques dues, en particulier, à la nature des interactions. En effet, on ne peut pas traiter de la même façon un système de sphères dures dont les interactions sont de type collisionnel et un système de particules soumises à un potentiel à longue distance qu'il est nécessaire de tronquer.

Dans les paragraphes suivants on indique les principes de la méthode de MC et de la dynamique moléculaire, puis on présente, de manière synthétique, certaines difficultés rencontrées dans la mise en oeuvre et dans le déroulement d'une simulation.

[60] On trouvera une bibliographie de leurs travaux dans l'article de H. W. Broer, Bulletin of the American Mathematic Society **41**, 507 (2004). L'article est consultable en ligne en tapant : *KAM : The legacy of Kolmogorov's 1954 papers.*

6.5.2 La méthode de Monte Carlo

La méthode de Monte Carlo requiert un générateur de nombres aléatoires, non seulement pour générer la succession de configurations, mais pour décider de l'acception ou du rejet d'une nouvelle configuration. Si l'on admet, pour fixer les idées, que l'échantillon contient $N = 100$ particules évoluant de manière discrète dans l'espace de configuration à $d = 3$ dimensions, et que chaque composante des positions puisse prendre une des $Q = 10$ valeurs disponibles, le nombre de configurations accessibles est $M \sim \left(Q^d\right)^N = 10^{300}$. Comme le nombre de configurations utilisées dans une expérience de MC n'excède généralement pas 10^7, il est nécessaire d'en rejeter un très grand nombre. Avant de décrire le critère d'acceptation ou de rejet d'une configuration, définissons le principe de la méthode de MC dans le cas le plus simple. Pour évaluer l'intégrale :

$$I = \int_a^b f(x)dx,$$

sur l'intervalle $[a,\ b]$, on peut utiliser la formule de la moyenne sous forme continue ou sous forme discrète, soit :

$$\langle f(x)\rangle = \frac{1}{(b-a)}\int_a^b f(x)dx = \frac{1}{M}\sum_{i=1}^{M} f(x_i), \tag{6.102}$$

où $f(x_i)$ sont les valeurs discrètes de la fonction $f(x)$ en des points choisis *aléatoirement et uniformément* dans l'intervalle $[a,\ b]$. Par conséquent, une estimation de I est :

$$I \approx \frac{(b-a)}{M}\sum_{i=1}^{M} f(x_i).$$

Dans la théorie des liquides, l'objectif est de calculer la valeur moyenne d'une fonction $f(\mathbf{r}^N)$ sous forme discrète, avec la formule :

$$\left\langle f(\mathbf{r}^N)\right\rangle = \frac{\sum_{i=1}^{M} f(i)\exp\left[-\beta U_N(i)\right]}{\sum_{i=1}^{M}\exp\left[-\beta U_N(i)\right]}, \tag{6.103}$$

où l'indice i parcourt l'ensemble des M configurations. Mais compte tenu de la valeur extrêmement grande de $M(\sim 10^{300})$, l'évaluation de la somme n'est pas envisageable. C'est pourquoi, il faut utiliser un nombre de configuration $m(\sim 10^7)$ beaucoup plus petit. Si la relation (6.103) était une moyenne simple, son calcul ne poserait pas plus de difficulté que celui de la relation (6.102). Mais la relation (6.103) est une moyenne pondérée qui s'écrit :

$$\left\langle f(\mathbf{r}^N)\right\rangle = \frac{\sum_{i=1}^{M} f(i)\exp\left[-\beta U_N(i)\right]}{\sum_{i=1}^{M}\exp\left[-\beta U_N(i)\right]} = \sum_{i=1}^{M} f(i)p\left(i\right),$$

où le poids :

$$p\left(i\right) = \frac{\exp\left[-\beta U_N(i)\right]}{\sum_{i=1}^{M}\exp\left[-\beta U_N(i)\right]} \tag{6.104}$$

est une distribution *aléatoire non uniforme*. Si la distribution était uniforme $\left[p\left(i\right) = \frac{1}{M}\right]$, la relation (6.103) se réduirait à :

$$\left\langle f(\mathbf{r}^N)\right\rangle = \frac{1}{M}\sum_{i=1}^{M} f(i) \simeq \frac{1}{m}\sum_{i=1}^{m} f(i),$$

mais ce n'est pas le cas ! Toute la difficulté vient donc de ce que la distribution $p(i)$ n'est pas uniforme. Dans la mesure où la fonction $f(\mathbf{r}^N)$ ne prend des valeurs significatives que dans une région donnée de l'espace des configurations, on conçoit que les configurations ne soient pas équiprobables et qu'il soit inutile de calculer $f(\mathbf{r}^N)$ en des points où sa valeur est très faible. La méthode habituellement employée, qui revient à accepter les configurations contribuant le plus au résultat de la moyenne et à rejeter les autres, est la méthode d'*échantillonnage préférentiel* proposée par Métroplis *et al.*[61] qui va être présentée sommairement.

Considérant l'ensemble des M configurations accessibles, on admet que $w(i \to j)$ est la probabilité conditionnelle que le système se trouve dans la configuration j à l'instant $t + 1$, sachant qu'il était dans la configuration i à l'instant t. La probabilité conjointe d'avoir le système dans l'état i, à l'instant t, et dans l'état j, à l'instant $t + 1$, est (Rel. 1.98) :

$$w(i \to j)p(i,t),$$

où $p(i,t)$ est la probabilité que le système soit dans l'état i, à l'instant t, et où la probabilité conditionnelle $w(i \to j)$ représente la probabilité de transition de la configuration i vers la configuration j. Or, l'évolution des états du système hors d'équilibre est gouvernée par l'*équation maîtresse*[62] :

$$p(i,t+1) = p(i,t) + \sum_j \left[w(j \to i)p(j,t) - w(i \to j)p(i,t)\right]. \qquad (6.105)$$

De plus, on admet que la succession des états du système est décrite par un *processus markovien* (§ 1.4.3) convergeant vers une distribution d'équilibre. Il faut noter que le temps utilisé dans la relation (6.105) et dans le processus markovien prend des valeurs discrètes et n'a pas de sens physique. Il n'est destiné qu'à repérer chronologiquement les configurations dans la chaîne de Markov. A la limite asymptotique ($t \to \infty$), quand l'équilibre est atteint, on doit avoir $p(i,t+1) = p(i,t)$. Cette condition est satisfaite quand on impose la *réversibilité microscopique,* c'est-à-dire l'annulation du terme entre crochets dans la relation (6.105), soit :

$$w(j \to i)p(j) = w(i \to j)p(i),$$

où $p(j)$ et $p(i)$ désignent les probabilités quand $t \to \infty$. Combinée avec la relation (6.104), cette relation permet de déterminer le rapport des probabilités de transitions, en fonction des énergies de chaque état, sous la forme :

$$\frac{w(i \to j)}{w(j \to i)} = \frac{p(j)}{p(i)} = \exp\left\{-\beta\left[U_N(j) - U_N(i)\right]\right\}.$$

Cette expression ne fixe que le rapport des probabilités de transitions, c'est pourquoi on dispose d'une certaine liberté pour les choisir. Sans entrer dans les détails[63], indiquons

[61] M. Metropolis, A. W. Rosenbluth, M. N. Rosenbluth, A. N. Teller and E. Teller, J. Chem. Phys. **21**, 1087 (1953).

[62] L'équation maîtresse est un cas particulier de l'équation de Smoluchowski qui est à la base de la théorie de l'évolution temporelle des processus aléatoires. Sous la présente forme, l'équation maîtresse s'énonce comme suit : la probabilité que le système soit dans l'état i à l'instant $t + 1$ est égale à la probabilité qu'il soit dans le même état à l'instant précédent, augmentée de la somme algébrique des probabilités qu'il aille de n'importe quel état j vers l'état i et des probabilités qu'il aille de l'état i vers n'importe quel état j.

[63] Pour une étude détaillée de ces questions, consulter, par exemple, W. W. Wood, *Physics of Simple Liquids*, North-Holland Publishing Compagny, Amsterdam (1968), p. 115.

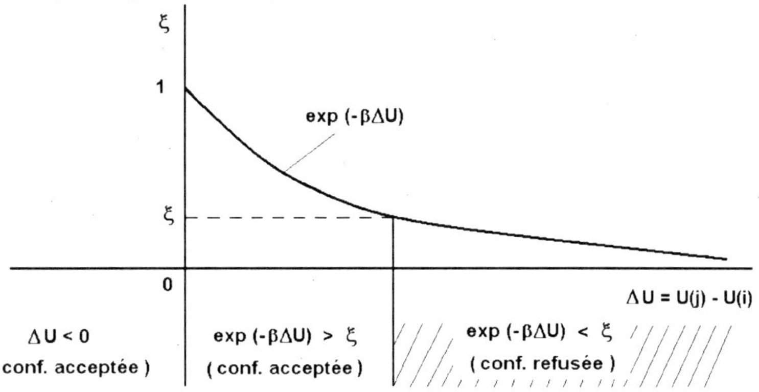

FIG. 6.7 – Schéma représentatif du critère d'acceptation des configurations

que le critère pratique d'acceptation ou de rejet d'une nouvelle configuration se fait de la manière suivante :

1) Si l'énergie de la nouvelle configuration est inférieure ou égale à l'énergie de l'ancienne, $[U_N(j) \leq U_N(i)]$, la nouvelle configuration est systématiquement acceptée.

2) Si l'énergie de la nouvelle configuration est supérieure à l'énergie de l'ancienne, $[U_N(j) > U_N(i)]$, le facteur de Boltzmann $\exp\{-\beta[U_N(j) - U_N(i)]\}$ est comparé à un nombre aléatoire ξ compris entre 0 et 1. Si $\exp\{-\beta[U_N(j) - U_N(i)]\} > \xi$ la nouvelle configuration est acceptée, sinon elle est refusée. Ceci est illustré sur la figure (6.7).

Rappelons que la méthode de MC ne permet de simuler que les propriétés d'équilibre du système et que le calcul de la moyenne ne peut commencer que si le système est à l'équilibre. Il n'existe pas de critère qui permette de déterminer de manière précise le début de la période de mise en équilibre. Le moyen le plus sûr est de suivre l'évolution de l'énergie du système. On peut considérer que l'équilibre est atteint lorsque l'énergie se stabilise en moyenne autour d'une valeur donnée.

6.5.3 Principaux algorithmes de la dynamique moléculaire

Sous forme analytique, la solution de l'équation de Newton est obtenue en intégrant l'équation différentielle du deuxième ordre par rapport au temps. La vitesse et la position qui en découlent, compte tenu des valeurs initiales, permettent de suivre l'évolution du système sur une trajectoire à énergie constante dans l'espace des phases. Sous forme numérique, l'équation du mouvement doit d'abord être discrétisée puis intégrée par la méthode des différences finies. Pour simplifier la présentation des algorithmes, considérons le mouvement d'une particule, à une dimension, décrit par l'équation de Newton :

$$\frac{dv}{dt} = \gamma,$$

avec $v = \frac{dx}{dt}$ et $\gamma = \frac{F(x)}{m}$, où m est la masse de la particule et $F(x)$ la force appliquée à la particule. L'objet de la méthode des différences finies est de déterminer les valeurs x_{n+1} et v_{n+1}, au temps $t_{n+1} = t_n + \Delta t$, lorsque x_n et v_n sont donnés et la loi de force $F(x)$

est connue. Tous les algorithmes d'intégration reposent sur les développements en série de Taylor des coordonnées et des vitesses, soit :

$$\begin{aligned} x_{n+1} &= x_n + v_n \Delta t + \frac{1}{2}\gamma_n \Delta t^2 + ..., \\ v_{n+1} &= v_n + \gamma_n \Delta t + ... \end{aligned}$$

Algorithme d'Euler. La méthode la plus simple consiste à arrêter le développement en série de x_{n+1} au terme en Δt^2 et celui de v_{n+1} au terme en Δt, c'est-à-dire à considérer le système d'équations :

$$v_{n+1} = v_n + \gamma_n \Delta t, \tag{6.106}$$

$$x_{n+1} = x_n + v_n \Delta t + \frac{1}{2}\gamma_n \Delta t^2. \tag{6.107}$$

L'algorithme de cette méthode, appelé *Euler 1*, revient donc à :

(1) initialiser la vitesse v_0, la position x_0 et l'accélération $\gamma_0 (= \frac{F(x_0)}{m})$ au moyen de la force $F(x_0)$,

(2) déterminer la vitesse v_1 avec la relation (6.106) et la position x_1 avec la relation (6.107),

(3) recommencer les étapes (1) et (2) avec les valeurs de v_1, de x_1 et de $\gamma_1 = \frac{F(x_1)}{m}$, et ainsi de suite.

Le succès d'un algorithme réside dans plusieurs facteurs parmi lesquels le choix de l'intervalle de temps Δt, qui doit être suffisamment long pour que l'intégration numérique génère une solution stable, sans l'être trop pour que le temps de calcul ne soit pas prohibitif. Si la simulation est réalisée dans l'ensemble microcanonique, à N, V et E constants, on peut tester la stabilité de la solution en s'assurant que l'énergie totale se conserve durant le déroulement du calcul. Indiquons incidemment que la simulation peut être réalisée aussi dans l'ensemble canonique, à N, V et T constants. Dans ce cas, la température est contrôlée en mettant le système en contact avec un thermostat, ce qui autorise les échanges de chaleur avec le milieu extérieur. Pour réaliser cet ensemble en DM, la méthode la plus répandue[64] consiste à ajouter une variable dynamique supplémentaire, notée s, associée à la température et dont le moment conjugué est p_s. Mais on peut également réaliser une simulation dans l'ensemble à N, p et H constants. C'est une extension de l'ensemble microcanonique dans laquelle ce n'est pas le volume qui est fixé mais la pression. Le système évolue alors sur une trajectoire à enthalpie constante dans l'espace des phases. Pour réaliser cet ensemble en DM, on introduit le volume comme nouvelle variable dynamique et la pression comme moment conjugué[65].

On notera que l'algorithme d'Euler 1 fournit des résultats dissymétriques en x et v, puisqu'au cours d'un pas de calcul la position x_{n+1} est calculée avec la vitesse v_n du pas précédent. Mais ce défaut peut facilement être éliminé en remplaçant, dans la relation (6.107), v_n par v_{n+1} qui est calculé dans la même boucle. A cette différence près,

[64] S. Nosé, J. Chem. Phys. **81**, 511 (1984).
[65] H. C. Andersen, J. Chem. Phys. **72**, 2384 (1980).

l'algorithme est le même que celui de la méthode d'Euler 1. On peut également calculer la position x_{n+1} en éliminant $\gamma_n \Delta t^2$ entre les deux relations (6.106) et (6.107). Ceci fournit un nouvel algorithme, appelé *Euler 2*, dont les équations sont :

$$v_{n+1} = v_n + \gamma_n \Delta t, \tag{6.108}$$

$$x_{n+1} = x_n + \frac{1}{2}(v_n + v_{n+1})\Delta t. \tag{6.109}$$

Cet algorithme ne donne pas de meilleurs résultats que la méthode d'Euler 1, sauf dans le cas où l'accélération est constante.

Algorithme de Verlet. Par contre, on obtient de meilleurs résultats en combinant les expressions de la position de la manière suivante :

$$\begin{aligned} x_{n+1} &= x_n + v_n \Delta t + \frac{1}{2}\gamma_n \Delta t^2, \\ x_{n-1} &= x_n - v_n \Delta t + \frac{1}{2}\gamma_n \Delta t^2, \end{aligned}$$

où la seconde relation découle de la première en remplaçant Δt par $-\Delta t$. Or, si l'on ajoute membre à membre les deux relations précédentes, on obtient une nouvelle expression de x_{n+1}, soit :

$$x_{n+1} + x_{n-1} = x_n + \frac{1}{2}\gamma_n \Delta t^2 + x_n + \frac{1}{2}\gamma_n \Delta t^2,$$

$$x_{n+1} = 2x_n - x_{n-1} + \gamma_n \Delta t^2, \tag{6.110}$$

alors qu'en les soustrayant, on obtient une nouvelle expression de la vitesse v_n, soit :

$$x_{n+1} - x_{n-1} = 2v_n \Delta t,$$

$$v_n = \frac{x_{n+1} - x_{n-1}}{2\Delta t}. \tag{6.111}$$

C'est la méthode des différences centrales explicites[66], appelée *Verlet 1*. L'algorithme est différent des précédents car la relation récursive des positions ne nécessite pas la connaissance des vitesses. Si l'on se contente de calculer la fonction de corrélation de paire, $g(r)$, on peut ignorer les vitesses et n'utiliser que la relation (6.110). En pratique, il est tout de même préférable de calculer les vitesses pour déterminer l'énergie cinétique et la température du système, et extraire la fonction d'autocorrélation des vitesses et les propriétés de transport atomique.

Plus précis que l'algorithme d'Euler 2, l'algorithme de Verlet 1 est souvent employé en DM. Mais il présente le défaut majeur de recourir à un second algorithme pour initialiser les calculs. En effet, la vitesse n'étant pas utilisée pour calculer la position, il est nécessaire de disposer des deux premières valeurs x_0 et x_1 pour calculer x_2. De ce fait, x_1 doit être calculé par un des algorithmes autosuffisants d'Euler. On notera que l'algorithme de Verlet 1 peut être reformulé de manière à le rendre autosuffisant et numériquement plus stable. Pour cela, considérons la relation (6.110) en ajoutant et retranchant au membre de droite la quantité $\frac{1}{2}x_{n+1}$, soit :

$$\begin{aligned} x_{n+1} &= 2x_n - x_{n-1} + \gamma_n \Delta t^2 + \frac{1}{2}x_{n+1} - \frac{1}{2}x_{n+1}, \\ x_{n+1} &= x_n + \frac{1}{2}(x_{n+1} - x_{n-1}) + \gamma_n \Delta t^2 - \frac{1}{2}(x_{n+1} - 2x_n + x_{n-1}). \end{aligned}$$

[66] L. Verlet, Phys. Rev. **159**, 98 (1967).

Puis utilisons les relations (6.111) et (6.110)) pour simplifier les termes qui se trouvent dans les parenthèses. On obtient :

$$x_{n+1} = x_n + v_n \Delta t + \frac{1}{2}\gamma_n \Delta t^2. \tag{6.112}$$

Considérons de même la relation (6.111) pour exprimer v_{n+1} :

$$v_{n+1} = \frac{x_{n+2} - x_n}{2\Delta t},$$

et utilisons la relation (6.110) pour remplacer x_{n+2} dans la relation précédente, soit :

$$v_{n+1} = \frac{\left(2x_{n+1} - x_n + \gamma_{n+1}\Delta t^2\right) - x_n}{2\Delta t}.$$

Substituons finalement dans la relation précédente l'expression de x_{n+1} tirée de la relation (6.112). Cela donne :

$$v_{n+1} = \frac{\left[2\left(x_n + v_n\Delta t + \frac{1}{2}\gamma_n\Delta t^2\right) - x_n + \gamma_{n+1}\Delta t^2\right] - x_n}{2\Delta t},$$

soit :

$$v_{n+1} = v_n + \frac{1}{2}\left(\gamma_n + \gamma_{n+1}\right)\Delta t. \tag{6.113}$$

Les deux relations (6.112) et (6.113) constituent l'algorithme des *vitesses de Verlet*, encore appelé *Verlet 2*, qui est autosuffisant et plus précis que les précédents.

Algorithme prédiction-correction. Il existe d'autres algorithmes de la méthode des différences finies. Présentons, sous sa forme la plus simple, l'*algorithme prédiction-correction*[67] qui est fréquemment utilisé en DM. Pour le mettre en oeuvre, on procède en trois étapes. On commence par prédire une valeur de la position avec la relation approximative :

$$x_{n+1}^p = x_n^c + v_n^c \Delta t,$$

où l'indice p spécifie la nature prédictive de la grandeur, et l'indice c la nature corrective (calculée au pas précédent) de la grandeur. Dans la seconde étape, on évalue la force avec la valeur de la position x_{n+1}^p et on prédit une valeur de l'accélération $\gamma_{n+1}^p = \frac{F(x_{n+1}^p)}{m}$ au moyen de laquelle on calcule la vitesse avec la relation (6.113), soit :

$$v_{n+1}^c = v_n^c + \frac{1}{2}\left(\gamma_n^c + \gamma_{n+1}^p\right)\Delta t.$$

Dans la troisième étape, on calcule la position avec la relation (6.109) :

$$x_{n+1}^c = x_n^c + \frac{1}{2}\left(v_n^c + v_{n+1}^c\right)\Delta t.$$

Mais la méthode ne s'arrête pas là, puisqu'on effectue le calcul de l'accélération $\gamma_{n+1}^c = \frac{F(x_{n+1}^c)}{m}$ et que l'on réitère le calcul d'une nouvelle vitesse v_{n+1}^c et d'une nouvelle position x_{n+1}^c, jusqu'à l'obtention d'une valeur stable de x_{n+1}^c. Ce n'est qu'après avoir atteint la précision souhaitée que l'on entreprend la prédiction de la position suivante x_{n+2}^p.

[67] A. Rahman, Phys. Rev. **136**, A405 (1964).

6.5.4 Une expérience de dynamique moléculaire

Pour un système à quelques degrés de liberté, une expérience de DM ressemble à un problème de physique classique. Par contre, lorsque le système contient un grand nombre de degrés de liberté, l'expérience de DM est plus proche de la démarche expérimentale, et les problèmes qui surviennent sont de même nature que ceux qui se posent dans une expérience réelle. Une préparation incorrecte de l'échantillon, des mesures trop brèves ou trop longues, un changement irréversible vers un état non souhaité, etc. sont autant de facteurs qui peuvent altérer les résultats de la simulation.

A titre d'illustration, considérons une particule assujettie à se déplacer sur un axe sous l'action d'un ressort. La force appliquée à la particule est $F(x) = -kx$ et l'hamiltonien du système est :

$$H(x, p) = \frac{p^2}{2m} + \frac{kx^2}{2},$$

où m est la masse de la particule et k la rigidité du ressort. Pour des valeurs données de m, de k et des conditions initiales x_0 et v_0, le problème est complètement déterminé et se résout analytiquement (§ 1.1.3). Les équations du mouvement sont :

$$\begin{aligned} \dot{x} &= \frac{\partial H}{\partial p} = \frac{p}{m}, \\ \dot{p} &= -\frac{\partial H}{\partial x} = -kx, \end{aligned}$$

et la solution est :

$$\begin{aligned} x &= x_0 \cos(\omega t + \varphi), \\ p &= -m\omega x_0 \sin(\omega t + \varphi), \end{aligned}$$

où $\omega = \sqrt{\frac{k}{m}}$ et $E = \frac{1}{2} m\omega^2 x_0^2$. Le système est conservatif, et la trajectoire du point représentatif de l'état dynamique dans l'espace des phases décrit une ellipse d'énergie E constante, et d'équation :

$$\frac{p^2}{2mE} + \frac{kx^2}{2E} = 1.$$

Bien que la simulation de ce problème soit accessoire, elle est instructive pour comprendre comment doit être mené un calcul de DM. Choisissons, par exemple, l'algorithme de Verlet 2 :

$$\begin{aligned} x_{n+1} &= x_n + v_n \Delta t + \frac{1}{2} \gamma_n \Delta t^2, \\ v_{n+1} &= v_n + \frac{1}{2} \left(\gamma_n + \gamma_{n+1}\right) \Delta t, \end{aligned}$$

où $\gamma_n = -\frac{kx_n}{m}$. Avec les conditions initiales x_0 et v_0, on évalue tout d'abord l'accélération initiales $\gamma_0 = -\frac{kx_0}{m}$ et on calcule l'énergie de la particule :

$$E_0 = \frac{1}{2} m v_0^2 + \frac{1}{2} k x_0^2.$$

L'algorithme de Verlet 2 étant autosuffisant, on peut commencer directement par (1) calculer la position suivante :

$$x_1 = x_0 + v_0\Delta t + \frac{1}{2}\gamma_0\Delta t^2,$$

(2) puis l'accélération à la position x_1, soit :

$$\gamma_1 = -\frac{kx_1}{m},$$

(3) la vitesse à la position x_1, soit :

$$v_1 = v_0 + \frac{1}{2}(\gamma_0 + \gamma_1)\Delta t,$$

(4) l'énergie E_1 pour s'assurer que la solution est stable, soit :

$$E_1 = \frac{1}{2}mv_1^2 + \frac{1}{2}kx_1^2,$$

(5) et passer au pas suivant en recommençant les calculs à l'étape 1.

Le lecteur intéressé peut écrire le programme FORTRAN avec les algorithmes de Verlet 2 et d'Euler 1, en simple précision et en utilisant les valeurs suivantes des paramètres : $m = 4$ kg, $k = 5$ N.m^{-1}, $x_0 = 2$ m et $v_0 = 0$ m.s^{-1}. En changeant le pas de temps de $\Delta t = 0,005$ s à $0,05$ s, et le nombre d'itérations de 1000 et 100, il constatera combien les erreurs d'arrondis cumulées au fil de la simulation ont des effets néfastes rendant la solution instable.

Pour un système contenant un grand nombre de degrés de liberté, il y a autant d'équations de Newton que de particules. Les équations étant les équations vectorielles :

$$\frac{d\mathbf{v}_i}{dt} = \boldsymbol{\gamma}_i,$$

avec $\boldsymbol{\gamma}_i = \frac{\mathbf{F}_i}{m_i}$, la résultante des forces appliquées à la particule i est :

$$\mathbf{F}_i = -\mathbf{grad}_{\mathbf{r}_i} U(\mathbf{r}^N),$$

où $\mathbf{r}_i$ est le vecteur position de la particule i et $U(\mathbf{r}^N)$ l'énergie potentielle du système. La résultante des forces appliquées à la particule i a également pour expression générale :

$$\mathbf{F}_i = \sum_{i\neq j}^{N} \mathbf{F}_{ij} + \sum_{i\neq j\neq k}^{N} \mathbf{F}_{i,jk} + ...,$$

où la force d'interaction de paire $\mathbf{F}_{ij}$ et la force d'interaction à trois corps $\mathbf{F}_{i,jk}$ sont soumises au principe de l'action et de la réaction, à savoir :

$$\begin{aligned} \mathbf{F}_{ij} &= -\mathbf{F}_{ji}, \\ \mathbf{F}_{i,jk} &= -\mathbf{F}_{j,ik} - \mathbf{F}_{k,ij}. \end{aligned}$$

Il se trouve que le calcul des forces représente une part très importante de la simulation ($\sim$ 90% du temps) car, à chaque pas de calcul, il faut calculer $N(N-1)$ interactions à deux corps, $N(N-1)(N-2)$ interactions à trois corps, et ainsi de suite. Pour les potentiels de paires, la durée du calcul varie en $O(N^2)$ et, même si le temps de calcul est réduit de moitié grâce au principe d'action et de réaction, il reste encore prohibitif. Les choix de l'*algorithme*, de l'*intervalle de temps* et de la *durée de la simulation*, sont donc des éléments très importants en DM. C'est pourquoi tous les moyens sont bons pour éliminer les calculs superflus et réduire la durée de la simulation.

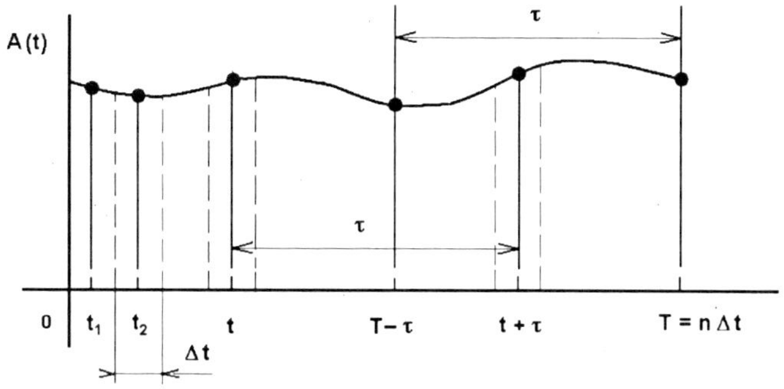

FIG. 6.8 – Discrétisation de la fonction $A(t)$ requise pour effectuer le calcul de la fonction d'autocorrélation $c_A(\tau)$.

6.5.5 Choix de l'intervalle de temps et de la durée de simulation

Pour les systèmes ne contenant que quelques degrés de liberté, il est possible de suivre la trajectoire du point représentatif de l'état du système dans l'espace des phases, à partir de l'instant initial. En pratique, les calculs de DM sont effectués sur des systèmes dont le nombre de particules, bien que limité par la taille de la mémoire de l'ordinateur et par la vitesse d'exécution du programme, contiennent plusieurs centaines de particules, voire plusieurs milliers. Dans ce cas, on ne peut plus suivre la trajectoire du point représentatif de l'état du système dans l'espace des phases, en raison des trop nombreuses conditions initiales, et on doit calculer les propriétés physiques de la manière suivante. Si N est le nombre de particules du système et $H(\mathbf{r}^N, \mathbf{p}^N)$ son hamiltonien, on peut théoriquement accéder à toute grandeur macroscopique A en calculant la moyenne d'ensemble (Rel. 2.17) :

$$\langle A\rangle = \iint_{6N} A\left[\mathbf{r}^N(t), \mathbf{p}^N(t)\right] P_N(\mathbf{r}^N, \mathbf{p}^N) d\mathbf{r}^N d\mathbf{p}^N.$$

Malheureusement, dans une expérience de simulation, la densité de probabilité $P_N(\mathbf{r}^N, \mathbf{p}^N)$ est inaccessible, et on doit utiliser la moyenne temporelle (Rel. 2.16) :

$$\overline{A} = \lim_{T\to\infty} \frac{1}{T} \int_0^T A(t) dt.$$

Rappelons que, dans tout système doué de la propriété d'ergodicité, la moyenne temporelle $\overline{A}$ d'une grandeur A est égale à la moyenne d'ensemble $\langle A\rangle$. Il en est de même des moments centrés, tels que la variance V_A, et de la fonction d'autocorrélation c_A :

$$\begin{aligned} V_A &= \lim_{T\to\infty} \frac{1}{T} \int_0^T \left[A(t) - \overline{A}\right]^2 dt, \\ c_A(\tau) &= \lim_{T\to\infty} \frac{1}{T-\tau} \int_0^{T-\tau} \left[A(t) - \overline{A}\right]\left[A(t+\tau) - \overline{A}\right] dt. \end{aligned}$$

Il est facile de voir sur la figure (6.8) que la borne supérieure de l'intégrale de la fonction d'autocorrélation $c_A(\tau)$ ne peut pas être supérieure à $(T-\tau)$, pour une valeur de τ donnée.

Or, la réalisation pratique des calculs numériques de $\overline{A}$, de V_A et de $c_A(\tau)$ requiert la transformation des intégrales en sommes discrètes. Pour cela, on divise la durée d'observation T en n parties égales de longueur $\Delta t = \frac{T}{n}$, en désignant par t_1, t_2,... les milieux des segments obtenus, et on effectue la discrétisation des intégrales comme suit :

$$\begin{aligned}
\overline{A} &\simeq \frac{1}{T}\sum_{i=1}^{n} A(t_i)\frac{T}{n} = \frac{1}{n}\sum_{i=1}^{n} A(t_i),\\
V_A &\simeq \frac{1}{T}\sum_{i=1}^{n}\left[A(t_i)-\overline{A}\right]^2\frac{T}{n} = \frac{1}{n}\sum_{i=1}^{n}\left[A(t_i)-\overline{A}\right]^2,\\
c_A(\tau) &\simeq \frac{1}{T-\tau}\sum_{i=1}^{n-m}\left[A(t_i)-\overline{A}\right]\left[A(t_i+\tau)-\overline{A}\right]\frac{T}{n}.
\end{aligned}$$

Comme indiqué sur la figure (6.8), on a posé $\tau = m\Delta t = \frac{m}{n}T$, ce qui permet de récrire la fonction d'autocorrélation sous la forme adéquate :

$$c_A(\tau) \simeq \frac{1}{n-m}\sum_{i=1}^{n-m}\left[A(t_i)-\overline{A}\right]\left[A(t_i+\tau)-\overline{A}\right]. \tag{6.114}$$

Dans la pratique, on ne peut pas réaliser de simulation sur un temps infini. C'est pourquoi il importe de choisir la durée optimale de l'observation, suffisamment longue pour que l'équilibre thermique soit atteint sans être trop consommatrice de temps. Il se trouve que l'intervalle de temps Δt et le temps d'observation $T = n\Delta t$ sont déterminés par le comportement intrinsèque du système et par le potentiel d'interaction interparticulaire. Ainsi, dans un calcul de DM, la première chose à faire est de spécifier le modèle d'interaction du système. Pour illustrer ce propos, supposons que le système soit constitué de particules sphériques de masse m, monoatomiques et chimiquement inertes, et que le modèle d'interaction soit donné par l'hamiltonien :

$$H(\mathbf{r}^N, \mathbf{p}^N) = \sum_i \frac{p_i^2}{2m} + \sum_{i<j} u(r_{ij}),$$

où le potentiel de paire est celui de Lennard-Jones (Rel. 4.19) :

$$u(r) = 4\varepsilon\left[\left(\frac{\sigma}{r}\right)^{12} - \left(\frac{\sigma}{r}\right)^{6}\right].$$

On notera que le potentiel de LJ est un potentiel à courte portée car la valeur de l'énergie à $r = 2,5\sigma$ n'est déjà plus que $1,6\%$ de celle du puits de potentiel. Par des considérations d'analyse dimensionnelle, on désigne le *temps caractéristique* du système réel par la quantité $\left(\frac{m\sigma^2}{\varepsilon}\right)^{1/2}$ définie en fonction des paramètres σ et ε du potentiel de LJ et de la masse m des particules[68]. Or, le temps caractéristique doit toujours être inférieur à la durée d'observation T et supérieur au pas de temps Δt, soit :

$$\Delta t < \left(\frac{m\sigma^2}{\varepsilon}\right)^{1/2} < T.$$

[68]Notons incidemment que la *vitesse caractéristique* est définie par la quantité $\left(\frac{\varepsilon}{m}\right)^{1/2}$.

L'argon par exemple, avec des valeurs de $\sigma = 3,405.10^{-10}$ m, $\varepsilon = 165,32.10^{-23}$ J et $m = 6,69.10^{-26}$ kg, possède un temps caractéristique de $\left(\frac{m\sigma^2}{\varepsilon}\right)^{1/2} = 2,16.10^{-12}$ s. Par conséquent, la simulation peut être réalisée avec un temps d'observation $T \simeq 10^{-11}$ s, divisé en $n = 1000$ intervalles égaux d'une durée de $\Delta t = \frac{T}{n} \simeq 10^{-14}$ s. Mais en DM, il est d'usage d'effectuer les calculs en unités réduites. En considérant comme unité de temps de simulation une fraction du temps caractéristique (10^{-12} s par exemple), le temps d'observation réduit est $T^* = \frac{T}{10^{-12}} = 10$ et la durée de l'intervalle réduite est $\Delta t^* = \frac{\Delta t}{10^{-12}} = 10^{-2}$, soit $T^* = 1000\ \Delta t^*$. Notons enfin que si le temps caractéristique du système réel est inconnu, on peut choisir une valeur au hasard et savoir, après coup, si elle a été choisie correctement en vérifiant que la fonction d'autocorrélation des vitesses[69] $c_V(\tau)$ tend vers zéro aux grandes valeurs de τ.

6.5.6 Choix des conditions aux limites périodiques

On vient de voir que les calculs de DM sont très sensibles au choix du facteur temps. Il reste encore à examiner la sensibilité des calculs aux effets de surface qui deviennent importants lorsque la taille de l'échantillon est insuffisante. Si l'on désire calculer les propriétés physiques à partir d'un échantillon de densité spécifique $\rho = \frac{N}{V}$, il faut considérer, en plus du nombre de particule N, le volume V susceptible de maintenir ρ constant. La fraction de particules de l'échantillon en contact avec les parois de la boite est proportionnelle au rapport de la surface au volume soit, pour une boite cubique de côté L, $\frac{S}{V} = \frac{6L^2}{L^3} \propto N^{-1/3}$, car $N = \rho L^3$. Dans un système réel, où N est de l'ordre de 10^{23}, le rapport $\frac{S}{V} = 10^{-8}$, alors que dans un échantillon contenant $N = 1000$ particules le rapport $\frac{S}{V} = 10^{-1}$. Par conséquent, les effets de surface sont beaucoup plus importants dans un échantillon que dans un système réel et, pour réduire les effets de surface dans une simulation, on a intérêt à utiliser le plus grand nombre possible de particules.

Une autre manière de réduire les effets de surfaces dans l'échantillon consiste à utiliser les *conditions aux limites périodiques*. Pour une chaîne linéaire de longueur L, l'emploi des conditions aux limites revient à fermer la chaîne sur elle-même. Par ce procédé, la distance maximale de séparation entre 2 particules placées sur cette chaîne fermée, de longueur L, est non pas L mais $\frac{L}{2}$. La figure (6.9) montre explicitement que sur une ligne droite de longueur L, les particules 2 et 5 sont séparées d'une distance $l_2 - l_5 = \frac{3}{4}L$ alors que, si la courbe est fermée sur elle-même, la distance qui sépare les particules 2 et 5 est $l_2 - l_5 = (L - \frac{3}{4}L) = \frac{L}{4}$. De manière générale, si la distance d qui sépare deux particules sur une droite est supérieure à $\frac{L}{2}$, la distance minimale sur la courbe fermée est $l = (L - d)$.

Pour un échantillon contenu dans une cellule cubique de côté L, la recherche des conditions aux limites périodiques est effectuée en entourant la cellule par des répliques identiques à la cellule originale considérée comme cellule de base. Le principe est indiqué sur la figure (6.10a) dans une représentation bidimensionnelle. On suppose que les parois entre les cellules sont fictives, de sorte que les particules passent de l'une à l'autre de manière continue, sans rebondir sur les parois. Lorsqu'une particule quitte la cellule de base par une face, elle rentre immédiatement dans la cellule adjacente sous le même angle. Ce

[69]Ne pas confondre la fonction d'autocorrélation des vitesses, qui sera définie dans le paragraphe (8.1.4), et la chaleur spécifique à volume constant.

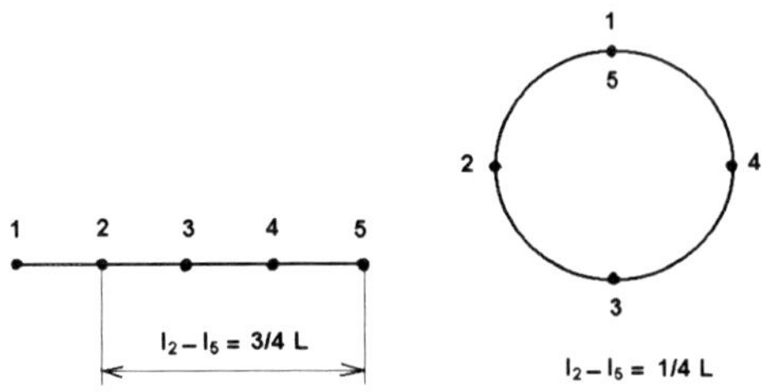

FIG. 6.9 – (a) Chaîne linéaire de longueur L comportant quatre intervalles. (b) Chaine fermée de même longueur et comportant le même nombre d'intervalles.

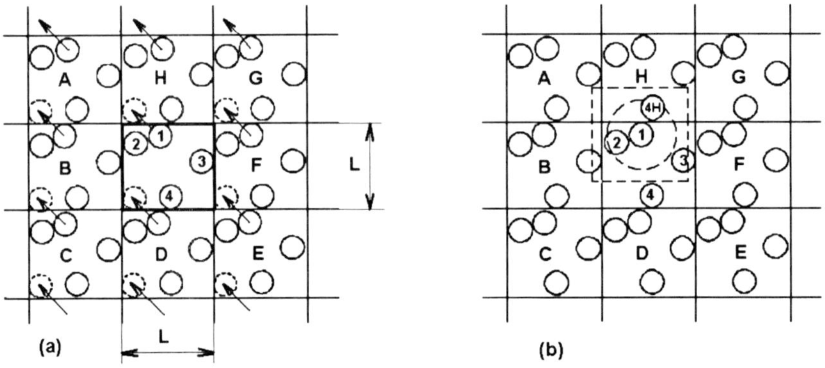

FIG. 6.10 – (a) Cellule originale entourée de huit répliques dans une représentation bidimensionnelle. (b) Schématisation de la convention d'image minimum : le carré en pointillés représente l'image minimum et le cercle en pointillés le domaine au-delà duquel les interactions sont négligées.

choix des conditions aux limites périodiques (empilement des cellules et absence de paroi) permet d'éliminer les effets de surfaces, mais ne donne pas le moyen de dénombrer les interactions entre les particules devant fournir l'énergie potentielle $U(\mathbf{r}^N) = \sum_{i<j} u(r_{ij})$.

Par exemple, si la cellule de base contient 4 particules, l'absence de paroi implique que la particule 1 interagit, a priori, avec les particules 2, 3 et 4 situées dans la cellule de base ainsi qu'avec leurs images situées dans les cellules adjacentes (Fig. 6.10b). Comme il est illicite de compter plusieurs fois l'interaction entre deux particules, on choisit de considérer l'interaction entre les particules les plus proches. En l'occurrence, parmi les 3 interactions, on choisit ici les interactions $1-2$, $1-3$, ainsi que $1-4H$ qui correspond à la distance minimale entre la particule 1 et la particule 4. C'est ce que l'on appelle faire la *convention d'image minimum.*

Si la cellule de base contient N particules, il faut calculer $\frac{1}{2}(N^2 - N)$ interactions en appliquant le même principe. Or, il a déjà été signalé que le calcul des interactions est l'opération la plus consommatrice de temps dans une simulation de DM. C'est pourquoi, pour gagner du temps, il est d'usage de faire une approximation supplémentaire qui découle de l'observation suivante. Etant donné que la contribution majeure de l'énergie potentielle entre la particule 1 et les $(N-1)$ autres particules est fournie par les particules les plus proches, on peut négliger les interactions entre la particule 1 et les particules les plus éloignées, ceci avec une précision d'autant plus grande que le potentiel est à plus courte portée. La mise en oeuvre de cette approximation s'effectue en choisissant une distance de coupure r_c au-delà de laquelle le potentiel de paire est considéré comme nul, $u(r \geq r_c) = 0$.

Pratiquement, la convention d'image minimum et la coupure du potentiel sont deux approximations réalisées (1) en centrant la cellule de base sur la particule 1, (2) en traçant une sphère de rayon r_c centrée sur la particule 1 et (3) en négligeant les interactions entre la particule 1 et les particules extérieures à la sphère. La figure (6.10b) en donne une représentation bidimensionnelle : le carré en pointillés correspond à la cellule de base de côté L centrée sur la particule 1, et le cercle en pointillés à la sphère de rayon $r_c < \frac{L}{2}$. Dans le cas présent, on est amené à calculer les interactions $1-2$ et $1-4H$, et à négliger l'interaction $1-3$. On notera que le temps de calcul est sensiblement diminué car le nombre d'interactions est réduit dans le rapport des volumes $\frac{4\pi r_c^3}{3L^3}$. Pour le potentiel de Lennard-Jones dont l'énergie à $r = 2,5\sigma$ n'est que $1,6\%$ de celle du puits, il est courant de choisir comme valeur de l'arête de la cellule $L = 6\sigma$, et pour rayon de coupure $r_c = \frac{L}{2} = 3\sigma$. D'autres méthodes[70] ont été proposées pour réduire encore le temps de calcul des forces, mais elles ne seront pas discutées ici. Notons simplement qu'elles tiennent compte du fait que l'environnement d'une particule ne change pas de manière draconienne d'un pas de calcul à l'autre et qu'une particule interagit avec les mêmes particules durant plusieurs pas de calculs consécutifs, ce qui permet de ne pas recalculer toutes les interactions à chaque pas.

6.5.7 Choix des conditions initiales imposées au système

Bien que la DM ne fasse appel à aucune approximation d'ordre physique, il n'en demeure pas moins que les résultats sont très sensibles à un certain nombre de facteurs comme l'algorithme, le potentiel d'interaction, le temps d'observation, la taille de l'échantillon, etc.

Or la mise en oeuvre d'une expérience de DM nécessite également le choix des conditions initiales. Pour un système ne contenant que quelques degrés de liberté, les calculs de DM se déroulent comme ceux d'un problème de mécanique classique, avec l'emploi de conditions initiales spécifiques. Mais lorsque le système contient plusieurs centaines de particules, il convient de préparer le système en le plaçant dans un état initial qui n'est généralement pas connu à l'avance. Heureusement, le choix des conditions initiales précises n'est pas primordial car, après un laps de temps plus ou moins long, le système perd la mémoire de son état initial. De ce fait, on est libre d'assigner des valeurs arbitraires aux conditions initiales. On peut, par exemple, placer à l'instant initial les particules dans des positions quelconques en leur affectant une vitesse nulle. Mais, généralement, on préfère les placer sur un réseau régulier en leur attribuant des vitesses extraites de la distribution de Maxwell. L'évolution des positions et des vitesses doit alors être suivie minutieusement car, à l'instant initial, le système ne possède pas les caractéristiques macroscopiques désirées. Par exemple, dans l'ensemble microcanonique, on impose d'emblée les valeurs de N et de V, mais on est obligé d'ajuster progressivement la valeur de l'énergie E jusqu'à

[70] Méthode des listes de Verlet : L. Verlet, Phys. Rev. **159**, 98 (1967). Méthode des cellules liées : B. Quentrec and C. Brot, J. of Comput. Phys. **13**, 430 (1975).

ce qu'elle ait atteint la valeur requise. Dans l'ensemble canonique, on impose également N et V, mais on ajuste la température T au moyen de l'énergie cinétique, en modifiant progressivement les valeurs des vitesses des particules.

En modifiant par touches successives les vitesses, il se peut que le temps mis par le système pour atteindre l'équilibre soit très long. Si l'état initial est mal choisi, il se peut même que le système se piège dans un état métastable. Dans ce cas, la simulation doit être réalisée avec de nouvelles conditions initiales et des intervalles de temps différents. C'est uniquement à l'issue de cette phase de *thermalisation*, quand le système a atteint l'équilibre thermodynamique, que la phase de *production* des résultats peut être abordée. Les résultats bruts sont stockés dans des fichiers informatiques en vue d'une exploitation statistique ultérieure. Lorsque cela est nécessaire, la trajectoire des phases peut également être sauvegardée tous les x pas de temps. On admet généralement que la phase de thermalisation n'excède pas 10 à 20% de la durée totale du calcul.

6.5.8 Exploitation statistique des résultats bruts

Parmi les résultats bruts collectés, on possède les images des configurations des particules avec lesquelles on peut déterminer la fonction de corrélation de paire $g(r)$. Rappelons que, *pour une configuration donnée*, le nombre de particules $\Delta N_i(r, \Delta r)$ situées dans une couronne sphérique de rayon r et d'épaisseur Δr, centrée sur la particule i prise comme origine, est relié à la fonction de corrélation de paire $g(r)$ par la relation (Rel. 5.6) :

$$g(r) = \frac{\Delta N_i(r, \Delta r)}{4\pi \rho r^2 \Delta r}.$$

Il est clair qu'en réalisant la *moyenne sur les particules*, $\langle \Delta N(r, \Delta r)\rangle = \frac{1}{N}\sum_{i=1}^{N} \Delta N_i(r, \Delta r)$, où chaque particule est considérée à tour de rôle comme particule centrale, on réduit la dispersion des résultats en lissant la courbe de $g(r)$. Or, si l'on stocke une configuration tous les 10 pas de calcul, on dispose de $n' = \frac{n}{10} = \frac{T}{10\Delta t}$ configurations avec lesquelles il est possible d'effectuer la *moyenne sur les configurations*, de manière à accroître encore la précision de la fonction de corrélation de paire. Dans ce cas, $g(r)$ se détermine au moyen de la relation :

$$g(r) = \frac{1}{4\pi \rho r^2 \Delta r} \frac{1}{N n'} \sum_{\alpha=1}^{n'} \sum_{i=1}^{N} \Delta N_{i,\alpha}(r, \Delta r).$$

L'énergie cinétique et l'énergie potentielle peuvent être calculées avec les valeurs de la vitesse et du potentiel de paire stockées durant la phase de production. Comme précédemment, si N est le nombre de particules et n' le nombre de configurations, l'énergie cinétique E_c et l'énergie potentielle U se déduisent des relations :

$$\begin{aligned} \langle E_c \rangle &= \frac{1}{n'} \sum_{\alpha=1}^{n'} \left(\sum_{i=1}^{N} \frac{1}{2} m_i v_i^2 \right)_\alpha , \\ \langle U \rangle &= \frac{1}{n'} \sum_{\alpha=1}^{n'} \left(\sum_{i<j}^{N} u(r_{ij}) \right)_\alpha . \end{aligned}$$

La connaissance des vitesses permet de calculer d'autres grandeurs telle que la température T. En effet, dans la limite thermodynamique où tous les ensembles statistiques sont équivalents, on peut appliquer le théorème d'équipartition de l'énergie :

$$\langle T \rangle = \frac{2}{3(N-1)k_B} \langle E_c \rangle .$$

Mais l'ensemble des vitesses collectées dans un fichier permet également de calculer la fonction d'autocorrélation des vitesses $c_v(\tau)$ avec la relation (6.114) :

$$c_v(\tau) = \frac{1}{N} \sum_{i=1}^{N} \left(\frac{1}{n-m} \sum_{\alpha=1}^{n-m} \mathbf{v}_i(t_\alpha) \mathbf{v}_i(t_\alpha + \tau) \right),$$

où la première moyenne est effectuée sur des origines de temps t_α différentes et la seconde moyenne sur les particules. Outre que la fonction d'autocorrélation des vitesses permet de s'assurer que la phase de thermalisation est achevée dès lors que $c_v(\tau)$ tant vers zéro aux grandes valeurs de τ, on verra qu'elle peut être utilisée pour déterminer le coefficient de diffusion (§ 8.1.4).

Si l'énergie cinétique, la température et la fonction d'autocorrélation des vitesses sont obtenues sans approximation d'ordre physique, il n'en est pas de même de l'énergie potentielle dont la valeur absolue est sous-estimée à cause de la coupure du potentiel de paire $u(r)$. En effet, conformément à la relation (5.21), l'énergie potentielle a pour expression :

$$U = 2\pi\rho N \int_0^\infty u(r) g(r) r^2 dr.$$

Or, dans les calculs de DM la borne d'intégration supérieure est limitée au rayon de coupure r_c, de sorte qu'il faut ajouter le terme correctif :

$$U_{corr} = 2\pi\rho N \int_{r_c}^\infty u(r) g(r) r^2 dr.$$

Etant donné que le potentiel de paire est connu pour toutes valeurs de r, il est facile d'évaluer la correction à apporter si $g(r)$ a été préalablement calculé sur une distance qui dépasse r_c. Dans le cas où $g(r)$ est inconnu au-delà de r_c, il est toujours possible de modéliser sa partie à longue distance ou même de l'estimer à l'unité, ce qui apporte déjà une amélioration sensible au calcul de l'énergie potentielle.

La coupure du potentiel de paire a également une influence sur le résultat de la pression qui, conformément à la relation (5.25), s'écrit :

$$p = \rho k_B T - \frac{2\pi}{3}\rho^2 \int_0^\infty \frac{du(r)}{dr} g(r) r^3 dr.$$

Ici encore, les calculs de DM sont réalisés avec le potentiel tronqué, négligeant ainsi la quantité :

$$p_{corr} = -\frac{2\pi}{3}\rho^2 \int_{r_c}^\infty \frac{du(r)}{dr} g(r) r^3 dr,$$

qui peut être évaluée de la même manière que l'énergie potentielle.

Il convient d'indiquer que l'énergie libre F est difficile à calculer par DM. Il en est de même des grandeurs thermodynamiques obtenues en dérivant F. Par exemple, la question qui se pose est de savoir comment calculer la chaleur spécifique, à volume constant, autrement qu'en utilisant la relation (2.57) :

$$c_V = -\frac{\partial}{\partial T}\left[T^2 \frac{\partial}{\partial T}(\frac{F}{T})\right]_V .$$

La réponse est simple. Disposant de la valeur moyenne de l'énergie $\langle E \rangle$, il suffit d'évaluer le carré de la fluctuation de l'énergie (Rel. 2.63) de laquelle on extrait la chaleur spécifique à volume constant :

$$c_V = \frac{1}{k_B T^2}\left\langle (E - \langle E \rangle)^2 \right\rangle_V = \frac{1}{k_B T^2}\left[\left\langle E^2 \right\rangle - \langle E \rangle^2\right].$$

Les principes généraux de la simulation numérique qui viennent d'être décrits dans les derniers paragraphes montrent que le succès d'une expérience de DM est principalement dû aux choix de l'algorithme et du pas de temps, qui permettent d'atteindre le plus rapidement possible l'équilibre thermodynamique, ainsi qu'à l'utilisation des conditions périodiques, qui permettent de réduire les effets de surface. Lorsque ces conditions sont remplies, il devient possible de calculer les propriétés macroscopiques des systèmes avec les résultats bruts stockés dans les fichiers informatiques. On a montré comment calculer la fonction de corrélation de paire qui caractérise la structure du système, ainsi qu'un certain nombre de propriétés thermodynamiques, et la fonction d'autocorrélation des vitesses qui permet de déterminer le coefficient de diffusion. Mais la DM offre bien d'autres possibilités. Le lecteur désirant approfondir ses connaissances trouvera les compléments nécessaires dans les ouvrages spécialisés[71].

[71] Consulter par exemple les livres de :
M. P. Allen and D. J. Tildesley, *Computer Simulations of Liquids*, Clarendon Press, Oxford, (1990),
D. W. Heermann, *Computer Simulation Methods in Theoretical Physics*, Springer, Berlin (1990),
J. M. Haile, *Molecular Dynamics Simulation : Elementary Methods*, John Wiley, New York (1992).
P. Viot, *Cours de Simulation numérique en physique statistique*, consultable en ligne à l'adresse : http ://www.lptl.jussieu.fr/user/viot/COURS/viot.pdf

Chapitre 7

Statistique des systèmes hors d'équilibre

Le chapitre 2 de cet ouvrage contient les fondements de la mécanique statistique nécessaires à la description des systèmes *en équilibre*, en termes de densité de probabilité et de fonctions de distribution. Quant aux chapitres suivants, ils sont consacrés à la détermination des propriétés thermodynamiques et structurales des systèmes en équilibre, en allant des plus simples (gaz parfait et gaz réels) aux plus compliqués (liquides). Alors que l'étude des gaz ne fait appel qu'à la fonction de partition, celle des liquides requiert l'utilisation des fonctions de corrélation spatiales et une bonne connaissance des potentiels d'interactions.

Mais en pratique on a souvent affaire à des systèmes *hors d'équilibre*. On peut se demander, dans ce cas, ce que deviennent la densité de probabilité et les fonctions de distributions, et quels sont les concepts utiles à la description des systèmes hors d'équilibre. L'étude de ces systèmes est un problème complexe que l'on aborde généralement par celle des gaz dilués, c'est-à-dire par l'étude d'un ensemble de particules dont les interactions, autres que les collisions binaires, sont si faibles qu'on peut les négliger.

Dans ce chapitre, on présente les fondements de la théorie cinétique des gaz, dans le but d'établir l'*équation cinétique de Boltzmann* et de déterminer la fonction de distribution à une particule hors d'équilibre. Cette fonction de distribution à une particule, à la base de la théorie cinétique des gaz, se distingue de la fonction de distribution de Maxwell-Boltzmann qui n'est applicable qu'aux systèmes en équilibre. Dans la suite du chapitre on montre que, sous certaines conditions, la fonction de distribution à une particule hors d'équilibre permet de calculer les propriétés de transport atomique des gaz dilués (théorie de Chapman et Enskog), et les propriétés de transport électronique des liquides métalliques (théorie de Ziman).

7.1 Théorie cinétique des gaz

7.1.1 Equation cinétique de Boltzmann

Rappelons qu'un système de N particules est spécifié par le vecteur position $\mathbf{r}^N = (\mathbf{r}_1, \mathbf{r}_2, ..., \mathbf{r}_N)$ et le vecteur moment $\mathbf{p}^N = (\mathbf{p}_1, \mathbf{p}_2, ..., \mathbf{p}_N)$, et que son état dynamique est décrit par la fonction de distribution $f(\mathbf{r}^N, \mathbf{p}^N, t)$ dans le γ-espace (§ 2.1). Par ailleurs, l'évolution de la fonction de distribution au cours du temps est donnée par l'équation de Liouville (Rel. 2.11) :

$$\frac{\partial}{\partial t} f(\mathbf{r}^N, \mathbf{p}^N, t) = -\sum_{i=1}^{3N} \left[\dot{r}_i \frac{\partial f}{\partial r_i} + \dot{p}_i \frac{\partial f}{\partial p_i} \right].$$

Dans le cas général, cette équation à $6N$ inconnues est très difficile à résoudre. Par contre, dans le cas des gaz dilués le problème se simplifie du fait que les interactions entre les particules, autres que les *collisions binaires*, sont négligées. En effet, dans un gaz dilué il est peu probable qu'une particule percute simultanément plusieurs autres particules. Par ailleurs, durant la collision de deux particules, les autres particules sont si éloignées qu'elles sont sans influence. Le caractère binaire des collisions est assimilé au *chaos moléculaire* selon lequel les positions et les vitesses des particules ne sont pas corrélées[1]. La nature des collisions binaires n'exclut pas, en effet, l'indépendance du mouvement individuel des particules car, entre deux collisions, chaque particule se déplace librement. Evidemment, dans un fluide dense, cette hypothèse n'est pas justifiée à cause des interactions à longue portée (autres que les chocs).

L'hypothèse du chaos moléculaire (particules indépendantes) permet de déterminer les caractéristiques du système de N particules, non pas avec la fonction de distribution $f(\mathbf{r}^N, \mathbf{p}^N, t)$, dans le γ-espace, mais avec la fonction de distribution générique à *une particule* $\rho^{(1)}(\mathbf{r}, \mathbf{p}, t)$, dans le μ-espace (§ 2.6). Notons que ce procédé a déjà été utilisé dans le paragraphe (3.5) pour trouver la distribution de Maxwell-Boltzmann. Conformément à la notation en usage, la fonction de distribution générique à une particule $\rho^{(1)}(\mathbf{r}, \mathbf{p}, t)$ sera notée $f^{(1)}(\mathbf{r}, \mathbf{p}, t)$. Dans ce cas, la probabilité élémentaire que la particule se trouve dans le volume $(d\mathbf{r}d\mathbf{p})$ est (Rel. 2.3) :

$$\frac{dn}{N} = \frac{1}{N} f^{(1)}(\mathbf{r}, \mathbf{p}, t) d\mathbf{r} d\mathbf{p}, \tag{7.1}$$

et l'équation de Liouville correspondante s'écrit sous la forme :

$$\frac{\partial}{\partial t} f^{(1)}(\mathbf{r}, \mathbf{p}, t) = -\sum_{i=1}^{3} \left[\dot{r}_i \frac{\partial f^{(1)}}{\partial r_i} + \dot{p}_i \frac{\partial f^{(1)}}{\partial p_i} \right].$$

Par la suite, l'indice (1) en exposant de la fonction $f^{(1)}(\mathbf{r}, \mathbf{p}, t)$ sera omis pour simplifier l'écriture. Compte tenu de la définition de la quantité de mouvement ($\mathbf{p} = m\dot{\mathbf{r}}$) et de la loi

[1]Le concept de *chaos moléculaire* et ses spécificités sont exposés, par exemple, dans le livre de J. O. Hirschfelder, C. F. Curtiss and R. B. Bird, *Molecular Theory of Gases and Liquids*, John Wiley, New York. (1954), p. 443. On notera, en particulier, le rôle crucial joué par les collisions qui permettent à un système hors d'équilibre de retourner à l'équilibre lorsque la perturbation a cessé.

de Newton ($\mathbf{F} = m\ddot{\mathbf{r}} = \dot{\mathbf{p}}$), la relation précédente s'écrit encore sous la forme vectorielle suivante :

$$\frac{\partial}{\partial t} f(\mathbf{r}, \mathbf{p}, t) = -\frac{\mathbf{p}}{m}.\mathbf{grad}_{\mathbf{r}} f - \mathbf{F}.\mathbf{grad}_{\mathbf{p}} f, \tag{7.2}$$

avec :

$$\begin{aligned}
\frac{\mathbf{p}}{m} &= \dot{r}_x \mathbf{i} + \dot{r}_y \mathbf{j} + \dot{r}_z \mathbf{k}, \\
\mathbf{F} &= \dot{p}_x \mathbf{i} + \dot{p}_y \mathbf{j} + \dot{p}_z \mathbf{k}, \\
\mathbf{grad}_{\mathbf{r}} f &= \frac{\partial f}{\partial r_x}\mathbf{i} + \frac{\partial f}{\partial r_y}\mathbf{j} + \frac{\partial f}{\partial r_z}\mathbf{k}, \\
\mathbf{grad}_{\mathbf{p}} f &= \frac{\partial f}{\partial p_x}\mathbf{i} + \frac{\partial f}{\partial p_y}\mathbf{j} + \frac{\partial f}{\partial p_z}\mathbf{k}.
\end{aligned}$$

On constate que la relation (7.2), appelée *équation cinétique de Boltzmann,* est une forme simplifiée de l'équation de Liouville qui permet de calculer la fonction de distribution à une particule $f^{(1)}(\mathbf{r}, \mathbf{p}, t)$. Mais l'équation de Boltzmann reste encore très compliquée et il est pratiquement impossible de la résoudre sous forme analytique dans le cas général. C'est pourquoi des simplifications doivent être effectuées. Selon Boltzmann, il convient tout d'abord de s'interroger sur la nature de la force **F**.

Boltzmann stipule de séparer les actions des forces extérieures de celles des forces intérieures (collisions binaires), et d'étudier le mécanisme des collisions binaires par une étude statistique. On notera, en effet, que les forces extérieures et intérieures ont des actions antagonistes : alors que les forces extérieures imposent aux particules un mouvement directionnel, les forces intérieures s'opposent au mouvement et tendent à ramener le système à l'équilibre. C'est donc grâce aux collisions qu'un système hors d'équilibre peut retourner à l'équilibre. Or, pour mieux faire ressortir les différences qui existent entre ces deux types de forces, on écrit :

$$\mathbf{F}.\mathbf{grad}_{\mathbf{p}} f = \mathbf{F}_{ext}.\mathbf{grad}_{\mathbf{p}} f - \left(\frac{\partial f}{\partial t}\right)_{\text{col}}, \tag{7.3}$$

où la quantité $\left(\frac{\partial f}{\partial t}\right)_{\text{col}}$ est appelée *intégrale de collision,* car elle se présente généralement sous forme d'une intégrale qui diffère selon le type de collisions.

En combinant les relations (7.3) et (7.2), l'équation de Boltzmann s'écrit sous la forme suivante :

$$\frac{\partial}{\partial t} f(\mathbf{r}, \mathbf{p}, t) = -\frac{\mathbf{p}}{m}.\mathbf{grad}_{\mathbf{r}} f - \mathbf{F}_{ext}.\mathbf{grad}_{\mathbf{p}} f + \left(\frac{\partial f}{\partial t}\right)_{\text{col}}. \tag{7.4}$$

Cette relation montre que la fonction de distribution est modifiée par suite du mouvement des particules à la vitesse $\mathbf{v}(= \frac{\mathbf{p}}{m})$, et des sollicitations extérieures et intérieures. Les deux premiers termes du membre de droite représentent la variation de la fonction de distribution causée par le mouvement des particules et par l'action des forces extérieures, et le dernier terme représente la variation de f consécutive aux seules collisions.

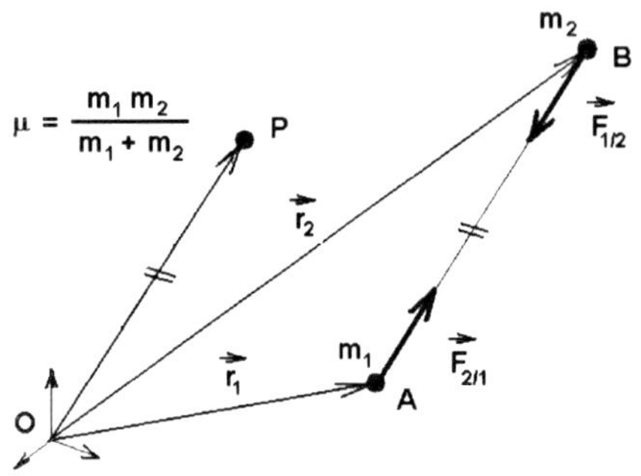

FIG. 7.1 – Interaction entre deux particules ponctuelles A et B.

7.1.2 Mécanisme de collision binaire

L'objet de ce paragraghe et du suivant est de donner une forme analytique à l'intégrale de collision $\left(\frac{\partial f}{\partial t}\right)_{\text{col}}$. Avant de réaliser l'étude statistique qui permettra de trouver son expression, il est utile de faire la description mécanique d'une collision binaire. Le mouvement d'un système composé de deux particules de masses m_1 et m_2, agissant l'une sur l'autre, est un problème à deux corps. Sa résolution se fait traditionnellement en remplaçant le système réel par un système fictif, au moyen d'une méthode rappelée dans le paragraphe suivant.

Trajectoires des deux particules. Considérons deux particules ponctuelles A et B interagissant[2] par un potentiel $u(|\mathbf{r}_2 - \mathbf{r}_1|)$. En désignant par $\mathbf{r}_1 = \mathbf{OA}$ le rayon vecteur de la première particule et par $\mathbf{r}_2 = \mathbf{OB}$ celui de la seconde particule, les vitesses respectives des particules sont $\mathbf{v}_1 = \dot{\mathbf{r}}_1$ et $\mathbf{v}_2 = \dot{\mathbf{r}}_2$, et la loi de Newton appliquée à chacune des particules donne (Fig. 7.1) :

$$\mathbf{F}_{2/1} = m_1 \ddot{\mathbf{r}}_1 \qquad \text{et} \qquad \mathbf{F}_{1/2} = m_2 \ddot{\mathbf{r}}_2, \tag{7.5}$$

où $\mathbf{F}_{1/2}$ et $\mathbf{F}_{2/1} = -\,\mathbf{F}_{1/2}$ sont les forces qui dérivent du potentiel $u(|\mathbf{r}_2 - \mathbf{r}_1|)$. Si l'on effectue la combinaison linéaire suivante avec les relations (7.5) :

$$\begin{aligned} m_2 \mathbf{F}_{2/1} - m_1 \mathbf{F}_{1/2} &= m_1 m_2 (\ddot{\mathbf{r}}_1 - \ddot{\mathbf{r}}_2), \\ (m_2 + m_1)\, \mathbf{F}_{1/2} &= m_1 m_2 (\ddot{\mathbf{r}}_2 - \ddot{\mathbf{r}}_1), \end{aligned}$$

on obtient :

$$\mathbf{F}_{1/2} = \mu \ddot{\mathbf{r}}, \tag{7.6}$$

$$\text{avec} \qquad \mu = \frac{m_1 m_2}{m_1 + m_2}, \tag{7.7}$$

$$\text{et} \qquad \mathbf{r} = \mathbf{r}_2 - \mathbf{r}_1 = \mathbf{AB} = \mathbf{OP}. \tag{7.8}$$

[2] On suppose ici que l'interaction entre les deux particules peut avoir lieu à très courte distance (choc) ou à longue portée.

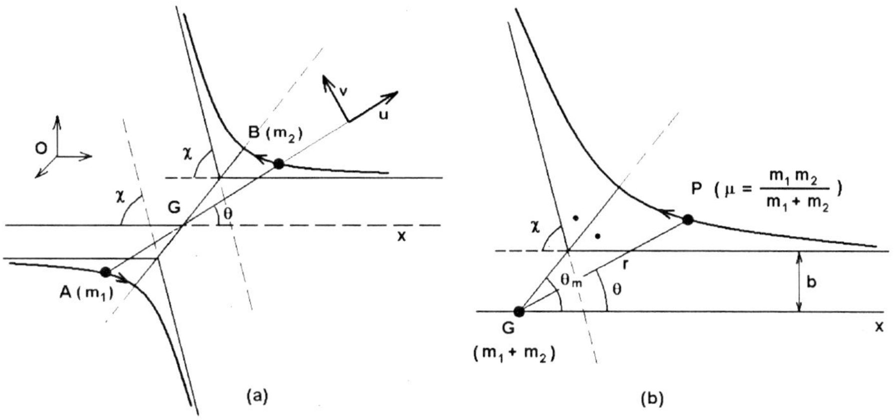

FIG. 7.2 – (a) Trajectoires des particules réelles A et B de masses respectives m_1 et m_2. (b) Trajectoire de la particule fictive P de masse réduite μ en interaction avec une particule de masse $(m_1 + m_2)$ fixée au centre d'inertie G. Les angles de déviation des trois trajectoires sont égaux à χ.

La relation (7.6) est l'équation du mouvement d'une *particule fictive P* de *masse réduite* μ soumise à la force $\mathbf{F}_{1/2}$. Comme les vecteurs $\mathbf{F}_{1/2}$ et $\mathbf{r}$ sont colinéaires, leur produit vectoriel est nul, soit :

$$\mathbf{r} \bigwedge \mathbf{F}_{1/2} = \mathbf{r} \bigwedge \mu\ddot{\mathbf{r}} = \mathbf{0},$$

ou encore :

$$\frac{d}{dt}\left(\mathbf{r} \bigwedge \mu\dot{\mathbf{r}}\right) = \mathbf{0},$$

soit :

$$\mathbf{r} \bigwedge \mu\dot{\mathbf{r}} = \sigma.$$

Cette relation implique que le vecteur moment cinétique σ du système est constant, donc que les particules A et B se déplacent dans un plan fixe contenant le centre d'inertie G défini par la relation :

$$\mathbf{OG} = \frac{m_1\mathbf{OA} + m_2\mathbf{OB}}{m_1 + m_2}.$$

Pour connaître les trajectoires des particules dans le repère lié au centre d'inertie, plaçons l'origine du repère en G, ce qui permet d'écrire :

$$m_1\mathbf{GA} + m_2\mathbf{GB} = \mathbf{0}. \tag{7.9}$$

Il en résulte que les trajectoires des deux particules sont homothétiques par rapport au centre d'inertie (Fig. 7.2a), dans le rapport $\frac{GA}{GB} = \frac{m_2}{m_1}$. En utilisant la relation (7.9) conjointement avec la relation de Chasles $\mathbf{AB} = \mathbf{AG} + \mathbf{GB}$, on déduit les expressions des rayons vecteurs des deux particules par rapport au centre d'inertie, soit :

$$\mathbf{GA} = -\frac{m_2}{m_1 + m_2}\mathbf{AB} \quad \text{et} \quad \mathbf{GB} = \frac{m_1}{m_1 + m_2}\mathbf{AB}, \tag{7.10}$$

ainsi que les rayons vecteurs de deux particules par rapport au repère fixe :

$$\begin{aligned}\mathbf{OA} &= \mathbf{OG}+\mathbf{GA}=\frac{m_1\mathbf{OA}+m_2\mathbf{OB}}{m_1+m_2}-\frac{m_2\mathbf{AB}}{m_1+m_2},\\ \mathbf{OB} &= \mathbf{OG}+\mathbf{GB}=\frac{m_1\mathbf{OA}+m_2\mathbf{OB}}{m_1+m_2}+\frac{m_1\mathbf{AB}}{m_1+m_2}.\end{aligned}$$

En utilisant la relation (7.8) et en posant $\mathbf{OG}=\mathbf{R}$, ces relations s'écrivent encore :

$$\mathbf{OA} = \mathbf{r}_1=\mathbf{R}-\frac{m_2\mathbf{r}}{m_1+m_2}, \tag{7.11}$$

$$\mathbf{OB} = \mathbf{r}_2=\mathbf{R}+\frac{m_1\mathbf{r}}{m_1+m_2}. \tag{7.12}$$

Ainsi, le problème du mouvement de deux particules A et B, interagissant l'une avec l'autre, se ramène à celui du mouvement d'une particule fictive P de masse réduite $\mu(=\frac{m_1m_2}{m_1+m_2})$. En effet, les trajectoires $\mathbf{r}_1(t)$ et $\mathbf{r}_2(t)$ des particules par rapport au repère fixe se déduisent des trajectoires $\mathbf{R}(t)$ et $\mathbf{r}(t)$, où $\mathbf{R}(t)$ décrit la trajectoire du centre d'inertie G et $\mathbf{r}(t)$ celle de la particule fictive P. Le procédé revient donc à substituer au système réel un système fictif constitué d'une particule de masse égale à la masse totale m_1+m_2, placée au centre d'inertie, et d'une particule P de masse réduite μ, placée au point de coordonnées $\mathbf{r}=\mathbf{r}_2-\mathbf{r}_1$. L'intérêt de cette équivalence, à première vue artificielle, repose sur le fait que dans une homothétie les angles se conservent. En effet, on notera que les trajectoires des deux particules A et B et de la particule fictive P sont homothétiques (Figs. 7.2a et 7.2b). Par conséquent, l'angle entre les asymptotes de chaque trajectoire est le même pour les trois trajectoires. Cet angle, appelé *angle de déviation* χ, est la caractéristique principale d'une collision binaire.

Moment cinétique et énergie des deux particules. La manière la plus simple de déterminer l'angle de déviation χ est de prendre comme point de départ les lois de conservation du moment cinétique et de l'énergie. Si l'on utilise le repère de calcul $(\mathbf{u},\mathbf{v})$ et que l'on désigne (dans ce paragraphe) les rayons vecteurs des particules par $\mathbf{GA}=\mathbf{r}_1$ et $\mathbf{GB}=\mathbf{r}_2$, avec $\mathbf{r}=\mathbf{AB}$, les vitesses en coordonnées polaires des particules par rapport au centre d'inertie sont :

$$\mathbf{v}_1 = \dot{r}_1\mathbf{u}+r_1\dot{\theta}\mathbf{v},$$

$$\text{et}\qquad \mathbf{v}_2 = \dot{r}_2\mathbf{u}+r_2\dot{\theta}\mathbf{v},$$

et les moments cinétiques des deux particules, par rapport à G, sont :

$$\mathbf{r}_1\bigwedge m_1\mathbf{v}_1 = m_1r_1^2\dot{\theta}\mathbf{k},$$

$$\text{et}\qquad \mathbf{r}_2\bigwedge m_2\mathbf{v}_2 = m_2r_2^2\dot{\theta}\mathbf{k}.$$

Or, en utilisant les relations (7.10) pour exprimer r_1^2 et r_2^2, le moment cinétique total σ s'écrit :

$$\sigma=\left(m_1r_1^2+m_2r_2^2\right)\dot{\theta}\mathbf{k}=\left[m_1\left(\frac{m_2}{m_1+m_2}\right)^2r^2+m_2\left(\frac{m_1}{m_1+m_2}\right)^2r^2\right]\dot{\theta}\mathbf{k},$$

soit :

$$\sigma = \mu r^2 \dot{\theta} \mathbf{k}. \tag{7.13}$$

Quant aux énergies cinétiques des particules individuelles, elles ont pour expressions :

$$\begin{aligned} \frac{1}{2} m_1 \mathbf{v}_1^2 &= \frac{1}{2} m_1 \left[\dot{r}_1^2 + r_1^2 \dot{\theta}^2 \right], \\ \text{et} \quad \frac{1}{2} m_2 \mathbf{v}_2^2 &= \frac{1}{2} m_2 \left[\dot{r}_2^2 + r_2^2 \dot{\theta}^2 \right], \end{aligned}$$

de sorte que l'énergie cinétique totale E_c est :

$$\frac{1}{2} m_1 \mathbf{v}_1^2 + \frac{1}{2} m_2 \mathbf{v}_2^2 = \frac{1}{2} \left[m_1 \dot{r}_1^2 + m_2 \dot{r}_2^2 + \dot{\theta}^2 \left(m_1 r_1^2 + m_2 r_2^2 \right) \right].$$

Il est facile de voir, grâce à la relation (7.13), que la contribution de l'énergie qui provient de la composante orthoradiale de la vitesse vaut :

$$\frac{1}{2} \dot{\theta}^2 \left(m_1 r_1^2 + m_2 r_2^2 \right) = \frac{1}{2} \mu r^2 \dot{\theta}^2,$$

et que la contribution due à la composante radiale se réduit à[3] :

$$\frac{1}{2} \left(m_1 \dot{r}_1^2 + m_2 \dot{r}_2^2 \right) = \frac{1}{2} \mu \dot{r}^2.$$

Par conséquent, en faisant la somme de l'énergie cinétique E_c et de l'énergie potentielle $u(r)$, on obtient l'énergie mécanique E du système :

$$E = \frac{1}{2} \mu \dot{r}^2 + \frac{1}{2} \mu r^2 \dot{\theta}^2 + u(r), \tag{7.14}$$

que l'on peut encore écrire en fonction du moment cinétique σ sous la forme suivante[4] :

$$E = \frac{1}{2} \mu \dot{r}^2 + \frac{1}{2} \frac{\sigma^2}{\mu r^2} + u(r). \tag{7.15}$$

---

[3]Les relations (7.9) et (7.8) permettent d'écrire respectivement :

$$\begin{aligned} \left(m_1 \dot{\mathbf{r}}_1 + m_2 \dot{\mathbf{r}}_2 \right)^2 &= 0, \\ \text{soit} \quad m_1^2 \dot{r}_1^2 + m_2^2 \dot{r}_2^2 - 2 m_1 m_2 \dot{r}_1 \dot{r}_2 &= 0, \end{aligned}$$

et :

$$\begin{aligned} \dot{\mathbf{r}}^2 &= \left(\dot{\mathbf{r}}_2 - \dot{\mathbf{r}}_1 \right)^2, \\ \text{soit} \quad \dot{r}^2 &= \dot{r}_2^2 + \dot{r}_1^2 + 2 \dot{r}_1 \dot{r}_2, \end{aligned}$$

car les vecteurs $\mathbf{r}_1$ et $\mathbf{r}_2$ sont colinéaires. Or, en éliminant $2\dot{r}_1\dot{r}_2$ entre ces deux relations, on trouve :

$$\begin{aligned} m_1^2 \dot{r}_1^2 + m_2^2 \dot{r}_2^2 - m_1 m_2 \left(\dot{r}^2 - \dot{r}_2^2 - \dot{r}_1^2 \right) &= 0, \\ \text{soit} \quad m_1 \dot{r}_1^2 + m_2 \dot{r}_2^2 &= \frac{m_1 m_2}{m_1 + m_2} \dot{r}^2. \end{aligned}$$

[4]En effet, avec $\sigma = \mu r^2 \dot{\theta}$ on déduit immédiatement :

$$\mu r^2 \dot{\theta}^2 = \frac{\sigma^2}{\mu r^2}.$$

Dans la relation (7.15), la quantité $\left[u(r) + \frac{1}{2} \frac{\sigma^2}{\mu r^2} \right]$ est l'énergie potentielle effective et la quantité $\frac{1}{2} \frac{\sigma^2}{\mu r^2}$ est traditionnellement appelée *énergie centrifuge*.

Déviation des particules dans une collision binaire. Dans le paragraphe précédent, on a montré l'équivalence formelle qui existe entre la collision des deux particules réelles A et B, et la collision d'une particule fictive P (de masse réduite μ) avec une particule immobile (de masse $m_1 + m_2$ située au centre d'inertie). Pour calculer l'angle de déviation χ, considérons le mouvement de la particule fictive en interaction avec la particule immobile. On voit sur la figure (7.2b) qu'elle est déviée de l'angle χ par rapport à sa direction initiale. On voit également que l'angle de déviation χ est lié à l'angle θ_m correspondant à la position de la particule fictive la plus proche du centre d'inertie, par la relation :

$$\chi = \pi - 2\theta_m.$$

Si l'on admet que la collision est élastique, l'énergie totale E et le moment cinétique σ se conservent. Or, dans le processus de collision étudié ici, il est plus commode d'utiliser, à la place de l'énergie et du moment cinétique, la vitesse v_∞ de la particule à l'infini et le *paramètre d'impact* b, c'est-à-dire la longueur de la perpendiculaire abaissée du centre d'inertie sur l'axe coïncidant avec la direction initiale de la particule fictive. A l'instant initial, quand la particule est encore à l'infini, son énergie totale vaut $E \approx \frac{\mu v_\infty^2}{2}$ (car $u(r) \approx 0$) et son moment cinétique est $\sigma = \mu r^2 \dot{\theta} = \mu b v_\infty$. En reportant ces expressions de E et de σ dans la relation (7.15), on aboutit à[5] :

$$\frac{d\theta}{dr} = -\frac{b}{r^2}\left[1 - \frac{b^2}{r^2} - \frac{2u(r)}{\mu v_\infty^2}\right]^{-1/2},$$

où le signe $-$ provient de ce que, avant la collision, θ augmente quand r diminue. L'expression de θ_m permettant de calculer l'angle de déviation χ se réduit à :

$$\int_0^{\theta_m} d\theta = \theta_m = \int_{r_m}^{\infty} \frac{b}{r^2}\left[1 - \frac{b^2}{r^2} - \frac{2u(r)}{\mu v_\infty^2}\right]^{-1/2} dr, \tag{7.16}$$

où la distance minimale r_m est déterminée avec la condition $\frac{dr}{d\theta} = 0$.

7.1.3 Expression de l'intégrale de collision

Section efficace de diffusion. Dans la théorie cinétique des gaz, on ne s'intéresse pas à la déviation d'une particule par un centre diffuseur mais à celle d'un *faisceau de*

[5] Avec l'expression du moment cinétique, on déduit :

$$\dot{r} = \frac{dr}{d\theta}\frac{d\theta}{dt} = \frac{dr}{d\theta}\frac{bv_\infty}{r^2},$$

de sorte qu'en substituant les expressions de E, de σ et de $\dot{r}$ dans la relation (7.15), on obtient :

$$\begin{aligned}
\frac{\mu v_\infty^2}{2} &= \frac{1}{2}\mu\left(\frac{dr}{d\theta}\right)^2\frac{b^2v_\infty^2}{r^4} + \frac{1}{2}\frac{b^2\mu v_\infty^2}{r^2} + u(r),\\
\left(\frac{dr}{d\theta}\right)^2\frac{b^2v_\infty^2}{r^4} &= v_\infty^2 - \frac{b^2v_\infty^2}{r^2} - \frac{2u(r)}{\mu},\\
\left(\frac{dr}{d\theta}\right)^2 &= \frac{r^4}{b^2}\left[1 - \frac{b^2}{r^2} - \frac{2u(r)}{\mu v_\infty^2}\right].
\end{aligned}$$

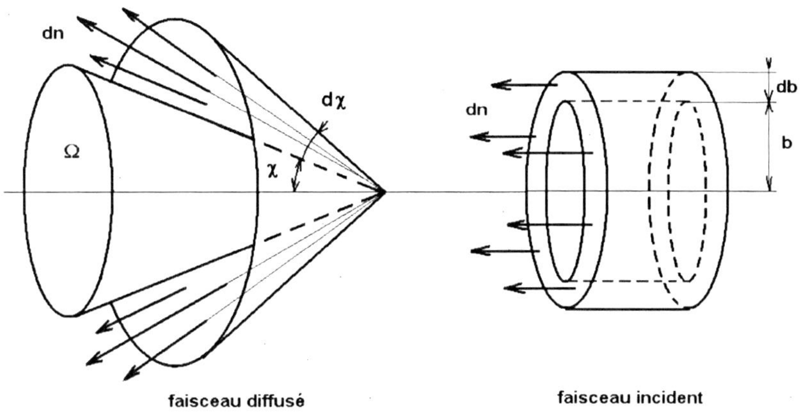

FIG. 7.3 – Diffusion d'un faisceau de particules pendant le temps dt, avec un paramètre d'impact compris entre b et $b + db$.

particules semblables. Les particules du faisceau incident ont des vitesses différentes et des paramètres d'impacts différents. Or, si l'on ne considère que les particules de même vitesse initiale v_∞, une partie d'entre elles passe sans s'écarter de la direction initiale alors que les autres subissent une déviation d'un angle $\chi(b)$. Si ϕ est le flux de particules du faisceau incident, le nombre de particules transportées pendant le temps dt, avec un paramètre d'impact compris entre b et $b + db$, est (Fig. 7.3) :

$$dn = \phi dt dS = \phi dt(2\pi b db). \tag{7.17}$$

Ayant montré la correspondance biunivoque entre le paramètre d'impact et l'angle de déviation (Rel. 7.16), il s'ensuit que ces dn particules sont diffusées (Fig. 7.3) dans l'angle solide compris entre Ω et $\Omega + d\Omega$, où l'angle solide Ω est lié à l'angle de déviation χ par la relation $\Omega = 2\pi(1 - \cos\chi)$. Sa différentielle est d'ailleurs :

$$d\Omega = 2\pi \sin\chi . d\chi.$$

Par conséquent le nombre de particules diffusées dn est aussi égal à :

$$dn = \phi dt \sigma d\Omega = \phi dt \sigma \left(2\pi \sin\chi . d\chi\right). \tag{7.18}$$

Le coefficient σ ne doit pas être confondu avec le moment cinétique introduit précédemment[6]. En physique atomique, le coefficient σ s'appelle *section efficace différentielle de diffusion* et s'exprime en barn (1 barn $= 10^{-24}$ cm^2).

En identifiant les relations (7.17) et (7.18), on aboutit à la relation que lie la section efficace σ au paramètre d'impact b par l'intermédiaire de l'angle de déviation χ, soit :

$$\sigma = \frac{b}{\sin\chi}\left|\frac{db}{d\chi}\right|.$$

[6]Le coefficient σ utilisé ici possède les dimensions d'une surface ($\sigma \sim L^2$), ce qui est conforme à la définition de l'angle solide ($d\Omega = \frac{dS}{L^2}$).

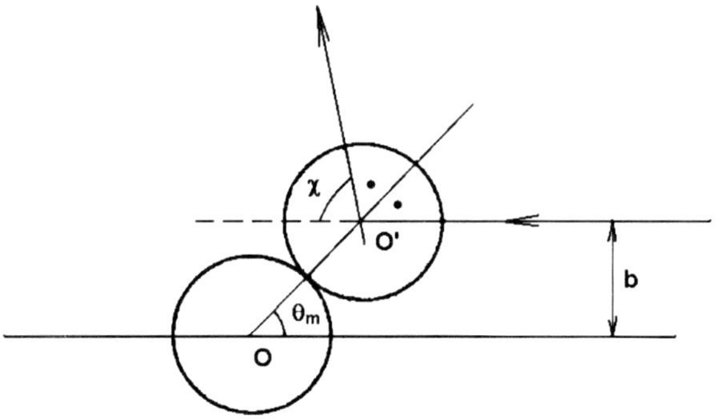

FIG. 7.4 – Collison entre deux sphères dures de diamètre d.

On prend ici la valeur absolue de la dérivée $\frac{db}{d\chi}$ car cette dernière est habituellement négative.

Par exemple, dans la diffusion entre des sphères dures (Fig. 7.4) de diamètre d, le paramètre d'impact est $b = d \sin\theta_m$, avec $\theta_m = \frac{\pi - \chi}{2}$ et $\sin\chi = \sin 2\theta_m = 2\sin\theta_m \cos\theta_m$, de sorte que :

$$\left|\frac{db}{d\chi}\right| = \left|\frac{db}{d\theta_m}\frac{d\theta_m}{d\chi}\right| = \frac{d}{2}\cos\theta_m,$$

et que la section efficace différentielle de diffusion est :

$$\sigma = \frac{d\sin\theta_m}{2\sin\theta_m\cos\theta_m}\frac{d}{2}\cos\theta_m = \frac{d^2}{4}.$$

Pratiquement on utilise la section efficace totale de diffusion[7] $\sigma_t = \int \sigma d\Omega$. Dans le cas d'une diffusion de sphères dures, elle devient simplement :

$$\sigma_t = \int_0^\pi \frac{d^2}{4} 2\pi \sin\chi . d\chi = \pi d^2.$$

Ce résultat a une interprétation géométrique évidente liée au fait que σ_t coïncide avec l'aire de la section droite de rayon $b = d$.

Intégrale de collision. Pour obtenir l'expression de l'intégrale de collision, considérons un volume élémentaire $d\mathbf{r}$ dans le faisceau de particules. Ce volume doit être assez grand pour contenir de nombreux couples de particules A et B, mais suffisamment petit pour que la fonction de distribution $f(\mathbf{r}, \mathbf{p}, t)$ ne dépende pas des coordonnées.

Parmi les couples de particules susceptibles d'entrer en collision, bornons nous encore à ne considérer que les particules A qui possèdent l'impulsion p_1 à $d\mathbf{p}_1$ près, et les particules B qui possèdent l'impulsion p_2 à $d\mathbf{p}_2$ près. Comme la fonction de distribution est constante

[7] En fait, on définit plutôt la section efficace totale de diffusion par la relation :

$$\sigma_t = \int \sigma(1 - \cos\chi) d\Omega = \int_0^\pi \sigma(1 - \cos\chi) 2\pi \sin\chi . d\chi,$$

sans que cela n'affecte le résultat car $\int_0^\pi \cos\chi \sin\chi . d\chi = 0$.

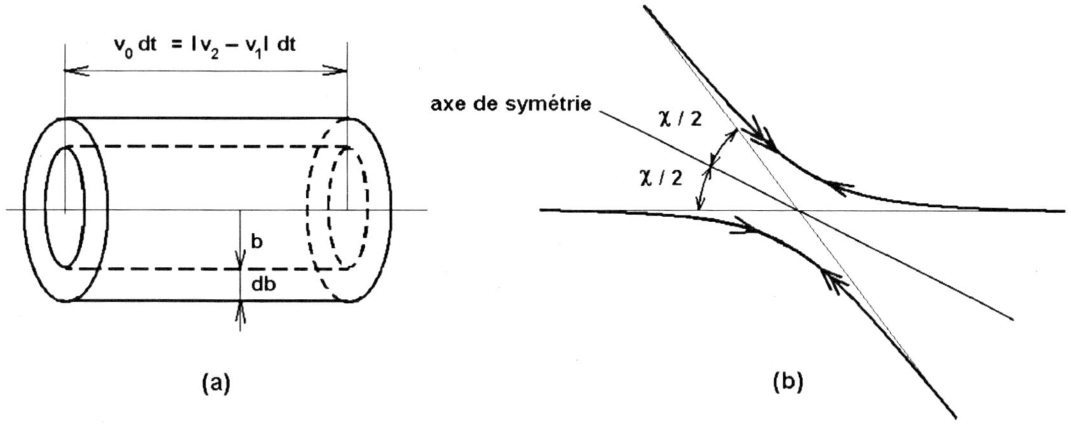

FIG. 7.5 – (a) Volume d'action d'une collision. (b) Principe du chemin inverse dans un processus de collision.

dans le volume $d\mathbf{r}$, les nombres de particules A et B sont respectivement (Rel. 7.1) :

$$\delta n_1 = f(\mathbf{r}, \mathbf{p}_1, t) d\mathbf{r} d\mathbf{p}_1,$$

$$\delta n_2 = f(\mathbf{r}, \mathbf{p}_2, t) d\mathbf{r} d\mathbf{p}_2.$$

Puis choisissons un intervalle de temps dt sensiblement supérieur à la durée d'une collision, mais assez petit pour que la variation du nombre de particules dans le volume $d\mathbf{r}$ puisse être négligée. Ceci a pour but de définir le volume infinitésimal d'action d'une collision $(2\pi b db)(v_0 dt)$, où b est le paramètre d'impact (Fig. 7.5a) et $v_0 = |\mathbf{v}_2 - \mathbf{v}_1|$ la vitesse relative des particules A et B entrant en collision. Dans ces conditions, la probabilité de réalisation d'une collision est donnée par le rapport du volume d'action d'une collision sur l'élément de volume $d\mathbf{r}$:

$$\frac{2\pi b db |\mathbf{v}_2 - \mathbf{v}_1| dt}{d\mathbf{r}}.$$

Le nombre moyen de particules qui subissent une diffusion avec le paramètre d'impact b, dans le volume $d\mathbf{r}$, peut se calculer en multipliant la probabilité obtenue ci-dessus par les nombres de particules A et de particules B contenues dans le volume $d\mathbf{r}$. Désignons par dn^- ce nombre de particules, soit :

$$dn^- = \left[\frac{2\pi b db |\mathbf{v}_2 - \mathbf{v}_1| dt}{d\mathbf{r}}\right] \delta n_1 \delta n_2,$$

ou encore :

$$dn^- = 2\pi b |\mathbf{v}_2 - \mathbf{v}_1| f(\mathbf{r}, \mathbf{p}_1, t) f(\mathbf{r}, \mathbf{p}_2, t) d\mathbf{p}_1 d\mathbf{p}_2 db dt d\mathbf{r}. \tag{7.19}$$

A l'issue d'une collision entre deux particules A et B, avec un paramètre d'impact donné, l'impulsion de la particule A passe de $\mathbf{p}_1$ à $\mathbf{p}'_1$ et celle de la particule B passe de $\mathbf{p}_2$ à $\mathbf{p}'_2$. Il en résulte que la relation (7.19) donne le nombre de particules A dont l'impulsion est passée de $\mathbf{p}_1$ à $\mathbf{p}'_1$ (qui est le même que le nombre de particules B dont l'impulsion est passée de $\mathbf{p}_2$ à $\mathbf{p}'_2$). Toutefois, pour évaluer le nombre réel de particules ayant subi les variations d'impulsions $|\mathbf{p}'_1 - \mathbf{p}_1|$ et $|\mathbf{p}'_2 - \mathbf{p}_2|$, il faut tenir compte des collisions inverses pour lesquelles des particules A voient leur impulsion passer de $\mathbf{p}_1'$ à $\mathbf{p}_1$ et des particules B voient leur impulsion passer de $\mathbf{p}_2'$ à $\mathbf{p}_2$. Ces transitions jouent un rôle opposé aux transitions précédentes puisque dans une transition directe il y a une variation dn^- du nombre de particules dont les impulsions initiales étaient $\mathbf{p}_1$ et $\mathbf{p}_2$, alors que dans la transition inverse il y a une variation dn^+ du nombre de particules dont les impulsions initiales étaient $\mathbf{p}_1'$ et $\mathbf{p}_2'$. Par conséquent, le bilan global doit se calculer en soustrayant du nombre dn^+ de particules résultant des collisions inverses, le nombre dn^- de particules résultant des collisions directes.

Il découle des propriétés de symétrie[8] du processus de collision (Fig. 7.5b), que le nombre dn^+ de particules diffusées dans les collisions inverses se déduit de la relation (7.19), en permutant les valeurs des impulsions. Cela permet d'écrire directement :

$$dn^+ = 2\pi b\,|\mathbf{v}_2 - \mathbf{v}_1|\, f(\mathbf{r}, \mathbf{p}_1', t) f(\mathbf{r}, \mathbf{p}_2', t) d\mathbf{p}_1' d\mathbf{p}_2' db dt d\mathbf{r}.$$

En tenant compte du fait que la vitesse relative est :

$$\mathbf{v}_2 - \mathbf{v}_1 = \frac{\mathbf{p}_2^2}{m_2} - \frac{\mathbf{p}_1^2}{m_1},$$

et que[9] $d\mathbf{p}_1 d\mathbf{p}_2 = d\mathbf{p}_1' d\mathbf{p}_2'$, le nombre total de particules A (ou B) ayant subi des modifications d'impulsion avec le même paramètre d'impact, durant le temps dt dans le volume $d\mathbf{r}$, est :

$$dn^+ - dn^- = 2\pi b\,|\mathbf{v}_2 - \mathbf{v}_1| \left[f(\mathbf{r}, \mathbf{p}_1', t) f(\mathbf{r}, \mathbf{p}_2', t) - f(\mathbf{r}, \mathbf{p}_1, t) f(\mathbf{r}, \mathbf{p}_2, t) \right] d\mathbf{p}_1 d\mathbf{p}_2 db dt d\mathbf{r}. \tag{7.20}$$

Si l'on s'intéresse aux particules A d'impulsion $\mathbf{p}_1$ fixée, alors que les particules B peuvent avoir des impulsions quelconques, la relation (7.20) doit être intégrée sur toutes les valeurs possibles de l'impulsion $\mathbf{p}_2$ et du paramètre d'impact b. Quant à l'intégrale de collision, elle correspond à la variation totale du nombre de particules par intervalle unitaire de temps dt, et par unité de volume de l'espace des phases $(d\mathbf{r} d\mathbf{p}_1)$, soit :

$$\left(\frac{\partial f}{\partial t} \right)_{\text{col}} = \int \int 2\pi b\,|\mathbf{v}_2 - \mathbf{v}_1| \left(f_1' f_2' - f_1 f_2 \right) d\mathbf{p}_2 db, \tag{7.21}$$

où la notation des fonctions de distribution a été sensiblement simplifiée. En substituant la relation (7.21) dans la relation (7.4), on obtient l'équation de Boltzmann dans l'approximation des collisions binaires :

$$\frac{\partial f_1}{\partial t} = -\frac{\mathbf{p}}{m}.\mathbf{grad}_{\mathbf{r}} f_1 - \mathbf{F}_{ext}.\mathbf{grad}_{\mathbf{p}} f_1 + 2\pi \int \int b\,|\mathbf{v}_2 - \mathbf{v}_1| \left(f_1' f_2' - f_1 f_2 \right) d\mathbf{p}_2 db. \tag{7.22}$$

[8] D. A. McQuarrie, *Statistical Mechanics*, Harper and Row, New-York (1976), p. 409.

[9] Des relations (7.11) et (7.12) :

$$\begin{aligned} \mathbf{r}_1 &= \mathbf{R} - \frac{m_2 \mathbf{r}}{m_1 + m_2}, \\ \mathbf{r}_2 &= \mathbf{R} + \frac{m_1 \mathbf{r}}{m_1 + m_2}, \end{aligned}$$

découlent les transformations suivantes de $\mathbf{p}_1$ et $\mathbf{p}_2$ en $\mathbf{p}_R$ et $\mathbf{p}_r$:

$$\begin{aligned} \mathbf{p}_1 &= \mathbf{p}_R - \frac{m_2 \mathbf{p}_r}{m_1 + m_2}, \\ \mathbf{p}_2 &= \mathbf{p}_R + \frac{m_1 \mathbf{p}_r}{m_1 + m_2}. \end{aligned}$$

La relation $d^3p_1 d^3p_2 = d^3p_R d^3p_r = d^3p_1' d^3p_2'$ vient de ce que le jacobien de ces transformations est égal à l'unité.

C'est l'équation d'évolution de la fonction de distribution f_1, lorsque la fonction de distribution f_2 est connue. A priori, f_1' et f_2' dépendent respectivement des impulsions $\mathbf{p}_1'$ et $\mathbf{p}_2'$ qui sont elles-mêmes fonctions de $\mathbf{p}_1$ et de $\mathbf{p}_2$.

7.1.4 Approximation du temps de relaxation

Définition du temps de relaxation. L'équation de Boltzmann (Rel. 7.22) est une équation intégro-différentielle dont la résolution reste compliquée, même lorsque les collisions sont élastiques (conservation de l'énergie cinétique) et que les masses des particules A et B sont très différentes l'une de l'autre[10]. Néanmoins, dans ce cas précis, on peut admettre que les grosses particules sont fixes ($\mathbf{v}_2 \simeq \mathbf{0}$). Comme les impulsions $\mathbf{p}_1$ des particules légères ne sont pas liées aux impulsions $\mathbf{p}_2$ des particules lourdes, l'intégration des fonctions de distribution sur $\mathbf{p}_2$ peut être réalisée de façon indépendante. Par conséquent, l'intégration de la relation (7.21) sur $\mathbf{p}_2$ s'exprime au moyen des intégrales :

$$\int f_2 d\mathbf{p}_2 = \int f_2' d\mathbf{p}_2 = n_2,$$

qui représentent le nombre de particules lourdes n_2 dans le volume $d\mathbf{r}$, conformément à la relation (7.1). En tenant compte de ces considérations, l'intégrale de collision (7.21) s'écrit :

$$\left(\frac{\partial f}{\partial t}\right)_{\text{col}} = 2\pi n_2 \left|\mathbf{v}_1\right| \int \left(f_1' - f_1\right) bdb.$$

Si l'on décompose la fonction de distribution hors d'équilibre f comme suit :

$$f = f_0 + \Delta f,$$

où f_0 est la fonction de distribution à l'équilibre et Δf la contribution hors d'équilibre, on peut admettre que l'écart $\left(f_1' - f_1\right) \simeq -\Delta f = f_0 - f$. Ceci se justifie aisément dans la mesure où l'intégrale de collision $\left(\frac{\partial f}{\partial t}\right)_{\text{col}}$ doit être nulle à l'équilibre ($f = f_0$) et proportionnelle à $(f - f_0)$ lorsque l'écart à l'équilibre est faible.

Pour le type de collisions décrit précédemment, l'intégrale de collision se simplifie sous la forme suivante :

$$\left(\frac{\partial f}{\partial t}\right)_{\text{col}} = 2\pi n_2 \left|\mathbf{v}_1\right| (f_0 - f) \int b.db = -\frac{f - f_0}{\tau},$$

où le paramètre τ, qui a les dimensions d'un temps, s'appelle *temps de relaxation*. Il est défini par la quantité :

$$\tau = \frac{1}{\pi b^2 n_2 \left|\mathbf{v}_1\right|}.$$

L'équation de Boltzmann (7.22) s'écrit explicitement en fonction du temps de relaxation τ et se réduit à l'expression suivante :

$$\frac{\partial f}{\partial t} = -\frac{\mathbf{p}}{m}.\mathbf{grad}_{\mathbf{r}} f - \mathbf{F}_{ext}.\mathbf{grad}_{\mathbf{p}} f - \frac{f - f_0}{\tau}. \tag{7.23}$$

[10] On appelle *gaz de Lorentz*, un système qui contient deux types de particules dont (1) certaines sont très lourdes et les autres très légères et (2) les collisions mutuelles entre les particules légères sont négligées par rapport à leurs collisions avec les particules lourdes.

L'interprétation physique du temps de relaxation τ est facile à concevoir dans les circonstances suivantes : lorsqu'on supprime brusquement l'action de la force extérieure ($\mathbf{F}_{ext} = \mathbf{0}$), en supposant la fonction de distribution homogène dans tout le système ($\mathbf{grad_r} f = \mathbf{0}$), l'équation de Boltzmann (7.23) s'écrit :

$$\frac{df}{dt} = -\frac{f - f_0}{\tau},$$

et sa solution est :

$$f(t) = f_0 + [f(0) - f_0] \exp(-\frac{t}{\tau}),$$

où $f(0)$ est la fonction de distribution hors d'équilibre à l'instant initial. Ainsi, un système initialement hors d'équilibre retourne à l'équilibre, grâce aux collisions des particules, en suivant une loi exponentielle dont la constante de temps correspond au temps de relaxation τ.

Forme approximative de la fonction de distribution. Alors que l'équation de Boltzmann (Rel. 7.22) est pratiquement impossible à résoudre analytiquement, une large utilisation de la relation (7.23) a été faite pour de nombreux mécanismes de collision et pour différents types de champ de forces extérieures. De la relation (7.23) on peut tirer l'expression de la fonction de distribution hors d'équilibre :

$$f = f_0 - \tau \frac{\partial f}{\partial t} - \tau \frac{\mathbf{p}}{m} . \mathbf{grad_r} f - \tau \mathbf{F}_{ext} . \mathbf{grad_p} f, \tag{7.24}$$

où le temps de relaxation τ peut être calculé ou utilisé comme paramètre ajustable issu de l'expérience. Le temps de relaxation figurant dans l'équation de Boltzmann caractérise le processus de collision dans le système, et détermine son retour à l'équilibre. Plus l'intégrale de collision est importante, plus le temps de relaxation est petit et plus le retour à l'équilibre est rapide. Le calcul du temps de relaxation τ est particulièrement difficile. Il sera néanmoins présenté lors de l'étude du transport électronique (§ 7.4.3).

En première approximation, on peut admettre que la fonction de distribution hors d'équilibre diffère peu de la fonction de distribution à l'équilibre. Dans ce cas, le remplacement de f par f_0 dans le membre de droite de la relation (7.24) permet d'écrire la fonction de distribution f sous la forme approximative :

$$f \simeq f_0 - \tau \frac{\partial f_0}{\partial t} - \tau \frac{\mathbf{p}}{m} . \mathbf{grad_r} f_0 - \tau \mathbf{F}_{ext} . \mathbf{grad_p} f_0. \tag{7.25}$$

Mais, puisque la fonction de distribution à l'équilibre f_0 ne doit pas dépendre du temps ($\frac{\partial f_0}{\partial t} = 0$), la fonction de distribution hors d'équilibre (Rel. 7.25) s'écrit encore plus simplement sous la forme :

$$f \simeq f_0 - \tau \frac{\mathbf{p}}{m} . \mathbf{grad_r} f_0 - \tau \mathbf{F}_{ext} . \mathbf{grad_p} f_0, \tag{7.26}$$

où f_0 est la fonction de distribution à l'équilibre, donnée par la distribution de Maxwell (Rel. 3.64) :

$$f_0 = n \left(\frac{1}{2\pi m k_B T} \right)^{3/2} \exp\left(-\frac{p^2}{2 m k_B T} \right).$$

Du fait que la fonction de distribution f_0 est la même dans tout le système ($\mathbf{grad_r} f_0 = \mathbf{0}$), la solution de l'équation de Boltzmann (Rel. 7.26) est très imprécise. Une façon d'améliorer la précision est d'admettre que la densité de particules n n'est pas constante dans tout le système. Pour mettre en oeuvre ce nouveau concept, on suppose que le système est constitué d'un ensemble de sous-systèmes de volume $d\mathbf{r}$, dont chacun est dans un état d'*équilibre local* différent de l'*équilibre global*. L'argument avancé pour asseoir cette hypothèse repose sur le fait qu'une variation brutale de la densité de particules, dans un sous-système, laisse inchangée la densité de particules dans les sous-systèmes voisins. Autrement dit, la densité locale de particules dans un volume $d\mathbf{r}$ atteint rapidement une valeur d'équilibre différente de la densité globale de particules, dont l'équilibre est atteint beaucoup plus lentement[11]. La densité locale de particules est le nombre de particules dn par unité de volume $d\mathbf{r}$. Ce volume doit être assez grand pour contenir un nombre important de particules, mais assez petit pour que le rapport $\frac{dn}{d\mathbf{r}} = n(\mathbf{r}, t)$ soit une fonction continue de $\mathbf{r}$. Ainsi la solution de l'équation de Boltzmann est bien meilleure si l'on convient que la fonction de distribution f_0 varie d'un sous-système à l'autre suivant l'expression :

$$f_0 = n(\mathbf{r}, t) \left(\frac{1}{2\pi m k_B T}\right)^{3/2} \exp\left(-\frac{p^2}{2mk_BT}\right), \tag{7.27}$$

où la densité de particules $n(\mathbf{r}, t)$ dépend du temps et de la position de chaque sous-système.

En supposant que l'on ait réussi à établir une expression de la densité locale de particules $n(\mathbf{r}, t)$, on peut déduire une forme plus précise de la fonction de distribution hors d'équilibre par les observations suivantes. Considérons tout d'abord le dernier terme de la relation (7.26) qui s'écrit explicitement :

$$\mathbf{grad_p} f_0 = \frac{\partial f_0}{\partial p_x}\mathbf{i} + \frac{\partial f_0}{\partial p_y}\mathbf{j} + \frac{\partial f_0}{\partial p_z}\mathbf{k}.$$

Compte tenu de la relation (7.27), la composante sur x est :

$$\frac{\partial f_0}{\partial p_x} = n(\mathbf{r}, t) \left(\frac{1}{2\pi m k_B T}\right)^{3/2} \left(-\frac{p_x}{mk_BT}\right) \exp\left(-\frac{p^2}{2mk_BT}\right) = -\frac{p_x f_0}{mk_BT}.$$

Le calcul des autres composantes s'effectuant de manière analogue, on obtient :

$$\tau \mathbf{F}_{ext}.\mathbf{grad_p} f_0 = -\tau \left(\mathbf{F}_{ext}.\frac{\mathbf{p}}{m}\right) \frac{f_0}{k_BT}. \tag{7.28}$$

Quant à l'avant dernier terme de la relation (7.26), il se transforme comme suit :

$$\begin{aligned} \mathbf{grad_r} f_0 &= \frac{\partial f_0}{\partial r_x}\mathbf{i} + \frac{\partial f_0}{\partial r_y}\mathbf{j} + \frac{\partial f_0}{\partial r_z}\mathbf{k} = \frac{\partial f_0}{\partial n}\mathbf{grad_r} n, \\ \text{soit} \quad \mathbf{grad_r} f_0 &= \frac{f_0}{n}\mathbf{grad_r} n, \end{aligned}$$

du fait que la densité de particules $n(\mathbf{r}, t)$ dépend de la position. Ceci permet d'écrire l'avant dernier terme de la relation (7.26) sous la forme suivante :

$$\tau \frac{\mathbf{p}}{m}.\mathbf{grad_r} f_0 = \tau \frac{f_0}{n} \left(\frac{\mathbf{p}}{m}.\mathbf{grad_r} n\right). \tag{7.29}$$

[11] Pour comprendre l'importance de la notion d'équilibre local, consulter, par exemple, l'article de Roger Balian : "*Introduction à la thermodynamique hors équilibre*", école e2phy, Bordeaux (2003), consultable en ligne.

Par conséquent, en utilisant les relations (7.28) et (7.29), la fonction de distribution hors d'équilibre s'exprime sous une forme sensiblement plus précise que celle de la relation (7.26), à savoir :

$$f \simeq f_0 - \tau\frac{f_0}{n}\left(\frac{\mathbf{p}}{m}.\mathbf{grad}_\mathbf{r} n\right) + \tau\frac{f_0}{k_B T}\left(\mathbf{F}_{ext}.\frac{\mathbf{p}}{m}\right). \tag{7.30}$$

Toutefois, cette expression repose sur la connaissance de la densité locale de particules $n(\mathbf{r}, t)$ et du temps de relaxation τ.

7.2 Régime hydrodynamique

7.2.1 Formulation du problème

Le vingtième siècle a débuté par l'affrontement de deux écoles de pensée en physique : l'école *atomistique* conduite par Boltzmann, Gibbs, etc. et l'école *énergétique* représentée par Duhem, Mach, etc. Pour les premiers auteurs, la description des systèmes est effectuée de façon microscopique avec la densité de probabilité dans l'espace des phases. Si les systèmes sont hors d'équilibre, il faut utiliser la fonction de distribution à une particule dont l'évolution est fournie par l'équation cinétique de Boltzmann (Rel. 7.2) comme on l'a vu dans le paragraphe précédent. Pour les seconds auteurs, la description des systèmes est réalisée de façon macroscopique au moyen de la densité de particules, de la densité d'impulsion et de la densité d'énergie, dont les variations sont régies par les lois de conservation et les équations de transfert. Il s'agit notamment du transfert de particules caractérisé par l'équation de Fick, du transfert d'impulsion caractérisé par l'équation de Navier-Stokes et du transfert d'énergie caractérisé par l'équation de Fourier.

Pour effectuer la description macroscopique d'un fluide, on doit le considérer comme un milieu continu où chaque volume élémentaire $d\mathbf{r}$ est en équilibre local[12]. Cela signifie que si dn est le nombre de particules contenues dans le volume élémentaire $d\mathbf{r}$, que $d\mathbf{p}$ est son impulsion et dE son énergie, on peut définir les densités locales de particules, d'impulsion et d'énergie, indépendamment de la taille de l'élément de volume. Ces densités locales sont donc des grandeurs *intensives* dépendant des variables continues $\mathbf{r}$ et t, définies par les relations :

$$\begin{aligned}
n(\mathbf{r}, t) &= \frac{dn}{d\mathbf{r}}, \\
\mathbf{p}(\mathbf{r}, t) &= \frac{d\mathbf{p}}{d\mathbf{r}}, \\
E(\mathbf{r}, t) &= \frac{dE}{d\mathbf{r}}.
\end{aligned}$$

La suite du paragraphe est consacrée à l'étude succincte des milieux continus et à la recherche des lois de conservation de la masse (particules), de l'impulsion et de l'énergie. Ces lois de conservation s'avèrent nécessaires pour étudier le mouvement d'un volume matériel $d\mathbf{r}$ pris dans le milieu continu.

[12] cf. la note précédente.

7.2.2 Lois de répartition des vitesses et des accélérations

Déterminons tout d'abord les lois de répartition des vitesses et des accélérations au moyen des variables d'Euler. Pour cela considérons un élément de volume $d\mathbf{r}$ situé au point M de coordonnées $\mathbf{r}(x, y, z)$. Si l'on suppose que la vitesse de l'élément de fluide situé au point O, pris comme origine, est $\mathbf{v}_O$ et que la distance OM est faible, la vitesse du point M est une fonction continue et dérivable des coordonnées $\mathbf{r}(x, y, z)$. Ainsi, la vitesse de l'élément de fluide situé au point M a pour composantes v_x, v_y et v_z, qui sont précisément les variables d'Euler et qui dépendent des coordonnées (x, y, z). Comme la distance OM est petite, on peut ne conserver que les dérivées premières du développement de Mac-Laurin des composantes de la vitesse, au voisinage de $x_O = 0$, $y_O = 0$ et $z_O = 0$, soit :

$$\mathbf{v} = \left| \begin{array}{l} v_x = v_{O,x} + x\frac{\partial v_x}{\partial x} + y\frac{\partial v_x}{\partial y} + z\frac{\partial v_x}{\partial z} \\ v_y = v_{O,y} + x\frac{\partial v_y}{\partial x} + y\frac{\partial v_y}{\partial y} + z\frac{\partial v_y}{\partial z} \\ v_z = v_{O,z} + x\frac{\partial v_z}{\partial x} + y\frac{\partial v_z}{\partial y} + z\frac{\partial v_z}{\partial z} \end{array} \right. . \tag{7.31}$$

Le vecteur vitesse $\mathbf{v}$ s'écrit encore sous la forme tensorielle suivante :

$$\mathbf{v} = \mathbf{v}_O + \overline{\overline{b}}.\mathbf{OM},$$

où $\overline{\overline{b}}$ est le tenseur :

$$\overline{\overline{b}} = \left| \begin{array}{ccc} \frac{\partial v_x}{\partial x} & \frac{\partial v_x}{\partial y} & \frac{\partial v_x}{\partial z} \\ \frac{\partial v_y}{\partial x} & \frac{\partial v_y}{\partial y} & \frac{\partial v_y}{\partial z} \\ \frac{\partial v_z}{\partial x} & \frac{\partial v_z}{\partial y} & \frac{\partial v_z}{\partial z} \end{array} \right| .$$

On verra par la suite qu'il peut être utile de décomposer le tenseur $\overline{\overline{b}}$ en un tenseur antisymétrique $\overline{\overline{b}}_a$ et un tenseur symétrique $\overline{\overline{b}}_s$ ($\overline{\overline{b}} = \overline{\overline{b}}_a + \overline{\overline{b}}_s$), ayant respectivement pour composantes :

$$\overline{\overline{b}}_a = \left| \begin{array}{ccc} 0 & \frac{1}{2}\left(\frac{\partial v_x}{\partial y} - \frac{\partial v_y}{\partial x}\right) & -\frac{1}{2}\left(\frac{\partial v_z}{\partial x} - \frac{\partial v_x}{\partial z}\right) \\ -\frac{1}{2}\left(\frac{\partial v_x}{\partial y} - \frac{\partial v_y}{\partial x}\right) & 0 & \frac{1}{2}\left(\frac{\partial v_y}{\partial z} - \frac{\partial v_z}{\partial y}\right) \\ \frac{1}{2}\left(\frac{\partial v_z}{\partial x} - \frac{\partial v_x}{\partial z}\right) & -\frac{1}{2}\left(\frac{\partial v_y}{\partial z} - \frac{\partial v_z}{\partial y}\right) & 0 \end{array} \right| ,$$

et :

$$\overline{\overline{b}}_s = \left| \begin{array}{ccc} \frac{\partial v_x}{\partial x} & \frac{1}{2}\left(\frac{\partial v_x}{\partial y} + \frac{\partial v_y}{\partial x}\right) & \frac{1}{2}\left(\frac{\partial v_x}{\partial z} + \frac{\partial v_z}{\partial x}\right) \\ \frac{1}{2}\left(\frac{\partial v_x}{\partial y} + \frac{\partial v_y}{\partial x}\right) & \frac{\partial v_y}{\partial y} & \frac{1}{2}\left(\frac{\partial v_y}{\partial z} + \frac{\partial v_z}{\partial y}\right) \\ \frac{1}{2}\left(\frac{\partial v_x}{\partial z} + \frac{\partial v_z}{\partial x}\right) & \frac{1}{2}\left(\frac{\partial v_y}{\partial z} + \frac{\partial v_z}{\partial y}\right) & \frac{\partial v_z}{\partial z} \end{array} \right| . \tag{7.32}$$

Cette décomposition permet de récrire le vecteur vitesse en fonction de $\overline{\overline{b}}_a$ et $\overline{\overline{b}}_s$ sous la forme suivante :

$$\mathbf{v} = \mathbf{v}_O + \overline{\overline{b}}_a.\mathbf{OM} + \overline{\overline{b}}_s.\mathbf{OM}.$$

Il est facile de vérifier que le produit tensoriel $\overline{\overline{b}}_a.\mathbf{OM}$ est équivalent au produit vectoriel du vecteur axial $\mathbf{\Omega}$ (qui n'est autre que le demi rotationnel[13] du vecteur $\mathbf{v}$, soit

[13]On rappelle que :

$\mathbf{\Omega} = \frac{1}{2}\boldsymbol{\nabla} \wedge \mathbf{v}$) par le vecteur position $\mathbf{OM}$, de sorte que le vecteur vitesse se réduit encore à l'expression :

$$\mathbf{v} = \mathbf{v}_O + \Omega \wedge \mathbf{OM} + \overline{\overline{b}}_s.\mathbf{OM}. \tag{7.33}$$

Cette formule montre que la répartition des vitesses dans un fluide résulte de la superposition d'une translation, d'une rotation et d'une déformation.

En suivant le mouvement d'un élément de fluide le long de sa trajectoire, on constate que chaque composante de la vitesse (Rel. 7.31) est fonction des coordonnées et du temps, $v_x = v_x(x, y, z, t)$, et que chaque composante de l'accélération est de la forme :

$$\gamma_x = \frac{\partial v_x}{\partial x}\frac{\partial x}{\partial t} + \frac{\partial v_x}{\partial y}\frac{\partial y}{\partial t} + \frac{\partial v_x}{\partial z}\frac{\partial z}{\partial t} + \frac{\partial v_x}{\partial t}.$$

Par conséquent, l'accélération d'un élément de fluide est donnée par l'expression :

$$\gamma = \left| \begin{array}{l} \gamma_x = \frac{\partial v_x}{\partial t} + \frac{\partial v_x}{\partial x}\frac{\partial x}{\partial t} + \frac{\partial v_x}{\partial y}\frac{\partial y}{\partial t} + \frac{\partial v_x}{\partial z}\frac{\partial z}{\partial t} \\ \gamma_y = \frac{\partial v_y}{\partial t} + \frac{\partial v_y}{\partial x}\frac{\partial x}{\partial t} + \frac{\partial v_y}{\partial y}\frac{\partial y}{\partial t} + \frac{\partial v_y}{\partial z}\frac{\partial z}{\partial t} \\ \gamma_z = \frac{\partial v_z}{\partial t} + \frac{\partial v_z}{\partial x}\frac{\partial x}{\partial t} + \frac{\partial v_z}{\partial y}\frac{\partial y}{\partial t} + \frac{\partial v_z}{\partial z}\frac{\partial z}{\partial t} \end{array} \right. . \tag{7.34}$$

En remarquant que $\frac{\partial x}{\partial t} = v_x$, $\frac{\partial y}{\partial t} = v_y$ et $\frac{\partial z}{\partial t} = v_z$ sont les composantes du vecteur vitesse $\mathbf{v}$, on peut vérifier que l'accélération s'écrit encore sous la forme vectorielle suivante :

$$\gamma = \frac{\partial \mathbf{v}}{\partial t} + (\mathbf{v}.\boldsymbol{\nabla})\,\mathbf{v},$$

où l'opérateur[14] :

$$(\mathbf{v}.\boldsymbol{\nabla}) = v_x\frac{\partial}{\partial x} + v_y\frac{\partial}{\partial y} + v_z\frac{\partial}{\partial z} \tag{7.35}$$

---

(1) l'opérateur gradient transforme un champ scalaire A en un champ vectoriel $\mathbf{V}$ par la relation :

$$\mathbf{V} = \mathbf{grad}A = \frac{\partial A}{\partial x}\mathbf{i} + \frac{\partial A}{\partial y}\mathbf{j} + \frac{\partial A}{\partial z}\mathbf{k} = \boldsymbol{\nabla}A,$$

où $\boldsymbol{\nabla}$ est le vecteur symbolique nabla $\boldsymbol{\nabla} = \frac{\partial}{\partial x}\mathbf{i} + \frac{\partial}{\partial y}\mathbf{j} + \frac{\partial}{\partial z}\mathbf{k}$,

(2) l'opérateur divergence transforme un champ vectoriel $\mathbf{V}$ en un champ scalaire A par la relation :

$$A = div\mathbf{V} = \frac{\partial V_x}{\partial x} + \frac{\partial V_y}{\partial y} + \frac{\partial V_z}{\partial z} = \boldsymbol{\nabla}.\mathbf{V},$$

(3) l'opérateur rotationnel transforme un champ vectoriel $\mathbf{V}$ en un autre champ vectoriel $\mathbf{\Omega}$ par la relation :

$$\mathbf{\Omega} = \mathbf{rot}\mathbf{V} = \boldsymbol{\nabla} \wedge \mathbf{V},$$

(4) l'opérateur laplacien est défini par la relation :

$$\boldsymbol{\nabla}^2 = div(\mathbf{grad}) = \frac{\partial^2}{\partial x^2} + \frac{\partial^2}{\partial y^2} + \frac{\partial^2}{\partial z^2} = \boldsymbol{\nabla}.\boldsymbol{\nabla}.$$

[14] L'opérateur $(\mathbf{v}.\boldsymbol{\nabla})$ s'applique indifféremment à un vecteur, comme ici, ou à un scalaire. Par ailleurs, il ne doit pas être confondu avec le scalaire $\boldsymbol{\nabla}.\mathbf{v}$ qui représente la divergence du vecteur $\mathbf{v}$, soit :

$$\boldsymbol{\nabla}.\mathbf{v} = div\mathbf{v} = \frac{\partial v_x}{\partial x} + \frac{\partial v_y}{\partial y} + \frac{\partial v_z}{\partial z}.$$

est appliqué au vecteur $\mathbf{v}(v_x, v_y, v_z)$. L'accélération γ est la *dérivée particulaire* de $\mathbf{v}$ par rapport au temps et on la note :

$$\gamma = \frac{D\mathbf{v}}{Dt} = \frac{\partial \mathbf{v}}{\partial t} + (\mathbf{v}.\boldsymbol{\nabla})\,\mathbf{v}. \tag{7.36}$$

Le terme $\frac{\partial \mathbf{v}}{\partial t}$ représente l'*accélération locale*. Elle correspond au taux local de variation de la vitesse et elle est nulle dans un écoulement permanent. Le terme $(\mathbf{v}.\boldsymbol{\nabla})\,\mathbf{v}$ est appelé *accélération convective*. Elle correspond au taux de variation de la vitesse produit par le déplacement de l'élément $d\mathbf{r}$ dans le champ de l'écoulement. On notera au passage que le terme $(\mathbf{v}.\boldsymbol{\nabla})\,\mathbf{v}$ peut également s'écrire sous la forme vectorielle[15] :

$$(\mathbf{v}.\nabla)\mathbf{v} = \frac{1}{2}\boldsymbol{\nabla}\mathbf{v}^2 + (\boldsymbol{\nabla} \wedge \mathbf{v}) \wedge \mathbf{v}. \tag{7.37}$$

7.2.3 Tenseur des taux de déformation et tenseur des contraintes

Tenseur des taux de déformation. En observant la relation (7.33), on s'aperçoit que, si le tenseur symétrique $\overline{\overline{b}}_s$ est nul en tout point du milieu, l'expression de la vitesse $\mathbf{v}$ se réduit à la formule de répartition des vitesses dans un solide indéformable. Par contre, si $\overline{\overline{b}}_s$ n'est pas nul, le milieu subit une déformation entièrement caractérisée par le *tenseur des taux de déformation* $\overline{\overline{b}}_s$.

La trace du tenseur symétrique $\overline{\overline{b}}_s$ (Rel. 7.32) est égale à la divergence de la vitesse $\mathbf{v}$. On l'appelle aussi *taux de dilatation cubique* et on le note :

$$\theta = \boldsymbol{\nabla}.\mathbf{v} = \frac{\partial v_x}{\partial x} + \frac{\partial v_y}{\partial y} + \frac{\partial v_z}{\partial z}. \tag{7.38}$$

En vue de calculs ultérieurs, il est judicieux de décomposer $\overline{\overline{b}}_s$ en un tenseur sphérique $\overline{\overline{d}}_s$, défini en fonction du taux de dilatation cubique θ, et d'un tenseur déviateur $\overline{\overline{d}}_{dev}$:

$$\overline{\overline{b}}_s = \overline{\overline{d}}_s + \overline{\overline{d}}_{dev}, \tag{7.39}$$

qui ont pour expressions respectives :

$$\overline{\overline{d}}_s = \begin{vmatrix} \frac{\theta}{3} & 0 & 0 \\ 0 & \frac{\theta}{3} & 0 \\ 0 & 0 & \frac{\theta}{3} \end{vmatrix} = \frac{\theta}{3}\overline{\overline{\delta}}, \tag{7.40}$$

[15] On obtient cette relation en arrangeant toutes les composantes de l'accélération (Rel. 7.34) sous une forme analogue à celle qui est écrite ci-dessous pour la composante x :

$$\gamma_x = \frac{\partial v_x}{\partial t} + \left[v_x \frac{\partial v_x}{\partial x} + v_y \frac{\partial v_y}{\partial x} + v_z \frac{\partial v_z}{\partial x}\right] + \left[v_z \left(\frac{\partial v_x}{\partial z} - \frac{\partial v_z}{\partial x}\right) - v_y \left(\frac{\partial v_y}{\partial x} - \frac{\partial v_x}{\partial y}\right)\right].$$

Le premier terme du membre de droite est la composante sur x de l'accélération locale $\frac{\partial \mathbf{v}}{\partial t}$, les termes entre les premiers crochets représentent la composante sur x de $\frac{1}{2}\boldsymbol{\nabla}\mathbf{v}^2$ et les termes entre les seconds crochets représentent la composante sur x du double produit vectoriel $(\boldsymbol{\nabla} \wedge \mathbf{v}) \wedge \mathbf{v}$.

et :

$$\overline{\overline{d}}_{dev} = \begin{vmatrix} \frac{\partial v_x}{\partial x} - \frac{\theta}{3} & \frac{1}{2}\left(\frac{\partial v_x}{\partial y} + \frac{\partial v_y}{\partial x}\right) & \frac{1}{2}\left(\frac{\partial v_x}{\partial z} + \frac{\partial v_z}{\partial x}\right) \\ \frac{1}{2}\left(\frac{\partial v_x}{\partial y} + \frac{\partial v_y}{\partial x}\right) & \frac{\partial v_y}{\partial y} - \frac{\theta}{3} & \frac{1}{2}\left(\frac{\partial v_y}{\partial z} + \frac{\partial v_z}{\partial y}\right) \\ \frac{1}{2}\left(\frac{\partial v_x}{\partial z} + \frac{\partial v_z}{\partial x}\right) & \frac{1}{2}\left(\frac{\partial v_y}{\partial z} + \frac{\partial v_z}{\partial y}\right) & \frac{\partial v_z}{\partial z} - \frac{\theta}{3} \end{vmatrix}, \tag{7.41}$$

où $\overline{\overline{\delta}}$ représente le tenseur unité. Il est d'usage d'écrire le tenseur des taux de déformation $\overline{\overline{b}}_s \left(= \frac{\theta}{3}\overline{\overline{\delta}} + \overline{\overline{d}}_{dev}\right)$ au moyen de nouvelles composantes ε_{ij}, sous la forme matricielle suivante :

$$\overline{\overline{b}}_s = \frac{\theta}{3}\begin{vmatrix} 1 & 0 & 0 \\ 0 & 1 & 0 \\ 0 & 0 & 1 \end{vmatrix} + \begin{vmatrix} \frac{\partial v_x}{\partial x} - \frac{\theta}{3} & \frac{1}{2}\left(\frac{\partial v_x}{\partial y} + \frac{\partial v_y}{\partial x}\right) & \frac{1}{2}\left(\frac{\partial v_x}{\partial z} + \frac{\partial v_z}{\partial x}\right) \\ \frac{1}{2}\left(\frac{\partial v_x}{\partial y} + \frac{\partial v_y}{\partial x}\right) & \frac{\partial v_y}{\partial y} - \frac{\theta}{3} & \frac{1}{2}\left(\frac{\partial v_y}{\partial z} + \frac{\partial v_z}{\partial y}\right) \\ \frac{1}{2}\left(\frac{\partial v_x}{\partial z} + \frac{\partial v_z}{\partial x}\right) & \frac{1}{2}\left(\frac{\partial v_y}{\partial z} + \frac{\partial v_z}{\partial y}\right) & \frac{\partial v_z}{\partial z} - \frac{\theta}{3} \end{vmatrix} = \begin{vmatrix} \varepsilon_{xx} & \varepsilon_{yx} & \varepsilon_{zx} \\ \varepsilon_{xy} & \varepsilon_{yy} & \varepsilon_{zy} \\ \varepsilon_{xz} & \varepsilon_{yz} & \varepsilon_{zz} \end{vmatrix}. \tag{7.42}$$

Tenseur des contraintes. L'étude de l'équilibre d'un parallélépipède élémentaire dans un milieu continu, conduit à définir le *tenseur des contraintes* $\overline{\overline{t}}$ sous la forme suivante[16] :

$$\overline{\overline{t}} = \begin{vmatrix} \sigma_{xx} & \sigma_{yx} & \sigma_{zx} \\ \sigma_{xy} & \sigma_{yy} & \sigma_{zy} \\ \sigma_{xz} & \sigma_{yz} & \sigma_{zz} \end{vmatrix},$$

où σ_{ii} sont les contraintes normales aux faces et σ_{ij} les contraintes tangentielles. Comme le tenseur des taux de déformation $\overline{\overline{b}}_s$, le tenseur des contraintes $\overline{\overline{t}}$ est un tenseur symétrique. D'ailleurs, dans un *fluide non visqueux*, les contraintes tangentielles σ_{ij} sont nulles ($\sigma_{xy} = \sigma_{yz} = \sigma_{zx} = 0$) et les contraintes normales σ_{ii} sont égales à la pression p au point considéré ($\sigma_{xx} = \sigma_{yy} = \sigma_{zz} = -p$), de sorte que le tenseur des contraintes est un tenseur sphérique égal à $-p\overline{\overline{\delta}}$, où p est la pression hydrostatique et $\overline{\overline{\delta}}$ le tenseur unité.

Or, pour un *fluide visqueux*, il est judicieux de décomposer le tenseur symétrique $\overline{\overline{t}}$ de la même manière que le tenseur des taux de déformations, en un tenseur sphérique $\overline{\overline{t}}_s$ provenant des contraintes de pression et un tenseur déviateur $\overline{\overline{t}}_\eta$ appelé *tenseur des contraintes de viscosité,* soit $\overline{\overline{t}} = \overline{\overline{t}}_s + \overline{\overline{t}}_\eta$, qui ont pour expressions :

$$\overline{\overline{t}}_s = \begin{vmatrix} -p & 0 & 0 \\ 0 & -p & 0 \\ 0 & 0 & -p \end{vmatrix} = -p\overline{\overline{\delta}}, \tag{7.43}$$

et :

$$\overline{\overline{t}}_\eta = \begin{vmatrix} \sigma_{xx} + p & \sigma_{yx} & \sigma_{zx} \\ \sigma_{xy} & \sigma_{yy} + p & \sigma_{zy} \\ \sigma_{xz} & \sigma_{yz} & \sigma_{zz} + p \end{vmatrix}. \tag{7.44}$$

Par conséquent, l'expression du tenseur des contraintes est :

$$\overline{\overline{t}} = -p\overline{\overline{\delta}} + \overline{\overline{t}}_\eta. \tag{7.45}$$

Rappelons que le tenseur des contraintes résulte de l'analyse de l'équilibre d'un parallélépipède élémentaire soumis aux forces internes (forces de pression et forces de viscosité)

[16] J. F. Nye, *Propriétés physiques de cristaux*, Dunod, Paris (1961), p. 87. G. Bruhat, *Mécanique*, Masson, Paris (1955), p. 672.

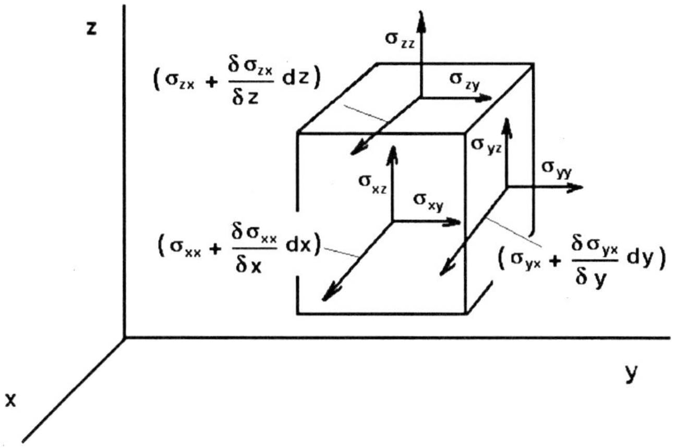

FIG. 7.6 – Forces exercées sur les faces d'un élément de volume. Pour ne pas surcharger la figure, les variations des contraintes dans les directions y et z n'ont pas été représentées.

exercées par les éléments de volume contigus (Fig. 7.6). La résultante des forces suivant l'axe Ox est :

$$df_x = \left(\frac{\partial\sigma_{xx}}{\partial x} + \frac{\partial\sigma_{yx}}{\partial y} + \frac{\partial\sigma_{zx}}{\partial z}\right) dxdydz,$$

et les composantes de la force interne $\mathbf{f}$, par unité de volume, dans les trois directions orthogonales x, y et z sont donc :

$$\begin{aligned} f_x &= \frac{df_x}{dxdydz} = \frac{\partial\sigma_{xx}}{\partial x} + \frac{\partial\sigma_{yx}}{\partial y} + \frac{\partial\sigma_{zx}}{\partial z}, \\ f_y &= \frac{df_y}{dxdydz} = \frac{\partial\sigma_{xy}}{\partial x} + \frac{\partial\sigma_{yy}}{\partial y} + \frac{\partial\sigma_{zy}}{\partial z}, \\ f_z &= \frac{df_z}{dxdydz} = \frac{\partial\sigma_{xz}}{\partial x} + \frac{\partial\sigma_{yz}}{\partial y} + \frac{\partial\sigma_{zz}}{\partial z}, \end{aligned}$$

que l'on note symboliquement[17] :

$$\mathbf{f} = \boldsymbol{\nabla}.\overset{=}{t} = -\boldsymbol{\nabla}p + \boldsymbol{\nabla}.\overset{=}{t}_\eta. \tag{7.46}$$

Relations entre les contraintes et les taux de déformation. On a vu que la répartition des contraintes dans un volume élémentaire $d\mathbf{r}$ est définie par les 6 coefficients

[17] On appelle *divergence d'un tenseur* le vecteur obtenu en effectuant le produit contracté du vecteur symbolique $\boldsymbol{\nabla}$ par le tenseur en question. La disposition pratique de l'opération $\boldsymbol{\nabla}.\overset{=}{t}$ peut se faire en multipliant les matrices de la manière suivante :

$$\begin{vmatrix} \sigma_{xx} & \sigma_{yx} & \sigma_{zx} \\ \sigma_{xy} & \sigma_{yy} & \sigma_{zy} \\ \sigma_{xz} & \sigma_{yz} & \sigma_{zz} \end{vmatrix} \begin{vmatrix} \frac{\partial}{\partial x} \\ \frac{\partial}{\partial y} \\ \frac{\partial}{\partial z} \end{vmatrix} = \begin{vmatrix} \frac{\partial\sigma_{xx}}{\partial x} + \frac{\partial\sigma_{yx}}{\partial y} + \frac{\partial\sigma_{zx}}{\partial z} \\ \frac{\partial\sigma_{xy}}{\partial x} + \frac{\partial\sigma_{yy}}{\partial y} + \frac{\partial\sigma_{zy}}{\partial z} \\ \frac{\partial\sigma_{xz}}{\partial x} + \frac{\partial\sigma_{yz}}{\partial y} + \frac{\partial\sigma_{zz}}{\partial z} \end{vmatrix}.$$

La décomposition de la relation (7.46) fournit le terme $\boldsymbol{\nabla}p = \mathbf{grad}p$ qui correspond à la force de pression, par unité de volume, et le terme $\boldsymbol{\nabla}.\overset{=}{t}_\eta = \mathbf{div}\overset{=}{t}_\eta$ qui représente la force, par unité de volume, résultant de la viscosité du milieu.

σ_{xx}, σ_{yy}, σ_{zz}, σ_{xy}, σ_{yz}, σ_{zx} et la répartition des taux de déformation par les 6 coefficients ε_{xx}, ε_{yy}, ε_{zz}, ε_{xy}, ε_{yz}, ε_{zx}. On se propose dans ce paragraphe de trouver la relation qui relie le tenseur des contraintes de viscosité $\overset{=}{t}_\eta$ au tenseur des taux de déformation $\overset{=}{b}_s$ dans les *fluides incompressibles.* Pour cela on admet que les composantes du tenseur des contraintes sont des fonctions linéaires des composantes du tenseur des taux de déformation (hypothèse du fluide newtonien). Pour des raisons de symétrie qui ne seront pas discutées ici, on trouve[18] :

$$\begin{aligned}
\sigma_{xx} + p &= \mu\varepsilon_{xx} + \lambda(\varepsilon_{yy} + \varepsilon_{zz}) = \lambda(\varepsilon_{xx} + \varepsilon_{yy} + \varepsilon_{zz}) + 2\eta\varepsilon_{xx}, \\
\sigma_{yy} + p &= \mu\varepsilon_{yy} + \lambda(\varepsilon_{xx} + \varepsilon_{zz}) = \lambda(\varepsilon_{xx} + \varepsilon_{yy} + \varepsilon_{zz}) + 2\eta\varepsilon_{yy}, \\
\sigma_{zz} + p &= \mu\varepsilon_{zz} + \lambda(\varepsilon_{xx} + \varepsilon_{yy}) = \lambda(\varepsilon_{xx} + \varepsilon_{yy} + \varepsilon_{zz}) + 2\eta\varepsilon_{zz}, \\
\sigma_{xy} &= \sigma_{yx} = 2\eta\varepsilon_{xy}, \\
\sigma_{yz} &= \sigma_{zy} = 2\eta\varepsilon_{yz}, \\
\sigma_{zx} &= \sigma_{xz} = 2\eta\varepsilon_{zx},
\end{aligned}$$

où λ et $\eta\left(= \frac{\mu-\lambda}{2}\right)$ sont deux coefficients qui caractérisent les fluides visqueux incompressibles. Ils présentent une grande similitude avec les coefficients de Lamé définis en élasticité, sans en posséder les mêmes dimensions et, comme eux, sont généralement supposés constants. En remplaçant les nouvelles composantes du tenseur des taux de déformation par les anciennes (Rel. 7.42), les six relations précédentes se récrivent[19] :

$$\begin{aligned}
\sigma_{xx} + p &= \lambda\theta + 2\eta\tfrac{\partial v_x}{\partial x}, \\
\sigma_{yy} + p &= \lambda\theta + 2\eta\tfrac{\partial v_y}{\partial y}, \\
\sigma_{zz} + p &= \lambda\theta + 2\eta\tfrac{\partial v_z}{\partial z}, \\
\sigma_{xy} &= \sigma_{yx} = \eta(\tfrac{\partial v_x}{\partial y} + \tfrac{\partial v_y}{\partial x}), \\
\sigma_{yz} &= \sigma_{zy} = \eta(\tfrac{\partial v_y}{\partial z} + \tfrac{\partial v_z}{\partial y}), \\
\sigma_{zx} &= \sigma_{xz} = \eta(\tfrac{\partial v_x}{\partial z} + \tfrac{\partial v_z}{\partial x}).
\end{aligned}$$

Si l'on explicite le tenseur des contraintes de viscosité (Rel. 7.44) en fonction des coefficients λ et η, au moyen des relations précédentes, on obtient :

$$\overset{=}{t}_\eta = \begin{vmatrix} \lambda\theta + 2\eta\frac{\partial v_x}{\partial x} & \eta(\frac{\partial v_x}{\partial y} + \frac{\partial v_y}{\partial x}) & \eta(\frac{\partial v_x}{\partial z} + \frac{\partial v_z}{\partial x}) \\ \eta(\frac{\partial v_x}{\partial y} + \frac{\partial v_y}{\partial x}) & \lambda\theta + 2\eta\frac{\partial v_y}{\partial y} & \eta(\frac{\partial v_y}{\partial z} + \frac{\partial v_z}{\partial y}) \\ \eta(\frac{\partial v_x}{\partial z} + \frac{\partial v_z}{\partial x}) & \eta(\frac{\partial v_y}{\partial z} + \frac{\partial v_z}{\partial y}) & \lambda\theta + 2\eta\frac{\partial v_z}{\partial z} \end{vmatrix}.$$

Or, il est facile de voir que le tenseur $\overset{=}{t}_\eta$ se décompose sous la forme matricielle suivante :

$$\overset{=}{t}_\eta = 3\lambda \begin{vmatrix} \frac{\theta}{3} & 0 & 0 \\ 0 & \frac{\theta}{3} & 0 \\ 0 & 0 & \frac{\theta}{3} \end{vmatrix} + 2\eta \begin{vmatrix} \frac{\partial v_x}{\partial x} & \frac{1}{2}(\frac{\partial v_x}{\partial y} + \frac{\partial v_y}{\partial x}) & \frac{1}{2}(\frac{\partial v_x}{\partial z} + \frac{\partial v_z}{\partial x}) \\ \frac{1}{2}(\frac{\partial v_x}{\partial y} + \frac{\partial v_y}{\partial x}) & \frac{\partial v_y}{\partial y} & \frac{1}{2}(\frac{\partial v_y}{\partial z} + \frac{\partial v_z}{\partial y}) \\ \frac{1}{2}(\frac{\partial v_x}{\partial z} + \frac{\partial v_z}{\partial x}) & \frac{1}{2}(\frac{\partial v_y}{\partial z} + \frac{\partial v_z}{\partial y}) & \frac{\partial v_z}{\partial z} \end{vmatrix}.$$

[18] G. Bruhat, *Mécanique*, Masson, Paris (1955), p. 679.

[19] On utilise également le taux de dilatation cubique :

$$\theta = \boldsymbol{\nabla}.\mathbf{v} = \frac{\partial v_x}{\partial x} + \frac{\partial v_y}{\partial y} + \frac{\partial v_z}{\partial z} = \varepsilon_{xx} + \varepsilon_{yy} + \varepsilon_{zz},$$

qui est la trace du tenseur $\overset{=}{b}_s$ (Rel. 7.42).

Il apparaît ainsi que le tenseur des contraintes de viscosité $\overline{\overline{t}}_\eta$ est une combinaison linéaire du tenseur sphérique $\overline{\overline{d}}_s$ (Rel. 7.40) et du tenseur des taux de déformation $\overline{\overline{b}}_s$ (Rel. 7.42) qui s'écrit comme suit :

$$\overline{\overline{t}}_\eta = 3\lambda \overline{\overline{d}}_s + 2\eta \overline{\overline{b}}_s.$$

De plus, en exprimant le tenseur $\overline{\overline{b}}_s$ au moyen de la relation (7.39), on peut encore transformer l'expression précédente sous la forme tensorielle suivante :

$$\overline{\overline{t}}_\eta = 3(\lambda + \frac{2}{3}\eta)\overline{\overline{d}}_s + 2\eta \overline{\overline{d}}_{dev}. \tag{7.47}$$

Par conséquent, l'expression du tenseur des contraintes de viscosité $\overline{\overline{t}}_\eta$ dépend (1) du taux de dilatation cubique θ, par l'intermédiaire du tenseur $\overline{\overline{d}}_s$, et (2) des taux de déformation sans changement de volume, par l'intermédiaire du tenseur $\overline{\overline{d}}_{dev}$. Signalons également que le coefficient η, appelé *viscosité à la scission*, est le coefficient de viscosité dynamique dont les valeurs sont connues pour la plupart des liquides, et que $(\lambda + \frac{2}{3}\eta) = \eta_v$ est la *viscosité en volume* (toujours plus faible que la viscosité à la scission car $\lambda < \frac{1}{3}\eta$), dont la connaissance est plus approximative. Le coefficient de viscosité étant défini comme le rapport d'une contrainte (en N.m^{-2}) au taux de déformation (en s^{-1}), il en résulte que son unité s'exprime en N.m^{-2}.s, contrairement aux coefficients de Lamé qui ont les dimensions d'une contrainte.

7.2.4 Lois de conservation

Loi de conservation de la masse : équation de Fick. Du fait qu'elle ne dépend pas des propriétés du milieu, la loi de conservation de la masse revêt un caractère général. Pour obtenir son expression, considérons la *densité locale de masse* $\rho_m(\mathbf{r}, t) = mn(\mathbf{r}, t)$ définie par le produit de la densité locale de particules $n(\mathbf{r}, t)$ fois la masse m d'une particule. La masse M d'un volume donné V de fluide est :

$$M = \int_V \rho_m(\mathbf{r}, t) d\mathbf{r}.$$

Quant au taux de variation de cette masse, il est donné par la relation :

$$\frac{dM}{dt} = \int_V \frac{\partial \rho_m}{\partial t} d\mathbf{r}. \tag{7.48}$$

Mais le taux de variation de la masse est aussi égal au flux de la *densité de courant de masse* $\mathbf{v}\rho_m(\mathbf{r},t)$ à travers la surface A délimitant le volume V, soit[20] :

$$\frac{dM}{dt} = -\oint_A \rho_m \mathbf{v}.d\mathbf{A}. \tag{7.49}$$

En utilisant la formule d'Ostrogradski selon laquelle le flux d'un vecteur à travers une surface fermée A est égal à l'intégrale de la divergence de ce vecteur dans le volume V correspondant, on transforme la relation précédente sous la forme suivante :

$$\frac{dM}{dt} = -\oint_A \rho_m \mathbf{v}.d\mathbf{A} = -\int_V \boldsymbol{\nabla}.(\rho_m \mathbf{v})d\mathbf{r}. \tag{7.50}$$

La *loi de conservation de la masse* est obtenue en identifiant les relations (7.48) et (7.50) pour tout volume arbitraire V donné, soit :

$$\frac{\partial \rho_m}{\partial t} + \boldsymbol{\nabla}.(\rho_m \mathbf{v}) = 0. \tag{7.51}$$

Après quelques transformations[21], on s'aperçoit que la loi de conservation de la masse peut aussi s'écrire au moyen de la dérivée particulaire comme suit :

$$\frac{D\rho_m}{Dt} + \rho_m \boldsymbol{\nabla}.\mathbf{v} = 0. \tag{7.52}$$

Rappelons que la *loi empirique de Fick* est définie en supposant que la densité de courant de masse $\rho_m \mathbf{v}$ est proportionnelle au gradient de densité locale de masse ρ_m,

---

[20]La démonstration est analogue à celle qui a permis d'obtenir la relation (2.7). Elle découle du bilan de masse dans le volume $d^2V = (\mathbf{v}dt)\,.\,(\mathbf{n}dA)$, où $\mathbf{n}$ est le vecteur unitaire normal à l'élément de surface dA dirigé vers l'extérieur. La masse dM du volume dV est :

$$dM = -\oint_A \rho_m \,(\mathbf{v}dt)\,.\,(\mathbf{n}dA)\,,$$

et le taux de variation de la masse est :

$$\frac{dM}{dt} = -\oint_A \rho_m \mathbf{v}.\mathbf{n}dA.$$

On notera la différence qui existe entre la *densité locale de masse* $\rho_m(\mathbf{r},t) = mn(\mathbf{r},t)$ et la *densité de courant de masse* $\mathbf{v}\rho_m(\mathbf{r},t)$.

[21]Si l'on calcule $\boldsymbol{\nabla}.(\rho_m \mathbf{v})$ sous forme analytique, on trouve :

$$\begin{aligned}
\boldsymbol{\nabla}.(\rho_m \mathbf{v}) &= \frac{\partial(\rho_m v_x)}{\partial x} + \frac{\partial(\rho_m v_y)}{\partial y} + \frac{\partial(\rho_m v_z)}{\partial z}, \\
\boldsymbol{\nabla}.(\rho_m \mathbf{v}) &= v_x \frac{\partial \rho_m}{\partial x} + v_y \frac{\partial \rho_m}{\partial y} + v_z \frac{\partial \rho_m}{\partial z} + \rho_m \left(\frac{\partial v_x}{\partial x} + \frac{\partial v_y}{\partial y} + \frac{\partial v_z}{\partial z} \right), \\
\boldsymbol{\nabla}.(\rho_m \mathbf{v}) &= (\mathbf{v}.\boldsymbol{\nabla})\,\rho_m + \rho_m \boldsymbol{\nabla}.\mathbf{v},
\end{aligned}$$

de sorte que la loi de conservation de masse (Rel. 7.51) s'écrit sous la forme suivante :

$$\begin{aligned}
\frac{\partial \rho_m}{\partial t} + (\mathbf{v}.\boldsymbol{\nabla})\,\rho_m + \rho_m \boldsymbol{\nabla}.\mathbf{v} &= 0, \\
\text{soit} \qquad \frac{D\rho_m}{Dt} + \rho_m \boldsymbol{\nabla}.\mathbf{v} &= 0,
\end{aligned}$$

où $\frac{D}{Dt} = \frac{\partial}{\partial t} + (\mathbf{v}.\boldsymbol{\nabla})$ est l'opérateur dérivée particulaire (Rel. 7.36) qui s'applique à toute fonction vectorielle ou scalaire.

c'est-à-dire :

$$\rho_m \mathbf{v} = -D\boldsymbol{\nabla}\rho_m, \tag{7.53}$$

où le signe $-$ vient de ce que le gradient de densité est opposé à l'écoulement des particules et le paramètre D est le coefficient de diffusion (à ne pas confondre avec le symbole utilisé pour définir la dérivée particulaire), qui s'exprime en $\mathrm{m}^2.\mathrm{s}^{-1}$. En substituant la loi de Fick (Rel. 7.53) dans la loi de conservation de masse (Rel. 7.51), on obtient l'*équation de diffusion* :

$$\frac{\partial\rho_m}{\partial t} = -\boldsymbol{\nabla}.(-D\boldsymbol{\nabla}\rho_m) = D\boldsymbol{\nabla}^2\rho_m = D div\left(\mathbf{grad}\rho_m\right). \tag{7.54}$$

Loi de conservation de l'impulsion : équation de Navier-Stokes. Lorsque le volume élémentaire $d\mathbf{r}$ d'un milieu continu se déplace à la vitesse $\mathbf{v}$, son impulsion a pour expression $d\mathbf{p} = \mathbf{v}\rho_m(\mathbf{r},t)d\mathbf{r}$, où $\rho_m(\mathbf{r},t)$ est la densité locale de masse. Quant au volume arbitraire V, il possède l'impulsion :

$$\mathbf{p} = \int_V \mathbf{v}\rho_m(\mathbf{r},t)d\mathbf{r},$$

et son taux de variation est :

$$\frac{d\mathbf{p}}{dt} = \int_V \frac{\partial\left(\mathbf{v}\rho_m\right)}{\partial t}d\mathbf{r}. \tag{7.55}$$

Contrairement à ce qui se passe pour la masse (Rel. 7.49), la variation de l'impulsion ne provient pas uniquement du flux de la *densité de courant d'impulsion* $\mathbf{vv}\rho_m(\mathbf{r},t)$, à travers la surface A délimitant le volume V, mais aussi de l'action des forces : la force interne $\mathbf{f}$ donnée par la relation (7.46) et éventuellement une force extérieure $\mathbf{F}$ appliquée à l'élément de volume. Le taux de variation de l'impulsion provenant du flux de la densité de courant d'impulsion se calcule comme le taux de variation de la masse, soit[22] :

$$\frac{d\mathbf{p}}{dt} = -\oint_A \rho_m \mathbf{vv}.d\mathbf{A}. \tag{7.56}$$

Avec la formule d'Ostrogradski cette relation se transforme comme suit :

$$-\oint_A \rho_m \mathbf{vv}.d\mathbf{A} = -\int_V \boldsymbol{\nabla}.(\rho_m\mathbf{vv})d\mathbf{r}.$$

Si $\mathbf{f}$ est la force interne par unité de volume et $\mathbf{F}$ la force extérieure, par unité de masse, le taux global de variation de l'impulsion du volume V est constitué de trois contributions dont la somme est :

$$\frac{d\mathbf{p}}{dt} = -\int_V \boldsymbol{\nabla}.(\rho_m\mathbf{vv})d\mathbf{r} + \int_V \mathbf{f}d\mathbf{r} + \int_V \mathbf{F}\rho_m\mathbf{dr}. \tag{7.57}$$

[22] La démonstration est analogue à celle qui a permis d'obtenir la relation (7.49) :

$$\begin{aligned} d\mathbf{p} &= -\oint_A \mathbf{v}\rho_m\left(\mathbf{v}dt\right).\left(\mathbf{n}dA\right), \\ \frac{d\mathbf{p}}{dt} &= -\oint_A \rho_m \mathbf{vv}.\mathbf{n}dA, \end{aligned}$$

où $\mathbf{n}$ est le vecteur unitaire normal à l'élément de surface dA dirigé vers l'extérieur. Notons que $\mathbf{vv}$ est non pas le carré scalaire du vecteur $\mathbf{v}$, mais un tenseur dyadique qui s'écrit sous la forme matricielle suivante :

$$\mathbf{vv} = \begin{vmatrix} v_xv_x & v_xv_y & v_xv_z \\ v_yv_x & v_yv_y & v_yv_z \\ v_zv_x & v_zv_y & v_zv_z \end{vmatrix}.$$

La *loi de conservation de l'impulsion*, qui doit être vérifiée pour tout volume V arbitraire, est obtenue en identifiant les relations (7.55) et (7.57). Après avoir exprimé la force interne $\mathbf{f}$ par unité de volume en fonction du tenseur des contraintes $\overline{\overline{t}}$ (Rel. 7.46), on obtient la loi de conservation de l'impulsion sous forme locale, soit :

$$\frac{\partial(\mathbf{v}\rho_m)}{\partial t} = -\boldsymbol{\nabla}.(\rho_m\mathbf{vv}) + \boldsymbol{\nabla}.\overline{\overline{t}} + \mathbf{F}\rho_m. \tag{7.58}$$

Lorsque le fluide est immobile ($\mathbf{v}\rho_m = \mathbf{0}$ et $\boldsymbol{\nabla}.\overline{\overline{t}} = -\boldsymbol{\nabla}p$), on retrouve naturellement l'équation de la statique des fluides : $\mathbf{F}\rho_m = \mathbf{grad}\ p$, où $\mathbf{F}$ est la force appliquée par unité de masse et ρ_m la masse volumique.

On peut donner d'autres formes à la loi de conservation de l'impulsion en transformant les différents termes de la relation (7.58). Commençons par développer le premier terme du membre de droite $\boldsymbol{\nabla}.(\rho_m\mathbf{vv})$. Il s'agit de transformer la divergence du tenseur $\rho_m\mathbf{vv}$ de la forme évidente :

$$\boldsymbol{\nabla}.(\rho_m\mathbf{vv}) = \mathbf{vv}.\boldsymbol{\nabla}\rho_m + \rho_m\boldsymbol{\nabla}.(\mathbf{vv}), \tag{7.59}$$

à la forme qui convient mieux[23] :

$$\boldsymbol{\nabla}.(\rho_m\mathbf{vv}) = \mathbf{v}\boldsymbol{\nabla}.(\rho_m\mathbf{v}) + \rho_m(\mathbf{v}.\boldsymbol{\nabla})\mathbf{v}.$$

Or, en utilisant cette expression, la relation (7.58) s'écrit :

$$\rho_m\frac{\partial\mathbf{v}}{\partial t} + \mathbf{v}\frac{\partial\rho_m}{\partial t} = -\mathbf{v}\boldsymbol{\nabla}.(\rho_m\mathbf{v}) - \rho_m(\mathbf{v}.\boldsymbol{\nabla})\mathbf{v} + \boldsymbol{\nabla}.\overline{\overline{t}} + \mathbf{F}\rho_m.$$

Puis transformons le second terme du membre de gauche de la relation précédente avec la relation (7.51), de manière à avoir :

$$\begin{aligned}\rho_m\frac{\partial\mathbf{v}}{\partial t} - \mathbf{v}\boldsymbol{\nabla}.(\rho_m\mathbf{v}) &= -\mathbf{v}\boldsymbol{\nabla}.(\rho_m\mathbf{v}) - \rho_m(\mathbf{v}.\boldsymbol{\nabla})\mathbf{v} + \boldsymbol{\nabla}.\overline{\overline{t}} + \mathbf{F}\rho_m,\\ \text{soit}\qquad \rho_m\frac{\partial\mathbf{v}}{\partial t} &= -\rho_m(\mathbf{v}.\boldsymbol{\nabla})\mathbf{v} + \boldsymbol{\nabla}.\overline{\overline{t}} + \mathbf{F}\rho_m. \end{aligned} \tag{7.60}$$

[23] Pour obtenir cette expression, on décompose tout d'abord la forme matricielle de $\boldsymbol{\nabla}.(\mathbf{vv})$ (cf. note 17 relative à la divergence d'un tenseur) :

$$\boldsymbol{\nabla}.(\mathbf{vv}) = \begin{vmatrix} \frac{\partial v_xv_x}{\partial x} + \frac{\partial v_xv_y}{\partial y} + \frac{\partial v_xv_z}{\partial z} \\ \frac{\partial v_yv_x}{\partial x} + \frac{\partial v_yv_y}{\partial y} + \frac{\partial v_yv_z}{\partial z} \\ \frac{\partial v_zv_x}{\partial x} + \frac{\partial v_zv_y}{\partial y} + \frac{\partial v_zv_z}{\partial z} \end{vmatrix} = \begin{vmatrix} v_x\frac{\partial v_x}{\partial x} + v_x\frac{\partial v_y}{\partial y} + v_x\frac{\partial v_z}{\partial z} \\ v_y\frac{\partial v_x}{\partial x} + v_y\frac{\partial v_y}{\partial y} + v_y\frac{\partial v_z}{\partial z} \\ v_z\frac{\partial v_x}{\partial x} + v_z\frac{\partial v_y}{\partial y} + v_z\frac{\partial v_z}{\partial z} \end{vmatrix} + \begin{vmatrix} v_x\frac{\partial v_x}{\partial x} + v_y\frac{\partial v_x}{\partial y} + v_z\frac{\partial v_x}{\partial z} \\ v_x\frac{\partial v_y}{\partial x} + v_y\frac{\partial v_y}{\partial y} + v_z\frac{\partial v_y}{\partial z} \\ v_x\frac{\partial v_z}{\partial x} + v_y\frac{\partial v_z}{\partial y} + v_z\frac{\partial v_z}{\partial z} \end{vmatrix},$$

où les deux contributions du membre de droite représentent respectivement les quantités $\mathbf{v}(\boldsymbol{\nabla}.\mathbf{v})$ et $(\mathbf{v}.\boldsymbol{\nabla})\mathbf{v}$, conformément à la relation (7.35), de sorte que :

$$\boldsymbol{\nabla}.(\mathbf{vv}) = \mathbf{v}(\boldsymbol{\nabla}.\mathbf{v}) + (\mathbf{v}.\boldsymbol{\nabla})\mathbf{v}.$$

Puis on remplace $\boldsymbol{\nabla}.(\mathbf{vv})$ dans la relation (7.59) et on effectue les développements suivants :

$$\begin{aligned}\boldsymbol{\nabla}.(\rho_m\mathbf{vv}) &= \mathbf{vv}.\boldsymbol{\nabla}\rho_m + \rho_m\mathbf{v}(\boldsymbol{\nabla}.\mathbf{v}) + \rho_m(\mathbf{v}.\boldsymbol{\nabla})\mathbf{v},\\ \boldsymbol{\nabla}.(\rho_m\mathbf{vv}) &= \mathbf{v}\left[\mathbf{v}.\boldsymbol{\nabla}\rho_m + \rho_m(\boldsymbol{\nabla}.\mathbf{v})\right] + \rho_m(\mathbf{v}.\boldsymbol{\nabla})\mathbf{v},\\ \boldsymbol{\nabla}.(\rho_m\mathbf{vv}) &= \mathbf{v}\boldsymbol{\nabla}.(\rho_m\mathbf{v}) + \rho_m(\mathbf{v}.\boldsymbol{\nabla})\mathbf{v}.\end{aligned}$$

La relation (7.60) peut encore s'exprimer au moyen de la dérivée particulaire (Rel. 7.36) en fonction du tenseur des contraintes de viscosité (Rel. 7.46). En effet, après simplification, on obtient :

$$\begin{aligned} \frac{\partial \mathbf{v}}{\partial t} + (\mathbf{v}.\boldsymbol{\nabla})\mathbf{v} &= \mathbf{F} + \frac{1}{\rho_m}\boldsymbol{\nabla}.\overline{\overline{t}}, \\ \text{soit} \qquad \frac{D\mathbf{v}}{Dt} &= \mathbf{F} - \frac{1}{\rho_m}\boldsymbol{\nabla}p + \frac{1}{\rho_m}\boldsymbol{\nabla}.\overline{\overline{t}}_\eta. \end{aligned} \tag{7.61}$$

On notera que pour un fluide non visqueux ($\overline{\overline{t}}_\eta = \overline{\overline{0}}$), la relation (7.61) se réduit à l'*équation d'Euler* :

$$\begin{aligned} \frac{\partial \mathbf{v}}{\partial t} + (\mathbf{v}.\boldsymbol{\nabla})\mathbf{v} &= \mathbf{F} - \frac{1}{\rho_m}\boldsymbol{\nabla}p, \\ \text{soit} \qquad \frac{D\mathbf{v}}{Dt} &= \mathbf{F} - \frac{1}{\rho_m}\boldsymbol{\nabla}p. \end{aligned} \tag{7.62}$$

En revanche pour un fluide visqueux, il faut tenir compte du tenseur des contraintes de viscosité $\overline{\overline{t}}_\eta$. Or, si l'on admet que la viscosité est constante et si l'on pose $\lambda + \frac{2}{3}\eta = \eta_v$, on obtient alors[24] :

$$\boldsymbol{\nabla}.\overline{\overline{t}}_\eta = (\eta_v - \frac{2}{3}\eta)\boldsymbol{\nabla}\theta + 2\eta\boldsymbol{\nabla}.\overline{\overline{b}}_s. \tag{7.63}$$

Dans ce cas, la relation (7.61) s'écrit :

$$\frac{\partial \mathbf{v}}{\partial t} + (\mathbf{v}.\boldsymbol{\nabla})\mathbf{v} = \mathbf{F} - \frac{1}{\rho_m}\boldsymbol{\nabla}p + \frac{1}{\rho_m}\left[(\eta_v - \frac{2}{3}\eta)\boldsymbol{\nabla}\theta + 2\eta\boldsymbol{\nabla}.\overline{\overline{b}}_s\right]. \tag{7.64}$$

La relation (7.64) est une des formes de l'*équation de Navier-Stokes* qui peut également s'écrire différemment. Par exemple, une simplification possible consiste à remplacer le taux de dilatation cubique θ (cf. note 19 de ce chapitre) en fonction de la vitesse, soit $\boldsymbol{\nabla}\theta = \boldsymbol{\nabla}(\boldsymbol{\nabla}.\mathbf{v})$, et à utiliser la relation[25] $\boldsymbol{\nabla}.\overline{\overline{b}}_s = \frac{1}{2}\boldsymbol{\nabla}^2\mathbf{v} + \frac{1}{2}\boldsymbol{\nabla}(\boldsymbol{\nabla}.\mathbf{v})$. Avec ces identités, le tenseur

---

[24]Le calcul de $\boldsymbol{\nabla}.\overline{\overline{t}}_\eta$ s'effectue à partir de la relation (7.47) comme suit :

$$\begin{aligned} \boldsymbol{\nabla}.\overline{\overline{t}}_\eta &= \boldsymbol{\nabla}.(3\eta_v\overline{\overline{d}}_s + 2\eta\overline{\overline{d}}_{dev}), \\ \boldsymbol{\nabla}.\overline{\overline{t}}_\eta &= 3\eta_v\boldsymbol{\nabla}.\overline{\overline{d}}_s + 2\eta\boldsymbol{\nabla}.(\overline{\overline{b}}_s - \overline{\overline{d}}_s), \\ \boldsymbol{\nabla}.\overline{\overline{t}}_\eta &= (3\eta_v - 2\eta)\,\boldsymbol{\nabla}.\overline{\overline{d}}_s + 2\eta\boldsymbol{\nabla}.\overline{\overline{b}}_s, \\ \boldsymbol{\nabla}.\overline{\overline{t}}_\eta &= (\eta_v - \frac{2}{3}\eta)\boldsymbol{\nabla}\theta + 2\eta\boldsymbol{\nabla}.\overline{\overline{b}}_s, \end{aligned}$$

où la dernière ligne du calcul est obtenue avec l'identité $\boldsymbol{\nabla}.\overline{\overline{d}}_s = \frac{1}{3}\boldsymbol{\nabla}\theta$ (Rel. 7.40 et note 17 de ce chapitre).

[25]On obtient cette relation en effectuant la décomposition suivante du tenseur des taux de déformation $\overline{\overline{b}}_s$:

$$\overline{\overline{b}}_s = \frac{1}{2}\begin{vmatrix} \frac{\partial v_x}{\partial x} & \frac{\partial v_x}{\partial y} & \frac{\partial v_x}{\partial z} \\ \frac{\partial v_y}{\partial x} & \frac{\partial v_y}{\partial y} & \frac{\partial v_y}{\partial z} \\ \frac{\partial v_z}{\partial x} & \frac{\partial v_z}{\partial y} & \frac{\partial v_z}{\partial z} \end{vmatrix} + \frac{1}{2}\begin{vmatrix} \frac{\partial v_x}{\partial x} & \frac{\partial v_y}{\partial x} & \frac{\partial v_z}{\partial x} \\ \frac{\partial v_x}{\partial y} & \frac{\partial v_y}{\partial y} & \frac{\partial v_z}{\partial y} \\ \frac{\partial v_x}{\partial z} & \frac{\partial v_y}{\partial z} & \frac{\partial v_z}{\partial z} \end{vmatrix}.$$

Or, en utilisant la règle énoncée dans la note 17 de ce chapitre pour calculer la divergence du tenseur $\overline{\overline{b}}_s$, on vérifie sans peine l'identité $\boldsymbol{\nabla}.\overline{\overline{b}}_s = \frac{1}{2}\boldsymbol{\nabla}^2\mathbf{v} + \frac{1}{2}\boldsymbol{\nabla}(\boldsymbol{\nabla}.\mathbf{v})$.

des contraintes de viscosité (Rel. 7.63) devient une fonction explicite des coefficients de viscosité et de la vitesse $\mathbf{v}$. En effet :

$$\begin{aligned} \boldsymbol{\nabla}.\overset{=}{t}_\eta &= (\eta_v - \frac{2}{3}\eta)\boldsymbol{\nabla}(\boldsymbol{\nabla}.\mathbf{v}) + \eta\boldsymbol{\nabla}^2\mathbf{v} + \eta\boldsymbol{\nabla}(\boldsymbol{\nabla}.\mathbf{v}), \\ \text{soit} \quad \boldsymbol{\nabla}.\overset{=}{t}_\eta &= (\eta_v + \frac{\eta}{3})\boldsymbol{\nabla}(\boldsymbol{\nabla}.\mathbf{v}) + \eta\boldsymbol{\nabla}^2\mathbf{v}. \end{aligned}$$

ce qui permet de récrire l'équation de Navier-Stokes (Rel. 7.64) comme suit :

$$\frac{\partial \mathbf{v}}{\partial t} + (\mathbf{v}.\boldsymbol{\nabla})\mathbf{v} = \mathbf{F} - \frac{1}{\rho_m}\boldsymbol{\nabla}p + \frac{1}{\rho_m}(\eta_v + \frac{\eta}{3})\boldsymbol{\nabla}(\boldsymbol{\nabla}.\mathbf{v}) + \frac{1}{\rho_m}\eta\boldsymbol{\nabla}^2\mathbf{v}. \tag{7.65}$$

Mais, avec la formule du double produit vectoriel $\boldsymbol{\nabla} \wedge (\boldsymbol{\nabla} \wedge \mathbf{v}) = \boldsymbol{\nabla}(\boldsymbol{\nabla}.\mathbf{v}) - \boldsymbol{\nabla}^2\mathbf{v}$, l'équation de Navier-Stokes se présente encore sous la forme suivante :

$$\frac{\partial \mathbf{v}}{\partial t} + (\mathbf{v}.\boldsymbol{\nabla})\mathbf{v} = \mathbf{F} - \frac{1}{\rho_m}\boldsymbol{\nabla}p + \frac{1}{\rho_m}(\eta_v + \frac{4\eta}{3})\boldsymbol{\nabla}(\boldsymbol{\nabla}.\mathbf{v}) - \frac{1}{\rho_m}\eta\boldsymbol{\nabla} \wedge (\boldsymbol{\nabla} \wedge \mathbf{v}). \tag{7.66}$$

Une autre simplification possible consiste à utiliser la relation (7.37), soit $(\mathbf{v}.\nabla)\mathbf{v} = \frac{1}{2}\boldsymbol{\nabla}\mathbf{v}^2 + (\boldsymbol{\nabla} \wedge \mathbf{v}) \wedge \mathbf{v}$, pour transformer l'accélération convective du membre de gauche de la relation (7.66). L'équation de Navier-Stokes s'écrit alors :

$$\frac{\partial \mathbf{v}}{\partial t} + \frac{1}{2}\boldsymbol{\nabla}\mathbf{v}^2 + (\boldsymbol{\nabla} \wedge \mathbf{v}) \wedge \mathbf{v} = \mathbf{F} - \frac{1}{\rho_m}\boldsymbol{\nabla}p + \frac{1}{\rho_m}(\eta_v + \frac{4\eta}{3})\boldsymbol{\nabla}(\boldsymbol{\nabla}.\mathbf{v}) - \frac{1}{\rho_m}\eta\boldsymbol{\nabla} \wedge (\boldsymbol{\nabla} \wedge \mathbf{v}). \tag{7.67}$$

Quelle que soit sa forme, l'équation de Navier-Stokes ne peut s'intégrer que dans certains cas particuliers. Pour un écoulement lent, par exemple, l'équation se linéarise en négligeant les contributions du second ordre de la forme $v_x \frac{\partial v_y}{\partial x}$, contenus dans les termes $\boldsymbol{\nabla}\mathbf{v}^2$ et $(\boldsymbol{\nabla} \wedge \mathbf{v}) \wedge \mathbf{v}$, et de la forme $\frac{\partial^2 v_y}{\partial y \partial x}$, contenus dans le terme $\boldsymbol{\nabla} \wedge (\boldsymbol{\nabla} \wedge \mathbf{v})$. Dans ce cas, l'*équation de Navier-Stokes linéarisée* se réduit à :

$$\frac{\partial \mathbf{v}}{\partial t} = \mathbf{F} - \frac{1}{\rho_m}\boldsymbol{\nabla}p + \frac{1}{\rho_m}(\eta_v + \frac{4\eta}{3})\boldsymbol{\nabla}(\boldsymbol{\nabla}.\mathbf{v}). \tag{7.68}$$

Loi de conservation de l'énergie. La troisième loi de conservation nécessaire à l'étude du comportement des milieux continus est la loi de conservation de l'énergie. Introduisons-la de la même façon que les lois de conservation de la masse et de conservation de l'impulsion. Si le volume élémentaire $d\mathbf{r}$ d'un milieu continu se déplace à la vitesse $\mathbf{v}$, son énergie est $dE = \left(e + \frac{1}{2}\mathbf{v}^2\right)\rho_m(\mathbf{r},t)d\mathbf{r}$, où $\rho_m(\mathbf{r},t)$ est la densité locale de masse, $\frac{1}{2}\mathbf{v}^2$ l'énergie cinétique par unité de masse et e l'énergie interne par unité de masse - incluant l'énergie potentielle d'interaction due aux forces appliquées, mais excluant l'énergie cinétique. Quant au volume arbitraire V, il possède l'énergie :

$$E = \int_V \left(e + \frac{1}{2}\mathbf{v}^2\right)\rho_m(\mathbf{r},t)d\mathbf{r},$$

et son taux de variation est :

$$\frac{dE}{dt} = \int_V \frac{\partial}{\partial t}\left[\left(e + \frac{1}{2}\mathbf{v}^2\right)\rho_m\right]d\mathbf{r}. \tag{7.69}$$

Or, le taux de variation d'énergie provient de trois effets[26] :

(1) celui du flux de la *densité de courant d'énergie* $\left(e+\frac{1}{2}\mathbf{v}^2\right)\mathbf{v}\rho_m$, qui se calcule comme le taux de variation de l'impulsion (cf. note 22 de ce chapitre) avec la relation d'Ostrogradski, et dont la contribution est :

$$-\oint_A \rho_m\left(e+\frac{1}{2}\mathbf{v}^2\right)\mathbf{v}.d\mathbf{A}=-\int_V \boldsymbol{\nabla}.\left[\rho_m\left(e+\frac{1}{2}\mathbf{v}^2\right)\mathbf{v}\right]d\mathbf{r}. \tag{7.70}$$

(2) celui des forces de pression qui s'exercent sur le fluide en mouvement, et dont la contribution dépend du tenseur des contraintes (Rel. 7.45). Elle s'écrit :

$$\oint_A \mathbf{v}.\overline{\overline{t}}.d\mathbf{A}=\int_V \boldsymbol{\nabla}.\left(\mathbf{v}.\overline{\overline{t}}\right)d\mathbf{r}.$$

Pour un fluide non visqueux, le tenseur des contraintes $\overline{\overline{t}}=-p\overline{\overline{\delta}}+\overline{\overline{t}}_\eta$ se confond avec la pression $-p$ et l'expression précédente se réduit au taux de variation du travail des forces de pression, soit $\oint_A \mathbf{v}.\left(-p\overline{\overline{\delta}}\right).d\mathbf{A}\simeq-\int \frac{dx}{dt}pdA\simeq-\frac{d}{dt}\int pdV$.

(3) celui de la perte d'énergie par conduction thermique, dont la contribution est :

$$-\oint_A \mathbf{Q}.d\mathbf{A}=-\int_V \boldsymbol{\nabla}.\mathbf{Q}d\mathbf{r},$$

où $\mathbf{Q}$ est la densité de courant de chaleur.

L'expression du taux global de variation d'énergie dans le volume V devient donc :

$$\frac{dE}{dt}=-\int_V \boldsymbol{\nabla}.\left[\rho_m\left(e+\frac{1}{2}\mathbf{v}^2\right)\mathbf{v}\right]d\mathbf{r}+\int_V \boldsymbol{\nabla}.\left(\mathbf{v}.\overline{\overline{t}}\right)d\mathbf{r}-\int_V \boldsymbol{\nabla}.\mathbf{Q}d\mathbf{r}, \tag{7.71}$$

et la forme générale de la loi de conservation de l'énergie se déduit en identifiant les relations (7.69) et (7.71), soit :

$$\frac{\partial}{\partial t}\left[\rho_m\left(e+\frac{1}{2}\mathbf{v}^2\right)\right]=-\boldsymbol{\nabla}.\left[\rho_m\left(e+\frac{1}{2}\mathbf{v}^2\right)\mathbf{v}\right]+\boldsymbol{\nabla}.\left(\mathbf{v}.\overline{\overline{t}}\right)-\boldsymbol{\nabla}.\mathbf{Q}. \tag{7.72}$$

Mais cette expression prend des formes différentes selon le choix qui est fait des formules d'analyse vectorielle. On peut, par exemple, transformer le premier et le second terme du membre de droite de la relation (7.72), comme suit :

$$\boldsymbol{\nabla}.\left[\rho_m\left(e+\frac{1}{2}\mathbf{v}^2\right)\mathbf{v}\right]=\rho_m\left(e+\frac{1}{2}\mathbf{v}^2\right)\boldsymbol{\nabla}.\mathbf{v}+(\mathbf{v}.\boldsymbol{\nabla})\left[\rho_m\left(e+\frac{1}{2}\mathbf{v}^2\right)\right],$$

et :

$$\boldsymbol{\nabla}.\left(\mathbf{v}.\overline{\overline{t}}\right)=\mathbf{v}.\left(\boldsymbol{\nabla}.\overline{\overline{t}}\right)+\overline{\overline{t}}.\boldsymbol{\nabla}.\mathbf{v},$$

pour récrire la relation (7.72) sous la forme suivante[27] :

$$\rho_m\frac{D}{Dt}\left(e+\frac{1}{2}\mathbf{v}^2\right)+\left(e+\frac{1}{2}\mathbf{v}^2\right)\frac{D\rho_m}{Dt}=-\rho_m\left(e+\frac{1}{2}\mathbf{v}^2\right)\boldsymbol{\nabla}.\mathbf{v}+\mathbf{v}.\left(\boldsymbol{\nabla}.\overline{\overline{t}}\right)+\overline{\overline{t}}.\boldsymbol{\nabla}.\mathbf{v}-\boldsymbol{\nabla}.\mathbf{Q}.$$

---

[26] D. A. McQuarrie, *Statistical Mechanics*, Harper and Row, New-York (1976), p. 384.

[27] En effet, la substitution des deux relations précédentes dans la relation (7.72) donne :

$$\frac{\partial}{\partial t}\left[\rho_m\left(e+\frac{1}{2}\mathbf{v}^2\right)\right]=-\rho_m\left(e+\frac{1}{2}\mathbf{v}^2\right)\boldsymbol{\nabla}.\mathbf{v}-(\mathbf{v}.\boldsymbol{\nabla})\left[\rho_m\left(e+\frac{1}{2}\mathbf{v}^2\right)\right]+\mathbf{v}.\left(\boldsymbol{\nabla}.\overline{\overline{t}}\right)+\overline{\overline{t}}.\boldsymbol{\nabla}.\mathbf{v}-\boldsymbol{\nabla}.\mathbf{Q},$$

Avec la loi de conservation de masse (Rel. 7.52), on peut remplacer $\frac{D\rho_m}{Dt}$ $(= -\rho_m \boldsymbol{\nabla}.\mathbf{v})$ dans la relation précédente et écrire :

$$\rho_m \frac{D}{Dt}\left(e+\frac{1}{2}\mathbf{v}^2\right) - \rho_m\left(e+\frac{1}{2}\mathbf{v}^2\right)\boldsymbol{\nabla}.\mathbf{v} = -\rho_m\left(e+\frac{1}{2}\mathbf{v}^2\right)\boldsymbol{\nabla}.\mathbf{v} + \mathbf{v}.\left(\boldsymbol{\nabla}.\overline{\overline{t}}\right) + \overline{\overline{t}}.\boldsymbol{\nabla}.\mathbf{v} - \boldsymbol{\nabla}.\mathbf{Q},$$

soit :

$$\rho_m \frac{D}{Dt}\left(e+\frac{1}{2}\mathbf{v}^2\right) = \mathbf{v}.\left(\boldsymbol{\nabla}.\overline{\overline{t}}\right) + \overline{\overline{t}}.\boldsymbol{\nabla}.\mathbf{v} - \boldsymbol{\nabla}.\mathbf{Q}. \tag{7.73}$$

Or, en utilisant la loi de conservation de l'impulsion (Rel. 7.61) multipliée scalairement par $\mathbf{v}$, à savoir :

$$\rho_m \mathbf{v}.\frac{D\mathbf{v}}{Dt} - \rho_m \mathbf{v}.\mathbf{F} = \mathbf{v}.\left(\boldsymbol{\nabla}.\overline{\overline{t}}\right),$$

on peut transformer la relation (7.73) comme suit :

$$\begin{aligned}\rho_m \frac{D}{Dt}\left(e+\frac{1}{2}\mathbf{v}^2\right) &= \rho_m \mathbf{v}.\frac{D\mathbf{v}}{Dt} - \rho_m \mathbf{v}.\mathbf{F} + \overline{\overline{t}}.\boldsymbol{\nabla}.\mathbf{v} - \boldsymbol{\nabla}.\mathbf{Q},\\ \rho_m \frac{D}{Dt}\left(e+\frac{1}{2}\mathbf{v}^2\right) &= \frac{1}{2}\rho_m \frac{D\mathbf{v}^2}{Dt} - \rho_m \mathbf{v}.\mathbf{F} + \overline{\overline{t}}.\boldsymbol{\nabla}.\mathbf{v} - \boldsymbol{\nabla}.\mathbf{Q},\end{aligned}$$

soit :

$$\frac{De}{Dt} = -\,\mathbf{v}.\mathbf{F} + \frac{1}{\rho_m}\overline{\overline{t}}.\boldsymbol{\nabla}.\mathbf{v} - \frac{1}{\rho_m}\boldsymbol{\nabla}.\mathbf{Q}. \tag{7.74}$$

Cette expression est une des formes les plus simples de la *loi de conservation de l'énergie*. On peut encore l'écrire en fonction de la température en notant que, conformément à la *loi de Fourier*, la densité de courant de chaleur $\mathbf{Q}$ est proportionnelle au gradient de température :

$$\mathbf{Q} = -\lambda \boldsymbol{\nabla} T, \tag{7.75}$$

où λ est le coefficient de conductibilité thermique[28], T la température et où le signe $-$ vient de ce que la densité de courant de chaleur est opposée au gradient thermique. Dans ce cas, le dernier terme de la relation (7.74) s'écrit :

$$-\frac{1}{\rho_m}\boldsymbol{\nabla}.\mathbf{Q} = \frac{\lambda}{\rho_m}\boldsymbol{\nabla}^2 T.$$

En résumé, les lois de conservation de la masse (Rel. 7.52), de conservation de l'impulsion (Rel. 7.61) et de conservation de l'énergie (Rel. 7.74) forment cinq équations

---

$$\frac{\partial}{\partial t}\left[\rho_m\left(e+\frac{1}{2}\mathbf{v}^2\right)\right] + (\mathbf{v}.\boldsymbol{\nabla})\left[\rho_m\left(e+\frac{1}{2}\mathbf{v}^2\right)\right] = -\rho_m\left(e+\frac{1}{2}\mathbf{v}^2\right)\boldsymbol{\nabla}.\mathbf{v} + \mathbf{v}.\left(\boldsymbol{\nabla}.\overline{\overline{t}}\right) + \overline{\overline{t}}.\boldsymbol{\nabla}.\mathbf{v} - \boldsymbol{\nabla}.\mathbf{Q},$$

$$\frac{D}{Dt}\left[\rho_m\left(e+\frac{1}{2}\mathbf{v}^2\right)\right] = -\rho_m\left(e+\frac{1}{2}\mathbf{v}^2\right)\boldsymbol{\nabla}.\mathbf{v} + \mathbf{v}.\left(\boldsymbol{\nabla}.\overline{\overline{t}}\right) + \overline{\overline{t}}.\boldsymbol{\nabla}.\mathbf{v} - \boldsymbol{\nabla}.\mathbf{Q},$$

$$\rho_m\frac{D}{Dt}\left(e+\frac{1}{2}\mathbf{v}^2\right) + \left(e+\frac{1}{2}\mathbf{v}^2\right)\frac{D\rho_m}{Dt} = -\rho_m\left(e+\frac{1}{2}\mathbf{v}^2\right)\boldsymbol{\nabla}.\mathbf{v} + \mathbf{v}.\left(\boldsymbol{\nabla}.\overline{\overline{t}}\right) + \overline{\overline{t}}.\boldsymbol{\nabla}.\mathbf{v} - \boldsymbol{\nabla}.\mathbf{Q}.$$

[28] Le coefficient de conductibilité thermique λ s'exprime en W.m^{-1}.K^{-1}. En effet, comme e est une énergie par unité de masse, $\frac{De}{Dt}$ s'exprime en J.kg^{-1}.s^{-1}, $\boldsymbol{\nabla}.\mathbf{Q}$ en J.s^{-1}.m^{-3} et $\mathbf{Q}$ en J.s^{-1}.m^{-2}. Donc, conformément à la loi de Fourier, le coefficient de conductibilité thermique λ s'exprime en J.s^{-1}.m^{-1}.K^{-1}, c'est-à-dire en watt par mètre et par kelvin (W.m^{-1}.K^{-1}).

différentielles :

$$\frac{D\rho_m}{Dt} = - \rho_m \boldsymbol{\nabla}.\mathbf{v}, \tag{7.76}$$

$$\frac{D\mathbf{v}}{Dt} = \mathbf{F} + \frac{1}{\rho_m}\boldsymbol{\nabla}.\overset{=}{t}, \tag{7.77}$$

$$\frac{De}{Dt} = - \mathbf{v}.\mathbf{F} + \frac{1}{\rho_m}\,\overset{=}{t}.\boldsymbol{\nabla}.\mathbf{v} - \frac{1}{\rho_m}\boldsymbol{\nabla}.\mathbf{Q}, \tag{7.78}$$

qui permettent, lorsqu'elles sont couplées aux équations empiriques définissant les coefficients de diffusion, de viscosité et de conductibilité thermique, de décrire le comportement des milieux continus. Naturellement, dans chaque cas précis, les conditions initiales et les conditions aux limites doivent être correctement définies.

7.3 Coefficients de transport atomique

7.3.1 Equation de diffusion généralisée

Après la présentation synthétique des éléments devant servir de cadre à la description macroscopique des milieux continus (§ 7.2), cherchons à déterminer les coefficients de transport par voie microscopique, au moyen de la fonction de distribution à une particule prise sous la forme de la relation (7.27) :

$$f_0 = n(\mathbf{r}, t)\left(\frac{1}{2\pi m k_B T}\right)^{3/2} \exp\left(-\frac{p^2}{2mk_BT}\right), \tag{7.79}$$

où $n(\mathbf{r}, t)$ est la densité locale de particules dépendant du temps et de la position de chaque sous-système.

Equation de Smoluchowski. Dans ce paragraphe, on se propose d'intégrer l'équation de Boltzmann (Rel. 7.23) sur l'espace des impulsions[29], pour un volume élémentaire $d\mathbf{r}$ donné, soit :

$$\int \frac{\partial f}{\partial t} d\mathbf{p} = -\int \left(\frac{\mathbf{p}}{m}.\mathbf{grad_r} f\right) d\mathbf{p} - \int \left(\mathbf{F}_{ext}.\mathbf{grad_p} f\right) d\mathbf{p} - \int \frac{f - f_0}{\tau} d\mathbf{p}. \tag{7.80}$$

(a) En s'aidant de la relation (7.1), et après permutation des opérateurs de dérivation et d'intégration, le membre de gauche de la relation précédente s'écrit :

$$\int \frac{\partial f}{\partial t} d\mathbf{p} = \frac{\partial}{\partial t}\int f d\mathbf{p} = \frac{\partial n}{\partial t}. \tag{7.81}$$

[29] On écrira l'élément de l'espace des impulsions indifféremment :

$$d\mathbf{p} = d^3p = dp_x dp_y dp_z.$$

(b) En admettant que le temps de relaxation τ ne dépende pas de la vitesse, le terme de collision est nul. En effet :

$$\int \frac{f-f_0}{\tau} d\mathbf{p} = \frac{1}{\tau}\left[\int f d\mathbf{p} - \int f_0 d\mathbf{p}\right] = 0, \qquad (7.82)$$

car les deux intégrales représentent la densité locale de particules qui est invariable dans le volume élémentaire $d\mathbf{r}$ concerné. Il convient de noter que, plus généralement, l'intégrale $\int \left(\frac{\partial f}{\partial t}\right)_{\text{col}} d\mathbf{p}$ est toujours nulle[30].

(c) Si l'on admet que la force extérieure ne dépend pas de la vitesse, la composante sur x de la seconde intégrale du membre de droite de la relation (7.80) s'écrit sous la forme explicite suivante :

$$F_{ext.x} \int \frac{\partial f}{\partial p_x} d\mathbf{p} = F_{ext.x} \int_{-\infty}^{+\infty} \frac{\partial f}{\partial p_x} dp_x \int_{-\infty}^{+\infty} dp_y \int_{-\infty}^{+\infty} dp_z,$$

soit :

$$F_{ext.x} \int \frac{\partial f}{\partial p_x} d\mathbf{p} = F_{ext.x} \left(f_{p_x=+\infty} - f_{p_x=-\infty}\right) \int_{-\infty}^{+\infty} dp_y \int_{-\infty}^{+\infty} dp_z = 0,$$

car la fonction de distribution $f \sim f_0$ (distribution de Maxwell) est nulle quand l'impulsion est infiniment grande. Le calcul des autres composantes s'effectuant de manière analogue, on obtient :

$$\int \mathbf{F}_{ext}.\mathbf{grad_p} f.d\mathbf{p} = 0. \qquad (7.83)$$

(d) Quant à la première intégrale du membre de droite de la relation (7.80), elle se transforme comme suit, après permutation des opérateurs de dérivation et d'intégration :

$$\int \left(\frac{\mathbf{p}}{m}.\mathbf{grad_r} f\right) d\mathbf{p} = \int \frac{\mathbf{p}}{m}\left[\frac{\partial f}{\partial r_x}\mathbf{i} + \frac{\partial f}{\partial r_y}\mathbf{j} + \frac{\partial f}{\partial r_z}\mathbf{k}\right] d\mathbf{p},$$

$$\int \left(\frac{\mathbf{p}}{m}.\mathbf{grad_r} f\right) d\mathbf{p} = \frac{\partial}{\partial r_x}\int \frac{\mathbf{p}.\mathbf{i}}{m} f d\mathbf{p} + \frac{\partial}{\partial r_y}\int \frac{\mathbf{p}.\mathbf{j}}{m} f d\mathbf{p} + \frac{\partial}{\partial r_z}\int \frac{\mathbf{p}.\mathbf{k}}{m} f d\mathbf{p}. \qquad (7.84)$$

Comme les intégrales se rapportent au volume élémentaire $d\mathbf{r}$ dans lequel la densité locale est constante, il est légitime d'utiliser la forme approximative de la fonction de distribution hors d'équilibre donnée par la relation (7.26). Intéressons nous à la composante de l'intégrale dans la direction $\mathbf{i}$ qui, après substitution de f avec la relation (7.26), s'écrit :

$$\int \frac{\mathbf{p}.\mathbf{i}}{m} f d\mathbf{p} = \int \frac{\mathbf{p}.\mathbf{i}}{m}\left[f_0 - \tau\frac{\mathbf{p}}{m}.\mathbf{grad_r} f_0 - \tau \mathbf{F}_{ext}.\mathbf{grad_p} f_0\right] d\mathbf{p},$$

$$\int \frac{\mathbf{p}.\mathbf{i}}{m} f d\mathbf{p} = \int \frac{p_x}{m} f_0 d\mathbf{p} - \int \frac{p_x}{m}\tau\left(\frac{\mathbf{p}}{m}.\mathbf{grad_r} f_0\right) d\mathbf{p} - \int \frac{p_x}{m}\tau\left(\mathbf{F}_{ext}.\mathbf{grad_p} f_0\right) d\mathbf{p}. \qquad (7.85)$$

(d1) Evaluons tout d'abord la première intégrale du membre de droite de la relation (7.85). Comme on s'intéresse à la composante p_x de l'impulsion, et du fait que l'intégrant est une fonction impaire de p_x, sa valeur est nulle :

$$\int \frac{p_x}{m} f_0 d\mathbf{p} = 0.$$

[30] D. A. McQuarrie, *Statistical Mechanics*, Harper and Row, New-York (1976), p. 412.

(d2) Evaluons ensuite la seconde intégrale qui peut être mise sous la forme :

$$\int \frac{p_x}{m}\tau\frac{\mathbf{p}}{m}.\left[\frac{\partial f_0}{\partial r_x}\mathbf{i}+\frac{\partial f_0}{\partial r_y}\mathbf{j}+\frac{\partial f_0}{\partial r_z}\mathbf{k}\right]d\mathbf{p}=\int \frac{p_x}{m}\tau\frac{p_x}{m}\frac{\partial f_0}{\partial r_x}d\mathbf{p}+\int \frac{p_x}{m}\tau\frac{p_y}{m}\frac{\partial f_0}{\partial r_y}d\mathbf{p}+\int \frac{p_x}{m}\tau\frac{p_z}{m}\frac{\partial f_0}{\partial r_z}d\mathbf{p}.$$

Les deux dernières intégrales de la relation précédente sont nulles car leurs intégrants sont des fonctions impaires de p_x. Quant à la première intégrale, on peut l'écrire :

$$\int \frac{p_x}{m}\tau\frac{p_x}{m}\frac{\partial f_0}{\partial r_x}d\mathbf{p}=\frac{\partial n}{\partial r_x}\int \frac{p_x^2}{m^2}\tau\frac{\partial f_0}{\partial n}d\mathbf{p}=D_x\frac{\partial n}{\partial r_x}, \tag{7.86}$$

où l'on a posé :

$$D_x=\int \frac{p_x^2}{m^2}\tau\frac{\partial f_0}{\partial n}d\mathbf{p}=\frac{\partial}{\partial n}\int \frac{p_x^2}{m^2}\tau f_0 d\mathbf{p}. \tag{7.87}$$

(d3) Evaluons enfin la dernière intégrale de la relation (7.85) :

$$\int \frac{p_x}{m}\tau\left(\mathbf{F}_{ext}.\mathbf{grad_p}f_0\right)d\mathbf{p} = \int \frac{p_x}{m}\tau\mathbf{F}_{ext}.\left[\frac{\partial f_0}{\partial p_x}\mathbf{i}+\frac{\partial f_0}{\partial p_y}\mathbf{j}+\frac{\partial f_0}{\partial p_z}\mathbf{k}\right]d\mathbf{p},$$

$$\int \frac{p_x}{m}\tau\left(\mathbf{F}_{ext}.\mathbf{grad_p}f_0\right)d\mathbf{p} = \int \frac{p_x}{m}\tau F_{ext.x}\frac{\partial f_0}{\partial p_x}d\mathbf{p}+\int \frac{p_x}{m}\tau F_{ext.y}\frac{\partial f_0}{\partial p_y}d\mathbf{p}+\int \frac{p_x}{m}\tau F_{ext.z}\frac{\partial f_0}{\partial p_z}d\mathbf{p}.$$

Etant donné que leurs intégrants sont des fonctions impaires de p_x, les deux dernières intégrales sont nulles, contrairement à la première intégrale dont l'intégrant est une fonction plus compliquées de p_x. Comme la force extérieure ne dépend pas de la vitesse, cette intégrale s'écrit :

$$\int \frac{p_x}{m}\tau F_{ext.x}\frac{\partial f_0}{\partial p_x}d\mathbf{p}=F_{ext.x}\int \frac{p_x}{m}\tau\frac{\partial f_0}{\partial p_x}d\mathbf{p}=-\frac{1}{\mu_x}nF_{ext.x}, \tag{7.88}$$

où l'on a posé :

$$\frac{1}{\mu_x}=-\frac{1}{n}\int \frac{p_x}{m}\tau\frac{\partial f_0}{\partial p_x}d\mathbf{p}. \tag{7.89}$$

En utilisant les relations (7.86) et (7.88), l'intégrale de la relation (7.85) se présente sous la forme :

$$\int \frac{\mathbf{p.i}}{m}f d\mathbf{p}=-D_x\frac{\partial n}{\partial r_x}+\frac{1}{\mu_x}nF_{ext.x}. \tag{7.90}$$

Il est clair que les composantes des deux autres intégrales de la relation (7.84), sur **j** et **k**, possèdent des expressions semblables à la relation précédente, pouvant être déduites par permutation circulaire, et qui sont :

$$\int \frac{\mathbf{p.j}}{m}f d\mathbf{p} = -D_y\frac{\partial n}{\partial r_y}+\frac{1}{\mu_y}nF_{ext.y}, \tag{7.91}$$

$$\int \frac{\mathbf{p.k}}{m}f d\mathbf{p} = -D_z\frac{\partial n}{\partial r_z}+\frac{1}{\mu_z}nF_{ext.z}. \tag{7.92}$$

En regardant avec un peu d'attention les relations (7.87) et (7.89), on s'aperçoit que les coefficients D_x et $\frac{1}{\mu_x}$ sont tous les deux proportionnels à l'intégrale $\int p_x^2\exp(-\frac{\beta p_x^2}{2m})dp_x$ (utiliser la relation 7.79 et s'aider de la relation 3.4). Comme p_x est une variable muette, il s'ensuit que les coefficients D_x, D_y et D_z sont égaux entre eux et les coefficients μ_x, μ_y

et μ_z le sont également entre eux. On appelle *coefficient de diffusion* le paramètre D tel que :

$$D = D_x = D_y = D_z = \frac{\partial}{\partial n} \int \frac{p_x^2}{m^2} \tau f_0 d\mathbf{p},$$

et *coefficient de friction* le paramètre μ (à ne pas confondre avec le potentiel chimique) tel que :

$$\frac{1}{\mu} = \frac{1}{\mu_x} = \frac{1}{\mu_y} = \frac{1}{\mu_z} = -\frac{1}{n} \int \frac{p_x}{m} \tau \frac{\partial f_0}{\partial p_x} d\mathbf{p}.$$

En définitive, le calcul de la relation (7.80) s'effectue en identifiant des relations (7.81) et (7.84), après avoir substitué les relations (7.90), (7.91) et (7.92) dans la relation (7.84). Tous calculs faits, la relation (7.80) s'exprime en fonction des coefficients D et μ sous la forme explicite suivante :

$$\frac{\partial n}{\partial t} = -\frac{\partial}{\partial r_x}\left[-D\frac{\partial n}{\partial r_x} + \frac{1}{\mu} n F_{ext.x}\right] - \frac{\partial}{\partial r_y}\left[-D\frac{\partial n}{\partial r_y} + \frac{1}{\mu} n F_{ext.y}\right] - \frac{\partial}{\partial r_z}\left[-D\frac{\partial n}{\partial r_z} + \frac{1}{\mu} n F_{ext.z}\right]. \tag{7.93}$$

Et en termes d'opérateurs, elle s'écrit encore[31] :

$$\frac{\partial n(\mathbf{r},t)}{\partial t} = D\nabla^2 n(\mathbf{r},t) - \frac{1}{\mu}\nabla.\left[n(\mathbf{r},t)\mathbf{F}_{ext}\right], \tag{7.94}$$

soit :

$$\frac{\partial n(\mathbf{r},t)}{\partial t} = div\left\{D\mathbf{grad}n(\mathbf{r},t) - \left[\frac{1}{\mu} n(\mathbf{r},t)\mathbf{F}_{ext}\right]\right\}. \tag{7.95}$$

C'est l'*équation de diffusion généralisée* en présence de forces extérieures. En l'absence de champ extérieur, on retrouve en effet l'équation de diffusion de Fick (Rel. 7.54). Notons que l'équation de diffusion généralisée a été démontrée par Smoluchowski[32] d'une manière totalement différente, par une analyse des processus stochastiques qui se produisent dans le mouvement brownien. Notons également que, dans le cas unidimensionnel, l'équation de Smoluchowski se réduit à l'*équation de Fokker-Planck* :

$$\frac{\partial n(\mathbf{r},t)}{\partial t} = D\frac{\partial^2}{\partial x^2} n(\mathbf{r},t) + \frac{1}{\mu}\frac{\partial}{\partial x}\left[n(\mathbf{r},t)\frac{\partial u(x)}{\partial x}\right],$$

où $u(x)$ est le potentiel dont dérive la force extérieure $\mathbf{F}_{ext}$ $(= -\mathbf{grad}u)$.

Equation d'Einstein-Sutherland. Pour terminer ce paragraphe, calculons le coefficient de diffusion (Rel. 7.87) et le coefficient de friction (Rel. 7.89) qui figurent dans l'équation de Smoluchowski, en utilisant la fonction de distribution f_0 de la relation (7.79).

---

[31] Conformément aux définitions de la note 13 de ce chapitre, la relation (7.93) se transforme comme suit :

$$\begin{aligned}\frac{\partial n}{\partial t} &= D\left(\frac{\partial^2 n}{\partial r_x^2} + \frac{\partial^2 n}{\partial r_y^2} + \frac{\partial^2 n}{\partial^2 r_z}\right) - \frac{1}{\mu}\left[\frac{\partial}{\partial r_x}(nF_{ext.x}) + \frac{\partial}{\partial r_y}(nF_{ext.y}) + \frac{\partial}{\partial r_z}(nF_{ext.z})\right],\\ \frac{\partial n}{\partial t} &= D\nabla^2 n - \frac{1}{\mu}\nabla.(n\mathbf{F}_{ext}).\end{aligned}$$

[32] M. R. von Smoluchovski, Physik. Z. **17**, 557 (1916) ; **17**, 585 (1916). L'équation peut être indifféremment écrite avec la densité locale de particules $n(\mathbf{r},t)$ ou avec la fonction de distribution à une particule $f(\mathbf{r},\mathbf{p},t)$.

Le coefficient de diffusion a pour expression :

$$\begin{aligned} D &= D_x = \int \frac{p_x^2}{m^2}\tau \frac{\partial}{\partial n}\left[n(\mathbf{r},t)\left(\frac{1}{2\pi m k_B T}\right)^{3/2} \exp\left(-\frac{p^2}{2mk_BT}\right)\right] d\mathbf{p}, \\ D &= \int \frac{p_x^2}{m^2}\tau \left(\frac{1}{2\pi m k_B T}\right)^{3/2} \exp\left(-\frac{p^2}{2mk_BT}\right) d\mathbf{p} = \left\langle \frac{p_x^2}{m^2}\tau \right\rangle. \end{aligned}$$

En effet, D est la moyenne d'ensemble de la quantité $\frac{p_x^2}{m^2}\tau$ calculée avec la densité de probabilité de la distribution de Maxwell (3.64). Dans les conditions du calcul (où τ est petit), le coefficient de diffusion n'est fonction que de la composante de la vitesse $v_x(=\frac{p_x}{m})$ et du temps de relaxation τ. Mais puisque :

$$\begin{aligned} \left\langle v^2\tau \right\rangle &= \left\langle \left(v_x^2+v_y^2+v_z^2\right)\tau \right\rangle = \left\langle v_x^2\tau \right\rangle + \left\langle v_y^2\tau \right\rangle + \left\langle v_z^2\tau \right\rangle, \\ \text{avec} \quad \left\langle v_x^2\tau \right\rangle &= \left\langle v_y^2\tau \right\rangle = \left\langle v_z^2\tau \right\rangle, \end{aligned}$$

le coefficient de diffusion vaut en fait :

$$D = \frac{1}{3}\left\langle v^2\tau \right\rangle. \tag{7.96}$$

Quant au coefficient de friction, il se calcule selon le même procédé, soit[33] :

$$\frac{1}{\mu} = \left\langle \frac{p_x^2}{m^2 k_B T}\tau \right\rangle = \left\langle \frac{v_x^2}{k_B T}\tau \right\rangle = \frac{1}{3k_BT}\left\langle v^2\tau \right\rangle. \tag{7.97}$$

Or, en comparant les relation (7.96) et (7.97) on en déduit que :

$$D = \frac{k_BT}{\mu}. \tag{7.98}$$

Cette expression a été établie indépendamment par Einstein[34] et par Sutherland[35] avec une méthode différente de celle qui a été utilisée ici. C'est une relation générale très importante qui relie le coefficient de diffusion D et le coefficient de friction μ. A ce stade de l'exposé, on voit que toute la question réside maintenant dans le calcul de la valeur moyenne $\langle v^2\tau\rangle$ nécessaire et suffisante pour déterminer le coefficient de diffusion et le coefficient de friction.

---

[33] Avec la relation (7.89), le coefficient de friction s'écrit :

$$\begin{aligned} \frac{1}{\mu_x} &= -\frac{1}{n(\mathbf{r},t)}\int \frac{p_x}{m}\tau\frac{\partial}{\partial p_x}\left[n(\mathbf{r},t)\left(\frac{1}{2\pi m k_BT}\right)^{3/2}\exp\left(-\frac{p^2}{2mk_BT}\right)\right]d\mathbf{p}, \\ \frac{1}{\mu_x} &= -\frac{1}{n(\mathbf{r},t)}\int \frac{p_x}{m}\tau n(\mathbf{r},t)\left(\frac{1}{2\pi m k_BT}\right)^{3/2}\frac{\partial}{\partial p_x}\left[\exp\left(-\frac{p^2}{2mk_BT}\right)\right]d\mathbf{p}, \\ \frac{1}{\mu_x} &= \int \frac{p_x^2}{m^2k_BT}\tau\left(\frac{1}{2\pi m k_BT}\right)^{3/2}\exp\left(-\frac{p^2}{2mk_BT}\right)d\mathbf{p} = \left\langle \frac{p_x^2}{m^2k_BT}\tau\right\rangle. \end{aligned}$$

[34] A. Einstein, Ann. d. Physik **17**, 549 (1905).

[35] W. Sutherland, Phil. Mag. **9**, 781 (1905).

7.3.2 Méthode de Chapman et Enskog

La détermination de la fonction de distribution à une particule $f(\mathbf{r}, \mathbf{p}, t)$, comme solution de l'équation de Boltzmann, est un des problèmes majeurs de la statistique des systèmes hors d'équilibre. Pour des collisions fortes et un temps de relaxation court, on dispose déjà avec la relation (7.30) d'une forme approximative de $f(\mathbf{r}, \mathbf{p}, t)$, qui diffère peu de la fonction de distribution d'équilibre local f_0. Or, une solution plus précise de l'équation de Boltzmann (Rel. 7.22) a été trouvée indépendamment par Chapman et Enskog par une méthode de perturbations. L'objet de la méthode est de construire une solution par approximations successives, dans laquelle la dépendance spatio-temporelle de $f(\mathbf{r}, \mathbf{p}, t)$ est introduite implicitement par l'intermédiaire des variables hydrodynamiques (densité, vitesse et température) associées respectivement aux lois de conservation de la masse, de l'impulsion et de l'énergie. Il est important de noter que la théorie de Chapman et Enskog, esquissée dans ce qui suit[36], ne convient rigoureusement qu'aux gaz dilués dans lesquels on ne tient compte que des collisions binaires. Pour les liquides, le formalisme n'est pas adapté du fait que d'autres types d'interactions, incluant les collisions multiples, se superposent aux collisions binaires.

Pour la mise en oeuvre de la théorie de Chapman et Enskog, l'équation de Boltzmann (Rel. 7.22) est écrite avec la vitesse $\mathbf{v}(= \frac{\mathbf{p}}{m})$ et avec le paramètre de perturbation ξ, comme suit :

$$\frac{\partial f}{\partial t} + \mathbf{v}.\mathbf{grad}_{\mathbf{r}} f + \frac{\mathbf{F}_{ext}}{m}.\mathbf{grad}_{\mathbf{v}} f = \frac{2\pi m}{\xi} \int\int |\mathbf{v}_2 - \mathbf{v}_1| \left(f_1' f_2' - f_1 f_2 \right) b d\mathbf{v}_2 db. \tag{7.99}$$

Puis la solution de cette équation est cherchée sous la forme du développement en perturbation suivant :

$$f = f^{[0]} + \xi f^{[1]} + \xi^2 f^{[2]} + ...,$$

où les indices supérieurs entre crochets correspondent au degré d'approximation de la fonction de distribution. Si l'on porte cette solution dans l'équation de Boltzmann modifiée (Rel. 7.99) en utilisant le développement :

$$f_1' f_2' - f_1 f_2 = \left(f_1'^{[0]} f_2'^{[0]} - f_1^{[0]} f_2^{[0]} \right) + \xi \left[\left(f_1'^{[1]} f_2'^{[0]} + f_1'^{[0]} f_2'^{[1]} \right) - \left(f_1^{[1]} f_2^{[0]} + f_1^{[0]} f_2^{[1]} \right) \right] + \xi^2 [...] + ...$$

et que l'on identifie les termes de même degré en ξ entre eux, on obtient les équations :

$$\begin{aligned}
0 &= \frac{2\pi m}{\xi} \int\int |\mathbf{v}_2 - \mathbf{v}_1| \left(f_1'^{[0]} f_2'^{[0]} - f_1^{[0]} f_2^{[0]} \right) b d\mathbf{v}_2 db, \\
\frac{\partial f^{[0]}}{\partial t} + \mathbf{v}.\mathbf{grad}_{\mathbf{r}} f^{[0]} + \frac{\mathbf{F}_{ext}}{m}.\mathbf{grad}_{\mathbf{v}} f^{[0]} &= \frac{2\pi m}{\xi} \int\int |\mathbf{v}_2 - \mathbf{v}_1| \xi \left[\left(f_1'^{[1]} f_2'^{[0]} + f_1'^{[0]} f_2'^{[1]} \right) \right. \\
&\quad \left. - \left(f_1^{[1]} f_2^{[0]} + f_1^{[0]} f_2^{[1]} \right) \right] b d\mathbf{v}_2 db, \\
\xi \left[\frac{\partial f^{[1]}}{\partial t} + \mathbf{v}.\mathbf{grad}_{\mathbf{r}} f^{[1]} + \frac{\mathbf{F}_{ext}}{m}.\mathbf{grad}_{\mathbf{v}} f^{[1]} \right] &= \frac{2\pi m}{\xi} \int\int |\mathbf{v}_2 - \mathbf{v}_1| \xi^2 [...] b d\mathbf{v}_2 db, \\
... &= ...
\end{aligned} \tag{7.100}$$

[36]Compte tenu de la complexité des calculs, on ne présentera que les grandes lignes de la méthode. Le lecteur intéressé par les détails des calculs se reportera aux ouvrages de référence et notamment au livre de S. Chapman and T. G. Cowling, *The Mathematical Theory of Non-Uniform Gases*, Cambridge University Press, London (1939), rédité en 1995.

Par ailleurs, en utilisant la fonction de distribution des vitesses à une particule ($f(\mathbf{r}, \mathbf{v}, t) = m^3 f(\mathbf{r}, \mathbf{p}, t)$ (cf. Rels. 3.64 et 3.65), on peut remarquer que les variables hydrodynamiques (densité, vitesse, température) sont les premiers moments de la vitesse, c'est-à-dire :

$$n(\mathbf{r}, t) = \int f(\mathbf{r}, \mathbf{v}, t) d\mathbf{v}, \tag{7.101}$$

$$\mathbf{v}_0(\mathbf{r}, t) = \frac{1}{n(\mathbf{r}, t)} \int \mathbf{v} f(\mathbf{r}, \mathbf{v}, t) d\mathbf{v}, \tag{7.102}$$

$$3\frac{k_B T(\mathbf{r}, t)}{m} = \frac{1}{n(\mathbf{r}, t)} \int (\mathbf{v} - \mathbf{v}_0)^2 f(\mathbf{r}, \mathbf{v}, t) d\mathbf{v}. \tag{7.103}$$

La relation (7.101) traduit la condition de normalisation de la fonction de distribution. Conformément à la relation (7.1), elle fournit la densité locale de particules $n(\mathbf{r}, t)$. La relation (7.102) est l'espérance mathématique de la vitesse, c'est-à-dire la vitesse $\mathbf{v}_0(\mathbf{r}, t)$ du centre d'inertie de l'élément de volume $d\mathbf{r}$ situé en $\mathbf{r}$. La relation (7.103) est la variance de la vitesse ; elle fournit la température $T(\mathbf{r}, t)$ de l'élément de volume car $\left\langle (\mathbf{v} - \mathbf{v}_0)^2 \right\rangle = \left\langle (v_x - v_{x0})^2 + (v_y - v_{y0})^2 + (v_z - v_{z0})^2 \right\rangle = 3\frac{k_B T}{m}$. Or, en multipliant la relation (7.99) respectivement par 1, par $m\mathbf{v}$ et par $\frac{1}{2}m\left(\mathbf{v} - \mathbf{v}_0\right)^2$, puis en intégrant les équations sur la vitesse, on obtient les trois lois de conservation :

$$\frac{Dn}{Dt} + n\boldsymbol{\nabla}.\mathbf{v} = 0, \tag{7.104}$$

$$\frac{D\mathbf{v}_0}{Dt} - \frac{1}{mn}\boldsymbol{\nabla}.\overline{\overline{t}} = 0, \tag{7.105}$$

$$\frac{DT}{Dt} - \frac{2}{3nk_B}\left(\overline{\overline{t}}.\boldsymbol{\nabla}.\mathbf{v} - \boldsymbol{\nabla}.\mathbf{Q}\right) = 0, \tag{7.106}$$

qui coïncident avec celles qui ont été obtenues par voie macroscopique (Rels. 7.76, 7.77 et 7.78), lorsque l'action de la force extérieure $\mathbf{F}_{ext}$ est omise.

Dans sa forme usuelle, la méthode de Chapman et Enskog consiste à résoudre de manière autocohérente l'équation de Boltzmann (Rel.) et les trois lois de conservation (Rels. 7.104, 7.105 et 7.106), pour chaque degré d'approximation de la fonction de distribution. A l'issue de calculs compliqués, il ressort que la solution générale de la fonction de distribution, au degré d'approximation d'ordre zéro, est :

$$f^{[0]}(\mathbf{r}, \mathbf{v}, t) = n(\mathbf{r}, t)\left[\frac{m}{2\pi k_B T(\mathbf{r}, t)}\right]^{3/2} \exp\left\{-\frac{m\left[\mathbf{v} - \mathbf{v}_0(\mathbf{r}, t)\right]^2}{2k_B T(\mathbf{r}, t)}\right\},$$

que le tenseur des contraintes vaut $\overline{\overline{t}}^{[0]} = nk_B T\overline{\overline{\delta}}$ et que la densité de courant de chaleur $Q^{[0]}$ est nulle.

Quant à la solution de la perturbation à l'ordre un, $f^{[1]}(\mathbf{r}, \mathbf{v}, t)$, les auteurs préconisent de la chercher sous la forme suivante :

$$f^{[1]}(\mathbf{r}, \mathbf{v}, t) = \phi(\mathbf{r}, \mathbf{v}, t) f^{[0]}(\mathbf{r}, \mathbf{v}, t), \tag{7.107}$$

où la fonction à déterminer $\phi(\mathbf{r}, \mathbf{v}, t)$ est calculée avec l'équation intégro-différentielle correspondant à la seconde ligne de la relation (7.100), soit :

$$\frac{\partial f^{[0]}}{\partial t} + \mathbf{v}.\mathbf{grad_r} f^{[0]} + \frac{\mathbf{F}_{ext}}{m}.\mathbf{grad_v} f^{[0]} =$$

$$2\pi m \int\int |\mathbf{v}_2 - \mathbf{v}_1| \left[\left(f_1^{'[1]} f_2^{'[0]} + f_1^{'[0]} f_2^{'[1]}\right) - \left(f_1^{[1]} f_2^{[0]} + f_1^{[0]} f_2^{[1]}\right)\right] b d\mathbf{v}_2 db. \quad (7.108)$$

Avec la relation (7.107), le membre de droite de la relation (7.108) s'écrit en fonction de $\phi(\mathbf{r}, \mathbf{v}, t)$ comme suit :

$$2\pi m \int\int |\mathbf{v}_2 - \mathbf{v}_1| f_1^{[0]} f_2^{[0]} [\phi_1' + \phi_2' - \phi_1 - \phi_2] b d\mathbf{v}_2 db,$$

de sorte qu'en omettant la force extérieure $\mathbf{F}_{ext}$, la relation (7.108) se réduit à :

$$\frac{\partial f^{[0]}}{\partial t} + (\mathbf{v}.\boldsymbol{\nabla}_\mathbf{r}) f^{[0]} = 2\pi m \int\int |\mathbf{v}_2 - \mathbf{v}_1| f_1^{[0]} f_2^{[0]} [\phi_1' + \phi_2' - \phi_1 - \phi_2] b d\mathbf{v}_2 db.$$

Il reste encore à expliciter la dépendance en temps de $f^{[0]}$ dans le membre de gauche. Pour cela, il s'avère judicieux d'utiliser la relation :

$$\frac{\partial f^{[0]}}{\partial t} = \frac{\partial f^{[0]}}{\partial n}\frac{\partial n}{\partial t} + \boldsymbol{\nabla}_{\mathbf{v}_0} f^{[0]} \frac{\partial \mathbf{v}_0}{\partial t} + \frac{\partial f^{[0]}}{\partial T}\frac{\partial T}{\partial t},$$

conjointement avec les relations (7.104), (7.105) et (7.106) dans le but de remplacer la dépendance temporelle des variables hydrodynamiques n, $\mathbf{v}_0$ et T par une dépendance spatiale. Tous calculs faits, la relation (7.108) s'écrit :

$$\left[\left(\frac{m\mathbf{v}\mathbf{v}}{k_B T} - \frac{m\mathbf{v}^2}{3k_B T}\overline{\overline{\delta}}\right).\boldsymbol{\nabla}.\mathbf{v}_0 + \frac{1}{T}\left(\frac{m\mathbf{v}^2}{2k_B T} - \frac{5}{2}\right)\mathbf{v}.\boldsymbol{\nabla}T\right] f^{[0]} = 2\pi m \int\int |\mathbf{v}_2 - \mathbf{v}_1| \times \quad (7.109)$$

$$f_1^{[0]} f_2^{[0]} [\phi_1' + \phi_2' - \phi_1 - \phi_2] b d\mathbf{v}_2 db.$$

Comme la fonction cherchée ϕ dépend des variables hydrodynamiques n, $\mathbf{v}_0$, T et de leurs dérivées spatiales, on la choisit sous la forme suivante :

$$\phi = \overline{\overline{B}}.\boldsymbol{\nabla}.\mathbf{v}_0 + \mathbf{A}.\boldsymbol{\nabla}T,$$

où le tenseur $\overline{\overline{B}}$ et le vecteur $\mathbf{A}$ sont des fonctions inconnues qui sont déterminées en substituant ϕ dans la relation (7.109) et en identifiant séparément les coefficients du terme $\boldsymbol{\nabla}.\mathbf{v}_0$ et les coefficients du terme $\boldsymbol{\nabla}T$. Le tenseur $\overline{\overline{B}}$, le vecteur $\mathbf{A}$ et les coefficients de transport atomiques sont obtenus après de longs et délicats calculs[37].

Sans plus de commentaires, donnons les expressions des coefficients de diffusion D, de viscosité η et de conductibilité thermique λ ainsi obtenus :

$$D = \frac{3}{8}\frac{k_B T}{mn}\frac{1}{\Omega^{(1,1)}}, \quad (7.110)$$

$$\eta = \frac{5}{8}k_B T\frac{1}{\Omega^{(2,2)}}, \quad (7.111)$$

$$\lambda = \frac{75}{32}\frac{k_B^2 T}{m}\frac{1}{\Omega^{(2,2)}}, \quad (7.112)$$

[37] S. Chapman and T. G. Cowling, *The Mathematical Theory of Non-Uniform Gases*, Cambridge University Press, London (1939), p. 110. C. F. Curtis and J. O. Hirschfelder, J. Chem. Phys. **17**, 550 (1949).

en fonction des intégrales de collisions $\Omega^{(l,s)}$:

$$\Omega^{(l,s)} = \left(\frac{k_B T}{2\pi\mu}\right)^{1/2} \int_0^\infty \exp(-\gamma^2)\gamma^{2s+3} Q^{(l)}(\gamma) d\gamma,$$

avec :

$$\begin{aligned} Q^{(l)}(\gamma) &= 2\pi \int_0^\infty (1-\cos^l \chi) b db, \\ \text{et} \quad \chi(b,\gamma) &= \pi - 2b \int_{r_m}^\infty \frac{dr}{r^2\left[1-\frac{b^2}{r^2}-\frac{u(r)}{\gamma^2 k_B T}\right]^{1/2}}, \end{aligned}$$

où $\mu = \frac{m}{2}$ est la masse réduite et où $Q^{(l)}(\gamma)$ et $\chi(b,\gamma)$ représentent respectivement la section efficace totale de diffusion et l'angle de déviation qui ont été définis dans le paragraphe (7.1.2). Pour le potentiel de sphères dures de diamètre d et de masse m, ces quantités prennent des formes très simples du fait qu'elles ne dépendent pas du paramètre $\gamma^2 = \frac{\mu v_\infty^2}{2k_B T}$. En particulier, les valeurs de la section efficace totale de diffusion sont égales à $Q^{(1)} = \pi d^2$ et $Q^{(2)} = \frac{2}{3}\pi d^2$, et les intégrales de collision valent $\Omega^{(1,1)} = \left(\frac{k_B T}{2\pi\mu}\right)^{1/2} \pi d^2$ et $\Omega^{(2,2)} = \left(\frac{k_B T}{2\pi\mu}\right)^{1/2} 2\pi d^2$. En reportant ces quantités dans les relations (7.110), (7.111) et (7.112), les coefficients de transport atomiques d'un fluide de sphères dures ont pour expressions :

$$\begin{aligned} D &= \frac{3}{8}\frac{k_B T}{mn}\frac{1}{\Omega^{(1,1)}} = \frac{3}{8}\left(\frac{\pi k_B T}{m}\right)^{1/2}\frac{1}{n\pi d^2}, \\ \eta &= \frac{5}{8}k_B T\frac{1}{\Omega^{(2,2)}} = \frac{5}{16}\left(\frac{\pi k_B T}{m}\right)^{1/2}\frac{m}{\pi d^2}, \\ \lambda &= \frac{75}{32}\frac{k_B^2 T}{m}\frac{1}{\Omega^{(2,2)}} = \frac{75}{64}\left(\frac{\pi k_B T}{m}\right)^{1/2}\frac{k_B}{\pi d^2}. \end{aligned}$$

Naturellement, il existe autant d'expressions des coefficients de transport atomique que de potentiels $u(r)$ pour lesquels l'angle de déviation, la section efficace totale de diffusion et les intégrales de collisions sont plus difficiles à calculer[38]. Signalons que les coefficients de transport atomique ont été calculés jusqu'à l'ordre deux de la fonction de distribution, mais les calculs sont beaucoup plus compliqués et n'apportent pas d'amélioration notable.

Rappelons enfin que la théorie de Chapman et Enskog ne s'applique qu'aux gaz dilués dans lesquels on ne considère que les collisions binaires. Dans les liquides où les interactions sont plus complexes, le formalisme ne convient pas. Il est nécessaire de considérer deux processus de collision distincts. L'un qui se déroule durant des temps courts et qui correspond aux collisions binaires étudiées précédemment. L'autre, qui se déroule sur des temps plus longs, vient de ce qu'une particule est sujette aux contraintes collectivement imposées par les particules voisines. Ce processus sera considéré avec plus d'attention dans le prochain chapitre.

---

[38]S. Chapman and T. G. Cowling, *The Mathematical Theory of Non-Uniform Gases*, Cambridge University Press, London (1939), p. 170.

7.4 Coefficients de transport électronique

7.4.1 Equation de Boltzmann d'un gaz d'électrons

L'image la plus répandue que l'on ait d'un liquide métallique est celle d'un gaz d'électrons libres perturbé par les ions qu'il contient. Comme on l'a indiqué (cf. § 3.7.1), dans l'approximation d'ordre zéro, les propriétés de transport électronique des liquides métalliques sont déterminées en considérant le gaz d'électrons libres et en négligeant les ions. Quant aux propriétés thermodynamiques du gaz d'électrons à l'équilibre, elles sont déterminées avec la fonction de distribution de Fermi-Dirac (Rel. 3.98) :

$$f_0(E) = \frac{1}{1 + \exp\left[\beta(E - \mu)\right]}, \tag{7.113}$$

où E est l'énergie et μ le potentiel chimique, encore appelé énergie de Fermi.

Par ailleurs, l'expérience montre que le libre parcours moyen des électrons libres dans les métaux liquides est de plusieurs dizaines de fois la distance interionique. Cela suggère que le gaz d'électrons libres peut être considéré comme un gaz dilué, dont les propriétés hors d'équilibre sont décrites avec la fonction de distribution à une particule $f(\mathbf{r}, \mathbf{p}, t)$, au moyen de l'équation de Boltzmann. En effet, les forces qui agissent sur les électrons libres sont de deux types : (1) les forces extérieures F_{ext} dues à l'action de champs macroscopiques (champs électriques ou magnétiques) qui imposent un mouvement directionnel aux électrons, et (2) les forces intérieures F_{int} produites par les champs microscopiques (interactions électrons-ions et électrons-électrons) qui ont une action locale de courte durée et qui dépendent, de manière complexe, des coordonnées $\mathbf{r}$ et de la vitesse $\mathbf{v}$ des électrons[39].

L'équation de Boltzmann (Rel. 7.4) des électrons s'écrit, conventionnellement, en termes de vecteur d'onde $\mathbf{k}$ et de vitesse $\mathbf{v}$ sous la forme :

$$\frac{\partial}{\partial t} f(\mathbf{r}, \mathbf{k}, t) = -\mathbf{v}.\mathbf{grad_r} f - \frac{1}{\hbar}\mathbf{F}_{ext}.\mathbf{grad_k} f + \left(\frac{\partial f}{\partial t}\right)_{\text{col}}, \tag{7.114}$$

avec :

$$\mathbf{v} = \frac{\mathbf{p}}{m} = \frac{\hbar \mathbf{k}}{m}, \tag{7.115}$$

$$\text{et} \quad \mathbf{grad_k} f = \frac{\partial f}{\partial p_x}\frac{\partial p_x}{\partial k_x}\mathbf{i} + \frac{\partial f}{\partial p_y}\frac{\partial p_y}{\partial k_y}\mathbf{j} + \frac{\partial f}{\partial p_z}\frac{\partial p_z}{\partial k_z}\mathbf{k},$$

$$\text{soit} \quad \mathbf{grad_k} f = \hbar\left(\frac{\partial f}{\partial p_x}\mathbf{i} + \frac{\partial f}{\partial p_y}\mathbf{j} + \frac{\partial f}{\partial p_z}\mathbf{k}\right) = \hbar \mathbf{grad_p} f.$$

Les trois termes du membre de droite de la relation (7.114) correspondent aux variations de la fonction de distribution causées, respectivement, par le mouvement des électrons, par l'action des forces extérieures et par les forces intérieures.

Pour résoudre l'équation de Boltzmann (Rel. 7.114), il est nécessaire d'expliciter l'intégrale de collision $\left(\frac{\partial f}{\partial t}\right)_{\text{col}}$. Or, contrairement à ce qui a été fait pour les gaz classiques

[39] Pour l'application de l'équation de Boltzmann au transport électronique, on pourra consulter le livre de P. Kiréev, *La physique des semiconducteurs*, Editions Mir, Moscou (1975), p. 243.

dilués dans le paragraphe (7.1.3), pour les électrons on utilise la *probabilité de transition* à la place de la section efficace de diffusion. On appelle probabilité de transition, la probabilité qu'un électron passe de l'état $(\mathbf{r}, \mathbf{k})$ à l'état $(\mathbf{r}', \mathbf{k}')$ sous l'action des forces intérieures. Comme les collisions dominantes des électrons sont de courtes durées et produisent de petites déviations, seule l'impulsion des électrons se trouve modifiée alors que les coordonnées spatiales ne sont pratiquement pas affectées. Par conséquent, la probabilité de transition des électrons ne dépend que du vecteur d'onde $\mathbf{k}$ et non de $\mathbf{r}$. Ceci explique pourquoi on désignera, dans la suite, la probabilité de transition d'un électron, par unité de temps, par $P(\mathbf{k}, \mathbf{k}')$.

Il est important de noter que, dans le cas de particules obéissant aux statistiques quantiques, la notion de coefficient de diffusion et de coefficient de friction perd son sens et que la relation d'Einstein-Sutherland (Rel. 7.98) n'est plus valable. Même s'il est possible de calculer le coefficient de diffusion en montrant qu'il dépend de la concentration, il est préférable d'éviter de le faire.

L'intégrale de collision d'un gaz d'électrons peut être calculée en déterminant la variation du nombre d'électrons contenus dans un élément de volume de l'espace des phases, par deux méthodes différentes.

1- Pour mettre en oeuvre la première méthode, considérons tout d'abord le volume élémentaire Vd^3p du γ-espace, où V est le volume du système, soit :

$$Vd^3p = Vdp_xdp_ydp_z = V\left(\hbar dk_x\right)\left(\hbar dk_y\right)\left(\hbar dk_z\right),$$

$$\text{d'où} \qquad Vd^3p = V\hbar^3 d^3k = V\frac{h^3}{8\pi^3}d^3k.$$

Comme le plus petit volume de l'espace des phases disponible pour chaque état dynamique est h^3 (Rel. 1.44), il est facile de voir que le volume élémentaire $V\frac{h^3}{8\pi^3}d^3k$ contient $V\frac{d^3k}{8\pi^3}$ états dynamiques. Or, en termes de fonction de distribution et en tenant compte du spin, le nombre d'électrons contenus dans l'élément de volume $V\frac{h^3}{8\pi^3}d^3k$ est :

$$2f(\mathbf{r}, \mathbf{k}, t)V\frac{d^3k}{8\pi^3}. \tag{7.116}$$

Par conséquent, la variation du nombre d'électrons dans l'élément de volume $V\frac{h^3}{8\pi^3}d^3k$ pendant le temps dt est :

$$2\left[\frac{\partial f(\mathbf{r}, \mathbf{k}, t)}{\partial t}\right]_{\text{col}} V\frac{d^3k}{8\pi^3}dt. \tag{7.117}$$

2- La seconde méthode de calcul de la variation du nombre d'électrons est basée sur le bilan électronique entre les éléments de volume $V\frac{h^3}{8\pi^3}d^3k$ et $V\frac{h^3}{8\pi^3}d^3k'$, pendant le temps dt. Le nombre de transitions directes de l'état $\mathbf{k}$ dans l'état $\mathbf{k}'$ est proportionnel (1) au nombre d'électrons contenus dans le premier élément de volume, soit $2f(\mathbf{r}, \mathbf{k}, t)V\frac{d^3k}{8\pi^3}$, (2) à la probabilité de transition $P(\mathbf{k}, \mathbf{k}')$ et (3) au nombre d'états inoccupés dans le second élément de volume, soit $\left[1 - f(\mathbf{r}, \mathbf{k}', t)\right]V\frac{d^3k'}{8\pi^3}$. Ainsi, le nombre d'électrons transférés de l'état $\mathbf{k}$ dans l'état $\mathbf{k}'$, pendant le temps dt est :

$$-2f(\mathbf{r}, \mathbf{k}, t)V\frac{d^3k}{8\pi^3}P(\mathbf{k}, \mathbf{k}')\left[1 - f(\mathbf{r}, \mathbf{k}', t)\right]V\frac{d^3k'}{8\pi^3}dt.$$

Mais pendant le même temps, il se produit des transitions inverses de l'état $\mathbf{k}'$ dans l'état $\mathbf{k}$. Par raison de symétrie, le nombre d'électrons transférés de l'état $\mathbf{k}'$ dans l'état $\mathbf{k}$ est :

$$+2f(\mathbf{r},\mathbf{k}',t)V\frac{d^3k'}{8\pi^3}P(\mathbf{k}',\mathbf{k})\left[1-f(\mathbf{r},\mathbf{k},t)\right]V\frac{d^3k}{8\pi^3}dt.$$

Par conséquent, la variation du nombre d'électrons dans l'élément de volume $V\frac{h^3}{8\pi^3}d^3k$, pendant le temps dt, s'obtient en intégrant la différence des nombres de transitions directes et inverses sur les états $\mathbf{k}'$, soit :

$$2V\frac{d^3k}{8\pi^3}\frac{V}{8\pi^3}dt\int\left\{P(\mathbf{k}',\mathbf{k})f(\mathbf{r},\mathbf{k}',t)\left[1-f(\mathbf{r},\mathbf{k},t)\right]-P(\mathbf{k},\mathbf{k}')f(\mathbf{r},\mathbf{k},t)\left[1-f(\mathbf{r},\mathbf{k}',t)\right]\right\}d^3k'. \tag{7.118}$$

En identifiant les relations (7.117) et (7.118) qui représentent la même quantité, on obtient l'expression de l'intégrale de collision :

$$\left(\frac{\partial f}{\partial t}\right)_{\text{col}}=\frac{V}{8\pi^3}\int\left\{P(\mathbf{k}',\mathbf{k})f(\mathbf{r},\mathbf{k}',t)\left[1-f(\mathbf{r},\mathbf{k},t)\right]-P(\mathbf{k},\mathbf{k}')f(\mathbf{r},\mathbf{k},t)\left[1-f(\mathbf{r},\mathbf{k}',t)\right]\right\}d^3k'.$$

Si l'on admet que les collisions sont élastiques, les probabilités directes et inverses sont égales, ce qui permet de simplifier l'intégrale de collision sous la forme suivante :

$$\left(\frac{\partial f}{\partial t}\right)_{\text{col}}=\frac{V}{8\pi^3}\int P(\mathbf{k},\mathbf{k}')\left[f(\mathbf{r},\mathbf{k}',t)-f(\mathbf{r},\mathbf{k},t)\right]d^3k'. \tag{7.119}$$

7.4.2 Solution de l'équation de Boltzmann pour les états stationnaires

L'équation de Boltzmann des électrons s'obtient en reportant l'expression de l'intégrale de collision (Rel. 7.119) dans la relation (7.114), ce qui donne :

$$\frac{\partial}{\partial t}f(\mathbf{r},\mathbf{k},t)=-\mathbf{v}.\mathbf{grad}_{\mathbf{r}}f-\frac{1}{\hbar}\mathbf{F}_{ext}.\mathbf{grad}_{\mathbf{k}}f+\frac{V}{8\pi^3}\int P(\mathbf{k},\mathbf{k}')\left[f(\mathbf{r},\mathbf{k}',t)-f(\mathbf{r},\mathbf{k},t)\right]d^3k'. \tag{7.120}$$

Cette équation intégro-différentielle est difficile à résoudre. Cependant la tâche est considérablement simplifiée lorsqu'on utilise le concept de temps de relaxation comme cela est fait pour les gaz classiques dilués (§ 7.1.4). Le temps de relaxation τ est défini par le coefficient de proportionnalité entre l'intégrale de collision et l'écart $\left[f(\mathbf{r},\mathbf{k},t)-f_0(\mathbf{r},\mathbf{k})\right]$, soit :

$$\left(\frac{\partial f}{\partial t}\right)_{\text{col}}=-\frac{f(\mathbf{r},\mathbf{k},t)-f_0(\mathbf{r},\mathbf{k})}{\tau}, \tag{7.121}$$

où $f_0(\mathbf{r},\mathbf{k})$ est la fonction de distribution de Fermi-Dirac (Rel. 7.113). Il en découle que la fonction de distribution hors d'équilibre est de la forme :

$$f(\mathbf{r},\mathbf{k},t)=f_0(\mathbf{r},\mathbf{k})+\left[f(\mathbf{r},\mathbf{k},0)-f_0(\mathbf{r},\mathbf{k})\right]\exp(-\frac{t}{\tau}).$$

Or, en identifiant les relations (7.119) et (7.121), on aboutit à l'expression du temps de relaxation :

$$\frac{1}{\tau}=\frac{V}{8\pi^3}\int P(\mathbf{k},\mathbf{k}')\left[\frac{f(\mathbf{r},\mathbf{k},t)-f(\mathbf{r},\mathbf{k}',t)}{f(\mathbf{r},\mathbf{k},t)-f_0(\mathbf{r},\mathbf{k})}\right]d^3k'. \tag{7.122}$$

Le temps de relaxation caractérise l'interaction des électrons avec le milieu, aussi bien en présence qu'en absence de forces extérieures, dans les processus de relaxation. Dans ce paragraphe, on cherche la solution de l'équation de Boltzmann en fonction du temps de relaxation, pour un système soumis à un *champ électrique constant et faible*. Cette hypothèse permet d'écrire la fonction de distribution en régime stationnaire ($\frac{\partial f}{\partial t} = 0$) sous la forme d'un développement en perturbation à l'ordre un, soit :

$$f(\mathbf{r}, \mathbf{k}) = f_0(\mathbf{r}, \mathbf{k}) + f_1(\mathbf{r}, \mathbf{k}). \tag{7.123}$$

Dans ces conditions, l'équation de Boltzmann (Rel. 7.114) se réduit à l'expression :

$$0 = -\mathbf{v}.\mathbf{grad}_{\mathbf{r}} \left[f_0(\mathbf{r}, \mathbf{k}) + f_1(\mathbf{r}, \mathbf{k}) \right] - \frac{1}{\hbar} \mathbf{F}_{ext}.\mathbf{grad}_{\mathbf{k}} \left[f_0(\mathbf{r}, \mathbf{k}) + f_1(\mathbf{r}, \mathbf{k}) \right] - \frac{f_1(\mathbf{r}, \mathbf{k})}{\tau}. \tag{7.124}$$

Puisque le champ électrique est faible, la fonction de distribution hors d'équilibre diffère peu de la fonction de distribution à l'équilibre, de sorte que l'on peut négliger les gradients de $f_1(\mathbf{r}, \mathbf{k})$ dans la relation précédente. L'équation de Boltzmann ainsi obtenue est la même que celle de la relation (7.26), car les gradients de la perturbation $f_1(\mathbf{r}, \mathbf{k})$ - d'un ordre de grandeur plus petits que les gradients de $f_0(\mathbf{r}, \mathbf{k})$ - peuvent être négligés. Pour chercher sa solution, on effectue le calcul de $\mathbf{grad}_{\mathbf{r}} f_0(\mathbf{r}, \mathbf{k})$ et de $\mathbf{grad}_{\mathbf{k}} f_0(\mathbf{r}, \mathbf{k})$ en remarquant que l'énergie E dépend de $\mathbf{k}$, alors que le potentiel chimique μ et la température T dépendent de $\mathbf{r}$, ce qui permet d'écrire la relation (7.113) explicitement en fonction de $\mathbf{r}$ et de $\mathbf{k}$ sous la forme suivante :

$$f_0(\mathbf{r}, \mathbf{k}) = \frac{1}{1 + \exp\left\{ \frac{1}{k_B T(\mathbf{r})} ([E(\mathbf{k}) - \mu(\mathbf{r})] \right\}}.$$

Comme la dépendance en $\mathbf{r}$ ne peut se produire que par l'intermédiaire de μ et de T, on peut évaluer la quantité :

$$\mathbf{grad}_{\mathbf{r}} f_0 = \frac{\partial f_0}{\partial T} \mathbf{grad}_{\mathbf{r}} T + \frac{\partial f_0}{\partial \mu} \mathbf{grad}_{\mathbf{r}} \mu,$$

au moyen des relations :

$$\frac{\partial f_0}{\partial T} = \frac{\frac{1}{k_B T^2}(E - \mu) \exp\left[\frac{1}{k_B T}(E - \mu) \right]}{\left\{ 1 + \exp\left[\frac{1}{k_B T}(E - \mu) \right] \right\}^2},$$

$$\text{et} \quad \frac{\partial f_0}{\partial \mu} = \frac{\frac{1}{k_B T} \exp\left[\frac{1}{k_B T}(E - \mu) \right]}{\left\{ 1 + \exp\left[\frac{1}{k_B T}(E - \mu) \right] \right\}^2}.$$

De plus, en remarquant que $\frac{\partial f_0}{\partial \mu} = -\frac{\partial f_0}{\partial E}$, on déduit des deux relations précédentes que $\frac{\partial f_0}{\partial T} = -\frac{\partial f_0}{\partial E} \frac{(E - \mu)}{T}$ et que :

$$\mathbf{grad}_{\mathbf{r}} f_0 = -\frac{\partial f_0}{\partial E} \left[\frac{(E - \mu)}{T} \mathbf{grad}_{\mathbf{r}} T + \mathbf{grad}_{\mathbf{r}} \mu \right]. \tag{7.125}$$

Par ailleurs, la dépendance en $\mathbf{k}$ de E, permet d'écrire[40] :

$$\mathbf{grad_k} f_0 = \frac{\partial f_0}{\partial E}\mathbf{grad_k} E = \frac{\partial f_0}{\partial E}\hbar\mathbf{v}. \tag{7.126}$$

Par conséquent, si l'on utilise les relations (7.125) et (7.126) pour remplacer les gradients de $f_0(\mathbf{r},\mathbf{k})$ dans la relation (7.124), et que l'on exprime la force extérieure en fonction du champ électrique ($\mathbf{F}_{ext} = e\mathcal{E}$), on obtient :

$$\frac{f_1(\mathbf{r},\mathbf{k})}{\tau} = \mathbf{v}.\frac{\partial f_0}{\partial E}\left[\frac{(E-\mu)}{T}\mathbf{grad_r} T + \mathbf{grad_r}\mu\right] - \frac{1}{\hbar}e\mathcal{E}.\frac{\partial f_0}{\partial E}\hbar\mathbf{v},$$

$$\text{soit} \quad f_1(\mathbf{r},\mathbf{k}) = -\tau\mathbf{v}.\left[e\mathcal{E} - \mathbf{grad_r}\mu - \frac{(E-\mu)}{T}\mathbf{grad_r} T\right]\frac{\partial f_0}{\partial E}. \tag{7.127}$$

Cette expression montre que la fonction de distribution des électrons en régime stationnaire dépend du champ électrique appliqué, du gradient de potentiel chimique et du gradient de température. Chacun de ces trois effets est susceptible de produire un déséquilibre du système en engendrant un mouvement directionnel des électrons.

7.4.3 Calcul du temps de relaxation

Expression formelle. L'inconnue dans l'expression de la fonction de distribution des électrons en régime stationnaire (Rel. 7.127) est le temps de relaxation τ. Dans ce paragraphe, on se propose de rechercher son expression dans le cas où le système est soumis à un champ électrique constant et faible. Puisque le système est en régime stationnaire, la relation (7.122) perd sa dépendance en t et s'écrit sous la forme suivante :

$$\frac{1}{\tau} = \frac{V}{8\pi^3}\int P(\mathbf{k},\mathbf{k}')\left[1 - \frac{f(\mathbf{r},\mathbf{k}') - f_0(\mathbf{r},\mathbf{k})}{f(\mathbf{r},\mathbf{k}) - f_0(\mathbf{r},\mathbf{k})}\right]d^3k',$$

$$\text{ou encore} \quad \frac{1}{\tau} = \frac{V}{8\pi^3}\int P(\mathbf{k},\mathbf{k}')\left[1 - \frac{f_1(\mathbf{r},\mathbf{k}')}{f_1(\mathbf{r},\mathbf{k})}\right]d^3k'.$$

Pour calculer l'intégrale de la relation précédente, utilisons les coordonnées sphériques en repérant le vecteur d'onde $\mathbf{k}'$ avec les angles θ et φ. Supposons, par ailleurs, que le champ électrique $\mathcal{E}$ est dirigé dans la direction x et que le vecteur d'onde $\mathbf{k}$ se trouve dans le plan xz en faisant un angle α avec l'axe z, comme indiqué sur la figure (7.7a). Explicitons ensuite les fonctions $f_1(\mathbf{r},\mathbf{k}')$ et $f_1(\mathbf{r},\mathbf{k})$ au moyen de la relation (7.127). Si l'on admet que le système est homogène ($\mathbf{grad_r}\mu = \mathbf{0}$) et que la température est constante ($\mathbf{grad_r} T = \mathbf{0}$), l'expression de la fonction f_1 se réduit à :

$$f_1(\mathbf{r},\mathbf{k}) = -\tau e\frac{\partial f_0}{\partial E}\mathbf{v}(\mathbf{k}).\mathcal{E},$$

et le rapport $\frac{f_1(\mathbf{r},\mathbf{k}')}{f_1(\mathbf{r},\mathbf{k})}$ se simplifie comme suit :

$$\frac{f_1(\mathbf{r},\mathbf{k}')}{f_1(\mathbf{r},\mathbf{k})} = \frac{\mathbf{v}(\mathbf{k}').\mathcal{E}}{\mathbf{v}(\mathbf{k}).\mathcal{E}} = \frac{v_x(\mathbf{k}').\mathcal{E}_x}{v_x(\mathbf{k}).\mathcal{E}_x}.$$

[40] Comme l'énergie d'un électron vaut $E = \frac{\hbar^2\mathbf{k}^2}{2m}$, on en déduit que $\mathbf{grad_k} E = \frac{\hbar^2\mathbf{k}}{m} = \hbar\mathbf{v}$ en s'aidant de la relation (7.115).

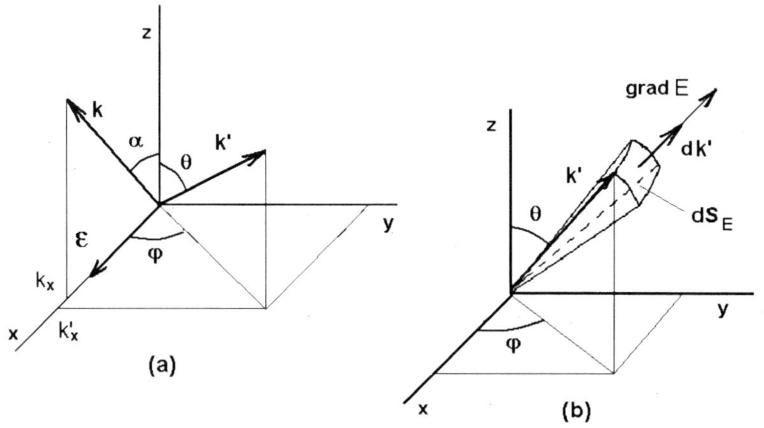

FIG. 7.7 – (a) Représentation du champ électrique $\mathcal{E}$ et des vecteurs d'ondes $\mathbf{k}$ et $\mathbf{k}'$ sur un trièdre orthonormé. (b) Représentation de l'élément de surface d'égale énergie $dS_E = k'^2 \sin\theta d\theta d\varphi$ permettant d'évaluer l'élément de volume $d^3k' = dS_E dk'$.

En tenant compte du fait que $v_x = \frac{hk_x}{m}$, l'expression du temps de relaxation devient :

$$\frac{1}{\tau} = \frac{V}{8\pi^3} \int P(\mathbf{k}, \mathbf{k}') \left[1 - \frac{k'_x}{k_x}\right] d^3k'$$

et se transforme comme suit, après un coup d'oeil sur la figure (7.7b) :

$$\frac{1}{\tau} = \frac{V}{8\pi^3} \int\int\int P(\mathbf{k}, \mathbf{k}') \left[1 - \frac{|\mathbf{k}'| \sin\theta \cos\varphi}{|\mathbf{k}| \sin\alpha}\right] k'^2 \sin\theta d\theta d\varphi dk'.$$

Si l'on suppose que les collisions sont élastiques, il s'ensuit que les transitions se font entre électrons d'égale énergie et que $|\mathbf{k}'| = |\mathbf{k}| = k'$. De plus, si l'on introduit explicitement le terme $\cos\theta$ dans le crochet (cf. note 7 de ce chapitre), le temps de relaxation s'écrit encore :

$$\frac{1}{\tau} = \frac{V}{8\pi^3} \int\int\int P(\mathbf{k}, \mathbf{k}') \left[(1 - \cos\theta) + \cos\theta + \frac{\sin\theta\cos\varphi}{\sin\alpha}\right] k'^2 \sin\theta d\theta d\varphi dk'.$$

Comme les intégrales des deux derniers termes entre crochets sont nulles[41], l'expression du temps de relaxation se réduit finalement à :

$$\frac{1}{\tau} = \frac{V}{8\pi^3} 2\pi \int\int P(\mathbf{k}, \mathbf{k}') (1 - \cos\theta) \sin\theta d\theta k'^2 dk'. \tag{7.128}$$

[41]Ceci découle de la nullité des intégrales sur les angles. En effet :

$$\int_0^{2\pi} d\varphi \int_0^{\pi} \cos\theta \sin\theta d\theta = 0,$$

$$\text{et} \quad \frac{1}{\sin\alpha} \int_0^{2\pi} \cos\varphi d\varphi \int_0^{\pi} \sin^2\theta d\theta = 0.$$

Bien qu'elle ait été obtenue en supposant que le système n'est soumis qu'à un champ électrique, cette expression reste valable si le système est soumis à un gradient de température, à un gradient de potentiel chimique ou à un champ magnétique. Elle est utilisable dans la majorité des cas présentant un intérêt pratique, comme dans le calcul de la résistivité et du pouvoir thermoélectrique des liquides métalliques.

Théorie des transitions quantiques. Pour déterminer complètement le temps de relaxation il reste encore à trouver l'expression de la probabilité de transition $P(\mathbf{k}, \mathbf{k}')$. Celle-ci est fournie par la règle d'or de Fermi qui découle de la théorie des transitions quantiques, et que l'on a estimé utile de présenter brièvement dans ce qui suit.

Dans un système quantique indépendant du temps, les états stationnaires sont décrits par l'équation de Schrödinger :

$$\hat{H}^0 \varphi_\alpha^0(\mathbf{r}) = E_\alpha^0 \varphi_\alpha^0(\mathbf{r}), \tag{7.129}$$

où $\hat{H}^0$ est l'hamiltonien, E_α^0 l'énergie et $\varphi_\alpha^0(\mathbf{r})$ la fonction d'onde des états stationnaires α. Si le système dépend du temps, il est régi par l'équation de Schrödinger :

$$i\hbar \frac{\partial \varphi_\alpha^0(\mathbf{r}, t)}{\partial t} = \hat{H}^0 \varphi_\alpha^0(\mathbf{r}, t), \tag{7.130}$$

où la fonction d'onde $\varphi_\alpha^0(\mathbf{r}, t)$ est liée à la fonction d'onde des états stationnaires $\varphi_\alpha^0(\mathbf{r})$ par la relation :

$$\varphi_\alpha^0(\mathbf{r}, t) = \varphi_\alpha^0(\mathbf{r}) \exp\left[-\frac{i}{\hbar} E_\alpha^0 t\right]. \tag{7.131}$$

En reportant la relation (7.131) dans la relation (7.130), on retrouve évidemment la relation (7.129).

Si à l'instant $t = 0$ le système est soumis à une perturbation $\hat{W}(\mathbf{r}, t)$ dépendant explicitement du temps, la fonction d'onde $\psi_\beta(\mathbf{r}, t)$ du système perturbé s'obtient en résolvant l'équation :

$$i\hbar \frac{\partial \psi_\beta(\mathbf{r}, t)}{\partial t} = \left(\hat{H}^0 + \hat{W}\right) \psi_\beta(\mathbf{r}, t). \tag{7.132}$$

Or, pour trouver la solution de cette équation, on utilise la méthode suggérée par Dirac consistant à développer $\psi_\beta(\mathbf{r}, t)$ sur les fonctions d'ondes $\varphi_\alpha^0(\mathbf{r}, t)$ du système non perturbé. Pour un spectre discret des états stationnaires, le développement est de la forme :

$$\psi_\beta(\mathbf{r}, t) = \sum_\alpha c_{\beta\alpha}(t) \varphi_\alpha^0(\mathbf{r}, t). \tag{7.133}$$

Substituons $\psi_\beta(\mathbf{r}, t)$ dans la relation (7.132), ce qui donne[42] :

$$i\hbar \sum_\alpha \frac{\partial c_{\beta\alpha}(t)}{\partial t} \varphi_\alpha^0(\mathbf{r}, t) = \sum_\alpha \hat{W}(\mathbf{r}, t) c_{\beta\alpha}(t) \varphi_\alpha^0(\mathbf{r}, t). \tag{7.134}$$

Si l'on multiplie la relation (7.134) à gauche par $\varphi_\gamma^{0*}(\mathbf{r}, t)$ et que l'on intègre sur le volume concerné, on obtient[43] :

$$i\hbar \frac{\partial c_{\beta\gamma}(t)}{\partial t} = \sum_\alpha c_{\beta\alpha}(t) W_{\gamma\alpha}(t) \exp\left[\frac{i}{\hbar}\left(E_\gamma^0 - E_\alpha^0\right) t\right]. \tag{7.135}$$

Cette équation est l'équation de Schrödinger perturbée dans la représentation en énergie. Pour trouver sa solution, on utilise les procédés usuels de la théorie des perturbations (§ 4.3.3) en cherchant $c_{\beta\alpha}(t)$ sous la forme d'une série :

$$c_{\beta\alpha}(t) = c_{\beta\alpha}^{(0)}(t) + c_{\beta\alpha}^{(1)}(t) + c_{\beta\alpha}^{(2)}(t) + ..., \tag{7.136}$$

---

[42] En effet, on obtient :

$$\begin{aligned} i\hbar \sum_\alpha \left[\frac{\partial c_{\beta\alpha}(t)}{\partial t} \varphi_\alpha^0(\mathbf{r}, t) + c_{\beta\alpha}(t) \frac{\partial \varphi_\alpha^0(\mathbf{r}, t)}{\partial t}\right] &= \sum_\alpha \left(\hat{H}^0 + \hat{W}\right) c_{\beta\alpha}(t) \varphi_\alpha^0(\mathbf{r}, t), \\ i\hbar \sum_\alpha \frac{\partial c_{\beta\alpha}(t)}{\partial t} \varphi_\alpha^0(\mathbf{r}, t) + i\hbar \sum_\alpha c_{\beta\alpha}(t) \frac{\partial \varphi_\alpha^0(\mathbf{r}, t)}{\partial t} &= \sum_\alpha \hat{H}^0 c_{\beta\alpha}(t) \varphi_\alpha^0(\mathbf{r}, t) + \sum_\alpha \hat{W}(\mathbf{r}, t) c_{\beta\alpha}(t) \varphi_\alpha^0(\mathbf{r}, t). \end{aligned}$$

Or, avec la relation (7.130), il est aisé de voir que la relation précédente se simplifie comme suit :

$$i\hbar \sum_\alpha \frac{\partial c_{\beta\alpha}(t)}{\partial t} \varphi_\alpha^0(\mathbf{r}, t) = \sum_\alpha \hat{W}(\mathbf{r}, t) c_{\beta\alpha}(t) \varphi_\alpha^0(\mathbf{r}, t).$$

[43] Il faut tenir compte du fait que les fonctions d'ondes $\varphi_\alpha^0(\mathbf{r})$ forment une *base orthonormale* et que la perturbation $\hat{W}(\mathbf{r}, t)$ est faible, ce qui permet d'écrire la condition de normalisation et l'élément de matrice respectivement :

$$\begin{aligned} \int \varphi_\gamma^{0*}(\mathbf{r}) \varphi_\alpha^0(\mathbf{r}) d^3r &= \delta_{\gamma\alpha}, \\ \text{et} \qquad \int \varphi_\gamma^{0*}(\mathbf{r}) \hat{W}(\mathbf{r}, t) \varphi_\alpha^0(\mathbf{r}) d^3r &= W_{\gamma\alpha}(t), \end{aligned}$$

où $\delta_{\gamma\alpha}$ est le symbole de Kronecker qui vaut 1 quand $\alpha = \gamma$ et 0 quand $\alpha \neq \gamma$. Avec ces expressions, la relation (7.134) devient :

$$\begin{aligned} i\hbar \int \varphi_\gamma^{0*}(\mathbf{r}, t) \sum_\alpha \frac{\partial c_{\beta\alpha}(t)}{\partial t} \varphi_\alpha^0(\mathbf{r}, t) d^3r &= \int \varphi_\gamma^{0*}(\mathbf{r}, t) \sum_\alpha \hat{W}(\mathbf{r}, t) c_{\beta\alpha}(t) \varphi_\alpha^0(\mathbf{r}, t) d^3r, \\ i\hbar \sum_\alpha \frac{\partial c_{\beta\alpha}(t)}{\partial t} \left[\int \psi_\gamma^{0*}(\mathbf{r}, t) \psi_\alpha^0(\mathbf{r}, t) d^3r\right] &= \sum_\alpha c_{\beta\alpha}(t) \left[\int \varphi_\gamma^{0*}(\mathbf{r}, t) \hat{W}(\mathbf{r}, t) \varphi_\alpha^0(\mathbf{r}, t) d^3r\right], \end{aligned}$$

et se transforme encore sous la forme suivante, à l'aide de la relation (7.131) :

$$\begin{aligned} i\hbar \sum_\alpha \frac{\partial c_{\beta\alpha}(t)}{\partial t} \left\{\exp\left[\frac{i}{\hbar}\left(E_\gamma^0 - E_\alpha^0\right) t\right] \delta_{\alpha\gamma}\right\} &= \sum_\alpha c_{\beta\alpha}(t) \exp\left[\frac{i}{\hbar}\left(E_\gamma^0 - E_\alpha^0\right) t\right] W_{\gamma\alpha}(t), \\ i\hbar \frac{\partial c_{\beta\gamma}(t)}{\partial t} &= \sum_\alpha c_{\beta\alpha}(t) \exp\left[\frac{i}{\hbar}\left(E_\gamma^0 - E_\alpha^0\right) t\right] W_{\gamma\alpha}(t). \end{aligned}$$

où $c_{\beta\alpha}^{(0)}(t)$ est la solution d'ordre zéro correspondant au cas où $\hat{W}=0$. Avec ce développement, la relation (7.133) s'écrit :

$$\begin{aligned}
\psi_\beta(\mathbf{r},t) &= \sum_\alpha \left[c_{\beta\alpha}^{(0)}(t)+c_{\beta\alpha}^{(1)}(t)+c_{\beta\alpha}^{(2)}(t)+...\right]\varphi_\alpha^0(\mathbf{r},t),\\
\psi_\beta(\mathbf{r},t) &= \sum_\alpha c_{\beta\alpha}^{(0)}(t)\varphi_\alpha^0(\mathbf{r},t)+\sum_\alpha \left[c_{\beta\alpha}^{(1)}(t)+c_{\beta\alpha}^{(2)}(t)+...\right]\varphi_\alpha^0(\mathbf{r},t).
\end{aligned}$$

Evidemment, si le système est non perturbé ($\hat{W}=0$), il découle de la relation (7.136) que $c_{\beta\alpha}(t)=c_{\beta\alpha}^{(0)}(t)$ et, puisque le second membre de la relation (7.135) est nul, le coefficient $c_{\beta\alpha}(t)=c_{\beta\alpha}^{(0)}$ ne dépend pas du temps. Par ailleurs, avec $\hat{W}=0$, la relation (7.133) s'écrit $\psi_\beta(\mathbf{r},t) = \sum_\alpha c_{\beta\alpha}^{(0)}(t)\varphi_\alpha^0(\mathbf{r},t)$ ainsi que $\psi_\beta(\mathbf{r},t) = \varphi_\beta^0(\mathbf{r},t)$, ce qui entraîne $c_{\beta\beta}^{(0)} = 1$. Il ressort de ces considérations que les coefficients $c_{\beta\alpha}^{(0)}$ s'identifient au symbole de Kronecker $c_{\beta\alpha}^{(0)}=\delta_{\beta\alpha}$. Par conséquent, l'expression des coefficients $c_{\beta\alpha}(t)$ se réduit à la forme :

$$c_{\beta\alpha}(t)=\delta_{\beta\alpha}+c_{\beta\alpha}^{(1)}(t)+c_{\beta\alpha}^{(2)}(t)+...,$$

où $c_{\beta\alpha}^{(1)}(t)$ est du même ordre de grandeur que la perturbation, $c_{\beta\alpha}^{(2)}(t)$ du deuxième ordre par rapport à la perturbation et ainsi de suite. C'est en substituant l'expression de $c_{\beta\alpha}(t)$ dans la relation (7.135) que l'on obtient celle de $c_{\beta\alpha}^{(1)}(t)$. En ne conservant que les termes du premier ordre de grandeur par rapport à la perturbation, il ne reste que la relation :

$$i\hbar\frac{\partial c_{\beta\gamma}^{(1)}(t)}{\partial t}=\sum_\alpha \delta_{\beta\alpha}W_{\gamma\alpha}(t)\exp\left[\frac{i}{\hbar}\left(E_\gamma^0-E_\alpha^0\right)t\right]=W_{\gamma\beta}(t)\exp\left[\frac{i}{\hbar}\left(E_\gamma^0-E_\beta^0\right)t\right],$$

et son intégrale s'écrit :

$$c_{\beta\gamma}^{(1)}(t)=\frac{1}{i\hbar}\int W_{\gamma\beta}(t)\exp\left[\frac{i}{\hbar}\left(E_\gamma^0-E_\beta^0\right)t\right]dt.$$

La *probabilité de transition* du système de l'état $\psi_\beta^0(\mathbf{r},0)$ dans l'état $\psi_\gamma^0(\mathbf{r},t)$, lorsqu'il subit la perturbation $\hat{W}$ pendant un temps t, est[44] :

$$\left|c_{\beta\gamma}^{(1)}(t)\right|^2=\frac{1}{\hbar^2}\left|\int_0^t W_{\gamma\beta}(t)\exp\left[\frac{i}{\hbar}\left(E_\gamma^0-E_\beta^0\right)t\right]dt\right|^2.$$

Pour appliquer cette formule à la transition d'un électron de l'état $\mathbf{k}$ à l'état $\mathbf{k}'$, il faut admettre que la perturbation $W_{\gamma\beta}(t)$ correspond à l'élément de matrice (Rel. 4.45) du potentiel perturbateur électron-ion $|\langle\mathbf{k}'|W|\mathbf{k}\rangle|$. Or, en posant :

$$\begin{aligned}
W_{k'k}(t) &= |\langle\mathbf{k}'|W|\mathbf{k}\rangle|,\\
\text{et}\qquad \omega &= \frac{E_{k'}^0-E_k^0}{\hbar},
\end{aligned}$$

[44] Le temps t considéré ici correspond à l'intervalle de temps entre 2 collisions ; il est bien plus grand que la durée d'une collision.

et en remarquant que la perturbation ne dépend pas du temps, on calcule la probabilité de transition par unité de temps, notée $P(\mathbf{k},\mathbf{k}')$, au moyen de l'expression suivante :

$$\begin{aligned} P(\mathbf{k},\mathbf{k}') &= \frac{d}{dt}\left|c_{kk'}^{(1)}(t)\right|^2 = \frac{\left|\langle\mathbf{k}'\,|W|\,\mathbf{k}\rangle\right|^2}{\hbar^2}\frac{d}{dt}\left|\int_0^t \exp\left(i\omega t\right)dt\right|^2, \\ \text{soit}\quad P(\mathbf{k},\mathbf{k}') &= \frac{\left|\langle\mathbf{k}'\,|W|\,\mathbf{k}\rangle\right|^2}{\hbar^2\omega^2}\frac{d}{dt}\left|\exp\left(i\omega t\right)-1\right|^2, \end{aligned}$$

et après simplifications, on obtient[45] :

$$P(\mathbf{k},\mathbf{k}') = \frac{2}{\hbar^2}\left|\langle\mathbf{k}'\,|W|\,\mathbf{k}\rangle\right|^2\frac{\sin\left(\omega t\right)}{\omega}. \tag{7.137}$$

Cette expression est la *règle d'or de Fermi*. Elle montre que la probabilité de transition entre les états $\mathbf{k}$ et $\mathbf{k}'$ présente un caractère oscillatoire amorti, de pulsation ω proportionnelle à la différence d'énergies entre les états $\mathbf{k}$ et $\mathbf{k}'$. Elle montre également que la probabilité de transition $P(\mathbf{k},\mathbf{k}')$ est une fonction décroissante de la pulsation ω. En d'autres termes, plus l'écart des énergies entre les états $\mathbf{k}$ et $\mathbf{k}'$ est grand plus la probabilité de transition est faible.

Pour un examen détaillé de la variation de $P(\mathbf{k},\mathbf{k}')$ avec ω, étudions la fonction $\frac{\sin(\omega t)}{\omega} = t\frac{\sin x}{x}$ dont la représentation est donnée sur la figure (7.8) et dont l'intégrale est :

$$\frac{1}{\pi}\int_{-\infty}^{\infty}\frac{\sin\left(\omega t\right)}{\omega}d\omega = \frac{1}{\pi}\int_{-\infty}^{\infty}\frac{\sin x}{x}dx = 1, \qquad \forall\ t.$$

On voit sur la figure (7.8) que plus t est grand, plus la valeur à l'origine est élevée et plus les oscillations sont amorties et resserrées. Puisque $\frac{1}{\pi}\frac{\sin(\omega t)}{\omega}$ possède un pic infini en $\omega = 0$ lorsque t tend vers l'infini, et que l'aire sous la courbe est égale à l'unité, il est légitime de poser :

$$\frac{1}{\pi}\frac{\sin\left(\omega t\right)}{\omega} \sim \delta\left(\omega\right),$$

où $\delta\left(\omega\right)$ est la fonction de Dirac. Dans ce cas, la probabilité de transition devient[46] :

$$P(\mathbf{k},\mathbf{k}') = \frac{2\pi}{\hbar}\left|\langle\mathbf{k}'\,|W|\,\mathbf{k}\rangle\right|^2\delta(E_{k'}^0 - E_k^0) = \frac{2\pi}{\hbar}\left|\langle\mathbf{k}'\,|W|\,\mathbf{k}\rangle\right|^2\frac{2m}{\hbar^2}\delta(k'^2 - k^2),$$

---

[45] En effet :

$$\begin{aligned} \frac{d}{dt}\left|\exp\left(i\omega t\right)-1\right|^2 &= \frac{d}{dt}\left\{\left[\cos\left(\omega t\right)-1\right]^2 + \left[\sin\left(\omega t\right)\right]^2\right\} \\ \frac{d}{dt}\left|\exp\left(i\omega t\right)-1\right|^2 &= \frac{d}{dt}2\left[1-\cos\left(\omega t\right)\right], \\ \frac{d}{dt}\left|\exp\left(i\omega t\right)-1\right|^2 &= 2\omega\sin\left(\omega t\right). \end{aligned}$$

[46] Pour effectuer la simplification il faut utiliser la propriété suivante de la fonction de Dirac :

$$\delta(ax) = \frac{1}{|a|}\delta(x),$$

$$\begin{aligned} \text{avec}\quad a &= \frac{\hbar^2}{2m}, \\ \text{et}\quad x &= k'^2 - k^2. \end{aligned}$$

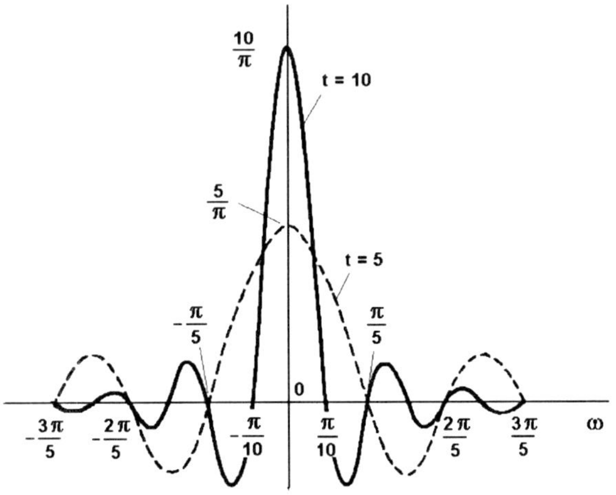

FIG. 7.8 – Représentation graphique de la fonction $\frac{1}{\pi}\frac{\sin(\omega t)}{\omega}$, pour deux valeurs de t différentes.

et le temps de relaxation (Rel. 7.128) s'écrit explicitement sous la forme suivante :

$$\frac{1}{\tau} = \frac{V}{4\pi^2}\frac{4\pi m}{\hbar^3}\int\int |\langle \mathbf{k}'|W|\,\mathbf{k}\rangle|^2\,\delta(k'^2-k^2)\,(1-\cos\theta)\sin\theta d\theta k'^2\frac{d\left(k'^2\right)}{2k'},$$

$$\frac{1}{\tau} = \frac{V}{2\pi}\frac{m}{\hbar^3}\int\int |\langle \mathbf{k}'|W|\,\mathbf{k}\rangle|^2\,\delta(k'^2-k^2)\,(1-\cos\theta)\sin\theta d\theta k' d\left(k'^2\right).$$

Avec la fonction de Dirac dans l'intégrant, l'intégration sur k'^2 est immédiate. Par ailleurs, si l'on note que les transitions n'ont lieu qu'entre les électrons dont les énergies sont situées au niveau de Fermi, on peut poser $|\mathbf{k}| = |\mathbf{k}'| = k_F$ après l'intégration sur k', ce qui permet d'écrire le temps de relaxation :

$$\frac{1}{\tau} = \frac{V}{2\pi}\frac{m}{\hbar^3}k_F\int_0^\pi |\langle \mathbf{k}'|W|\,\mathbf{k}\rangle|^2\,(1-\cos\theta)\sin\theta d\theta. \tag{7.138}$$

Généralement, on transforme encore cette expression en utilisant le vecteur de transfert $\mathbf{q} = \mathbf{k}' - \mathbf{k}$ et en simplifiant les lignes trigonométriques[47] dans la relation précédente, ce

[47] De la relation de Bragg (Rel. 5.12) appliquée sur la sphère de Fermi :

$$q = |\mathbf{k}'-\mathbf{k}| = 2k_F\sin\left(\frac{\theta}{2}\right),$$

on tire

$$\sin^2\left(\frac{\theta}{2}\right) = \frac{1}{2}(1-\cos\theta) = \left(\frac{q}{2k_F}\right)^2,$$

qui, après différenciation, s'écrit :

$$2\sin\frac{\theta}{2}\cos\frac{\theta}{2}d\left(\frac{\theta}{2}\right) = \frac{1}{2}\sin\theta d\theta = 2\left(\frac{q}{2k_F}\right)d\left(\frac{q}{2k_F}\right).$$

En explicitant les lignes trigonométriques dans la relation (7.138) au moyen des relations précédentes, on obtient :

$$(1-\cos\theta)\sin\theta d\theta = 8\left(\frac{q}{2k_F}\right)^3 d\left(\frac{q}{2k_F}\right).$$

qui donne :

$$\frac{1}{\tau} = \frac{4V}{\pi}\frac{m}{\hbar^3}k_F \int_0^1 |\langle \mathbf{k}' |W| \mathbf{k}\rangle|^2 \left(\frac{q}{2k_F}\right)^3 d\left(\frac{q}{2k_F}\right). \tag{7.139}$$

7.4.4 Les coefficients cinétiques et phénoménologiques

Les densités de courant. On a indiqué au paragraphe (7.4.1) que le volume élémentaire Vd^3p du γ-espace, où V est le volume du système, contient un nombre d'électrons égal à $2f(\mathbf{r},\mathbf{k},t)V\frac{d^3k}{8\pi^3}$ (Rel. 7.116). Par conséquent, la charge par unité de volume est $ef(\mathbf{r},\mathbf{k},t)\frac{d^3k}{4\pi^3}$, où e est la charge de l'électron. Or, si ces électrons sont animés de la vitesse $\mathbf{v}$, on définit la *densité de courant de charge*[48] par la quantité $\mathbf{v}ef(\mathbf{r},\mathbf{k},t)\frac{d^3k}{4\pi^3}$ et la densité de courant de charge totale par l'intégrale :

$$\mathbf{J} = \frac{1}{4\pi^3}\iiint \mathbf{v}ef(\mathbf{r},\mathbf{k},t)d^3k.$$

En régime stationnaire, on peut substituer la fonction de distribution (Rel. 7.123) dans la relation précédente, ce qui donne :

$$\mathbf{J} = \frac{1}{4\pi^3}\iiint \mathbf{v}ef_0(\mathbf{r},\mathbf{k})d^3k + \frac{1}{4\pi^3}\iiint \mathbf{v}ef_1(\mathbf{r},\mathbf{k})d^3k.$$

La première intégrale est nulle du fait que l'intégrant est une fonction impaire de k ($\mathbf{v} = \frac{\hbar\mathbf{k}}{m}$). Pratiquement, cela signifie qu'il ne circule aucun courant électrique dans un conducteur en état d'équilibre. Par conséquent, l'expression de la densité de courant de charge totale ne contient que la perturbation $f_1(\mathbf{r},\mathbf{k})$, soit :

$$\mathbf{J} = \frac{1}{4\pi^3}\iiint e\mathbf{v}f_1(\mathbf{r},\mathbf{k})d^3k. \tag{7.140}$$

Avec ce qui a été indiqué dans le paragraphe (7.2.4), il est possible de définir la *densité de courant d'énergie* totale par l'expression :

$$\mathbf{W} = \frac{1}{4\pi^3}\iiint E\mathbf{v}f_1(\mathbf{r},\mathbf{k})d^3k, \tag{7.141}$$

ainsi que la *densité de courant de chaleur* totale :

$$\mathbf{Q} = \frac{1}{4\pi^3}\iiint (E-\mu)\,\mathbf{v}f_1(\mathbf{r},\mathbf{k})d^3k. \tag{7.142}$$

En comparant les relations (7.140), (7.141) et (7.142), on remarque que les trois quantités $\mathbf{J}$, $\mathbf{W}$ et $\mathbf{Q}$ sont liées par la relation :

$$\mathbf{Q} = \mathbf{W} - \frac{\mu}{e}\mathbf{J}. \tag{7.143}$$

[48]On notera la différence qu'il y a entre la *densité de charge* $ef(\mathbf{r},\mathbf{k},t)\frac{d^3k}{4\pi^3}$ et la *densité de courant de charge* $\mathbf{v}ef(\mathbf{r},\mathbf{k},t)\frac{d^3k}{4\pi^3}$, par analogie formelle avec celles de la masse (cf. note 20 de ce chapitre), à la différence près que les densités de masse sont définies dans l'espace des configurations et que les densités de charge le sont dans l'espace des impulsions.

Les coefficients cinétiques. Dans ce paragraphe on calcule la densité de courant de chaleur $\mathbf{Q}$, en substituant la fonction de distribution (Rel. 7.127) dans la relation (7.142), soit :

$$\mathbf{Q} = -\frac{1}{4\pi^3}\iiint (E-\mu)\,\mathbf{v}\tau\mathbf{v}.\left[e\mathcal{E} - \mathbf{grad}_\mathbf{r}\mu - \frac{(E-\mu)}{T}\mathbf{grad}_\mathbf{r}T\right]\frac{\partial f_0}{\partial E}d^3k. \tag{7.144}$$

Pour définir les coefficients cinétiques sous la forme la plus générale, désignons par $\mathbf{X}$ le vecteur résultant entre crochets, puis simplifions l'intégrale en effectuant les opérations vectorielles sous forme analytique sur le trièdre orthonormé $(\mathbf{ijk})$. Cela revient à calculer l'expression :

$$\mathbf{v}\,(\mathbf{v}.\mathbf{X}) = (v_x\mathbf{i} + v_y\mathbf{j} + v_z\mathbf{k})\left[(v_x\mathbf{i} + v_y\mathbf{j} + v_z\mathbf{k}).(X_x\mathbf{i} + X_y\mathbf{j} + X_z\mathbf{k})\right].$$

Tous calculs faits, on constate que le vecteur $\mathbf{Q}$ a pour composantes :

$$\mathbf{Q}\left|\begin{aligned} Q_x &= -\tfrac{1}{4\pi^3}\iiint (E-\mu)\,\tau\tfrac{\partial f_0}{\partial E}\left[v_xv_xX_x + v_xv_yX_y + v_xv_zX_z\right]d^3k, \\ Q_y &= -\tfrac{1}{4\pi^3}\iiint (E-\mu)\,\tau\tfrac{\partial f_0}{\partial E}\left[v_yv_xX_x + v_yv_yX_y + v_yv_zX_z\right]d^3k, \\ Q_z &= -\tfrac{1}{4\pi^3}\iiint (E-\mu)\,\tau\tfrac{\partial f_0}{\partial E}\left[v_zv_xX_x + v_zv_yX_y + v_zv_zX_z\right]d^3k. \end{aligned}\right.$$

Il est particulièrement intéressant de considérer le cas où le vecteur $\mathbf{X}$ ne dépend pas de k, car on peut le sortir de l'intégrale et écrire les équations précédentes sous la forme matricielle suivante :

$$\begin{vmatrix} Q_x \\ Q_y \\ Q_z \end{vmatrix} = \begin{vmatrix} K_{xx} & K_{xy} & K_{xz} \\ K_{yx} & K_{yy} & K_{yz} \\ K_{zx} & K_{zy} & K_{zz} \end{vmatrix}\begin{vmatrix} X_x \\ X_y \\ X_z \end{vmatrix},$$

soit :

$$\mathbf{Q} = \overline{\overline{K}}\mathbf{X},$$

où les composantes du tenseur $\overline{\overline{K}}$ sont définies par des expressions générales du type :

$$K_{xy} = -\frac{1}{4\pi^3}\iiint (E-\mu)\,\tau\frac{\partial f_0}{\partial E}\left(v_xv_y\right)d^3k.$$

Or, en transformant l'intégrale sur le vecteur d'onde en une intégrale sur l'énergie, on peut montrer que le tenseur $\overline{\overline{K}}$ se réduit à un scalaire. Etablissons tout d'abord la relation entre les éléments d'intégration d^3k et dE. Pour cela considérons le volume élémentaire en coordonnées sphériques $d^3k = dS_Edk$, où $dS_E = k^2\sin\theta d\theta d\varphi$ est l'élément de surface d'égale énergie (Fig. 7.7b). L'intégration sur la surface d'égale énergie se réduit à une intégration sur les angles θ et φ. Quant à l'élément d'intégration dk, il est relié à dE par la relation[49] :

[49] A partir de l'expression de la variation de l'énergie :

$$dE = \mathbf{grad}_kE.d\mathbf{k} = \left|\mathbf{grad}_kE\right|dk,$$

et de la relation :

$$\left|\mathbf{grad}_kE\right| = \left|\frac{\hbar^2\mathbf{k}}{m}\right| = \hbar\left|\mathbf{v}\right|,$$

$$dk = \frac{dE}{\left|\frac{\hbar^2 \mathbf{k}}{m}\right|}.$$

Avec ces changements de variables, les composantes du tenseur $\overline{\overline{K}}$ se récrivent comme suit :

$$K_{xy} = -\frac{1}{4\pi^3} \iiint (E-\mu)\, \tau \frac{\partial f_0}{\partial E} (v_x v_y)\, k^2 \sin\theta d\theta d\varphi \frac{dE}{\left|\frac{\hbar^2 \mathbf{k}}{m}\right|}.$$

Simplifions ensuite l'intégrale en explicitant le produit des vitesses $v_x v_y (= \frac{\hbar k_x}{m}\frac{\hbar k_y}{m})$, ce qui donne :

$$K_{xy} = -\frac{1}{4\pi^3} \iiint (E-\mu)\, \tau \frac{\partial f_0}{\partial E} \frac{\frac{\hbar k_x}{m}\frac{\hbar k_y}{m}}{\left|\frac{\hbar^2 \mathbf{k}}{m}\right|} k^2 \sin\theta d\theta d\varphi dE,$$

$$K_{xy} = -\frac{1}{4\pi^3} \int (E-\mu)\, \tau \frac{\partial f_0}{\partial E} \frac{k^3}{m} dE \iint \frac{k_x k_y}{k^2} \sin\theta d\theta d\varphi.$$

Puis en utilisant les composantes k_x et k_y du vecteur d'onde $\mathbf{k}$ en coordonnées sphériques, l'intégrale sur les angles se réduit à :

$$\iint \frac{k_x k_y}{k^2} \sin\theta d\theta d\varphi = \iint (\sin\theta \cos\varphi)(\sin\theta \sin\varphi) \sin\theta d\theta d\varphi,$$

$$\iint \frac{k_x k_y}{k^2} \sin\theta d\theta d\varphi = \int_0^\pi \sin^3\theta d\theta \int_0^{2\pi} \sin\varphi \cos\varphi d\varphi = 0,$$

car l'intégrale sur φ est nulle. Les éléments K_{xy} qui ne sont pas sur la diagonale sont nuls, donc le tenseur $\overline{\overline{K}}$ est diagonal. Or, il reste à évaluer les termes diagonaux, c'est-à-dire les composantes de la forme :

$$\iint \frac{k_x k_x}{k^2} \sin\theta d\theta d\varphi = \int_0^\pi \sin^3\theta d\theta \int_0^{2\pi} \cos^2\varphi d\varphi = \frac{4\pi}{3},$$

car l'intégrale sur φ est égale à π et l'intégrale sur θ vaut $\frac{4}{3}$. Comme le tenseur $\overline{\overline{K}}$ est diagonal et que tous les termes valent $\frac{4\pi}{3}$, le tenseur $\overline{\overline{K}}$ se réduit à la fonction scalaire :

$$K = -\frac{1}{4\pi^3} \int (E-\mu)\, \tau \frac{\partial f_0}{\partial E} \left(\frac{4\pi}{3}\frac{k^3}{m}\right) dE.$$

Si l'on convient de définir les coefficients cinétiques d'ordre n par la formule générale suivante :

$$K_n = -\frac{1}{4\pi^3} \int (E-\mu)^n\, \tau \frac{\partial f_0}{\partial E} \left(\frac{4\pi}{3}\frac{k^3}{m}\right) dE, \tag{7.145}$$

la densité de courant de chaleur s'écrit simplement $\mathbf{Q} = K_1 \mathbf{X}$, indiquant ainsi que les vecteurs $\mathbf{Q}$ et $\mathbf{X}$ sont colinéaires. Il faut noter que ce résultat n'est valable que si le vecteur résultant $\mathbf{X}$ est indépendant de k, ce qui est très souvent le cas.

---

qui découle de la note 40 de ce chapitre, on tire :

$$dk = \frac{dE}{\left|\frac{\hbar^2 \mathbf{k}}{m}\right|}.$$

Les coefficients phénoménologiques. D'un point de vue purement expérimental, on peut s'attendre à ce que la densité de courant de charge $\mathbf{J}$ et la densité de courant de chaleur $\mathbf{Q}$, dans un conducteur homogène, soient reliées au gradient de potentiel électrique, $\mathbf{grad_r}\phi$, et au gradient de température, $\mathbf{grad_r}T$, par les relations du type :

$$\begin{aligned}\mathbf{J} &= l_{11}\mathbf{grad_r}\phi + l_{12}\mathbf{grad_r}T, \\ \mathbf{Q} &= l_{21}\mathbf{grad_r}\phi + l_{22}\mathbf{grad_r}T.\end{aligned}$$

En l'absence de gradient de température, le coefficient l_{11} représente la conductivité électrique (loi d'Ohm sous forme microscopique, liant la densité de courant au champ électrique), et en l'absence de gradient de potentiel électrique, le coefficient l_{22} correspond à la conductivité thermique (loi de Fourier). Mais rien ne peut être écrit, a priori, sur les coefficients l_{12} et l_{21}.

Pourtant, en restructurant les expressions de $\mathbf{J}$ et de $\mathbf{Q}$, on peut trouver la relation qui existe entre les coefficients croisés. Pour cela, récrivons la densité de courant de chaleur (Rel. 7.144), en décomposant la fonction vectorielle $\mathbf{X}$ de la manière suivante :

$$\begin{aligned}\mathbf{Q} = &-\frac{1}{4\pi^3}\iiint (E-\mu)\,\mathbf{v}\tau\mathbf{v}.\left[e\mathcal{E} - \mathbf{grad_r}\mu\right]\frac{\partial f_0}{\partial E}d^3k \\ &-\frac{1}{4\pi^3}\iiint (E-\mu)^2\,\mathbf{v}\tau\mathbf{v}.\left[-\frac{1}{T}\mathbf{grad_r}T\right]\frac{\partial f_0}{\partial E}d^3k. \end{aligned} \tag{7.146}$$

Après avoir transformé l'intégrale sur le vecteur d'onde en une intégrale sur l'énergie, on peut encore écrire :

$$\begin{aligned}\mathbf{Q} = &-\left[e\mathcal{E} - \mathbf{grad_r}\mu\right]\frac{1}{4\pi^3}\int (E-\mu)\,\tau\frac{\partial f_0}{\partial E}\left(\frac{4\pi}{3}\frac{k^3}{m}\right)dE \\ &-\left[-\frac{1}{T}\mathbf{grad_r}T\right]\frac{1}{4\pi^3}\int (E-\mu)^2\,\tau\frac{\partial f_0}{\partial E}\left(\frac{4\pi}{3}\frac{k^3}{m}\right)dE.\end{aligned}$$

Et en utilisant la définition des coefficients cinétiques (Rel. 7.145), $\mathbf{Q}$ se réduit à la forme simple :

$$\mathbf{Q} = K_1\left[e\mathcal{E} - \mathbf{grad_r}\mu\right] + K_2\left[-\frac{1}{T}\mathbf{grad_r}T\right]. \tag{7.147}$$

Or, si l'on calcule de la même manière la densité de courant de charge (Rel. 7.140), en remplaçant $(E-\mu)$ par e dans l'intégrant de la relation (7.144), on obtient :

$$\begin{aligned}\mathbf{J} = &-\frac{1}{4\pi^3}\iiint e\mathbf{v}\tau\mathbf{v}.\left[e\mathcal{E} - \mathbf{grad_r}\mu\right]\frac{\partial f_0}{\partial E}d^3k \\ &-\frac{1}{4\pi^3}\iiint e\,(E-\mu)\,\mathbf{v}\tau\mathbf{v}.\left[-\frac{1}{T}\mathbf{grad_r}T\right]\frac{\partial f_0}{\partial E}d^3k,\end{aligned}$$

soit encore :

$$\begin{aligned}\mathbf{J} = &-e\left[e\mathcal{E} - \mathbf{grad_r}\mu\right]\frac{1}{4\pi^3}\int \tau\frac{\partial f_0}{\partial E}\left(\frac{4\pi}{3}\frac{k^3}{m}\right)dE \\ &-e\left[-\frac{1}{T}\mathbf{grad_r}T\right]\frac{1}{4\pi^3}\int (E-\mu)\,\tau\frac{\partial f_0}{\partial E}\left(\frac{4\pi}{3}\frac{k^3}{m}\right)dE.\end{aligned}$$

Et en recourant une fois encore à la définition des coefficients cinétiques, il s'ensuit que :

$$\mathbf{J} = eK_0 \left[e\mathcal{E} - \mathbf{grad_r}\mu \right] + eK_1 \left[-\frac{1}{T}\mathbf{grad_r}T \right]. \tag{7.148}$$

Pour les besoins du calcul, simplifions la relation précédente par la charge e, soit :

$$\mathbf{J}_n = \frac{\mathbf{J}}{e} = K_0 \left[e\mathcal{E} - \mathbf{grad_r}\mu \right] + K_1 \left[-\frac{1}{T}\mathbf{grad_r}T \right], \tag{7.149}$$

puis transformons la quantité $[e\mathcal{E} - \mathbf{grad_r}\mu]$ en fonction du potentiel généralisé $U = \mu + e\phi$, où μ est le potentiel chimique et ϕ le potentiel électrique dont dérive le champ électrique $\mathcal{E}\ (= -\mathbf{grad_r}\phi)$. Cette quantité devient $e\mathcal{E} - \mathbf{grad_r}\mu = -e\mathbf{grad_r}\phi - \mathbf{grad_r}\mu = -\mathbf{grad_r}U$.

Avec ces transformations, les relations (7.149) et (7.147) se simplifient comme suit :

$$\mathbf{J}_n = -K_0\mathbf{grad_r}U - K_1\frac{1}{T}\mathbf{grad_r}T, \tag{7.150}$$

$$\mathbf{Q} = -K_1\mathbf{grad_r}U - K_2\frac{1}{T}\mathbf{grad_r}T. \tag{7.151}$$

Or, en posant $-K_0 = \frac{L_{11}}{T}$, $-K_1 = \frac{L_{12}}{T} = \frac{L_{21}}{T}$, $-K_2 = \frac{L_{22}}{T}$ on aboutit aux relations :

$$\mathbf{J}_n = L_{11}\frac{1}{T}\mathbf{grad_r}U + L_{12}\frac{1}{T^2}\mathbf{grad_r}T, \tag{7.152}$$

$$\mathbf{Q} = L_{21}\frac{1}{T}\mathbf{grad_r}U + L_{22}\frac{1}{T^2}\mathbf{grad_r}T. \tag{7.153}$$

La forme générale de ce système d'équations a été démontrée par Onsager[50] au moyen de la thermodynamique des phénomènes irréversibles. Dans le formalisme d'Onsager, $\mathbf{J}_n$ et $\mathbf{Q}$ sont appelés *flux généralisés*, et $\frac{1}{T}\mathbf{grad_r}U$ et $\frac{1}{T^2}\mathbf{grad_r}T$ *forces généralisées*. Les relations (7.152) et (7.153) montrent que les flux généralisés sont reliés aux forces généralisées par les coefficients phénoménologiques L_{ij}. Avec l'étude du transfert de charges qui vient d'être faite, on constate que les forces et les flux sont associés de la façon exigée pour qu'apparaisse la relation de réciprocité d'Onsager, c'est-à-dire l'égalité des coefficients croisés L_{12} et L_{21}. On notera cependant que le choix des flux et des forces, qui donne la relation de réciprocité, n'est pas toujours aussi évident pour les autres processus de transport que dans le cas présent.

7.4.5 Les coefficients thermoélectriques

Conductivité électrique. Lorsqu'on applique un champ électrique $\mathcal{E}$ à un conducteur homogène ($\mathbf{grad_r}\mu = \mathbf{0}$) maintenu à température constante ($\mathbf{grad_r}T = \mathbf{0}$), il circule une densité de courant de charge $\mathbf{J}$ qui s'exprime à l'aide de la relation (7.148) sous la forme :

$$\mathbf{J} = e^2K_0\mathcal{E}.$$

[50] L. Onsager, Phys. Rev. **37**, 405 (1931) ; **38**, 2265 (1931). H. Callen, Phys. Rev. **73**, 1349 (1948).

Cette expression indique que la densité de courant de charge $\mathbf{J}$ est proportionnelle au champ électrique appliqué $\mathcal{E}$. C'est la *loi d'Ohm* sous forme microscopique, $\mathbf{J} = \sigma\mathcal{E}$, où σ est le *coefficient de conductibilité électrique*. Ce dernier dépend du coefficient cinétique K_0, par la relation :

$$\sigma = e^2 K_0. \tag{7.154}$$

Pouvoir thermoélectrique et conductivité thermique. Lorsqu'on applique un gradient thermique $\mathbf{grad_r}T$ à un conducteur homogène ($\mathbf{grad_r}\mu = \mathbf{0}$) :

(1) il circule un flux d'énergie $\mathbf{Q}$ en sens contraire de celui du gradient de température qui tend à rétablir l'équilibre thermique. Le flux d'énergie $\mathbf{Q}$ est relié au gradient de température par la loi de Fourier $\mathbf{Q} = -\lambda\, \mathbf{grad_r}T$, où λ est le *coefficient de conductibilité thermique*,

(2) il apparaît un champ électrique $\mathcal{E}$ dans le conducteur. C'est l'effet Seebeck qui se manifeste par l'accumulation d'électrons dans la partie froide du conducteur, d'où l'apparition du champ électrique donné par la relation $\mathcal{E} = \alpha\, \mathbf{grad_r}T$, où α est le *pouvoir thermoélectrique absolu.*

A densité de courant de charge nulle ($\mathbf{J} = 0$), lorsque le conducteur est ouvert, la relation (7.148) permet d'extraire $\mathcal{E}$:

$$\mathcal{E} = \frac{K_1}{eK_0T}\mathbf{grad_r}T. \tag{7.155}$$

Et si l'on compare cette expression de $\mathcal{E}$ avec la loi de Seebeck, on en déduit le pouvoir thermoélectrique en fonction des coefficients cinétiques K_0 et K_1, soit :

$$\alpha = \frac{\mathcal{E}}{\mathbf{grad_r}T} = \frac{K_1}{eK_0T}. \tag{7.156}$$

Mais en reportant l'expression de $\mathcal{E}$ dans la relation (7.147), on obtient :

$$\mathbf{Q} = \frac{K_1^2}{K_0}\frac{1}{T}\mathbf{grad_r}T - K_2\frac{1}{T}\mathbf{grad_r}T = \frac{K_1^2 - K_0K_2}{K_0T}\mathbf{grad_r}T,$$

de sorte qu'en comparant ce résultat avec la loi de Fourier on voit que le coefficient de conductibilité thermique s'exprime en fonction des coefficients cinétiques K_0, K_1 et K_2, soit :

$$\lambda = \frac{K_0K_2 - K_1^2}{K_0T}. \tag{7.157}$$

Indiquons encore que la loi de Wiedemann et Franz , $\lambda = L\sigma T$, permet d'évaluer le *coefficient de Lorenz* L en termes de coefficients cinétiques. En effet, on trouve :

$$L = \frac{K_0K_2 - K_1^2}{e^2K_0^2T^2}. \tag{7.158}$$

On peut vérifier[51] que σ s'exprime en $\Omega^{-1}.\text{m}^{-1}$, λ en $\text{J.s}^{-1}.\text{m}^{-1}.\text{K}^{-1}$, L en $\text{J.s}^{-1}.\Omega.\text{K}^{-2}$ et α en V.K^{-1}.

[51] Les unités des divers coefficients sont définies à partir des unités des coefficients cinétiques :

$$\begin{aligned} &K_0 \quad \text{en} \quad \text{s.kg}^{-1}.\text{m}^{-3}, \\ &K_1 \quad \text{en} \quad \text{J.s.kg}^{-1}.\text{m}^{-3}, \\ &K_2 \quad \text{en} \quad \text{J}^2.\text{s.kg}^{-1}.\text{m}^{-3}, \end{aligned}$$

Dans la suite de ce paragraphe, on présente l'effet Seebeck, l'effet Peltier et l'effet Thomson, en référence à l'équation de Boltzmann. Par contre, il n'est pas fait mention des effets galvanomagnétiques (effet Hall, effet Gauss, effet Ettingshausen, effet Nernst) ou des effets thermomagnétiques (effet Righi-Leduc, effet Maggi-Righi-Leduc, effet Nernst-Ettingshausen)[52].

Effet Peltier. Lorsqu'on fait circuler une densité de courant de charge **J** dans un conducteur inhomogène ($\mathbf{grad_r}\mu \neq \mathbf{0}$), maintenu à température constante ($\mathbf{grad_r}T = \mathbf{0}$), il s'établit une densité de courant de chaleur **Q** proportionnelle à la densité de courant de charge, soit $\mathbf{Q} = \Pi\mathbf{J}$, où Π est le *coefficient de Peltier*. Dans ces conditions, le rapport des relations (7.147) et (7.148) donne immédiatement :

$$\Pi = \frac{K_1}{eK_0}. \tag{7.159}$$

En comparant les relations (7.156) et (7.159), on obtient la *première relation de Kelvin* reliant le coefficient de Peltier au pouvoir thermoélectrique absolu α, soit :

$$\Pi = \alpha T. \tag{7.160}$$

Effet Thomson. Le *coefficient de Thomson h* est plus difficile à définir que le coefficient de Peltier Π ou le pouvoir thermoélectrique absolu α. La manière la plus simple de le faire est d'établir le bilan énergétique au sein d'un conducteur inhomogène ($\mathbf{grad_r}\mu \neq \mathbf{0}$) soumis à un gradient de température ($\mathbf{grad_r}T \neq \mathbf{0}$), en l'absence de champ électrique ($\mathcal{E} = \mathbf{0}$).

Bien qu'il n'y ait pas de champ électrique appliqué, le conducteur est le siège d'une densité de courant de charge **J** constante, causée par le gradient thermique et par l'inhomogénéité du milieu. En effet, si l'on récrit la densité de courant de charge (Rel. 7.148) en remplaçant les coefficients cinétiques par la conductivité électrique (Rel. 7.154) et par le pouvoir thermoélectrique absolu (Rel. 7.156), on obtient :

$$\mathbf{J} = -\frac{\sigma}{e}\mathbf{grad_r}\mu - \sigma\alpha\mathbf{grad_r}T. \tag{7.161}$$

Quant à la densité de courant de chaleur **Q**, on l'obtient en transformant la relation (7.147) en fonction du pouvoir thermoélectrique absolu α et de la conductivité thermique λ, soit[53] :

$$\mathbf{Q} = \alpha T\mathbf{J} - \lambda\mathbf{grad_r}T. \tag{7.162}$$

---

et des densités de courant :

$$\begin{array}{lll} \mathbf{J} & \text{en} & \mathrm{C.m^{-2}}.s^{-1}, \\ \mathbf{W} & \text{en} & \mathrm{J.m^{-2}}.s^{-1}. \end{array}$$

[52] Pour l'étude de ces effets, on pourra consulter le livre de P. Kiréev, *La physique des semiconducteurs*, Editions Mir, Moscou (1975), p. 243.

[53] Des trois relations (7.154), (7.157) et (7.156), on tire :

$$\begin{aligned} K_1 &= \frac{\sigma\alpha T}{e}, \\ \text{et} \quad \frac{K_2}{T} &= \lambda + \sigma\alpha^2 T, \end{aligned}$$

Le bilan énergétique dans le conducteur en régime stationnaire peut alors être effectué en évaluant la quantité $div\mathbf{W} = div\mathbf{Q} + div\left(\frac{\mu}{e}\mathbf{J}\right)$ à partir de la relation (7.143). Il est facile de voir que $div\mathbf{W}$ représente la puissance dégagée par unité de volume (J.s^{-1}.m^{-3}). Après avoir utilisé la relation (7.162) pour expliciter $\mathbf{Q}$, on trouve[54] :

$$div\mathbf{W} = \alpha T div\mathbf{J} + T\mathbf{J}.\mathbf{grad_r}\alpha + \alpha\mathbf{J}.\mathbf{grad_r}T - div\left(\lambda\mathbf{grad_r}T\right) + \mathbf{J}.\mathbf{grad_r}\left(\frac{\mu}{e}\right) + \frac{\mu}{e}div\mathbf{J}.$$

Mais comme la divergence de la densité de courant de charge dans le conducteur à l'état stationnaire doit être nulle, la relation précédente se simplifie comme suit :

$$\begin{aligned} div\mathbf{W} &= T\mathbf{J}.\mathbf{grad_r}\alpha + \alpha\mathbf{J}.\mathbf{grad_r}T - div\left(\lambda\mathbf{grad_r}T\right) + \mathbf{J}.\mathbf{grad_r}\left(\frac{\mu}{e}\right), \\ div\mathbf{W} &= T\mathbf{J}.\mathbf{grad_r}\alpha - div\left(\lambda\mathbf{grad_r}T\right) + \mathbf{J}.\left[\alpha\mathbf{grad_r}T + \frac{1}{e}\mathbf{grad_r}\mu\right]. \end{aligned}$$

Et puisque le terme entre crochets est égal à $-\frac{\mathbf{J}}{\sigma}$ (Rel. 7.161), on peut récrire :

$$div\mathbf{W} = T\mathbf{J}.\mathbf{grad_r}\alpha - div\left(\lambda\mathbf{grad_r}T\right) - \frac{\mathbf{J}^2}{\sigma}.$$

La présence du premier terme dans le membre de droite de cette relation indique que l'énergie dégagée n'est pas uniquement due à l'effet Joule $\left(\frac{\mathbf{J}^2}{\sigma}\right)$ et à la conduction thermique $\left[div\left(\lambda\mathbf{grad_r}T\right)\right]$. En fait, $T\mathbf{J}.\mathbf{grad_r}\alpha$ correspond à la chaleur de Thomson. On l'écrit traditionnellement en fonction du gradient de température de la manière suivante :

$$T\mathbf{J}.\mathbf{grad_r}\alpha = T\mathbf{J}.\frac{\partial\alpha}{\partial T}\mathbf{grad_r}T = h\mathbf{J}.\mathbf{grad_r}T,$$

où h est le *coefficient de Thomson*, obéissant à la *deuxième relation de Kelvin* :

$$h = T\frac{\partial\alpha}{\partial T}. \tag{7.163}$$

Selon le sens de variation de α avec la température, le coefficient de Thomson peut être négatif ou positif et la chaleur de Thomson peut être dégagée ou absorbée. Par ailleurs, les deux relations de Kelvin (Rels. 7.160 et 7.163) obtenues à partir de l'équation de Boltzmann établissent des relations entre les trois coefficients thermoélectriques α, Π et h. En pratique, leurs déterminations s'effectuent à partir du pouvoir thermoélectrique absolu $\alpha(T)$ qui est la mesure la plus facile à réaliser.

---

permettant de récrire $\mathbf{Q}$ (Rel. 7.147) comme suit :

$$\begin{aligned} \mathbf{Q} &= -\frac{\sigma\alpha T}{e}\mathbf{grad_r}\mu - (\lambda + \sigma\alpha^2 T)\mathbf{grad_r}T, \\ \mathbf{Q} &= \alpha T\left(-\frac{\sigma}{e}\mathbf{grad_r}\mu - \sigma\alpha\mathbf{grad_r}T\right) - \lambda\mathbf{grad_r}T, \\ \mathbf{Q} &= \alpha T\mathbf{J} - \lambda\mathbf{grad_r}T. \end{aligned}$$

[54]En effet :

$$\begin{aligned} div\mathbf{W} &= div\left(\alpha T\mathbf{J} - \lambda\mathbf{grad_r}T\right) + div\left(\frac{\mu}{e}\mathbf{J}\right), \\ div\mathbf{W} &= div\left(\alpha T\mathbf{J}\right) - div\left(\lambda\mathbf{grad_r}T\right) + div\left(\frac{\mu}{e}\mathbf{J}\right), \\ div\mathbf{W} &= \alpha T div\mathbf{J} + T\mathbf{J}.\mathbf{grad_r}\alpha + \alpha\mathbf{J}.\mathbf{grad}T - div\left(\lambda\mathbf{grad_r}T\right) + \mathbf{J}.\mathbf{grad_r}\left(\frac{\mu}{e}\right) + \frac{\mu}{e}div\mathbf{J}. \end{aligned}$$

7.4.6 Théorie de Ziman des liquides métalliques

La résistivité. La théorie de Ziman[55] vise à calculer la résistivité et le pouvoir thermoélectrique absolu des liquides métalliques. Puisque le calcul de la résistivité $\rho \left(= \frac{1}{\sigma} = \frac{1}{e^2 K_0}\right)$ requiert la connaissance du coefficient cinétique K_0, il est donc nécessaire d'évaluer l'intégrale suivante (Rel. 7.145) :

$$K_0 = -\frac{1}{4\pi^3} \int \tau \frac{\partial f_0}{\partial E} \left(\frac{4\pi}{3}\frac{k^3}{m}\right) dE,$$

où le temps de relaxation τ, donné par la relation (7.139), peut être extrait du signe somme. Après avoir exprimé k en fonction de E au moyen de la relation $E = \frac{\hbar^2 k^2}{2m}$, le coefficient cinétique K_0 s'écrit :

$$K_0 = -\frac{\tau}{4\pi^3}\frac{4\pi}{3m}\left(\frac{2m}{\hbar^2}\right)^{3/2} \int \frac{\partial f_0}{\partial E} E^{3/2} dE. \tag{7.164}$$

Or, si l'on suppose que la température n'est pas trop élevée, la distribution de Fermi-Dirac f_0, à l'équilibre, se présente sous la forme d'une fonction échelon, et la quantité $\frac{\partial f_0}{\partial E}$ peut être assimilée[56] à la fonction de Dirac $-\delta(E-\mu)$. L'intégration est immédiate ; on obtient :

$$K_0 = \frac{\tau}{3\pi^2 m}\left(\frac{2m}{\hbar^2}\right)^{3/2} \mu^{3/2}.$$

Mais il est encore possible d'exprimer K_0 en fonction du nombre d'électrons libres par unité de volume $n = \frac{N}{V}$. En effet, en s'aidant de la relation (3.101), soit $n = \frac{1}{3\pi^2}\left(\frac{2m}{\hbar^2}\right)^{3/2} \mu^{3/2}$, l'expression de K_0 se réduit à :

$$K_0 = \frac{n}{m}\tau.$$

Par conséquent, en reportant le temps de relaxation (Rel. 7.139) dans l'expression de K_0, on aboutit à celle de la résistivité qui devient :

$$\rho = \frac{1}{e^2 K_0} = \frac{m}{ne^2}\frac{1}{\tau} = \frac{4}{\pi e^2 \hbar^3}\frac{m^2 V k_F}{n} \int_0^1 \left|\langle \mathbf{k}' | W | \mathbf{k}\rangle\right|^2 \left(\frac{q}{2k_F}\right)^3 d\left(\frac{q}{2k_F}\right). \tag{7.165}$$

Le calcul complet de la résistivité des liquides métalliques nécessite la factorisation de l'élément de matrice (Rel. 4.50) qui s'écrit :

$$\left|\langle \mathbf{k}' | W | \mathbf{k}\rangle\right|^2 = \frac{1}{N} S(q) \langle \mathbf{k}' | w | \mathbf{k}\rangle^2,$$

où $S(q)$ est le facteur de structure ionique (Rel. 5.17) et $\langle \mathbf{k}' | w | \mathbf{k}\rangle$ le facteur de forme écranté (Rel. 4.69). En définitive, avec la relation (3.103), soit $n = \frac{k_F^3}{3\pi^2}$, on peut écrire la résistivité sous la forme conventionnelle suivante :

$$\rho = \frac{12\pi m^2}{e^2\hbar^3}\frac{V}{N}\frac{1}{k_F^2} \int_0^1 S(q) w^2(\mathbf{k}, q) \left(\frac{q}{2k_F}\right)^3 d\left(\frac{q}{2k_F}\right). \tag{7.166}$$

---

[55] J. M. Ziman, Phil. Mag. **6**, 1013 (1961). C. C. Bradley, T. E. Faber, E. G. Wilson and J. M. Ziman, Phil. Mag. **7**, 865 (1962). K. S. Krishnan and A. B. Bhatia, Nature, Lond. **156**, 503 (1945).

[56] Voir la figure (3.13) et la note 25 du chapitre 3.

On notera qu'à température élevée il faut utiliser l'intégrale de Fermi-Dirac (Rel. 3.113) pour effectuer l'intégration de la relation (7.164), apportant ainsi une correction à l'expression de la résistivité. Si l'on rappelle que l'expression de l'intégrale de Fermi-Dirac (Rel. 3.113) est :

$$-\int_0^\infty \frac{\partial f_0}{\partial E} Q(E) dE = Q(\mu) + \frac{\pi^2}{6\beta^2} \left.\frac{\partial^2 Q(E)}{\partial E^2}\right|_\mu + \frac{7\pi^4}{360\beta^4} \left.\frac{\partial^4 Q(E)}{\partial E^4}\right|_\mu + ...,$$

il est facile d'évaluer K_0 corrigé en posant $Q(E) = E^{3/2}$. Le coefficient cinétique K_0 corrigé devient alors :

$$K_0 = -\frac{\tau}{3\pi^2 m}\left(\frac{2m}{\hbar^2}\right)^{3/2} \int \frac{\partial f_0}{\partial E} E^{3/2} dE,$$

soit :

$$K_0 = \frac{\tau}{3\pi^2 m}\left(\frac{2m}{\hbar^2}\right)^{3/2} \left[E^{3/2}\big|_\mu + \frac{\pi^2}{6\beta^2} \left.\frac{3}{4E^{1/2}}\right|_\mu + \frac{7\pi^4}{360\beta^4} \left.\frac{9}{16E^{5/2}}\right|_\mu + ...\right]. \tag{7.167}$$

Le pouvoir thermoélectrique absolu. Si la correction des hautes températures peut être ignorée dans le calcul de la résistivité[57], elle est cruciale dans celui du pouvoir thermoélectrique absolu, $\alpha = \frac{K_1}{eK_0 T}$, puisque sans cette correction le coefficient K_1 serait nul. En effet, il est impératif d'utiliser l'intégrale de Fermi-Dirac avec $Q(E) = (E - \mu) E^{3/2}$ pour calculer l'expression du coefficient cinétique K_1 qui se réduit à :

$$\begin{aligned} K_1 &= -\frac{\tau}{3\pi^2 m}\left(\frac{2m}{\hbar^2}\right)^{3/2} \int \frac{\partial f_0}{\partial E} (E-\mu) E^{3/2} dE, \\ K_1 &= \frac{\tau}{3\pi^2 m}\left(\frac{2m}{\hbar^2}\right)^{3/2} \left[0 + \frac{\pi^2}{6\beta^2} 3E^{1/2}\big|_\mu + \frac{7\pi^4}{360\beta^4} \left.\frac{-3}{2E^{3/2}}\right|_\mu + ...\right], \end{aligned}$$

soit :

$$K_1 = A\left[\frac{\pi^2 (k_B T)^2}{2}\mu^{1/2} - \frac{7\pi^4 (k_B T)^4}{240}\frac{1}{\mu^{3/2}} + ...\right], \tag{7.168}$$

où l'on a posé $A = \frac{\tau}{3\pi^2 m}\left(\frac{2m}{\hbar^2}\right)^{3/2}$.

Bien qu'il soit possible de calculer directement le pouvoir thermoélectrique absolu (Rel. 7.156) au moyen des coefficients K_0 et K_1, on préfère habituellement utiliser une méthode indirecte consistant à exprimer K_1 en fonction de $\left.\frac{dK_0}{dE}\right|_\mu$. Pour mettre en oeuvre cette méthode, déterminons tout d'abord $\left.\frac{dK_0}{dE}\right|_\mu$ en ne conservant que les deux premiers termes entre les crochets dans la relation (7.167). On trouve :

$$\left.\frac{dK_0}{dE}\right|_\mu = A\left[\frac{3}{2}\mu^{1/2} - \frac{\pi^2}{16}\frac{(k_B T)^2}{\mu^{3/2}}\right],$$

[57] Pour le cuivre liquide à la température de fusion ($T \sim 1350K$) avec une température de Fermi $T_F (= \frac{\mu}{k_B} \sim 80000$ K), l'erreur relative commise en négligeant le second terme entre les crochets de la relation (7.167) est :

$$\frac{\Delta K_0}{K_0} \simeq \frac{\pi^2}{8\beta^2}\frac{1}{\mu^2} = \frac{\pi^2}{8}\left(\frac{T}{T_F}\right)^2 \sim 0,03\ \%.$$

d'où l'on tire :

$$\mu^{1/2} = \frac{2}{3}\frac{1}{A}\left.\frac{dK_0}{dE}\right|_{\mu} + \frac{\pi^2}{24}\frac{(k_BT)^2}{\mu^{3/2}}.$$

Puis écrivons K_1 en fonction de $\left.\frac{dK_0}{dE}\right|_{\mu}$ en substituant $\mu^{1/2}$ dans la relation (7.168). Après quelques manipulations on obtient :

$$K_1 = A\left[\frac{\pi^2}{3}\frac{(k_BT)^2}{}\frac{1}{A}\left.\frac{dK_0}{dE}\right|_{\mu} - \frac{\pi^4}{120}\frac{(k_BT)^4}{}\frac{1}{\mu^{3/2}} + ...\right].$$

Et avec la définition du pouvoir thermoélectrique absolu, il résulte que :

$$\alpha = \frac{K_1}{eK_0T} = \frac{\pi^2 k_B^2 T}{3e}\frac{1}{K_0}\left.\frac{dK_0}{dE}\right|_{\mu} - \frac{\pi^4 k_B^4 T^3}{120eK_0}\frac{A}{\mu^{3/2}} + ...$$

En négligeant le second terme du dernier membre de la relation précédente, qui est beaucoup plus petit que le premier terme, et compte tenu de la relation $\rho = \frac{1}{e^2K_0}$, on peut encore écrire le pouvoir thermoélectrique absolu en fonction de la résistivité, de la manière suivante[58] :

$$\alpha = \frac{\pi^2 k_B^2 T}{3|e|}\frac{1}{\rho}\left.\frac{d\rho}{dE}\right|_{\mu}.$$

Puisqu'on dispose de l'expression de la résistivité ρ en fonction du facteur de structure $S(q)$ et du facteur de forme $w(\mathbf{k}, q)$ (Rel. 7.166), on peut également exprimer le pouvoir thermoélectrique absolu en fonction de $S(q)w^2(\mathbf{k}, q)$ en calculant la dérivée de ρ par rapport à l'énergie. Néanmoins, pour des raisons pratiques, il est préférable de commencer par dériver l'intégrant de la relation (7.166) par rapport au vecteur d'onde. Avec l'énergie de Fermi $\mu = E_F = \frac{\hbar^2 k_F^2}{2m}$, la dérivation de ρ par rapport à E s'opère comme suit :

$$\left.\frac{d\rho}{dE}\right|_{E_F} = \left.\frac{d\rho}{dk}\right|_{k_F}\left.\frac{dk}{dE}\right|_{E_F},$$

$$\text{avec} \quad \left.\frac{dk}{dE}\right|_{E_F} = \left.\frac{m}{\hbar^2 k}\right|_{k_F} = \frac{k_F}{2E_F}.$$

Quant à la dérivée $\left.\frac{d\rho}{dk}\right|_{k_F}$, elle doit être calculée après transformation de l'expression de la résistivité (Rel. 7.166) sous la forme opérationnelle suivante :

$$\rho = \left.\frac{B}{k^6}\int_0^{2k} S(q)w^2(\mathbf{k}, q)q^3 dq\right|_{k=k_F},$$

$$\text{avec} \quad B = \frac{3\pi m^2}{4e^2\hbar^3}\frac{V}{N}.$$

[58]Dans ce qui précède, la charge de l'électron est une quantité algébrique négative. Pour éviter les confusions on utilise sa valeur absolue ($|e| = -e$) dans ce qui suit.

Par conséquent, la dérivée de ρ par rapport à k s'écrit[59] :

$$\begin{aligned}\left.\frac{d\rho}{dk}\right|_{k_F} &= -\frac{6B}{k^7}\int_0^{2k} S(q)w^2(\mathbf{k},q)q^3dq\bigg|_{k=k_f} + \frac{B}{k^6}\int_0^{2k}\frac{\partial}{\partial k}\left[S(q)w^2(\mathbf{k},q)\right]q^3dq\bigg|_{k=k_f} \\ &\quad + \frac{B}{k^6}2\left[S(2k)w^2(\mathbf{k},2k)\,(2k)^3\right]\bigg|_{k=k_f}.\end{aligned}$$

Après avoir posé $k = k_F$ dans les relations précédentes, on s'aperçoit que le premier terme du membre de droite est égal à $-\frac{6\rho}{k_F}$. Si, de plus, on écrit les termes suivants en fonction des paramètres Q et R définis comme suit :

$$\begin{aligned}\frac{2B}{k_F^6}\left[S(2k_F)w^2(\mathbf{k},2k_F)\,(2k_F)^3\right] &= \frac{2\rho}{k_F}Q, \\ \frac{B}{k_F^6}\int_0^{2k_F}\frac{\partial}{\partial k}\left[S(q)w^2(\mathbf{k},q)\right]q^3dq &= \frac{\rho}{k_F}R,\end{aligned}$$

il devient possible de récrire le pouvoir thermoélectrique absolu au moyen de l'expression compacte :

$$\alpha = \frac{\pi^2k_B^2T}{3\left|e\right|}\frac{1}{\rho}\left(\frac{k_F}{2E_F}\right)\left.\frac{d\rho}{dk}\right|_{k_F} = \frac{\pi^2k_B^2T}{3\left|e\right|}\frac{1}{\rho}\left(\frac{k_F}{2E_F}\right)\left[-\frac{6\rho}{k_F}+\frac{2\rho}{k_F}Q+\frac{\rho}{k_F}R\right],$$

c'est-à-dire :

$$\alpha = -\frac{\pi^2k_B^2T}{3\left|e\right|}\frac{1}{E_F}\left[3-Q-\frac{R}{2}\right].$$

Le terme Q, qui provient de la dérivée de la borne d'intégration supérieure, est calculé simplement avec le facteur de structure et le facteur de forme écranté en $k = k_F$. Quant au terme R, il résulte de la dépendance en énergie du facteur de forme écranté $w(\mathbf{k},q)$ et du facteur de structure $S(q)$.

Notons que l'on retrouve le pouvoir thermoélectrique absolu α du gaz d'électrons libres quand $Q = R = 0$, du fait que $w(\mathbf{k},q) = 0$. Il ne dépend donc pas du temps de relaxation. Par contre, il est proportionnel à la chaleur spécifique (Rel. 3.116), comme le prévoit d'ailleurs l'ancienne théorie de Drude.

---

[59] La dérivation d'une intégrale, dont les limites d'intégration dépendent de la variable de dérivation, s'effectue avec la formule :

$$\frac{d}{dk}\int_{a(k)}^{b(k)} f(q,k)dq = \int_{a(k)}^{b(k)}\frac{\partial}{\partial k}f(q,k)dq + b'(k)f\left[b(k),k\right] - a'(k)f\left[a(k),k\right].$$

Chapitre 8

Fonctions de corrélation spatio-temporelles

Les phénomènes dynamiques observés dans les fluides dépendent beaucoup du type de fluide étudié. Par exemple, dans un gaz dilué, les atomes subissent des collisions binaires peu fréquentes, durant lesquelles les transferts d'énergie et de quantité de mouvement sont parfaitement décrits par l'équation de Boltzmann et par la théorie de Chapman et Enskog. Par contre, dans un liquide, les atomes interagissent de manière si complexe, par un potentiel répulsif à courte distance et attractif à longue distance, que la théorie de Chapman et Enskog est inopérante du fait qu'elle néglige les détails du mouvement des atomes. Ceci explique pourquoi la théorie microscopique des liquides s'est développée plus tardivement que la théorie cinétique des gaz.

Une meilleure compréhension des propriétés dynamiques des liquides a coïncidé avec l'apparition des expériences de diffusion de neutrons lents comme moyens d'investigation. La raison en est que les longueurs d'ondes des neutrons sont comparables aux distances interatomiques et que leurs énergies sont comparables aux transferts d'énergie mis en jeu pendant les collisions des atomes. Les fondements théoriques des expériences de diffusion de neutrons reposent sur le formalisme des *fonctions de corrélation spatio-temporelles,* développé par van Hove[1], qui fait largement appel aux fonctions aléatoires.

Souvent on peut ramener l'étude d'une fonction aléatoire à celle d'un ensemble de variables aléatoires de caractéristiques numériques connues, au nombre desquelles l'espérance mathématique et la variance (§ 1.4.3). En effet, les grandeurs physiques telles que la position et la vitesse d'un atome, qui évoluent au cours du temps, peuvent être considérées comme une succession de variables aléatoires définies à des instants différents (Fig. 1.6). Mais, pour décrire complètement une fonction aléatoire, il faut introduire, en plus de la moyenne et de la variance, une caractéristique supplémentaire appelée *fonction de corrélation* qui caractérise le degré de dépendance des variables aléatoires mesurées à des instants différents.

D'une certaine façon, on peut dire que les fonctions de corrélation temporelles établissent un lien direct entre l'expérience et la théorie, dans le sens où elles permettent de

[1] L. van Hove, Phys. Rev. **95**, 249 (1954).

calculer les coefficients de transport des liquides issus d'expériences appropriées. Historiquement, la première de ces relations fut trouvée par Einstein[2] pour calculer le *coefficient de diffusion* D au moyen de la *fonction d'autocorrélation des vitesses* $\langle v(0)v(t)\rangle$, avec l'intégrale suivante :

$$D = \int_0^\infty \langle v(0)v(t)\rangle \, dt. \tag{8.1}$$

Cette relation relie une grandeur macroscopique à une grandeur microscopique. Elle est vraie pour tout liquide classique quelle que soit sa densité, et pour tout type de potentiel d'interaction.

Dans un sens, il n'est pas faux de dire que la *fonction de corrélation temporelle* est aux processus dynamiques ce que la *fonction de corrélation spatiale* est aux processus statiques, à une différence essentielle près. Puisque l'état d'équilibre d'un liquide est unique, il suffit de connaître la fonction de corrélation de paire $g(r)$ pour déterminer toutes les propriétés thermodynamiques. Par exemple, l'expression du coefficient de compressibilité isotherme χ_T est donnée par la relation (Rel. 5.46), soit :

$$\frac{\rho}{\beta}\chi_T - 1 = \rho \int_V [g(r) - 1] \, d\mathbf{r}. \tag{8.2}$$

Par contre, les états hors d'équilibre peuvent être causés par des actions extérieures différentes, de nature mécanique ou thermique, de sorte qu'il n'existe pas une fonction de corrélation temporelle unique. Réaliser que les coefficients de transport peuvent être calculés au moyen de l'intégrale, sur le temps, d'une fonction de corrélation temporelle spécifique a été une avancée majeure de la théorie des propriétés dynamiques des liquides.

A y regarder de plus près, on s'aperçoit que ces intégrales peuvent avoir une forme plus générale que la relation (8.1). Par exemple, l'expression du *coefficient de conductibilité électrique* $\sigma(\omega)$ d'un conducteur métallique soumis à un champ électrique de fréquence angulaire ω variable est donnée par l'intégrale :

$$\sigma(\omega) = \frac{1}{k_B T} \int_0^\infty < J(0)J(t) > \exp(-i\omega t) dt, \tag{8.3}$$

où $< J(0)J(t) >$ est la *fonction d'autocorrélation de la densité du courant électrique*. Cette relation, qui comporte le terme supplémentaire $\exp(-i\omega t)$, est plus représentative de la théorie des fonctions de corrélation temporelles que la relation (8.1), puisque le coefficient de diffusion D est la limite à fréquence nulle d'une relation plus générale du même type que la relation (8.3).

Un autre exemple particulièrement important est celui du *facteur de structure dynamique* $S(\mathbf{q}, \omega)$ qui s'exprime au moyen de la *fonction d'autocorrélation de la densité particulaire* $< \rho(-\mathbf{q}, 0)\rho(\mathbf{q}, t) >$ par l'intégrale :

$$S(\mathbf{q}, \omega) = \frac{1}{\pi N} \int_0^\infty < \rho(-\mathbf{q}, 0)\rho(\mathbf{q}, t) > \exp(-i\omega t) dt. \tag{8.4}$$

Comme le coefficient de diffusion D ou le coefficient de conductibilité électrique $\sigma(\omega)$, le facteur de structure dynamique $S(\mathbf{q}, \omega)$ est une grandeur macroscopique. Elle peut être

[2] A. Einstein, Annalen der Physik **19**, 371 (1906).

mesurée directement par diffusion de neutrons et elle présente l'avantage, sur le coefficient de diffusion, de donner la répartition spectrale de ses composantes. Une expérience qui explore un domaine de fréquences et de vecteurs de transfert étendu contribue beaucoup plus à la compréhension des processus dynamiques et structuraux que celle qui en sonde une seule valeur ($\omega = 0$, $q = 0$), comme par exemple le coefficient de diffusion. Mentionnons également que l'intégrale sur ω de la relation (8.4) représente le facteur de structure statique défini au paragraphe (5.2.2).

Bien que les fonctions de corrélation temporelles qui entrent dans le calcul des propriétés macroscopiques soient excessivement difficiles à calculer en fonction des interactions interatomiques, il n'en reste pas moins que les formules générales écrites ci-dessus sont des relations exactes, qui permettent d'explorer les phénomènes dynamiques après avoir modélisé les fonctions de corrélation. Les nombreux modèles développés à cet effet se sont avérés très utiles pour la compréhension des phénomènes dynamiques. Simultanément, le contenu physique et le cadre théorique[3] de la dynamique des liquides s'est enrichi de nouveaux concepts - comme celui de la théorie de la *réponse linéaire*, du théorème *fluctuation-dissipation*, de la *fonction mémoire*, etc. - qui ont permis d'analyser et de mieux comprendre les mécanismes qui régissent le mouvement des atomes dans les liquides. Pour introduire ces différentes notions, on utilisera une approche heuristique en les faisant découvrir à l'aide du mouvement brownien. Le mouvement brownien est le mouvement aléatoire des particules dans un liquide produit par les impacts répétés des particules voisines. Celles-ci exercent une force motrice qui entretient le mouvement d'une particule test en donnant simultanément naissance à une force de frottement qui s'oppose à son mouvement. La force motrice est une *fonction aléatoire*, due aux fluctuations, et la force qui s'oppose au mouvement est une *fonction ordinaire*, due aux frottements. Et bien qu'elles aient des effets différents, ces deux forces ont une origine commune qui doit apparaître dans une étude approfondie.

Pour définir le cadre de la discussion sur les fonctions de corrélation temporelles, on commencera ce chapitre par un exposé du mouvement brownien. Puis, on présentera les notions essentielles de la théorie de la réponse linéaire, en définissant la fonction réponse d'un système et la susceptibilité généralisée. On examinera ensuite le cas des fonctions de corrélation spatio-temporelles qui permettent de caractériser la structure dynamique des liquides et qui sont susceptibles d'être mesurées par diffusion de neutrons. On terminera le chapitre en exposant le principe de la mesure du facteur de structure dynamique par diffusion de neutrons thermiques.

---

[3]L. P. Kadanoff and P. C. Martin, Ann. Phys. (New York) **24**, 419 (1963). R. Zwanzig, Ann. Rev. Phys. Chem. **16**, 67 (1965). H. Mori, Prog. Theor. Phys. **33**, 423 (1965). R. Kubo, Rep. Prog. Phys. **29**, 255 (1966). P. C. Martin, Problèmes à N corps (Ecole d'été des Houches 1967), édité par C. de Witt et R. Balian.

On peut également consulter les ouvrages de référence de :

J. P. Hansen and I. R. McDonald, *Theory of Simple Liquids*, Acad. Press, London (3ième édition, 2006),
U. Balucani and M. Zoppi, *Dynamics of the Liquid State*, Clarenton Press, Oxford (1994),
P. A. Egelstaff, *An Introduction to the Liquid State*, Acad. Press, New York (2ième édition, 1992),
J. P. Boon and S. Yip, *Molecular Hydrodynamics*, McGraw-Hill, New York (1980),
N. H. March and M. P. Tosi, *Atomic Dynamics in Liquids*, Macmillan Press, London (1976),
D. A. McQuarrie, *Statistical Mechanics*, Harper and Row, New York (1976).

8.1 Mouvement brownien

8.1.1 Bref historique du mouvement brownien

Le mouvement brownien correspond au mouvement désordonné et incessant des particules colloïdales en suspension dans un liquide. Bien que les premières observations du mouvement brownien remontent à l'apparition du microscope, les données quantitatives relatives au mouvement de grains de pollen suspendus dans l'eau ont été obtenues beaucoup plus tard par les botanistes Brown et Brongniart[4]. Des expériences analogues ont été réalisée avec des particules de fumée de tabac dans un gaz, et les mêmes résultats ont été observés.

En bref, l'histoire du mouvement brownien couvre trois périodes : celle de l'observation, celle de la prédiction théorique et celle de la confirmation.

Durant la période d'*observation* qui se prolonge jusqu'à la fin de 19ième siècle, les questions cruciales sont posées et des explications contradictoires sont fournies. Néanmoins, on s'aperçoit assez vite compte que le mouvement brownien n'est pas causé par une "force vitale" comme on a pu le croire initialement, car les particules minérales se comportent de la même manière que les particules organiques. En revanche, on soupçonne que le mouvement brownien est dû à des influences d'origines extérieures (courants de convection, vibrations, champs électriques, phénomènes de capillarité, etc.). Cette longue période d'hésitation s'achève par une série d'expériences et d'observations extrêmement précises, réalisées notamment par Gouy[5]. Grâce à elles, il est clairement établi que le mouvement brownien augmente avec la température du liquide et lorsque sa viscosité diminue, et augmente aussi au fur et à mesure que la taille des particules en suspension diminue.

La période de *prédiction* du mouvement brownien débute avec les travaux d'Einstein, de Sutherland, de Smoluchowski et de Langevin[6]. A cette époque, deux écoles de pensée s'affrontent : celle qui défend la *description continue* des systèmes, avec la mécanique de Newton et l'électromagnétisme de Maxwell, et celle qui adhère à la *description discontinue* des systèmes avec la théorie cinétique de Boltzmann. Or, c'est en voulant établir l'existence des molécules et en cherchant à déterminer la valeur du nombre d'Avogadro qu'Einstein aborde le problème du mouvement brownien sans en être réellement conscient[7]. Son approche repose sur (1) la théorie hydrodynamique de Stokes selon laquelle le liquide est un milieu continu sans agitation moléculaire et sur (2) la théorie cinétique selon laquelle les particules en suspension sont soumises aux lois de l'agitation moléculaire. Il en déduit la fameuse relation d'Einstein (Rel. 7.98) reliant le coefficient de diffusion et le coefficient de friction, ainsi que l'expression du déplacement quadratique moyen d'une particule en

---

[4]R. Brown, Ann. Sci. Naturelles **14**, 341 (1828). A. Brongniart, Ann. Sci. Naturelles **12**, 41 (1827). (Moins connu que Brown, Brongniart était le petit fils du célèbre architecte parisien).

[5]L. G. Gouy, J. Physique (Paris) **7**, 561 (1888) ; C. R. Acad. Sci. (Paris) **109**, 102 (1889).

[6]A. Einstein, Annalen der Physik **17**, 549 (1905). W. Sutherland, Phil. Mag. **9**, 781 (1905). M. Smoluchowski, Annalen der Physik **21**, 756 (1906). P. Langevin, C. R. Acad. Sci. (Paris), **146**, 530 (1908).

[7]Le lecteur est encouragé à lire l'article aussi clair que précis de B. Duplantier, publié dans *Séminaire Poincaré* "Le mouvement brownien, divers et ondoyant" **1**, 155 (2005). Cet article, consultable en ligne, retrace l'histoire du mouvement brownien en décrivant les approches d'Einstein, de Smoluchowski et de Langevin.

fonction du temps. C'est l'année suivante qu'il présente une approche théorique plus générale rendant réellement compte du mouvement brownien[8]. La même année, Smoluchowski développe une théorie du mouvement brownien par une approche probabiliste, en établissant le lien entre la marche aléatoire sur réseau et la diffusion brownienne. En 1908, Langevin donne une formulation du mouvement brownien en tenant compte des effets d'inertie de la particule en suspension, effets qui étaient omis dans les théories d'Einstein et de Smoluchowski. Dans ce contexte, Langevin introduit pour la première fois une équation différentielle stochastique contenant une force aléatoire avec des propriétés spécifiques, et il exhorte les expérimentateurs à réaliser des expériences plus précises avec des suspensions de dimensions mieux connues.

La période de *confirmation* s'ouvre avec les travaux de Perrin[9] qui confirment sans réserve les prédictions théoriques et l'existence des molécules. Par la suite, on découvre plusieurs phénomènes analogues au mouvement brownien : les fluctuations du cadre d'un galvanomètre suspendu par un fil de torsion dans un gaz, les fluctuations du courant électrique dans les conducteurs, les fluctuations browniennes dans les systèmes biologiques... La suite de ce paragraphe est consacrée à la formulation moderne du mouvement brownien proposée par Langevin[10]

8.1.2 Spécificités du mouvement brownien

Une des spécificités du mouvement brownien est d'être *aléatoire*, de sorte que les processus impliqués doivent être traités par des méthodes statistiques (§ 1.4). Par exemple, on admet que les déplacements d'une particule en suspension, *au cours de deux intervalles de temps distincts et successifs*, sont statistiquement indépendants.

Voyons tout d'abord comment se déplace une particule en suspension pendant un laps de temps suffisamment long, en changeant continuellement de direction. Et, pour simplifier le raisonnement, considérons la projection du déplacement sur l'axe x. On se trouve ainsi confronté au problème de la marche aléatoire symétrique dans une direction donnée.

Supposons que x_1 soit le chemin parcouru par la particule en suspension au cours de l'intervalle de temps $(0,\, \tau)$ et x_2 le chemin parcouru pendant l'intervalle de temps $(\tau,\, t)$, avec $t > \tau$, de sorte que $x = x_1 + x_2$ est le chemin parcouru pendant le temps $(0,\, t)$. Comme les déplacements dans un sens et dans le sens opposé sont équiprobables et que les déplacements x_1 et x_2 sont statistiquement indépendants, les valeurs moyennes et les covariances des déplacements x_1 et x_2 sont nulles, soit :

$$\langle x_1(\tau)\rangle = \langle x_2(t-\tau)\rangle = 0,$$

et :

$$\langle x_1(\tau)x_2(t-\tau)\rangle = \langle x_1(\tau)\rangle \langle x_2(t-\tau)\rangle = 0. \tag{8.5}$$

[8] A. Einstein, Annalen der Physik **19**, 371 (1906).

[9] J. Perrin, C. R. Acad. Sci. (Paris) **146**, 967 (1908) et le livre *Les atomes*, Félix Alcan, Paris (1913), réédité chez Champs Flammarion, Paris (1991).

[10] Le lecteur intéressé peut consulter le livre de N. Pottier, *Physique statistique hors d'équilibre*, Savoirs Actuels (CNRS édition), Paris (2007), p. 253.

Par contre, la variance de x qui s'écrit :

$$\left\langle x^2(t)\right\rangle = \left\langle [x_1(\tau) + x_2(t-\tau)]^2\right\rangle = \left\langle x_1^2(\tau)\right\rangle + 2\left\langle x_1(\tau)\right\rangle \left\langle x_2(t-\tau)\right\rangle + \left\langle x_2^2(t-\tau)\right\rangle,$$

et se simplifie sous la forme suivante, compte tenu de la relation (8.5) :

$$\left\langle x^2(t)\right\rangle = \left\langle x_1^2(\tau)\right\rangle + \left\langle x_2^2(t-\tau)\right\rangle,$$

n'est pas nulle. Si l'on pose dans la relation précédente $\langle x^2(t)\rangle = \varphi(t)$, $\langle x_1^2(\tau)\rangle = \varphi(\tau)$ et $\langle x_2^2(t-\tau)\rangle = \varphi(t-\tau)$, on obtient l'équation fonctionnelle :

$$\varphi(t) = \varphi(\tau) + \varphi(t-\tau), \tag{8.6}$$

qui est vérifiée lorsque la variance du déplacement est une fonction linéaire du temps[11], c'est-à-dire :

$$\left\langle x^2(t)\right\rangle = \varphi(t) = \alpha t. \tag{8.7}$$

Comme autre spécificité du mouvement brownien, on admet que l'énergie cinétique moyenne par degré de liberté d'une particule en suspension est égale à $\frac{1}{2}m\left\langle v^2\right\rangle = \frac{1}{2}k_BT$, tout comme celle des molécules du liquide en équilibre thermique. De plus, on admet que la particule en suspension est soumise aux actions désordonnées causées par les molécules qui l'entourent, en supposant que la résultante de ces actions peut se séparer en deux contributions : la première est la *force systématique* $X(t)$ qui s'oppose au mouvement de la particule en suspension, et la seconde est la *force aléatoire* $F(t)$ qui lui communique le mouvement. Ayant toutes deux la même origine, ces deux forces doivent être reliées d'une manière qu'il convient de déterminer.

La force systématique $X(t)$ qui s'oppose au mouvement est une force de frottement. C'est une fonction ordinaire supposée proportionnelle à la vitesse de la particule. On vérifie en effet que le mouvement brownien correspond à un écoulement laminaire dans le fluide, avec un petit nombre de Reynolds :

$$\mathrm{Re} = \frac{\rho r v}{\eta},$$

où ρ et η sont respectivement la masse volumique et la viscosité dynamique du liquide, et r et v le rayon et la vitesse de la particule en suspension. En utilisant l'expression de l'énergie cinétique moyenne de la particule en suspension pour évaluer la vitesse $v \sim \left(\frac{k_BT}{m}\right)^{1/2}$, où $m \sim r^3\rho_p$, le nombre de Reynolds est :

$$\mathrm{Re} \simeq \frac{\rho}{\eta}\left(\frac{k_BT}{r\rho_p}\right)^{1/2}.$$

Pour des particules en suspension (dont les caractéristiques sont $\rho_p \sim 10^3$ kg.m^{-3} et $r \sim 10^{-8}$ m) dans l'eau à température ambiante ($\rho \sim 10^3$ kg.m^{-3}, $\eta \sim 10^{-3}$ N.m^{-2}.s, $k_BT \sim 4.10^{-21}$ J), le nombre de Reynolds est très faible (Re $\sim 2.10^{-2}$), indiquant ainsi

[11]En effet, pour une valeur donnée de τ constante et arbitraire, la dérivée de la relation (8.6) par rapport à t est $\varphi'(t) = \varphi'(t-\tau)$. Comme cette fonction est stationnaire (§ 1.4.3), elle ne dépend pas de t. Or, si l'on pose $\varphi'(t) = \alpha$, où α est une constante, on trouve la relation (8.7) et on s'aperçoit que la constante α a les dimensions du coefficient de diffusion.

que les forces d'inertie sont beaucoup plus faibles que les forces de frottement visqueux[12]. Par conséquent, on peut admettre que la force systématique est de la forme :

$$X(t) = -\mu \frac{dx}{dt}, \tag{8.8}$$

où μ est le coefficient de friction qui est fourni par la formule de Stokes $\mu = 6\pi\eta r$.

Quant à la force aléatoire $F(t)$, elle correspond à la partie fluctuante de l'action des molécules du liquide sur la particule en suspension. Puisqu'elle résulte d'un très grand nombre de collisions, il est raisonnable de supposer qu'elle possède un caractère gaussien, justifié par le théorème central limite, dont la valeur moyenne est nulle, soit :

$$\langle F(t) \rangle = 0. \tag{8.9}$$

Comme par ailleurs la durée d'une collision est extrêmement courte par rapport au temps d'observation, il est aussi raisonnable d'admettre que la force $F(t)$ est une fonction aléatoire à variations statistiquement indépendantes - comme le déplacement $x(t)$ - et que sa fonction d'autocorrélation (§ 1.4.3) peut être modélisée par une fonction de Dirac de poids A, soit :

$$\langle F(t)F(t') \rangle = A\delta(t - t'), \tag{8.10}$$

d'où :

$$\int_{-\infty}^{+\infty} \langle F(t)F(t') \rangle \, dt' = A. \tag{8.11}$$

8.1.3 Equation de Langevin

En l'absence de champ extérieur, l'équation du mouvement de la particule en suspension, à une dimension, est :

$$m\frac{d^2x}{dt^2} = -\mu \frac{dx}{dt} + F(t), \tag{8.12}$$

où la force appliquée est décomposée en deux, : la force de frottement $-\mu\frac{dx}{dt}$ et la force motrice $F(t)$. La relation (8.12) est l'*équation différentielle stochastique de Langevin* qui, intégrée une première fois, fournit la vitesse[13] :

$$v(t) = v_0 \exp\left(-\frac{\mu}{m}t\right) + \frac{1}{m}\exp\left(-\frac{\mu}{m}t\right)\int_0^t F(t')\exp\left(\frac{\mu}{m}t'\right)dt', \tag{8.13}$$

[12] C'est la raison pour laquelle les forces d'inertie étaient négligées dans le travail d'Einstein.

[13] On peut vérifier que l'expression de $v(t)$ est correcte en la dérivant par rapport à t, sans oublier de dériver la limite d'intégration qui dépend aussi de t (cf. la formule de dérivation fournie dans la note 59 du chapitre 7). En effet, on obtient :

$$\begin{aligned}
\frac{dv(t)}{dt} &= -\frac{\mu}{m}v_0\exp\left(-\frac{\mu}{m}t\right) - \frac{\mu}{m^2}\exp\left(-\frac{\mu}{m}t\right)\int_0^t F(t')\exp\left(\frac{\mu}{m}t'\right)dt' \\
&\quad + \frac{1}{m}\exp\left(-\frac{\mu}{m}t\right)\left[F(t)\exp\left(\frac{\mu}{m}t\right)\right], \\
\frac{dv(t)}{dt} &= -\frac{\mu}{m}v(t) + \frac{1}{m}F(t).
\end{aligned}$$

où v_0 est la vitesse à l'instant $t = 0$. La vitesse $v(t)$ est une fonction aléatoire dont on peut aisément calculer la valeur moyenne. Du fait que la valeur moyenne de la force aléatoire est nulle (Rel. 8.9), la valeur moyenne de la vitesse est :

$$\langle v(t) \rangle = v_0 \exp\left(-\frac{\mu}{m}t\right). \tag{8.14}$$

On voit donc que la vitesse moyenne relaxe exponentiellement vers zéro avec un temps de relaxation $\frac{m}{\mu}$. Pour des temps beaucoup plus grands que le temps de relaxation, la valeur moyenne de la vitesse s'annule et la vitesse devient une fonction aléatoire stationnaire. En effet, dès lors que la particule en suspension est en équilibre avec le liquide, son mouvement n'a ni commencement ni fin (§. 1.4.3), et la vitesse est une fonction aléatoire stationnaire. Quant à la variance de la vitesse, son expression est[14] :

$$\left\langle [v(t) - \langle v(t) \rangle]^2 \right\rangle = \frac{A}{2\mu m}\left[1 - \exp\left(-\frac{2\mu}{m}t\right)\right]. \tag{8.15}$$

Ainsi, tant que t reste faible devant le temps de relaxation $\left(t \ll \frac{m}{\mu}\right)$ la variance de la vitesse augmente linéairement avec le temps, et lorsque t est grand elle atteint une valeur asymptotique, en suivant les lois de comportement :

$$\begin{aligned}
\left\langle [v(t) - \langle v(t) \rangle]^2 \right\rangle &\simeq \frac{A}{m^2}t \qquad \left(t \ll \frac{m}{\mu}\right), \\
\left\langle [v(t) - \langle v(t) \rangle]^2 \right\rangle &\simeq \frac{A}{2\mu m} \qquad \left(t \gg \frac{m}{\mu}\right).
\end{aligned}$$

De plus, on constate que la variance de la vitesse est nulle tant que la force aléatoire n'a pas encore agi ($t = 0$) ; cela signifie que la vitesse ne devient une fonction aléatoire, et que les fluctuations de vitesse n'apparaissent, qu'à partir du moment où la force aléatoire vient d'agir.

Notons qu'il est possible de déterminer la valeur de la constante A en calculant l'énergie cinétique moyenne de la particule en équilibre thermique avec le liquide, c'est-à-dire après un temps suffisamment long. En effet, d'après les hypothèses du paragraphe précédent, l'énergie cinétique de la particule en suspension est $\frac{1}{2}m\langle v^2(t)\rangle = \frac{1}{2}k_B T$ dès lors que $t \gg \frac{m}{\mu}$. Pour déterminer A, évaluons $\langle v^2(t) \rangle$ en utilisant la formule de la variance (Rel. 1.90) :

$$\left\langle [v(t) - \langle v(t) \rangle]^2 \right\rangle = \left\langle v^2(t) \right\rangle - \langle v(t) \rangle^2,$$

soit :

$$\left\langle v^2(t) \right\rangle = \left\langle [v(t) - \langle v(t) \rangle]^2 \right\rangle + \langle v(t) \rangle^2.$$

[14] En effet, avec les relations (8.13) et (8.14) et compte tenu de la relation (8.10), on calcule la variance de la manière suivante :

$$\begin{aligned}
\left\langle [v(t) - \langle v(t) \rangle]^2 \right\rangle &= \frac{1}{m^2}\exp\left(-\frac{2\mu}{m}t\right)\int_0^t\int_0^t \langle F(t')F(t'')\rangle \exp\left[\frac{\mu}{m}(t'+t'')\right]dt'dt'', \\
\left\langle [v(t) - \langle v(t) \rangle]^2 \right\rangle &= \frac{1}{m^2}\exp\left(-\frac{2\mu}{m}t\right)\int_0^t\int_0^t A\delta(t'-t'')\exp\left[\frac{\mu}{m}(t'+t'')\right]dt'dt'', \\
\left\langle [v(t) - \langle v(t) \rangle]^2 \right\rangle &= \frac{A}{m^2}\exp\left(-\frac{2\mu}{m}t\right)\int_0^t \exp\left(\frac{2\mu}{m}t'\right)dt' = \frac{A}{2\mu m}\left[1 - \exp\left(-\frac{2\mu}{m}t\right)\right].
\end{aligned}$$

Puis multiplions cette équation par $\frac{m}{2}$ et exprimons les termes du membre de droite au moyen des relations (8.14) et (8.15). On obtient :

$$\frac{1}{2}m\left\langle v^2(t)\right\rangle = \frac{A}{4\mu}\left[1-\exp\left(-\frac{2\mu}{m}t\right)\right]+\frac{1}{2}mv_0^2\exp\left(-\frac{2\mu}{m}t\right).$$

Il ne reste plus qu'à identifier cette expression avec $\frac{1}{2}k_BT$ pour les grandes valeurs de t. On en déduit immédiatement que :

$$A = 2\mu k_B T. \tag{8.16}$$

La seconde étape de la résolution de l'équation de Langevin consiste à rechercher l'expression du déplacement $x(t)$, ainsi que sa valeur moyenne et sa variance. En supposant que la position de la particule à l'instant $t=0$ soit $x(0)=x_0$, l'intégration de la relation (8.13) conduit à l'expression[15] :

$$\begin{aligned} x(t) &= \int_0^t v(t)dt = x_0+\frac{m}{\mu}v_0\left[1-\exp\left(-\frac{\mu}{m}t\right)\right] \\ &\quad +\frac{1}{\mu}\int_0^t F(t')\left\{1-\exp\left[-\frac{\mu}{m}(t-t')\right]\right\}dt'. \end{aligned}$$

Du fait que la valeur moyenne de la force aléatoire est nulle, la valeur moyenne du déplacement est donc :

$$\langle x(t)\rangle = x_0+\frac{m}{\mu}v_0\left[1-\exp\left(-\frac{\mu}{m}t\right)\right], \tag{8.17}$$

et l'expression de sa variance se réduit à[16] :

$$\left\langle[x(t)-\langle x(t)\rangle]^2\right\rangle = \frac{A}{\mu^2}\left\{t+\frac{2m}{\mu}\left[\exp\left(-\frac{\mu}{m}t\right)-1\right]-\frac{m}{2\mu}\left[\exp\left(-\frac{2\mu}{m}t\right)-1\right]\right\}. \tag{8.18}$$

L'étude de cette expression montre qu'aux temps courts $\left(t\ll\frac{m}{\mu}\right)$ la variance du déplacement varie en t^3 et qu'aux temps longs $\left(t\gg\frac{m}{\mu}\right)$ elle varie linéairement, selon les lois de comportement :

$$\begin{aligned} \left\langle[x(t)-\langle x(t)\rangle]^2\right\rangle &\simeq \frac{1}{3}\frac{A}{m^2}t^3 && \left(t\ll\frac{m}{\mu}\right), \\ \left\langle[x(t)-\langle x(t)\rangle]^2\right\rangle &\simeq \frac{A}{\mu^2}t && \left(t\gg\frac{m}{\mu}\right). \end{aligned}$$

[15] Il est facile de vérifier que l'intégration de la relation (8.13) est correcte en dérivant $x(t)$ par rapport à t, sans oublier de dériver la limite d'intégration qui dépend aussi de t (cf. note 13 de ce chapitre).

[16] On calcule la variance du déplacement de la même manière que la variance de la vitesse (cf. note 14 de ce paragraphe), soit :

$$\begin{aligned} \left\langle[x(t)-\langle x(t)\rangle]^2\right\rangle &= \frac{1}{\mu^2}\int_0^t\int_0^t\langle F(t')F(t'')\rangle\left\{1-\exp\left[-\frac{\mu}{m}(t-t')\right]\right\}\left\{1-\exp\left[-\frac{\mu}{m}(t-t'')\right]\right\}dt'dt'', \\ \left\langle[x(t)-\langle x(t)\rangle]^2\right\rangle &= \frac{1}{\mu^2}\int_0^t\int_0^t A\delta(t'-t'')\left\{1-\exp\left[-\frac{\mu}{m}(t-t')\right]\right\}\left\{1-\exp\left[-\frac{\mu}{m}(t-t'')\right]\right\}dt'dt'', \\ \left\langle[x(t)-\langle x(t)\rangle]^2\right\rangle &= \frac{A}{\mu^2}\int_0^t\left\{1-\exp\left(-\frac{\mu}{m}\tau\right)\right\}^2d\tau = \frac{A}{\mu^2}\int_0^t\left\{1-2\exp\left(-\frac{\mu}{m}\tau\right)+\exp\left(-\frac{2\mu}{m}\tau\right)\right\}d\tau, \\ \left\langle[x(t)-\langle x(t)\rangle]^2\right\rangle &= \frac{A}{\mu^2}\left\{t+\frac{2m}{\mu}\left[\exp\left(-\frac{\mu}{m}t\right)-1\right]-\frac{m}{2\mu}\left[\exp\left(-\frac{2\mu}{m}t\right)-1\right]\right\}. \end{aligned}$$

Pour une discussion plus approfondie du mouvement brownien, il est judicieux de définir le *déplacement quadratique moyen* $\left\langle [x(t)-x_0]^2 \right\rangle$ comme suit[17] :

$$\left\langle [x(t)-x_0]^2 \right\rangle = \left\langle [x(t)-\langle x(t)\rangle]^2 \right\rangle + \left\langle [\langle x(t)\rangle - x_0]^2 \right\rangle .$$

Or, en utilisant les relations (8.17) et (8.18), on obtient :

$$\begin{aligned} \left\langle [x(t)-x_0]^2 \right\rangle &= \frac{A}{\mu^2}\left\{ t + \frac{2m}{\mu}\left[\exp\left(-\frac{\mu}{m}t\right)-1\right] - \frac{m}{2\mu}\left[\exp\left(-\frac{2\mu}{m}t\right)-1\right]\right\} \\ &\quad + \frac{m^2}{\mu^2}v_0^2\left[1-\exp\left(-\frac{\mu}{m}t\right)\right]^2 . \qquad (8.19) \end{aligned}$$

Aux temps courts $\left(t \ll \frac{m}{\mu}\right)$, il est facile de voir que le terme entre les accolades dans la relation précédente s'annule et que le déplacement quadratique moyen se comporte comme :

$$\left\langle [x(t)-x_0]^2 \right\rangle \simeq v_0^2 t^2 .$$

Celui-ci dépend de la valeur de la vitesse initiale v_0. En particulier, si la particule en suspension est déjà en équilibre thermique avec le liquide, sa vitesse initiale est telle que $v_0^2 = \frac{k_BT}{m}$ et le déplacement quadratique moyen vaut $\left\langle [x(t)-x_0]^2 \right\rangle \simeq \frac{k_BT}{m}t^2$. Si la particule n'est pas en équilibre avec le liquide, la relaxation est un peu plus compliquée mais varie toujours en t^2.

Au temps longs $\left(t \gg \frac{m}{\mu}\right)$, le comportement du déplacement quadratique moyen est gouverné par le terme en t situé entre les accolades de la relation (8.19). Et si l'on tient compte de la relation (8.16) pour expliciter la constante $A(=2\mu k_BT)$, le déplacement quadratique moyen se réduit à :

$$\left\langle [x(t)-x_0]^2 \right\rangle \simeq 2\frac{k_BT}{\mu}t = 2Dt, \qquad (8.20)$$

où D est le coefficient de diffusion lié au coefficient de friction μ par la relation (7.98).

8.1.4 Fonctions de corrélation temporelles dans le modèle de Langevin

Intéressons nous tout d'abord à la fonction d'autocorrélation des forces $\langle F(t)F(t')\rangle$ en considérant la relation (8.11). Après avoir remplacé la constante A par son expression

[17] L'expression du déplacement quadratique moyen, à ne pas confondre avec la variance, s'obtient de la manière suivante :

$$\begin{aligned} x(t)-x_0 &= [x(t)-\langle x(t)\rangle] + [\langle x(t)\rangle - x_0] , \\ \text{soit} \quad [x(t)-x_0]^2 &= [x(t)-\langle x(t)\rangle]^2 + 2\,[x(t)-\langle x(t)\rangle]\,[\langle x(t)\rangle - x_0] + [\langle x(t)\rangle - x_0]^2 , \end{aligned}$$

et puisque $\langle x(t)-\langle x(t)\rangle\rangle = 0$ (§ 1.4.2), on obtient :

$$\left\langle [x(t)-x_0]^2 \right\rangle = \left\langle [x(t)-\langle x(t)\rangle]^2 \right\rangle + \left\langle [\langle x(t)\rangle - x_0]^2 \right\rangle .$$

(Rel. 8.16), on obtient directement :

$$\mu = \frac{1}{2k_BT} \int_{-\infty}^{+\infty} \langle F(t)F(t') \rangle \, dt'. \tag{8.21}$$

Cette très importante relation est la forme la plus simple du théorème fluctuation-dissipation évoqué dans l'introduction de ce chapitre. La relation (8.21), reliant le coefficient de friction μ et la fonction d'autocorrélation des forces $\langle F(t)F(t') \rangle$, montre que la force de frottement $X(t)[= -\mu v(t)]$ (dissipation) et la force motrice $F(t)$ (fluctuation) sont deux aspects complémentaires du même phénomène.

Intéressons nous ensuite à la fonction d'autocorrélation des vitesses $\langle v(t)v(t') \rangle$. Pour cela, écrivons l'expression du déplacement $x(t)$ en fonction de la vitesse en supposant que la particule, en équilibre avec le liquide, est dans la position $x(0) = x_0$ à l'instant $t = 0$, c'est-à-dire :

$$x(t) = x_0 + \int_0^t v(t)dt.$$

Puis calculons le déplacement quadratique moyen $\left\langle [x(t) - x_0]^2 \right\rangle$ à partir de la relation précédente. Celui-ci a pour expression :

$$\left\langle [x(t) - x_0]^2 \right\rangle = \int_0^t \int_0^t \langle v(t')v(t'') \rangle \, dt'dt''.$$

Pour calculer cette intégrale, effectuons le changement de variables $t'' = t' + \tau$, en rappelant que $v(t)$ est une fonction aléatoire stationnaire. Il s'ensuit que $dt'' = d\tau$, que les bornes d'intégration sont $-t' \leq \tau \leq t - t'$, et que l'intégrale précédente se transforme de la manière suivante :

$$\left\langle [x(t) - x_0]^2 \right\rangle = \int_0^t \left[\int_{-t'}^{t-t'} \langle v(0)v(\tau) \rangle \, d\tau \right] dt'.$$

Cette expression se simplifie en intervertissant l'ordre des intégrations et en décomposant le domaine d'intégration en deux. Avec le théorème de Fubini et en s'aidant de la figure (8.1), on voit que :

$$\begin{aligned}
\int_0^t \left[\int_{-t'}^{t-t'} ... \, d\tau \right] dt' &= \int_0^t \left[\int_0^{t-\tau} ... \, dt' \right] d\tau + \int_{-t}^0 \left[\int_{-\tau}^{t} ... \, dt' \right] d\tau, \\
\int_0^t \left[\int_{-t'}^{t-t'} ... \, d\tau \right] dt' &= 2 \int_0^t \left[\int_0^{t-\tau} ... \, dt' \right] d\tau,
\end{aligned}$$

d'où :

$$\int_0^t \left[\int_{-t'}^{t-t'} \langle v(0)v(\tau) \rangle \, d\tau \right] dt' = 2 \int_0^t \langle v(0)v(\tau) \rangle \left[\int_0^{t-\tau} dt' \right] d\tau = 2 \int_0^t \langle v(0)v(\tau) \rangle \, (t - \tau)d\tau.$$

Par conséquent le déplacement quadratique moyen s'écrit finalement :

$$\left\langle [x(t) - x_0]^2 \right\rangle = 2t \int_0^t \langle v(0)v(\tau) \rangle \, (1 - \frac{\tau}{t})d\tau. \tag{8.22}$$

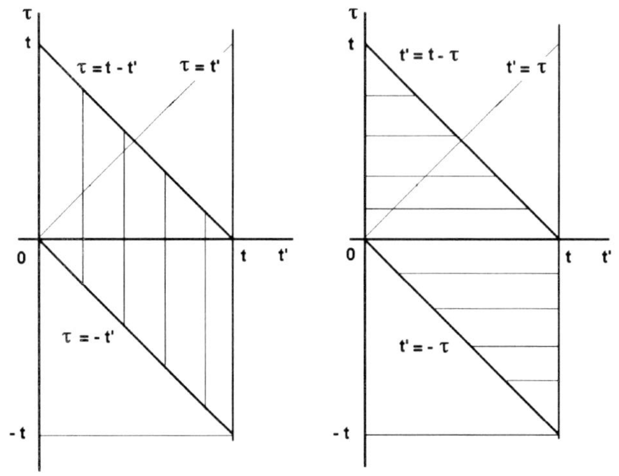

FIG. 8.1 – Domaines d'intégration permettant d'inverser les intégrations sur τ et sur t'.

Or, il a été montré qu'aux temps longs le déplacement quadratique moyen est proportionnel au temps (Rel. 8.20). Donc, en identifiant les relations (8.20) et (8.22), on peut exprimer le coefficient de diffusion D au moyen de la fonction d'autocorrélation des vitesses, par la relation suivante :

$$D = \lim_{t\to\infty} \int_0^t \langle v(0)v(\tau)\rangle \, (1 - \frac{\tau}{t}) d\tau = \int_0^\infty \langle v(0)v(\tau)\rangle \, d\tau. \tag{8.23}$$

Contrairement à la relation (8.21) qui n'est valable que pour le modèle de Langevin, la relation (8.23) est vraie en toutes circonstances[18].

Après avoir montré comment le coefficient de friction μ et le coefficient de diffusion D sont reliés, respectivement, à l'intégrale de la fonction d'autocorrélation des forces et à l'intégrale de la fonction d'autocorrélation des vitesses, calculons la fonction de corrélation vitesse-force dans le modèle de Langevin. Pour cela, considérons l'expression de la vitesse de la particule en suspension (Rel. 8.13) en équilibre thermique avec le liquide à l'instant initial t_0, soit :

$$v(t) = v_0 \exp\left[-\frac{\mu}{m}(t - t_0)\right] + \frac{1}{m}\int_{t_0}^t F(t') \exp\left[-\frac{\mu}{m}(t - t')\right] dt'. \tag{8.24}$$

Puis rejetons l'instant initial t_0 à $-\infty$ de sorte que la particule en suspension est toujours en équilibre thermique avec le liquide et que la vitesse est une fonction aléatoire stationnaire. Son expression devient alors :

$$v(t) = \frac{1}{m}\int_{-\infty}^t F(t') \exp\left[-\frac{\mu}{m}(t - t')\right] dt'. \tag{8.25}$$

[18]La relation (8.23) relie le coefficient de diffusion D à la fonction d'autocorrélation des vitesses unidirectionnelle $\langle v(0)v(\tau)\rangle$. Avec la fonction d'autocorrélation du vecteur vitesse $\langle \mathbf{v}(0)\mathbf{v}(\tau)\rangle$, il faut utiliser la relation :

$$D = \frac{1}{3}\int_0^\infty \langle \mathbf{v}(0)\mathbf{v}(\tau)\rangle \, d\tau.$$

Ecrivons ensuite la fonction de corrélation vitesse-force à l'aide de la relation précédente, en multipliant la vitesse par $F(t'')$ et en calculant la valeur moyenne, soit :

$$\langle v(t)F(t'')\rangle = \frac{1}{m}\int_{-\infty}^{t} \langle F(t')F(t'')\rangle \exp\left[-\frac{\mu}{m}(t-t')\right] dt', \tag{8.26}$$

et utilisons enfin la relation (8.10) pour effectuer l'intégration. De la relation (8.26) qui devient alors :

$$\langle v(t)F(t'')\rangle = \frac{A}{m}\int_{-\infty}^{t} \delta(t''-t') \exp\left[-\frac{\mu}{m}(t-t')\right] dt', \tag{8.27}$$

on tire :

$$\langle v(t)F(t'')\rangle = \frac{A}{m}\exp\left[-\frac{\mu}{m}(t-t'')\right] \qquad \text{si} \quad t'=t'' \quad \text{avec} \quad t''<t, \tag{8.28}$$

$$\langle v(t)F(t'')\rangle = 0 \qquad \text{si} \quad t'=t'' \quad \text{avec} \quad t''\geq t. \tag{8.29}$$

Ces relations indiquent que la fonction de corrélation vitesse-force est discontinue et que la vitesse de la particule $v(t)$ n'est corrélée avec la force $F(t'')$ qu'à partir du moment où celle-ci agit. En posant $t''-t=\tau$, il est facile de voir que, dans le modèle de Langevin, la pente de la fonction de corrélation vitesse-force, pour $\tau<0$, est :

$$\frac{d}{d\tau}\langle v(0)F(\tau)\rangle = \frac{A\mu}{m^2}\exp\left(\frac{\mu}{m}\tau\right).$$

En particulier, en $\tau = 0$ par valeur négative, la pente et la valeur de la fonction de corrélation vitesse-force valent respectivement $\frac{A\mu}{m^2} = \frac{2\mu^2 k_B T}{m^2}$ et $\frac{A}{m} = \frac{2\mu k_B T}{m}$ (Fig. 8.2a).

De manière analogue, calculons la fonction d'autocorrélation des vitesses dans le modèle de Langevin. En s'aidant de la relation (8.25) on obtient l'expression :

$$\langle v(t'')v(t)\rangle = \frac{1}{m}\int_{-\infty}^{t} \langle v(t'')F(t')\rangle \exp\left[-\frac{\mu}{m}(t-t')\right] dt', \tag{8.30}$$

dans laquelle la fonction de corrélation vitesse-force $\langle v(t'')F(t')\rangle$, tirée de la relation (8.27), s'écrit sous la forme suivante après adaptation des variables :

$$\langle v(t'')F(t')\rangle = \frac{A}{m}\int_{-\infty}^{t''} \delta(t'-\tau)\exp\left[-\frac{\mu}{m}(t''-\tau)\right] d\tau.$$

La substitution de la relation précédente dans la relation (8.30) fournit la fonction d'autocorrélation des vitesses[19] :

$$\langle v(t'')v(t)\rangle = \frac{A}{2m\mu}\exp\left[-\frac{\mu}{m}(t''-t)\right].$$

[19] Le calcul s'effectue comme suit :

$$\begin{aligned}
\langle v(t'')v(t)\rangle &= \frac{A}{m^2}\int_{-\infty}^{t}\left\{\int_{-\infty}^{t''}\delta(t'-\tau)\exp\left[-\frac{\mu}{m}(t''-\tau)\right]d\tau\right\}\exp\left[-\frac{\mu}{m}(t-t')\right]dt'.\\
\langle v(t'')v(t)\rangle &= \frac{A}{m^2}\int_{-\infty}^{t}\exp\left[-\frac{\mu}{m}(t''-t')\right]\exp\left[-\frac{\mu}{m}(t-t')\right]dt',\\
\langle v(t'')v(t)\rangle &= \frac{A}{m^2}\exp\left[-\frac{\mu}{m}(t''+t)\right]\int_{-\infty}^{t}\exp\left[\frac{2\mu}{m}t'\right]dt',\\
\langle v(t'')v(t)\rangle &= \frac{A}{m^2}\exp\left[-\frac{\mu}{m}(t''+t)\right]\frac{m}{2\mu}\left[\exp\left(\frac{2\mu}{m}t'\right)\right]_{-\infty}^{t} = \frac{A}{2m\mu}\exp\left[-\frac{\mu}{m}(t''-t)\right].
\end{aligned}$$

Et si l'on explicite la constante $A(= 2\mu k_B T)$ et que l'on pose $t'' - t = \tau$, la fonction d'autocorrélation des vitesses, dans le modèle de Langevin, s'écrit finalement :

$$\langle v(0)v(\tau)\rangle = \frac{k_B T}{m} \exp\left(-\frac{\mu}{m}|\tau|\right). \tag{8.31}$$

Comme la vitesse est une fonction aléatoire stationnaire[20], sa fonction d'autocorrélation est une fonction paire, spécifiée par la valeur absolue de τ. La fonction d'autocorrélation des vitesses subit donc une décroissance exponentielle, et la pente :

$$\frac{d}{d\tau}\langle v(0)v(\tau)\rangle = -\frac{k_B T\mu}{m^2} \exp\left(-\frac{\mu}{m}|\tau|\right) = -\frac{\mu}{m}\langle v(0)v(\tau)\rangle \tag{8.32}$$

décroît aussi exponentiellement. Par ailleurs, si la particule en suspension est en équilibre thermique avec le liquide, la valeur de la fonction d'autocorrélation des vitesses en $\tau = 0$, par valeur positive, est égale au carré de la vitesse thermique, $\langle v(0)v(0)\rangle = \frac{k_B T}{m} = v_0^2$, et la pente à l'origine vaut $-\frac{k_B T\mu}{m^2}$. Il faut noter que cette valeur de la pente à l'origine ne correspond pas à celle qui est prévue par une étude plus détaillée (§ 9.1.4) et qui doit être nulle !

8.1.5 Equation généralisée de Langevin. Fonction mémoire

Rappelons tout d'abord que les résultats du paragraphe précédent - pente à l'origine de la fonction d'autocorrélation des vitesses différente de zéro - découlent de ce que la fonction d'autocorrélation des forces est assimilée à la fonction de Dirac $\langle F(t)F(t')\rangle = A\delta(t - t')$, où $A = 2\mu k_B T$ (Rel. 8.10).

Montrons qu'il est possible d'*imposer que la pente à l'origine de la fonction d'autocorrélation des vitesses soit nulle* en écrivant la fonction d'autocorrélation des forces sous la forme :

$$\langle F(t)F(t')\rangle = k_B T M(t - t'), \tag{8.33}$$

où $M(t-t')$ est une *fonction mémoire* pour la propriété de friction. Le remplacement de la fonction de Dirac par la fonction mémoire revient à supposer que le temps de corrélation τ_c de la force aléatoire n'est pas nul. En d'autres termes, cela revient à admettre que le frottement n'apparaît pas immédiatement après que la force aléatoire ait été appliquée, mais qu'un laps de temps τ_c est nécessaire à son apparition. Or, pour tenir compte de ce phénomène de retard au frottement, il suffit de récrire l'équation de Langevin sous la forme suivante :

$$m\frac{dv}{dt} = -\int_0^t M(t - t')v(t')dt' + F(t). \tag{8.34}$$

[20] Ayant admis que la force aléatoire $F(t)$ possède un caractère gaussien (§ 8.1.2), la linéarité de l'équation de Langevin impose que la vitesse $v(t)$ possède également un caractère gaussien. Or, il a été montré (J. L. Domb, Ann. Math. **43**, 351 (1942)) qu'une fonction aléatoire stationnaire à caractère gaussien possède aussi un caractère markovien, lorsque sa fonction d'autocorrélation est une exponentielle décroissante (Rel. 8.31). Pour une étude du mouvement brownien en relation avec le processus de Markov, voir M. C. Wang and G. E. Uhlenbeck, Rev. Mod. Phys. **17**, 323 (1945) ou N. Pottier, *Physique statistique hors d'équilibre*, Savoirs Actuels (CNRS édition), Paris (2007), p. 295.

Cette expression est l'*équation généralisée de Langevin*[21]. En exprimant la fonction mémoire en termes de la fonction de Dirac, au moyen de la relation suivante :

$$M(t-t') = 2\mu\delta(t-t'),$$

on voit que la fonction d'autocorrélation des forces s'écrit $\langle F(t)F(t')\rangle = 2\mu k_B T\delta(t-t')$, ce qui permet de retrouver l'équation conventionnelle de Langevin[22] (Rel. 8.12) :

$$m\frac{dv}{dt} = -\int_0^t 2\mu\delta(t-t')v(t')dt' + F(t),$$

soit :

$$m\frac{dv}{dt} = -\mu v(t) + F(t).$$

La relation (8.34) permet aussi de déterminer la valeur correcte de la pente de la fonction d'autocorrélation des vitesses. Le calcul de la dérivée de $\langle v(0)v(\tau)\rangle$ s'effectue en multipliant la relation (8.34) par $v(0)$ et en prenant la valeur moyenne, ce qui donne :

$$m\left\langle v(0)\frac{d}{dt}v(t)\right\rangle = -\int_0^t M(t-t')\langle v(0)v(t')\rangle\, dt'. \tag{8.35}$$

Or, si l'on tient compte du fait que $\left\langle v(0)\frac{d}{dt}v(t)\right\rangle = \frac{d}{dt}\langle v(0)v(t)\rangle$, la relation précédente se réduit à l'expression :

$$m\frac{d}{dt}\langle v(0)v(t)\rangle = -\int_0^t M(t-t')\langle v(0)v(t')\rangle\, dt', \tag{8.36}$$

qui est nulle à l'origine, quelle que soit la forme de la fonction mémoire pourvu qu'elle soit différente de la fonction de Dirac.

La relation (8.36) est une équation intégro-différentielle de Volterra. Elle montre que la fonction d'autocorrélation des vitesses est totalement déterminée par la fonction mémoire correspondante. Les expressions de la fonction de corrélation vitesse-force (Rels. 8.28 et 8.29) et de la fonction d'autocorrélation des vitesses (Rel. 8.31) dépendent de la fonction mémoire choisie, et leurs représentations (Fig. 8.2) diffèrent de celles du modèle conventionnel de Langevin par l'absence de discontinuité autour de la valeur $\tau = t - t' = 0$. Ces diverses considérations suggèrent qu'il existe deux échelles de temps distinctes dans le modèle généralisé de Langevin, celle qui correspond au *temps de corrélation* de la force aléatoire τ_c et celle qui correspond au *temps de relaxation* de la vitesse moyenne $\tau_r = \frac{m}{\mu}$. Il est primordial que l'intervalle de temps Δt durant lequel on observe une modification de la vitesse de la particule en suspension soit beaucoup plus long que le temps de corrélation τ_c, et beaucoup plus court que le temps de relaxation $\tau_r = \frac{m}{\mu}$, soit :

$$\tau_c \ll \Delta t \ll \frac{m}{\mu}. \tag{8.37}$$

Notons que l'équation généralisée de Langevin (Rel. 8.34) est une équation exacte qui peut être démontrée avec le formalisme de Mori[23]. Cela donne à la relation (8.36) une

[21] R. Kubo, Rep. Prog. Phys. **29**, 255 (1966).

[22] Le facteur 2 a été introduit du fait que la fonction de Dirac n'est intégrée que de 0 à ∞.

[23] H. Mori, Prog. Theor. Phys. **33**, 423 (1965).

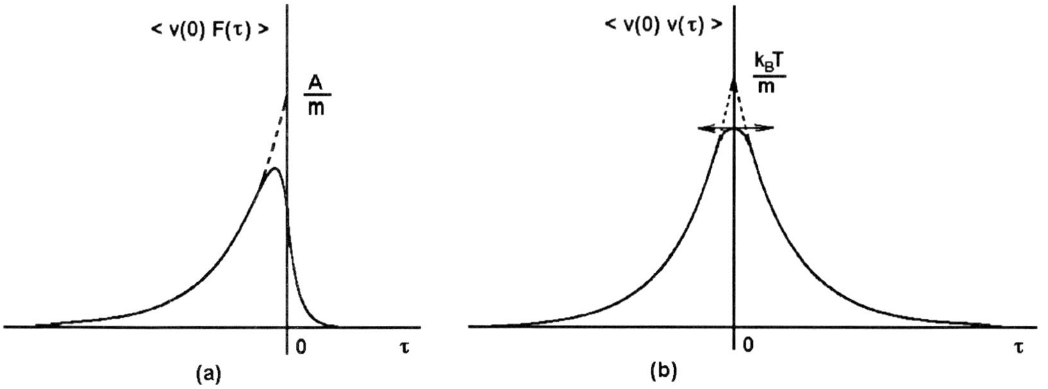

FIG. 8.2 – Représentations schématiques (a) de la fonction de corrélation vitesse-force et (b) de la fonction d'autocorrélation des vitesses. Les courbes en pointillés correspondent au modèle conventionnel de Langevin.

importance particulière du fait qu'elle est applicable à toute fonction de corrélation $C(t)$ et à sa fonction mémoire associée $M(t)$ liées par la relation générale suivante :

$$\frac{d}{dt}C(t) = -\int_0^t M(t-t')C(t')dt'. \tag{8.38}$$

Notons encore que la relation existant entre la fonction d'autocorrélation des vitesses (Rel. 8.36) et la fonction mémoire se simplifie lorsqu'on calcule sa transformée de Fourier-Laplace[24]. Celle-ci a pour expression :

$$m\int_0^\infty \frac{d}{dt}\langle v(0)v(t)\rangle \exp(-i\omega t)dt = -\int_0^\infty \left[\int_0^t M(t-t')\langle v(0)v(t')\rangle\, dt'\right]\exp(-i\omega t)dt. \tag{8.39}$$

Pour évaluer le membre de gauche de la relation précédente, effectuons l'intégration par parties, soit :

$$\int_0^\infty \frac{d}{dt}\langle v(0)v(t)\rangle \exp(-i\omega t)dt = [\langle v(0)v(t)\rangle \exp(-i\omega t)]_0^\infty + i\omega\int_0^\infty \langle v(0)v(t)\rangle \exp(-i\omega t)dt. \tag{8.40}$$

Puis utilisons les transformations de Fourier-Laplace de la fonction d'autocorrélation des vitesses et de la fonction mémoire[25], soit :

$$\begin{aligned} C_v(\omega) &= \int_0^\infty \langle v(0)v(t)\rangle \exp(-i\omega t)dt, \\ M(\omega) &= \int_0^\infty M(\tau)\exp(-i\omega\tau)d\tau, \end{aligned}$$

[24]La transformation de Fourier-Laplace est une transformation de Laplace dans laquelle la variable complexe p est égale à la variable imaginaire $-i\omega$. A la différence de la transformation de Fourier, son domaine d'intégration est $(0, \infty)$. Elle est utile lorsque les fonctions à intégrer sont nulles quand $t < 0$.

[25]Sauf mention spéciale, la notation sera la même pour la fonction $M(t)$ et sa transformée de Fourier-Laplace $M(\omega)$.

où $\tau = t - t'$. Après avoir interverti les intégrations, le membre de droite de la relation (8.39) s'écrit alors[26] :

$$-\int_0^\infty \left[\int_0^t M(t-t')\,\langle v(0)v(t')\rangle\,dt'\right]\exp(-i\omega t)dt = -M(\omega)C_v(\omega). \tag{8.41}$$

En utilisant les relations (8.40) et (8.41) pour expliciter la relation (8.39), on obtient finalement :

$$-\langle v(0)v(0)\rangle + i\omega C_v(\omega) = -M(\omega)C_v(\omega),$$

soit :

$$C_v(\omega) = \frac{\langle v^2(0)\rangle}{i\omega + M(\omega)}. \tag{8.42}$$

Cette relation relie, de la manière la plus simple qui soit, les transformées de Fourier-Laplace de la fonction d'autocorrélation des vitesses et de la fonction mémoire associée. Le problème général qui se posera dans la suite est celui de l'évaluation directe de la fonction mémoire lorsqu'on connaît la fonction d'autocorrélation ou, inversement, celui de l'évaluation de la fonction d'autocorrélation à partir de la fonction mémoire.

8.1.6 Densités spectrales

Les développements précédents montrent qu'il existe un lien entre la structure interne d'un processus aléatoire et l'allure de la fonction d'autocorrélation correspondante. Or, une autre façon d'étudier la structure interne d'une fonction aléatoire stationnaire est de calculer sa *densité spectrale* $S(\omega)$, qui est entièrement déterminée par la fonction d'autocorrélation au moyen du théorème de Wiener-Khintchine (§ 1.4.3). En effet, la densité spectrale d'une fonction aléatoire est définie par la transformée de Fourier de la fonction d'autocorrélation de cette fonction (Rel. 1.120). Par exemple, il est facile d'obtenir la densité spectrale $S_F(\omega)$ de la force aléatoire $F(t)$ dans le modèle conventionnel de Langevin, en calculant la transformée de Fourier de la fonction d'autocorrélation $\langle F(0)F(t)\rangle = 2\mu k_B T\delta(t)$. Avec la définition de la densité spectrale (Rel. 1.120), on obtient immédiatement :

$$S_F(\omega) = \frac{1}{2\pi}\int_{-\infty}^{\infty} 2\mu k_B T\delta(t)\exp(-i\omega t)dt = \frac{\mu k_B T}{\pi}, \tag{8.43}$$

pour toutes valeurs de ω.

---

[26] En effet, avec le changement de variables $\tau = t - t'$, on trouve :

$$\begin{aligned}
\int_0^\infty \left[\int_0^t M(t-t')\,\langle v(0)v(t')\rangle\,dt'\right]\exp(-i\omega t)dt &= \int_0^t \left[\int_0^\infty M(\tau)\exp\left[-i\omega\,(\tau+t')\right]d\tau\right]\langle v(0)v(t')\rangle\,dt', \\
\int_0^\infty \left[\int_0^t M(t-t')\,\langle v(0)v(t')\rangle\,dt'\right]\exp(-i\omega t)dt &= \int_0^t \left[\int_0^\infty M(\tau)\exp\left(-i\omega\tau\right)d\tau\right]\langle v(0)v(t')\rangle\exp\left(-i\omega t'\right)dt', \\
\int_0^\infty \left[\int_0^t M(t-t')\,\langle v(0)v(t')\rangle\,dt'\right]\exp(-i\omega t)dt &= M(\omega)C_v(\omega).
\end{aligned}$$

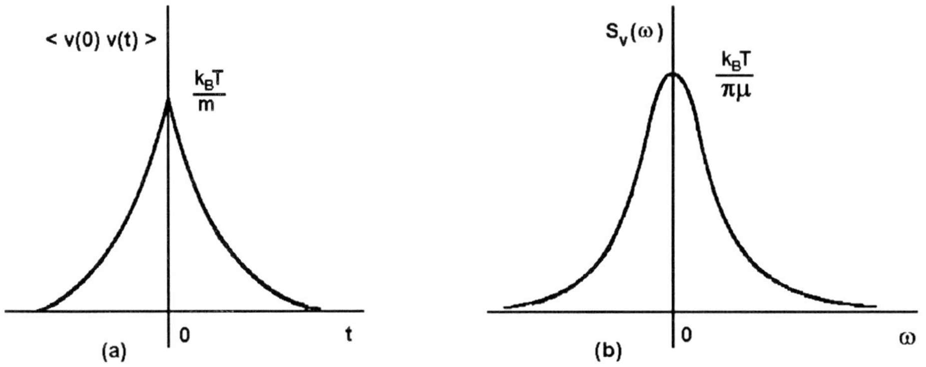

FIG. 8.3 – Représentations schématiques (a) de la fonction d'autocorrélation des vitesses et (b) de la densité spectrale de la vitesse dans le modèle conventionnel de Langevin.

Il est également possible de calculer la densité spectrale $S_v(\omega)$ de la vitesse, par le même procédé, avec la relation suivante :

$$S_v(\omega) = \frac{1}{2\pi}\int_{-\infty}^{\infty} \langle v(0)v(t)\rangle \exp(-i\omega t)dt. \tag{8.44}$$

En effet, si l'on utilise la relation (Rel. 8.31) pour substituer la fonction d'autocorrélation des vitesses dans la relation précédente, on trouve :

$$S_v(\omega) = \frac{1}{2\pi}\int_{-\infty}^{\infty} \frac{k_BT}{m} \exp\left(-\frac{\mu}{m}|t|\right) \exp(-i\omega t)dt,$$

soit[27] :

$$S_v(\omega) = \frac{\mu k_B T}{\pi\left(\mu^2 + m^2\omega^2\right)}. \tag{8.45}$$

Cette relation est une lorentzienne, centrée en $\omega = 0$, de largeur proportionnelle à μ. On constate que, plus la valeur du coefficient de friction μ est faible, plus la fonction d'autocorrélation décroît lentement et plus la densité spectrale se contracte en même temps que sa valeur à l'origine augmente (Fig. 8.3b). A la limite, quand $\mu \to 0$, la densité spectrale possède une raie unique en $\omega = 0$. En revanche quand la valeur du coefficient de friction est très importante, la fonction d'autocorrélation décroît rapidement et la densité spectrale conserve une valeur constante sans fréquence dominante (bruit blanc).

[27] L'intégrale précédente se calcule comme suit :

$$\begin{aligned}
S_v(\omega) &= \frac{k_BT}{2\pi m}\left\{\int_{-\infty}^{0} \exp\left[\left(\frac{\mu}{m} - i\omega\right)t\right]dt + \int_{0}^{\infty} \exp\left[-\left(\frac{\mu}{m} + i\omega\right)t\right]dt\right\},\\
S_v(\omega) &= \frac{k_BT}{2\pi m}\left\{\int_{0}^{\infty} \exp\left[-\left(\frac{\mu}{m} - i\omega\right)t\right]dt + \int_{0}^{\infty} \exp\left[-\left(\frac{\mu}{m} + i\omega\right)t\right]dt\right\},\\
S_v(\omega) &= \frac{k_BT}{2\pi m}\left\{\frac{1}{-\left(\frac{\mu}{m} - i\omega\right)} \exp\left[-\left(\frac{\mu}{m} - i\omega\right)t\right] + \frac{1}{-\left(\frac{\mu}{m} + i\omega\right)} \exp\left[-\left(\frac{\mu}{m} + i\omega\right)t\right]\right\}_0^{\infty},\\
S_v(\omega) &= \frac{k_BT}{2\pi m}\left[\frac{1}{\left(\frac{\mu}{m} - i\omega\right)} + \frac{1}{\left(\frac{\mu}{m} + i\omega\right)}\right] = \frac{k_BT}{2\pi m}\left[\frac{2\frac{\mu}{m}}{\left(\frac{\mu}{m}\right)^2 + \omega^2}\right] = \frac{\mu k_B T}{\pi\left(\mu^2 + m^2\omega^2\right)}.
\end{aligned}$$

La densité spectrale, utilisée également en mécanique et en électronique (analyse harmonique), est d'une importance capitale dans le formalisme des *fonctions de corrélation temporelles* car elle décrit la répartition des variances d'une fonction aléatoire stationnaire selon les fréquences (§ 1.4.3). Dans le cas des *fonctions de corrélation spatiales* la densité spectrale est tout aussi importante puisqu'elle est directement observable. En effet, on a vu (Rel. 5.17) que la transformation de Fourier de la fonction de corrélation de paire $g(r)$ est reliée au facteur de structure $S(q)$, qui n'est rien d'autre qu'une densité spectrale. Or, celle-ci est mesurable au moyen d'expériences de *diffusion élastique* de rayons X ou de neutrons. Anticipant sur la suite, il est facile d'imaginer une expérience de *diffusion inélastique*, impliquant un transfert de moment $\hbar q$ et un transfert d'énergie $\hbar\omega$, qui permette de mesurer le facteur de structure dynamique $S(\mathbf{q}, \omega)$ représentant ainsi la densité spectrale d'une fonction de corrélation spatio-temporelle à définir.

8.2 Théorie de la réponse linéaire

La théorie de la réponse linéaire a été développée pour décrire les phénomènes qui se déroulent dans les systèmes hors d'équilibre. C'est une méthode exacte qui permet de trouver les expressions reliant les coefficients de transport aux fonctions de corrélation spatio-temporelles. En outre, elle utilise un formalisme commun aux théoriciens et aux expérimentateurs, qui les aide à prévoir les expériences les plus pertinentes à réaliser pour extraire le maximum d'informations sur le mouvement des atomes dans les liquides.

La théorie de la réponse linéaire s'applique à deux types de phénomènes apparemment différents. Le premier de ces phénomènes concerne les systèmes qui se trouvent initialement dans un état hors d'équilibre et qui relaxent vers l'équilibre[28]. Le deuxième phénomène concerne les systèmes initialement à l'équilibre, caractérisés naturellement par une grande symétrie, et soumis à une action extérieure. Lorsqu'un système à l'équilibre est soumis à une force extérieure dépendante du temps, l'équilibre est rompu, les symétries sont brisées et le système cherche à s'adapter à son nouvel environnement. Les grandeurs macroscopiques qui existaient à l'équilibre sont modifiées, et leurs mesures permettent de déduire la réponse du système à la force appliquée. Si celle-ci est faible, les grandeurs mesurées sont proportionnelles à la force appliquée et les coefficients de proportionnalité sont des fonctionnelles qui dépendent des propriétés intrinsèques (microscopiques) du système à l'équilibre.

En fait, ces deux phénomènes apparemment différents sont liés car, lorsqu'un système est dans un état hors d'équilibre à un instant donné, on ne peut pas savoir si cela résulte de fluctuations spontanées en son sein ou d'une action extérieure. Lorsque l'écart par rapport à l'équilibre est faible, l'évolution du système vers l'état d'équilibre est le même dans les deux cas[29].

---

[28]Ce type de phénomène a été décrit pour la première fois en relation avec le bruit thermique dans les circuits électriques (H. Nyquist, Phys. Rev. **32**, 110 (1928)), puis étudié plus tard sous sa forme générale (H. B. Callen and T. A. Welton, Phys. Rev. **83**, 34 (1951)).

[29]L. Onsager, Phys. Rev. **37**, 405 (1931).

8.2.1 Transformation d'une fonction aléatoire stationnaire par un système linéaire

Dans le mouvement brownien décrit précédemment, il était fait état d'une particule en suspension soumise à une force aléatoire $F(t)$ et à une force systématique de frottement $X(t) = -\mu\frac{dx}{dt}$. Dans ce paragraphe, la particule est sujette, en plus, à l'action d'une force systématique extérieure $K(t)$. On est donc confronté au problème d'un système linéaire régi par l'équation différentielle stochastique conventionnelle de Langevin :

$$m\frac{d^2x}{dt^2} = -\mu\frac{dx}{dt} + F(t) + K(t),$$

devant répondre à l'excitation $K(t)$. Dans l'état stationnaire, l'équation des valeurs moyennes se réduit à :

$$m\frac{d\langle v(t)\rangle}{dt} = -\mu\langle v(t)\rangle + K(t), \tag{8.46}$$

puisque $\langle F(t)\rangle = 0$. Il est commode de déterminer la *réponse en fréquence* du système, en utilisant les transformations de Fourier :

$$\begin{aligned} K(t) &= \int_{-\infty}^{\infty} K(\omega)\exp(i\omega t)\,d\omega, \\ v(t) &= \int_{-\infty}^{\infty} v(\omega)\exp(i\omega t)\,d\omega, \\ \text{et}\qquad \frac{dv(t)}{dt} &= i\omega\int_{-\infty}^{\infty} v(\omega)\exp(i\omega t)\,d\omega. \end{aligned}$$

Après avoir substitué ces quantités dans la relation (8.46), on obtient[30] :

$$\langle v(\omega)\rangle = \chi(\omega)K(\omega), \tag{8.47}$$

$$\text{avec}\qquad \chi(\omega) = \frac{1}{\mu + im\omega}. \tag{8.48}$$

La fonction complexe $\chi(\omega)$, appelée *admittance* ou *susceptibilité*, est la réponse en fréquence de la particule à la force extérieure $K(\omega)$. Sa connaissance permet de calculer la vitesse moyenne de la particule en suspension pour toute excitation $K(\omega)$.

Montrons comment, dans le modèle conventionnel de Langevin, la susceptibilité $\chi(\omega)$ est reliée à la fonction d'autocorrélation des vitesses $\langle v(0)v(t)\rangle$. Pour cela, calculons la transformée de Fourier-Laplace de la fonction d'autocorrélation des vitesses, dont le ré-

[30]En effet :

$$\begin{aligned} mi\omega\int_{-\infty}^{\infty}\langle v(\omega)\rangle\exp(i\omega t)\,d\omega &= -\mu\int_{-\infty}^{\infty}\langle v(\omega)\rangle\exp(i\omega t)\,d\omega + \int_{-\infty}^{\infty}K(\omega)\exp(i\omega t)\,d\omega, \\ \text{d'où}\qquad \langle v(\omega)\rangle &= \frac{1}{\mu + im\omega}K(\omega). \end{aligned}$$

sultat est[31] :

$$\int_0^\infty \langle v(0)v(t)\rangle \exp(-i\omega t)dt = \frac{k_BT}{\mu + im\omega}. \tag{8.49}$$

En comparant les relations (8.48) et (8.49) on aboutit immédiatement à l'expression :

$$\chi(\omega) = \frac{1}{k_BT}\int_0^\infty \langle v(0)v(t)\rangle \exp(-i\omega t)dt. \tag{8.50}$$

Cette formule, qui relie la susceptibilité $\chi(\omega)$ à la fonction d'autocorrélation des vitesses $\langle v(0)v(\tau)\rangle$, est un autre aspect du théorème fluctuation-dissipation qui a été évoqué à plusieurs reprises. Par ailleurs, en comparant les relations (8.23) et (8.50), on remarque que le coefficient de diffusion D est lié à $\chi(\omega = 0)$ par la relation :

$$D = k_BT\chi(\omega = 0). \tag{8.51}$$

Ce type d'expression introduite par le biais du modèle conventionnel de Langevin sera examiné plus attentivement dans les prochains paragraphes.

Pour terminer cette introduction à la théorie de la réponse linéaire, rappelons qu'en vertu des règles générales de transformations des systèmes linéaires, toutes les fonctions qui leur sont appliquées sont soumises aux mêmes transformations linéaires. Dans le cas des fonctions aléatoires stationnaires, la règle est la suivante : *lorsqu'une fonction aléatoire stationnaire est appliquée à un système linéaire, la densité spectrale de la réponse du système est égale à la densité spectrale de la fonction appliquée, multipliée par le carré du module de la susceptibilité.* Cette règle a une conséquence importante dans la théorie microscopique des liquides, car si l'on suppose que la fonction aléatoire stationnaire appliquée est la force $F(t)$, on passe de sa densité spectrale (Rel. 8.43) à la densité spectrale de la vitesse par la relation :

$$S_v(\omega) = \left|\chi(\omega)\right|^2 S_F(\omega) = \frac{1}{\mu^2 + m^2\omega^2}\frac{\mu k_BT}{\pi},$$

ce que confirme la relation (8.45). Il est évidemment possible d'appliquer cette règle à toute autre expression de la fonction d'autocorrélation des forces $\langle F(0)F(\tau)\rangle$ (8.33). En pratique si l'on désire calculer la fonction d'autocorrélation des vitesses, il suffit de calculer la densité spectrale de la force $S_F(\omega)$, puis la densité spectrale de la vitesse $S_v(\omega) = \left|\chi(\omega)\right|^2 S_F(\omega)$ et la fonction d'autocorrélation des vitesses $\langle v(0)v(\tau)\rangle$, par transformation de Fourier inverse, au moyen de la relation (1.121).

Enfin, on ne manquera pas de noter la ressemblance qu'il y a entre les expressions de la densité spectrale $S_v(\omega)$ (Rel. 8.44) et la susceptibilité $\chi(\omega)$ (Rel. 8.50), puisque l'une est la transformée de Fourier de la fonction d'autocorrélation des vitesses, alors que l'autre est sa transformée de Fourier-Laplace. Ceci laisse entrevoir la possibilité de déduire des propriétés remarquables des fonctions de corrélation par une analyse de Fourier.

[31] La transformée de Fourier-Laplace de la relation (8.31) s'évalue simplement comme suit :

$$\int_0^\infty \langle v(0)v(t)\rangle \exp(-i\omega t)dt = \frac{k_BT}{m}\int_0^\infty \exp\left[-\left(\frac{\mu}{m}+i\omega\right)t\right]dt = -\frac{k_BT}{m}\frac{1}{\left(\frac{\mu}{m}+i\omega\right)}\left\{\exp\left[-\left(\frac{\mu}{m}+i\omega\right)t\right]\right\}_0^\infty,$$

$$\int_0^\infty \langle v(0)v(t)\rangle \exp(-i\omega t)dt = \frac{k_BT}{m}\frac{1}{\left(\frac{\mu}{m}+i\omega\right)} = \frac{k_BT}{\mu + im\omega}.$$

8.2.2 Propriétés de l'opérateur de Liouville

Avant de présenter la théorie de la réponse linéaire, rappelons quelques propriétés de l'opérateur de Liouville utilisées dans la suite de l'exposé. Si un système est constitué de N particules classiques, son hamiltonien est $H(\mathbf{r}^N, \mathbf{p}^N, t)$ et son état dynamique est décrit par la fonction de distribution $f(\mathbf{r}^N, \mathbf{p}^N, t)$ dans le γ-espace. La loi de conservation de la fonction de distribution $f(\mathbf{r}^N, \mathbf{p}^N, t)$ est donnée par l'équation de Liouville (Rel. 2.14) :

$$\frac{\partial}{\partial t} f(\mathbf{r}^N, \mathbf{p}^N, t) = -i\mathcal{L} f(\mathbf{r}^N, \mathbf{p}^N, t), \tag{8.52}$$

où $\mathcal{L}$ est l'opérateur de Liouville défini au moyen des crochets de Poisson sous la forme suivante :

$$\mathcal{L} = i\,[H, \ ] = i \sum_{i=1}^{3N} \left[\frac{\partial H}{\partial r_i} \frac{\partial}{\partial p_i} - \frac{\partial H}{\partial p_i} \frac{\partial}{\partial r_i} \right]. \tag{8.53}$$

Alors que la dérivée dans le membre de gauche de la relation (8.52) agit sur la variable temps, l'opérateur de Liouville dans le membre de droite agit sur les variables de l'espace des phases. La solution formelle de la relation (8.52) donnant l'évolution de $f(\mathbf{r}^N, \mathbf{p}^N, t)$ est :

$$f(\mathbf{r}^N, \mathbf{p}^N, t) = \exp(-i\mathcal{L}t).f(\mathbf{r}^N, \mathbf{p}^N, 0), \tag{8.54}$$

avec :

$$f(\mathbf{r}^N, \mathbf{p}^N, 0) = \frac{1}{h^{3N} Q_N(V,T)} \exp\left[-\beta H(\mathbf{r}^N, \mathbf{p}^N)\right], \tag{8.55}$$

où $Q_N(V,T)$ est la fonction de partition de l'ensemble canonique (Rel. 2.35).

Montrons que l'équation d'évolution d'une variable dynamique $A(\mathbf{r}^N, \mathbf{p}^N)$ s'écrit également à l'aide de l'opérateur de Liouville. En effet, compte tenu de la relation (1.23), c'est-à-dire :

$$\frac{\partial r_i}{\partial t} = \frac{\partial H}{\partial p_i} \quad \text{et} \quad \frac{\partial p_i}{\partial t} = -\frac{\partial H}{\partial r_i},$$

la variation de la variable dynamique $A(\mathbf{r}^N, \mathbf{p}^N)$ se transforme de la manière suivante :

$$\frac{\partial A}{\partial t} = \sum_{i=1}^{3N} \left[\frac{\partial A}{\partial r_i} \frac{\partial r_i}{\partial t} + \frac{\partial A}{\partial p_i} \frac{\partial p_i}{\partial t} \right] = \sum_{i=1}^{3N} \left[\frac{\partial A}{\partial r_i} \frac{\partial H}{\partial p_i} - \frac{\partial A}{\partial p_i} \frac{\partial H}{\partial r_i} \right]. \tag{8.56}$$

Par conséquent, en s'aidant de la relation (8.53), la relation (8.56) s'écrit encore comme suit :

$$\frac{\partial A}{\partial t} = -\,[H, A] = i\mathcal{L}A, \tag{8.57}$$

soit :

$$\dot{A} = i\mathcal{L}A, \tag{8.58}$$

et sa solution formelle est :

$$A(\mathbf{r}^N, \mathbf{p}^N, t) = \exp(i\mathcal{L}t).A(\mathbf{r}^N, \mathbf{p}^N, 0). \tag{8.59}$$

On notera en passant la différence de signe devant les arguments des exponentielles dans les relations (8.59) et (8.54).

Montrons également que l'opérateur de Liouville est un opérateur hermitique[32] car il vérifie la relation :

$$\iint B^* (\mathcal{L}A)\, d\mathbf{r}^N d\mathbf{p}^N = \iint (\mathcal{L}^\star B^\star)\, A d\mathbf{r}^N d\mathbf{p}^N. \tag{8.60}$$

En pratique, les variables dynamiques A et B sont des fonctions réelles d'un espace de Hilbert ($B^\star = B$), de sorte que la relation précédente s'écrit encore :

$$\iint B (\mathcal{L}A)\, d\mathbf{r}^N d\mathbf{p}^N = \iint (\mathcal{L}^\star B)\, A d\mathbf{r}^N d\mathbf{p}^N.$$

De plus, si $\mathcal{L}$ est un opérateur hermitique, l'opérateur $\exp(i\mathcal{L}t)$ est unitaire car le produit scalaire des deux variables dynamiques A et B ne change pas après leur transformation par l'opérateur exponentiel. En effet, après avoir appliqué l'opérateur $\exp(i\mathcal{L}t)$ aux deux variables dynamiques A et B, on obtient :

$$\iint [\exp(i\mathcal{L}t)B]\, [\exp(i\mathcal{L}t)A]\, d\mathbf{r}^N d\mathbf{p}^N = \iint B \exp(-i\mathcal{L}t)\exp(i\mathcal{L}t) A d\mathbf{r}^N d\mathbf{p}^N = \iint BA d\mathbf{r}^N d\mathbf{p}^N.$$

Avant de passer à la théorie de la réponse linéaire, démontrons encore une autre relation utile qui relie la variable dynamique A à la fonction de distribution f et qui s'écrit sous la forme suivante :

$$[A, f] = -i\beta f \mathcal{L}A. \tag{8.61}$$

Pour cela, récrivons le membre de gauche de la relation précédente au moyen des crochets de Poisson :

$$[A, f] = \sum_{i=1}^{3N} \left[\frac{\partial A}{\partial r_i}\frac{\partial f}{\partial p_i} - \frac{\partial A}{\partial p_i}\frac{\partial f}{\partial r_i} \right], \tag{8.62}$$

puis, compte tenu de la relation (8.55), explicitons les dérivées partielles de f dans la relation précédente, soit :

$$\frac{\partial f}{\partial p_i} = \frac{\partial}{\partial p_i}\left\{ \frac{1}{h^{3N} Q_N(V,T)} \exp\left[-\beta H(\mathbf{r}^N, \mathbf{p}^N)\right] \right\} = -\beta f \frac{\partial H}{\partial p_i},$$

$$\text{et} \quad \frac{\partial f}{\partial r_i} = \frac{\partial}{\partial r_i}\left\{ \frac{1}{h^{3N} Q_N(V,T)} \exp\left[-\beta H(\mathbf{r}^N, \mathbf{p}^N)\right] \right\} = -\beta f \frac{\partial H}{\partial r_i}.$$

[32] En explicitant l'opérateur de Liouville dans la relation suivante, à l'aide de la relation (8.58), on obtient :

$$\iint B^* (\mathcal{L}A)\, d\mathbf{r}^N d\mathbf{p}^N = i \iint B^\star \left(-\frac{\partial A}{\partial t} \right) d\mathbf{r}^N d\mathbf{p}^N.$$

Puis en intégrant par parties le membre de droite de cette relation, on trouve :

$$-i \iint B^\star \left(\frac{\partial A}{\partial t} \right) d\mathbf{r}^N d\mathbf{p}^N = -i \iint (B^\star A)\, d\mathbf{r}^N d\mathbf{p}^N + i \iint \frac{\partial B^\star}{\partial t} A d\mathbf{r}^N d\mathbf{p}^N.$$

Si l'on admet que les variables dynamiques A et B s'annulent sur la surface du domaine d'intégration (ce sont des fonctions à carré intégrable appartenant à un espace de Hilbert), le premier terme du membre de droite s'annule. Par ailleurs, en explicitant $\frac{\partial B^\star}{\partial t}$ avec la relation (8.57) et en utilisant l'opérateur de Liouville complexe conjugué $\mathcal{L}^\star = -i\,[H,\ ]$, le second terme du membre de droite s'écrit encore :

$$i \iint \frac{\partial B^\star}{\partial t} A d\mathbf{r}^N d\mathbf{p}^N = -i \iint [H, B^\star]\, A d\mathbf{r}^N d\mathbf{p}^N = \iint (\mathcal{L}^\star B^\star)\, A d\mathbf{r}^N d\mathbf{p}^N.$$

Après substitution de ces quantités dans la relation (8.62) et l'utilisation de la relation (8.53), on obtient :

$$[A, f] = -\beta f \sum_{i=1}^{3N} \left[\frac{\partial A}{\partial r_i} \frac{\partial H}{\partial p_i} - \frac{\partial A}{\partial p_i} \frac{\partial H}{\partial r_i} \right],$$

soit :

$$[A, f] = \beta f \, [H, A] = -i\beta f \mathcal{L} A. \tag{8.63}$$

8.2.3 Théorie générale de la réponse linéaire

Considérons un système initialement en équilibre thermique. Il est décrit par l'hamiltonien $H_0(\mathbf{r}^N, \mathbf{p}^N)$ et par la fonction de distribution $f_0(\mathbf{r}^N, \mathbf{p}^N)$, et son évolution est gouvernée par l'équation de Liouville :

$$\frac{\partial f_0}{\partial t} = [H_0, f_0] = -i\mathcal{L}_0 f_0. \tag{8.64}$$

A l'instant $t = 0$, on applique une faible perturbation venant modifier l'hamiltonien H_0 d'une petite quantité H_1 écrite sous la forme suivante :

$$H_1(\mathbf{r}^N, \mathbf{p}^N, t) = -A(\mathbf{r}^N, \mathbf{p}^N, 0) F(t), \tag{8.65}$$

où $F(t)$ est une fonction qui dépend explicitement du temps et $A(\mathbf{r}^N, \mathbf{p}^N, 0)$ une variable dynamique qui dépend implicitement du temps par l'intermédiaire des coordonnées de l'espace des phases. Il faut noter que la variable dynamique $A(\mathbf{r}^N, \mathbf{p}^N, 0)$ caractérise une propriété atomique du système et que $F(t)$ dépend de la nature de la perturbation[33] agissant sur la variable dynamique $A(\mathbf{r}^N, \mathbf{p}^N, 0)$. Par exemple, dans un système de dipôles permanents, on peut considérer que la variable dynamique est le moment électrique total du système, et que la perturbation est le champ électrique extérieur.

L'action de $F(t)$ modifie les valeurs de toutes les propriétés atomiques du système après un laps de temps plus ou moins long. Pour calculer la valeur moyenne d'une variable dynamique $B(\mathbf{r}^N, \mathbf{p}^N, 0)$ - qui peut être la variable $A(\mathbf{r}^N, \mathbf{p}^N, 0)$ elle-même - soumise à la perturbation $F(t)$, il faut utiliser l'expression de la moyenne d'ensemble :

$$\langle B(t) \rangle = \iint B(\mathbf{r}^N, \mathbf{p}^N, 0) f(\mathbf{r}^N, \mathbf{p}^N, t) d\mathbf{r}^N d\mathbf{p}^N, \tag{8.66}$$

en sachant qu'en l'absence de perturbation $\langle B(t) \rangle = 0$. Or, si la perturbation est faible, elle doit modifier légèrement la fonction de distribution au premier ordre comme suit :

$$f(\mathbf{r}^N, \mathbf{p}^N, t) = f_0(\mathbf{r}^N, \mathbf{p}^N, t) + f_1(\mathbf{r}^N, \mathbf{p}^N, t). \tag{8.67}$$

Du fait que si $t \leq 0$, $f_1(\mathbf{r}^N, \mathbf{p}^N, t) = 0$ et $f_0(\mathbf{r}^N, \mathbf{p}^N, t) = f_0$, on admet que $f_0(\mathbf{r}^N, \mathbf{p}^N, t)$ est toujours égale à la fonction de distribution d'équilibre f_0 quel que soit le temps.

L'équation de Liouville du système perturbé est alors :

$$\frac{\partial f}{\partial t} = -i\mathcal{L} f = \sum_{i=1}^{3N} \left[\frac{\partial H}{\partial r_i} \frac{\partial f}{\partial p_i} - \frac{\partial H}{\partial p_i} \frac{\partial f}{\partial r_i} \right].$$

[33]On considère ici que la fonction $F(t)$ dépend du temps et non de la position. On peut évidemment supposer qu'elle dépend aussi de la position en la notant $F(\mathbf{r}^N, t)$, mais le calcul est sensiblement plus compliqué. Il sera effectué dans le paragraphe (8.2.7).

En substituant les expressions de $f(= f_0 + f_1)$ et de $H\,[= H_0 - AF(t)]$ dans la relation précédente, et en ne conservant que les termes de degré zéro et de degré un, on obtient :

$$\frac{\partial f}{\partial t} = \sum_{i=1}^{3N}\left[\frac{\partial H_0}{\partial r_i}\frac{\partial f_0}{\partial p_i} - \frac{\partial H_0}{\partial p_i}\frac{\partial f_0}{\partial r_i}\right] + \sum_{i=1}^{3N}\left[\frac{\partial H_0}{\partial r_i}\frac{\partial f_1}{\partial p_i} - \frac{\partial H_0}{\partial p_i}\frac{\partial f_1}{\partial r_i}\right] - F(t)\sum_{i=1}^{3N}\left[\frac{\partial A}{\partial r_i}\frac{\partial f_0}{\partial p_i} - \frac{\partial A}{\partial p_i}\frac{\partial f_0}{\partial r_i}\right],$$

soit :

$$\frac{\partial f}{\partial t} = [H_0, f_0] + [H_0, f_1] - F(t)\,[A, f_0]\,.$$

Et en combinant la relation précédente avec la relation (8.64), on en déduit la variation de la partie perturbative de la fonction de distribution, soit :

$$\frac{\partial f_1}{\partial t} = [H_0, f_1] - F(t)\,[A, f_0]\,,$$

ou encore :

$$\frac{\partial f_1}{\partial t} = -i\mathcal{L}_0 f_1 - F(t)\,[A, f_0]\,.$$

Or, avec la relation (8.61), la relation précédente s'écrit explicitement :

$$\frac{\partial f_1(\mathbf{r}^N, \mathbf{p}^N, t)}{\partial t} = -i\mathcal{L}_0 f_1(\mathbf{r}^N, \mathbf{p}^N, t) - F(t)\left[-i\beta f_0 \mathcal{L}_0 A(\mathbf{r}^N, \mathbf{p}^N, 0)\right].$$

Ceci est une équation différentielle opérationnelle inhomogène du premier ordre, dont la solution formelle est[34] :

$$\begin{aligned} f_1(\mathbf{r}^N, \mathbf{p}^N, t) &= f_1(\mathbf{r}^N, \mathbf{p}^N, 0)\exp(-i\mathcal{L}_0 t) \\ &\quad + \exp(-i\mathcal{L}_0 t)\int_0^t \beta f_0 F(t')\exp\left(i\mathcal{L}_0 t'\right)\left[i\mathcal{L}_0 A(\mathbf{r}^N, \mathbf{p}^N, 0)\right] dt'. \end{aligned}$$

Comme la fonction $f_1(\mathbf{r}^N, \mathbf{p}^N, t)$ est nulle quand $t \leq 0$, le premier terme du membre de droite est nul. Par conséquent, la fonction de distribution du système perturbé (Rel. 8.67) est finalement :

$$f(\mathbf{r}^N, \mathbf{p}^N, t) = f_0(\mathbf{r}^N, \mathbf{p}^N, t) + f_1(\mathbf{r}^N, \mathbf{p}^N, t),$$

soit :

$$f(\mathbf{r}^N, \mathbf{p}^N, t) = f_0 + \beta\int_0^t f_0 F(t')\exp\left[-i\mathcal{L}_0\,(t - t')\right]\left[i\mathcal{L}_0 A(\mathbf{r}^N, \mathbf{p}^N, 0)\right] dt'.$$

C'est cette expression qui permet de calculer la valeur moyenne de la variable dynamique $B(\mathbf{r}^N, \mathbf{p}^N, 0)$ qui s'écrit alors (Rel. 8.66) :

$$\begin{aligned} \langle B(t)\rangle &= \iint B(\mathbf{r}^N, \mathbf{p}^N, 0) f_0 d\mathbf{r}^N d\mathbf{p}^N \\ &\quad + \beta\iint B(\mathbf{r}^N, \mathbf{p}^N, 0)\left[\int_0^t f_0 F(t')\exp\left[-i\mathcal{L}_0\,(t - t')\right]\left[i\mathcal{L}_0 A(\mathbf{r}^N, \mathbf{p}^N, 0)\right] dt'\right] d\mathbf{r}^N d\mathbf{p}^N. \end{aligned}$$

Le premier terme du membre de droite correspond à la valeur moyenne de $B(\mathbf{r}^N, \mathbf{p}^N, 0)$ en l'absence de perturbation, c'est pourquoi on peut le négliger dans les calculs ultérieurs.

[34] Son intégration s'effectue de la même façon que celle de la relation (8.13) (cf. note 13 de ce chapitre).

En intervertissant les intégrations dans le deuxième terme du membre de droite et en utilisant la relation (8.58), on obtient :

$$\langle B(t)\rangle = \int_0^t F(t') \left[\beta \textstyle\iint f_0 B(\mathbf{r}^N, \mathbf{p}^N, 0) \exp\left[-i\mathcal{L}_0 (t-t')\right] \dot{A}(\mathbf{r}^N, \mathbf{p}^N, t') d\mathbf{r}^N d\mathbf{p}^N\right] dt'.$$

Cette expression est la forme mathématique du principe de causalité selon lequel l'effet ne peut pas précéder la cause. La perturbation n'agissant qu'à partir de l'instant $t = 0$, on peut rejeter la borne d'intégration inférieure à $-\infty$ et récrire la relation précédente sous la forme suivante :

$$\langle B(t)\rangle = \int_{-\infty}^t F(t')\phi_{BA}(t-t')dt', \tag{8.68}$$

où la fonction $\phi_{BA}(t-t')$ est définie par l'expression :

$$\phi_{BA}(t-t') = \beta \textstyle\iint f_0 \left\{B(\mathbf{r}^N, \mathbf{p}^N, 0) \exp\left[-i\mathcal{L}_0 (t-t')\right]\right\} \dot{A}(\mathbf{r}^N, \mathbf{p}^N, t') d\mathbf{r}^N d\mathbf{p}^N. \tag{8.69}$$

La quantité $\phi_{BA}(t-t')$ est appelée *fonction réponse*. Elle relie la valeur moyenne de la variable dynamique $B(\mathbf{r}^N, \mathbf{p}^N, 0)$ à la perturbation $F(t)$. Notons au passage que si la perturbation était proportionnelle à la fonction de Dirac, $F(t) = a\delta(t)$, la valeur moyenne de la variable dynamique serait égale à :

$$\langle B(t)\rangle = \int_{-\infty}^t a\delta(t')\phi_{BA}(t-t')dt' = a\phi_{BA}(t).$$

Dans ce cas, la fonction réponse $\phi_{BA}(t)$ est la fonction de Green du système.

Etant donné que l'opérateur exponentiel est unitaire, et compte tenu de la relation (8.59), on peut encore simplifier la relation (8.69) comme suit :

$$\begin{aligned}
\phi_{BA}(t-t') &= \beta \textstyle\iint f_0 \left\{\exp\left[i\mathcal{L} (t-t')\right] B(\mathbf{r}^N, \mathbf{p}^N, 0)\right\} \dot{A}(\mathbf{r}^N, \mathbf{p}^N, t') d\mathbf{r}^N d\mathbf{p}^N, \\
\phi_{BA}(t-t') &= \beta \textstyle\iint f_0 B(\mathbf{r}^N, \mathbf{p}^N, t-t') \dot{A}(\mathbf{r}^N, \mathbf{p}^N, t') d\mathbf{r}^N d\mathbf{p}^N,
\end{aligned}$$

soit :

$$\phi_{BA}(t-t') = \beta \left\langle \dot{A}(t')B(t-t')\right\rangle_0. \tag{8.70}$$

Puisque la valeur moyenne de la relation précédente a été calculée avec la fonction de distribution de l'ensemble canonique à l'*équilibre*, f_0, les variables dynamiques A et B doivent satisfaire la condition de stationnarité indiquant qu'il n'y a pas d'origine des temps préférentielle dans le système à l'équilibre. Dans ces conditions, on peut encore écrire la fonction réponse sous l'une des formes suivantes[35] :

$$\phi_{BA}(t) = \beta \left\langle \dot{A}(0)B(t)\right\rangle_0 = -\beta \left\langle A(0)\dot{B}(t)\right\rangle_0 = -\beta \frac{d}{dt} \langle A(0)B(t)\rangle_0. \tag{8.71}$$

[35] Pour obtenir ces relations, commençons par calculer les dérivées de la fonction de corrélation $\langle A(t')B(t-t')\rangle$ par rapport à t et à t', soit :

$$\begin{aligned}
\frac{d}{dt} \langle A(t')B(t-t')\rangle &= \left\langle A(t')\frac{d}{dt}B(t-t')\right\rangle, \\
\text{et} \quad \frac{d}{dt'} \langle A(t')B(t-t')\rangle &= \left\langle B(t-t')\frac{d}{dt'}A(t')\right\rangle + \left\langle A(t')\frac{d}{dt'}B(t-t')\right\rangle.
\end{aligned}$$

Il s'ensuit que la réponse d'un système à une faible perturbation uniforme $F(t)$ est entièrement déterminée par la corrélation temporelle des fluctuations spontanées des variables dynamiques A et B dans le système en équilibre. En effet, alors que la moyenne d'ensemble (Rel. 8.66) est calculée avec la fonction de distribution du système hors d'équilibre, la moyenne temporelle (Rel. 8.68) ne fait appel qu'à la fonction de distribution du système à l'équilibre.

8.2.4 Susceptibilité généralisée

L'expression de la valeur moyenne $\langle B(t)\rangle$ est une intégrale de convolution que l'on peut exprimer dans l'espace réciproque. Avant de transformer la relation (8.68), effectuons le changement de variables $t - t' = \tau$. On obtient :

$$\langle B(t)\rangle = -\int_{\infty}^{0} F(t-\tau)\phi_{BA}(\tau)d\tau = \int_{0}^{\infty} F(t-\tau)\phi_{BA}(\tau)d\tau. \tag{8.72}$$

Et comme la fonction réponse $\phi_{BA}(\tau)$ est nulle quand $\tau < 0$, il est plus judicieux de calculer la transformée de Fourier-Laplace de la relation (8.72) que la transformée de Fourier, soit :

$$\int_{0}^{\infty} \langle B(t)\rangle \exp(-i\omega t)\, dt = \int_{0}^{\infty} \left[\int_{0}^{\infty} F(t-\tau)\phi_{BA}(\tau)d\tau\right] \exp(-i\omega t)\, dt, \tag{8.73}$$

avec les expressions suivantes des transformées de Fourier-Laplace de $\langle B(t)\rangle$, ϕ et F :

$$\begin{aligned} \langle B(\omega)\rangle &= \int_{0}^{\infty} \langle B(t)\rangle \exp(-i\omega t)\, dt \\ \chi_{BA}(\omega) &= \int_{0}^{\infty} \phi_{BA}(\tau) \exp(-i\omega\tau)\, d\tau, \\ F(\omega) &= \int_{0}^{\infty} F(s) \exp(-i\omega s)\, ds, \end{aligned} \tag{8.74}$$

Pour $t' = 0$, les relations précédentes se réduisent respectivement à :

$$\left.\frac{d}{dt}\langle A(t')B(t-t')\rangle\right|_{t'=0} = \left\langle A(0)\dot{B}(t)\right\rangle,$$

$$\text{et}\quad \left.\frac{d}{dt'}\langle A(t')B(t-t')\rangle\right|_{t'=0} = \left\langle \dot{A}(0)B(t)\right\rangle + \left\langle A(0)\dot{B}(t)\right\rangle.$$

Les variables dynamiques A et B étant des fonctions aléatoires stationnaires, la pente à l'origine ($t' = 0$) de la fonction de corrélation doit être nulle (cf. fin du § 8.1.4), soit :

$$\left.\frac{d}{dt'}\langle A(t')B(t-t')\rangle\right|_{t'=0} = 0.$$

Par conséquent, en combinant les relations précédentes, on aboutit aux identités suivantes :

$$\left\langle \dot{A}(0)B(t)\right\rangle = -\left\langle A(0)\dot{B}(t)\right\rangle = -\frac{d}{dt}\langle A(0)B(t)\rangle.$$

où $s = t - \tau$. Après avoir permuté les deux intégrations dans le membre de droite de la relation (8.73), on trouve[36] :

$$\langle B(\omega)\rangle = \chi_{BA}(\omega)F(\omega). \tag{8.75}$$

La transformée de Fourier-Laplace de la fonction réponse, $\chi_{BA}(\omega) = TFL\left[\phi_{BA}(t)\right]$, est appelée *susceptibilité généralisée*. La relation (8.75) est une généralisation de la relation (8.47) et l'expression de $\chi_{BA}(\omega)$, écrite ici au moyen de la fonction réponse (Rel. 8.74), généralise la relation (8.50) qui lie directement la susceptibilité à la fonction d'autocorrélation des vitesses.

Par ailleurs, la susceptibilité généralisée $\chi_{BA}(\omega)$ possède des propriétés remarquables qui sont dues aux propriétés de la transformée de Fourier, et au fait que la fonction réponse $\phi_{BA}(t)$ est une fonction réelle soumise au principe de causalité $[\phi_{BA}(-t) = 0]$. Indiquons quelques unes de ces propriétés en considérant une fonction réelle $F(t)$ arbitraire. Sa transformée de Fourier est :

$$\begin{aligned} F(\omega) &= \frac{1}{2\pi}\int_{-\infty}^{\infty} F(t)\exp(-i\omega t)dt, \qquad (8.76)\\ \text{avec} \quad F(t) &= \int_{-\infty}^{\infty} F(\omega)\exp(i\omega t)d\omega. \end{aligned}$$

(1) La condition pour que la fonction $F(t)$, restant finie quand $t \to \pm\infty$, soit une fonction réelle s'écrit :

$$F(t) = F^*(t),$$

c'est-à-dire :

$$\int_{-\infty}^{\infty} F(\omega)\exp(i\omega t)\,d\omega = \int_{-\infty}^{\infty} F^*(\omega)\exp(-i\omega t)\,d\omega, \tag{8.77}$$

où seules les fonctions complexes $F(\omega)$ et $\exp(i\omega t)$ sont munies du signe de conjugaison puisque ω est réel. Après avoir effectué le changement de variables $-\omega = \Omega$ dans l'intégrale du membre de droite, on obtient la relation :

$$-\int_{\infty}^{-\infty} F^*(-\Omega)\exp(i\Omega t)\,d\Omega = \int_{-\infty}^{\infty} F^*(-\Omega)\exp(i\Omega t)\,d\Omega.$$

Mais puisque Ω est une variable muette on peut la remplacer par ω, ce qui permet de récrire la relation (8.77) comme suit :

$$\int_{-\infty}^{\infty} F(\omega)\exp(i\omega t)\,d\omega = \int_{-\infty}^{\infty} F^*(-\omega)\exp(i\omega t)\,d\omega,$$

[36]On obtient en effet :

$$\begin{aligned} \int_0^{\infty}\langle B(t)\rangle\exp(-i\omega t)\,dt &= \int_0^{\infty}\left[\int_0^{\infty} F(s)\exp\left[-i\omega(s+\tau)\right]ds\right]\phi_{BA}(\tau)d\tau,\\ \int_0^{\infty}\langle B(t)\rangle\exp(-i\omega t)\,dt &= \int_0^{\infty}\left[\int_0^{\infty} F(s)\exp(-i\omega s)\,ds\right]\phi_{BA}(\tau)\exp(-i\omega\tau)\,d\tau,\\ \langle B(\omega)\rangle &= F(\omega)\int_0^{\infty}\phi_{BA}(\tau)\exp(-i\omega\tau)\,d\tau,\\ \langle B(\omega)\rangle &= F(\omega)\chi_{BA}(\omega). \end{aligned}$$

si bien que la condition $F(t) = F^*(t)$ se traduit par $F(\omega) = F^*(-\omega)$.

Etant donné que $F(\omega)$ est une fonction complexe (Rel. 8.76), on peut l'écrire à l'aide des deux fonctions réelles $F'(\omega)$ et $F''(\omega)$ sous la forme algébrique suivante :

$$F(\omega) = \frac{1}{2\pi}\int_{-\infty}^{\infty} F(t)\cos(\omega t)dt - i\frac{1}{2\pi}\int_{-\infty}^{\infty} F(t)\sin(\omega t)dt = F'(\omega) - iF''(\omega),$$

avec les transformées de Fourier :

$$\begin{aligned} F'(\omega) &= \frac{1}{2\pi}\int_{-\infty}^{\infty} F(t)\cos(\omega t)dt, \\ \text{et} \qquad F''(\omega) &= \frac{1}{2\pi}\int_{-\infty}^{\infty} F(t)\sin(\omega t)dt. \end{aligned}$$

La fonction complexe conjuguée de $F(-\omega)$ étant $F^*(-\omega) = F'(-\omega) + iF''(-\omega)$, on déduit de la condition $F(\omega) = F^*(-\omega)$ que :

$$F'(-\omega) = F'(\omega), \tag{8.78}$$

$$F''(-\omega) = -F''(\omega). \tag{8.79}$$

Par conséquent, lorsque $F(t)$ est une *fonction réelle*, la *partie réelle* de sa transformée de Fourier est une *fonction paire* et la *partie imaginaire* une *fonction impaire.*

(2) Par ailleurs, la représentation de $F(t)$ sous forme trigonométrique est :

$$\begin{aligned} F(t) &= \int_{-\infty}^{\infty} F(\omega)\exp(i\omega t)\,d\omega = \int_{-\infty}^{\infty} [F'(\omega) - iF''(\omega)]\,[\cos(\omega t) + i\sin(\omega t)]\,d\omega, \\ F(t) &= \int_{-\infty}^{\infty} F'(\omega)\cos(\omega t)\,d\omega + \int_{-\infty}^{\infty} F''(\omega)\sin(\omega t)\,d\omega \\ &\quad + i\int_{-\infty}^{\infty} F'(\omega)\sin(\omega t)\,d\omega - i\int_{-\infty}^{\infty} F''(\omega)\cos(\omega t)\,d\omega. \end{aligned}$$

Conformément aux relations (8.78) et (8.79), les deux dernières intégrales de la relation précédente sont nulles car leurs intégrants sont des fonctions impaires de ω. Par contre, les deux premières intégrales ne le sont pas car leurs intégrants sont des fonctions paires de ω. Ainsi, la fonction réelle $F(t)$ peut s'écrire sous la forme suivante :

$$F(t) = 2\int_{0}^{\infty} F'(\omega)\cos(\omega t)\,d\omega + 2\int_{0}^{\infty} F''(\omega)\sin(\omega t)\,d\omega, \tag{8.80}$$

où les intégrations sont effectuées sur les fréquences angulaires positives.

8.2.5 Relation de Kramers-Kronig et théorème fluctuation-dissipation

Déduisons maintenant une conséquence importante du principe de causalité de la fonction réponse $\phi_{BA}(t)$. Compte tenu des propriétés de la fonction réponse qui ont été indiquées dans le paragraphe précédent, $\phi_{BA}(t)$ est une fonction réelle qui peut s'exprimer au moyen de la relation (8.80) comme suit :

$$\phi_{BA}(t) = 2\int_0^{\infty} \chi'_{BA}(\omega)\cos(\omega t)\,d\omega + 2\int_0^{\infty} \chi''_{BA}(\omega)\sin(\omega t)\,d\omega, \quad (8.81)$$

$$\text{et} \quad \phi_{BA}(-t) = 2\int_0^{\infty} \chi'_{BA}(\omega)\cos(\omega t)\,d\omega - 2\int_0^{\infty} \chi''_{BA}(\omega)\sin(\omega t)\,d\omega. \quad (8.82)$$

Or, du principe de causalité $[\phi_{BA}(-t) = 0]$, il découle que les deux intégrales de la relation (8.82) sont égales, de sorte qu'en combinant les relations (8.81) et (8.82) la fonction réponse se présente sous l'une des deux formes suivantes :

$$\phi_{BA}(t) = 4\int_0^{\infty} \chi'_{BA}(\omega)\cos(\omega t)\,d\omega, \quad (8.83)$$

$$\phi_{BA}(t) = 4\int_0^{\infty} \chi''_{BA}(\omega)\sin(\omega t)\,d\omega, \quad (8.84)$$

et les transformations de Fourier inverses sont respectivement[37] :

$$\chi'_{BA}(\omega) = \frac{1}{2\pi}\int_0^{\infty} \phi_{BA}(t)\cos(\omega t)\,dt, \quad (8.85)$$

$$\text{et} \quad \chi''_{BA}(\omega) = \frac{1}{2\pi}\int_0^{\infty} \phi_{BA}(t)\sin(\omega t)\,dt. \quad (8.86)$$

Les quatre dernières relations sont d'une grande importance pratique car elles montrent que la partie réelle $\chi'_{BA}(\omega)$ et la partie imaginaire $\chi''_{BA}(\omega)$ de la susceptibilité généralisée ne sont pas indépendantes l'une de l'autre. En effet, la connaissance d'une d'entre elles doit permettre de déterminer l'autre ainsi que la susceptibilité généralisée $\chi_{BA}(\omega)$. Pour obtenir l'expression qui relie $\chi'_{BA}(\omega)$ à $\chi''_{BA}(\omega)$, calculons $\chi'_{BA}(\omega)$ avec la relation (8.85) après avoir substitué la fonction réponse $\phi_{BA}(t)$ tirée de la relation (8.84). On trouve[38] :

$$\chi'_{BA}(\omega) = \frac{2}{\pi}\int_0^{\infty} \frac{u\chi''_{BA}(u)}{u^2-\omega^2}du. \quad (8.87)$$

[37] Comme $\chi'_{BA}(\omega)$ est une fonction paire, la relation (8.83) s'écrit :

$$\frac{\phi_{BA}(t)}{2} = \int_{-\infty}^{\infty} \chi'_{BA}(\omega)\cos(\omega t)\,d\omega,$$

et sa transformée de Fourier est :

$$\chi'_{BA}(\omega) = \frac{1}{2\pi}\int_{-\infty}^{\infty} \frac{\phi_{BA}(t)}{2}\cos(\omega t)\,dt = \frac{1}{2\pi}\int_0^{\infty} \phi_{BA}(t)\cos(\omega t)\,dt.$$

[38] Considérons l'expression de $\chi'_{BA}(\omega)$ en fonction de $\phi_{BA}(t)$:

$$\chi'_{BA}(\omega) = \frac{1}{2\pi}\int_0^{\infty}\left[4\int_0^{\infty}\chi''_{BA}(u)\sin(ut)\,du\right]\cos(\omega t)\,dt,$$

$$\chi'_{BA}(\omega) = \frac{2}{\pi}\int_0^{\infty}\left[\lim_{T\to\infty}\int_0^{T}\sin(ut)\cos(\omega t)\,dt\right]\chi''_{BA}(u)du,$$

$$\chi'_{BA}(\omega) = \frac{2}{\pi}\int_0^{\infty}\left[\lim_{T\to\infty}\int_0^{T}\frac{1}{2}\{\sin[(u+\omega)t] + \sin[(u-\omega)t]\}\,dt\right]\chi''_{BA}(u)du,$$

$$\chi'_{BA}(\omega) = \frac{1}{\pi}\int_0^{\infty}\lim_{T\to\infty}\left\{\frac{1-\cos[(u+\omega)T]}{u+\omega} + \frac{1-\cos[(u-\omega)T]}{u-\omega}\right\}\chi''_{BA}(u)du.$$

Par un calcul identique, on obtient la relation :

$$\chi''_{BA}(\omega) = -\frac{2\omega}{\pi}\int_0^\infty \frac{\chi'_{BA}(u)}{u^2-\omega^2}du. \quad (8.88)$$

Les relations (8.87) et (8.88) constituent les *relations de dispersion de Kramers-Kronig*[39]. Elles sont d'une grande utilité pour les expérimentateurs qui veulent exploiter les résultats des expériences de spectroscopie lorsque la variable dynamique A est corrélée avec elle-même[40]. En effet, elles permettent de déduire la partie réelle $\chi'_{AA}(\omega)$ de la mesure de la partie imaginaire $\chi''_{AA}(\omega)$, sur un domaine de fréquences suffisamment étendu, et donc de déterminer complètement la susceptibilité généralisée $\chi_{AA}(\omega)$.

Si l'on admet que la variable dynamique A est corrélée avec elle-même, on peut montrer, au moyen d'un exemple simple, que la *partie imaginaire* $\chi''_{AA}(\omega)$ de la susceptibilité généralisée est reliée à l'*énergie dissipée* dans le système. Pour cela, considérons un processus d'interaction rayonnement-matière dans lequel le système est soumis à un champ extérieur $F(t)$ variable dont la forme analytique est la fonction harmonique $F(t) = F_0 \cos\omega t$. L'hamiltonien du système est modifié de la quantité $H_1(\mathbf{r}^N, \mathbf{p}^N, t) = -A(\mathbf{r}^N, \mathbf{p}^N, 0)F(t)$ (Rel. 8.65). Comme celle-ci a les dimensions d'une énergie, on peut calculer l'énergie dissipée dans le système pendant l'unité de temps (puissance instantanée), consécutivement à l'application du champ extérieur $F(t)$, en évaluant l'expression :

$$\frac{dE}{dt} = -F(t)\frac{d}{dt}\langle A(t)\rangle, \quad (8.89)$$

Cette intégrale contient des fonctions rapidement oscillantes dont la partie positive est quasiment neutralisée par la partie négative. Pour faire une estimation précise du résultat d'une telle intégrale il faut effectuer une intégration par parties. On trouve que si l'intégrant $F(u,T)$ est une fonction rapidement oscillante, avec T grand, la formule approchée de l'intégrale est :

$$\lim_{T\to\infty}\int_a^b F(u,T)du \approx -\lim_{T\to\infty}\frac{1}{T^2}\left[\frac{dF}{du}\right]_a^b \approx 0.$$

De ce résultat, il ressort que les intégrales en cosinus dans l'expression de $\chi'_{BA}(\omega)$ sont nulles et qu'il reste :

$$\chi'_{BA}(\omega) = \frac{1}{\pi}\int_0^\infty \left\{\frac{1}{u+\omega} + \frac{1}{u-\omega}\right\}\chi''_{BA}(u)du = \frac{2}{\pi}\int_0^\infty \frac{u\chi''_{BA}(u)}{u^2-\omega^2}du.$$

[39]Pour plus d'informations sur les formules de Kramers-Kronig consulter par exemple l'article de J. R. Macdonald and M. K. Brachman, Rev. Mod. Phys. **28**, 393 (1956).

[40]Si l'on admet que la variable dynamique A est corrélée avec elle-même, cela implique que sa valeur moyenne (Rel. 8.72) s'écrit :

$$\langle A(t)\rangle = \int_0^\infty F(t-\tau)\phi_{AA}(\tau)d\tau,$$

où la fonction réponse est définie par la relation (8.70), soit :

$$\phi_{AA}(t-t') = \beta\left\langle \dot{A}(t')A(t-t')\right\rangle_0,$$

et la susceptibilité généralisée par la relation (8.74), soit :

$$\chi_{AA}(\omega) = \int_0^\infty \phi_{AA}(\tau)\exp(-i\omega\tau)\,d\tau.$$

où la valeur moyenne de la variable dynamique a été définie dans la note 40, soit :

$$\begin{aligned}\langle A(t)\rangle &= \int_0^\infty F(t-\tau)\phi_{AA}(\tau)d\tau = \int_0^\infty F_0\cos\left[\omega\left(t-\tau\right)\right]\phi_{AA}(\tau)d\tau,\\ \langle A(t)\rangle &= F_0\,\mathrm{Re}\left\{\int_0^\infty \exp\left[i\omega\left(t-\tau\right)\right]\phi_{AA}(\tau)d\tau\right\},\end{aligned}$$

c'est-à-dire :

$$\langle A(t)\rangle = F_0\,\mathrm{Re}\left\{\exp\left(i\omega t\right)\int_0^\infty \exp\left(-i\omega\tau\right)\phi_{AA}(\tau)d\tau\right\}. \tag{8.90}$$

Puisque la transformée de Fourier-Laplace de la fonction réponse $\phi_{AA}(\tau)$ correspond à la susceptibilité généralisée $\chi_{AA}(\omega)$ (Rel. 8.74), on peut récrire la relation précédente sous la forme[11] :

$$\langle A(t)\rangle = F_0\left[\chi'_{AA}(\omega)\cos\left(\omega t\right) + \chi''_{AA}(\omega)\sin\left(\omega t\right)\right].$$

Or en substituant cette expression de $\langle A(t)\rangle$ dans la relation (8.89), on déduit la puissance instantanée :

$$\frac{dE}{dt} = F_0^2\cos\omega t\left[\omega\chi'_{AA}(\omega)\sin\left(\omega t\right) - \omega\chi''_{AA}(\omega)\cos\left(\omega t\right)\right],$$

ainsi que la valeur moyenne de l'énergie dissipée de manière irréversible dans le système pendant une période :

$$\left\langle\frac{dE}{dt}\right\rangle = F_0^2\omega\left\{\chi'_{AA}(\omega)\frac{1}{T}\int_{-T/2}^{T/2}\cos\left(\omega t\right)\sin\left(\omega t\right)dt - \chi''_{AA}(\omega)\frac{1}{T}\int_{-T/2}^{T/2}\cos^2\left(\omega t\right)dt\right\},$$

soit :

$$\left\langle\frac{dE}{dt}\right\rangle = -F_0^2\omega\frac{1}{2}\chi''_{AA}(\omega), \tag{8.91}$$

puisque :

$$\frac{1}{T}\int_{-T/2}^{T/2}\cos\left(\omega t\right)\sin\left(\omega t\right)dt = 0 \qquad \text{et} \qquad \frac{1}{T}\int_{-T/2}^{T/2}\cos^2\left(\omega t\right)dt = \frac{1}{2}.$$

Cette relation établit la correspondance entre la *puissance moyenne dissipée* dans le système et la *partie imaginaire de la susceptibilité généralisée*. Elle a une grande utilité pratique puisqu'elle permet de déterminer directement la partie imaginaire de la susceptibilité généralisée, $\chi''_{AA}(\omega)$, appelée *partie dissipative*, à partir de la mesure expérimentale de la puissance moyenne dissipée $\left\langle\frac{dE}{dt}\right\rangle$. Il est facile ensuite de déduire la susceptibilité généralisée $\chi_{AA}(\omega)$ à l'aide de la relation de Kramers-Kronig. On peut également déduire

[11] Transformons la relation (8.90) comme suit :

$$\begin{aligned}\langle A(t)\rangle &= F_0\,\mathrm{Re}\left\{\exp\left(i\omega t\right)\chi_{AA}(\omega)\right\},\\ \langle A(t)\rangle &= F_0\,\mathrm{Re}\left\{\left[\cos\left(\omega t\right) + i\sin\left(\omega t\right)\right]\left[\chi'_{AA}(\omega) - i\chi''_{AA}(\omega)\right]\right\},\\ \langle A(t)\rangle &= F_0\left[\chi'_{AA}(\omega)\cos\left(\omega t\right) + \chi''_{AA}(\omega)\sin\left(\omega t\right)\right].\end{aligned}$$

la fonction réponse $\phi_{AA}(t)$ par transformation de Fourier-Laplace inverse, ainsi que la fonction d'autocorrélation de la variable dynamique A avec la relation (8.71) :

$$\phi_{AA}(t) = \beta \left\langle \dot{A}(0)A(t) \right\rangle_0 = -\beta \frac{d}{dt} \langle A(0)A(t) \rangle_0 .$$

En résumé, la mesure de la puissance moyenne $\left\langle \frac{dE}{dt} \right\rangle$ dissipée dans le système permet de déterminer la fonction d'autocorrélation de la variable dynamique A, donc de ses fluctuations $\langle A(0)A(t) \rangle_0$ dans le système à l'équilibre. La relation (8.91) constitue la définition exacte du théorème fluctuation-dissipation démontrée par Kubo, qui vient d'être obtenue dans un cas particulier.

8.2.6 Application à la relaxation diélectrique

Comme application directe de la théorie de la réponse linéaire, étudions le comportement des dipôles permanents dans un liquide diélectrique soumis à un champ électrique variable[42]. Lorsque la fréquence du champ appliqué est faible, les dipôles s'orientent instantanément dans la direction du champ mais, au fur et à mesure que la fréquence du champ augmente, l'orientation des dipôles se produit avec un retard croissant par rapport à la direction du champ électrique. C'est le phénomène de relaxation diélectrique qui s'accompagne d'une absorption d'énergie par le liquide.

Aspect macroscopique de la polarisation. Lorsqu'elles sont soumises à un champ électrique extérieur, les substances diélectriques se caractérisent par l'apparition d'une polarisation électrique. La polarisation est une grandeur macroscopique produite par la formation de moments dipolaires électriques à l'échelle microscopique. Rappelons que le *moment dipolaire* de deux charges ponctuelles de signes opposés ($+q$ et $-q$), séparées d'une distance r, est défini par le vecteur $\mathbf{p} = q\mathbf{r}$, où $\mathbf{r}$ est dirigé de la charge négative vers la charge positive (Rel. 4.3). En outre, on appelle *vecteur polarisation* $\mathbf{P}$ la somme des moments dipolaires par unité de volume, dont l'expression est :

$$\mathbf{P} = \frac{1}{V} \sum_i \mathbf{p}_i .$$

En l'absence de champ extérieur, les moments dipolaires dans un diélectrique ont des orientations désordonnées, causées par l'agitation thermique, et le vecteur polarisation est nul. Mais si le diélectrique est placé dans un champ extérieur, les dipôles ont tendance à s'aligner dans la direction du champ et le diélectrique tend à se polariser.

En fait, la polarisation (formation de moments dipolaires) peut provenir de trois mécanismes différents. Elle peut être d'origine *électronique*, lorsqu'il y a déformation des couches électroniques dans les atomes (§ 4.2.4). Elle peut être d'origine *ionique* lorsqu'il se produit un déplacement relatif des ions de signes opposés soumis à un champ extérieur. Le troisième mécanisme de polarisation, d'origine *positionnelle*, apparaît dans les liquides et les gaz formés de molécules qui possèdent des moments électriques permanents (§ 4.2.3).

[42] S. H. Glarum, J. Chem. Phys. **33**, 1371 (1960).

Sans entrer dans les détails de la théorie électrostatique des diélectriques[43], rappelons que l'introduction d'un diélectrique dans un champ électrique extérieur modifie la disposition des charges qui créent ce champ. Or, pour distinguer les caractéristiques du champ de celles du diélectrique, on convient d'utiliser la grandeur vectorielle $\mathbf{D}$ pour désigner le *champ d'induction électrique* et la grandeur vectorielle $\mathbf{E}$ pour désigner le *champ électrique.* Alors que le champ d'induction électrique $\mathbf{D}$ dépend uniquement des particularités topologiques du champ produit par un ensemble donné de charges, le champ électrique $\mathbf{E}$ tient compte, en plus, des caractéristiques de la substance diélectrique.

Dans un diélectrique de propriétés électriques connues, le champ électrique $\mathbf{E}$ est lié au champ d'induction $\mathbf{D}$ par la relation :

$$\mathbf{E} = \frac{\mathbf{D}}{\varepsilon}, \tag{8.92}$$

où ε est la *permittivité diélectrique absolue* de la substance. Déterminant le champ électrique $\mathbf{E}_0$ dans le vide produit par le champ d'induction $\mathbf{D}$, il convient de poser :

$$\mathbf{E}_0 = \frac{\mathbf{D}}{\varepsilon_0}, \tag{8.93}$$

où ε_0 est la *permittivité diélectrique* du vide qui vaut $8,854.10^{-12}$ $\mathrm{C^2.J^{-1}.m^{-1}}$. Le champ électrique $\mathbf{E}$ s'exprime en $\mathrm{V.m^{-1}}$, ou en $\mathrm{J.C^{-1}.m^{-1}}$, et le champ d'induction $\mathbf{D}$ en $\mathrm{C.m^{-2}}$.

Ainsi, pour déterminer la permittivité diélectrique d'une substance, il suffit de comparer le champ électrique $\mathbf{E}$, en un point du milieu, au champ électrique $\mathbf{E}_0$ au même point, lorsque l'espace est vide. En combinant les relations (8.92) et (8.93) on obtient la permittivité diélectrique relative ε_r de la substance :

$$\varepsilon_r = \frac{\mathbf{E}_0}{\mathbf{E}} = \frac{\varepsilon}{\varepsilon_0}.$$

Par ailleurs, l'action du champ d'induction $\mathbf{D}$ sur un diélectrique produit une polarisation qui se manifeste par l'apparition de charges superficielles sur les faces du diélectrique. Or, ces charges créent à l'intérieur du diélectrique un champ électrique $\mathbf{E}'$ dirigé contre le champ $\mathbf{E}_0$ qui existe en l'absence de diélectrique. Par conséquent, le champ électrique résultant est[44] :

$$\mathbf{E} = \mathbf{E}_0 + \mathbf{E}'. \tag{8.94}$$

Le champ $\mathbf{E}'$ est appelé *champ de dépolarisation* et il est relié au vecteur polarisation $\mathbf{P}$ par la relation :

$$\mathbf{E}' = -\frac{\mathbf{P}}{\varepsilon_0}, \tag{8.95}$$

de sorte qu'en substituant les relations (8.93) et (8.95) dans la relation (8.94), on obtient :

$$\mathbf{D} = \varepsilon_0\mathbf{E} + \mathbf{P}. \tag{8.96}$$

[43] C. Kittel, *Introduction à la physique de l'état solide*, Dunod, Paris (1970), p. 375.

[44] Le champ électrique résultant $\mathbf{E}$ est le champ macroscopique qui intervient dans les équations de Maxwell. Il ne doit pas être confondu avec le champ électrique local défini lorsqu'on crée une cavité dans le diélectrique, dans le but de traiter l'intérieur de la cavité sur une base microscopique et le reste du diélectrique sur une base macroscopique.

Pour mesurer le degré de polarisation d'un diélectrique, on convient d'exprimer le champ de dépolarisation $\mathbf{E}'$ au moyen du champ macroscopique $\mathbf{E}$ par la relation $\mathbf{E}' = -\chi_{el}\mathbf{E}$, où χ_{el} est la *susceptibilité électrique*. Combinée à la relation (8.95), elle permet aussi de relier le vecteur polarisation $\mathbf{P}$ au champ macroscopique $\mathbf{E}$ par l'expression :

$$\mathbf{P} = \varepsilon_0 \chi_{el} \mathbf{E}. \tag{8.97}$$

Ainsi, pour caractériser les propriétés diélectriques d'une substance, on peut indifféremment utiliser la susceptibilité électrique χ_{el} ou la permittivité relative ε_r qui sont reliées par une relation simple. En effet, en reportant l'expression de $\mathbf{P}$ dans la relation (8.96) et en s'aidant de la relation (8.93), on voit que :

$$\varepsilon_0 \mathbf{E}_0 = \varepsilon_0 \mathbf{E} + \varepsilon_0 \chi_{el} \mathbf{E},$$

soit :

$$\frac{\mathbf{E}_0}{\mathbf{E}} = \varepsilon_r = 1 + \chi_{el}. \tag{8.98}$$

Aspect microscopique de la polarisation. Après la description macroscopique de la relaxation diélectrique qui vient d'être faite, on peut appliquer la théorie de la réponse linéaire en considérant l'hamiltonien du système :

$$H(\mathbf{r}^N, \mathbf{p}^N, t) = H_0(\mathbf{r}^N, \mathbf{p}^N) - P(\mathbf{r}^N)E(t),$$

où $H_0(\mathbf{r}^N, \mathbf{p}^N)$ est l'hamiltonien en l'absence de champ extérieur, $E(t)$ le module du champ électrique macroscopique et $P(\mathbf{r}^N)$ (à ne pas confondre avec la densité de probabilité) est la projection dans la direction du champ de la somme des moments dipolaires $\mathbf{P}(\mathbf{r}^N) = \sum_i \mathbf{p}_i$. En comparant la relation précédente avec la relation (8.65), on s'aperçoit que le champ électrique uniforme $E(t)$ correspond à la fonction $F(t)$ et la polarisation $P(\mathbf{r}^N)$ à la variable dynamique $A(\mathbf{r}^N, \mathbf{p}^N, 0)$. Si, de plus, on assimile la variable dynamique $B(\mathbf{r}^N, \mathbf{p}^N, 0)$ à la polarisation $P(\mathbf{r}^N)$, la valeur moyenne $\langle P(t) \rangle$ s'écrit (Rel. 8.68) :

$$\langle P(t) \rangle = \int_{-\infty}^{t} E(t')\phi(t - t')dt',$$

où la fonction réponse $\phi(t - t')$ a pour expression (Rels. 8.70 et 8.71) :

$$\phi(t - t') = \beta \left\langle \dot{P}(t')P(t - t') \right\rangle_0,$$

soit :

$$\phi(t) = -\beta \frac{d}{dt} \langle P(0)P(t) \rangle_0 . \tag{8.99}$$

Quant à la susceptibilité généralisée (Rel. 8.74) dont la forme explicite est :

$$\chi(\omega) = -\beta \int_0^\infty \frac{d}{dt} \langle P(0)P(t) \rangle \exp(-i\omega t)\, dt, \tag{8.100}$$

elle permet de relier $\langle P(\omega) \rangle$ à $E(\omega)$ par la relation (8.75), soit :

$$\langle P(\omega) \rangle = \chi(\omega)E(\omega). \tag{8.101}$$

En comparant la relation (8.101) avec la relation (8.97), il est facile de voir que la susceptibilité généralisée $\chi(\omega)$ est liée à la susceptibilité électrique $\chi_{el}(\omega)$ par la relation :

$$\chi(\omega) = \varepsilon_0 \chi_{el}(\omega). \tag{8.102}$$

Pour un liquide constitué de molécules dipolaires, le calcul de la fonction réponse et de la susceptibilité généralisée est très difficile. Par contre, dans le cas d'un fluide dilué, les calculs se simplifient si l'on fait les deux hypothèses suivantes.

(1) Les moments dipolaires sur les sites différents ne sont pas corrélés, ce qui permet de simplifier la fonction d'autocorrélation des moments dipolaires $\langle P(0)P(t)\rangle = \sum_{i,j} \langle p_i(0)p_j(t)\rangle$ en négligeant les termes $i \neq j$ et en ne conservant que les termes $i = j$. La fonction réponse (Rel. 8.99) s'écrit alors :

$$\begin{aligned} \phi(t) &= -\beta \frac{d}{dt} \langle P(0)P(t)\rangle = -\beta \frac{d}{dt} \sum_{i=1}^{N} \langle p_i(0)p_i(t)\rangle, \\ \phi(t) &\simeq -\beta N \frac{d}{dt} \langle p(0)p(t)\rangle, \end{aligned} \tag{8.103}$$

où N représente le nombre de moments dipolaires dans le système.

(2) La fonction d'autocorrélation des moments dipolaires subit une décroissance exponentielle :

$$\langle p(0)p(t)\rangle \simeq p^2 \exp(-\frac{t}{\tau}),$$

où p^2 est la valeur de la fonction d'autocorrélation des moments dipolaires à l'instant initial et τ le temps de relaxation. Conformément à la note 20 de ce chapitre, cette approximation signifie que le moment dipolaire est une variable aléatoire à caractère markovien.

Avec ces deux hypothèses, la fonction réponse (Rel. 8.103) devient :

$$\phi(t) = \beta \frac{N}{\tau} p^2 \exp(-\frac{t}{\tau}),$$

et la susceptibilité généralisée (Rel. 8.74) s'écrit sous la forme :

$$\begin{aligned} \chi(\omega) &= \int_0^\infty \phi(t) \exp(-i\omega t) dt, \\ \chi(\omega) &= \beta \frac{N}{\tau} p^2 \left[\int_0^\infty \exp(-\frac{t}{\tau}) \cos(\omega t)\, dt - i \int_0^\infty \exp(-\frac{t}{\tau}) \sin(\omega t)\, dt \right], \end{aligned}$$

soit :

$$\chi(\omega) = \chi'(\omega) - i\chi''(\omega)$$

avec[45] :

$$\begin{aligned} \chi'(\omega) &= \beta \frac{N}{\tau} p^2 \int_0^\infty \exp(-\frac{t}{\tau}) \cos(\omega t)\, dt = \beta N p^2 \frac{1}{1 + \tau^2 \omega^2}, \\ \chi''(\omega) &= \beta \frac{N}{\tau} p^2 \int_0^\infty \exp(-\frac{t}{\tau}) \sin(\omega t)\, dt = \beta N p^2 \frac{\tau \omega}{1 + \tau^2 \omega^2}. \end{aligned}$$

[45] Il est facile de vérifier que l'intégration par parties des deux quantités X et Y ci-dessous donne comme

Les relations (8.98) et (8.102) peuvent être utilisées conjointement avec les expressions ci-dessus pour déterminer la constante diélectrique complexe $\varepsilon_r(\omega) = \varepsilon'_r(\omega) - i\varepsilon''_r(\omega)$. En effet, en combinant ces équations, on déduit :

$$\varepsilon_r(\omega) - 1 = \chi_{el}(\omega) = \frac{\chi(\omega)}{\varepsilon_0},$$

soit :

$$\varepsilon'_r(\omega) - 1 - i\varepsilon''_r(\omega) = \frac{\chi'(\omega)}{\varepsilon_0} - i\frac{\chi''(\omega)}{\varepsilon_0},$$

de sorte qu'en identifiant les parties réelles entre elles et les parties imaginaires entre elles, dans la relation précédente, on obtient :

$$\begin{aligned} \varepsilon'_r(\omega) &= 1 + \frac{\beta N p^2}{\varepsilon_0} \frac{1}{1+\tau^2\omega^2}, \\ \text{et} \qquad \varepsilon''_r(\omega) &= \frac{\beta N p^2}{\varepsilon_0} \frac{\tau\omega}{1+\tau^2\omega^2}. \end{aligned}$$

Ces formules ont été obtenues par Debye, par voie directe. Elles montrent que la partie réelle de la constante diélectrique décroît de la valeur initiale $\varepsilon'_r(0)$ jusqu'à l'unité, lorsque la fréquence angulaire du champ extérieur augmente. Par contre, la partie imaginaire passe par un maximum pour la valeur $\omega = \frac{1}{\tau}$, au voisinage de l'endroit où la décroissance de la partie réelle est la plus rapide (Fig. 8.4). Il en ressort que la puissance moyenne dissipée dans le diélectrique (Rel. 8.91) est maximale pour la valeur $\omega = \frac{1}{\tau}$ de la fréquence. Une étude approfondie de la relaxation diélectrique montre que, plus la fréquence augmente, plus les dipôles ont des difficultés à s'aligner dans la direction du champ.

Comme la forme des relations de Debye est la même que celle des relations de Kramers-Kronig, il n'est pas nécessaire d'effectuer les mesures de $\varepsilon'_r(\omega)$ et de $\varepsilon''_r(\omega)$ pour déterminer la constante diélectrique complexe. Selon le théorème fluctuation-dissipation, il suffit de mesurer la puissance moyenne dissipée dans le diélectrique pour obtenir directement la partie imaginaire $\varepsilon''_r(\omega)$, puis d'en déduire la partie réelle $\varepsilon'_r(\omega)$ avec la relation de Kramers-Kronig, ainsi que la constante diélectrique complexe $\varepsilon_r(\omega) = \varepsilon'_r(\omega) - i\varepsilon''_r(\omega)$. Mais compte tenu des hypothèses faites pour obtenir les formules de Debye, il ne faut pas s'attendre à ce que les résultats théoriques coïncident parfaitement avec les résultats expérimentaux.

---

résultats :

$$\begin{aligned} X &= \int_0^\infty \exp(-\frac{t}{\tau}) \cos(\omega t)\, dt = \frac{1}{\tau\omega} Y, \\ Y &= \int_0^\infty \exp(-\frac{t}{\tau}) \sin(\omega t)\, dt = \frac{1}{\omega} - \frac{1}{\tau\omega} X, \end{aligned}$$

ce qui permet de déduire :

$$\begin{aligned} X &= \frac{\tau}{1+\tau^2\omega^2}, \\ Y &= \frac{\tau^2\omega}{1+\tau^2\omega^2}. \end{aligned}$$

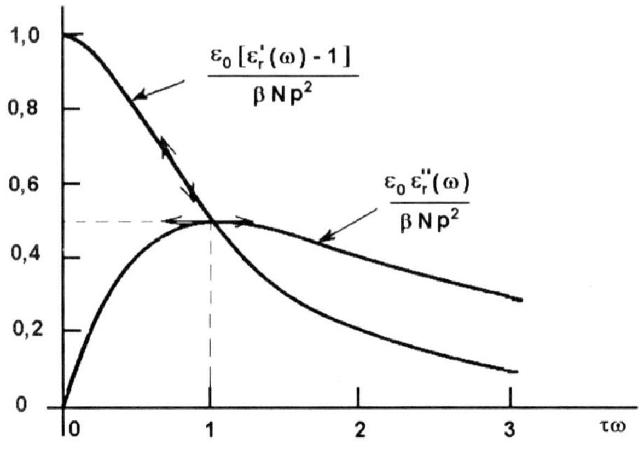

FIG. 8.4 – Représentation des parties réelle et imaginaire de la constante diélectrique.

8.2.7 Réponse d'un système soumis à un champ non uniforme

Dans le paragraphe (8.2.3) on considérait un système à l'équilibre soumis à une perturbation $F(t)$ variant au cours du temps, mais spatialement constante. Dans ce paragraphe, on suppose que la perturbation dépend également des positions des particules. Si on la note $F(\mathbf{r}, t)$, l'hamiltonien de la perturbation s'écrit en généralisant la relation (8.65) sous la forme suivante :

$$H_1(t) = -\int_V A(\mathbf{r}, 0)F(\mathbf{r}, t)d\mathbf{r}, \tag{8.104}$$

où $A(\mathbf{r}, 0)$ est la variable dynamique locale couplée au champ extérieur $F(\mathbf{r}, t)$ et où l'intégration est effectuée sur le volume V du système. Le champ extérieur à l'origine de la perturbation peut être un champ scalaire ou vectoriel. Par exemple, dans un système d'électrons perturbé par le champ électrique $\mathbf{E}(\mathbf{r}, t)$, la fonction $F(\mathbf{r}, t)$ représente le potentiel électrostatique $[\mathbf{E}(\mathbf{r}, t) = -\mathbf{grad} F(\mathbf{r}, t)]$ et la variable dynamique $A(\mathbf{r}, 0)$ correspond à la densité de charges $e \sum_i \delta(\mathbf{r} - \mathbf{r}_i)$. Par contre, dans un système de particules neutres en interaction, il est d'usage d'assimiler la fonction $F(\mathbf{r}, t)$ à l'énergie potentielle d'interaction et la variable dynamique $A(\mathbf{r}, 0)$ à la densité de particules $\rho(\mathbf{r}) = \sum_i \delta(\mathbf{r} - \mathbf{r}_i)$. Ce cas sera examiné dans le paragraphe suivant, en même temps que sera définie la fonction de corrélation de van Hove.

D'une manière générale, lorsqu'un système est soumis à une perturbation non uniforme $F(\mathbf{r}, t)$ associée à la variable dynamique $A(\mathbf{r}, 0)$, la valeur moyenne de la variable dynamique $B(\mathbf{r}, t)$ s'écrit par analogie avec la relation (8.68) sous la forme suivante :

$$\langle B(\mathbf{r}, t)\rangle = \int_V \left\{ \int_{-\infty}^{t} F(\mathbf{r}', t')\phi_{BA}(\mathbf{r} - \mathbf{r}', t - t')dt' \right\} d\mathbf{r}',$$

où $\phi_{BA}(\mathbf{r} - \mathbf{r}', t - t')$ est la fonction réponse spatio-temporelle. En écrivant la relation précédente, on a supposé que la fonction réponse est invariante par translation dans le temps (comme pour une perturbation uniforme) et invariante par translation dans l'espace, de sorte que si l'on convient de poser $\mathbf{r}' = \mathbf{0}$ et $t' = 0$ on peut l'écrire $\phi_{BA}(\mathbf{r}, t)$. Ainsi la valeur moyenne de la variable dynamique $B(\mathbf{r}, t)$ au point $\mathbf{r}$ et à l'instant t dépend de tous les points $\mathbf{r}'$ du système et de tous les temps t' antérieurs à t.

Quant à la susceptibilité généralisée, elle se présente par analogie à la relation (8.74) sous la forme suivante :

$$\chi_{BA}(\mathbf{q},\omega) = \int_V \left\{ \int_0^\infty \phi_{BA}(\mathbf{r},t) \exp\left(-i\omega t\right) dt \right\} \exp(i\mathbf{q}.\mathbf{r}) d\mathbf{r}.$$

Il faut noter que l'intégration spatiale sur $\mathbf{r}$ est une vraie transformée de Fourier du fait qu'elle est effectuée sur le volume du système. Par contre, l'intégration temporelle sur t est une transformée de Fourier-Laplace en raison du principe de causalité. Poursuivons l'analogie, en généralisant la relation (8.75), dans le but d'écrire l'expression de la valeur moyenne de la variable dynamique $B(\mathbf{r},t)$ dans l'espace des vecteurs de transfert et des fréquences angulaires, soit :

$$\langle B(\mathbf{q},\omega)\rangle = \chi_{BA}(\mathbf{q},\omega)F(\mathbf{q},\omega).$$

Enfin, comme la fonction réponse $\phi_{BA}(\mathbf{r},t)$ est réelle, les parties réelle et imaginaire de la susceptibilité généralisée possèdent les propriétés suivantes :

$$\begin{aligned} \chi'_{BA}(-\mathbf{q},-\omega) &= \chi'_{BA}(\mathbf{q},\omega), \\ \chi''_{BA}(-\mathbf{q},-\omega) &= -\chi''_{BA}(\mathbf{q},\omega), \end{aligned}$$

et les relations de Kramers-Kronig (Rels. 8.87 et 8.88) restent toujours valables.

8.3 Facteur de structure dynamique

8.3.1 Fonction de corrélation de van Hove

Bien que la fonction de corrélation de van Hove[46] ait été introduite consécutivement à l'étude du processus de diffusion inélastique de neutrons, il est possible de la définir intuitivement à partir de la fonction d'autocorrélation de la densité de particules. La fonction de van Hove est une extension naturelle de la fonction de corrélation de paire $g(\mathbf{r})$. Elle décrit la corrélation entre une particule au point $\mathbf{r}'$ à l'instant t' et une autre particule au point $\mathbf{r}''$ à l'instant t'', moyennée sur l'espace. On la note $G(\mathbf{r},t)$ et on verra qu'elle se réduit à $\rho g(\mathbf{r})$ quand $t=0$, où $\rho = N/V$ est la densité moyenne de particules.

Pour introduire la fonction de van Hove, utilisons une variable dynamique - la *densité de particules* $\rho(\mathbf{r},t)$ au point $\mathbf{r}$ et à l'instant t - définie au moyen de la fonction de Dirac par la quantité :

$$\rho(\mathbf{r},t) = \sum_{i=1}^{N} \delta\left[\mathbf{r} - \mathbf{r}_i(t)\right]. \tag{8.105}$$

En convenant que le vecteur $\mathbf{r}_i(t)$ représente la position de la particule i à l'instant t, on voit que si le rayon vecteur $\mathbf{r}$ ne coïncide pas avec le vecteur $\mathbf{r}_i(t)$, $\delta\left[\mathbf{r} - \mathbf{r}_i(t)\right] = 0$. Et si

[46] L. van Hove, Phys. Rev. **95**, 249 (1954).

l'on intègre la densité de particules sur le volume du système, on obtient le nombre total de particules N, soit :

$$\int \rho(\mathbf{r},t)d\mathbf{r} = \sum_{i=1}^{N} \int \delta\left[\mathbf{r} - \mathbf{r}_i(t)\right] d\mathbf{r} = \sum_{i=1}^{N} 1 = N.$$

En omettant la dépendance en temps, on constate que la valeur moyenne de la densité de particules dans l'ensemble canonique s'écrit (§ 5.1.1) :

$$\langle \rho(\mathbf{r}) \rangle = \left\langle \sum_{i=1}^{N} \delta\left(\mathbf{r} - \mathbf{r}_i\right) \right\rangle = \frac{1}{Z_N} \int \int \sum_{i=1}^{N} \delta\left(\mathbf{r} - \mathbf{r}_i\right) \exp\left[-\beta U(\mathbf{r}^N)\right] d\mathbf{r}^N.$$

Pour N particules identiques, l'intégrale précédente est égale à N fois la contribution d'une particule obtenue directement en intégrant sur l'une des N variables ($\mathbf{r}_1$ par exemple), au moyen de la fonction de Dirac. Ceci montre que la valeur moyenne de la densité de particules s'écrit :

$$\langle \rho(\mathbf{r}) \rangle = \frac{1}{Z_N} N \int \int \exp\left[-\beta U(\mathbf{r}^N)\right] d\mathbf{r}_2 d\mathbf{r}_3 ... d\mathbf{r}_N.$$

Or, cette expression correspond précisément à la fonction de distribution générique d'ordre un, $\rho_N^{(1)}(\mathbf{r})$ (Rel. 5.3). Pour un fluide homogène et isotrope, elle se réduit à la densité moyenne de particules soit :

$$\langle \rho(\mathbf{r}) \rangle = \rho_N^{(1)}(\mathbf{r}) = \rho = \frac{N}{V}.$$

Un calcul analogue permet de calculer la valeur moyenne suivante, du produit de deux densités de particules :

$$\begin{aligned}
\left\langle \sum_{i}^{N} \sum_{j \neq i}^{N} \delta\left(\mathbf{r}_1 - \mathbf{r}_i\right) \delta\left(\mathbf{r}_2 - \mathbf{r}_j\right) \right\rangle &= \frac{1}{Z_N} \int \int \sum_{i}^{N} \sum_{j \neq i}^{N} \delta\left(\mathbf{r}_1 - \mathbf{r}_i\right) \delta\left(\mathbf{r}_2 - \mathbf{r}_j\right) \exp\left[-\beta U(\mathbf{r}^N)\right] d\mathbf{r}^N, \\
\left\langle \sum_{i}^{N} \sum_{j \neq i}^{N} \delta\left(\mathbf{r}_1 - \mathbf{r}_i\right) \delta\left(\mathbf{r}_2 - \mathbf{r}_j\right) \right\rangle &= \frac{1}{Z_N} N(N-1) \int \int \exp\left[-\beta U(\mathbf{r}^N)\right] d\mathbf{r}_3 d\mathbf{r}_4 ... d\mathbf{r}_N.
\end{aligned}$$

Cette expression est celle de la fonction de distribution générique d'ordre deux, $\rho_N^{(2)}(\mathbf{r}_1, \mathbf{r}_2)$ (Rel. 5.5). Pour un fluide homogène et isotrope, elle est liée à la fonction de corrélation de paire $g(r)$ par la relation :

$$\left\langle \sum_{i}^{N} \sum_{j \neq i}^{N} \delta\left(\mathbf{r}_1 - \mathbf{r}_i\right) \delta\left(\mathbf{r}_2 - \mathbf{r}_j\right) \right\rangle = \rho_N^{(2)}(\mathbf{r}_1, \mathbf{r}_2) = \rho^2 g(r), \tag{8.106}$$

qui est proportionnelle à la probabilité de trouver une particule à la distance r d'une autre particule prise arbitrairement comme origine. On notera que la relation (8.106) correspond aussi à la fonction d'autocorrélation spatiale de la densité de particules $\langle \rho(r_1)\rho(r_2) \rangle$.

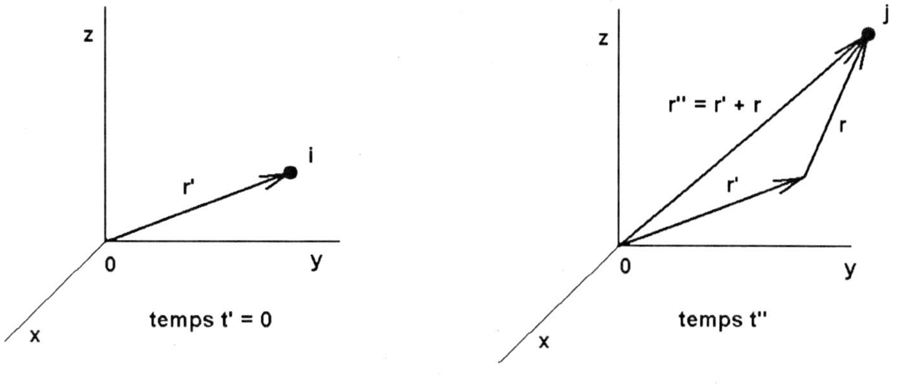

FIG. 8.5 Positions de la particule i à l'instant $t' = 0$ et de la particule j à l'instant $t'' = t' + t$.

Si l'on veut calculer la probabilité de trouver une particule j en $\mathbf{r}''$ à l'instant t'' alors qu'une particule i se trouvait en $\mathbf{r}' = \mathbf{r}'' - \mathbf{r}$ à l'instant $t' = t'' - t$, il faut considérer les densités de particules dépendantes du temps :

$$\begin{aligned} \rho(\mathbf{r}', t') &= \sum_{i=1}^{N} \delta\left[\mathbf{r}' - \mathbf{r}_i(t')\right], \\ \text{et} \qquad \rho(\mathbf{r}'', t'') &= \sum_{j=1}^{N} \delta\left[\mathbf{r}' + \mathbf{r} - \mathbf{r}_j(t' + t)\right]. \end{aligned}$$

En admettant que l'origine des temps soit $t' = 0$, la fonction de van Hove se définit par l'expression générale suivante :

$$G(\mathbf{r}, t) = \frac{1}{N} \left\langle \sum_{i=1}^{N} \sum_{j=1}^{N} \int \delta([\mathbf{r}' + \mathbf{r} - \mathbf{r}_j(t)]\, \delta([\mathbf{r}' - \mathbf{r}_i(0)]\, d\mathbf{r}' \right\rangle, \tag{8.107}$$

où l'intégration sur $\mathbf{r}'$ provient de ce que l'origine du vecteur $\mathbf{r}$ est arbitraire (Fig. 8.5). On notera que la relation précédente représente la fonction d'autocorrélation spatio-temporelle de la densité de particules :

$$G(\mathbf{r}, t) = \frac{1}{\rho} \left\langle \rho(\mathbf{0}, 0) \rho(\mathbf{r}, t) \right\rangle. \tag{8.108}$$

La relation (8.107) est applicable à tous les systèmes (quantiques et classiques). Pour les liquides classiques, où les échelles de temps et de distance dans les processus de diffusion sont grandes[47], les opérateurs $\mathbf{r}_i(0)$ et $\mathbf{r}_j(t)$ commutent. Dans ce cas, on peut effectuer

[47] Les effets quantiques ne se manisfestent pas dans les systèmes où les distances entre particules sont beaucoup plus grandes que la longueur d'onde de de Broglie $\Lambda = h\left(\frac{\beta}{2\pi M}\right)^{1/2} \sim 10^{-12}$ m et dont les intervalles de temps sont beaucoup plus grands que $\frac{h}{\beta} \sim 10^{-12}$ s. A l'exception de l'hélium et du néon, la plupart des liquides simples sont classiques (cf. P. A. Egelstaff, *An Introduction to the Liquid State*, Acad. Press, London (1967), p. 106).

directement l'intégration sur $\mathbf{r}'$ et simplifier la relation comme suit :

$$G_{cl}(\mathbf{r},t) = \frac{1}{N}\left\langle \sum_{i=1}^{N}\sum_{j=1}^{N} \delta\left[\mathbf{r} + \mathbf{r}_i(0) - \mathbf{r}_j(t)\right] \right\rangle.$$

En suivant la présentation de van Hove, séparons le terme $i = j$ des termes $i \neq j$ de la somme double et décomposons la relation (8.107) de la manière suivante :

$$G(\mathbf{r},t) = G_s(\mathbf{r},t) + G_d(\mathbf{r},t),$$

où :

$$\begin{aligned} G_s(\mathbf{r},t) &= \frac{1}{N}\left\langle \sum_{i=1}^{N} \int \delta\left[\mathbf{r}' + \mathbf{r} - \mathbf{r}_i(t)\right] \delta\left[\mathbf{r}' - \mathbf{r}_i(0)\right] d\mathbf{r}' \right\rangle, \\ G_d(\mathbf{r},t) &= \frac{1}{N}\left\langle \sum_{i=1}^{N}\sum_{j\neq i}^{N} \int \delta\left[\mathbf{r}' + \mathbf{r} - \mathbf{r}_j(t)\right] \delta\left[\mathbf{r}' - \mathbf{r}_i(0)\right] d\mathbf{r}' \right\rangle. \end{aligned}$$

La fonction $G_s(\mathbf{r},t)$ décrit la corrélation d'une particule avec elle-même, et la quantité $G_s(\mathbf{r},t)d\mathbf{r}$ peut être interprétée comme la probabilité de trouver la particule i dans une région $d\mathbf{r}$ située en $\mathbf{r}$, à l'instant t, alors qu'elle se trouvait en $\mathbf{r} = 0$ à l'instant $t = 0$. Quant à la fonction $G_d(\mathbf{r},t)$, elle décrit la corrélation entre particules différentes, et la quantité $G_d(\mathbf{r},t)d\mathbf{r}$ peut être interprétée comme la probabilité de trouver la particule j dans une région $d\mathbf{r}$ située en $\mathbf{r}$, à l'instant t, alors que la particule i se trouvait en $\mathbf{r} = 0$ à l'instant $t = 0$ (Fig. 8.5).

Il est facile de voir que pour $t = 0$, les fonctions $G_s(\mathbf{r},0)$ et $G_d(\mathbf{r},0)$ se réduisent à :

$$G_s(\mathbf{r},0) = \frac{1}{N}\left\langle \sum_{i=1}^{N} \int \delta\left[\mathbf{r}' + \mathbf{r} - \mathbf{r}_i(0)\right] \delta\left[\mathbf{r}' - \mathbf{r}_i(0)\right] d\mathbf{r}' \right\rangle = \frac{1}{N}\left\langle \sum_{i=1}^{N} \delta(\mathbf{r}) \right\rangle = \delta(\mathbf{r}), \tag{8.109}$$

et :

$$G_d(\mathbf{r},0) = \frac{1}{N}\left\langle \sum_{i=1}^{N}\sum_{j\neq i}^{N} \int \delta\left[\mathbf{r}' + \mathbf{r} - \mathbf{r}_j(0)\right] \delta\left[\mathbf{r}' - \mathbf{r}_i(0)\right] d\mathbf{r}' \right\rangle.$$

Dans un fluide homogène où l'origine du repère est arbitraire, l'intégration sur le volume V du système ne dépend pas du choix de la variable d'intégration. Après avoir posé $\mathbf{r}' = \mathbf{r}_1$ et $\mathbf{r}' + \mathbf{r} = \mathbf{r}_2$, et utilisé le résultat de la relation (8.106), l'expression de $G_d(\mathbf{r},0)$ devient :

$$\begin{aligned} G_d(\mathbf{r},0) &= \frac{1}{N}\int \left\langle \sum_{i=1}^{N}\sum_{j\neq i}^{N} \delta\left[\mathbf{r}_2 - \mathbf{r}_j(0)\right] \delta\left[\mathbf{r}_1 - \mathbf{r}_i(0)\right] \right\rangle d\mathbf{r}', \\ G_d(\mathbf{r},0) &= \frac{1}{N}\int \rho^2 g(r) d\mathbf{r}' = \frac{V}{N}\rho^2 g(r) = \rho g(r). \end{aligned} \tag{8.110}$$

Lorsque le temps augmente ($t \to \infty$), les corrélations entre les particules s'atténuent de sorte que $G_s(\mathbf{r},t) \to 0$ et $G_d(\mathbf{r},t) \to \rho$, indépendamment de $\mathbf{r}$. D'ailleurs dans la limite

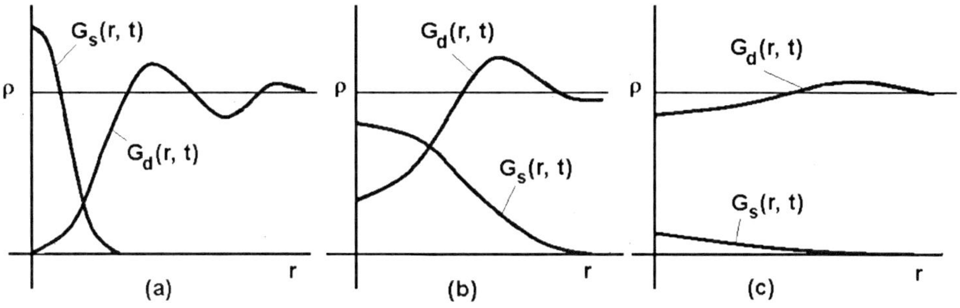

FIG. 8.6 – Représentations schématiques des fonctions de corrélations $G_s(r,t)$ et $G_d(r,t)$, (a) aux temps courts, (b) aux temps intermédiaires et (c) aux temps longs.

des grandes distances, comme des grands temps, il n'y a plus de corrélation entre les particules (Fig. 8.6), de sorte que :

$$\lim_{r\to\infty} G_s(\mathbf{r},t) = \lim_{t\to\infty} G_s(\mathbf{r},t) = \frac{1}{V} \sim 0,$$

$$\lim_{r\to\infty} G_d(\mathbf{r},t) = \lim_{t\to\infty} G_d(\mathbf{r},t) = \rho.$$

En effet, la normalisation de $G_d(\mathbf{r},t)$ est différente de celle de la fonction de corrélation de paire $g(r)$ qui, par convention, est égale à l'unité aux grandes valeurs de r. Par ailleurs, selon la relation (8.109), la dimension de $G_s(\mathbf{r},t)$ est la même que celle de $\delta(\mathbf{r})$, soit V^{-1}. Il en résulte que la dimension de la fonction de van Hove est l'inverse d'un volume.

8.3.2 Fonction intermédiaire de diffusion et facteur de structure dynamique

Après avoir défini la fonction de van Hove $G(\mathbf{r},t)$, en tant que fonction de corrélation spatio-temporelle de la densité de particules, et examiné quelques propriétés des fonctions $G_s(\mathbf{r},t)$ et $G_d(\mathbf{r},t)$, donnons leurs représentations dans les espaces réciproques de l'espace ordinaire et du temps ($\mathbf{q}$ et ω), car ces nouvelles fonctions sont directement liées aux résultats expérimentaux de diffusion de neutrons.

En effet, la grandeur essentielle issue des expériences de diffusion inélastique de neutrons est le facteur de structure dynamique $S(\mathbf{q},\omega)$, qui est la transformée de Fourier spatio-temporelle de la fonction de van Hove, soit :

$$S(\mathbf{q},\omega) = \frac{1}{2\pi}\int_{-\infty}^{\infty}\left[\int G(\mathbf{r},t)\exp(i\mathbf{qr})d\mathbf{r}\right]\exp(-i\omega t)dt, \qquad (8.111)$$

avec $$G(\mathbf{r},t) = \frac{1}{(2\pi)^3}\int\left[\int_{-\infty}^{\infty} S(\mathbf{q},\omega)\exp(i\omega t)d\omega\right]\exp(-i\mathbf{qr})d\mathbf{q}.$$

Traditionnellement, on évalue le facteur de structure dynamique au moyen de la *fonction intermédiaire de diffusion* $F(\mathbf{q},t)$ qui est la transformée de Fourier spatiale de la fonction de van Hove, soit :

$$F(\mathbf{q},t) = \int G(\mathbf{r},t)\exp(i\mathbf{q}\mathbf{r})d\mathbf{r}, \tag{8.112}$$

avec
$$G(\mathbf{r},t) = \frac{1}{(2\pi)^3}\int F(\mathbf{q},t)\exp(-i\mathbf{q}\mathbf{r})d\mathbf{q}. \tag{8.113}$$

De ce fait, le facteur de structure dynamique $S(\mathbf{q},\omega)$ est lié à la fonction intermédiaire de diffusion $F(\mathbf{q},t)$ par la transformée de Fourier temporelle suivante :

$$S(\mathbf{q},\omega) = \frac{1}{2\pi}\int_{-\infty}^{\infty} F(\mathbf{q},t)\exp(-i\omega t)\,dt, \tag{8.114}$$

avec
$$F(\mathbf{q},t) = \int_{-\infty}^{\infty} S(\mathbf{q},\omega)\exp(i\omega t)\,d\omega. \tag{8.115}$$

Pour justifier le caractère intermédiaire de la fonction $F(\mathbf{q},t)$ et lui attribuer une signification physique, calculons son expression en substituant la relation (8.107) dans la relation (8.112). Tous calculs faits, on obtient[48] :

$$F(\mathbf{q},t) = \frac{1}{N}\left\langle \sum_{i=1}^{N}\sum_{j=1}^{N}\exp\left[i\mathbf{q}\mathbf{r}_j(t)\right]\exp\left[-i\mathbf{q}\mathbf{r}_i(0)\right]\right\rangle. \tag{8.116}$$

On peut voir que la valeur moyenne dans la relation précédente correspond à la *fonction d'autocorrélation de la densité de particules* dans l'espace réciproque[49]. La fonction intermédiaire de diffusion $F(\mathbf{q},t)$ s'écrit donc également :

$$F(\mathbf{q},t) = \frac{1}{N}\left\langle \rho(\mathbf{q},t)\rho(-\mathbf{q},0)\right\rangle, \tag{8.117}$$

et elle représente la probabilité conditionnelle d'avoir, dans le système, une fluctuation de densité de vecteur de transfert $\mathbf{q}$ à l'instant t, alors qu'il y avait une fluctuation de densité de vecteur de transfert $-\mathbf{q}$ à l'instant 0. En outre, puisque la fonction de corrélation

[48] Avec les changements de variables $\mathbf{r}_1 = \mathbf{r}'$ et $\mathbf{r}_2 = \mathbf{r}' + \mathbf{r}$, où $|J| = 1$, et l'utilisation de la fonction de Dirac, la fonction intermédiaire de diffusion $F(\mathbf{q},t)$ se transforme comme suit :

$$F(\mathbf{q},t) = \frac{1}{N}\int\left\langle \sum_{i=1}^{N}\sum_{j=1}^{N}\int \delta([\mathbf{r}'+\mathbf{r}-\mathbf{r}_j(t)]\,\delta([\mathbf{r}'-\mathbf{r}_i(0)]\,d\mathbf{r}'\right\rangle\exp(i\mathbf{q}\mathbf{r})d\mathbf{r},$$

$$F(\mathbf{q},t) = \frac{1}{N}\left\langle \sum_{i=1}^{N}\sum_{j=1}^{N}\int\int \delta([\mathbf{r}_2-\mathbf{r}_j(t)]\,\delta([\mathbf{r}_1-\mathbf{r}_i(0)]\exp\left[i\mathbf{q}\left(\mathbf{r}_2-\mathbf{r}_1\right)\right]d\mathbf{r}_1 d\mathbf{r}_2\right\rangle,$$

$$F(\mathbf{q},t) = \frac{1}{N}\left\langle \sum_{i=1}^{N}\sum_{j=1}^{N}\exp\left[i\mathbf{q}\mathbf{r}_j(t)\right]\exp\left[-i\mathbf{q}\mathbf{r}_i(0)\right]\right\rangle.$$

[49] En effet, la transformée de Fourier spatiale de la densité de particules (Rel. 8.105) est :

$$\rho(\mathbf{q},t) = \int \rho(\mathbf{r},t)\exp(i\mathbf{q}\mathbf{r})d\mathbf{r},$$

$$\rho(\mathbf{q},t) = \int\sum_{i=1}^{N}\delta\left[\mathbf{r}-\mathbf{r}_i(t)\right]\exp(i\mathbf{q}\mathbf{r})d\mathbf{r} = \sum_{i=1}^{N}\exp\left[i\mathbf{q}\mathbf{r}_i(t)\right].$$

de van Hove $G(\mathbf{r},t)$ a les dimensions de l'inverse d'un volume, il en résulte que la fonction intermédiaire de diffusion $F(\mathbf{q},t)$ est sans dimension, et que le facteur de structure dynamique $S(\mathbf{q},\omega)$ possède les dimensions d'un temps.

En séparant les termes $i=j$ des termes $i \neq j$ de la somme double dans la relation (8.116), cette dernière s'écrit encore :

$$F(\mathbf{q},t) = F_s(\mathbf{q},t) + F_d(\mathbf{q},t),$$

avec :

$$F_s(\mathbf{q},t) = \frac{1}{N}\left\langle \sum_{i=1}^{N} \exp\left[i\mathbf{q}\mathbf{r}_i(t)\right]\exp\left[-i\mathbf{q}\mathbf{r}_i(0)\right] \right\rangle, \tag{8.118}$$

$$\text{et} \quad F_d(\mathbf{q},t) = \frac{1}{N}\left\langle \sum_{i=1}^{N}\sum_{j\neq i}^{N} \exp\left[i\mathbf{q}\mathbf{r}_j(t)\right]\exp\left[-i\mathbf{q}\mathbf{r}_i(0)\right] \right\rangle. \tag{8.119}$$

Comme la fonction de van Hove $G(\mathbf{r},t)$, la fonction intermédiaire de diffusion $F(\mathbf{q},t)$ et le facteur de structure dynamique $S(\mathbf{q},\omega)$ peuvent être séparés en une partie relative à la corrélation d'une particule avec elle-même - respectivement $F_s(\mathbf{q},t)$ et $S_s(\mathbf{q},\omega)$ - et une partie relative à la corrélation entre particules différentes - respectivement $F_d(\mathbf{q},t)$ et $S_d(\mathbf{q},\omega)$. Par conséquent, les relations (8.112) et (8.114) sont également valables avec les indices "s" et "d". Ces relations permettent de déduire quelques formules importantes, en particulier dans le cas où $t=0$. Par exemple, la relation (8.115) donne directement :

$$F(\mathbf{q},0) = \int_{-\infty}^{\infty} S(\mathbf{q},\omega)d\omega.$$

Par ailleurs, en substituant successivement les relations (8.109) et (8.110) dans la relation (8.112), on obtient les fonctions intermédiaires de diffusion $F_s(\mathbf{q},0)$, $F_d(\mathbf{q},0)$ et $F(\mathbf{q},0)$ au moyen de la fonction de corrélation de paire, soit :

$$F_s(\mathbf{q},0) = \int G_s(\mathbf{r},0)\exp(i\mathbf{q}\mathbf{r})d\mathbf{r} = \int \delta(\mathbf{r})\exp(i\mathbf{q}\mathbf{r})d\mathbf{r} = 1, \tag{8.120}$$

$$F_d(\mathbf{q},0) = \int G_d(\mathbf{r},0)\exp(i\mathbf{q}\mathbf{r})d\mathbf{r} = \rho\int g(r)\exp(i\mathbf{q}\mathbf{r})d\mathbf{r}, \tag{8.121}$$

$$\text{et} \quad F(\mathbf{q},0) = F_s(\mathbf{q},0) + F_d(\mathbf{q},0) = 1 + \rho\int g(r)\exp(i\mathbf{q}\mathbf{r})d\mathbf{r}.$$

En extrayant la singularité dans l'intégrale précédente on retrouve la relation (5.16) :

$$F(\mathbf{q},0) = 1 + \rho\int \left[g(r)-1\right]\exp(i\mathbf{q}\mathbf{r})d\mathbf{r} + \rho\,(2\pi)^3\,\delta(\mathbf{q}),$$

c'est-à-dire l'identité entre la fonction intermédiaire de diffusion en $t=0$ et le facteur de structure statique $S(q)$:

$$F(\mathbf{q},0) = \int_{-\infty}^{\infty} S(\mathbf{q},\omega)d\omega = S(q) + \rho\,(2\pi)^3\,\delta(\mathbf{q}). \tag{8.122}$$

Cette définition est conforme au traitement du facteur de structure statique donné dans le paragraphe (5.2.2). Le facteur de structure statique $S(q)$ résulte de l'intégration du facteur de structure dynamique $S(\mathbf{q},\omega)$ sur la différence d'énergie $\hbar\omega$ entre les rayonnements des neutrons diffusés et incidents.

8.3.3 Propriétés des fonctions $F(\mathbf{q}, t)$ et $S(\mathbf{q}, \omega)$

Pour déterminer les principales propriétés de la fonction intermédiaire de diffusion $F(\mathbf{q}, t)$, récrivons-la avec la fonction d'autocorrélation de la densité de particules au moyen de la relation (8.117). Cette fonction d'autocorrélation étant stationnaire, elle ne dépend que de l'intervalle de temps t, de sorte qu'en choisissant une origine t_0 arbitraire elle s'exprime encore sous la forme suivante :

$$F(\mathbf{q}, t) = \frac{1}{N} \langle \rho(\mathbf{q}, t) \rho(-\mathbf{q}, 0) \rangle = \frac{1}{N} \langle \rho(\mathbf{q}, t_0 + t) \rho(-\mathbf{q}, t_0) \rangle, \tag{8.123}$$

et, en posant $t_0 = -t$, elle se réduit à :

$$F(\mathbf{q}, t) = \frac{1}{N} \langle \rho(\mathbf{q}, t) \rho(-\mathbf{q}, 0) \rangle = \frac{1}{N} \langle \rho(\mathbf{q}, 0) \rho(-\mathbf{q}, -t) \rangle. \tag{8.124}$$

Par ailleurs, en utilisant la relation (8.116), il est facile de voir que le complexe conjugué de la fonction d'autocorrélation de la densité de particules s'écrit :

$$F^*(\mathbf{q}, t) = \frac{1}{N} \left\langle \sum_{i=1}^{N} \sum_{j=1}^{N} \exp\left[-i\mathbf{q}\mathbf{r}_j(t)\right] \exp\left[i\mathbf{q}\mathbf{r}_i(0)\right] \right\rangle = \frac{1}{N} \langle \rho(-\mathbf{q}, t) \rho(\mathbf{q}, 0) \rangle. \tag{8.125}$$

Comme par définition (Rel. 8.117), elle s'écrit également :

$$F^*(\mathbf{q}, t) = \frac{1}{N} \langle \rho(\mathbf{q}, t) \rho(-\mathbf{q}, 0) \rangle^*, \tag{8.126}$$

la comparaison des relations (8.125) et (8.126) conduit à l'identité suivante :

$$F^*(\mathbf{q}, t) = \frac{1}{N} \langle \rho(\mathbf{q}, t) \rho(-\mathbf{q}, 0) \rangle^* = \frac{1}{N} \langle \rho(-\mathbf{q}, t) \rho(\mathbf{q}, 0) \rangle. \tag{8.127}$$

Les relations (8.124) et (8.127) résument, à elles seules, les propriétés de la fonction d'autocorrélation de la densité de particules dans l'espace réciproque.

Pour montrer le caractère réel du facteur de structure dynamique, prenons le complexe conjugué de la relation (8.114) après y avoir substitué la relation (8.127). On obtient :

$$S^*(\mathbf{q}, \omega) = \frac{1}{2\pi} \int_{-\infty}^{\infty} F^*(\mathbf{q}, t) \exp(i\omega t)\, dt = \frac{1}{2\pi N} \int_{-\infty}^{\infty} \langle \rho(-\mathbf{q}, t) \rho(\mathbf{q}, 0) \rangle \exp(i\omega t)\, dt.$$

Or, en changeant t en $-t$ dans l'intégrale, on peut écrire :

$$S^*(\mathbf{q}, \omega) = \frac{1}{2\pi N} \int_{-\infty}^{\infty} \langle \rho(-\mathbf{q}, -t) \rho(\mathbf{q}, 0) \rangle \exp(-i\omega t)\, dt,$$

soit encore, compte tenu des relations (8.124) et (8.114) :

$$S^*(\mathbf{q}, \omega) = \frac{1}{2\pi} \int_{-\infty}^{\infty} F(\mathbf{q}, t) \exp(-i\omega t)\, dt = S(\mathbf{q}, \omega). \tag{8.128}$$

La relation $S^*(\mathbf{q}, \omega) = S(\mathbf{q}, \omega)$ montre que le facteur de structure dynamique est une fonction *réelle* pour tous types de systèmes (quantique ou classique). En outre, pour un *fluide classique homogène* (invariant par translation dans l'espace), le facteur de structure dynamique $S(\mathbf{q}, \omega)$ est non seulement une quantité réelle, mais aussi une fonction paire[50] de ω. Il en est d'ailleurs de même de la fonction de van Hove $G(\mathbf{r}, t)$ et de la fonction intermédiaire de diffusion $F(\mathbf{q}, t)$ qui sont *réelles* et *paires* en $\mathbf{r}$ et t, et en $\mathbf{q}$ et t, respectivement. Par conséquent, dans un fluide classique homogène, le facteur de structure dynamique $S(\mathbf{q}, \omega)$ (Rel. 8.128) s'écrit simplement sous la forme :

$$S(\mathbf{q}, \omega) = \frac{1}{\pi} \int_0^\infty F(\mathbf{q}, t) \cos(\omega t)\, dt = \frac{1}{\pi} \operatorname{Re} \{TFL\, [F(\mathbf{q}, t)]\}, \tag{8.129}$$

qui n'est rien d'autre que la partie réelle de la transformée de Fourier-Laplace de la fonction intermédiaire de diffusion $F(\mathbf{q}, t)$.

Terminons ce paragraphe en montrant le lien qui existe entre le processus de diffusion inélastique de neutrons et la théorie de la réponse linéaire présentée dans les paragraphes (8.2.3) et (8.2.7). Rappelons tout d'abord qu'en substituant la relation (8.117) dans la relation (8.114), le facteur de structure dynamique s'exprime, au moyen de la fonction d'autocorrélation de la densité de particules, de la manière suivante :

$$S(\mathbf{q}, \omega) = \frac{1}{2\pi N} \int_{-\infty}^{\infty} \langle \rho(\mathbf{q}, t) \rho(-\mathbf{q}, 0) \rangle \exp(-i\omega t)\, dt. \tag{8.130}$$

Considérons ensuite l'hamiltonien de la perturbation appliquée au système de N particules et de volume V sous la forme :

$$H_1(t) = -\frac{1}{V} \rho(\mathbf{q}, 0) F(t),$$

où $\rho(\mathbf{q}, 0)$ est la transformée de Fourier spatiale de la densité de particules. Celle-ci correspond à la variable dynamique $A(\mathbf{q}, 0)$ couplée au champ extérieur $F(t)$ (Rels. 8.65 et 8.104). Si l'on désigne par $\rho(-\mathbf{q}, t)$ la variable dynamique $B(\mathbf{q}, t)$, d'après la relation (8.68) sa valeur moyenne est :

$$\langle \rho(-\mathbf{q}, t) \rangle = \frac{1}{V} \int_{-\infty}^{t} F(t') \phi(t - t') dt', \tag{8.131}$$

où $\phi(t)$ est la fonction réponse qui s'écrit sous la forme suivante, compte tenu de la relation (8.71) :

$$\phi(t) = \beta \langle \dot{\rho}(\mathbf{q}, 0) \rho(-\mathbf{q}, t) \rangle_0 = -\beta \frac{d}{dt} \langle \rho(\mathbf{q}, 0) \rho(-\mathbf{q}, t) \rangle_0 .$$

Conformément à la relation (8.75), la transformée de Fourier-Laplace (temporelle) de la relation (8.131) a pour expression :

$$\langle \rho(-\mathbf{q}, \omega) \rangle = \chi(\mathbf{q}, \omega) F(\omega),$$

où la susceptibilité généralisée est $\chi(\mathbf{q}, \omega) = \chi(-\mathbf{q}, \omega)$ du fait que le système possède la symétrie d'inversion $\mathbf{r} \to -\mathbf{r}$. Par définition (Rel. 8.74), elle s'écrit :

$$\chi(\mathbf{q}, \omega) = \frac{1}{V} \int_0^\infty \phi(t) \exp(-i\omega t) dt = -\frac{\beta}{V} \int_0^\infty \frac{d}{dt} \langle \rho(-\mathbf{q}, 0) \rho(\mathbf{q}, t) \rangle_0 \exp(-i\omega t) dt.$$

[50] En réalité, un liquide réel n'est jamais tout à fait classsique, c'est pourquoi $S(\mathbf{q}, \omega)$ est toujours plus ou moins asymétrique. C'est d'ailleurs ce qui permet aux processus d'interaction rayonnement-matière d'atteindre l'équilibre thermique.

Après intégration par parties, elle se réduit à[51] :

$$\chi(\mathbf{q},\omega) = \chi'(\mathbf{q},\omega) + i\chi''(\mathbf{q},\omega),$$

avec :

$$\chi'(\mathbf{q},\omega) = \frac{\beta}{V}\langle\rho(-\mathbf{q},0)\rho(\mathbf{q},t)\rangle_0 - \frac{\omega\beta}{V}\int_0^\infty \langle\rho(-\mathbf{q},0)\rho(\mathbf{q},t)\rangle \sin(\omega t)dt,$$

$$\text{et} \quad \chi''(\mathbf{q},\omega) = -\frac{\omega\beta}{V}\int_0^\infty \langle\rho(-\mathbf{q},0)\rho(\mathbf{q},t)\rangle_0 \cos(\omega t)dt,$$

soit :

$$\chi''(\mathbf{q},\omega) = -\frac{\omega\beta}{V}\int_0^\infty NF(\mathbf{q},t)\cos(\omega t)dt.$$

Or, en comparant la composante imaginaire $\chi''(\mathbf{q},\omega)$ à l'expression du facteur de structure dynamique (Rel. 8.129), on aboutit à l'identité :

$$\chi''(\mathbf{q},\omega) = -\pi\rho\omega\beta S(\mathbf{q},\omega).$$

Enfin, montrons qu'il est possible d'exprimer la susceptibilité généralisée à fréquence angulaire nulle, $\chi(\mathbf{q},0)$, en fonction du facteur de structure statique $S(q)$. En effet, puisque $\chi''(\mathbf{q},0) = 0$, l'utilisation de la relation de Kramers-Kronig (Rel. 8.87) fournit la relation suivante :

$$\chi(\mathbf{q},0) = \lim_{\omega\to 0}\chi'(\mathbf{q},\omega) = \lim_{\omega\to 0}\frac{2}{\pi}\int_0^\infty [-\pi\rho\omega'\beta S(\mathbf{q},\omega')]\frac{\omega'}{\omega'^2-\omega^2}d\omega',$$

d'où il découle, compte tenu de la relation (8.122) :

$$\chi(\mathbf{q},0) = -2\rho\beta\int_0^\infty S(\mathbf{q},\omega')d\omega' = -\rho\beta\left[S(q) + \rho\,(2\pi)^3\,\delta(\mathbf{q})\right].$$

Cette expression est à comparer à la relation (6.37).

8.3.4 Diffusion de neutrons thermiques dans les liquides

Historiquement, la mesure de la structure atomique de la matière condensée a d'abord été effectuée par diffraction de rayons X. La longueur d'onde des rayons X étant comparable à la distance interatomique ($\sim 0,2$ nm), et les transferts d'énergie étant faibles par

[51] En effet :

$$\begin{aligned}
\chi(\mathbf{q},\omega) &= -\frac{\beta}{V}\left\{[\langle\rho(-\mathbf{q},0)\rho(\mathbf{q},t)\rangle\exp(-i\omega t)]_0^\infty - \int_0^\infty(-i\omega)\langle\rho(-\mathbf{q},0)\rho(\mathbf{q},t)\rangle\exp(-i\omega t)dt\right\},\\
\chi(\mathbf{q},\omega) &= \frac{\beta}{V}\langle\rho(-\mathbf{q},0)\rho(\mathbf{q},t)\rangle - i\frac{\omega\beta}{V}\int_0^\infty\langle\rho(-\mathbf{q},0)\rho(\mathbf{q},t)\rangle\exp(-i\omega t)dt,\\
\chi(\mathbf{q},\omega) &= \frac{\beta}{V}\langle\rho(-\mathbf{q},0)\rho(\mathbf{q},t)\rangle - i\frac{\omega\beta}{V}\int_0^\infty\langle\rho(-\mathbf{q},0)\rho(\mathbf{q},t)\rangle[\cos(\omega t) - i\sin(\omega t)]\,dt,\\
\chi(\mathbf{q},\omega) &= \frac{\beta}{V}\langle\rho(-\mathbf{q},0)\rho(\mathbf{q},t)\rangle - \frac{\omega\beta}{V}\int_0^\infty\langle\rho(-\mathbf{q},0)\rho(\mathbf{q},t)\rangle\sin(\omega t)dt - i\frac{\omega\beta}{V}\int_0^\infty\langle\rho(-\mathbf{q},0)\rho(\mathbf{q},t)\rangle\cos(\omega t)dt.
\end{aligned}$$

rapport à l'énergie des photons incidents, les rayons X permettent de mesurer facilement la structure statique. Par contre, ils ne donnent pas accès au comportement dynamique des liquides car leur rayonnement possède une fréquence éloignée de la fréquence de vibration des atomes dans les liquides (10^{13} s^{-1}). Il en est tout autrement de la diffusion de neutrons. Avec une énergie de l'ordre de 20 meV correspondant à une fréquence $\nu(= E/h)$ d'environ 10^{13} s^{-1} et une longueur d'onde $\lambda(= h/\sqrt{2mE})$ de l'ordre de la distance interatomique, les neutrons[52] sont, du coup, particulièrement appropriés pour étudier la structure atomique des liquides et leurs propriétés dynamiques.

Dans une expérience de diffusion de neutrons, l'interaction neutron-noyau est quasiment ponctuelle et le potentiel d'interaction est représenté traditionnellement par le pseudopotentiel de Fermi :

$$u_l(\mathbf{r}) = \frac{2\pi\hbar^2}{m} b_l \delta(\mathbf{r} - \mathbf{r}_i), \tag{8.132}$$

où b_l est la longueur de diffusion caractéristique du noyau l. Par ailleurs, l'énergie d'un *neutron* est $\frac{\hbar^2 k^2}{2m}$ et l'onde associée est une onde plane $\exp(i\mathbf{kr})$. Lorsque le module du vecteur d'onde $\mathbf{k}'$ du neutron diffusé est égal à celui du vecteur d'onde $\mathbf{k}$ du neutron incident, la diffusion est *élastique* : c'est elle qui est à l'origine de la mesure du facteur de structure statique $S(q)$. Dans le cas contraire ($|\mathbf{k}'| \neq |\mathbf{k}|$), les neutrons échangent de l'énergie avec les noyaux et la diffusion est *inélastique*. Elle permet alors de mesurer le facteur de structure dynamique $S(\mathbf{q}, \omega)$.

Si l'on convient que φ_i et φ_f sont les fonctions d'onde du *noyau* avant et après diffusion et que E_i et E_f sont les énergies avant et après diffusion, l'état initial (i) et l'état final (f) du système *neutron-noyau* sont décrits par le produit des fonctions d'onde du système neutron-noyau et par la somme des énergies du système neutron-noyau, soit :

$$\text{dans l'état initial} \qquad \phi_i = \varphi_i \exp(i\mathbf{kr}) \qquad \text{avec} \qquad E_i^{tot} = E_i + \frac{\hbar^2 k^2}{2m},$$

$$\text{dans l'état final} \qquad \phi_f = \varphi_f \exp(i\mathbf{k}'\mathbf{r}) \qquad \text{avec} \qquad E_f^{tot} = E_f + \frac{\hbar^2 k'^2}{2m}.$$

Pour simplifier les notations, introduisons le vecteur de transfert $\mathbf{q} = \mathbf{k}' - \mathbf{k}$ et la variation d'énergie d'un neutron durant la collision :

$$\hbar\omega = \frac{\hbar^2}{2m}(\mathbf{k}'^2 - \mathbf{k}^2).$$

Selon la théorie des transitions quantiques (§ 7.4.3), la section efficace différentielle de diffusion (§ 7.1.3) est proportionnelle :

- au carré du module de l'élément de matrice du pseudopotentiel neutron-noyau entre l'état initial et l'état final :

$$\left| \left\langle \varphi_f \exp(-i\mathbf{k}'\mathbf{r}) \left| \sum_l \frac{2\pi\hbar^2}{m} b_l \delta(\mathbf{r} - \mathbf{r}_l) \right| \varphi_i \exp(i\mathbf{kr}) \right\rangle \right|^2, \tag{8.133}$$

[52] La masse m du neutron vaut 1,00898 unité de masse atomique, soit environ $1,68.10^{-27}$ kg.

- à la fonction de Dirac qui assure la conservation d'énergie du système neutron-noyau durant la collision :

$$\delta\left(E_i^{tot} - E_f^{tot}\right) = \delta(E_i - E_f - \hbar\omega),$$

- à la probabilité que l'état initial, à l'équilibre thermique, soit occupé (Rel. 2.35) :

$$p_i = \frac{1}{h^3 Q} \exp(-\beta H),$$

- au rapport des vitesses du neutron après et avant la collision $v'/v(= k'/k)$.

La section efficace différentielle de diffusion par unité d'angle solide et d'énergie se calcule en effectuant le produit de ces quatre termes moyenné sur tous les états initiaux et finaux compatibles avec la conservation d'énergie, soit :

$$\frac{d^2\sigma}{d\Omega dE} \propto \frac{k'}{k} \sum_i \sum_f p_i \left| \left\langle \varphi_f \exp(-i\mathbf{k}'\mathbf{r}) \left| \sum_l \frac{2\pi\hbar^2}{m} b_l \delta\left(\mathbf{r} - \mathbf{r}_l\right) \right| \varphi_i \exp(i\mathbf{k}\mathbf{r}) \right\rangle \right|^2 \delta(E_i - E_f - \hbar\omega). \tag{8.134}$$

Pour simplifier cette expression commençons par développer l'élément de matrice du pseudopotentiel. On peut constater qu'il s'écrit[53] :

$$|\langle ... \rangle|^2 = \left(\frac{2\pi\hbar^2}{m}\right)^2 \sum_l \sum_p \left\langle \varphi_i \left| b_l \exp(-i\mathbf{q}\mathbf{r}_l) \right| \varphi_f \right\rangle \left\langle \varphi_f \left| b_p \exp(i\mathbf{q}\mathbf{r}_p) \right| \varphi_i \right\rangle. \tag{8.135}$$

Puis substituons la relation (8.135) dans la relation (8.134), ce qui permet d'écrire la section efficace différentielle de diffusion sous la forme suivante :

$$\begin{aligned} \frac{d^2\sigma}{d\Omega dE} \propto & \frac{k'}{k} \sum_i \sum_f p_i \left(\frac{2\pi\hbar^2}{m}\right)^2 \sum_l \sum_p \left\langle \varphi_i \left| b_l \exp(-i\mathbf{q}\mathbf{r}_l) \right| \varphi_f \right\rangle \\ & \times \left\langle \varphi_f \left| b_p \exp(i\mathbf{q}\mathbf{r}_p) \right| \varphi_i \right\rangle \delta(E_i - E_f - \hbar\omega). \end{aligned} \tag{8.136}$$

---

[53]En effet, conformément à la relation (4.45), la transformation s'effectue comme suit :

$$\begin{aligned} |\langle ... \rangle|^2 &= \left\langle \varphi_i \left| \int \exp(i\mathbf{k}\mathbf{r}) \sum_l \frac{2\pi\hbar^2}{m} b_l \delta\left(\mathbf{r} - \mathbf{r}_l\right) \exp(-i\mathbf{k}'\mathbf{r}) d\mathbf{r} \right| \varphi_f \right\rangle \times \\ & \left\langle \varphi_f \left| \int \exp(i\mathbf{k}'\mathbf{r}) \sum_p \frac{2\pi\hbar^2}{m} b_p \delta\left(\mathbf{r} - \mathbf{r}_p\right) \exp(-i\mathbf{k}\mathbf{r}) d\mathbf{r} \right| \varphi_i \right\rangle, \\ |\langle ... \rangle|^2 &= \left\langle \varphi_i \left| \frac{2\pi\hbar^2}{m} \sum_l b_l \int \delta\left(\mathbf{r} - \mathbf{r}_l\right) \exp\left[i\left(\mathbf{k} - \mathbf{k}'\right)\mathbf{r}\right] d\mathbf{r} \right| \varphi_f \right\rangle \times \\ & \left\langle \varphi_f \left| \frac{2\pi\hbar^2}{m} \sum_p b_p \int \delta\left(\mathbf{r} - \mathbf{r}_p\right) \exp\left[i\left(\mathbf{k}' - \mathbf{k}\right)\mathbf{r}\right] d\mathbf{r} \right| \varphi_i \right\rangle, \\ |\langle ... \rangle|^2 &= \left(\frac{2\pi\hbar^2}{m}\right)^2 \left\langle \varphi_i \left| \sum_l b_l \exp(-i\mathbf{q}\mathbf{r}_l) \right| \varphi_f \right\rangle \left\langle \varphi_f \left| \sum_p b_p \exp(i\mathbf{q}\mathbf{r}_p) \right| \varphi_i \right\rangle. \end{aligned}$$

Utilisons ensuite la forme intégrale[54] de la fonction de Dirac, dont l'expression est :

$$\delta(E_i - E_f - \hbar\omega) = \frac{1}{2\pi\hbar}\int_{-\infty}^{\infty} \exp\left[i\frac{t}{\hbar}(E_i - E_f - \hbar\omega)\right] dt, \tag{8.137}$$

dans le but de transformer la dernière partie de la relation (8.136) comme suit :

$$\begin{aligned} \left\langle \varphi_f \left| b_p \exp(i\mathbf{qr}_p) \right| \varphi_i \right\rangle \delta(E_i - E_f - \hbar\omega) &= \frac{1}{2\pi\hbar}\int_{-\infty}^{\infty} \left\langle \varphi_f \left| b_p \exp(i\mathbf{qr}_p) \right| \varphi_i \right\rangle \\ &\quad \times \exp\left[i\frac{t}{\hbar}(E_i - E_f - \hbar\omega)\right] dt. \end{aligned} \tag{8.138}$$

Du fait que $\exp\left[i\frac{t}{\hbar}(E_i - E_f - \hbar\omega)\right]$ est une grandeur scalaire, on peut la placer à droite ou à gauche de l'opérateur et récrire la relation (8.138) sous la forme explicite suivante :

$$\left\langle \varphi_f \left| b_p \exp\left(i\mathbf{qr}_p\right) \right| \varphi_i \right\rangle \delta(E_i - E_f - \hbar\omega) = \tag{8.139}$$

$$\frac{1}{2\pi\hbar}\int_{-\infty}^{\infty} \left\langle \varphi_f \left| \exp\left(i\frac{t}{\hbar}E_i\right) b_p \exp\left(i\mathbf{qr}_p\right) \exp\left(-i\frac{t}{\hbar}E_f\right) \right| \varphi_i \right\rangle \exp(-it\omega)dt.$$

Avant de passer à l'étape suivante il faut exprimer l'opérateur $\exp\left(i\mathbf{qr}_p\right)$, qui se trouve dans la relation précédente, en fonction du temps. Cette question est liée à la transformation de l'élément de matrice donné dans la représentation de Schrödinger, et qui s'écrit $\left\langle \varphi_f(t) \left| b_p \exp\left[i\mathbf{qr}_p(0)\right] \right| \varphi_i(t) \right\rangle$, en élément de matrice donné dans la représentation d'Heisenberg[55] s'écrivant $\left\langle \varphi_f(0) \left| b_p \exp\left[i\mathbf{qr}_p(t)\right] \right| \varphi_i(0) \right\rangle$.

---

[54] En tirant parti des propriétés de la fonction de Dirac mentionnées dans la note 46 du chapitre 7 et la note 3 du chapitre 5, on obtient la relation :

$$\delta(\hbar x) = \frac{1}{|\hbar|}\delta(x) = \frac{1}{2\pi|\hbar|}\int_{-\infty}^{\infty} \exp(itx)dt.$$

[55] Avec la notation de Dirac, l'équation de Schrödinger dépendante du temps est :

$$i\hbar\frac{\partial}{\partial t}\left|\varphi(t)\right\rangle = H\left|\varphi(t)\right\rangle.$$

Si H est indépendant du temps, la solution formelle de l'équation de Schrödinger est :

$$\left|\varphi(t)\right\rangle = \exp(-i\frac{t}{\hbar}H)\left|\varphi(0)\right\rangle,$$

où $\left|\varphi(t)\right\rangle$ est la fonction d'onde au temps t et $\left|\varphi(0)\right\rangle$ la fonction d'onde à l'instant zéro. L'équation aux valeurs propres de l'énergie est :

$$H\left|\varphi_i\right\rangle = E_i\left|\varphi_i\right\rangle,$$

$$\text{avec} \quad \left|\varphi_i(t)\right\rangle = \exp(-i\frac{t}{\hbar}H)\left|\varphi_i(0)\right\rangle \qquad \text{et} \qquad \left\langle\varphi_i(t)\right| = \left\langle\varphi_i(0)\right|\exp(i\frac{t}{\hbar}H).$$

Quant à l'élément de matrice d'un opérateur X, qui s'écrit $\left\langle \varphi_f(t) \left| X(0) \right| \varphi_i(t) \right\rangle$ dans la représentation de Schrödinger, il se transforme dans la représentation d'Heisenberg comme suit [L. I. Schiff, *Quantum Mechanis*, McGraw-Hill, New York (1968), p. 169] :

$$\begin{aligned} \left\langle \varphi_f(t) \left| X(0) \right| \varphi_i(t) \right\rangle &= \left\langle \varphi_f(0) \left| \exp(i\frac{t}{\hbar}H)X(0)\exp(-i\frac{t}{\hbar}H) \right| \varphi_i(0) \right\rangle, \\ \text{soit} \quad \left\langle \varphi_f(t) \left| X(0) \right| \varphi_i(t) \right\rangle &= \left\langle \varphi_f(0) \left| X(t) \right| \varphi_i(0) \right\rangle. \end{aligned}$$

Conformément aux considérations de la note précédente, la relation (8.139) se transforme de la manière suivante avec les fonctions d'onde à l'instant zéro :

$$\langle \varphi_f | b_p \exp(i\mathbf{q}\mathbf{r}_p) | \varphi_i \rangle \delta(E_i - E_f - \hbar\omega) = \frac{1}{2\pi\hbar} \int_{-\infty}^{\infty} \langle \varphi_f | b_p \exp\left[i\mathbf{q}\mathbf{r}_p(t)\right] | \varphi_i \rangle \exp(-it\omega) dt. \tag{8.140}$$

On peut à présent substituer cette expression dans la relation (8.136) et récrire la section efficace différentielle de diffusion sous la forme suivante :

$$\frac{d^2\sigma}{d\Omega dE} \propto \frac{k'}{k} \left(\frac{2\pi\hbar^2}{m}\right)^2 \frac{1}{2\pi\hbar} \int_{-\infty}^{\infty} \sum_l \sum_p \left\{ \sum_i \sum_f p_i \langle \varphi_i | b_l \exp\left[-i\mathbf{q}\mathbf{r}_l(0)\right] | \varphi_f \rangle \right.$$
$$\left. \times \langle \varphi_f | b_p \exp\left[i\mathbf{q}\mathbf{r}_p(t)\right] | \varphi_i \rangle \right\} \exp(-it\omega) dt.$$

En tenant compte de la relation de fermeture $\sum_f |\varphi_f\rangle \langle \varphi_f| = 1$, la sommation entre les accolades sur les états initiaux est équivalente à la moyenne thermique à l'équilibre du produit des deux opérateurs, dont l'un est défini à l'instant t et l'autre à l'instant zéro, soit :

$$\sum_i \sum_f p_i \langle \varphi_i | b_l \exp\left[-i\mathbf{q}\mathbf{r}_l(0)\right] | \varphi_f \rangle \langle \varphi_f | b_p \exp\left[i\mathbf{q}\mathbf{r}_p(t)\right] | \varphi_i \rangle = \langle b_l b_p \exp\left[-i\mathbf{q}\mathbf{r}_l(0)\right] \exp\left[i\mathbf{q}\mathbf{r}_p(t)\right] \rangle .$$

Finalement, l'expression de la section efficace différentielle de diffusion se simplifie comme suit :

$$\frac{d^2\sigma}{d\Omega dE} \propto \frac{k'}{k} \left(\frac{2\pi\hbar^2}{m}\right)^2 \frac{1}{2\pi\hbar} \int_{-\infty}^{\infty} \sum_l \sum_p \langle b_l b_p \exp\left[-i\mathbf{q}\mathbf{r}_l(0)\right] \exp\left[i\mathbf{q}\mathbf{r}_p(t)\right] \rangle \exp(-it\omega) dt. \tag{8.141}$$

Dans cette formulation, la diffusion de neutrons peut être vue comme résultant de l'interférence entre l'onde diffusée par le noyau l, situé en $\mathbf{r}_l$ à l'instant $t = 0$, et l'onde diffusée par le noyau p, situé en $\mathbf{r}_p$ à l'instant t. Si l'on admet que tous les noyaux sont identiques, la longueur de diffusion b peut être extraite de la somme. Il en découle que la relation (8.141) s'écrit explicitement avec la fonction intermédiaire de diffusion $F(\mathbf{q}, t)$ (Rel. 8.116) sous la forme suivante :

$$\frac{d^2\sigma}{d\Omega dE} \propto \frac{k'}{k} \left(\frac{2\pi\hbar^2}{m}\right)^2 \frac{b^2}{2\pi\hbar} N \int_{-\infty}^{\infty} F(\mathbf{q}, t) \exp(-it\omega) dt. \tag{8.142}$$

Mais compte tenu de la relation (8.114), la section efficace différentielle de diffusion s'exprime aussi en fonction du facteur de structure dynamique $S(\mathbf{q}, \omega)$ comme suit :

$$\frac{d^2\sigma}{d\Omega dE} \propto \frac{k'}{k} \left(\frac{2\pi\hbar^2}{m}\right)^2 \frac{Nb^2}{\hbar} S(\mathbf{q}, \omega). \tag{8.143}$$

8.3.5 Diffusion cohérente et diffusion incohérente

A ce stade de l'exposé, il faut souligner le rôle important joué par la longueur de diffusion b dans les expériences de diffusion de neutrons. Il convient de distinguer le cas où les noyaux sont chimiquement identiques, isotopiquement purs et de spin nul, du cas où les noyaux diffèrent les uns des autres par des effets isotopiques et de spin. Dans le premier cas, il y a corrélation entre les noyaux et il se produit des interférences entre les ondes diffusées ; la *diffusion est cohérente.* Dans le second cas, il n'y a pas de corrélation entre noyaux différents et il ne se produit pas d'interférence entre les ondes diffusées ; *la diffusion est incohérente.* En pratique, tous les éléments contiennent une part de diffusion cohérente et une part de diffusion incohérente[56].

Dans le but de séparer la diffusion cohérente de la diffusion incohérente, on récrit la valeur moyenne qui se trouve dans l'intégrale de la relation (8.141) en séparant les termes $l = p$ et les termes $l \neq p$ dans la somme double. Cela donne :

$$\left\langle \sum_l \sum_p b_l b_p \exp\left[-i\mathbf{q}\mathbf{r}_l(0)\right] \exp\left[i\mathbf{q}\mathbf{r}_p(t)\right] \right\rangle = \left\langle \sum_l b_l^2 \exp\left[-i\mathbf{q}\mathbf{r}_l(0)\right] \exp\left[i\mathbf{q}\mathbf{r}_l(t)\right] \right\rangle + \left\langle \sum_l \sum_{p\neq l} b_l b_p \exp\left[-i\mathbf{q}\mathbf{r}_l(0)\right] \exp\left[i\mathbf{q}\mathbf{r}_p(t)\right] \right\rangle . \quad (8.144)$$

Le premier terme du membre de droite de la relation (8.144) représente la diffusion cohérente car les b_l sont identiques. La signification de ce terme devient évidente quand $t = 0$. Il s'écrit :

$$\left\langle \sum_l b_l^2 \exp\left[-i\mathbf{q}\mathbf{r}_l(0)\right] \exp\left[i\mathbf{q}\mathbf{r}_l(0)\right] \right\rangle = N \left\langle b^2 \right\rangle .$$

Quant au second terme du membre de droite, du fait qu'il n'y a pas de corrélation entre les noyaux différents, il s'écrit :

$$\left\langle \sum_l \sum_{p\neq l} b_l b_p \exp\left[-i\mathbf{q}\mathbf{r}_l(0)\right] \exp\left[i\mathbf{q}\mathbf{r}_p(0)\right] \right\rangle = N \left\langle b \right\rangle^2 \left\langle \sum_l \sum_{p\neq l} \exp\left\{-i\mathbf{q}\left[\mathbf{r}_l(0) - \mathbf{r}_p(0)\right]\right\} \right\rangle .$$

Avec $t = 0$, la relation (8.144) généralise la relation (5.13) relative à la *diffusion élastique*. Dans le cas de la *diffusion inélastique*, la relation (8.144) se récrit au moyen des fonctions intermédiaires de diffusion (Rels. 8.118 et 8.119) de la manière suivante :

$$\left\langle \sum_l \sum_p b_l b_p \exp\left[-i\mathbf{q}\mathbf{r}_l(0)\right] \exp\left[i\mathbf{q}\mathbf{r}_p(t)\right] \right\rangle = N \left\langle b^2 \right\rangle F_s(\mathbf{q},t) + N \left\langle b \right\rangle^2 F_d(\mathbf{q},t).$$

Mais cette décomposition n'est pas appropriée à l'étude expérimentale de la diffusion de neutrons dans les liquides. Pour des raisons pratiques, on réarrange habituellement les termes comme suit :

$$\left\langle \sum_l \sum_p b_l b_p \exp\left[-i\mathbf{q}\mathbf{r}_l(0)\right] \exp\left[i\mathbf{q}\mathbf{r}_p(t)\right] \right\rangle = N \left\langle b^2 \right\rangle F_s(\mathbf{q},t) + N \left\langle b \right\rangle^2 F_d(\mathbf{q},t) + N \left\langle b \right\rangle^2 F_s(\mathbf{q},t) - N \left\langle b \right\rangle^2 F_s(\mathbf{q},t),$$

[56] Certains éléments comme l'argon 36, le carbone, l'oxygène, etc. possèdent essentiellement de la diffusion cohérente. D'autres, comme l'hydrogène, possèdent une très forte diffusion incohérente due au spin du proton.

soit :

$$\left\langle \sum_l \sum_p b_l b_p \exp\left[-i\mathbf{q}\mathbf{r}_l(0)\right] \exp\left[i\mathbf{q}\mathbf{r}_p(t)\right] \right\rangle = N \langle b \rangle^2 F(\mathbf{q},t) + N\left[\langle b^2 \rangle - \langle b \rangle^2\right] F_s(\mathbf{q},t),$$

de manière à récrire la relation (8.141) avec les fonctions intermédiaires de diffusion $F(\mathbf{q},t)$ et $F_s(\mathbf{q},t)$ sous la forme suivante :

$$\frac{d^2\sigma}{d\Omega dE} \propto \frac{k'}{k}\left(\frac{2\pi\hbar^2}{m}\right)^2 \frac{N}{2\pi\hbar}\int_{-\infty}^{\infty} \left\{\langle b \rangle^2 F(\mathbf{q},t) + \left[\langle b^2 \rangle - \langle b \rangle^2\right] F_s(\mathbf{q},t)\right\} \exp(-it\omega)dt,$$

soit :

$$\begin{aligned} \frac{d^2\sigma}{d\Omega dE} &\propto \frac{k'}{k}\left(\frac{2\pi\hbar^2}{m}\right)^2 \frac{N}{\hbar}\left\{\langle b \rangle^2 \frac{1}{2\pi}\int_{-\infty}^{\infty} F(\mathbf{q},t)\exp(-it\omega)dt \right. \\ &\quad \left. + \left[\langle b^2 \rangle - \langle b \rangle^2\right]\frac{1}{2\pi}\int_{-\infty}^{\infty} F_s(\mathbf{q},t)\exp(-it\omega)dt\right\}. \end{aligned}$$

En définitive, la section efficace différentielle de diffusion s'exprime avec les facteurs de structure dynamique $S(\mathbf{q},\omega)$ et $S_s(\mathbf{q},\omega)$ (Rel. 8.114) de la manière suivante :

$$\frac{d^2\sigma}{d\Omega dE} = \left(\frac{d^2\sigma}{d\Omega dE}\right)_{coh} + \left(\frac{d^2\sigma}{d\Omega dE}\right)_{incoh},$$

avec :

$$\left(\frac{d^2\sigma}{d\Omega dE}\right)_{coh} \propto \frac{k'}{k}\left(\frac{2\pi\hbar^2}{m}\right)^2 \frac{N}{\hbar}\langle b \rangle^2 S(\mathbf{q},\omega), \tag{8.145}$$

$$\left(\frac{d^2\sigma}{d\Omega dE}\right)_{incoh} \propto \frac{k'}{k}\left(\frac{2\pi\hbar^2}{m}\right)^2 \frac{N}{\hbar}\left[\langle b^2 \rangle - \langle b \rangle^2\right] S_s(\mathbf{q},\omega). \tag{8.146}$$

8.3.6 Remarques complémentaires

Dans les relations (8.145) et (8.146), les quantités $\sigma_{coh} = 4\pi \langle b \rangle^2$ et $\sigma_{incoh} = 4\pi\left[\langle b^2 \rangle - \langle b \rangle^2\right]$, appelées respectivement *section efficace de diffusion cohérente* et *section efficace de diffusion incohérente* (§ 7.1.3), par atome, sont déterminées expérimentalement. Certains éléments comme l'argon 36, le carbone et l'oxygène sont totalement cohérents. D'autres, comme l'hydrogène et le vanadium, ont des effets de spin tellement importants qu'ils sont presque totalement incohérents. Alors que les sections efficaces de diffusion cohérente de presque tous les éléments ont été mesurées avec précision, les sections efficaces de diffusion incohérente sont généralement moins bien connues[57].

Par ailleurs, les relations (8.145) et (8.146) montrent que la *diffusion cohérente* s'exprime au moyen de $S(\mathbf{q},\omega)$ et la *diffusion incohérente* au moyen de $S_s(\mathbf{q},\omega)$. Le facteur de

[57] *Chemical Applications of Thermal Neutron Scattering*, édité par B. T. M. Willis, Oxford University Press, (1973), p. 296. Par exemple, pour l'oxygène $\sigma_{coh} = 4,2$ barns et $\sigma_{incoh} = 0$ barn, alors que pour l'hydrogène $\sigma_{coh} = 1,8$ barn et $\sigma_{incoh} = 79,7$ barns.

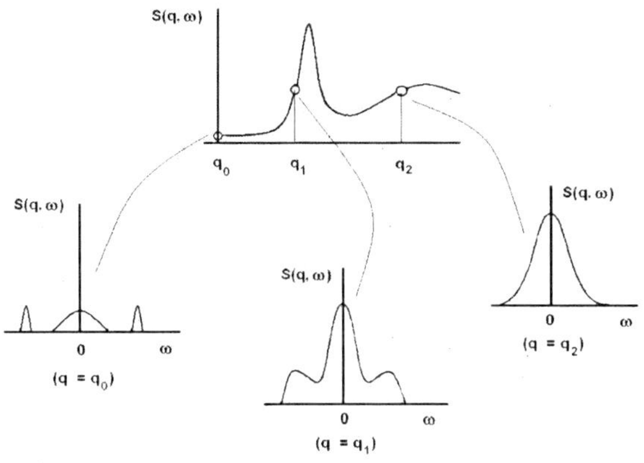

FIG. 8.7 – Comportement qualitatif du facteur de structure dynamique $S(q, \omega)$ pour trois valeurs de q.

structure dynamique $S_s(\mathbf{q}, \omega)$, associé à la section efficace de *diffusion incohérente* σ_{incoh}, fournit une indication sur le *mouvement individuel* des atomes en raison même de l'absence d'interférences entre les centres diffuseurs. Quant au facteur de structure dynamique $S(\mathbf{q}, \omega)$, qui est associé à la section efficace de *diffusion cohérente* σ_{coh}, il donne des indications sur le *mouvement collectif* des atomes, ainsi que sur leurs mouvements individuels, car $S(\mathbf{q}, \omega) = S_s(\mathbf{q}, \omega) + S_d(\mathbf{q}, \omega)$. Par conséquent, d'un élément comme l'oxygène, pour lequel la diffusion est uniquement *cohérente* ($\sigma_{incoh} = 0$), on extrait directement $S(\mathbf{q}, \omega)$ et on obtient des informations sur les mouvements *individuel* et *collectif* des atomes. Par contre, d'un élément pour lequel la diffusion est essentiellement *incohérente* ($\sigma_{coh} = 0$), on ne peut extraire que $S_s(\mathbf{q}, \omega)$ et ne tirer des informations que sur le *mouvement individuel* des atomes. La très faible valeur du rapport $\frac{\sigma_{coh}}{\sigma_{incoh}} (\sim \frac{2}{80})$ de l'hydrogène explique pourquoi, dans cet élément, il est plus facile d'observer les mouvements individuels des atomes que les mouvements collectifs.

Si des éléments possèdent plusieurs isotopes, il est possible d'obtenir séparément les facteurs de structure dynamique $S(\mathbf{q}, \omega)$ et $S_s(\mathbf{q}, \omega)$ en effectuant deux expériences séparées. La première expérience, effectuée avec l'élément isotopiquement pur, donne $S(\mathbf{q}, \omega)$ et la seconde expérience effectuée avec une combinaison d'isotopes choisie pour maximiser la diffusion incohérente donne $S_s(\mathbf{q}, \omega)$. Par conséquent, les expériences de diffusion inélastique de neutrons donnent séparément accès au comportement individuel des atomes avec $S_s(\mathbf{q}, \omega)$, et à leur comportement collectif par différence entre $S(\mathbf{q}, \omega)$ et $S_s(\mathbf{q}, \omega)$. Dans le domaine des grandes valeurs de q et de ω, c'est-à-dire à r et t petits, les caractéristiques générales des fonctions $S(\mathbf{q}, \omega)$ et $S_s(\mathbf{q}, \omega)$ diffèrent peu l'une de l'autre car les effets d'interférences entre les ondes diffusées sont faibles. Par contre, aux petites valeurs de q et de ω, les mouvements collectif et individuel des atomes se superposent et les différences entre les fonctions $S(\mathbf{q}, \omega)$ et $S_s(\mathbf{q}, \omega)$ sont plus prononcées. La figure (8.7) reproduit très schématiquement la variation du facteur de structure dynamique en fonction de q et de ω. Sur cette figure, les courbes inférieures correspondent à des coupes de la fonction $S(\mathbf{q}, \omega)$ pour trois valeurs particulières de q. A la valeur q_0, où il y a une nette distinction entre les mouvements individuels et les mouvements collectifs des atomes, on observe un pic central (pic de Rayleigh) et deux pics satellites (pics de Brillouin). A la valeur q_1, les pics satellites s'estompent alors que le pic central augmente et, aux grandes valeurs de q, où

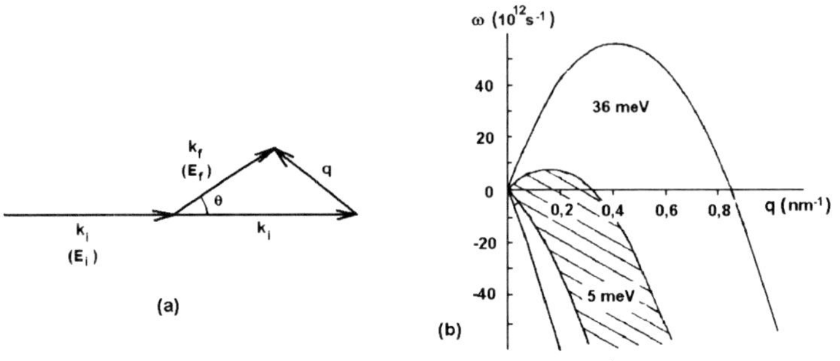

FIG. 8.8 – (a) Représentation schématique des vecteurs d'ondes d'un neutron. (b) Domaines (q, ω) accessibles avec des neutrons d'énergies 36 meV et 5 meV.

les mouvements individuels et collectifs des atomes ne peuvent plus être discriminés, il ne reste que le pic central.

Il convient de noter que les facteurs de structures dynamiques $S_s(\mathbf{q}, \omega)$ et $S(\mathbf{q}, \omega)$ ne dépendent que des propriétés dynamiques des atomes et non pas de celles du rayonnement. Par conséquent, la mesure du facteur de structure dynamique peut, en principe, être effectuée avec toutes les techniques de diffusion disponibles[58] (neutrons, électrons, rayons X, rayonnement électromagnétique...). Mais chaque type de rayonnement ne permet d'explorer que la région du domaine (q, ω) pour laquelle l'angle de diffusion θ est compris entre 0 et π. Conformément à la figure (8.8a), la variation d'énergie $\hbar\omega$ et le module du vecteur de transfert $\mathbf{q}$ durant la collision sont :

$$\begin{aligned} \hbar\omega &= E_i - E_f = \frac{\hbar^2}{2m}\mathbf{k}_i^2 - \frac{\hbar^2}{2m}\mathbf{k}_f^2, \\ \text{et} \qquad q &= |\mathbf{k}_f - \mathbf{k}_i|, \end{aligned}$$

où q est lié à l'angle de diffusion θ par la relation :

$$q^2 = |\mathbf{k}_f - \mathbf{k}_i|^2 = k_f^2 + k_i^2 - 2k_f k_i \cos\theta.$$

qui vaut :

$$\begin{aligned} q^2 &= (k_f - k_i)^2 = \frac{2m}{\hbar^2}\left(\sqrt{E_i} - \sqrt{E_f}\right)^2 \qquad \text{si } \theta = 0, \\ \text{et} \quad q^2 &= (k_f + k_i)^2 = \frac{2m}{\hbar^2}\left(\sqrt{E_i} + \sqrt{E_f}\right)^2 \qquad \text{si } \theta = \pi. \end{aligned}$$

Par exemple, avec un faisceau de neutrons incidents d'énergie $E_i = \frac{\hbar^2}{2m}\mathbf{k}_i^2 = 36$ meV correspondant à une longueur d'onde de $\lambda(= h/\sqrt{2mE}) \sim 0,15$ nm, les seules mesures possibles de q et ω, représentées sur la figure (8.8b), sont situées entre les courbes d'équations :

$$\begin{aligned} q &= \frac{\sqrt{2m}}{\hbar}\left(\sqrt{E_i} - \sqrt{E_i - \hbar\omega}\right), \\ \text{et} \qquad q &= \frac{\sqrt{2m}}{\hbar}\left(\sqrt{E_i} + \sqrt{E_i - \hbar\omega}\right). \end{aligned}$$

[58]P. A. Egelstaff, *An introduction to the Liquid State*, Acad. Press, New York (1967), p. 99.

Il est facile de voir que le domaine (q, ω) accessible est d'autant plus étendu que l'énergie du faisceau de neutrons est grande, et donc que la longueur d'onde est petite. Malheureusement, on ne peut pas utiliser de faisceaux de neutrons trop énergétiques car la résolution devient trop mauvaise. C'est pourquoi on se limite à des énergies plus faibles de l'ordre de 5 meV.

Avant l'emploi intensif des neutrons, c'est surtout la diffusion de lumière visible qui était utilisée, avec ses avantages et ses inconvénients. Celle-ci apporte des informations complémentaires en permettant d'explorer un domaine de longueurs d'onde ($\sim$ 400 nm) différent de celui des neutrons ($\sim$ 1 nm). De ce fait, la lumière visible est appropriée pour explorer le comportement dynamique des liquides dans le régime hydrodynamique (aux très faibles valeurs de q et de ω). Elle est particulièrement utile pour étudier les fluides près du point critique[59], car les fluctuations atomiques ont de grandes amplitudes.

La lumière visible permet également d'obtenir des informations sur les suspensions colloïdales dont les dimensions sont beaucoup plus grandes que celles des atomes. Les propriétés statiques et dynamiques des suspensions colloïdales ont de nombreux points communs avec celles des liquides atomiques comme, par exemple, les transitions liquide-amorphe-solide lorsque la concentration des particules augmente. Bien que la thermodynamique et les mécanismes de transport dans les systèmes atomiques et colloïdaux présentent des analogies formelles, les échelles de temps sont considérablement différentes, puisqu'on évalue le temps de relaxation des fluctuations de densité à 10^{-12} s dans les systèmes atomiques et à 1 s dans les solutions colloïdales. Par ailleurs, le diamètre des particules colloïdales ($\sim$ 200 nm) est typiquement 10^3 fois plus grand que celui des atomes ce qui donne un facteur de structure statique $S(q)$ dont le pic principal est situé au voisinage de $q_m \simeq \frac{2\pi}{d} < 0,05$ nm^{-1} au lieu de 50 nm^{-1} pour les liquides. Par conséquent, les mouvements des particules colloïdales (mouvement brownien) sont extrêmement lents et la structure des solutions colloïdales peut être mesurée par diffusion de lumière. En illuminant l'échantillon avec un laser au krypton d'une puissance de quelques mW, opérant dans les longueurs d'onde de l'ordre de 500 nm, il est possible de mesurer les facteurs de structure statique et dynamique des suspensions colloïdales[60].

On notera que pour les systèmes atomiques, la lumière ne permet pas de mesurer $S_s(\mathbf{q}, \omega)$ car le rayonnement électromagnétique diffusé par les atomes est toujours cohérent. A l'inverse, pour les suspensions colloïdales, la lumière ne permet pas de mesurer $S(\mathbf{q}, \omega)$ car la forte dispersion de la taille des particules détruit les interférences entre les ondes diffusées. Par conséquent, seuls le facteur de structure statique $S(q)$ et le facteur de structure dynamique $S_s(\mathbf{q}, \omega)$ des suspensions colloïdales sont accessibles par diffusion de lumière visible.

Les facteurs de structures dynamiques $S_s(\mathbf{q}, \omega)$ et $S(\mathbf{q}, \omega)$ peuvent être calculés par dynamique moléculaire et avec des modèles théoriques spécifiques à la théorie microscopique des liquides, quand le potentiel d'interaction $u(r)$ est connu. Alors que la comparaison entre les résultats de simulation et ceux d'un modèle permet essentiellement de tester le modèle théorique, la comparaison des résultats de simulation aux résultats expérimentaux

[59] D. McIntyre and J. V. Sengers, *Physics of Simple Liquids*, North-Holland Publishing Company, Amsterdam (1968), p. 447. R. D. Mountain, Rev. Mod. Phys. **38**, 205 (1966).

[60] W. van Megen and P. N. Pusey, Phys. Rev A **43**, 5429 (1991). W. van Megen, J. Phys. : Condens. Matter **14**, 7699 (2002).

est le moyen le plus efficace de tester le potentiel d'interaction.

Les modèles mathématiques du facteur de structure dynamique ont été développés principalement pour les systèmes classiques. Or, il a été mentionné dans la note 50 de ce chapitre que les systèmes réels ne sont jamais tout à fait classiques, et que des effets quantiques sont nécessaires pour que l'équilibre thermique puisse s'établir entre le rayonnement et la matière. Pour comparer la théorie à l'expérience, il faut donc, soit apporter une correction quantique au modèle, soit modifier le résultat expérimental pour le rendre compatible avec le résultat du calcul. Les deux procédés sont équivalents. Sans entrer dans les détails, indiquons que la correction quantique repose sur la condition d'équilibre détaillé[61] qui se manifeste par l'asymétrie du facteur de structure dynamique expérimental $S(\mathbf{q}, \omega)$. Celle-ci se traduit par la relation :

$$S(\mathbf{q}, \omega) = S(\mathbf{q}, -\omega) \exp(\frac{\hbar\omega}{k_B T}).$$

En pratique la comparaison théorie-expérience se fait à l'aide du *facteur de structure dynamique symétrisé* $S_{sym}(\mathbf{q}, \omega)$ qui est obtenu à partir de la moyenne arithmétique ou de la moyenne géométrique de $S(\mathbf{q}, \omega)$ et $S(\mathbf{q}, -\omega)$. Cela revient à adopter l'une des deux relations suivantes :

$$S_{sym1}(\mathbf{q}, \omega) = \frac{S(\mathbf{q}, \omega) + S(\mathbf{q}, -\omega)}{2} = \frac{S(\mathbf{q}, \omega)}{2} \left[1 + \exp(-\frac{\hbar\omega}{k_B T}) \right],$$

ou :

$$S_{sym2}(\mathbf{q}, \omega) = [S(\mathbf{q}, \omega) S(\mathbf{q}, -\omega)]^{1/2} = S(\mathbf{q}, \omega) \exp(-\frac{\hbar\omega}{2 k_B T}).$$

De nombreux modèles théoriques ont été développés au cours des trente dernières années pour calculer les facteurs de structure dynamique $S(\mathbf{q}, \omega)$ et $S_s(\mathbf{q}, \omega)$. Comme ils ne sont applicables que dans des conditions assez restrictives, aucun ne permet à lui seul de prédire la structure dynamique sur l'ensemble du domaine (q, ω). Or, la simulation numérique est un complément indispensable à l'interprétation des résultats expérimentaux, dans la mesure où elle permet de combler les domaines inexplorés par les modèles théoriques.

[61] P. Schofield, Phys. Rev. Lett. **4**, 239 (1960).

Chapitre 9

Modélisation des fonctions de corrélation

9.1 Formalisme de la fonction mémoire

9.1.1 Expression formelle de la fonction mémoire

Il a été clairement établi, tout au long du chapitre précédent, que le mouvement atomique dans les liquides peut être décrit en termes de fonctions de corrélation, et que les résultats des expériences peuvent être interprétés au moyen des fonctions d'autocorrélation temporelles et spatio-temporelles de certaines variables dynamiques. Par exemple, le coefficient de diffusion s'exprime avec la fonction d'autocorrélation des vitesses (Rel. 8.51), la susceptibilité électrique des diélectriques s'exprime avec la fonction d'autocorrélation des moments dipolaires (Rel. 8.100), le facteur de structure dynamique s'exprime avec la fonction d'autocorrélation de la densité particulaire (Rel. 8.130), etc. On sait donc parfaitement quelle fonction d'autocorrélation est associée à chaque propriété dynamique d'un liquide.

Même si les fonctions de corrélation sont très difficiles à calculer autrement que par dynamique moléculaire, le formalisme des fonctions de corrélation (Ch. 8) n'en reste pas moins un outil très puissant pour analyser le comportement des liquides. Le moyen le plus simple de réaliser cette analyse est de choisir une expression de la fonction de corrélation, compatible avec le modèle théorique adopté, et d'ajuster les paramètres sur les propriétés dynamiques déterminées expérimentalement ou par simulation. La diversité des propriétés dynamiques peut être mise à profit pour tester la validité des hypothèses qui sont faites avec chaque modèle théorique particulier. Enfin, il faut rappeler que le cadre théorique de la dynamique des liquides marie, de manière naturelle, la fonction d'autocorrélation à la susceptibilité généralisée (§ 8.2.4), à la densité spectrale (§ 8.1.6) et à la fonction mémoire (§ 8.1.5).

Dans ce chapitre, on s'intéresse plus spécialement à la relation formelle qui relie la fonction d'autocorrélation à la fonction mémoire. Le cadre théorique général a été posé par

Zwanzig[1] et Mori[2], et présenté de manière détaillée par Berne, Boon et Rice[3]. L'essentiel de la théorie est contenu dans l'équation intégro-différentielle de Volterra :

$$\frac{d}{dt}C(t) = -\int_0^t M(t-t')C(t')dt', \tag{9.1}$$

où $C(t)$ est la fonction d'autocorrélation de la variable dynamique $A(t)$ et $M(t-t')$ le noyau de l'intégrale, appelé *fonction mémoire*, dont l'expression est :

$$M(t) = \langle i\mathcal{L}A \exp\left[i(1-\mathcal{P})\mathcal{L}t\right] i\mathcal{L}A\rangle, \tag{9.2}$$

où $\mathcal{L}$ est l'opérateur de Liouville et $\mathcal{P}$ l'opérateur de projection introduit par Zwanzig.

Si l'on ignore la relation (9.2), très difficile à utiliser, et que l'on considère uniquement la relation (9.1), on s'aperçoit qu'elle est identique à la relation (8.36) associée à l'équation de Langevin généralisée (Rel. 8.34). Or, une équation de cette forme (Rel. 9.1) existe pour chaque variable dynamique. Avant de montrer les particularités de la fonction mémoire, rappelons les principaux résultats de l'étude du mouvement brownien.

Pour trouver l'équation de Langevin conventionnelle, on suppose que la force $F(t)$ est une fonction aléatoire stationnaire possédant un *caractère gaussien* et un *temps de corrélation infiniment court* (§ 8.1.2), ce qui permet d'écrire sa valeur moyenne et sa fonction d'autocorrélation (Rels. 8.10 et 8.16) comme suit :

$$\langle F(t)\rangle = 0,$$

$$\text{et} \qquad \langle F(0)F(t)\rangle = 2\mu k_B T\delta(t).$$

De ces hypothèses, on déduit le coefficient de friction (Rel. 8.21) :

$$\mu = \frac{1}{2k_BT}\int_{-\infty}^{+\infty}\langle F(0)F(t)\rangle\, dt,$$

ainsi que la fonction de corrélation vitesse-force $\langle v(0)F(t)\rangle = 0$ (Rel. 8.29) et la fonction d'autocorrélation des vitesses (Rel. 8.31) :

$$\langle v(0)v(t)\rangle = \frac{k_BT}{m}\exp\left(-\frac{\mu}{m}|t|\right). \tag{9.3}$$

Mais pour étudier les *liquides réels*, il est nécessaire de supposer que le temps de corrélation de la force aléatoire $F(t)$ est *fini*. Une façon d'introduire cette nouvelle hypothèse est d'écrire la valeur moyenne et la fonction de corrélation de la force (Rel. 8.33) comme suit :

$$\langle F(t)\rangle = 0,$$

$$\text{et} \qquad \langle F(0)F(t)\rangle = k_BTM(t), \tag{9.4}$$

[1] R. Zwanzig, *Lectures in Theoretical Physics*, Interscience, New York (1961) Vol. 3, p. 106.

[2] H. Mori, Prog. Theor. Phys. **33**, 423 (1965) ; **34**, 399 (1965).

[3] B. J. Berne, J. P. Boon and S. A. Rice, J. Chem. Phys. **45**, 1086 (1966). On trouvera également l'exposé classique de cette théorie dans les ouvrages de référence mentionnés dans la note 3 du chapitre 8.

où $M(t)$ est la fonction mémoire qui apparaît dans l'équation de Langevin généralisée (Rel. 8.34) :

$$m\frac{dv}{dt} = -\int_0^t M(t-t')v(t')dt' + F(t). \tag{9.5}$$

Dans la théorie de Langevin, la fonction mémoire $M(t)$ est proportionnelle à la fonction d'autocorrélation des forces. En l'écrivant $M(t) = 2\mu\delta(t)$, on retrouve l'équation de Langevin conventionnelle (Rel. 8.12) et toutes les propriétés afférentes. En l'écrivant sous la forme exponentielle :

$$M(t) = \gamma \exp(-\alpha t), \tag{9.6}$$

la force devient une fonction aléatoire à caractère *gaussien et markovien*[4] du fait que la fonction d'autocorrélation des forces est proportionnelle à la fonction mémoire (Rel. 9.4).

Pour un liquide réel, la relation (9.6) n'est certainement pas exacte, mais elle conduit néanmoins à une expression très utile de la fonction d'autocorrélation des vitesses, comme on le montrera dans le paragraphe suivant.

9.1.2 Modèle phénoménologique de Berne, Boon et Rice

Il suffit d'observer les relations (9.2) et (9.1) pour s'apercevoir que la fonction mémoire $M(t)$ et la fonction d'autocorrélation $C(t)$ sont très difficiles à calculer. Une des méthodes employées pour y parvenir, consiste à choisir une forme fonctionnelle de la fonction mémoire, à partir de laquelle on déduit la fonction d'autocorrélation avec la relation (9.1). Plusieurs expressions de $M(t)$ ont été proposées[5] pour calculer la fonction d'autocorrélation des vitesses (Rel. 8.36) et, par voie de conséquence, le coefficient de diffusion (Rel. 8.23) et la densité spectrale (Rel. 8.44). La comparaison des résultats avec ceux de dynamique moléculaire[6] a montré que la forme exponentielle (Rel. 9.6) donne de bons résultats, tout en étant particulièrement bien adaptée au traitement mathématique, comme on le vérifiera dans la suite.

En substituant la relation (9.6) dans la relation (9.1) on obtient :

$$\frac{d}{dt}C(t) = -\int_0^t \gamma \exp\left[-\alpha(t-t')\right] C(t')dt'. \tag{9.7}$$

Pour résoudre cette équation supposons, sans préjuger de sa forme finale, que la fonction d'autocorrélation normalisée des vitesses s'écrit $C(t) = C_1(t)\exp(-\alpha t)$, avec les conditions

---

[4]Conformément à la note 20 du chapitre 8, une variable aléatoire possède un caractère gaussien et markovien lorsque sa fonction d'autocorrélation est une exponentielle décroissante du temps.

[5]B. J. Berne, J. P. Boon and S. A. Rice, cités dans la note 3 de ce chapitre, ont utilisé une exponentielle décroissante (Rel. 9.6). K. S Singwi and M. P. Tosi, Phys. Rev. **157**, 153 (1967) ont utilisé une gausienne. D. Levesque and L. Verlet, Phys. Rev. A **14**, 408 (1970) ont proposé la forme fonctionnelle :

$$M(t) = \Omega_0^2 \exp(-\frac{t^2}{\tau^2}) + \gamma t^4 \exp(-\alpha t),$$

où Ω_0^2, τ, γ et α sont des paramètres ajustés sur les résultats de simulation.

[6]La fonction d'autocorrélation des vitesses ne peut pas être déterminée autrement que par dynamique moléculaire ; le premier calcul a été effectué pour l'argon par A. Rahman, Phys. Rev. **136**, A405 (1964).

initiales $C(0) = 1$ et $\dot{C}(0) = 0$. Après substitution de la fonction $C(t)$ dans la relation (9.7), l'équation intégro-différentielle se transforme comme suit :

$$\begin{aligned}\frac{d}{dt}C_1(t)\exp(-\alpha t) - \alpha C_1(t)\exp(-\alpha t) &= -\gamma\int_0^t \exp\left[-\alpha(t-t')\right]C_1(t')\exp(-\alpha t')dt', \\ \frac{d}{dt}C_1(t) - \alpha C_1(t) &= -\gamma\int_0^t C_1(t')dt',\end{aligned}$$

de sorte qu'en dérivant par rapport au temps t on obtient l'équation différentielle du second ordre :

$$\ddot{C}_1(t) - \alpha\dot{C}_1(t) + \gamma C_1(t) = 0.$$

La recherche de la solution $C_1(t)$ de cette équation différentielle ne pose pas de difficulté. Quant à la fonction d'autocorrélation normalisée des vitesses, $C(t) = C_1(t)\exp(-\alpha t)$, elle dépend des conditions initiales et des valeurs des paramètres α et γ. Trois cas se présentent :

(1) Si $\alpha^2 - 4\gamma > 0$, on obtient :

$$C(t) = \exp(-\frac{\alpha}{2}t)\left[\cosh(\frac{1}{2}\sqrt{\alpha^2-4\gamma}t) + \frac{\alpha}{\sqrt{\alpha^2-4\gamma}}\sinh(\frac{1}{2}\sqrt{\alpha^2-4\gamma}t)\right]. \tag{9.8}$$

(2) Si $\alpha^2 - 4\gamma = 0$, on obtient :

$$C(t) = \exp(-\frac{\alpha}{2}t)\left(1 + \frac{\alpha}{2}t\right). \tag{9.9}$$

(3) Si $\alpha^2 - 4\gamma < 0$, on obtient :

$$C(t) = \exp(-\frac{\alpha}{2}t)\left\{\cos(\frac{1}{2}\sqrt{4\gamma-\alpha^2}t) + \frac{\alpha}{\sqrt{4\gamma-\alpha^2}}\sin(\frac{1}{2}\sqrt{4\gamma-\alpha^2}t)\right\}. \tag{9.10}$$

En regardant les expressions de la fonction d'autocorrélation des vitesses (Rels. 9.8, 9.9 et 9.10) et de la fonction d'autocorrélation des forces (Rels. 9.4 et 9.6), on s'aperçoit que la force est une fonction aléatoire à caractère gaussien et markovien (cf. note 4 de ce chapitre), contrairement à la vitesse. Cherchons sous quelles conditions particulières la vitesse devient une fonction aléatoire markovienne. Pour cela, comparons les quantités $1/\alpha$ et $1/\sqrt{\gamma}$, dont les dimensions sont celles d'un temps, en notant qu'elles correspondent à deux échelles de temps différentes (Rel. 8.37) : $\tau_c \sim 1/\alpha$ et $\tau_r \sim 1/\sqrt{\gamma}$. Si τ_c est très petit par rapport à τ_r, cela conduit à l'inégalité $\alpha^2 - 4\gamma \gg 0$. Dans ce cas, et compte tenu des conditions initiales, la fonction d'autocorrélation normalisée des vitesses (Rel. 9.8) se réduit à l'expression :

$$C(t) \simeq \exp(-\alpha t)\exp\left(\frac{\alpha + \sqrt{\alpha^2-4\gamma}}{2}t\right) \simeq \exp\left(-\frac{\gamma}{\alpha}t\right), \tag{9.11}$$

où l'on a utilisé l'approximation $\left(1 - \frac{4\gamma}{\alpha^2}\right)^{1/2} \sim 1 - \frac{2\gamma}{\alpha^2}$ pour obtenir la dernière identité. Par conséquent, quand $\tau_c \ll \tau_r$, la fonction d'autocorrélation des vitesses présente une

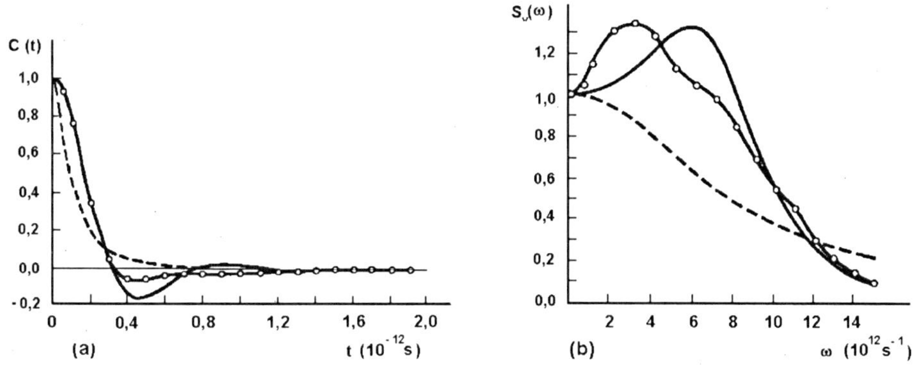

FIG. 9.1 – Représentations de la fonction d'autocorrélation normalisée (a) et de la densité spectrale normalisée (b) des vitesses dans le modèle de Berne, Boon et Rice avec les valeurs $\alpha = 8,06.10^{12}$ s^{-1} et $\gamma = 6,5.10^{25}$ s^{-2}. Les points vides correspondent aux résultats de simulation numérique. Les courbes en traits pleins sont obtenues avec les relations (9.10) et (9.19), et les courbes en pointillés avec les relations (9.11) et (9.20).

décroissance exponentielle et la vitesse possède un caractère gaussien et markovien. De plus, en identifiant les relations (9.11) et (9.3), on peut attribuer une signification physique au rapport des paramètres γ et α, qui est $\frac{\gamma}{\alpha} = \frac{\mu}{m}$. Cette situation correspond au fluide dilué. Il faut noter au passage que la simulation et la théorie cinétique[7] ont montré, qu'aux densités intermédiaires, la fonction d'autocorrélation des vitesses aux temps longs (entre 5τ et 30τ, où τ est l'intervalle de temps entre deux collisions) présente, non pas une décroissance exponentielle, mais une décroissante plus lente en $t^{-3/2}$. Ceci est généralement attribué au fait que la fonction mémoire $M(t)$ possède deux processus collisionnels simultanés. Le premier processus, associé aux *collisions binaires* entre les atomes, possède un temps de relaxation petit tandis que le second processus, associé à un phénomène de *couplage*, possède un temps de relaxation de 5 à 30 fois plus long.

Le modèle de Berne, Boon et Rice[8] a été utilisé pour déterminer la fonction d'autocorrélation normalisée des vitesses $C(t) = \frac{\langle v(0)v(t)\rangle}{\langle v^2(0)\rangle}$ de l'argon liquide, les paramètres α et γ ayant été ajustés sur les résultats de dynamique moléculaire[9]. Le processus est nettement non markovien, car le meilleur ajustement (Fig. 9.1a) est obtenu au moyen de la relation (9.10) avec les valeurs $\alpha = 8,06.10^{12}$ s^{-1} et $\gamma = 6,5.10^{25}$ s^{-2} qui, par ailleurs, permettent de calculer le coefficient de diffusion D. Sa valeur numérique[10] pour l'argon

[7]B. J. Alder and T. E. Wainwright, Phys. Rev. Lett. **18**, 988 (1969). M. H. Ernst, E. H. Hauge and J. M. J. van Leeuwen, Phys. Rev. Lett. **25**, 1254 (1970). J. R. Dorfman and E. G. D. Cohen, Phys. Rev. Lett. **25**, 1257 (1970). R. Zwanzig and M. Bixon, Phys. Rev. A **2**, 2005 (1970).

[8]cf. note 3 de ce chapitre.

[9]cf. note 6 de ce chapitre.

[10]Le calcul du coefficient de diffusion D s'effectue en substituant l'expression de la relation (9.10) dans la relation (8.23),soit :

$$D = \langle v^2(0)\rangle \int_0^\infty \exp(-\frac{\alpha}{2}t)\left\{\cos(\frac{1}{2}\sqrt{4\gamma-\alpha^2}t) + \frac{\alpha}{\sqrt{4\gamma-\alpha^2}}\sin(\frac{1}{2}\sqrt{4\gamma-\alpha^2}t)\right\}dt.$$

En utilisant les résultats des intégrales (I. S. Gradshteyn and I. M. Ryzhik, *Table of Integrals, Series and* liquide ($T = 94,4$ K, $k_B = 1,38.10^{-23}$ J.K^{-1} et $m = \frac{M}{\mathcal{N}} = 6,64.10^{-26}$ kg) vaut :

$$D = \int_0^\infty \langle v(0)v(t)\rangle\, dt = \frac{k_B T}{m}\frac{\alpha}{\gamma} = 2,43.\ 10^{-9}\ \mathrm{m^2.s^{-1}}.$$

Il est intéressant de noter que, pour un liquide, la relation (9.10) reproduit qualitativement les résultats de dynamique moléculaire, avec une augmentation sensible de l'amplitude des oscillations de la fonction de corrélation des vitesses normalisée (Fig. 9.1a). L'origine physique de la partie négative de la fonction d'autocorrélation des vitesses peut être interprétée en termes de *rebonds* d'un atome contre les parois de la *cage* formée par ses plus proches voisins[11]. En effet, dans le cas d'un liquide où chaque atome est piégé dans une cage formée par ses plus proches voisins, on se trouve dans la situation où l'intervalle de temps qui s'écoule entre deux collisions ($\tau_c \sim 1/\alpha \sim 1,24.10^{-13}$ s) est du même ordre de grandeur que la durée d'une collision ($\tau_r \sim 1/\sqrt{\gamma} \sim 1,24..10^{-13}$ s).

9.1.3 Quelques relations utiles et règles de sommes

(a) **La densité spectrale**. Rappelons tout d'abord que si une fonction $C(t)$ est réelle, la partie réelle de sa transformée de Fourier $C(\omega)$ est une fonction paire et la partie imaginaire une fonction impaire (Rels. 8.78 et 8.79). Si, de plus, la fonction $C(t)$ est paire, sa transformée de Fourier $C(\omega)$ est aussi une fonction réelle et paire, comme cela a été montré en calculant la densité spectrale de la fonction d'autocorrélation des vitesses (Rel. 8.45). Plus généralement, si $C(t)$ est la fonction d'autocorrélation non normalisée d'une variable dynamique donnée, la densité spectrale $S_C(\omega)$ de cette variable dynamique est définie par la transformée de Fourier (Rel. 8.44) :

$$S_C(\omega) = \frac{1}{2\pi}\int_{-\infty}^{\infty} C(t)\exp(-i\omega t)dt, \tag{9.12}$$

où $C(t)$ et $S_C(\omega)$ sont deux fonctions *réelles* et *paires* comme indiqué précédemment.

Par ailleurs, au vu de l'équation intégro-différentielle reliant la fonction d'autocorrélation $C(t)$ d'une variable dynamique donnée à la fonction mémoire $M(t)$ (Rel. 9.1), soit :

$$\frac{d}{dt}C(t) = -\int_0^t M(t-t')C(t')dt', \tag{9.13}$$

Products, Acad. Press, New York (1965), p. 477) :

$$\begin{aligned} \int_0^\infty \exp(-\frac{\alpha}{2}t)\cos(\Omega t)dt &= \frac{\frac{\alpha}{2}}{\left(\frac{\alpha}{2}\right)^2+\Omega^2}, \\ \text{et} \quad \int_0^\infty \exp(-\frac{\alpha}{2}t)\sin(\Omega t)dt &= \frac{\Omega}{\left(\frac{\alpha}{2}\right)^2+\Omega^2}, \end{aligned}$$

et en posant $\langle v^2(0)\rangle = \frac{k_B T}{m}$, l'expression de D se réduit à :

$$D = \langle v^2(0)\rangle \frac{\alpha}{\gamma} = \frac{k_B T}{m}\frac{\alpha}{\gamma}.$$

[11] E. G. D. Cohen, Physica A, **194**, 229 (1993).

il est clair que la fonction mémoire est aussi une fonction réelle. Du fait que la fonction d'autocorrélation dépend des valeurs de la fonction mémoire aux temps t' antérieurs à t, on peut calculer la transformée de Fourier-Laplace de la relation (9.13). Ce calcul a déjà été fait dans le paragraphe (8.1.5). Pour une fonction d'autocorrélation $C(t)$ non normalisée, le résultat est (Rel. 8.42) :

$$C(\omega) = \frac{C(t=0)}{i\omega + M(\omega)}, \tag{9.14}$$

où les transformées de Fourier-Laplace $C(\omega)$ et $M(\omega)$ sont des fonctions complexes définies par les expressions :

$$\begin{aligned} C(\omega) &= \int_0^\infty C(t)\exp(-i\omega t)dt = C'(\omega) + iC''(\omega), & (9.15) \\ M(\omega) &= \int_0^\infty M(t)\exp(-i\omega t)dt = M'(\omega) + iM''(\omega). & (9.16) \end{aligned}$$

Mais, puisque la densité spectrale $S_C(\omega)$ est une fonction réelle, si l'on compare les relations (9.12) et (9.15) on voit que $S_C(\omega)$ peut s'écrire :

$$S_C(\omega) = \frac{1}{\pi}\int_0^\infty C(t)\cos(\omega t)dt = \frac{C'(\omega)}{\pi}, \tag{9.17}$$

soit :

$$S_C(\omega) = \frac{1}{\pi}\,\mathrm{Re}[C(\omega)],$$

de sorte qu'en s'aidant des relations (9.14) et (9.16) l'expression de la densité spectrale devient :

$$S_C(\omega) = \frac{1}{\pi}\,\mathrm{Re}\left[\frac{C(t=0)}{i\omega + M(\omega)}\right] = \frac{1}{\pi}\,\mathrm{Re}\left\{\frac{C(t=0)}{M'(\omega) + i\left[\omega + M''(\omega)\right]}\right\},$$

soit :

$$S_C(\omega) = \frac{1}{\pi}\frac{M'(\omega)C(t=0)}{M'^2(\omega) + \left[\omega + M''(\omega)\right]^2}. \tag{9.18}$$

Cette relation n'est pas dénuée d'intérêt car elle permet de calculer la densité spectrale d'une variable dynamique au moyen de la fonction mémoire, sans avoir à connaître la fonction d'autocorrélation. La densité spectrale peut donc être calculée indifféremment avec la relation (9.18), à partir de la fonction mémoire, ou avec la relation (9.17), à partir de la fonction d'autocorrélation.

A titre d'illustration, calculons la densité spectrale de la vitesse $S_v(\omega)$ du modèle de Berne, Boon et Rice en utilisant la fonction d'autocorrélation non normalisée des vitesses $\langle v(0)v(t)\rangle = \langle v^2(0)\rangle\, C(t)$, où $\langle v^2(0)\rangle = \frac{k_BT}{m}$ et où $C(t)$ est donnée par la relation (9.10). En posant $\Omega = \frac{1}{2}\sqrt{4\gamma - \alpha^2}$, la densité spectrale (Rel. 9.17) s'écrit :

$$S_v(\omega) = \frac{1}{\pi}\int_0^\infty \frac{k_BT}{m}\exp(-\frac{\alpha}{2}t)\left\{\cos(\Omega t) + \frac{\alpha}{2\Omega}\sin(\Omega t)\right\}\cos(\omega t)dt,$$

soit :

$$\begin{aligned} S_v(\omega) &= \frac{k_BT}{m}\frac{1}{2\pi}\int_0^\infty \exp(-\frac{\alpha}{2}t)\left\{\cos\left[(\Omega+\omega)t\right] + \cos\left[(\Omega-\omega)t\right]\right\}dt \\ &\quad + \frac{k_BT}{m}\frac{\alpha}{4\pi\Omega}\int_0^\infty \exp(-\frac{\alpha}{2}t)\left\{\sin\left[(\Omega+\omega)t\right] + \sin\left[(\Omega-\omega)t\right]\right\}dt. \end{aligned}$$

Tous calculs faits[12], la densité spectrale devient :

$$S_v(\omega) = \frac{k_B T}{m}\frac{1}{\pi}\frac{\alpha\gamma}{\gamma^2 + \omega^2(\alpha^2 - 2\gamma) + \omega^4}. \tag{9.19}$$

Mais, d'après ce qui précède, on peut obtenir ce résultat en utilisant la fonction mémoire (Rel. 9.6) et la relation (9.18). Puisque, dans cette relation, la fonction de corrélation des vitesses est non normalisée, il s'ensuit que $C(t=0) = \frac{k_B T}{m}$. Quant au calcul de la transformée de Fourier-Laplace de la fonction mémoire $M(t) = \gamma \exp(-\alpha t)$, au moyen de la relation (9.16), il donne :

$$M(\omega) = \gamma \int_0^\infty \exp(-\alpha t)\exp(-i\omega t)dt = \frac{\gamma\alpha - i\gamma\omega}{\alpha^2 + \omega^2}.$$

Par conséquent, si l'on substitue la partie réelle $\left[M'(\omega) = \frac{\gamma\alpha}{\alpha^2+\omega^2}\right]$ et la partie imaginaire $\left[M''(\omega) = -\frac{\gamma\omega}{\alpha^2+\omega^2}\right]$ de la fonction complexe $[M(\omega) = M'(\omega) + iM''(\omega)]$ dans la relation (9.18), on obtient sans difficulté l'expression de la densité spectrale $S_v(\omega)$ qui coïncide avec celle de la relation (9.19).

On notera que la densité spectrale d'un processus markovien - où la fonction d'autocorrélation normalisée est celle de la relation (9.11) et non pas celle de la relation (9.10) - a pour expression :

$$S_v(\omega) = \frac{k_B T}{m}\frac{1}{\pi}\frac{\alpha\gamma}{\gamma^2 + \omega^2\alpha^2}. \tag{9.20}$$

Le résultat s'obtient facilement avec la relation (9.12). Le calcul a d'ailleurs déjà été effectué dans la note 27 du chapitre 8. La densité spectrale de la vitesse $S_v(\omega)$ de l'argon liquide a été calculée avec le modèle de Berne, Boon et Rice pour les valeurs des paramètres $\alpha = 8,06.10^{12}$ s^{-1} et $\gamma = 6,5.10^{25}$ s^{-2}. Les courbes représentatives des densités spectrales normalisées $\frac{S_v(\omega)}{S_v(0)}$ obtenues avec les relations (9.19) et (9.20) ont été tracées sur la figure (9.1b).

[12]En utilisant les résultats des intégrales (I. S. Gradshteyn and I. M. Ryzhik, *Table of Integrals, Series and Products*, Acad. Press, New York (1965), p. 477) :

$$\begin{aligned} \int_0^\infty \exp(-\frac{\alpha}{2}t)\cos[(\Omega \pm \omega)t]\,dt &= \frac{\frac{\alpha}{2}}{\frac{\alpha^2}{4} + (\Omega \pm \omega)^2}, \\ \text{et} \quad \int_0^\infty \exp(-\frac{\alpha}{2}t)\sin[(\Omega \pm \omega)t]\,dt &= \frac{\Omega \pm \omega}{\frac{\alpha^2}{4} + (\Omega \pm \omega)^2}, \end{aligned}$$

on peut calculer :

$$S_v(\omega) = \frac{k_B T}{m}\frac{1}{2\pi}S_v^{(1)}(\omega) + \frac{k_B T}{m}\frac{\alpha}{4\pi\Omega}S_v^{(2)}(\omega),$$

avec :

$$\begin{aligned} S_v^{(1)}(\omega) &= \frac{\frac{\alpha^3}{4} + \alpha(\Omega^2 + \omega^2)}{\left(\frac{\alpha^2}{4}\right)^2 + \frac{\alpha^2}{2}(\Omega^2 + \omega^2) + (\Omega + \omega)^2(\Omega - \omega)^2}, \\ \text{et} \quad S_v^{(2)}(\omega) &= \frac{\frac{\alpha^2\Omega}{2} + (\Omega + \omega)^2(\Omega - \omega) + (\Omega - \omega)^2(\Omega + \omega)}{\left(\frac{\alpha^2}{4}\right)^2 + \frac{\alpha^2}{2}(\Omega^2 + \omega^2) + (\Omega + \omega)^2(\Omega - \omega)^2}. \end{aligned}$$

Après simplifications, on obtient :

$$S_v(\omega) = \frac{k_B T}{m}\frac{1}{\pi}\frac{\alpha\gamma}{\gamma^2 + \omega^2(\alpha^2 - 2\gamma) + \omega^4}.$$

(b) **La fraction continue infinie**. La relation (9.13), qui lie la fonction d'autocorrélation $C(t)$ à la fonction mémoire $M(t)$, peut être considérée comme l'équation du mouvement approximative d'une variable dynamique donnée. Mori[13] a montré que cette équation approximative est d'autant meilleure que le processus est proche d'un processus markovien, c'est-à-dire que la fonction d'autocorrélation subit une décroissance en $\exp(-\alpha t)$. Comme ce n'est pas toujours le cas, cet auteur a proposé de relier la fonction mémoire initiale $M^{(1)}(t)$, elle-même, à une fonction mémoire $M^{(2)}(t)$, décroissant plus rapidement et liée à $M^{(1)}(t)$ par l'équation :

$$\frac{d}{dt}M^{(1)}(t) = -\int_0^t M^{(2)}(t-t')M^{(1)}(t')dt'.$$

La fonction mémoire $M^{(2)}(t)$ peut également avoir une fonction mémoire d'ordre plus élevé, $M^{(3)}(t)$, etc., de sorte que l'ensemble forme un système d'équations intégro-différentielles couplées, dont les transformées de Fourier-Laplace respectives sont définies conformément à la relation (9.14) par les expressions :

$$\begin{aligned} C(\omega) &= \frac{C(t=0)}{i\omega + M^{(1)}(\omega)}, \\ M^{(1)}(\omega) &= \frac{M^{(1)}(t=0)}{i\omega + M^{(2)}(\omega)}, \\ M^{(2)}(\omega) &= \frac{M^{(2)}(t=0)}{i\omega + M^{(3)}(\omega)}, \\ \ldots &= \ldots \end{aligned}$$

En substituant progressivement les expressions des fonctions mémoires les unes dans les autres, on aboutit à la fraction continue infinie :

$$C(\omega) = \frac{C(t=0)}{i\omega + \frac{M^{(1)}(t=0)}{i\omega + \frac{M^{(2)}(t=0)}{i\omega + \ldots}}}, \tag{9.21}$$

qui doit être interrompue à un moment donné selon un procédé qui sera décrit dans la suite.

(c) **Les moments en fréquence**. Dans le paragraphe précédent, on a vu que le modèle phénoménologique de Berne, Boon et Rice permet de décrire, au moins qualitativement, le comportement de la fonction d'autocorrélation des vitesses dans la région des *temps intermédiaires* où elle prend des valeurs négatives. On a également noté que, dans les systèmes où se déroule un processus markovien, les fonctions d'autocorrélation subissent une décroissance exponentielle aux *temps longs* - ou plus exactement un comportement asymptotique en $t^{-3/2}$. Ici, on cherche à déterminer le comportement des fonctions d'autocorrélation aux *temps courts*, en utilisant le développement de Mac-Laurin au voisinage de $t = 0$. Pour la fonction d'autocorrélation $C(t)$, ce développement s'écrit :

$$C(t) = C(0) + t\left.\frac{dC(t)}{dt}\right|_{t=0} + \frac{t^2}{2!}\left.\frac{d^2C(t)}{dt^2}\right|_{t=0} + \frac{t^3}{3!}\left.\frac{d^3C(t)}{dt^3}\right|_{t=0} + \frac{t^4}{4!}\left.\frac{d^4C(t)}{dt^4}\right|_{t=0} + \ldots \tag{9.22}$$

---

[13]cf. note 2 de ce chapitre.

Si l'on considère l'expression de la fonction d'autocorrélation $C(t)$ en fonction de la densité spectrale $S_C(\omega)$ de la variable dynamique correspondante (Rel. 9.12), soit :

$$C(t) = \int_{-\infty}^{\infty} S_C(\omega) \exp(i\omega t) d\omega,$$

on peut évaluer $C(0)$ et calculer toutes les dérivées de $C(t)$ par rapport à t, à l'instant $t = 0$. Celles-ci représentent les moments en fréquence A_k associés à la fonction d'autocorrélation[14], soit :

$$\begin{aligned}
C(0) &= \int_{-\infty}^{\infty} S_C(\omega) d\omega = A_0, \\
\left.\frac{dC(t)}{dt}\right|_{t=0} &= i \int_{-\infty}^{\infty} \omega S_C(\omega) d\omega = iA_1, \\
\left.\frac{d^2C(t)}{dt^2}\right|_{t=0} &= - \int_{-\infty}^{\infty} \omega^2 S_C(\omega) d\omega = -A_2, \\
\left.\frac{d^3C(t)}{dt^3}\right|_{t=0} &= -i \int_{-\infty}^{\infty} \omega^3 S_C(\omega) d\omega = -iA_3, \\
\left.\frac{d^4C(t)}{dt^4}\right|_{t=0} &= \int_{-\infty}^{\infty} \omega^4 S_C(\omega) d\omega = A_4, \\
\dots &= \dots, \\
\left.\frac{d^kC(t)}{dt^k}\right|_{t=0} &= (i)^k \int_{-\infty}^{\infty} \omega^k S_C(\omega) d\omega = (i)^k A_k...
\end{aligned}$$

D'après ce qui a été mentionné au début du paragraphe, $C(t)$ et $S_C(\omega)$ sont des fonctions réelles et paires. Par conséquent, le développement de la fonction d'autocorrélation $C(t)$ ne contient que les puissances paires du temps, et leurs coefficients ont pour expression générale :

$$\left.\frac{d^{2n}C(t)}{dt^{2n}}\right|_{t=0} = (-1)^n \int_{-\infty}^{\infty} \omega^{2n} S_C(\omega) d\omega = (-1)^n A_{2n}. \tag{9.23}$$

Ces relations constituent des règles de sommes qui permettent d'écrire l'expression de la fonction d'autocorrélation (Rel. 9.22), en fonction des moments en fréquence A_{2n}, comme suit :

$$C(t) = \sum_{n=0}^{\infty} (-1)^n \frac{1}{(2n)!} A_{2n} t^{2n}. \tag{9.24}$$

Mais tout ce qui vient d'être fait pour la fonction d'autocorrélation $C(t)$ peut l'être également pour la fonction mémoire $M(t)$. Dans ce cas, on obtient les règles de sommes et le développement de la fonction mémoire sous les formes suivantes :

$$\left.\frac{d^{2n}M(t)}{dt^{2n}}\right|_{t=0} = (-1)^n \int_{-\infty}^{\infty} \omega^{2n} S_M(\omega) d\omega = (-1)^n B_{2n}, \tag{9.25}$$

et

$$M(t) = \sum_{n=0}^{\infty} (-1)^n \frac{1}{(2n)!} B_{2n} t^{2n}, \tag{9.26}$$

[14]En termes de statistique mathématique, on notera que la fonction d'autocorrélation $C(t)$ normalisée ($C(0) = A_0 = 1$) se comporte comme une fonction génératrice et la densité spectrale $S(\omega)$ comme une densité de probabilité (Rel. 1.92).

où B_{2n} sont les moments en fréquence associés à la fonction mémoire.

Enfin, une étude approfondie de la fonction mémoire, qui ne sera pas effectuée ici, montre que les moments A_{2n} et B_{2n} sont reliés par les relations suivantes :

$$\begin{aligned} B_0 &= A_2, \\ B_2 &= A_4 - A_2^2, \\ B_4 &= A_6 - 2A_4A_2 + A_2^2, \\ \ldots &= \ldots \end{aligned} \tag{9.27}$$

9.1.4 Fonction d'autocorrélation des vitesses aux temps courts

Les relations (9.24) et (9.26) permettent de faire une détermination précise de la fonction d'autocorrélation $C(t)$ et de la fonction mémoire $M(t)$, à condition de connaître tous les moments en fréquence A_{2n}. Or, à l'exception des deux ou trois premiers moments, ceux-ci sont très difficiles à calculer, de sorte qu'il ne faut pas espérer faire une description dynamique parfaite des liquides ailleurs qu'aux temps courts.

Dans ce qui suit, on indique, sans les démontrer, les expressions des moments en fréquence A_2 et A_4 de la fonction d'autocorrélation des vitesses. Il a été montré[15] que, dans un liquide où les atomes interagissent avec un potentiel de paire continu $u(r)$, la fonction d'autocorrélation normalisée des vitesses peut être développée sous la forme suivante :

$$C(t) = \frac{\langle v(0)v(t)\rangle}{\langle v^2(0)\rangle} = \frac{m}{k_BT}\langle v(0)v(t)\rangle = 1 - \frac{m}{k_BT}\left\langle \dot{v}_x^2\right\rangle \frac{t^2}{2} + \frac{m}{k_BT}\left\langle \ddot{v}_x^2\right\rangle \frac{t^4}{4!} - \ldots,$$

où $\dot{v}_x$ et $\ddot{v}_x$ sont les dérivées première et seconde de la vitesse unidirectionnelle, et leurs valeurs moyennes sont calculées sur tous les atomes. En identifiant membre à membre les termes de la relation précédente avec ceux de la relation (9.24), on constate que $A_0 = 1$ car la fonction d'autocorrélation est normalisée. Le moment A_2 a été calculé par de Gennes[16] en fonction du potentiel de paire $u(r)$ et de le fonction de corrélation de paire $g(r)$, sous la forme suivante :

$$A_2 = \frac{m}{k_BT}\left\langle \dot{v}_x^2\right\rangle = \frac{\rho}{3m}\int_0^\infty g(r)\Delta_r u(r)d\mathbf{r},$$

soit :

$$A_2 = \frac{4\pi\rho}{3m}\int_0^\infty r^2 g(r)\left[u''(r) + \frac{2}{r}u'(r)\right]dr, \tag{9.28}$$

où le terme entre crochets est la contribution radiale du laplacien en coordonnées sphériques de la fonction $u(r)$. La relation (9.28) contient la densité de particules $\rho = N/V$, la masse de l'atome m, la fonction de corrélation de paire $g(r)$ et les dérivées première et seconde du potentiel de paire $u(r)$. Comme le moment A_2 possède les dimensions du carré d'une fréquence, on le note parfois $A_2 = \Omega_0^2$. Pour presque tous les potentiels de paires

[15] B. R. A. Nijboer and A. Rahman, Physica **32**, 415 (1966). Voir aussi le livre de U. Balucani et M. Zoppi, *Dynamics of the Liquid State*, Clarenton Press, Oxford (1994), p. 290.

[16] P. G. de Gennes, Physica **25**, 825 (1959).

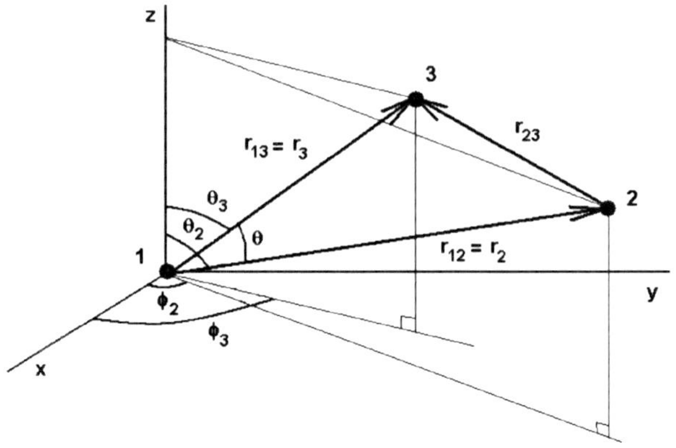

FIG. 9.2 – Coordonnées bipolaires des atomes 1, 2 et 3.

continus, la contribution majeure à l'intégrale est donnée par le terme $r^2 g(r)u''(r)$ qui est précisément le carré de la fréquence d'Einstein :

$$\Omega_E^2 = \frac{4\pi\rho}{3m}\int_0^\infty r^2 g(r)u''(r)dr.$$

Le calcul du moment A_4 est plus difficile. Il a été effectué par Nijboer et Rahman[17] et il conduit à la relation :

$$A_4 = \frac{m}{k_B T}\left\langle \ddot{v}_x^2 \right\rangle = A_{41} + A_{42}, \quad (9.29)$$

avec :

$$A_{41} = \frac{2\rho}{m^2}\int g(r)\frac{1}{3}\sum_{\alpha=x,y,z}\left[\nabla_r \frac{\alpha u'(r)}{r}\right]^2 d\mathbf{r},$$

$$\text{et} \quad A_{42} = \frac{\rho^2}{m^2}\int g^{(3)}(\mathbf{r}_1,\mathbf{r}_2,\mathbf{r}_3)\frac{1}{3}\sum_{\alpha=x,y,z}\left\{\left[\nabla_{r_2}\frac{\alpha_2 u'_2}{r_2}\right]\left[\nabla_{r_3}\frac{\alpha_3 u'_3}{r_3}\right]\right\} d\mathbf{r}_2 d\mathbf{r}_3,$$

où l'indice α représente une des coordonnées (x, y, z) des atomes. Pour calculer l'intégrale dans l'expression de A_{42}, on utilise les coordonnées bipolaires (Fig. 9.2) où, pour simplifier les notations, on a posé $r_2 = r_{12}$, $r_3 = r_{13}$, $u'_2 = \frac{du(r_{12})}{dr_{12}}$ et $u'_3 = \frac{du(r_{13})}{dr_{13}}$.

Après avoir utilisé les développements des gradients[18], l'expression de A_{41} s'écrit sous la forme finale suivante :

$$A_{41} = \frac{2\rho}{m^2}\int g(r)\frac{1}{3}\sum_{\alpha=x,y,z}\left[\nabla_r\frac{\alpha u'(r)}{r}\right]^2 d\mathbf{r} = \frac{8\pi\rho}{3m^2}\int_0^\infty r^2 g(r)\left[u''^2(r) + \frac{2}{r^2}u'^2(r)\right]dr.$$

[17] cf. note 15 de ce chapitre.

[18] Le développement du gradient dans l'expression A_{41} s'écrit :

$$\nabla_r\frac{xu'(r)}{r} = \frac{\partial}{\partial x}\left(\frac{xu'}{r}\right)\mathbf{i} + \frac{\partial}{\partial y}\left(\frac{xu'}{r}\right)\mathbf{j} + \frac{\partial}{\partial z}\left(\frac{xu'}{r}\right)\mathbf{k},$$

$$\nabla_r\frac{xu'(r)}{r} = \left[\frac{u'}{r} + \frac{x^2}{r^2}(u'' - \frac{u'}{r})\right]\mathbf{i} + \left[\frac{xy}{r^2}(u'' - \frac{u'}{r})\right]\mathbf{j} + \left[\frac{xz}{r^2}(u'' - \frac{u'}{r})\right]\mathbf{k},$$

soit :

$$\left[\nabla_r\frac{xu'(r)}{r}\right]^2 = \frac{u'^2}{r^2} - \frac{x^2u'^2}{r^4} + \frac{x^2u''^2}{r^2},$$

Quant à l'expression de A_{42}, elle se transforme comme suit à l'aide des résultats de la note précédente :

$$A_{42} = \frac{\rho^2}{3m^2} \int g^{(3)}(\mathbf{r}_1, \mathbf{r}_2, \mathbf{r}_3) \left[u_2'' u_3'' \mu^2 + \frac{u_2'}{r_2}\frac{u_3'}{r_3}(1+\mu^2) + \left(\frac{u_2' u_3''}{r_2} + \frac{u_3' u_2''}{r_3} \right)(1-\mu^2) \right] d\mathbf{r}_2 d\mathbf{r}_3. \tag{9.30}$$

Pour calculer l'intégrale à deux centres dans la relation précédente, on peut utiliser les relations (5.64) et (5.65) qui fournissent respectivement dr_{23} en fonction de $d\mu$ et les éléments de volume $d\mathbf{r}_2$ et $d\mathbf{r}_3$, soit :

$$\mu = \cos\theta = \frac{r_{13}^2 + r_{12}^2 - r_{23}^2}{2r_{12}r_{13}},$$

$$\text{d'où} \quad d\mu = -\frac{r_{23}}{r_{12}r_{13}} dr_{23},$$

ainsi que :

$$d\mathbf{r}_2 = 4\pi r_{12}^2 dr_{12},$$

$$\text{et} \quad d\mathbf{r}_3 = 2\pi \frac{r_{13}r_{23}}{r_{12}} dr_{13} dr_{23},$$

$$d\mathbf{r}_3 = -2\pi \frac{r_{13}r_{23}}{r_{12}} dr_{13} \frac{r_{12}r_{13}}{r_{23}} d\mu,$$

---

d'où :

$$\sum_{\alpha=x,y,z} \left[\nabla_r \frac{\alpha u'(r)}{r} \right]^2 = 3\frac{u'^2}{r^2} - (x^2+y^2+z^2)\frac{u'^2}{r^4} + (x^2+y^2+z^2)\frac{u''^2}{r^2} = 2\frac{u'^2(r)}{r^2} + u''^2.$$

Quant au produit des gradients dans l'expression de A_{42}, il s'écrit :

$$\begin{aligned} \left[\nabla_{r_2} \frac{\alpha_2 u_2'}{r_2} \right] \left[\nabla_{r_3} \frac{\alpha_3 u_3'}{r_3} \right] &= \left[\frac{u_2'}{r_2} + \frac{x_2^2}{r_2^2}(u_2'' - \frac{u_2'}{r_2}) \right] \left[\frac{u_3'}{r_3} + \frac{x_3^2}{r_3^2}(u_3'' - \frac{u_3'}{r_3}) \right] \\ &+ \left[\frac{x_2 y_2}{r_2^2}(u_2'' - \frac{u_2'}{r_2}) \right] \left[\frac{x_3 y_3}{r_3^2}(u_3'' - \frac{u_3'}{r_3}) \right] \\ &+ \left[\frac{x_2 z_2}{r_2^2}(u_2'' - \frac{u_2'}{r_2}) \right] \left[\frac{x_3 z_3}{r_3^2}(u_3'' - \frac{u_3'}{r_3}) \right], \end{aligned}$$

$$\begin{aligned} \text{d'où} \quad \left[\nabla_{r_2} \frac{\alpha_2 u_2'}{r_2} \right] \left[\nabla_{r_3} \frac{\alpha_3 u_3'}{r_3} \right] &= \frac{u_2'}{r_2}\frac{u_3'}{r_3} + \frac{u_2'}{r_2}\frac{x_3^2}{r_3^2}(u_3'' - \frac{u_3'}{r_3}) + \frac{u_3'}{r_3}\frac{x_2^2}{r_2^2}(u_2'' - \frac{u_2'}{r_2}) \\ &+ \frac{x_2 x_3}{r_2 r_3}(u_2'' - \frac{u_2'}{r_2})(u_3'' - \frac{u_3'}{r_3})\mu, \end{aligned}$$

où μ est une variable auxilaire définie en effectuant le produit scalaire $\mathbf{r}_2.\mathbf{r}_3 = r_2 r_3 \cos\theta = x_2x_3 + y_2y_3 + z_2z_3$, soit :

$$\mu = \cos\theta = \frac{x_2x_3 + y_2y_3 + z_2z_3}{r_2r_3}.$$

En utilisant deux expressions analogues pour les composantes $\alpha_2 = y_2$ et z_2, d'une part, et $\alpha_3 = y_3$ et z_3, d'autre part, on déduit après quelques calculs élémentaires la relation suivante :

$$\sum_{\alpha_i=x,y,z} \left\{ \left[\nabla_{r_2} \frac{\alpha_2 u_2'}{r_2} \right] \left[\nabla_{r_3} \frac{\alpha_3 u_3'}{r_3} \right] \right\} = u_2'' u_3'' \mu^2 + \frac{u_2'}{r_2}\frac{u_3'}{r_3}(1+\mu^2) + \left(\frac{u_2' u_3''}{r_2} + \frac{u_3' u_2''}{r_3} \right)(1-\mu^2).$$

de sorte qu'après substitution de l'élément d'intégration $d\mathbf{r}_2 d\mathbf{r}_3$ dans la relation (9.30), on obtient :

$$A_{42} = \frac{\rho^2}{3m^2} \int_0^\infty \int_0^\infty \int_{-1}^1 f(\mu, r_2, r_3) \times 4\pi r_{12}^2 dr_{12} \times 2\pi \frac{r_{13} r_{23}}{r_{12}} dr_{13} \frac{r_{12} r_{13}}{r_{23}} d\mu,$$

soit :

$$A_{42} = \frac{8\pi^2 \rho^2}{3m^2} \int_0^\infty \int_0^\infty r_{12}^2 dr_{12} r_{13}^2 dr_{13} \int_{-1}^1 f(\mu, r_2, r_3) d\mu, \tag{9.31}$$

avec :

$$f(\mu, r_2, r_3) = g^{(3)}(\mathbf{r}_1, \mathbf{r}_2, \mathbf{r}_3) \left[u_2'' u_3'' \mu^2 + \frac{u_2'}{r_2} \frac{u_3'}{r_3} (1 + \mu^2) + \left(\frac{u_2' u_3''}{r_2} + \frac{u_3' u_2''}{r_3} \right) (1 - \mu^2) \right].$$

Sans connaissance précise de la fonction de corrélation à trois corps $g^{(3)}(\mathbf{r}_1, \mathbf{r}_2, \mathbf{r}_3)$, l'intégrale est évaluée avec l'approximation de superposition de Kirkwood (Rel. 5.63).

9.1.5 Modèle semi-empirique de Tankeshwar, Singla et Pathak

Le modèle de Tankeshwar, Singla et Pathak[19] repose sur le fait que la fonction d'autocorrélation des vitesses d'un liquide à faible densité - ou forte température - est toujours positive, alors qu'à forte densité elle présente des corrélations négatives. De ce fait, on peut choisir comme formes empiriques de la fonction d'autocorrélation normalisée des vitesses les expressions suivantes[20] :

$$C(t) = \frac{\cosh(bt)}{\cosh(at)} \quad \text{pour les faibles densités,}$$

$$\text{et} \quad C(t) = \frac{\cos(bt)}{\cosh(at)} \quad \text{pour les fortes densités,}$$

où a et b sont des paramètres à déterminer. Or, aux temps courts, on peut (1) remplacer chaque ligne trigonométrique dans les expressions ci-dessus par leur développement limité en s'arrêtant à l'ordre quatre, puis (2) identifier chaque expression de $C(t)$ avec son développement en série (Rel. 9.24), en ne conservant que les deux premiers moments. On obtient respectivement :

$$C(t) = \frac{\cosh(bt)}{\cosh(at)} \simeq \frac{1 + \frac{b^2}{2}t^2 + \frac{b^4}{4!}t^4}{1 + \frac{a^2}{2}t^2 + \frac{a^4}{4!}t^4} \equiv 1 - \frac{A_2}{2}t^2 + \frac{A_4}{4!}t^4,$$

$$\text{et} \quad C(t) = \frac{\cos(bt)}{\cosh(at)} \simeq \frac{1 - \frac{b^2}{2}t^2 + \frac{b^4}{4!}t^4}{1 + \frac{a^2}{2}t^2 + \frac{a^4}{4!}t^4} \equiv 1 - \frac{A_2}{2}t^2 + \frac{A_4}{4!}t^4.$$

[19] K. Tankeshwar, B. Singla and K. N. Pathak, J. Phys. : Condens. Matter **3**, 3173 (1991).
[20] D. C. Douglass, J. Chem. Phys. **35**, 81 (1961).

La résolution de ces équations permet d'extraire les paramètres a^2 et b^2 en fonction des moments A_2 et A_4 au moyen des relations suivantes[21] :

$$a^2 = \frac{1}{4}\left[\frac{A_4}{A_2} - A_2\right] \quad \text{et} \quad b^2 = \frac{1}{4}\left[\frac{A_4}{A_2} - 5A_2\right] \quad \text{pour les faibles densités,}$$

$$a^2 = \frac{1}{4}\left[\frac{A_4}{A_2} - A_2\right] \quad \text{et} \quad b^2 = \frac{1}{4}\left[5A_2 - \frac{A_4}{A_2}\right] \quad \text{pour les fortes densités.}$$

Ce modèle est donc un modèle semi-empirique dans la mesure où il fournit la fonction d'autocorrélation des vitesses (VACF) en fonction des moments A_2 et A_4, dont l'évaluation est faite en termes de potentiel de paire $u(r)$ au moyen des relations (9.28) et (9.29). Il permet également de trouver la limite entre les faibles densités, avec la condition $A_4 > 5A_2^2$ (où la VACF est toujours positive), et les fortes densités avec la condition $A_4 < 5A_2^2$ (où la VACF devient oscillante). En calculant les propriétés dynamiques du césium le long de la courbe de coexistence liquide-vapeur, avec un potentiel de paire métallique, on a montré[22] que le moment A_2 augmente avec la densité alors que le moment A_4 reste pratiquement constant, ce qui contribue à l'apparition des oscillations sur la VACF aux fortes densités dans les liquides métalliques.

En outre, le modèle permet d'évaluer la densité spectrale de la vitesse $S_v(\omega)$ et le coefficient de diffusion D sous formes analytiques. En effet, avec la relation (9.17) l'expression de la densité spectrale de la vitesse se réduit à[23] :

$$\begin{aligned}
& S_v(\omega) = \frac{k_B T}{m}\frac{1}{\pi}\int_0^\infty \frac{\cosh(bt)}{\cosh(at)}\cos(\omega t)dt \\
\text{soit} \quad & S_v(\omega) = \frac{1}{a}\frac{k_B T}{m}\frac{\cos(\frac{\pi}{2}\frac{b}{a})\cosh(\frac{\pi}{2}\frac{\omega}{a})}{\cos(\pi\frac{b}{a}) + \cosh(\pi\frac{\omega}{a})} \quad \text{pour les faibles densités,} \\
\text{et} \quad & S_v(\omega) = \frac{k_B T}{m}\frac{1}{\pi}\int_0^\infty \frac{\cos(bt)}{\cosh(at)}\cos(\omega t)dt \\
\text{soit} \quad & S_v(\omega) = \frac{1}{a}\frac{k_B T}{m}\frac{\cosh(\frac{\pi}{2}\frac{b}{a})\cosh(\frac{\pi}{2}\frac{\omega}{a})}{\cosh(\pi\frac{b}{a}) + \cosh(\pi\frac{\omega}{a})} \quad \text{pour les fortes densités.}
\end{aligned}$$

[21]Après identification des termes en t^2 et en t^4 dans les relations précédentes, on trouve :

$$\begin{aligned}
b^2 &= a^2 - A_2, \\
b^4 &= a^4 + A_4 - 6a^2 A_2,
\end{aligned}$$

$$\text{soit} \quad a^2 = \frac{1}{4}\left[\frac{A_4}{A_2} - A_2\right] \quad \text{et} \quad b^2 = \frac{1}{4}\left[\frac{A_4}{A_2} - 5A_2\right] \quad \text{pour les faibles densités,}$$

$$\begin{aligned}
\text{et} \quad -b^2 &= a^2 - A_2, \\
b^4 &= a^4 + A_4 - 6a^2 A_2,
\end{aligned}$$

$$\text{soit} \quad a^2 = \frac{1}{4}\left[\frac{A_4}{A_2} - A_2\right] \quad \text{et} \quad b^2 = \frac{1}{4}\left[5A_2 - \frac{A_4}{A_2}\right] \quad \text{pour les fortes densités.}$$

[22]R. Albaki, J. F. Wax and J. L. Bretonnet, J. Non-Cryst. Solids **312-314**, 153 (2002).

[23]I. S. Gradshteyn and I. M. Ryzhik, *Table of Integrals, Series and Products*, Acad. Press, New York (1965), pages 504 et 507.

De même, avec la relation (8.23), l'expression du coefficient de diffusion devient[24] :

$$D = \frac{k_B T}{m} \int_0^\infty \frac{\cosh(bt)}{\cosh(at)} dt = \frac{\pi}{2a} \frac{k_B T}{m} \frac{1}{\cos(\frac{\pi}{2}\frac{b}{a})} \quad \text{pour les faibles densités,}$$

$$D = \frac{k_B T}{m} \int_0^\infty \frac{\cos(bt)}{\cosh(at)} dt = \frac{\pi}{2a} \frac{k_B T}{m} \frac{1}{\cosh(\frac{\pi}{2}\frac{b}{a})} \quad \text{pour les fortes densités.}$$

9.1.6 Calcul numérique de la fonction mémoire

Dans ce qui précède, les fonctions d'autocorrélation sont calculées à partir de la fonction mémoire (§ 9.1.2 et Rel. 9.21) ou à l'aide de modèles empiriques (§ 9.1.5). Or, le seul moyen de calculer exactement une fonction d'autocorrélation $C(t)$ est de réaliser une simulation par dynamique moléculaire. Si, par la suite, on désire calculer la fonction mémoire $M(t)$ associée à cette fonction d'autocorrélation normalisée, il est nécessaire de résoudre numériquement l'équation de Volterra (Rel. 9.1) :

$$\frac{d}{dt} C(t) = -\int_0^t M(t-t')C(t')dt'. \tag{9.32}$$

Alors que la résolution de l'équation précédente ne pose pas de problème majeur lorsqu'on recherche la fonction d'autocorrélation à partir de la fonction mémoire, le problème inverse de l'obtention de la fonction mémoire à partir de la fonction d'autocorrélation est plus délicat. Dans ce cas, il est conseillé de tabuler les valeurs de la fonction d'autocorrélation $C(t)$ provenant des calculs de dynamique moléculaire à des intervalles de temps égaux :

$$t_i = i\Delta t \qquad \text{où} \qquad i = 0, 1, ..., 499, \tag{9.33}$$

avec $C(0) = 1$ et $\Delta t = 5.10^{-15}$ s. Mais, après discrétisation de la relation (9.32), la fonction mémoire obtenue par les méthodes d'intégrations traditionnelles (rectangles et trapèzes) présente des oscillations parasites et même des anomalies aux temps courts. Aussi pour améliorer la stabilité de la méthode, Berne et Harp[25] ont préconisé de résoudre l'équation de Volterra en utilisant la dérivée de l'équation (9.32) par rapport au temps[26], soit :

$$\frac{d^2}{dt^2} C(t) = -M(t) - \int_0^t M(\tau)\frac{d}{dt}C(t-\tau)d\tau. \tag{9.34}$$

[24] cf. note précédente, pages 503 et 504.

[25] B. J. Berne and G. D. Harp, Advan. Chem. Phys. **17**, 63 (1970),

[26] On effectue tout d'abord le changement de variable $\tau = t - t'$ dans la relation (9.32). On obtient :

$$-\int_0^t M(\tau)C(t-\tau)d\tau.$$

Puis on calcule la dérivée première par rapport au temps t en utilisant la formule donnée dans la note 59 du chapitre 7, soit :

$$\frac{d^2}{dt^2} C(t) = -\int_0^t M(\tau)\frac{d}{dt}C(t-\tau)d\tau - M(\tau)C(t-\tau)|_{\tau=t}.$$

On obtient ainsi :

$$\frac{d^2}{dt^2} C(t) = -\int_0^t M(\tau)\frac{d}{dt}C(t-\tau)d\tau - M(t).$$

La méthode qui s'est avérée la plus efficace pour effectuer l'intégration numérique de l'équation précédente est celle de Gregory[27]. Après avoir remplacé la fonction $z(t)$ définie dans la note 27 par l'intégrant de la relation (9.34), soit :

$$z(t) = M(t)\dot{C}(t_i - t),$$

et utilisé les variables $t_{i-1} = (i-1)\Delta t = t_i - t_1$ (Rel. 9.33), ainsi que les conditions aux limites $t_0 = 0$, $C(t_0) = 1$ et $\dot{C}(t_0) = 0$, l'intégrale s'écrit :

$$\begin{aligned}
\int_{t_0}^{t_i} z(t)dt &= \Delta t \left[\frac{1}{2}M(t_0)\dot{C}(t_i) + \sum_{j=1}^{i-1} M(t_j)\dot{C}(t_{i-j})\right] \\
&\quad - \frac{\Delta t}{12}\left[-M(t_{i-1})\dot{C}(t_1) - M(t_1)\dot{C}(t_{i-1}) + M(t_0)\dot{C}(t_i)\right] \\
&\quad - \frac{\Delta t}{24}\left[-2M(t_{i-1})\dot{C}(t_1) + M(t_{i-2})\dot{C}(t_2)\right. \\
&\quad \left. + M(t_2)\dot{C}(t_{i-2}) - 2M(t_1)\dot{C}(t_{i-1}) + M(t_0)\dot{C}(t_i)\right].
\end{aligned}$$

Pour résoudre la relation (9.34), il est nécessaire de calculer les valeurs des dérivées premières et secondes de la fonction d'autocorrélation $C(t_i)$ pour toutes les valeurs de i. Pour cela, on peut par exemple utiliser la formule d'interpolation de Lagrange à cinq points qui fournit les valeurs de $\dot{C}(t_i)$ et de $\ddot{C}(t_i)$ en chaque point i, au moyen de la formule

[27] En s'arrêtant aux différences secondes, la formule de Grégory (A. Angot, *Compléments de Mathématiques*, Masson, Paris (1965), p. 766) s'écrit :

$$\begin{aligned}
\int_{t_0}^{t_i} z(t)dt &= \Delta t \left[\frac{1}{2}z(t_0) + z(t_1) + \ldots + z(t_{i-1}) + \frac{1}{2}z(t_i)\right] \\
&\quad - \frac{\Delta t}{12}\left[\Delta z(t_{i-1}) - \Delta z(t_0)\right] - \frac{\Delta t}{24}\left[\Delta^2 z(t_{i-2}) + \Delta^2 z(t_0)\right],
\end{aligned}$$

avec les différences d'ordre un :

$$\begin{aligned}
\Delta z(t_0) &= z(t_1) - z(t_0), \\
\Delta z(t_{i-1}) &= z(t_i) - z(t_{i-1}),
\end{aligned}$$

et les différences d'ordre deux :

$$\begin{aligned}
\Delta^2 z(t_0) &= [z(t_2) - z(t_1)] - [z(t_1) - z(t_0)] = z(t_2) - 2z(t_1) + z(t_0), \\
\Delta^2 z(t_{i-2}) &= [z(t_i) - z(t_{i-1})] - [z(t_{i-1}) - z(t_{i-2})] = z(t_i) - 2z(t_{i-1}) + z(t_{i-2}).
\end{aligned}$$

La substitution de ces différences dans l'expression de l'intégrale conduit à :

$$\begin{aligned}
\int_{t_0}^{t_i} z(t)dt &= \Delta t \left[\frac{1}{2}z(t_0) + \sum_{j=1}^{i-1} z(t_j) + \frac{1}{2}z(t_i)\right] \\
&\quad - \frac{\Delta t}{12}\left[z(t_i) - z(t_{i-1}) - z(t_1) + z(t_0)\right] \\
&\quad - \frac{\Delta t}{24}\left[z(t_i) - 2z(t_{i-1}) + z(t_{i-2}) + z(t_2) - 2z(t_1) + z(t_0)\right].
\end{aligned}$$

générale :

$$\left.\frac{d^k C(t)}{dt^k}\right|_{t=t_i} \simeq \frac{k!}{m!\Delta t^k} \sum_{j=0}^{m} A_j C(t_j),$$

où k est l'ordre de différenciation, $m\,(=5)$ le nombre de points de la formule d'interpolation de Lagrange et A_j les coefficients utiles à la différenciation[28]. Or, pour initialiser les calculs, il faut connaître les quatre premières valeurs de la fonction mémoire $M(t_0)$, $M(t_1)$, $M(t_2)$ et $M(t_3)$, car la formule de Gregory ne peut être utilisée qu'à partir du point $i = 4$ à cause du choix de la formule d'interpolation à cinq points. Ces valeurs initiales peuvent être tirées du développement de la fonction mémoire aux temps courts (Rel. 9.26), où les valeurs des moments B_0 et B_2 sont calculées en fonction du potentiel de paire, avec les relations (9.28) et (9.29). Mais selon Berne et Harp, il est préférable d'utiliser la méthode de Day[29] qui exploite les propriétés de symétrie de la fonction d'autocorrélation (Rel. 9.24) et de la fonction mémoire (Rel. 9.26), et qui permet de déduire les trois équations algébriques suivantes :

$$\begin{aligned}
M(t_1) &= -\ddot{C}(t_1) - \frac{\Delta t}{24}\left\{9M(t_0)\dot{C}(t_1) + 5M(t_2) - M(t_3)\dot{C}(t_2)\right\}, \\
M(t_2) &= -\ddot{C}(t_2) - \frac{\Delta t}{3}\left[M(t_0)\dot{C}(t_2) + 4M(t_1)\dot{C}(t_1)\right], \\
M(t_3) &= -\ddot{C}(t_3) - \frac{3\Delta t}{8}\left\{M(t_0)\dot{C}(t_3) + 3\left[M(t_1)\dot{C}(t_2) + M(t_2)\dot{C}(t_1)\right]\right\}.
\end{aligned}$$

La résolution de ce système d'équations linéaires permet d'extraire la valeur $M(t_1)$, soit :

$$M(t_1) = \frac{-\ddot{C}(t_1) + \frac{\Delta t}{24}P + \frac{\Delta t^2}{72}Q + \frac{\Delta t^3}{64}\dot{C}(t_1)\dot{C}^2(t_2)M(t_0)}{D},$$

avec :

$$\begin{aligned}
P &= 5\dot{C}(t_1)\ddot{C}(t_2) - \dot{C}(t_2)\ddot{C}(t_3) - 9\dot{C}(t_1)M(t_0), \\
Q &= \frac{27}{8}\dot{C}(t_1)\dot{C}(t_2)\ddot{C}(t_2) + 5\dot{C}(t_1)\dot{C}(t_2)M(t_0) - \frac{9}{8}\dot{C}(t_2)\dot{C}(t_3)M(t_0), \\
D &= 1 - \Delta t^2\left[\frac{5}{18}\dot{C}^2(t_1) - \frac{3}{64}\dot{C}^2(t_2)\right] - \frac{\Delta t^3}{16}\left[\dot{C}^2(t_1)\dot{C}(t_2)\right],
\end{aligned}$$

et d'en déduire successivement les valeurs de $M(t_2)$ et $M(t_3)$ en fonction de $M(t_0) = B_0$. La connaissance des quatre valeurs initiales $M(t_0)$, $M(t_1)$, $M(t_2)$ et $M(t_3)$ autorise la poursuite du calcul de la fonction mémoire avec la formule de Gregory à partir du point $i = 4$. Le moyen le plus sûr de tester le calcul numérique est de comparer les résultats de $M(t_i)$ avec les résultats analytiques exacts du modèle de Berne, Boon et Rice (cf. § 9.1.2).

[28] On trouvera les valeurs tabulées de ces coefficients dans le livre de M. Abramowitz and I. A. Stegun, *Handbook of Mathematical Functions*, Dover Publications, New York (1965), p. 914.

[29] J. T. Day, Bit. **7**, 71 (1967).

9.2 Modèles simples du facteur de structure dynamique

En développant, dans les années 60, des modèles pour calculer le facteur de structure dynamique, les théoriciens se sont lancé le défi d'extraire des renseignements sur les *mouvements individuel* et *collectif* des atomes, à partir des fonctions $S_s(\mathbf{q}, \omega)$ et $S(\mathbf{q}, \omega)$. Si l'on peut assez facilement imaginer comment un atome diffuse dans un liquide, il semble plus difficile de relier son mouvement individuel à la mesure de $S_s(\mathbf{q}, \omega)$ et, plus encore, de se faire une représentation du mouvement collectif des atomes.

Le facteur de structure dynamique est rarement mesurable sur tout le domaine des énergies $\hbar\omega$ et des vecteurs de transfert $\mathbf{q}$. D'autre part, les modèles théoriques ne sont applicables qu'à des régions de ω et de $\mathbf{q}$ qui ne correspondent pas nécessairement à celles des mesures. Pourtant, l'analyse théorique des résultats de $S_s(\mathbf{q}, \omega)$ et $S(\mathbf{q}, \omega)$ obtenus avec les modèles, conjointement avec les résultats expérimentaux, permet de mieux comprendre comment se déroulent les mouvements atomiques dans les liquides. Pour effectuer cette analyse, on modélise habituellement les fonctions intermédiaires de diffusion $F_s(\mathbf{q}, t)$ et $F(\mathbf{q}, t)$, à partir desquelles on déduit les facteurs de structure dynamiques $S_s(\mathbf{q}, \omega)$ et $S(\mathbf{q}, \omega)$ par transformation de Fourier temporelle, puis on compare leurs résultats à ceux de l'expérience ou de la simulation.

Comme les résultats de *diffusion incohérente,* $S_s(\mathbf{q}, \omega)$, sont par nature plus faciles à interpréter que ceux de *diffusion cohérente,* $S(\mathbf{q}, \omega)$, on présentera d'abord quelques modèles du facteur de structure dynamique $S_s(\mathbf{q}, \omega)$, susceptibles de donner des informations sur le mouvement individuel des atomes, puis on considérera les modèles du facteur de structure $S(\mathbf{q}, \omega)$.

9.2.1 Modèles relatifs à la diffusion incohérente

(a) **Modèle du gaz parfait**. Le *modèle du gaz parfait* est le modèle le plus simple utilisé pour décrire le mouvement individuel des atomes sur des intervalles de temps inférieurs à celui qui s'écoule entre deux collisions, c'est-à-dire aux grandes valeurs de l'énergie $\hbar\omega$ et du vecteur de transfert $\mathbf{q}$. Sur des intervalles de temps aussi courts, il faut s'attendre à ce que les atomes dans les liquides se comportent comme des particules libres (tel un gaz parfait), où la position de chaque atome s'écrit :

$$\mathbf{r}_1(t) = \mathbf{r}_1(0) + \mathbf{v}_1 t = \mathbf{r}_1(0) + \frac{\mathbf{p}_1}{m} t.$$

Puisque dans un gaz parfait les positions des atomes ne sont pas corrélées, la fonction intermédiaire de diffusion $F_d(\mathbf{q}, t)$ (Rel. 8.119) est nulle et la fonction intermédiaire de diffusion $F_s(\mathbf{q}, t)$ (Rel. 8.118) se simplifie sous la forme suivante :

$$F_s(\mathbf{q}, t) = \langle \exp \{ i\mathbf{q} \left[\mathbf{r}_1(t) - \mathbf{r}_1(0) \right] \} \rangle = \left\langle \exp \left(i \frac{\mathbf{q} \cdot \mathbf{p}_1}{m} t \right) \right\rangle.$$

Or la moyenne d'ensemble dans la relation précédente peut se calculer avec la fonction de partition à une particule comme suit[30] :

$$F_s(\mathbf{q},t) = \frac{\int \exp\left(i\frac{\mathbf{q}.\mathbf{p}_1}{m}t\right)\exp(-\frac{\beta p_1^2}{2m})d\mathbf{p}_1}{\int \exp(-\frac{\beta p_1^2}{2m})d\mathbf{p}_1} = \exp\left(-\frac{q^2t^2}{2\beta m}\right).$$

En substituant l'expression de $F_s(\mathbf{q},t)$ dans les relations (8.113) et (8.114), on obtient la fonction de corrélation de van Hove $G_s(r,t)$ et le facteur de structure dynamique $S_s(\mathbf{q},\omega)$ sous les formes respectives suivantes[31] :

$$G_s(r,t) = \frac{1}{(2\pi)^3}\int F_s(q,t)\exp(-i\mathbf{qr})d\mathbf{q} = \left(\frac{\beta m}{2\pi}\right)^{3/2}\frac{1}{t^3}\exp\left(-\frac{\beta m}{2}\frac{r^2}{t^2}\right), \tag{9.35}$$

---

[30]Si l'on oriente le vecteur $\mathbf{q}$ dans la direction x, $\mathbf{q}.\mathbf{p}_1 = qp_{1x}$ et l'expression de $F_s(\mathbf{q},t)$ s'écrit :

$$F_s(\mathbf{q},t) = \frac{\int \exp\left(i\frac{qp_{1x}}{m}t\right)\exp(-\frac{\beta p_{1x}^2}{2m})\exp(-\frac{\beta p_{1y}^2}{2m})\exp(-\frac{\beta p_{1z}^2}{2m})dp_{1x}dp_{1y}dp_{1z}}{\int \exp(-\frac{\beta p_{1x}^2}{2m})\exp(-\frac{\beta p_{1y}^2}{2m})\exp(-\frac{\beta p_{1z}^2}{2m})dp_{1x}dp_{1y}dp_{1z}},$$

$$F_s(\mathbf{q},t) = \frac{\int \exp\left(i\frac{qp_{1x}}{m}t\right)\exp(-\frac{\beta p_{1x}^2}{2m})dp_{1x}\times\int \exp(-\frac{\beta p_{1y}^2}{2m})dp_{1y}\times\int\exp(-\frac{\beta p_{1z}^2}{2m})dp_{1z}}{\int \exp(-\frac{\beta p_{1x}^2}{2m})dp_{1x}\times\int \exp(-\frac{\beta p_{1y}^2}{2m})dp_{1y}\times\int\exp(-\frac{\beta p_{1z}^2}{2m})dp_{1z}}.$$

La première intégrale du numérateur de l'expression précédente se calcule de la manière suivante :

$$\int \exp\left(i\frac{qp_{1x}}{m}t - \frac{\beta p_{1x}^2}{2m}\right)dp_{1x} = \int \exp\left\{-\frac{\beta}{2m}\left[\left(p_{1x} - i\frac{q}{\beta}t\right)^2 - i^2\frac{q^2}{\beta^2}t^2\right]\right\}dp_{1x},$$

$$\int \exp\left(i\frac{qp_{1x}}{m}t - \frac{\beta p_{1x}^2}{2m}\right)dp_{1x} = \exp\left(i^2\frac{q^2}{2m\beta}t^2\right)\int \exp\left[-\frac{\beta}{2m}\left(p_{1x} - i\frac{q}{\beta}t\right)^2\right]dp_{1x},$$

$$\int \exp\left(i\frac{qp_{1x}}{m}t - \frac{\beta p_{1x}^2}{2m}\right)dp_{1x} = \exp\left(-\frac{q^2}{2\beta m}t^2\right)\int \exp\left(-\frac{\beta X^2}{2m}\right)dX.$$

Or, en remettant cette intégrale à sa place, il est facile de voir que les trois intégrales du numérateur sont égales entre elles et se simplifient avec les trois intégrales du dénominateur, de sorte que $F_s(\mathbf{q},t) = \exp\left(-\frac{q^2}{2\beta m}t^2\right)$.

[31]La transformée de Fourier spatiale se calcule avec la relation (cf. note 41 du chapitre 4) :

$$G_s(r,t) = \frac{1}{(2\pi)^3}\int F_s(q,t)\exp(-i\mathbf{qr})d\mathbf{q} = \frac{4\pi}{(2\pi)^3}\int_0^\infty \exp\left(-\frac{q^2t^2}{2\beta m}\right)\frac{\sin(qr)}{qr}q^2dq.$$

Cette intégrale de forme connue vaut (I. S. Gradshteyn et I. M. Ryshik, *Table of Integrals, Series and Products*, Acad. Press, New York (1965), p. 495) :

$$\int_0^\infty x\exp\left(-p^2x^2\right)\sin(ax)dx = \frac{a\sqrt{\pi}}{4p^3}\exp(-\frac{a^2}{4p^2}).$$

En posant $x = q$, $a = r$ et $p^2 = \frac{t^2}{2\beta m}$, on obtient :

$$G_s(r,t) = \frac{1}{2\pi^2 r}\int_0^\infty q\exp\left(-\frac{t^2}{2\beta m}q^2\right)\sin(qr)dq = \left(\frac{\beta m}{2\pi}\right)^{3/2}\frac{1}{t^3}\exp\left(-\frac{\beta mr^2}{2t^2}\right).$$

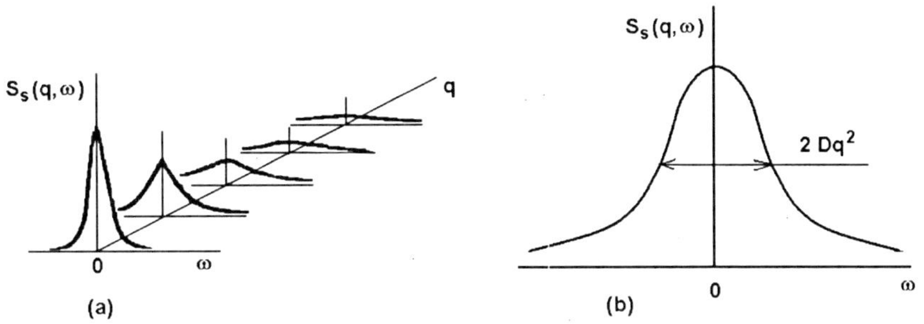

FIG. 9.3 – Représentations schématiques du facteur de structure dynamique $S_s(q, \omega)$ (a) dans le modèle du gaz parfait et (b) dans le modèle de diffusion.

et[32] :

$$S_s(q, \omega) = \frac{1}{2\pi} \int_{-\infty}^{\infty} F_s(q, t) \exp(-i\omega t)\, dt = \sqrt{\frac{\beta m}{2\pi}} \frac{1}{q} \exp\left(-\frac{\beta m}{2} \frac{\omega^2}{q^2}\right). \tag{9.36}$$

Les expressions de $F_s(q, t)$, de $G_s(r, t)$ et de $S_s(q, \omega)$ sont celles du modèle du gaz parfait dans lequel les atomes se comportent comme des particules libres. Ceci est plausible du fait qu'on étudie leur mouvement pendant des durées inférieures au temps qui s'écoule entre deux collisions et sur des distances très courtes. La fonction intermédiaire de diffusion $F_s(q, t)$ est une gaussienne de t et de q, alors que la fonction de corrélation de van Hove $G_s(r, t)$ est une gaussienne de r, et que le facteur de structure dynamique $S_s(q, \omega)$ est une gaussienne de ω dont l'amplitude à l'origine s'atténue au fur et à mesure que q augmente (Fig. 9.3a). Par ailleurs, sa dispersion ($\sigma = \frac{q}{\sqrt{\beta m}}$) augmente avec q.

(b) **Modèle de diffusion**. Contrairement au modèle du gaz parfait, le *modèle de diffusion* s'applique aux grandes échelles de distance et de temps, c'est-à-dire aux faibles valeurs de q et de ω. Le modèle de diffusion correspond au *modèle gaussien* développé par Rahman, Singwi et Sjölander[33]. Ces auteurs ont montré que la fonction intermédiaire

[32] La transformée de Fourier temporelle se calcule de la manière suivante :

$$S_s(q, \omega) = \frac{1}{2\pi} \int_{-\infty}^{\infty} \exp\left(-\frac{q^2}{2\beta m} t^2\right) \exp(-i\omega t)\, dt = \frac{1}{2\pi} \int_{-\infty}^{\infty} \exp\left\{-\frac{q^2}{2\beta m}\left[\left(t + i\frac{\omega \beta m}{q^2}\right)^2 - \frac{\omega^2 \beta^2 m^2}{q^4}\right]\right\} dt,$$

$$S_s(q, \omega) = \frac{1}{2\pi} \exp\left(-\frac{\omega^2 \beta m}{2q^2}\right) \int_{-\infty}^{\infty} \exp\left[-\frac{q^2}{2\beta m}\left(t + i\frac{\omega \beta m}{q^2}\right)^2\right] dt.$$

Or, en posant $a = \frac{q^2}{2\beta m}$ et $T = \left(t + i\frac{\omega \beta m}{q^2}\right)$, l'intégrale de la relation précédente est égale à :

$$\int_{-\infty}^{\infty} \exp(-aT^2)\, dT = \sqrt{\frac{\pi}{a}},$$

et l'expression du facteur de structure dynamique devient :

$$S_s(q, \omega) = \sqrt{\frac{\beta m}{2\pi}} \frac{1}{q} \exp\left(-\frac{\beta m}{2} \frac{\omega^2}{q^2}\right).$$

[33] A. Rahman, K. S. Singwi et A. Sjölander, Phys. Rev. **126**, 986 (1962).

de diffusion $F_s(\mathbf{q}, t)$ peut s'écrire sous la forme d'un développement en puissances de q^2, dans lequel les coefficients s'expriment au moyen des fonctions d'autocorrélation des vitesses. On peut donner une ébauche de la démonstration en considérant la fonction intermédiaire de diffusion $F_s(\mathbf{q}, t)$ (Rel. 8.118) aux temps longs, ce qui suppose l'absence de corrélation entre les positions d'un atome au temps t et au temps 0. Dans ce cas, la fonction intermédiaire de diffusion se simplifie sous la forme suivante :

$$F_s(\mathbf{q}, t) = \langle \exp \{ i\mathbf{q} [\mathbf{r}_1(t) - \mathbf{r}_1(0)] \} \rangle ,$$

et, en admettant que le vecteur $\mathbf{q}$ soit dirigé dans la direction x, ceci revient à écrire :

$$\begin{aligned} F_s(q, t) &= \langle \exp \{ iq [x(t) - x(0)] \} \rangle , \\ \text{avec} \quad x(t) - x(0) &= \int_0^t v(t) dt. \end{aligned}$$

Or, en utilisant la méthode des cumulants (cf. note 26 du chapitre 5), les auteurs ont montré que le développement en puissances de q de la fonction intermédiaire est :

$$F_s(q, t) = 1 - q^2 \gamma_1(t) + q^4 \gamma_2(t) + ... \tag{9.37}$$

$$\text{avec} \quad \gamma_1(t) = \frac{1}{2} \left\langle [x(t) - x(0)]^2 \right\rangle = \frac{1}{2} \int_0^t \int_0^t \langle v(t') v(t'') \rangle \, dt' dt''.$$

La relation (9.37) découle de ce que la fonction intermédiaire de diffusion est une fonction réelle et paire (cf. § 8.3.3). Le coefficient $\gamma_2(t)$ et les coefficients suivants font intervenir les fonctions d'autocorrélation des vitesses d'ordres plus élevés. Ici, ils ne sont pas d'une grande utilité, contrairement au coefficient $\gamma_1(t)$ dont le résultat est donné par la relation (8.22), c'est-à-dire :

$$\gamma_1(t) = t \int_0^t \langle v(0) v(\tau) \rangle \left(1 - \frac{\tau}{t} \right) d\tau.$$

Comme on considère ce qui se passe aux temps longs, le coefficient $\gamma_1(t)$ peut être évalué en fonction du coefficient de diffusion (Rel. 8.23) sous la forme suivante :

$$\gamma_1(t) = t \lim_{t \to \infty} \int_0^t \langle v(0) v(\tau) \rangle \left(1 - \frac{\tau}{t} \right) d\tau = Dt.$$

Dans le modèle gaussien, Rahman, Singwi et Sjölander supposent que la fonction intermédiaire de diffusion (Rel. 9.37) coïncide approximativement avec le développement de l'expression suivante :

$$F_s(q, t) \simeq \exp \left[-q^2 \gamma_1(t) \right] , \tag{9.38}$$

valable à toutes valeurs de t. Mais puisque l'on s'intéresse aux temps longs, il est possible de remplacer $\gamma_1(t)$ par Dt dans la relation (9.38). Avec ces approximations il est facile de voir que la fonction de corrélation de van Hove $G_s(r, t)$ et le facteur de structure dynamique $S_s(q, \omega)$ du modèle de diffusion ont pour expressions[34] respectives :

$$G_s(r, t) = \frac{1}{(2\pi)^3} \int F_s(q, t) \exp(-i\mathbf{q}\mathbf{r}) d\mathbf{q} = \frac{1}{(4\pi D t)^{3/2}} \exp \left(-\frac{r^2}{4Dt} \right) , \tag{9.39}$$

[34] Les transformées de Fourier spatiale et temporelle se calculent sans difficulté, de la même manière que les relations (9.35) et (9.36). Il faut simplement rappeler que le facteur de structure dynamique est une fonction paire (cf. § 8.3.3).

et :

$$S_s(q,\omega) = \frac{1}{2\pi}\int_{-\infty}^{\infty} F_s(q,t)\exp(-i\omega t)\,dt = \frac{1}{\pi}\frac{Dq^2}{\omega^2 + (Dq^2)^2}. \tag{9.40}$$

Comme pour le modèle du gaz parfait, la fonction de corrélation de van Hove $G_s(r,t)$ du modèle de diffusion est une gaussienne de r. Par contre, le facteur de structure dynamique $S_s(q,\omega)$ se comporte comme une lorentzienne dont la forme est dessinée sur la figure (9.3b) pour une valeur donnée de q. On peut vérifier que la largeur du pic à mi hauteur de la lorentzienne vaut $\Delta\omega = 2Dq^2$, de sorte qu'il est possible, à priori, de déduire graphiquement le coefficient de diffusion D de la mesure du facteur de structure dynamique $S_s(q,\omega)$. Les résultats du coefficient de diffusion obtenus de cette manière sont très imprécis. Par ailleurs, l'expérience montre que le modèle de diffusion n'est applicable qu'aux valeurs de $q < 5$ nm^{-1}. Avec un faisceau de neutrons thermiques d'une longueur d'onde de l'ordre de la distance interatomique ($\lambda \sim 0,2$ nm) et compte tenu du fait que $q = \frac{4\pi}{\lambda}\sin\frac{\theta}{2}$, la valeur de l'angle de diffusion θ correspondant à $q = 5$ nm^{-1} est de l'ordre de $\theta \sim 9$ °.

Sur des intervalles de temps importants, un atome subit un si grand nombre de collisions que les détails microscopiques des collisions ne sont pas pertinents. Or, dans la mesure où le coefficient de diffusion est un concept phénoménologique valable aux temps longs et aux grandes distances, il semble que la description du mouvement d'un atome puisse se faire selon une approche quasi-macroscopique, en supposant que le comportement diffusionnel des liquides est fourni par l'équation de diffusion. Helfand[35] a suggéré que l'équation macroscopique de la probabilité, $G_s(\mathbf{r},t)d\mathbf{r}$, que l'atome soit localisé dans l'élément de volume $d\mathbf{r}$, à la distance $\mathbf{r}$ et à l'instant t, soit donnée par l'équation de diffusion :

$$\begin{aligned} \frac{\partial G_s(\mathbf{r},t)}{\partial t} &= D\nabla^2 G_s(\mathbf{r},t), \\ \text{avec} \qquad G_s(\mathbf{r},0) &= \delta(\mathbf{r}). \end{aligned} \tag{9.41}$$

Sans se donner la peine de résoudre l'équation de diffusion, on peut vérifier aisément[36] que sa solution est donnée par la relation (9.39).

[35] E. Helfand, Phys. Rev. **119**, 1 (1960).

[36] La dérivée temporelle de la relation (9.39) est :

$$\frac{\partial G_s(\mathbf{r},t)}{\partial t} = \frac{1}{(4\pi D)^{3/2}}\left[-\frac{3}{2}t^{-5/2} + t^{-3/2}\left(\frac{r^2}{4Dt^2}\right)\right]\exp\left(-\frac{r^2}{4Dt}\right),$$

et la dérivée spatiale est :

$$\begin{aligned} \frac{\partial G_s(\mathbf{r},t)}{\partial x} &= \frac{1}{[4\pi Dt]^{3/2}}\left[-\frac{2x}{4Dt}\exp\left(-\frac{r^2}{4Dt}\right)\right], \\ \frac{\partial^2 G_s(\mathbf{r},t)}{\partial x^2} &= \frac{1}{[4\pi Dt]^{3/2}}\left[-\frac{1}{2Dt}\exp\left(-\frac{r^2}{4Dt}\right) + \left(-\frac{x}{2Dt}\right)\left(-\frac{2x}{4Dt}\right)\exp\left(-\frac{r^2}{4Dt}\right)\right], \\ \frac{\partial^2 G_s(\mathbf{r},t)}{\partial x^2} &= \frac{1}{[4\pi D]^{3/2}}\left[-\frac{1}{2D}t^{5/2} + t^{-3/2}\left(\frac{x^2}{4D^2t^2}\right)\right]\exp\left(-\frac{r^2}{4Dt}\right), \end{aligned}$$

soit :

$$\frac{\partial^2 G_s(\mathbf{r},t)}{\partial x^2} + \frac{\partial^2 G_s(\mathbf{r},t)}{\partial y^2} + \frac{\partial^2 G_s(\mathbf{r},t)}{\partial z^2} = \frac{1}{[4\pi D]^{3/2}}\frac{1}{D}\left[-\frac{3}{2}t^{5/2} + t^{-3/2}\left(\frac{r^2}{4Dt^2}\right)\right]\exp\left(-\frac{r^2}{4Dt}\right),$$

de sorte qu'en comparant les deux résultats on vérifie la relation (9.41).

Pour conclure, on notera que, dans un liquide réel, la représentation du facteur de structure dynamique $S_s(q,\omega)$ passe d'une lorentzienne (modèle de diffusion), pour les faibles valeurs de q et de ω, à une gaussienne (modèle du gaz parfait) pour les grandes valeurs de q et de ω, et que les fonctions de van Hove des deux modèles (Rels. 9.35 et 9.39) présentent la même dépendance en r. Ceci à conduit à postuler[37] que la forme générale de la fonction de van Hove $G_s(r,t)$ peut s'écrire quel que soit le temps :

$$G_s(r,t) = \frac{1}{[4\pi w(t)]^{3/2}} \exp\left[-\frac{r^2}{4w(t)}\right],$$

où la fonction $w(t)$ caractérisant la largeur de la distribution gaussienne est déterminée en ajustant le facteur de structure dynamique, obtenu par transformation de Fourier inverse, sur le facteur de structure dynamique expérimental symétrisé $S_s(q,\omega)$.

9.2.2 Modèles relatifs à la diffusion cohérente

(a) **Approximation de Vineyard**. Si l'on suppose qu'il n'y a pas de corrélation entre les positions des atomes, la fonction intermédiaire de diffusion $F(\mathbf{q},t)$ (Rel. 8.116) se simplifie énormément. En effet, l'absence de corrélation entre les positions des atomes permet d'écrire la relation (8.119) comme suit :

$$F_d(\mathbf{q},t) = \frac{1}{N}\left\langle \sum_{i=1}^{N}\sum_{j\neq i}^{N} \exp\left[i\mathbf{q}\mathbf{r}_j(t)\right]\exp\left[-i\mathbf{q}\mathbf{r}_i(0)\right]\right\rangle = 0,$$

et d'obtenir l'identité suivante :

$$F(\mathbf{q},t) = F_s(\mathbf{q},t).$$

Il s'ensuit qu'en première approximation le facteur de structure dynamique $S(\mathbf{q},\omega)$, correspondant à la diffusion cohérente, se confond avec le facteur de structure dynamique $S_s(\mathbf{q},\omega)$, correspondant à la diffusion incohérente, soit :

$$S(\mathbf{q},\omega) = S_s(\mathbf{q},\omega). \tag{9.42}$$

Mais on peut améliorer cette approximation en incluant partiellement les corrélations entre les positions des atomes. Pour cela, transformons la relation (8.116) de la manière suivante :

$$F(\mathbf{q},t) = F_s(\mathbf{q},t) + \frac{1}{N}\left\langle \sum_{i=1}^{N}\sum_{j\neq i}^{N} \exp\left[i\mathbf{q}\mathbf{r}_j(t)\right]\exp\left[-i\mathbf{q}\mathbf{r}_i(0)\right]\right\rangle,$$

$$F(\mathbf{q},t) = F_s(\mathbf{q},t) + \frac{1}{N}\left\langle \sum_{i=1}^{N}\sum_{j\neq i}^{N} \exp\left[i\mathbf{q}\mathbf{r}_j(t)\right]\exp\left[-i\mathbf{q}\mathbf{r}_j(0)\right]\exp\left[i\mathbf{q}\mathbf{r}_j(0)\right]\exp\left[-i\mathbf{q}\mathbf{r}_i(0)\right]\right\rangle.$$

Or, en remplaçant la moyenne thermique dans la relation précédente par le produit de deux moyennes thermiques, soit :

$$F(\mathbf{q},t) \simeq F_s(\mathbf{q},t) + \frac{1}{N}\left\langle \sum_{j=1}^{N} \exp\left\{i\mathbf{q}\left[\mathbf{r}_j(t)-\mathbf{r}_j(0)\right]\right\}\right\rangle \frac{1}{N}\left\langle \sum_{i=1}^{N}\sum_{j\neq i}^{N} \exp\left\{i\mathbf{q}\left[\mathbf{r}_j(0)-\mathbf{r}_i(0)\right]\right\}\right\rangle,$$

[37] G. H. Vineyard, Phys. Rev. **110**, 999 (1958).

on réalise une approximation grossière qui permet de ne pas ignorer complètement la corrélation entre les positions des atomes. Le produit des moyennes thermiques dans la relation précédente se simplifie comme suit[38] :

$$F(\mathbf{q},t) \simeq F_s(\mathbf{q},t) + F_s(\mathbf{q},t)\left[F(\mathbf{q},0) - 1\right] = F_s(\mathbf{q},t)F(\mathbf{q},0).$$

Et avec la relation (8.122), on déduit que $F(q,t) \simeq F_s(q,t)S(q)$, soit encore, après le calcul de la transformée de Fourier temporelle :

$$S(q,\omega) \simeq S(q)S_s(q,\omega). \tag{9.43}$$

C'est l'*approximation de Vineyard*[39] qui fournit une estimation du facteur de structure dynamique $S(q,\omega)$ en fonction du facteur de structure dynamique $S_s(q,\omega)$ et du facteur de structure statique $S(q)$. Compte tenu de la simplification grossière effectuée dans le calcul de la moyenne thermique, l'approximation de Vineyard ne s'applique pas dans le régime des faibles valeurs de q et de ω, où $S(q,\omega)$ et $S_s(q,\omega)$ diffèrent considérablement l'un de l'autre. Dans la région des valeurs intermédiaires de q et de ω, elle présente également de gros défauts. Néanmoins, on peut améliorer la précision du modèle en remplaçant empiriquement[40] le vecteur de transfert q par $q/\sqrt{S(q)}$ dans la fonction intermédiaire de diffusion, soit :

$$F(q,t) \simeq F_s\left[\frac{q}{\sqrt{S(q)}},t\right]S(q).$$

(b) **Modèle hydrodynamique**. Comme le modèle de diffusion, le *modèle hydrodynamique* est utilisé pour explorer la région des faibles valeurs de q et de ω. Ces deux modèles sont ceux qui conviennent le mieux pour interpréter les expériences de diffraction dans lesquelles la longueur d'onde du rayonnement est grande par rapport aux dimensions atomiques.

Mais, contrairement au modèle de diffusion qui permet de n'étudier que les propriétés individuelles des atomes, le modèle hydrodynamique donne des informations sur les propriétés individuelles et collectives des atomes. Le modèle hydrodynamique fait appel aux équations des milieux continus[41]. Il est basé sur les lois de conservation de la matière (Rel. 7.76), de conservation de l'énergie (Rel. 7.78) et de conservation de la quantité de mouvement (Rel. 7.77). Ces trois équations permettent de calculer la densité particulaire

---

[38] En effet, les moyennes thermiques s'écrivent en fonction de $F_s(\mathbf{q},t)$ et $F_d(\mathbf{q},0)$ avec les relations (8.118) et (8.119), ce qui donne ainsi :

$$\begin{aligned}
F_s(\mathbf{q},t) &= \frac{1}{N}\left\langle \sum_{j=1}^{N} \exp\left\{i\mathbf{q}\left[\mathbf{r}_j(t) - \mathbf{r}_j(0)\right]\right\}\right\rangle, \\
F_d(\mathbf{q},0) &= \frac{1}{N}\left\langle \sum_{i=1}^{N}\sum_{j\neq i}^{N} \exp\left\{i\mathbf{q}\left[\mathbf{r}_j(0) - \mathbf{r}_i(0)\right]\right\}\right\rangle, \\
F_d(\mathbf{q},0) &= \frac{1}{N}\left\langle \sum_{i=1}^{N}\sum_{j=1}^{N} \exp\left\{-i\mathbf{q}\left[\mathbf{r}_i(0) - \mathbf{r}_j(0)\right]\right\} - \sum_{i=1}^{N} \exp\left\{-i\mathbf{q}\left[\mathbf{r}_i(0) - \mathbf{r}_i(0)\right]\right\}\right\rangle = F(\mathbf{q},0) - 1.
\end{aligned}$$

[39] cf. note 37 de ce chapitre.

[40] K. Sköld, Phys. Rev. Lett. **19**, 1023 (1967).

[41] Se reporter au § 7.2 ou consulter le livre de J. P. Boon and S. Yip, *Molecular Hydrodynamics*, McGraw-Hill, New York (1980).

$\rho(\mathbf{r}, t)$ à partir de laquelle il est possible de déduire la fonction intermédiaire de diffusion $F(\mathbf{q}, t)$ (Rel. 8.117) et le facteur de structure dynamique $S(\mathbf{q}, \omega)$ (Rel. 8.114).

Dans ce qui suit, on présente les grandes lignes de la démonstration donnée par Mountain[42] pour déterminer l'expression de $S(\mathbf{q}, \omega)$, en commençant par linéariser les trois équations de conservation.

(1) L'équation de conservation de la matière (Rel. 7.76) est :

$$\frac{D\rho}{Dt} = \frac{\partial \rho}{\partial t} + (\mathbf{v}.\boldsymbol{\nabla})\,\rho = -\rho \boldsymbol{\nabla}.\mathbf{v},$$

soit :

$$\frac{\partial \rho}{\partial t} = -\boldsymbol{\nabla}.\left(\rho \mathbf{v}\right),$$

où ρ est la densité particulaire d'un élément de volume en équilibre local et $\mathbf{v}$ sa vitesse. Pour linéariser la relation précédente on écrit $\rho(\mathbf{r}, t) = \rho_0 + \rho_1(\mathbf{r}, t)$, où ρ_0 est la densité particulaire à l'équilibre et $\rho_1(\mathbf{r}, t)$ la fluctuation de densité locale[43]. En négligeant les contributions du second ordre, l'équation linéarisée s'écrit :

$$\frac{\partial \rho_1}{\partial t} = -\rho_0 \boldsymbol{\nabla}.\mathbf{v}. \tag{9.44}$$

(2) En l'absence de force extérieure, l'équation de conservation de l'énergie (Rel. 7.78) s'écrit :

$$\rho m \frac{De}{Dt} = \overset{=}{t}\boldsymbol{\nabla}.\mathbf{v} - \boldsymbol{\nabla}.\mathbf{Q}$$

où m est la masse de la particule, e l'énergie par unité de masse, $\overset{=}{t}$ le tenseur des contraintes, $\mathbf{v}$ la vitesse et $\mathbf{Q}$ le flux de chaleur. La linéarisation de cette expression se fait comme pour la relation (9.44). On écrit $e(\mathbf{r}, t) = e_0 + e_1(\mathbf{r}, t)$, où e_0 est l'énergie à l'équilibre et $e_1(\mathbf{r}, t)$ la fluctuation d'énergie. Celle-ci est directement liée à la fluctuation de température $T_1(\mathbf{r}, t)$ par la relation $e_1(\mathbf{r}, t) = c_v T_1(\mathbf{r}, t)$, où c_v est la chaleur massique à volume constant (en J.kg^{-1}.K^{-1}). Si l'on suppose que le flux de chaleur est donné par la loi de Fourier $\mathbf{Q} = -\lambda \boldsymbol{\nabla} T_1$, où λ le coefficient de conductibilité thermique (en J.s^{-1}.m^{-1}.K^{-1}), et si l'on néglige la viscosité il est possible de remplacer le tenseur des contraintes (Rel. 7.45) par la pression hydrostatique $\left(\overset{=}{t} = -p\overset{=}{\delta}\right)$. Avec ces simplifications, l'équation de conservation d'énergie se linéarise comme suit :

$$\rho_0 m c_v \frac{\partial T_1}{\partial t} = -p\boldsymbol{\nabla}.\mathbf{v} + \lambda \boldsymbol{\nabla}^2 T_1. \tag{9.45}$$

Notons au passage que, pour un liquide au repos, la relation précédente se réduit à l'équation de propagation de la chaleur $\frac{\partial T_1}{\partial t} = \frac{\lambda}{\rho_0 m c_v}\boldsymbol{\nabla}^2 T_1$, où le coefficient du second membre est relié au coefficient de diffusivité thermique $D_T = \frac{\lambda}{\rho_0 m c_p} = \frac{\lambda}{\rho_0 m c_v}\frac{1}{\gamma}$ (en m^2.s^{-1}), avec $\gamma = c_p/c_v$.

---

[42]R. D. Mountain, Rev. Mod. Phys. **38**, 205 (1966) ; Chem. Rubber Co. Crit. Rev. Solid State, **1**, 5 (1970). Voir aussi L. P. Kadanoff and P. C. Martin, Ann. Phys. N. Y. **24**, 419 (1963).

[43]cf. note 11 du chapitre 7.

(3) Quant à l'équation linéarisée de conservation de la quantité de mouvement, c'est tout simplement l'équation de Navier-Stokes (Rel. 7.68) :

$$\rho_0 m \frac{\partial \mathbf{v}}{\partial t} = -\boldsymbol{\nabla} p + (\eta_v + \frac{4\eta}{3})\boldsymbol{\nabla}(\boldsymbol{\nabla}.\mathbf{v}), \tag{9.46}$$

où η est le coefficient de viscosité à la scission et η_v le coefficient de viscosité en volume (en kg.m^{-1}.s^{-1}).

Dans la suite, on suit la proposition de Mountain de substituer l'équation de conservation de la masse (Rel. 9.44) dans les relations (9.45) et (9.46), de manière à former un système d'équations différentielles partielles des variables thermodynamiques indépendantes $\rho_1(\mathbf{r}, t)$ et $T_1(\mathbf{r}, t)$. Commençons par exprimer la pression dans la relation (9.45), en fonction des coefficients calorimétriques, sous la forme suivante[44] :

$$p = \frac{Nm(c_p - c_v)}{V\alpha} = \frac{\rho_0 m(c_p - c_v)}{\alpha},$$

ce qui permet de simplifier l'équation de conservation de l'énergie comme suit :

$$\rho_0 m c_v \frac{\partial T_1}{\partial t} + \frac{\rho_0 m(c_p - c_v)}{\alpha}\boldsymbol{\nabla}.\mathbf{v} - \lambda \boldsymbol{\nabla}^2 T_1 = 0.$$

Après avoir éliminé $\boldsymbol{\nabla}.\mathbf{v}$ dans la relation précédente, au moyen de la relation (9.44), l'équation de conservation de l'énergie s'écrit :

$$\rho_0 m c_v \frac{\partial T_1}{\partial t} - \frac{m(c_p - c_v)}{\alpha}\frac{\partial \rho_1}{\partial t} - \lambda \boldsymbol{\nabla}^2 T_1 = 0. \tag{9.47}$$

Pour simplifier la pression dans la relation (9.46), transformons le terme $\boldsymbol{\nabla} p$ en remarquant que sa composante suivant x est :

$$\frac{\partial p}{\partial x} = \left(\frac{\partial p}{\partial \rho_1}\right)_T \frac{\partial \rho_1}{\partial x} + \left(\frac{\partial p}{\partial \rho_1}\right)_T \left(\frac{\partial \rho_1}{\partial T_1}\right)_p \frac{\partial T_1}{\partial x},$$

avec[45] :

$$\begin{aligned} \left(\frac{\partial p}{\partial \rho_1}\right)_T &= \frac{v_s^2 m}{\gamma}, \\ \left(\frac{\partial \rho_1}{\partial T_1}\right)_p &= -\alpha \rho_0, \end{aligned}$$

[44]En effet, la différence des chaleurs massiques $(c_p - c_v)$ s'écrit au moyen de la relation thermodynamique suivante :

$$Nm(c_p - c_v) = \left[p + \left(\frac{\partial E}{\partial V}\right)_T\right]\left(\frac{\partial V}{\partial T}\right)_p \sim pV\alpha,$$

où $\alpha = \frac{1}{V}(\frac{\partial V}{\partial T})_p = -\frac{1}{\rho}(\frac{\partial \rho}{\partial T})_p$ est le coefficient de dilatation thermique. Il peut ne pas sembler judicieux de négliger le second terme dans le crochet qui correspond à un travail contre les forces de cohésion et qui peut être important dans les liquides, mais c'est néanmoins ce qui est généralement fait.

[45]La vitesse du son v_s dans un liquide est définie en fonction de la dérivée de la pression par rapport à la masse volumique, à entropie constante, par la relation (Rel. 3.67) :

$$v_s = \sqrt{\left(\frac{\partial p}{\partial(\rho m)}\right)_S} = \sqrt{\frac{\gamma}{m}\left(\frac{\partial p}{\partial \rho}\right)_T},$$

où la dernière égalité découle de la formule de Reech (cf. note 12 du chapitre 2).

où v_s est la vitesse du son et α le coefficient de dilatation thermique. En tenant compte de ces simplifications, $\boldsymbol{\nabla}p$ s'exprime en fonction de $\boldsymbol{\nabla}\rho_1$ et de $\boldsymbol{\nabla}T_1$, sous la forme :

$$\boldsymbol{\nabla}p = \frac{v_s^2 m}{\gamma}\boldsymbol{\nabla}\rho_1 - \frac{\alpha\rho_0 v_s^2 m}{\gamma}\boldsymbol{\nabla}T_1,$$

et l'équation de Navier-Stokes (Rel. 9.46) se réduit à :

$$\rho_0 m\frac{\partial \mathbf{v}}{\partial t} + \frac{v_s^2 m}{\gamma}\boldsymbol{\nabla}\rho_1 - \frac{\alpha\rho_0 v_s^2 m}{\gamma}\boldsymbol{\nabla}T_1 - (\eta_v + \frac{4\eta}{3})\boldsymbol{\nabla}(\boldsymbol{\nabla}.\mathbf{v}) = \mathbf{0}. \tag{9.48}$$

Dans la procédure de Mountain, on transforme ensuite la vitesse dans la relation précédente en substituant $\boldsymbol{\nabla}.\mathbf{v}$ avec la relation (9.44) et en prenant la divergence de chaque terme. Puis, on résout les deux équations couplées (Rels. 9.47 et 9.48) après les avoir transformées en équations algébriques au moyen des transformations de Fourier spatiales et de Fourier-Laplace temporelles, définies comme suit :

$$\begin{aligned} \rho(\mathbf{q}, s) &= \int_V \int_0^\infty \rho_1(\mathbf{r}, t)\exp(-i\mathbf{q}.\mathbf{r})\exp(-st)dtd\mathbf{r}, \\ T(\mathbf{q}, s) &= \int_V \int_0^\infty T_1(\mathbf{r}, t)\exp(-i\mathbf{q}.\mathbf{r})\exp(-st)dtd\mathbf{r}. \end{aligned}$$

Après avoir effectué les transformations de Fourier-Laplace temporelles, on est ramené à un problème de conditions initiales dans lequel il n'est pas nécessaire d'inclure le terme $T(\mathbf{q}, 0)$, car il n'y a pas de corrélations instantanées entre les fluctuations de densité et de température. Le calcul, qui est long, ne sera pas détaillé. Finalement, les deux équations algébriques linéaires simultanées à résoudre sont :

$$\left[-\frac{m(c_p - c_v)}{\alpha}s\right]\rho(\mathbf{q}, s) + \left[\rho_0 m c_v s + \lambda q^2\right]T(\mathbf{q}, s) = -\left[\frac{m(c_p - c_v)}{\alpha}\right]\rho(\mathbf{q}, 0),$$

$$\left[s^2 + \frac{v_s^2}{\gamma}q^2 + (\eta_v + \frac{4\eta}{3})\frac{q^2}{\rho_0 m}s\right]\rho(\mathbf{q}, s) + \left[\frac{\alpha\rho_0 v_s^2}{\gamma}q^2\right]T(\mathbf{q}, s) = \left[s + (\eta_v + \frac{4\eta}{3})\frac{q^2}{\rho_0 m}\right]\rho(\mathbf{q}, 0).$$

Il reste encore à étudier le caractère des pôles de $\rho(\mathbf{q}, s)$ en résolvant l'équation cubique donnée par le déterminant principal du système d'équations précédent. Tous calculs faits[46], on obtient $\rho(\mathbf{q}, s)$ en fonction de $\rho(\mathbf{q}, 0)$, duquel on déduit $\rho(\mathbf{q}, s)$ par transformation de Laplace inverse ainsi que la fonction intermédiaire de diffusion (Rel. 8.124), soit :

$$\frac{F(q, t)}{F(q, 0)} = \left(\frac{\gamma - 1}{\gamma}\right)\exp\left(-D_T q^2 t\right) + \frac{1}{\gamma}\exp(-\Gamma q^2 t)\cos\left(v_s q t\right), \tag{9.49}$$

où la plupart des paramètres ont été définis précédemment, à l'exception du paramètre d'atténuation du son :

$$\Gamma = \frac{1}{2}\left[\frac{1}{\rho_0 m}(\eta_v + \frac{4\eta}{3}) + D_T(\gamma - 1)\right].$$

[46]N. Pottier, *Physique statistique hors d'équilibre*, Savoirs Actuels (CNRS édition), Paris (2007), p. 505

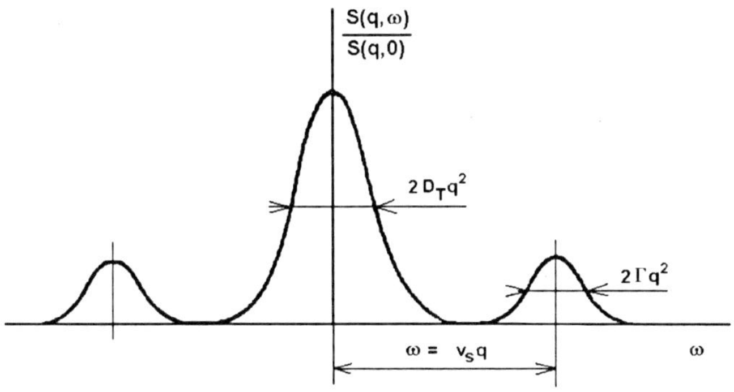

FIG. 9.4 – Positions des pics de Brillouin et du pic de Rayleigh.

Par conséquent, après avoir effectué la transformation de Fourier-Laplace temporelle de la relation (9.49), on obtient l'expression du facteur de structure dynamique $S(q,\omega)$ du modèle hydrodynamique qui s'écrit comme suit :

$$\frac{2\pi S(q,\omega)}{S(q)} = \frac{2(\gamma-1)}{\gamma}\frac{D_T q^2}{\omega^2+(D_T q^2)^2} + \frac{1}{\gamma}\left[\frac{\Gamma q^2}{(\omega+v_s q)^2+(\Gamma q^2)^2} + \frac{\Gamma q^2}{(\omega-v_s q)^2+(\Gamma q^2)^2}\right]. \tag{9.50}$$

Cette expression contient trois termes dépendants de q et de ω. Leur dépendance en fréquence est donnée par une lorentzienne de forme générale :

$$f(\omega) = \frac{X}{(\omega-\omega')^2+X^2},$$

centrée sur ω', avec une largeur à mi hauteur de $2X$. La première contribution de la relation (9.50) est centrée sur $\omega = 0$; elle est représentée par le *pic central de Rayleigh* dont la largeur à mi hauteur vaut $2D_T q^2$. Quant à la seconde contribution, elle est constituée de deux lorentziennes décalées de part et d'autre de l'origine des quantités $\omega = \pm v_s q$ avec une largeur à mi hauteur de $2\Gamma q^2$; elle est représentée par les *pics satellites de Brillouin*. En pratique, les paramètres D_T et Γ sont très petits par rapport à v_s de sorte que les pics sont bien séparés les uns des autres (Fig. 9.4).

On peut remarquer que l'aire sous le pic de Rayleigh est[17] :

$$A_R = \frac{2(\gamma-1)}{\gamma}\int_{-\infty}^{\infty}\frac{D_T q^2}{\omega^2+(D_T q^2)^2}d\omega = \frac{2\pi(\gamma-1)}{\gamma},$$

et l'aire sous les pics de Brillouin $A_B = \frac{2\pi}{\gamma}$. Il s'ensuit que le rapport des deux aires $\frac{A_R}{A_B}$ vaut $(\gamma-1)$. C'est le *rapport de Landau-Placzek*. A l'approche du point critique, c_p devient anormalement grand et, comme $c_p \propto \gamma$, $\frac{A_R}{A_B}$ devient très important. La hauteur du pic de Rayleigh s'en trouve amplifiée alors que sa largeur à mi hauteur subit un rétrécissement conséquent. Par contre, loin du point critique ce sont les pics de Brillouin qui dominent.

[17] En effet, le résultat de l'intégrale est :

$$\int_{-\infty}^{\infty}\frac{a}{\omega^2+a^2}d\omega = \left[Arc\tan(\frac{\omega}{a})\right]_{-\infty}^{\infty} = \pi.$$

Dans la limite hydrodynamique, toutes les valeurs des propriétés physiques macroscopiques (λ, c_p, c_v, v_s, η) qui entrent dans la relation (9.50) sont considérées comme des constantes et doivent être tirées de la littérature pour déduire le facteur de structure dynamique. Réciproquement, à partir de la courbe expérimentale de $S(q,\omega)$ on peut ajuster les paramètres D_T, Γ et v_s de la relation (9.50) et en déduire les coefficients de transport. Si les conditions expérimentales sont telles que le modèle hydrodynamique n'est plus applicable (valeurs de q trop grandes), on peut malgré tout conserver la forme générale de la relation (9.50) et considérer les grandeurs D_T, Γ et v_s comme des paramètres dépendants de q et de ω, devant être ajustés sur les résultats expérimentaux de $S(q,\omega)$.

Il a été établi, au moyen d'études sur la diffusion de la lumière dans les liquides[48], que les fluctuations de densité sont produites par la superposition de *fluctuations mécaniques*, associées à des variations locales de pression, et de *fluctuations thermiques,* associées à des variations locales de température (ou d'entropie). Il se trouve que ces résultats sont confirmés par l'expression de $S(q,\omega)$ (Rel. 9.50), dans la mesure où les pics de Brillouin sont associés à une fluctuation de pression, à entropie constante, - se propageant à travers le fluide à la vitesse du son de manière analogue à la propagation des phonons acoustiques dans les solides -, et où le pic de Rayleigh est associé à une fluctuation d'entropie, à pression constante, - qui reste localisée à l'endroit où elle a pris naissance en s'amortissant sous l'influence de la conductibilité thermique.

9.2.3 Modèle viscoélastique

Le modèle viscoélastique est un modèle sensiblement plus élaboré que les précédents qui repose sur l'utilisation de la fonction mémoire et sur les moments en fréquence (§ 9.1.3) de la fonction intermédiaire de diffusion $F(\mathbf{q},t)$. La fonction intermédiaire de diffusion $F(\mathbf{q},t)$ qui est la fonction d'autocorrélation de la densité particulaire peut, en effet, (1) s'écrire au moyen de la fonction mémoire avec l'équation de Volterra (Rel. 9.13) et (2) s'exprimer en termes de moments en fréquence, à l'aide de son développement en série au voisinage de $t=0$ (Rel. 9.22).

Comme toute fonction d'autocorrélation, la fonction intermédiaire de diffusion $F(\mathbf{q},t)$ est liée à une fonction mémoire $M^{(1)}(\mathbf{q},t)$ par l'équation intégro-différentielle de Volterra (Rel. 9.13) :

$$\frac{\partial F(\mathbf{q},t)}{\partial t} = -\int_0^t M^{(1)}(\mathbf{q},t-t')F(\mathbf{q},t')dt'. \qquad (9.51)$$

Cette intégrale de convolution indique que la variation de $F(\mathbf{q},t)$, à un instant donné, dépend de son histoire passée par l'intermédiaire de la fonction mémoire $M^{(1)}(\mathbf{q},t)$. Or la fonction mémoire $M^{(1)}(\mathbf{q},t)$ possède elle-même une fonction mémoire $M^{(2)}(\mathbf{q},t)$, et ainsi de suite, de sorte que la relation (9.51) est la première d'une chaîne d'équations couplées hiérarchiquement (§ 9.1.3 b). Après avoir effectué les transformations de Fourier-Laplace de ces équations, et après les avoir substituées successivement les unes dans les autres, on

[48] J. Frenkel, *Kinetic Theory of Liquids*, Dover Publications, New York (1955) p. 243.

obtient la fraction continue (Rel. 9.21) :

$$F(\mathbf{q},\omega)=\frac{F(\mathbf{q},t=0)}{i\omega+\frac{M^{(1)}(\mathbf{q},t=0)}{i\omega+\frac{M^{(2)}(\mathbf{q},t=0)}{i\omega+M^{(3)}(\mathbf{q},\omega)}}},\tag{9.52}$$

qui a été interrompue arbitrairement à la fonction mémoire d'ordre trois.

L'approximation viscoélastique consiste à postuler que la fonction mémoire $M^{(2)}(\mathbf{q},\omega)$ décroît exponentiellement en fonction du temps[49], avec un temps caractéristique $\tau(q)$, selon l'expression standard :

$$M^{(2)}(\mathbf{q},t)=M^{(2)}(\mathbf{q},t=0)\exp\left(-\frac{t}{\tau(q)}\right),$$

et la transformée de Fourier-Laplace de la relation précédente est[50] :

$$M^{(2)}(\mathbf{q},\omega)=\frac{M^{(2)}(\mathbf{q},t=0)}{i\omega+\frac{1}{\tau(q)}}.\tag{9.53}$$

Or, en comparant les relations (9.52) et (9.53), on s'aperçoit que la fonction mémoire $M^{(3)}(\mathbf{q},\omega)$ s'identifie à la fonction $1/\tau(q)$ qui sera déterminée ultérieurement. Si l'on remplace $M^{(3)}(\mathbf{q},\omega)$ par $1/\tau(q)$, et que l'on écrit $M^{(2)}(\mathbf{q},t=0)=M^{(2)}$ et $M^{(1)}(\mathbf{q},t=0)=M^{(1)}$ pour simplifier les notations, la relation (9.52) se transforme sans difficulté comme suit :

$$F(\mathbf{q},\omega)=F(\mathbf{q},t=0)\frac{\tau(q)\left[M^{(2)}-\omega^2\right]+i\omega}{\left[M^{(1)}-\omega^2\right]+i\omega\tau(q)\left[M^{(2)}+M^{(1)}-\omega^2\right]}.\tag{9.54}$$

Cette expression permet à son tour de déduire le facteur de structure dynamique $S(\mathbf{q},\omega)$ à l'aide de la relation (8.129), soit :

$$\begin{aligned}
S(\mathbf{q},\omega) &= \frac{1}{\pi}\operatorname{Re}\left[F(\mathbf{q},\omega)\right],\\
S(\mathbf{q},\omega) &= \frac{F(\mathbf{q},t=0)}{\pi}\frac{\tau(q)\left[M^{(2)}-\omega^2\right]\left[M^{(1)}-\omega^2\right]+\omega^2\tau(q)\left[M^{(2)}+M^{(1)}-\omega^2\right]}{\left[M^{(1)}-\omega^2\right]^2+\omega^2\tau^2(q)\left[M^{(2)}+M^{(1)}-\omega^2\right]^2}
\end{aligned}\tag{9.55}$$

Pour déterminer complètement le facteur de structure dynamique, il faut donc expliciter tous les termes de la relation (9.55), et tout particulièrement les fonctions mémoires

[49] J. R. D. Copley and S. W. Lovesey, Rep. Prog. Phys. **38**, 461 (1975), p. 544.

[50] En effet,

$$\begin{aligned}
M^{(2)}(\mathbf{q},\omega) &= \int_0^\infty M^{(2)}(\mathbf{q},t)\exp\left(-i\omega t\right)dt,\\
M^{(2)}(\mathbf{q},\omega) &= M^{(2)}(\mathbf{q},t=0)\int_0^\infty \exp\left\{-\left[i\omega+\frac{1}{\tau(q)}\right]t\right\}dt,\\
M^{(2)}(\mathbf{q},\omega) &= \frac{M^{(2)}(\mathbf{q},t=0)}{i\omega+\frac{1}{\tau(q)}}.
\end{aligned}$$

$M^{(1)}$ et $M^{(2)}$, en fonction des moments en fréquence de $F(\mathbf{q},t)$ avec son développement en série au voisinage de $t=0$ (Rel. 9.22). Or, à ce stade de la présentation, il est important de distinguer le cas du facteur de structure dynamique cohérent $S(\mathbf{q},\omega)$ de celui du facteur de structure dynamique incohérent $S_s(\mathbf{q},\omega)$, et de rappeler qu'en $t=0$ la fonction intermédiaire de diffusion cohérente est $F(\mathbf{q},t=0)=S(q)$ (Rel. 8.122) et que la fonction intermédiaire de diffusion incohérente vaut $F_s(\mathbf{q},t=0)=1$ (Rel. 8.120).

(a) **Facteur de structure cohérent** $S(\mathbf{q},\omega)$. Puisque $F(\mathbf{q},t)$ est une fonction réelle et paire, les seules puissances de t présentes dans la formule de Mac-Laurin sont les puissances paires[51], soit :

$$F(\mathbf{q},t)=F(\mathbf{q},0)+\frac{t^2}{2!}\left.\frac{\partial^2F(\mathbf{q},t)}{\partial t^2}\right|_{t=0}+\frac{t^4}{4!}\left.\frac{\partial^4F(\mathbf{q},t)}{\partial t^4}\right|_{t=0}+\ldots,$$

où les dérivées successives par rapport à t obtenues en dérivant la relation (8.115) ont pour expressions :

$$\begin{aligned}\left.\frac{\partial^2F(\mathbf{q},t)}{\partial t^2}\right|_{t=0}&=-\int_{-\infty}^{\infty}\omega^2S(\mathbf{q},\omega)d\omega=\langle\omega^2\rangle,\\ \left.\frac{\partial^4F(\mathbf{q},t)}{\partial t^4}\right|_{t=0}&=\int_{-\infty}^{\infty}\omega^4S(\mathbf{q},\omega)d\omega=\langle\omega^4\rangle,\\ \ldots&=\ldots\end{aligned}$$

Donnons ensuite, sans démonstration, les expressions des moments d'ordre deux et d'ordre quatre relatives à la diffusion cohérente[52] :

$$\begin{aligned}\langle\omega^2\rangle&=\frac{k_BT}{mS(q)}q^2,\\ \langle\omega^4\rangle&=\langle\omega^2\rangle\left[\frac{3k_BT}{m}q^2+\Omega_0^2-\Omega_q^2\right],\end{aligned}\tag{9.56}$$

et celles qui sont relatives à la diffusion incohérente :

$$\begin{aligned}\langle\omega_s^2\rangle&=\frac{k_BT}{m}q^2,\\ \langle\omega_s^4\rangle&=\langle\omega_s^2\rangle\left[\frac{3k_BT}{m}q^2+\Omega_0^2\right],\end{aligned}\tag{9.57}$$

avec :

$$\begin{aligned}\Omega_0^2&=\frac{4\pi\rho}{3m}\int_0^{\infty}r^2g(r)\left[u''(r)+\frac{2}{r}u'(r)\right]dr,\\ \Omega_q^2&=\frac{4\pi\rho}{m}\int_0^{\infty}r^2g(r)\left\{u''(r)\left[\frac{\sin(qr)}{qr}+\frac{2\cos(qr)}{(qr)^2}-\frac{2\sin(qr)}{(qr)^3}\right]\right.\\ &\left.+\frac{2}{r}u'(r)\left[\frac{\sin(qr)}{(qr)^3}-\frac{\cos(qr)}{(qr)^2}\right]\right\}dr,\end{aligned}$$

[51] Pour le potentiel de sphères dures qui possède une discontinuité en $r=\sigma$, le développement de $F(\mathbf{q},t)$ contient la dérivée première responsable de la pente non nulle à l'origine (H. C. Longuet-Higgins and J. A. Pople, J. Chem. Phys. **25**, 884 (1956)). En outre, pour des potentiels discontinus, il semblerait que la représentation en fraction continue sous sa forme initiale soit inadéquate (J. R. D. Copley and S. W. Lovesey, Rep. Prog. Phys. **38**, 461 (1975), p. 529).

[52] P. G. de Gennes, Physica **25**, 825 (1959). Les moments d'ordre six ont également été calculés (R. Bansal and K. N. Pathak, Phys. Rev. A **9**, 2773 (1974)), mais leurs expressions sont très compliquées et non déterminantes pour le calcul du facteur de structure dynamique des liquides.

où l'on a posé $\Omega_0^2 = A_2$ (Rel. 9.28). Donnons également, sans démonstration, les expressions des fonctions mémoires $M^{(1)} = M^{(1)}(\mathbf{q}, t = 0)$ et $M^{(2)} = M^{(2)}(\mathbf{q}, t = 0)$ en fonction des moments en fréquence $\langle \omega^2 \rangle$ et $\langle \omega^4 \rangle$, soit[53] :

$$\begin{aligned} M^{(1)} &= \left\langle \omega^2 \right\rangle , \\ M^{(2)} &= \frac{\left\langle \omega^4 \right\rangle}{\left\langle \omega^2 \right\rangle} - \left\langle \omega^2 \right\rangle = \omega_l^2 - \left\langle \omega^2 \right\rangle . \end{aligned}$$

Par conséquent, lorsqu'on est en mesure de calculer le facteur de structure statique $S(q)$ et les fonctions mémoires $M^{(1)}$ et $M^{(2)}$ par la théorie microscopique des liquides, il devient possible de déduire l'expression du facteur de structure dynamique cohérent $S(q, \omega)$. En effet, après simplifications, la relation (9.55) s'écrit sous la forme opérationnelle suivante :

$$S(q, \omega) = \frac{S(q)}{\pi} \frac{\tau(q) \left[\omega_l^2 - \langle \omega^2 \rangle\right] \langle \omega^2 \rangle}{\left[\langle \omega^2 \rangle - \omega^2\right]^2 + \omega^2 \tau^2(q) \left[\omega_l^2 - \omega^2\right]^2}. \tag{9.58}$$

La seule fonction inconnue dans la relation (9.58) est $\tau(q)$. Celle-ci peut être estimée empiriquement par ajustement de $S(q, \omega)$ sur le facteur de structure dynamique expérimental[54], ou théoriquement[55] en évaluant approximativement la relation :

$$\frac{1}{\tau(q)} \simeq M^{(3)}(\mathbf{q}, \omega = 0) = \int_0^\infty M^{(3)}(\mathbf{q}, t) dt.$$

Parmi les approximations possibles, une des plus fréquemment utilisées est celle de Lovesey dont l'expression est :

$$\tau(q) = \frac{1}{2} \sqrt{\frac{\pi}{\omega_l^2 - \langle \omega^2 \rangle}}.$$

(b) **Facteur de structure incohérent** $S_s(\mathbf{q}, \omega)$. Son expression[56] s'obtient de la même manière que celle de $S(\mathbf{q}, \omega)$. Par simple analogie, écrivons tous les termes de la relation (9.54) avec l'indice s, on obtient :

$$F_s(\mathbf{q}, \omega) = F_s(\mathbf{q}, t = 0) \frac{\tau_s(q) \left[M_s^{(2)} - \omega^2\right] + i\omega}{\left[M_s^{(1)} - \omega^2\right] + i\omega\tau_s(q) \left[M_s^{(2)} + M_s^{(1)} - \omega^2\right]}.$$

[53] On trouvera ces expressions, ainsi que la relation :

$$M^{(3)} = M^{(3)}(\mathbf{q}, t = 0) = \frac{1}{M^{(2)}} \left[\frac{\langle \omega^6 \rangle}{\langle \omega^2 \rangle} - \left(\frac{\langle \omega^4 \rangle}{\langle \omega^2 \rangle} \right)^2 \right],$$

dans l'article de H. Mori, Prog. Theor. Phys. **34**, 399 (1965) ou dans les ouvrages de U. Balucani et M. Zoppi, *Dynamics of the Liquid State*, Clarenton Press, Oxford (1994), p. 114 et de J. R. D. Copley and S. W. Lovesey, Rep. Prog. Phys. **38**, 461 (1975), p. 529.

[54] N. K. Ailawadi, A. Rahman and R. Zwanzig, Phys. Rev. A **4**, 1616 (1971).

[55] A. Z. Akcasu and E. Daniels, Phys. Rev. A **2**, 962 (1970). J. R. D. Copley and S. W. Lovesey, Rep. Prog. Phys. **38**, 461 (1975), p. 547.

[56] S. W. Lovesey, J. Phys. C : Solid State Phys. **6**, 1856 (1973). Voir aussi J. P. Hansen and I. R. McDonald, *Theory of Simple Liquids*, Acad. Press, London (3ième édition, 2006), p. 264.

Puis calculons le facteur de structure dynamique incohérent, $S_s(\mathbf{q},\omega) = \frac{1}{\pi}\,\mathrm{Re}\,[F_s(\mathbf{q},\omega)]$, après avoir explicité chacun des termes au moyen des relations suivantes définies précédemment :

$$\begin{aligned}
F_s(\mathbf{q},t &= 0) = 1,\\
M_s^{(1)} &= \langle \omega_s^2 \rangle = \frac{k_B T}{m} q^2,\\
\text{et}\quad M_s^{(2)} &= \frac{\langle \omega_s^4 \rangle}{\langle \omega_s^2 \rangle} - \langle \omega_s^2 \rangle = \left[\frac{3k_B T}{m} q^2 + \Omega_0^2\right] - \langle \omega_s^2 \rangle,\\
\text{soit}\quad M_s^{(2)} &= 2\langle \omega_s^2 \rangle + \Omega_0^2.
\end{aligned}$$

Après simplifications, on trouve[57] :

$$S_s(\mathbf{q},\omega) = \frac{1}{\pi} \frac{\tau_s(q)\,\langle \omega_s^2 \rangle\,[2\langle \omega_s^2 \rangle + \Omega_0^2]}{\left[\langle \omega_s^2 \rangle - \omega^2\right]^2 + \omega^2 \tau_s^2(q)\,\left[3\langle \omega_s^2 \rangle + \Omega_0^2 - \omega^2\right]^2}. \tag{9.59}$$

Comme pour le facteur de structure dynamique cohérent, la seule fonction inconnue est $\tau_s(q)$. Le moyen le plus rapide et le plus efficace que l'on ait trouvé pour l'évaluer est d'ajuster la valeur du facteur de structure dynamique $S_s(\mathbf{q},\omega)$, en $\omega = 0$, sur celle qui est obtenue avec le modèle de diffusion (Rel. 9.40). L'identification des deux expressions donne :

$$\frac{\tau_s(q)\,[2\langle \omega_s^2 \rangle + \Omega_0^2]}{\langle \omega_s^2 \rangle} \equiv \frac{1}{Dq^2},$$

d'où l'on déduit immédiatement :

$$\tau_s(q) = \frac{\langle \omega_s^2 \rangle}{Dq^2\,[2\langle \omega_s^2 \rangle + \Omega_0^2]}.$$

Du fait que $\langle \omega_s^2 \rangle \ll \Omega_0^2$ quand $q \to 0$, on en déduit en particulier la valeur de $\tau_s(q)$ en $q = 0$, soit :

$$\tau_s(0) = \frac{\frac{k_B T}{m} q^2}{Dq^2\,\left[2\frac{k_B T}{m} q^2 + \Omega_0^2\right]} \sim \frac{k_B T}{m D \Omega_0^2}.$$

En résumé, le modèle viscoélastique permet de calculer les facteurs de structure dynamique cohérent $S(\mathbf{q},\omega)$ et incohérent $S_s(\mathbf{q},\omega)$ avec un minimum de paramètres ajustables. Le modèle repose sur l'emploi de la représentation en fractions continues des fonctions intermédiaires de diffusion $F(\mathbf{q},\omega)$ et $F_s(\mathbf{q},\omega)$, et de leurs moments en fréquence. On notera

[57] Le facteur de structure dynamique incohérent $S_s(\mathbf{q},\omega)$ présente une forme semblable à la relation (9.55) :

$$\begin{aligned}
S_s(\mathbf{q},\omega) &= \frac{1}{\pi} \frac{\tau_s(q)\left[M_s^{(2)} - \omega^2\right]\left[M_s^{(1)} - \omega^2\right] + \omega^2 \tau_s(q)\left[M_s^{(2)} + M_s^{(1)} - \omega^2\right]}{\left[M_s^{(1)} - \omega^2\right]^2 + \omega^2 \tau_s^2(q)\left[M_s^{(2)} + M_s^{(1)} - \omega^2\right]^2},\\
S_s(\mathbf{q},\omega) &= \frac{\tau_s(q)}{\pi} \frac{M_s^{(1)} M_s^{(2)}}{\left[M_s^{(1)} - \omega^2\right]^2 + \omega^2 \tau_s^2(q)\left[M_s^{(2)} + M_s^{(1)} - \omega^2\right]^2},\\
S_s(\mathbf{q},\omega) &= \frac{\tau_s(q)}{\pi} \frac{2\langle \omega_s^2 \rangle^2 + \Omega_0^2 \langle \omega_s^2 \rangle}{\left[\langle \omega_s^2 \rangle - \omega^2\right]^2 + \omega^2 \tau_s^2(q)\left[3\langle \omega_s^2 \rangle + \Omega_0^2 - \omega^2\right]^2}.
\end{aligned}$$

que le modèle viscoélastique requiert la connaissance des second et quatrième moments, devant être calculés avec la théorie microscopique des liquides, et que les approximations sont essentiellement celles des fonctions $\tau(q)$ et $\tau_s(q)$. Avec les meilleures de ces fonctions, le modèle viscoélastique donne une description globalement correcte des facteurs de structure dynamique sur une grande étendue du domaine (q, ω), pour des systèmes aussi divers que l'argon[58] et les métaux liquides[59].

9.3 Remarques conclusives

9.3.1 Théories de couplage de modes

Les théories de couplage de modes sont conçues pour calculer les fonctions de corrélation temporelles dans les liquides, leur particularité étant de montrer comment les propriétés collectives des atomes influencent significativement leurs propriétés individuelles. Ces théories ont été développées, dans les années 70, lorsqu'on s'est aperçu que le comportement asymptotique des fonctions d'autocorrélation dépend des coefficients de transport atomique. Ce résultat faisait suite à un autre résultat aussi important, selon lequel les fonctions d'autocorrélation dans les gaz subissent une décroissance exponentielle, aux temps courts, et une décroissance en $t^{-3/2}$, aux temps longs. Par exemple, il a été montré (cf. les références de la note 7 de ce chapitre) que la fonction d'autocorrélation des vitesses, qui permet de calculer le coefficient de diffusion (Rel. 8.23), dépend du coefficient de diffusion D, lui-même, et du coefficient de viscosité η, par la relation suivante :

$$\langle v(0)v(t)\rangle \sim \left[\pi(D + \frac{\eta}{\rho m})t\right]^{-3/2} .$$

La présence des deux coefficients de transport, D et η, dans cette relation dénote l'action simultanée de deux processus qui se déroulent à des échelles de temps différentes : la diffusion d'un atome individuel (mode individuel) et la viscosité du milieu environnant (excitations collectives). L'origine physique de ce phénomène s'explique en invoquant (1) le mouvement individuel d'un atome donné et (2) l'écoulement tourbillonnaire des atomes environnants qui propulse l'atome observé en le frappant par l'arrière[60].

Des arguments analogues peuvent être utilisé pour les liquides, en considérant la fonction d'autocorrélation de la densité $\langle\rho(\mathbf{q}, t)\rho(-\mathbf{q}, 0)\rangle$ - qui n'est rien d'autre que la fonction intermédiaire de diffusion (Rel. 8.117). Par simplicité, considérons l'expression de la fonction intermédiaire de diffusion (Rel. 9.49) du modèle hydrodynamique (§ 9.2.2.b), soit :

$$F(q,t) = S(q)\left[\left(\frac{\gamma-1}{\gamma}\right)\exp\left(-D_T q^2 t\right) + \frac{1}{\gamma}\exp(-\Gamma q^2 t)\cos\left(v_s q t\right)\right],$$

où le coefficient de diffusivité thermique D_T et le paramètre d'atténuation du son Γ déterminent, respectivement, les largeurs du pic de Rayleigh et des pics de Brillouin,

[58]D. Levesque and L. Verlet, Phys. Rev. A **2**, 2514 (1970). S. W. Lovesey, J. Phys. C : Solid State Phys. **6**, 1856 (1973).

[59]J. R. D. Copley and S. W. Lovesey, Rep. Prog. Phys. **38**, 461 (1975), p. 548.

[60]J. P. Hansen and I. R. McDonald, *Theory of Simple Liquids*, Acad. Press, London (3ième édition, 2006), p. 245.

alors que la vitesse du son v_s donne la position les pics de Brillouin (cf. Fig. 9.4). La présence de ces trois pics sur la courbe représentative du facteur de structure dynamique, $S(q,\omega)$, est la conséquence d'un couplage entre le faisceau de neutrons[61] et trois des cinq modes propres des équations linéarisées de l'hydrodynamique : le pic de Rayleigh correspond au mode thermique (ou entropique) et les pics de Brillouin aux deux modes mécaniques (ou soniques).

Les premières théories de couplage de modes ont commencé à se développer selon deux voies distinctes, basées sur l'emploi de l'opérateur de projection de Zwanzig[62]. La première voie, reposant sur une forme généralisée de l'équation de transport de Boltzmann (avec comme intégrale de collision, la fonction de Klimontovitch), était une méthode de la théorie cinétique. La seconde voie faisait appel au formalisme de Mori en s'appuyant sur des approximations phénoménologiques de la fonction mémoire (cf. § 9.1.2 pour la fonction d'autocorrélation des vitesses et § 9.2.3 pour la fonction d'autocorrélation de la densité), dans lesquelles les formes fonctionnelles des fonctions mémoires étaient celles du régime hydrodynamique (aux temps longs) ou du régime du gaz parfait (aux temps courts). Mais l'emploi des théories de couplage de modes s'est surtout accentué, à la fin des années 70, lorsqu'on a été capable de calculer les fonctions mémoires par des méthodes ab initio et que l'on a remarqué des similitudes entre les deux approches (en particulier que l'intégrale de collision de l'équation de Boltzmann peut s'exprimer en termes de fonction mémoire)[63]. Sans s'attarder sur ce qui fait la différence entre les diverses versions des théories de couplage de modes, notons que le formalisme de Zwanzig-Mori est valable pour une classe importante de fonctions de corrélation dépendant du temps. Son point de départ est l'importante identité suivante satisfaite par la variable dynamique $A(t)$:

$$\frac{d}{dt}A(t) = i\Omega A(t) - \int_0^t M(t-t')A(t')dt' + f(t), \tag{9.60}$$

où le premier terme du membre de droite représente le mouvement collectif associé à la variable $A(t)$, le second terme correspond au terme de friction avec la fonction mémoire $M(t)$ et le troisième terme à la force aléatoire. Après avoir multiplié la relation (9.60) par $A(0)$ et calculé la moyenne thermique, on obtient l'équation de Mori pour la fonction d'autocorrélation $\langle A(0)A(t)\rangle$, soit[64] :

$$\frac{d}{dt}\langle A(0)A(t)\rangle = i\Omega\langle A(0)A(t)\rangle - \int_0^t M(t-t')\langle A(0)A(t')\rangle dt'. \tag{9.61}$$

C'est une équation exacte dans laquelle toute la difficulté est reportée sur le calcul de Ω et de la fonction mémoire $M(t)$ qui est généralement une fonction compliquée de la fonction intermédiaire de diffusion, du potentiel interatomique et de la fonction de corrélation à trois corps. Appliquée à la fonction d'autocorrélation des vitesses, pour laquelle la pente

[61] La diffusion des neutrons dans un liquide est causée par les fluctuations de densité d'une longueur d'onde de l'ordre de la taille des atomes et de la distance interatomique ($\sim 10^{-10}$ m).

[62] cf. note 1 de ce chapitre, mais aussi p. 255 de l'ouvrage cité dans la note 60 de ce chapitre.

[63] Il existe une littérature abondante sur cette question, dont voici un échantillon : K. Kawasaki, Phys. Rev. **150**, 291 (1966). A. Z. Akcasu and J. J. Duderstadt, Phys. Rev. **188**, 479 (1969). G. F. Mazenko, A **7**, 209 (1973), A **9**, 360 (1974). J. Bosse, W. Götze and M. Lücke, Phys. Rev. A **17**, 434 (1978). J. Bosse, W. Götze and A. Zippelius, Phys. Rev. A **18**, 1214 (1978). L. Sjögren and A. Sjölander, J. Phys. C : Solid State Phys. **11**, 1493 (1978) ; **12**, 4369 (1979). Pour en éviter la lecture fastidieuse, le lecteur pourra consulter le chapitre 9 de la référence donnée dans la note 60 de ce chapitre.

[64] On peut suivre les calculs en se reportant au § 8.1.5.

à l'origine est $\Omega = \frac{\langle \dot{v}(0)v(0)\rangle}{\langle v(0)v(0)\rangle} = \frac{d}{dt}\left\langle v(0)v(t)\right\rangle\Big|_{t=0} = 0$, on s'aperçoit que la relation (9.60) se confond avec l'équation de Langevin (cf. § 8.1.5) lorsqu'on pose $M(t-t') = \frac{2\mu}{m}\delta(t-t')$.

Les théories de couplage de modes ont été largement utilisées pour calculer les propriétés dynamiques des liquides (fonctions de corrélation de la densité dans Ar, Rb, Al... liquides, propriétés de transport atomique près du point critique... cf. note 63). Mais depuis le milieu des années 80, elles ont également été étendues à l'étude des *liquides surfondus* en fournissant une description dynamique de la transition de phase *liquide-amorphe*[65]. Au cours d'une telle transition, l'état dynamique d'un atome est influencé par son environnement de manière encore plus appréciable que dans le liquide, et le mouvement individuel de chaque atome est fortement couplé aux fluctuations de densité du système. D'ailleurs, pour une certaine densité, il se produit un gel de la structure qui est lié à la capacité d'un atome à s'échapper plus ou moins facilement de la cage formée par ses proches voisins. Dans le cadre des théories de couplage de modes, la transition liquide-amorphe n'est pas une transition thermodynamique ordinaire, car la moyenne temporelle ne coïncide pas avec la moyenne d'ensemble ; il s'agit donc d'une transition *ergodique-non ergodique*.

Toutes les approches utilisées pour étudier la transition liquide-amorphe sont basées sur le comportement de la fonction d'autocorrélation de la densité [fonction intermédiaire de diffusion $F(q,t)$] aux temps longs. Le point de départ de ces théories est l'équation :

$$\frac{d^2F(q,t)}{dt^2} + \frac{k_BTq^2}{mS(q)}F(q,t) + \int_0^t M(q,t-t')\frac{dF(q,t)}{dt}dt' = 0,$$

qui découle de la relation (9.61), et de la relation (9.34) dans laquelle la fonction mémoire s'exprime approximativement au moyen de la fonction intermédiaire de diffusion $F(q,t)$. Dans l'expression ci-dessus, il est nécessaire de calculer le facteur de structure statique $S(q)$ avec le potentiel d'interaction atomique $u(r)$, mais la vraie difficulté réside surtout dans la recherche d'une fonction mémoire $M(q,t)$ qui tienne compte le mieux possible du comportement des atomes près de la transition liquide-amorphe[66].

Les théories sont compliquées et ne seront pas discutées ici. Donnons en les résultats les plus importants en termes d'exposants critiques. (1) Lorsque la température diminue, la transition apparaît à une température T_0 au-dessus de laquelle le système est *ergodique* - avec une fonction intermédiaire $F(q,t)$ qui tend vers zéro quand le temps devient infini -, et en dessous de laquelle le système devient *non ergodique* - avec une fonction intermédiaire de diffusion $F(q,t)$ qui tend vers une valeur finie $f(q)$ quand le temps devient infini (Fig. 9.5a). (2) Pour les températures légèrement supérieures à T_0, l'évolution de $F(q,t)$ en fonction du temps se déroule en trois phases. La première phase se produit sur une échelle de temps courte (relaxation rapide) correspondant aux fréquences de phonons. La seconde phase (relaxation β) a lieu sur l'échelle de temps $\tau_\beta \sim (T-T_0)^{-\delta}$ et la troisième phase (relaxation α) sur l'échelle de temps $\tau_\alpha \sim (T-T_0)^{-\gamma}$. Cette dernière correspond à l'échelle de temps la plus longue, et c'est elle qui permet de décrire le

[65] T. Geszti, J. Phys. C ; Solid State Phys. **16**, 5805 (1983). E. Leutheusser, Phys. Rev. A **29**, 2765 (1984). U. Bengtzelius, W. Götze and A. Sjölander, J. Phys. C ; Solid State Phys. **17**, 5915 (1984). W. Götze, *Liquids, Freezing and the Glass Transition*, ed. J. P. Hansen, D. Levesque and J. Zinn-Justin. North-Holland, Amsterdam (1991), p. 287.

[66] Parmi les choix possibles de la fonction mémoire, il y a $M(q,t) \simeq \frac{k_BTq^2}{mS(q)}F(q,t)$, mais également $M(q,t) \simeq 4\gamma F^2(q,t)$, où γ est une constante de couplage variant entre zéro et l'infini.

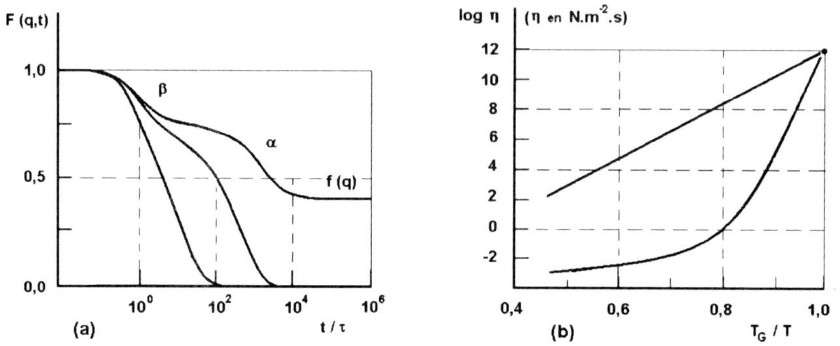

FIG. 9.5 – (a) Représentation générale de la dépendence en temps de la fonction intermédiaire de diffusion dans les liquides surfondus, où τ est le temps de relaxation. (b) Variation de la viscosité en fonction de la température dans les liquides surfondus. La représentation linéaire est typique des verres forts et la représentation non linéaire est représentative des verres fragiles.

comportement des propriétés de transport atomique. Quant à la fonction intermédiaire de diffusion $F(q,t)$, elle s'amortit suivant une exponentielle décroissante. (3) Pour des températures légèrement inférieures à T_0, la première relaxation, trop rapide, est invisible. Il ne reste que les relaxations β et α. Durant la relaxation α, la fonction intermédiaire de diffusion s'amortit vers une valeur limite $f(q)$ qui augmente sensiblement lorsque la température diminue. La perte d'ergodicité à la température T_0 est accompagnée d'un gel de la structure (*structural arrest*) qui correspond à une transition particulière. La fonction $f(q)$ caractérise, en quelque sorte, la quantité de fluctuations de densité qui se trouve figée dans le système. Mais la prédiction de la transition brutale ergodique-non ergodique par la théorie initiale de couplage de modes n'est observée ni expérimentalement ni par simulation. C'est pourquoi la théorie de couplage de mode a du être modifiée (cf. les références de la note 65 de ce chapitre) pour préserver l'ergodicité des systèmes en deçà de la température T_0.

9.3.2 Transition liquide-amorphe

Quand on refroidit certains liquides en dessous de leur température de fusion T_F, ils ne se solidifient pas immédiatement mais restent à l'état liquide (surfusion) à une température inférieure au point de fusion. Si les liquides sont refroidis *très lentement*, et conditionnés sous forme de gouttelettes dans une émulsion, il peuvent atteindre une température de solidification de l'ordre du tiers de la température de fusion ($T_S \sim \frac{1}{3}T_F$) avant de cristalliser[67]. Mais s'ils sont refroidis *extrêmement rapidement* (10^6 K.s^{-1}) (ou comprimés) par des méthodes ad hoc, ils peuvent se solidifier dans un état amorphe, sans cristalliser.

[67] J. H. Perepezko and J. S. Paik, J. Non-Cryst. Solids **61-62**, 113 (1984). On raconte que des chevaux s'étant jeté dans de l'eau en surfusion, dans le lac Ladoga, se seraient transformés en statues de glace au moment de la solidification, qui se serait produite instantanément.

Un amorphe réel possède des propriétés *mécaniques* assez semblables à celles d'un solide cristallin et des propriétés *thermodynamiques* semblables à celles d'un liquide. La viscosité de l'amorphe, très différente de celle du liquide, est souvent utilisée pour estimer la température de transition liquide-amorphe T_G. En effet, on admet conventionnellement que la température de transition T_G est celle qui correspond à une valeur de la viscosité η de 10^{12} N.m^{-2}.s. La valeur de T_G correspond aussi à un état dans lequel le temps de relaxation des grandeurs mécaniques est de l'ordre quelques minutes[68]. Mais le temps de relaxation et la viscosité ne permettent pas de caractériser complètement un amorphe. Une classification plus précise des amorphes a été proposée sur la base de l'étude de la viscosité en fonction de la température[69]. Les amorphes dont la viscosité suit la loi d'Arrhenius $[\eta(T) \sim b\exp(a\frac{T_G}{T})]$ sont des "verres forts", alors que ceux dont $\eta(T)$ s'en écarte sont des "verres fragiles". La silice appartient à la première catégorie. Elle possède des liaisons covalentes qui existent déjà dans l'état liquide et se renforcent en dessous de T_G. La courbe expérimentale de la viscosité de la silice peut être ajustée par la relation d'Arrhenius, avec les valeurs de $T_G \simeq 1446$ K, $a \simeq 41,5$ et $b \simeq 10^{-6}$ N.m^{-2}.s. Les liquides ioniques et organiques appartiennent à la seconde catégorie. Les interactions y sont de type van der Waals et les propriétés macroscopiques mesurées présentent des anomalies plus importantes que dans les verres forts. Parmi ces anomalies, on voit sur la figure (9.5b), représentant $\log \eta$ en fonction de $\frac{T_G}{T}$, un changement de pente à la température T_C telle que $\frac{T_G}{T_C} \sim 0,8$. Le changement de régime qui se produit à T_C est la marque de la *transition vitreuse cinétique* dans les verres fragiles. A la température T_C, qui vaut $T_C \sim 1,25\ T_G$, la viscosité tombe à $\eta \sim 10$ N.m^{-2}.s et le temps de relaxation de Maxwell y est de l'ordre de $\tau_M \sim 10^{-9}$ s.

Contrairement aux mélanges, les liquides purs s'amorphisent très mal, c'est pourquoi la transition liquide-amorphe est généralement étudiée par dynamique moléculaire avec différents potentiels interatomiques (sphères dures, Lennard-Jones, Yukawa...). Il est remarquable que les grandeurs physiques, calculées par simulation, présentent le même comportement quelque soit le potentiel choisi, alors qu'elles dépendent fortement de l'ordre local dans le système, qui devient plus prononcé quand la température diminue. Un soin particulier doit être apporté aux calculs de simulation pour s'assurer que les résultats des propriétés calculées ne dépendent ni de l'histoire de l'échantillon, ni de la vitesse de refroidissement[70]. Parmi ces propriétés, les plus faciles à calculer sont les propriétés structurales et thermodynamiques. Or, ces propriétés ne subissent pas de changements spectaculaires à la transition liquide-amorphe. Même si l'on a pu penser que le dédoublement du second pic de la fonction de corrélation de paire $g(r)$ pouvait être la signature de la transition liquide-amorphe, on s'est aperçu par la suite qu'il apparaît déjà au-dessus de T_G. Quant aux propriétés thermodynamiques, elles ne sont pas marquées d'anomalies particulières, si ce n'est la chaleur spécifique à pression constante c_p qui subit une diminution sensible avec la température dans la région de la transition. Ceci donne à penser que le liquide surfondu reste dans un état thermodynamique d'équilibre et que la transition ergodique-non ergodique se produit à une température inférieure à T_G.

---

[68] Rappelons que tout liquide possède des temps de relaxation différents de plusieurs ordres de grandeurs, selon le processus de relaxation considéré. Le temps de relaxation le plus rapide est celui de l'amortissement des contraintes élastiques ; c'est le temps de Maxwell défini par $\tau_M \sim \frac{\eta}{G}$, où G est le module de glissement qui vaut environ 10^{10} N.m^{-2} pour les solides, de sorte que $\tau_M \sim 10^2$ s.

[69] C. A. Angel, J. Phys. Chem. Solids **49**, 863 (1988).

[70] F. F. Abraham, J. Chem. Phys. **72**, 359 (1980). J. L. Barrat and M. L. Klein, Annu. Rev. Phys. Chem. **42**, 23 (1991). W. Kob, J. Phys. : Condens. Matter **11**, R85 (1999).

A côté des propriétés statiques (thermodynamiques et structurales), les propriétés dynamiques comme les fonctions d'autocorrélation des vitesses, des tensions, de la densité... peuvent également être calculées par dynamique moléculaire. Bien qu'il soit possible d'extraire le coefficient de diffusion D de la fonction d'autocorrélation des vitesses (Rel. 8.23), il est préférable d'utiliser le déplacement quadratique moyen (Rel. 8.20) quand D est trop petit (10^{-11} $m^2.s^{-1}$). Quant à la fonction d'autocorrélation des tensions $\langle\sigma_{xy}(t)\sigma_{xy}(0)\rangle$, elle peut être utilisée pour calculer la viscosité au moyen de la formule :

$$\eta = \frac{\beta}{V}\int_0^\infty \langle\sigma_{xy}(t)\sigma_{xy}(0)\rangle\, dt.$$

Lorsque T diminue, η augmente et son calcul devient très difficile. Par contre, le calcul de la fonction d'autocorrélation de la densité, et donc de $F(q,t)$ - dont les premiers calculs ont été réalisé par Ullo et Yip[71] -, a mis en évidence une transition progressive qui débute quand la valeur $f(q) = \lim F(q,t)$ devient *non nulle,* sur l'intervalle de temps d'observation. Ce comportement est généralement interprété comme le début du gel structural qui est le signe précurseur d'une transition vitreuse cinétique (cf. fin du paragraphe précédent). Au cours des dernières années, les théories de couplage de modes ont été fréquemment testées par simulation numérique et au moyen d'expériences réelles, les expériences les plus concluantes étant effectuées sur les solutions colloïdales par diffusion de lumière[72]. Quant aux calculs de simulation, ils ont mis en évidence une transition vitreuse cinétique pour de nombreux potentiels d'interaction[73].

Pour conclure cet ouvrage, rappelons que l'objectif était de présenter les aspects fondamentaux de la physique des liquides, en commençant par les méthodes de calcul de leurs propriétés statiques (thermodynamique et structure atomique), puis de leurs propriétés dynamiques (structure et transport atomique). Or, en suivant l'évolution des théories de couplage de modes, décrites brièvement dans le présent chapitre, on s'est aperçu que les premiers modèles empiriques pouvaient être remplacés par des modèles ab initio basés sur le formalisme de Zwanzig-Mori. La comparaison des résultats de ces modèles, sans paramètre ajustable, et l'expérience apporte de précieux renseignements sur les processus dynamiques qui se déroulent dans les liquides, à condition de chercher la cohérence logique et la maîtrise des approximations utilisées pour calculer le facteur de structure statique $S(q)$ et les fonctions mémoires $M(q,t)$, à partir du potentiel interatomique $u(r)$.

[71] J. J. Ullo and S. Yip, Phys. Rev. Lett. **54**, 1509 (1985).

[72] cf. note 60 du chapitre 8.

[73] J. Bergenholtz and M. Fuchs, Phys. Rev. E **59**, 5706 (1999). K. A. Dawson, G. Foffi, F. Sciortino, P. Tartaglia and E. Zaccarelli, J. Phys. : Condens. Matter **13**, 9113 (2001). J. Wu, Y. Liu, W. R. Chen, J. Cao and S. H. Chen, Phys. Rev. E **70**, 050401 (2004). M. A. Miller, R. Blaak, C. N. Lumb and J. P. Hansen, J. Chem. Phys. **130**, 114507 (2009).

Index

- Actions mécaniques. Statique. Inertie. De la théorie aux applications 224 p. (A) Cl. CHÈZE, F. BRONSARD
- Vibrations des structures 224 p. (B) G. VENIZELOS

milieux continus :

- Mécanique des milieux déformables 288 p. (B) M. FOURAR, Cl. CHÈZE
- Théorie microscopique des liquides 480 p. (C) J.-L. BRETONNET
- Les écoulements de fluides newtoniens 384 p. (C) J.-N. GENCE

génie mécanique

- Détermination des éléments de machines 360 p. A. BOURDON, L. MANIN, D. PLAY
- Conception et construction des moteurs alternatifs 288 p. (C) Ph. ARQUÈS
- Transmissions mécaniques de puissance. Boites de vitesses automatiques 288 p. (C) Ph. ARQUÈS
- Ingénierie des turbomachines. Cours et exercices résolus 288 p. (C) M. PLUVIOSE

structures :

- Dimensionnement des structures. Résistance des matériaux 224 p. (B) D. CHÈZE
- Mécanique des structures. Du calcul analytique au calcul matriciel 288 p. (B) J.-Ch. CRAVEUR, Cl. CHÈZE
- Vibrations des structures pour l'ingénieur et le technicien 264 p. (C) B. COMBES
- Comprendre les éléments finis. Structures 288 p. (C) A. CHATEAUNEUF

thermodynamique :

- La thermodynamique des principes aux applications 312 p. (C) Cl. CHEZE, P. BAUER
- Réactions thermiques en phase gazeuse. Modélisation 288 p. (C) G.-M. CÔME
- La méthode modale en thermique 320 p. (C) G. LEFEBVRE
- Transferts thermiques, application à l'habitat. Méthode nodale 224 p. (C) H. CORTES, J. BLOT
- Combustion. Inflammation, combustion, pollution, applications 320 p. (C) Ph. ARQUÈS

énergétique :

- Moteurs alternatifs à combustion interne. De la théorie à la compétition 288 p. (B) Ph. ARQUÈS
- Machines à fluides. Principes et fonctionnement 288 p. (C) M. PLUVIOSE
- Conversion d'énergie par turbomachines 288 p. (C) M. PLUVIOSE
- Propulseurs aéronautiques et spatiaux 288 p. (C) P. BAUER
- Piles à combustible. Principes, modélisation, applications 192 p. (B) B. BLUNIER, A. MIRAOUI
- Énergie solaire. Calculs et optimisation 320 p. (B) J. BERNARD
- Énergie nucléaire 1. De la théorie aux applications 256 p. (B) J. BERNARD
- Énergie nucléaire 2. Les réacteurs nucléaires électrogènes 288 p. (B) J. BERNARD

science des matériaux :

- Introduction à la cristallochimie. Solides cristallisés et empilements compacts 160 p. (A) D. RIOU
- Propriétés et comportements des matériaux 320 p. (B) A. CORNET, F. HLAWKA
- Métallurgie mécanique 320 p. (B) A. CORNET, F. HLAWKA
- Fatigue des structures. Endurance, rupture, critères, contrôle, durabilité 320 p. (C) G. HENAFF, F. MOREL
- Endommagement interfacial des métaux 256 p. (C) G. SAINDRENAN, R. LE GALL, F. CHRISTIEN
- Cycle de vie des surfaces industrielles (312 p. (C) F. HLAWKA, A. CORNET

génie civil :

- Béton armé. Application de l'eurocode 2 224 p. (B) R. NICOT
- Analyse et dimensionnement sismiques 224 p. (B) P. LESTUZZI

productique :

- Méthodes, productique et qualité 224 p. (B) J.-M. CHATELET
- Maintenance industrielle 288p. (B) J.M. AUBERVILLE
- Analyse et maintenance des automatismes industriels 192 p. (B) A. REILLER
- TGAO La technologie de groupe 288 p. (C) A. NADIF

génie industriel :

- Maîtriser la conduite de projet 192 p. (A) C. ALONSO
- Management de projet technique 192 p. (B) C. CAZAUBON, G. GRAMACIA, G. MASSARD
- Organisation et génie de production 224 p. (B) F. LAMBERSEND
- Méthode d'aide à la décision. Approche théorique et études de cas 192 p. (B) R. LABBÉ

électricité générale :

- Vade-mecum d'électrotechnique 312 p. (A) C. LE TRIONNAIRE, J.-P. PICHENY
- Circuits électriques, Régimes continu, sinusoïdal et impulsionnel 192 p. (A) J.-P. BANCAREL
- Les lois de l'électricité 288 p. (A) M. PIOU
- Annales d'électrotechnique BTS Maintenance 256 p. (A) D. VINCENT, N. ORTEGA
- Annales d'électrotechnique BTS Maintenance 1997/2008 224 p. (A) D. VINCENT
- T.P. d'électrotechnique par simulation avec PSIMDEMO 224 p. (A) F. LEPLUS

machines électriques :

- Moteurs à courant alternatif 288 p. (A) D. JACOB
- Le moteur asynchrone. Régimes statique et dynamique 160 p. (C) L. MUTREL
- Machines à courant alternatif 240 p. (B) D. NAMANE
- Modélisation et commande des moteurs triphasés 256 p. (C) G. STURTZER, E. SMIGIEL
- Électrotechnique. Machines et réseaux Cours Supélec 256 p. (C) J.-P. FANTON
- Machines électriques. Théorie et Mise en oeuvre Cours Supélec 256 p. (C) Ph. BARRET
- Machines électriques tournantes 384 p. (C) B. LAPORTE

électronique de puissance :

- Electronique de puissance, Principes, fonctionnement, dimensionnement 256 p. (A) D. JACOB
- Les redresseurs, Redresseurs à diodes, à thyristors et mixtes 336 p. (B) J. MIGNARD, C. PIN

électronique :

- Les fondamentaux en électronique 224 p. (A) P. ROCHETTE
- Des clés pour l'électronique. Travaux dirigés illustrés par simulation 160 p. (A) B. GIRAULT
- Les oscillateurs en électronique. Cours et exercices corrigés 160 p. (B) G. COUTURIER
- L'outil graphique en électronique et automatique 224 p. (B) J. BAILLOU, G. CHAUVAT, C.PEJOT

- Modulation d'amplitude, Cours et exercices 352 p. (C) F. BIQUARD
- Amplificateurs fondamentaux et opérationnels. Cours et exercices corrigés 352 p. (B) A. LANTZ
- Electronique radiofréquence Cours Supélec 256 p. (C) A. PACAUD
- Electronique analogique rapide 216 p. (C) A. FABRE
- Circuits spécialisés de l'électronique actuelle 320 p. (C) A. et D. DEVILLE

semi-conducteurs :
- Composants à semiconducteurs Cours Supélec 256 p. (C) O. BONNAUD, A. PACAUD
- Technologie mirco-électronique. Du silicium aux circuits intégrés 160 p. (B) O. BONNAUD
- Détecteurs à semi-conducteurs, Principes et matériaux 224 p. (C) J-P. PONPON
- Les semiconducteurs de puissance Cours Supélec 256 p. (C) P. ALOÏSI

électronique numérique :
- Électronique numérique. Fonctionnement, modélisation, circuits intégrés 320 p. (B) A. et D. DEVILLE
- Circuits intégrés numériques. Du transistor au microprocesseur 224 p. (A) A.-Riadh BABA-ALI

traitement du signal :
- Signaux et systèmes continus et échantillonnés 192 p. (B) M. VILLAIN
- Signaux et systèmes linéaires Cours Supélec 192 p. (B) A. PACAUD
- Traitement du signal analogique. Cours 224 p. (A) T. NEFFATI
- Traitement du signal analogique. Exercices et problèmes résolus 224 p. (B) T. NEFFATI
- Ingénierie du signal. Théorie et pratique 224 p. (B) Ph. COURMONTAGNE
- Analyse et traitement du signal. Approches pour l'ingénieur 320 p. (B) Ph. GAILLARD, R. LENGELLE
- Théorie et pratique du signal déterministe et aléatoire, continu et discret 384 p. (B) J.-P. TANGUY

filtrage numérique :
- Débuter en traitement numérique du signal 224 p. (A) J.-N. MARTIN
- Analyse et contrôle numériques du signal 192 p. (B) Ph. DESTUYNDER, F. SANTI
- Traitement numérique du signal. Théorie et applications 256 p. (C) K. KPALMA, V. HAESE-COAT

automatique :
- Ce qu'il faut savoir sur les automatismes, Fiches-résumés 256 p. (A) P. GRARE, I. KACEM
- Systèmes asservis linéaires 224 p. (B) M. VILLAIN
- Asservissements linéaires continus 288 p. (B) P. ROUSSEAU
- Commande analogique et numérique des systèmes 384 p. (B) R. KONN
- Systèmes et asservissements continus 320 p. (C) É. OSTERTAG
- Régulation PID en génie électrique. Étude de cas 256 p. (C) D. JACOB
- Problèmes résolus d'automatique 288 p. (B) Ch. BURGAT
- Problèmes résolus d'automatique par thèmes et par types d'application 256 p. (B) R. HUSSON

robotique :
- Traité de robotique. 1- Les architectures, conception,modélisation, équations 432 p. (C) C. BOP
- Commande numérique des systèmes Cours Supélec 256 p. (C) E. GODOY, É. OSTERTAG
- Commande et estimation multivariables 288 p. (C) É. OSTERTAG
- Commande automatique des systèmes linéaires, utilisation de MATLAB 256 p. (C) V. MINZU, B. LANG
- Commande et diagnostic des systèmes dynamiques 320 p. (C) R. TOSCANO
- Ingénierie de la commande des systèmes 256 p. (C) A. CROSNIER, G. ABBA, B. JOUVENCEL, R. ZAPATA

informatique industrielle :
- Bit après bit. Computers 1 320 p. (B) J.-J. MERCIER
- Séquence après séquence. Computers 2 288 p. (B) J.-J. MERCIER
- Instruction après instruction. Computers 3 320 p. (C) J.-J. MERCIER
- Circuits logiques programmables. Mémoires, PLD, CPLD, FPGA 256 p. (B) A. NKETSA
- Du binaire au processeur 320 p. (BC) E. MESNARD
- Concevoir son microprocesseur 256 p. (B) J.-Ch. BUISSON
- Logique combinatoire et séquentielle. Système, méthodes, réalisations 320 p. (C) Cl. BRIE
- Architecture des systèmes sur puce 320 p. (C) A. ATTOUI

image :
- Traitement de l'image et de la vidéo, avec exercices pratiques en Matlab et C++ 240 p. (C) R. BELAROUSSI

communication, réseaux :
- Lignes de transmission 224 p. (B) R. MEYS
- Transmission de l'information 192 p. (B) Ph. FRAISSE, D. MARTY-DESSUS, R. PROTIÈRE
- Architectures des réseaux et télécommunications 192 p. (B) P. LORENZ
- Réseaux Intranet et Internet, Architecture et mise en œuvre 336 p. (B) J. PHILIP
- Codes correcteurs. Principes et exemples 192 p. (C) J. BADRIKIAN

bases de données :
- Bases de données. Implémentation avec Access 256 p. (B) J. AUBERT
- Conception méthodique des bases de données. Un guide de bonne pratique 224 p. (A) G. BUENO
- Gradualité et imprécision dans les bases de données 320 p. (B) P. BOSC, L. LIÉTARD, O. PIVERT, D. ROCACHER

bureautique :
- Excel pour l'ingénieur 320 p. (B) Ph. BELLAN

processus temps réel :
- Approche du temps réel industriel 160 p. (A) J.-M. DE GEETER
- Gestion des processus industriels temps réel 224 p. (B) J.-J. MONTOIS

programmation :
- Alogorithmes fondamentaux et langage C 320 p. (B) J.-L. IMBERT
- Le langage C par l'exemple 320 p. (A) Ph. ROBINET
- Du procédural à l'objet : les langages C et C++ 352 p. (B) J. PHILIPP
- Belle programmation et langage C Cours Supélec 192 p. (C) Y. NOYELLE
- Programmation avec le langage Python 336 p. (C) X. DUPRE
- Compilations des langages de programmation 192 p. (C) M. GAUTIER

génie logiciel :
- Méthode orientée objet intégrale MACAO 320 p. (B) J.-B. CRAMPES

- La conception orientée objet, évidence ou fatalité 160 p. (B) — J.-L. CAVARERO, R. LECAT
- Conception des systèmes d'information. Méthodes et techniques 320 p. (B) — P. ANDRÉ, A. VAILLY
- Spécification des logiciels. Deux exemples : Z et UML 320 p. (C) — P. ANDRÉ, A. VAILLY
- Exercices corrigés de conception logicielle. Modélisation par la pratique 320 p. (B) — P. ANDRÉ, A. VAILLY
- Exercices corrigés d'UML. Passeport pour une maîtrise de la notation 320 p. (C) — P. ANDRÉ, A. VAILLY
- Exercices corrigés en langage Z. Spécifications formelles par l'exemple 256 p. (C) — P. ANDRÉ, A. VAILLY

ergonomie :
- Interfaces graphiques ergonomiques. Conception, modélisation 192 p. (B) — J.-B. CRAMPES
- Analyse des tâches en ergonomie 160 p. (A) — M. MOSCATO

logistique :
- Logistique interne 160 p. (A) — L. AMODEO, F. YALAOUI

sécurité :
- Sécurité des ouvrages. Risques. Géotechnique 320 p. (C) — J.-L. FAVRE
- Risques et sécurité 224 p. (C) — J.-F. GUYONNET

économie :
- Gestion financière. Analyse et politique financières de l'entreprise 256 p. (B) — A. RIVET
- Méthodes mathématiques pour les finances 384 p. (C) — J.-Ph. ARGAUD, O. DUBOIS
- Les marchés à terme agricoles 256 p. (B) — N. HABERT
- La Bourse et les produits boursiers 320 p. (B) — D. ARNOULD

législation :
- La réglementation du travail 160 p. (A) — Ph. MALINGREY
- Le travail salarié 256 p. (A) — P. IRIART
- Connaître et comprendre le droit. Principes et cas pratiques 256 p. (B) — C. GABET

éthique :
- Science, technologie et éthique 288 p. (B) — S. LAVELLE

Achevé d'imprimer en septembre 2010
sur les presses numériques de l'Imprimerie Maury S.A.S.
Z.I. des Ondes – 12100 Millau
N° d'impression : I10/45357T
Dépôt légal : septembre 2010

Imprimé en France